呂思勉文集

白話本國史

上

上海古籍出版社

圖書在版編目(CIP)數據

白話本國史 / 吕思勉著. —上海：上海古籍出版社，2020.3（2023.11重印）
（吕思勉文集）
ISBN 978-7-5325-9456-6

Ⅰ.①白… Ⅱ.①吕… Ⅲ.①中國歷史—通俗讀物 Ⅳ.①K209

中國版本圖書館CIP數據核字(2020)第022340號

吕思勉文集
白話本國史
（全二册）
吕思勉 著
上海古籍出版社出版發行
（上海市閔行區號景路159弄1-5號A座5F 郵政編碼201101）
（1）網址：www.guji.com.cn
（2）E-mail：guji1@guji.com.cn
（3）易文網網址：www.ewen.co
江陰市機關印刷服務有限公司印刷
開本 890×1240 1/32 印張 25.25 插頁 10 字數 656,000
2020年3月第1版 2023年11月第3次印刷
ISBN 978-7-5325-9456-6
K·2769 定價：108.00元
如有質量問題，請與承印公司聯繫

前　言

呂思勉先生，字誠之，筆名駑牛、程芸、芸等。一八八四年二月二十七日（清光緒十年二月初一日）誕生於江蘇常州十子街的吕氏祖居，一九五七年十月九日（農曆八月十六日）病逝於上海華東醫院。吕先生童年受的是舊式教育，六歲起就跟隨私塾教師讀書，三年以後，因家道中落而無力延師教授，改由父母及姐姐指導教學。此後，在父母、師友的幫助下，他開始系統地閲讀經學、史學、小學、文學等各種文史典籍。自二十三歲以後，即專意治史。吕先生夙抱大同思想，畢生關注國計民生，學習新文化，吸取新思想，與時俱進，至老彌篤。

吕先生長期從事文史教育和研究工作。一九〇五年起開始任教，先後在蘇州東吴大學（一九〇七年）、常州府中學堂（一九〇七年至一九〇九年）、南通國文專修科（一九一〇年至一九一一年）、上海私立甲種商業學校（一九一一年至一九一四年）等學校任教。一九一四年至一九一九年，先後在上海中華書局、上海商務印書館任編輯。其後，又在瀋陽高等師範學校（一九二〇年至一九二二年）、蘇州省立第一師範學校（一九二三年至一九二五年）、上海滬江大學（一九二五年至一九二六年）、上海光華大學和華東師範大學任教。其中，在上海光華大學任教最久，從一九二六年至一九五一年，一直在該校任教授兼歷史系系主任，并一度擔任該校代校長。一九五一年，高等學校院系調整，光華大學并入華東師範大學，吕先生遂入華東師範大學歷史系任教，被評爲歷史學一級教授。吕先生是教學與研究相互推動的模範，終生學而不厭，誨人不倦。

吕先生是二十世紀著名的歷史學家，對中國古代史的研究，做出了巨大的貢獻，取得了多方面的成就。他在中國通史、斷代史、社會史、文化史、民族史、政治制度史、思想史、學術史、史學史、歷史研究法、史籍讀法、文學史、文字學等方面寫下大量的論著，計有通史兩部：《白話本國史》（一九二三年）、《吕著中國通史》（上册一九四〇年、下册一九四四年）；斷代史四部：《先秦史》（一九四一年）、《秦漢史》（一九四七年）、《兩晋南北朝史》（一九四八年）、《隋唐五代史》（一九五九年）；近代史一部：《吕著中國近代史》（一九九七年）；專著若干種：《經子解題》（一九二六年）、《理學綱要》（一九三一年）、《宋代文學》（一九三一年）、《先秦學術概論》（一九三三年）、《中國民族史》（一九三四年）、《中國制度史》（一九八五年）、《文字學四種》（一九八五年）、《吕著史學與史籍》（二〇〇二年）；史學論文、札記及講稿的彙編三部：《吕思勉讀史札記》（包括《燕石札記》、《燕石續札》，一九八二年）、《論學集林》（一九八七年）、《吕思勉遺文集》（一九九七年）；以及教材和文史通俗讀物十多種，著述總量超過一千萬字。他的這些著作，聲名廣播，影響深遠，時至今日，在港臺、國外仍有多種翻印本和重印本。吕先生晚年體衰多病，計劃中的六部斷代史的最後兩部《宋遼金元史》和《明清史》，已做了史料的摘録，可惜未能完稿，是爲史學界的一大遺憾。

《白話本國史》全名《自修適用白話本國史》，是吕思勉先生所寫的第一部通史著作。一九二〇年十二月，擬定寫作序例，至一九二二年完成全書的編撰。一九二三年九月，《白話本國史》由上海商務印書館初版發行，并一再重印，成爲二十世紀二三十年代發行量很大的一部中國通史。一九三一年，吕先生應商務印書館的要求，對第三篇第一章“南宋和金朝的和戰”的文字作了一些修改和删節，作爲國難後的修訂本繼續發行，一九三五年，修訂本已發行到第四版。

《白話本國史》出版以後，吕先生曾很仔細地作過一遍訂正，有些地方還寫了眉批。二十世紀五十年代初，他在《“三反”及思想改造學習總結》中，自評《白話本國史》“在當時，有一部分有參考價值，今則予説亦多改變矣。此書曾爲龔德柏君所訟，謂予詆毁岳飛，乃係危害民國，其實書中僅引《文獻通考·兵考》耳。龔君之意，亦以與商務印書館不快，藉此與商務爲難耳。然至今，尚有以此事詆予者。其實欲言民族主義，欲言反抗侵略，不當重在崇拜戰將，即欲表揚戰將，亦當詳考史事，求其真相，不當禁遏考證也”。

一九九〇年，《白話本國史》收入《民國叢書》第二編，由上海書店影印出版。

本次《白話本國史》的新版，以一九二三年商務印書館初版爲底本，參照了作者生前的修改和吕翼仁先生的校訂。原書直排繁體、雙行夾注，現改爲横排繁體、單行夾注。原書的一些訛誤也作了改正，其他如習慣用詞、行文遣句、概念術語等，則基本未動。作者的眉批，新版以頁下注的方式加以注明，以便讀者參考。

《白話本國史》採用的是民國紀元的方法來紀年，以一九一二年民國元年爲基準，民國紀元之前是倒向逆推，稱民國前某某年，簡稱前某某年。民國紀元之後是順向增加，稱民國二年、民國三年等，其與公元紀年的换算方法如下：

一、民國之後的换算方式爲：1912－1＋民國年數＝公元紀年。

如：民國五年：1912－1＋5＝公元 1916 年，民國十年：1912－1＋10＝公元 1921 年。

二、民國之前的换算，因涉及公元前後，故有二種方式：

1. 當逆推年數小於 1912 時，换算方式爲：1912－民國前年數＝公元紀年。如：前一九〇五年：1912－1905＝公元 7 年，前七四五年：1912－745＝公元 1167 年。

2. 當逆推年數大於 1912 時，其年代已處公元前，换算方式爲：

逆推年數－1912＋1＝公元前年代。如：前二一二〇年：2120－1912＋1＝公元前 209 年,前二〇七八年：2078－1912＋1＝公元前 167 年。

李永圻　張耕華
二〇〇五年二月

目　録

第二篇　中古史（上）

第二篇 中古史（中）

第二篇 中古史（下）

第三篇　近古史（上）

第三篇 近古史（下）

第四篇　近世史(上)

第四篇　近 世 史（下）

第五篇　現代史

序　例

我很想做一部《新史鈔》，把中國歷史上重要的事情，鈔出來給大家看看。其原因如下：

中國歷史是很繁的。要想博覽，很不容易。專看其一部分，則知識偏而不全。前人因求簡要鈔出的書，亦都偏於一方面（如《通鑑》專記"理亂興衰"，《通考》專詳"典章經制"等），且其去取的眼光，多和現在不同。近來所出的書，簡是很簡的了。但又有兩種毛病：（1）其所謂簡，是在全部歷史裏頭，隨意摘取幾條，並不是真有研究，知道所摘出的事情，都是有關緊要的。（2）措詞的時候，隨意下筆，不但把自己主觀羼入，失掉古代事實的真相；甚至錯誤到全不可據。

因有這種原因，所以我想做部書，把中國的歷史，就個人眼光所及，認認真真的，將他緊要之處摘出來；而又用極謹嚴的法子，都把原文鈔録（有删節而無改易），自己的意見，只注明於後。但是這種書已經不大容易做了。就做成了，也不大容易刻。

這一部書，是我歷年在學校裏教授所豫備的一點稿子，聯綴起來的。雖然和《新史鈔》的體例相去尚遠。然而其中也不無可取之處。給現在的學生看了，或者可以做研究國史的"門徑之門徑，階梯之階梯"。我這一部書，和以前出版的書，重要的異點如下：

（一）頗有用新方法整理舊國故的精神。其中上古史一篇，似乎以前出版的書，都没有用這種研究法的。此外特别的考據，特别的議論，也還有數十百條。即如中國的各種民族（特如南族近人所通稱爲高地族的),似乎自此以前,也没有像我這麽分析得清楚的。

(一) 讀書自然不重在呆記事實,而重在得一種方法。我這部書,除掉出於愚見的考據議論外,所引他人的考據議論,也都足以開示門徑;可稱是研究史學的人必要的一種常識。

(一) 這一部書,卷帙雖然不多;然關於參考的書,我都切實指出(且多指明篇名卷第);若能一一翻檢,則這部書雖不過三十多萬言,* 而讀者已不啻得到二三百萬言的參考書。且不啻替要想讀書的人,親切指示門逕。

(一) 現在讀史,自然和從前眼光不同;總得在社會進化方面著想。但是隨意摘取幾條事實(甚且是在不可據的書上摘的),毫無條理系統,再加上些憑虚臆度之詞;硬説是社會進化的現象。卻實在不敢贊成。我這部書,似乎也没這種毛病。

以上的話,並不是要自行表揚;只是希望讀者諸君,在這方面注意一點。至於這部書的體制,我還有幾條要説,如下:

(一) 本書全用白話,取其與現在人的思想較爲接近。但遇(1) 文言不能翻成白話處,(2) 雖能翻而要減少其精神,(3) 考據必須照録原文處,仍用文言。

(一) 全書區區三十餘萬言,** 於歷史上的重要事實,自然不能完具。但其詳略之間,頗有斟酌。大抵衆所共知之事從略,不甚經見之事較詳,有關特別考證之處最詳。

(一) 中國的歷史,和東南洋中西亞各國,各民族,關係極多。要徹底明白中國史,必須於這諸國諸族的歷史,也大略叙述。但爲篇幅所限,只得想個斷制之法。其民族遂入於中國,變爲中國之一民族者詳之。其餘便只能述其與中國關係的事情。我於這一部分,也略有研究。將來若有機會,當再另做一部書,以饗讀者。

---

* 原文如此。——編者注

** 原文如此。——編者注

（一）引據的書，和舉出的參考書，都注明篇名卷第。惟當然可知其在何篇何卷的，不再加注，以避繁瑣。如某君時代某人之事，當然在正史某帝紀某人傳中，某朝的賦稅兵刑制度，當然在某史的食貨刑法志內之類。

（一）紀年都據民國紀元逆推。但若必須知其爲某朝某君時之事，或須知其爲西元何時之事，則或附注於下，或竟從變例。

（一）地名除與現今相同者外，均注明其爲今何地。惟區域太大者，其勢無從注起（如郡只能注其治今何地，勢難盡注其所轄之地），請自用讀史地圖等參考。人地名有參照西史的，都於其下附注原文。

（一）雙行夾注，爲吾國書中最善之款式（可使首尾完全，而眉目仍清醒），故本書仍多用之。* 本書用雙行夾注處，與用夾句號處不同，並請注意。

（一）凡引用成文處，除提行另寫外，兩頭皆施“”號。刪節處用……號。其（1）名詞，（2）成語，（3）特別提出的名詞或語句，（4）引用他人之言而不盡照原文鈔録處，均用‘’號。**

民國九年十二月十六日著者自識

---

* 本次排印，雙行夾注改作單行夾注。——編者注

** 本次排印，原書所用‘’號改作“”號。——編者注

緒　　論

第一章　歷史的定義

歷史究竟是怎樣一種學問？我可以簡單回答説：

歷史者，研究人類社會之沿革，而認識其變遷進化之因果關係者也。

原來宇宙之間，無論哪一種現象，都是常動不息的；都是變遷不已的。這個變遷，就叫做"進化"。

因此，無論什麽事情，都有個"因果關係"。明白了他的"原因"，就可以豫測他的結果，而且可以謀"改良"、"補救"的法子。

要明白事情的因果關係，所以要"經驗"。一個人的經驗有限，要借助於别時代，别地方的人，就要有"紀載"。紀載就是"歷史"。

所以歷史是各種學問都有的。但是從前的人，研究學問的方法粗，常把許多現象，混合在一起。後來的人，知道這種法子是不行，就把宇宙間的現象，分析做若干部分，各人研究其一部分，就各部分研究所得，再行想法子合攏起來。這個便唤做"科學"。研究社會進化現象的一部分，就唤做"歷史學"。

從前的人，研究學問的方法粗，以爲"史者，記事者也"，宇宙間什麽現象，都應該記載在裏頭。所以《史記》的《八書》，《漢書》的《十志》，什麽專門的學問、譬如天文，律歷。奇怪的事情譬如五行。都有。現在的宗旨，卻不是這樣了。

"社會現象"，也是"宇宙現象"之一，他的"變遷進化"，也脱不了"因果關係"的。雖然這種因果關係，不像自然現象那麽簡單，因而“斷定既往”,“推測將來”,也不能如自然科學那麽正確,譬如斷定既往,不如礦物學。推測將來,不如天文學。然而決不能説他没有因果關係。研究歷史之學,就是要想“認識這種因果關係”。這便是歷史學的定義。

第二章　中國的歷史

要明白一種現象的因果關係,先要曉得他的"事實"。考究人類社會已往的事實的東西很多,譬如(一)人類之遺骸,(二)古物,無論工藝品,美術品,建築物。(三)典章制度,風俗習慣等都是。記載往事的書籍,不過是其中的一種。然而最完全最正確的,究竟要推書籍。所以研究歷史,仍得以"史籍"爲中心。

我們中國的史籍,究竟怎樣?我且舉兩種史籍分類的法子,以見其大概。一種是清朝的《四庫書目》,這是舊時候"目録之學"中最後的分類。

- 史部
  - 正史
  - 編年
  - 紀事本末
  - 別史
  - 雜史
  - 詔令奏議
    - 詔令
    - 奏議
  - 傳記
    - 聖賢
    - 名人
    - 總録
    - 雜録
    - 別録
  - 史鈔
  - 載記
  - 時令

- 地理
  - 總志
  - 都會郡縣
  - 河渠
  - 邊防
  - 山川
  - 古跡
  - 雜記
  - 遊記
  - 外紀
- 職官
  - 官制
  - 官箴
- 政書
  - 通制
  - 典禮
  - 邦計
  - 軍政
  - 法令
  - 考工
- 目録
  - 經籍
  - 金石
- 史評

一種是近人所撰的《新史學》,略參些新科學思想的。見《新民叢報》和《飲冰室文集》。

- 第一正史
  - (甲)官書所謂《二十四史》是也。
  - (乙)別史如華嶠《後漢書》、習鑿齒《蜀漢春秋》、《十六國春秋》、《華陽國志》、《元祕史》等,其實皆正史體也。
- 第二編年《資治通鑑》等是也。
- 第三紀事本末
  - (甲)通體如《通鑑紀事本末》,《繹史》等是也。
  - (乙)別體如《平定某某方略》,《三案始末》等是也。
- 第四政書
  - (甲)通體如《通典》,《文獻通考》等是也。
  - (乙)別體如《唐開元禮》,《大清會典》,《大清通禮》等是也。
  - (丙)小記如《漢官儀》等是也。

第五雜史
- （甲）綜記如《國語》，《戰國策》等是也。
- （乙）瑣記如《世説新語》，《唐代叢書》，《明季稗史》等是也。
- （丙）詔令奏議四庫另列一門，其實雜史也。

第六傳記
- （甲）通體如《滿漢名臣傳》，《國朝先正事略》等是也。
- （乙）別體如《某帝實録》，《某人年譜》等是也。

第七地志
- （甲）通體如《某省通志》，《天下郡國利病書》是也。
- （乙）別體如紀行等書是也。

第八學史如《明儒學案》，《國朝漢學師承記》等是也。

第九史論
- （甲）理論如《史通》，《文史通義》等是也。
- （乙）事論如《歷代史論》，《讀通鑑論》等是也。
- （丙）雜論如《廿二史劄記》，《十七史商榷》是也。

第十附庸
- （甲）外史如《西域圖考》，《職方外紀》等是也。
- （乙）考據如《禹貢圖考》等是也。
- （丙）注釋如裴松之《三國志》注等是也。

以上兩種分法，都不十分正確，現在且別評論他。要知道歷史書分類的法子，可以自己把"目録之學"的書參考。其中應該先看的，是《漢書·藝文志》，《隋書·經籍志》，《文獻通考·經籍考》，《四庫書目》四種。我以爲歷史的書，從内容上分起來，不過（一）紀載，（二）注釋，（三）批評，三種。考訂大抵屬於注釋，也有因此而下批評的。其中又以紀載爲主，必須有了紀載，批評注釋兩種，纔有所附麗，其間有主從的關係。

歷史書所紀載的事實，從前的人，把他分做（一）治亂興亡，（二）典章制度兩大類。參看《文獻通考》序。這兩個名詞，不甚妥當，但是一時没有適當的名詞，姑且沿用他，我以爲前一類可稱爲"動的史實"，後一類可稱爲"静的史實"。正史中的"紀"、"傳"，是記前一類事實的；"志"是記後一類事實的；二者又皆可出之以"表"，以圖減省；所以正史可稱爲"紀傳表志體"。各種歷史，要算這一種的體例，最爲完全。所以從前把他立於學官，算做正史。編年和紀事本末，是專記前一類的事實。政書是專記後一類的事實。

從研究上説,編年體最便於"通覽一時代的大勢";紀事本末體,最便於"鉤稽一事的始末";典章制度一類的事實,尤貴乎"觀其會通";所以正史、編年、紀事本末、政書這四種書在研究上都是最緊要的:因其都能"網羅完備",而且都有一個"條理系統"。其餘的書,只記一部分的事實,或者是許多零碎的事實。只可稱爲"未經編纂的史材",專門研究,都是很有用的,初學暫可從緩。

我們中國是個文明開化極早之國,歷史一類的書,真是汗牛充棟;其餘各種材料,卻也不少;譬如鐘鼎碑刻和其餘各種古器物,都有合於前説的古物一類。各地方特別的風俗,特別的方言,都有合於前説的風俗習慣、典章制度一類。可惜科學不甚發達,没有能彀把他嚴密整理罷了。這就是今後學者的責任了。

第三章　現在研究史學的方法

現在研究史學，有兩件事情，最應當注意的：

其(一)，是要有科學的眼光。便是現存的材料，都要用科學方法，去整理他。其中最緊要的有兩層：(一)是把不關於歷史之學的析出，以待專門家的研究；譬如天文、律、歷。(二)是把所存的材料，用種種科學的眼光去研究他，以便説明社會進化的現象。譬如用經濟學的眼光去研究食貨一類的史實，就可以知道社會的生活狀況，就知道社會物質方面，物質方面，就是社會進化的一種原因。

其(二)，是要懂得考據之學。研究歷史，最緊要的就是"正確的事實"。事實不正確，根據於此事實而下的斷案，自然是不正確的了。然而歷史上一大部分的事實，非加一番考據，斷不能算做精密正確的。只要看從前人所考據的便可見。所以考據之學，實在不能不講，其中最緊要的也有兩層：(一)是要懂得漢學家的考據方法；這一派學問，是我們中國最新而又最精密的學問。必須懂得這一種方法，一切書纔都可以讀，一切材料纔都可以使用。不然，就全據了些靠不住的材料，或者有了材料，不知道用法。(二)是要參考外國的書；從前中國歷史中，關於外國一部分最不正確。譬如朝鮮、安南要算同中國關係最深的，然而紀載這兩國的事情，還是誤謬百出。今後研究，必須蒐羅他們自己的書。《四庫書目》著録外國人所自著的歷史，只有鄭麟趾的《高麗史》等兩三種。這是因爲當時朝鮮、安南等，表面上都是我的屬國，暗中卻都是帝制自爲，所以禁止國内的書籍不准到中國來。中國人也就不去考求，可謂闇於外情了。就是中國的事情，也有要借外國史參考，方才得明白的：譬如元朝在西域一方面的事實，就須參考西史；參看《元史譯文證補》。清朝未入關以前的事實,中國人完全茫昧,反要參考朝鮮人的著述;參看日本稻葉君山《清朝全史》。就是個好例。這一層,外國也是如此。譬如朝鮮人,講高麗以前的歷史,就一大部分要借中國書參考。總而言之,世界大通,各國的歷史,都可以參稽互證。試看近人《章氏叢書》中的《法顯發見西半球說》,就可見得中國的歷史竟可供給墨西哥人參考了。

這兩層,是最緊要的。其餘應當注意的地方還很多,且待講到下面,隨時再說。

第四章　本書的分期

從來講歷史的人,因研究的方便,總把他畫分做若干時期。本書也用此法。現在把本書所分的時期,開列於下。

(一)上古史		周以前
(二)中古史	上	從秦朝統一起,到後漢全盛時代止。
	中	從漢末分裂起,到南北朝止。
	下	從隋朝統一起,到唐朝全盛時代止。
(三)近古史	上	從唐中葉以後藩鎮割據起,到五代止。
	中	北宋
	下	南宋
(四)近世史	上	元
	中	明
	下	清中葉以前
(五)最近世史		從西力東漸到現在

以上不過是大略的區畫,其中一切事實,並不能截然分清。總而言之,是爲研究上的便利。至於所以如此分法,讀到後文自見,現在也不必絮煩。

第一篇　上　古　史

第一章　漢族的由來

研究一個國家的歷史，總得知道他最初的民族。現在世界上，固然没有真正單純的“民族國家”。一個國家，要想自立於世界之上，究竟民族宜乎單純，還宜乎複雜？假如説複雜，可以複雜到怎樣程度？自然也還是一個問題。然而一個國家建立之初總是以一個民族爲主體，然後漸次吸收其餘諸民族，這是一定不移的道理。然則要曉得一個國家最古的歷史，必須要曉得他最初的民族，也是毫無疑義的了。

建立中國國家最早的民族，就是“漢族”，這個也是講歷史的人，没有異議的。近來有人説：漢字是一個朝代的名稱，不是種族的本名，主張改稱“華族”或“中華民族”。殊不知漢字做了種族的名稱，已經二千多年，譬如唐朝用兵，兼用本國兵和外國兵，就稱“漢蕃步騎”，這就是以漢字爲種族之名的一證。而且現在還是一句活語言。——譬如現在稱漢滿蒙回藏，豈能改作華滿蒙回藏？況且“種”、“族”二字，用起來總得分别。漢族不能改作“華種”，若稱“華族”，這兩個字，有時候當他貴族用的，不免相混。若稱“中華民族”，四個字的名詞，用起來怕不大方便。而且現在“中華”做了國號；中國又是五族共和，這四個字，用到最近的時代，意義也容易混淆。總而言之，把臆定的名詞，來改通行的語言，極難妥當。所以本書仍舊用漢族兩字。

然則漢族還是從“有史以前”久已在中國本部的呢？還是從他處遷來，入“有史時代”，其形跡還有可考的呢？這便是“漢族由來”的問題。

關於這一個問題的回答，要算是“西來説”最爲有力。近來人關於這一個問題的著述，要算蔣觀雲的《中國人種考》，在《新民叢報》

裏。最爲詳博。但是他所舉的證據，還不盡可靠，我現在且舉兩種證據如下。[①] 這兩種證據，似乎都還謹嚴的。

其(一) 古書上説崑崙的很多。《周禮·大宗伯》："以黄琮禮地。"《鄭注》："此……禮地以夏至，謂神在崑崙者也。"《典瑞》："兩圭有邸，以祀地旅四望。"《鄭注》："祀地，謂所祀於北郊，神州之神。"疏："案《河圖括地象》，崑崙東南萬五千里神州。是也。"入神州以後，還祭"崑崙之神"，可見得崑崙是漢族的根據地。然則崑崙究在何處呢？《爾雅》："河出崑崙墟。"《史記·大宛列傳》："《禹本紀》言河出崑崙。崑崙，其高二千五百餘里，日月所相隱蔽爲光明也。其上有醴泉瑶池。"《説文》："河水出敦煌塞外崑崙山，發原注海。"《水經》："崑崙墟在西北，去嵩高五萬里，地之中也。其高萬一千里。河水出其東北陬。"《山海經》："海内崑崙之墟，在西北，河水出其東北隅。"都以河所出爲崑崙。河源所在，雖有異説，然都起於唐以後，不能拿來解釋古書。要講"古代所謂河源"，《史記·大宛列傳》所謂"漢使窮河源，河源出于闐。其山多玉石，采來。而天子案古圖書，名河所出山曰崑崙云"。其説自極可靠。那麽，如今于闐河上源一帶。一定是漢族古代的根據地了。《書·禹貢》"織皮，崑崙，析支，渠搜，西戎即叙。"《釋文》："馬云：崑崙，在臨羌西。……析支，在河關西。"《疏》："鄭玄云：衣皮之民，居此崑崙、析支、渠搜三山之野者，皆西戎也。……鄭以崑崙爲山，謂别有崑崙之山，非河所出者也。"這一個崑崙，在如今西寧縣的西邊青海地方，和前一個崑崙無涉。所以孔疏特地申明一句道："非河所出"，郭璞《山海經注》，也説："言海内者，明海内復有崑崙山。"這個"海"是"夷蠻戎狄，謂之四海"的"海"，不是"洋海"的海。

(二) 漢族二字，是後起之稱，古代漢族自稱。他族稱漢族，或説"華"，或説"夏"。《左傳》戎子駒支對晉人，"我諸戎飲食衣服，不與'華'同"。襄十四年。《國語》"裔不謀夏，夷不亂'華'"，都是個證據。近人因此附會到《列子》上頭的華胥之國，固然不甚可靠。列子這部書，本來真僞夾雜，這一段又是寓言。凡寓言裏的人名，地名，以至一切物的名，都不宜求其物

---

① 當看蒙文通《古史甄微》。

以實之。然而西史的巴克特利亞(Bactria),《史記》上稱他做大夏,似乎是這地方的舊名。爲因漢時西域諸國,譬如安息、大夏等,都能證明他是譯音。《吕氏春秋·古樂篇》:"黄帝令伶倫作律,伶倫自古大夏之西,乃之阮隃之陰,取竹於嶰谿之谷。"似乎就是這一個大夏。那麽,阿母河流域,似乎也是古代漢族的居地。參看近人《太炎文集·論種姓》。

以上兩種説法,如假定爲不謬,則漢族古代,似居今蔥嶺帕米爾高原一帶,這一帶地方,據人種學歷史家考究,原是各大人種起源的地方。漢族入中國,所走的大概是如今新疆到甘肅的路。近來人多説,"漢族沿黄河東徙"。這句話,似乎太粗略。現在的黄河上源,在古代是氐羌人的根據地。見第六章第四節。

總而言之,"漢族西來",現在雖没有充分的證據,然而蛛絲馬跡是很多的。將來古書讀得更精,古物發現得更多,再借他國的歷史參考,一定可以大爲明白。這就要希望諸位的努力了。

第二章　古史的年代和系統

研究歷史，“年代”是很緊要的。因爲歷史的年代，好比地理的經緯度。然而古史的年代，大概是很茫昧的，然而咱們現在既然要研究歷史，無論如何茫昧，總得考究他一番。

請問從何研究起呢？那麽，自然總要以一種傳説爲憑。古書上記得最整齊的，就是《春秋緯》。司馬貞《補三皇本紀》引他道：

自開闢至於獲麟，凡三百二十七萬六千歲。分爲十紀：……一曰九頭紀；二曰五龍紀；三曰攝提紀；四曰合雒紀；五曰連通紀；六曰序命紀；七曰脩飛紀；八曰回提紀；九曰禪通紀；十曰流訖紀。《尚書序正義》引《廣雅》，作二百七十六萬歲。脩飛作循飛，流訖，毛刻本作疏仡。

這種數目字，一看已是宏大可驚了。據現在史家所考究，埃及等開化最早之國，歷史也不滿一萬年，中國如何得獨有二三百萬年呢？不問而知其不可信了。然則請問從何下手呢？有了：古人的時間觀念，很不發達。所傳述的事情，都没有正確的年代。所以讀後世的歷史，可以按着年月，考求事實。讀古代的歷史，卻只能根據事實，推求年代。而古人所傳説的事實，又總要把他歸到一個“酋長”或者“半神半人的人”身上。所以考求古代君主的系統，便可大略推見其年代。

那麽，古書上所説最早的君主是什麽人？不問而知其爲盤古了。

徐整《三五歷》：“天地渾沌如雞子，盤古生其中。一萬八千歲，天地開闢，陽清爲天，陰濁爲地，盤古在其中。一日九變，神於天，聖於地，天日高一丈，地日厚一丈，盤古日長一丈，如此萬八千歲，天數極高，地數極深，盤古極長。”《太平御覽》卷二。

這一段神話，似乎純出想像，其中並無事實。近來又有人疑心盤古是苗族的神話，漢族誤把他拉來算做自己的，其說亦頗有理，見第三章第二節。盤古以後的君主，又是什麽人呢？那也不問而知其爲三皇五帝了。

司馬貞《補三皇本紀》：“天地初立，有天皇氏，……兄弟十二人，立各一萬八千歲。地皇氏，……十一人，……亦各萬八千歲。人皇氏，……兄弟九人，……凡一百五十世，合四萬五千六百年。”原注“天皇以下，皆出《河圖》及《三五歷》也”。案這是司馬貞所列的或說，其正説同鄭玄。

《尚書大傳》：“燧人爲燧皇，伏羲爲戲皇，神農爲農皇也。”《風俗通·皇霸第一》引。《風俗通》又引《禮緯含文嘉》同。又宋均注《援神契》引《甄耀度》，譙周《古史考》，都同此說，見《曲禮正義》。

《白虎通》：“三皇者，何謂也？謂伏羲，神農，燧人也。或曰：伏羲，神農，祝融也。”

《禮記·曲禮正義》鄭玄注《中候勑省圖》引……《運斗樞》：“伏羲，女媧，神農爲三皇。……”

《史記·秦始皇本紀》：“令丞相御史曰：……其議帝號。丞相綰，御史大夫劫，廷尉斯等皆曰：……臣等謹與博士議曰：古有天皇，有地皇，有泰皇；泰皇最貴。……”《索隱》：“天皇地皇之下，即云泰皇，當人皇也。……”

以上是三皇的異說；五帝的異說，也有兩種。

《史記正義》：“……太史公依《世本》、《大戴禮》，以黄帝、顓頊、帝嚳、唐堯、虞舜，爲五帝。譙周、應劭、宋均皆同。”

《曲禮正義》：“其五帝者，鄭注《中候勑省圖》云……黄帝，金天氏，高陽氏，高辛氏，陶唐氏，有虞氏，是也；實六人而稱五者，以其俱合五帝座星也。”

咱們現在所要研究的，有三個問題：其(一)三皇五帝，到底是什麼人？其(二)他們的統系是否相接？其(三)三皇五帝以前有無可考的帝王？

關於第一個問題：[①]除司馬貞《補三皇本紀》所列的或說，似乎也是苗族的神話，漢族誤拉來的不算外，見第三章第二節。《白虎通》的第一說和《尚書大傳》本來相同。《尚書大傳》“遂人以火紀，火，太陽也，陽尊，故託遂皇於天；伏羲以人事紀，故託戲皇於人；……神農悉地力，種穀疏，故託農皇於地”。可見得三皇是取天地人的意思；與《史記》“古有天皇，有地皇，有泰皇”《索隱》“泰皇當人皇”的說法正合；伏生就是秦博士之一；這兩說一定是一說。《補三皇本紀》“女媧氏，亦風姓，代宓犧立；……一曰：女媧亦木德王，蓋宓犧之後，已經數世，金木輪環，周而復始；特舉女媧，以其功高而充三皇。……當其末年也，諸侯有共工氏，……乃與祝融戰；不勝而怒，乃頭觸不周山崩，天柱折，地維缺；女媧乃鍊五色石以補天，斷鼇足以立四極。”原注“按其事出《淮南子》也”。按見今《淮南子·覽冥訓》。則女媧就是祝融；《白虎通》第二說，和鄭玄的說法相同。五帝的兩說，就是後一說多了個少昊。還有《尚書僞孔傳序》，把伏羲，神農，黃帝，算做三皇。少昊，顓頊，高辛，唐，虞，算做五帝；這是無據之談。皇甫謐和造僞孔傳的王肅，是一路人，所以他所做的《帝王世紀》，和他相同。這其間的關係，只要看丁晏的《尚書餘論》就明白了。所以現在不列這一種說法。咱們要辨別這兩說的是非，就要入於第二個問題了。

關於第二個問題，也有兩種說法：一種是說黃帝以後，世系都是明白可考的。是《大戴記·帝繫》：“少典產軒轅，是爲黃帝；黃帝產玄囂，玄囂產蟜極，蟜極產高辛，是爲帝嚳；帝嚳產放勳，是爲帝堯；黃帝產昌意，昌意產高陽，是爲帝顓頊；顓頊產窮蟬，窮蟬產敬

① 皆德號。

康，敬康産句芒，句芒産蟜牛，蟜牛産瞽叟，瞽叟産重華，是爲帝舜；及産象傲；顓頊産鯀，鯀産文命，是爲禹。”這是《史記·五帝本紀》所本。

一種是把其間的年代説得極爲遼遠的。就是《曲禮正義》：“《六藝論》云：燧人至伏羲，一百八十七代。宋均注《文耀鉤》云：女媧以下至神農，七十二姓。譙周以爲伏羲以次有三姓，始至女媧；女媧之後五十姓。至神農；神農至炎帝，一百三十三姓。”又《祭法正義》：“《春秋命歷序》：炎帝，號曰大庭氏，傳八世，合五百二十歲；黄帝，一曰帝軒轅。傳十世。二閩本宋本作一。千五百二十歲；次曰帝宣，曰少昊，一曰金天氏，則窮桑氏，傳八世，五百歲；次曰顓頊，則高陽氏，傳二十世，三百五十歲；次是帝嚳，傳十世，四百歲。”案古人所謂某某生某某，不過是“本其族姓所自出，……往往非父子繼世”。孔廣森《大戴禮記補注》據了《大戴記》的《帝繫篇》，就説他《五帝德篇》的五帝，是及身相接，原不免武斷；然而後燧人到帝嚳，其間的世次年代，也決不會像《禮記正義》所引諸説那麽遠。《五帝德》：“宰我問於孔子曰：昔者予聞諸榮伊，言黄帝三百年，請問黄帝者，人邪？抑非人邪？何以至於三百年乎。孔子曰：……生而民得其利百年，死而民畏其神百年，亡而民用其教百年，故曰三百年。”可見古人對於年代的觀念，全然和後世不同；照孔子對宰予的説法，是連死後也算進去。這許多數目字，全然不足爲據。我們現在没有别的法子想，只好把黄帝、顓頊、帝嚳、堯、舜，姑且算他是及身相接的；就是不及身相接，其間相去的年代，也必不遠。燧人、伏羲、神農，姑且算他不是及身相接的；這幾個君主，本來没有緊相承接的説法；而介居其間的君主，卻有不能不承認他存在的；譬如女媧氏。司馬貞説他在伏羲、神農之間，似乎不能就相信；然而《淮南子》既然記載他和共工戰争的事實，《禮記》的《祭法》，又有“共工氏之霸九州也”一句，就是一個旁證；《白虎通》三皇的第二説，又列一個祝融；把《淮南子》核對起來，祝融和女媧就是一人；就又是一個旁證；有這兩個旁證，就不能不承認了。

三皇五帝，既然得了一個勉强的算法，就可以進而考究第三個問題了。《補三皇本紀》“自人皇已後，有五龍氏、燧人氏、大庭氏、柏皇氏、中央氏、卷須氏、栗陸氏、驪連氏、赫胥氏、尊盧氏、渾沌氏、昊英氏、有巢氏、朱襄氏、葛天氏、陰康氏、無懷氏，斯蓋三皇已來，有天下者之號；但載籍不紀，莫知姓、王、年代、所都之處；而《韓詩》以爲自古封太山，禪梁甫者萬有餘家，仲尼觀之，不能盡識；管子亦曰：古封太山七十二家，夷吾所識，十有二焉；首有無懷氏；案以上一段説法，係根據《莊子·胠篋篇》,《史記·封禪書》。然則無懷之前，天皇已後，年紀悠邈，皇王何昇而告，但古書亡矣，不可備論，豈得謂無帝王耶?”案這一段議論，自極通達；然而《春秋繁露·三代改制質文篇》:“……故聖王生則稱天子，崩遷則存爲三王，絀滅則爲五帝，下至附庸，絀爲九皇，下極其爲民；有一謂之三代，故雖絶地，廟位祝牲，猶列於郊號，宗於代宗”，所謂“宗於代宗”，似乎就是“封太山”,《周禮》“都宗人，掌都宗祀之禮，凡都祭祀，致福於國”,《鄭注》“都，或有山川及因國無主九皇六十四民之祀”。《疏》按“《史記》，這《史記》不知道是什麽書。伏羲以前，九皇六十四民，並是上古無名號之君，絶世無後，今宜主祭之也”。“絶世無後”，就是董子所謂“絶地”；那麽，六十四民，就是董子所謂下極其爲民；然則管子所謂七十二家，正就是這些上古無名號之君了。所可疑惑的，周朝時候所記得古代的君主，何以能有如許之多，而且三王五帝九皇六十四民，恰合於九九八十一之數，恐怕是宗教上的理由，不能當他歷史了：據《春秋繁露》所説，分明是隨意推算。就算不是如此，司馬貞所舉五龍氏……無懷氏一大篇君主的名號，也大概是無事跡可稽的，況且只有一個五龍氏在燧人以前，咱們現在也只得姑且截斷他，把古史的年代系統，姑且推到燧人爲止了。

《史記》確實的紀年，起於共和元年：從此以前的年代，都不可靠。咱們現在，姑且用《漢書·律歷志》所推，夏四百三十二年，殷六百二十九年，周八百六十七年計算。因爲别種書所載數目，也差不多；這部書，究竟是以歷法推古代年代最古的。共和元年，在民國紀元前二千七百五十二年；在此以前，周朝還有一百二十二年，再加上殷朝的六百二十九，夏朝的四百三十二，共是一千一百八十三，就在民國紀元前三千九百三十五年;堯舜兩朝,用《史記》的堯九十八,舜三十九,加上居喪三年計算,共是一百四十年;其餘帝嚳、顓頊、黄帝三代,用堯舜年代的平均數——七十年去算他,就加上二百一十年,從燧人到伏羲,姑且用榮伊説黄帝的例子,算他每人三百年,其間間代之主,就都包括在這三個人裏頭。又加上九百年;那麽,燧人氏的元年,就在民國紀元前的五千一百八十五年了。① 這種算法,固然極爲可笑,然而現在實在没有别的法子想,也只得姑且如此,總算是"慰情聊勝無"罷了。

---

① 紀年起共和。以曆法推年代。

第三章　三皇五帝

第一節　三皇五帝時代社會進化的狀況

既然知道中國可考的古史,起於三皇五帝,那麽,咱們現在講歷史,就可以暫時從這裏起了。

要曉得一個時代的歷史,總得先曉得這個時代的社會是什麽狀況。三皇五帝的事跡,散見在古書裏的很多,關於社會狀況的也不少,但是苦於没有一個條理系統,而且不盡可靠。且慢,我現在找著兩種書,説這時代社會進化的狀況,卻是很明白的。一種是《白虎通》的論三皇,他説:

> 古之時,未有三綱六紀;民人但知其母,不知其父;能蔽前而不能蔽後;《北堂書鈔》引《五經異義》:"太古之時,未有布帛,人食禽獸肉而衣其皮,知蔽前,未知蔽後。"卧之詓詓,行之吁吁,飢即求食,飽即棄餘;茹毛飲血,而衣皮葦;於是伏羲仰觀象於天,俯察法於地;因夫婦,正五行;始定人道,畫八卦以治下;下伏而化之,故謂之伏羲也。謂之神農何?古之人民,皆食禽獸肉;至於神農,人民衆多,禽獸不足;於是神農因天之時,分地之利;制耒耜,教民農作;神而化之,使民宜之,故謂之神農也。謂之燧人何?鑽木燧取火,教民熟食;養人利性,避臭去毒,謂之燧人也。

三皇的次序，應當從《尚書大傳》，燧人在前，伏羲次之，神農最後。

八卦是中國古代的宗教，見第十章第一節。燧人的時候還在“漁獵時代”，所以要教民熟食。漁獵時代，還没有“夫婦之倫”，一羣的女子，都是一羣的男子的妻，參看嚴復譯甄克思《社會通詮》。所以“但知其母，不知其父”。漁獵時代，還没有“所有權”，所有權，是到畜牧時代，因爲畜牧要花勞力起的，也見《社會通詮》。所以“飢即求食，飽即棄餘”。到伏羲時候，便進入“游牧社會”。游牧社會，人民便從山谷之中，分散到各處平地；“家族制度”，就從此發生，所以有“夫婦之倫”。從游牧時代，變到耕稼社會，總是因爲人民衆多，地力不給；所以神農纔要“教民農作”。《白虎通》這一段話，無一句不和現在社會學家所説相合的，可見得真古書的可貴。

一種是《易繫辭》説伏羲以後的創作，他説：

> 古者包犧氏之王天下也，仰則觀象於天，俯則觀法於地；觀鳥獸之文，與地之宜；近取諸身，遠取諸物；於是始作八卦，以通神明之德，以類萬物之情。作結繩而爲網罟，以佃以漁，……包犧氏没，神農氏作。斲木爲耜，揉木爲耒；耒耨之利，以教天下。……日中爲市，致天下之民，聚天下之貨；交易而退，各得其所。……神農氏没，黄帝堯舜氏作。……黄帝堯舜，垂衣裳而天下治。……《正義》自此已下，凡有九事，黄帝制其初，堯舜成其末，故連云黄帝堯舜也。垂衣裳者，以前衣皮，其制短小；今衣絲麻布帛，所作衣裳，其制長大，故云垂衣裳也。刳木爲舟，剡木爲楫；舟楫之利，以濟不通。……服牛乘馬，引重致遠。……重門擊柝，以待暴客。……斷木爲杵，掘地爲臼；臼杵之利，萬民以濟。……弦木爲弧，剡木爲矢；弧矢之利，以威天下。……上古穴居而野處，後世聖人易之以宫室，上棟下宇，以待風雨。……古之葬者，厚衣之以薪，葬之中野，不封不樹，喪期無數，後世聖人易之以棺椁。……上古結繩而治，後世聖人易之以書契；百官以

治,萬民以察。

耕稼時代,人民四處分散,更不能如游牧時代之“列帳而居”。一切需用的東西都不能取諸近處,所以“商業”就隨之而起。商業既興,“水陸交通”,就隨之便利。

農耕時代,人民的生活程度漸高,所以“衣服”、“住居”、“器用”、“葬埋”,都比古人講究。農耕時代,人民就都“定住”,而且都有了“儲蓄”,就要防人“掠奪”;所以“戰爭”、“守禦”的事情,也就隨之而起。生活程度既高,“文化”自然發生了,所以就有“文字”。這一節所述,於社會進化情形也是很對的。

第二節 黃帝和蚩尤的戰爭

三皇時代,君主的傳統,還不可考;到五帝時代就不然,就不是緊相承接,也必相去不遠。可見得五帝時代的歷史,更比三皇時代明白。咱們現在,就得要提出幾件五帝時代的大事來講講。其第一件,便是黃帝和蚩尤的戰爭。

這件事,據《史記·五帝本紀》所載,是:

> 黃帝者,少典之子,《索隱》:“少典者,諸侯國號,非人名也。又按《國語》云:少典娶有蟜氏女,而生炎帝,然則炎帝亦少典之子。”姓公孫,名曰軒轅。……軒轅之時,神農氏世衰,諸侯相侵伐,暴虐百姓,而神農弗能征;於是軒轅乃習用干戈,以征不享,諸侯咸來賓從;而蚩尤氏最爲暴,莫能伐。炎帝欲侵陵諸侯,諸侯咸歸軒轅;軒轅乃脩德振兵,……以與炎帝戰於阪泉之野,三戰然後得其志。蚩尤作亂,不用帝命;於是黃帝乃徵師諸侯,與蚩尤戰於涿鹿之野,遂禽殺蚩尤;而諸侯咸尊軒轅爲天子,代神農氏。案,阪泉,《集解》引服虔,只說是地名,涿鹿,服虔說是山名,在涿郡;似乎是的。有許多人說在如今的涿鹿縣,恐怕是因漢朝在此置了一個涿鹿縣,所以附

會上去的。①

近來的人說，蚩尤是三苗的酋長，三苗，就是現在所謂苗族；②他佔據中國本部，在漢族之先，後來給漢族驅逐掉的。黄帝和蚩尤的戰争，就是其中的一事。這句話不很精細。三苗是古代的一個國名，不是種族之名；他的民族，卻唤做“黎”；黎族的君主，起初是蚩尤，後來纔是三苗。《書・堯典》：“竄三苗於三危。”《釋文》：“馬王云：國名也；縉雲氏之後爲諸侯，蓋饕餮也。”《淮南子・脩務訓》高誘《注》：“三苗，蓋謂帝鴻氏之裔子渾敦，少昊氏之裔子窮奇，縉雲氏之裔子饕餮，三族之苗裔，故謂之三苗。”又《書・吕刑》：“蚩尤惟始作亂。”《釋文》：“馬云：少昊之末，九黎君名。”《禮記・緇衣》：“甫刑曰：苗民弗用靈，制以刑，惟作五虐之刑曰法。”《正義》：“案鄭注《吕刑》云：苗民，謂九黎之君也。九黎之君，於少昊氏衰，而棄善道。上效蚩尤重刑。必變九黎言苗民者，有苗，九黎之後，顓頊代少昊誅九黎，分流其子孫，居於西裔者爲三苗；至高辛之衰，又復九黎之惡；堯興，又誅之，堯末，又在朝。舜時，又竄之；後王深惡此族三生兇惡，故著其氏而謂之民，③民者冥也，言未見仁道。”據以上幾種説法，三苗究竟是饕餮，還是渾敦、窮奇、饕餮三族之後，雖不能定，然而的確是個國名，——就是氏族之名。——並不含有人民——種族——的意思。《高注》：“一曰：放三苗國民於三危也。”就是鄭注所謂著其氏而謂之民，也並不是指人民。蚩尤，馬融説：“少昊之末，九黎君名。”鄭玄説：“九黎之君，於少昊氏衰，上效蚩尤重刑。”則蚩尤還在少昊以前，似乎鄭説爲是。這一族人君主雖是蚩尤三苗，人民卻是九黎。和漢族競争，從黄帝時代起，直到堯舜時代止，看上文所引《吕刑》鄭注，就可明白。不可謂不久；然而曾到黄河流域與否，毫無證據；《吕氏春秋》：堯戰於丹水之浦以服南蠻，也只到今漢水流域。他的佔據江域和漢族的占據河域，孰先孰後，也史無可徵；怎能武斷説他佔據中國本部在漢族之前呢？

這一族人，現在稱他爲苗，乃是蠻字的轉音，和古代“三苗”的“苗”字無涉；試看古代“三苗之國”亡後，歷代都只有所謂蠻，並無所謂“苗”；從元明清以來方漸次改稱爲“苗”，就更無所謂蠻可知。蠻是中國人通稱南方異族之名，他種族的本名，實在是“黎”字。後世都寫

① 涿郡今涿縣。
② 苗，先漢。苗——蠻，黎——里——俚。蚩尤——三苗。
③ 著其氏而謂之民。

作俚或又寫作"里";《後漢書・南蠻傳》:"建武十二年,九真徼外蠻里張游,率種人慕化内屬,封爲歸漢里君。"《注》:"'里',蠻之别號,其實是本名。今呼爲'俚人'"是也。這一族人,似乎本來住在中央亞細亞高原,後來沿長江東徙的,何以知道呢?《後漢書・南蠻傳》:

> 昔高辛氏有犬戎之寇,帝患其侵暴,而征伐不克;乃訪募天下,有能得犬戎之將吴將軍頭者,購黄金萬鎰,邑萬家,又妻之以女。時帝有畜狗,其毛五采,名曰槃瓠;下令之後,槃瓠遂銜人頭造闕下;羣臣怪而診之,乃吴將軍首也;……乃以女配槃瓠。槃瓠得女,負而走入南山,止石室中;經三年,生子一十二人,六男六女;槃瓠死後,因自相夫妻;……今長沙武陵蠻是也。

近來有人説:這槃瓠就是盤古,①關於盤古的神話,都是苗族所傳,漢族誤把他拉來,算做自己的;這話很奇而很確。爲什麽呢?(一)槃瓠、盤古,聲音相同;(二)關於盤古的神話,思想和中國别種神話不同;(三)漢族古帝,都在北方;獨盤古則祠在桂林,墓在南海;見任昉《述異記》。(四)干寶《晉紀》,范成大《桂海虞衡志》,都説:"苗人雜糅魚肉,叩槽而號,以祭槃瓠。"《文獻通考》引。近人筆記,説廣西巖洞中,往往有崇宏壯麗,榜爲盤古廟的;廟裏奉祀的,是盤古和天皇、地皇、人皇;陰曆六月初二,相傳是盤古生日,遠近聚集,致祭極虔。見《地學雜誌》。照此説來,不但盤古是苗族的古帝,連司馬貞《補三皇本紀》所列後一説的三皇,也是苗族的古帝了。《遁甲開山圖》説天皇被跡在柱州崑崙山下,地皇興於熊耳龍門山,人皇起於形馬。《御覽》卷七十八。柱州,以崑崙山高若天柱然,故名;形馬,山名,舊説在蜀。《通鑑外紀》。據此看來,天皇,人皇,實在是從如今的青海到四川的。崑崙,見第一章。熊耳山,在如今河南的盧氏縣,龍門山在陝西韓城縣、山西河津縣之間,也和四川的山脈相接。所以《華陽國志》也説"蜀之爲國,肇自人皇"。到三苗時代,就進到左洞庭、右彭蠡的地位了。《史記・吴起列傳》。《書・堯典》:

---

① 槃瓠傳説,今畲民等仍有之。

"竄三苗於三危。"《禹貢》:"導黑水,至於三危,入於南海",《史記集解》《夏本紀》。和《通典》卷一百七十五。引《鄭注》道:"《地理志》,益州滇池有黑水祠,而不記此山水所在,今中國無之矣。《地記》曰:三危山,在鳥鼠之西南,與岷山相連。"則黑水就是如今的金沙江,一者,黑水祠在滇池,滇池是金沙江流域;兩者,金沙江古名瀘水,"瀘"就是"盧",也就是"玈",就是"黑"。三危山,就是如今的巴顏哈喇山脈。三苗是江域之國,把他竄到這個地方,一定因爲三苗是九黎之君,三危是黎族的根據地,叫他去治理,卻很相宜,所以《史記》説:"以變西戎。"《禹貢》:雍梁二州,都以黑水分界;是雍州的西南界,到如今青海木魯烏蘇北岸;梁州的西界,到如今川邊這一條水的東岸;斷乎沒有兩條黑水的。入於南海的"海",是"夷蠻戎狄謂之四海"的海,不是"洋海"的海。當時道金沙江,實在還沒到他和岷江合流之處,所以就把岷江算做長江的上源。後人鑿定了海是洋海的海,就生出許多異説來;卻又因爲哈剌烏蘇,譯言黑水,就把來附會禹貢的黑水;殊不知哈喇譯言黑,是句"蒙古話";這個名詞,一定是蒙古人侵入青海之後纔有的。古人所説的山,都是所包甚廣,和現在地理學上所謂"山脈"、"山系"相當;斷沒有像志書上所説,僅指一峯一嶺的。《水經注》:江水"東過江陽縣南,——如今四川的瀘縣——雒水從三危東,道廣魏雒縣南——如今四川的廣漢縣——東南注之"。可見得三危二字,所包甚廣。《括地志》把他鑿定在"敦煌縣東南四十里",就又生出疑問來了。《括地志》這句話,是跟《山海經》"三危在敦煌南"——《水經注》三十一卷引——來的;殊不知《山海經》下文,還有"與岷山相接,南帶黑水"兩句,所謂在敦煌南,和《説文》説"河水出敦煌塞外崑崙山"一樣;因爲中國郡縣,極盡於此,只得如此説法;並不是説他在敦煌境内,或者極近的地方;不然《漢書・地理志》,《續漢書・郡國志》,敦煌郡下,爲什麽都不説有三危山呢?照第一章所考據,于闐河的上源有崑崙,河曲的東面,又有崑崙;這兩個崑崙,其實原是一山,不過因爲一處是漢族發祥之地,一處爲西戎所據,所以分出"海内"、"海外"罷了。這也是古人所説的山,所包甚廣的一個證據。這一條例子,講古代的地理,用處甚大,請諸位牢牢記着。

第三節　堯舜的禪讓

顓頊、帝嚳兩代,據《史記・五帝本紀》,没有甚麽實事可述。《史記》係根據《大戴禮》。大抵這兩位君主,功業本不及黄帝、堯、舜,所以《易繫辭》也把他略掉。

堯舜時代，第一個大問題便是"禪讓"；咱們現在且把他提出來研究研究。這件事據《史記》所記，是：

(《五帝本紀》)堯曰：嗟四嶽，朕在位七十載，汝能庸命，踐朕位。嶽應曰：鄙德，忝帝位。堯曰：悉舉貴戚及疏遠隱匿者。衆皆言於堯曰：有矜在民間曰虞舜。堯曰：然，朕聞之，其何如。嶽曰：盲者子；父頑，母嚚，弟傲，能和以孝，烝烝治，不至姦。堯曰：吾其試哉；於是堯妻之以二女，觀其德於二女。舜飭下二女於嬀汭，如婦禮。堯善之；乃使舜慎和五典，五典能從；乃遍入百官，百官時序；賓於四門，四門穆穆，諸侯遠方賓客皆敬；堯使舜入山、林、川、澤，暴風雷雨，舜行不迷；堯以爲聖，召舜曰：汝謀事至而言可績三年矣，女登帝位。舜讓於德不懌。正月上日，舜受終於文祖；文祖者，堯太祖也。於是帝堯老，命舜攝行天子之政。……堯立七十年得舜。二十年而老，令舜攝行天子之政，薦之於天；堯辟位凡二十八年而崩。……堯崩，三年之喪畢，舜讓辟丹朱於南河之南。諸侯朝覲者，不之丹朱而之舜；獄訟者，不之丹朱而之舜；謳歌者，不謳歌丹朱而謳歌舜；舜曰：天也；夫而後之中國，踐天子位焉。

舜子商均亦不肖，舜乃預薦禹於天；十七年而崩。三年之喪畢，禹乃亦讓舜子，如舜讓堯子，諸侯歸之。然後，禹踐天子位。堯子丹朱，舜子商均，皆有疆土以奉先祀，服其服，禮樂如之；以客見天子，天子弗臣，示不敢專也。

(《夏本紀》)帝禹立而舉皋陶，薦之，且授政焉；而皋陶卒，……而後舉益任之政。十年帝禹東巡狩，至於會稽而崩，以天下授益。三年之喪畢，益讓帝禹之子啓，而辟居箕山之陽。禹子啓賢，天下屬意焉；及禹崩，雖授益，益之佐禹日淺，天下未洽；故諸侯去益而朝啓，曰：吾君帝禹之子也；於是啓遂即天子之位。

儒家的話，幾千年以來，就把他算做歷史；然而到底有個劉知幾，明目張膽攻他；《史通·疑古篇》。還有造《竹書紀年》這類書的人，也是對於儒家的話懷疑的。《五帝本紀正義》：“《括地志》云：故堯城，在濮州鄄城縣東北十五里。《竹書》云：昔堯德衰，爲舜所囚也。又有偃朱故城，在縣西北十五里。《竹書》云：舜囚堯，復偃塞丹朱，使不與父相見也。”現在的《竹書紀年》，卻又是明以來的僞書。咱們現在，且引幾句非儒家的話看看。

> 《韓非子·外儲説》：堯欲傳天下於舜，鯀諫曰：不祥哉，孰以天下而傳之於匹夫乎；堯不聽，舉兵而誅殺鯀於羽山之郊；共工又諫曰：孰以天下而傳之於匹夫乎？堯不聽，又舉兵而誅共工於幽州之都；於是天下莫敢言無傳天下於舜。
>
> 又燕王欲傳國於子之也，問之潘壽，對曰：禹愛益而任天下於益，已而以啓人爲吏；及老而以啓爲不足任天下，故傳天下於益，而勢重盡在啓也；已而啓與友黨攻益，而奪之天下。
>
> 又《忠孝》：瞽叟爲舜父而舜放之，象爲舜弟而舜殺之；放父殺弟，不可謂仁；妻帝二女，而取天下，不可謂義。《淮南子·齊俗訓》昔有扈氏爲義而亡。注：有扈，夏啓之庶兄也。以堯舜舉賢，禹獨與子，故伐啓，啓亡之。

《韓非子》説得好：“孔子、墨子，俱道堯舜，而取舍不同；皆自謂真堯舜，堯舜不復生，將誰使定儒墨之誠乎？”《顯學篇》。非儒家的話，自然不足以服儒家之心；咱們現在，且再就儒家的話，校勘校勘。

（一）前文所引的《史記》，和《尚書》、《孟子》，都相同的。《史記·孟子列傳》“退而與萬章之徒，序《詩書》，述仲尼之意，作《孟子》七篇”。趙岐《孟子題辭》“通《五經》，尤長於《詩書》”。那麽，《孟子·萬章上篇》所説，一定都是《書》説了。史公、孟子，似乎同用的書説；《史記》上和《孟子》相合的話，是同源異流的。未必史遷曾見過《孟子》。然而把《尚書》古文家言和今文家言核對，就有不符的地方。《孟子》“帝使其子九男事之，二女女焉”。《尚書大傳》“舜耕於歷山，堯妻之以二女，屬以九子也”。《初學記·帝王部》引。這是《尚書》今文家言。《書·臯陶謨》僞孔分做《益稷》。“無若丹朱敖,惟慢遊是好,傲虐是作,罔晝夜頟頟,罔水行舟,朋淫於家,用殄厥世”。《釋文》“傲,字又作奡”。《説文》奡字下,“《虞書》曰:若丹朱奡,讀若傲”。又引“《論語》曰:奡盪舟”。這是古文家言,非儒家言,只有《淮南子·泰族訓》“堯屬舜以九子”,和《孟子》、《大傳》相合。此外《吕氏春秋·去私篇》就説“堯有子十人”。《求人篇》説“堯妻以二女,臣以十子”。《莊子·盜跖篇》又説,“堯殺長子”。《韓非子·説疑篇》“其在《記》曰:堯有丹朱,而舜有商均,啓有五觀,商有太甲,武王有管蔡,五王之所誅,皆父子兄弟之親也”。丹朱被殺,别處都没有徵驗;然而堯殺掉一個兒子,似乎是真的;這個兒子,恐怕就是奡。參看《癸巳類稿》卷一《奡證》。

(二)《小戴記·檀弓》“舜葬於蒼梧之野”,各種書都同的。《大戴記·五帝德》,《白虎通·巡狩篇》,《淮南子·脩務訓》,《漢書·劉向傳》,《三國志·薛綜傳》,《吕凱傳》。又《小戴記·祭法》“舜勤衆事而野死”,《國語·魯語》同,鄭玄韋昭,都把葬於蒼梧之野解釋他。獨有《孟子》説:“舜生於諸馮,遷於負夏,卒於鳴條,東夷之人也。”這句話,不知哪裏來的。案《史記·五帝本紀》“舜耕歷山,漁雷澤,陶河濱,作什器於壽丘,就時於負夏”,索隱引《尚書大傳》“販於頓丘,就時負夏”。史公、孟子,似乎也是同用書説的。“遷於負夏”的遷,作懋遷解。《史記》下文“南巡狩,崩於蒼梧之野,葬於江南九疑,是爲零陵”。一定是後人竄入。《史記》這部書,給後人竄亂的地方極多;請看近人崔適的《史記探原》。蒼梧零陵,到了如今湘粤的邊界似乎有被竄逐的嫌疑,劉知幾就很疑心他。所以今文家把他諱掉。這個“今文家”三字,是指經學真有傳受的人,並不是指古文既興以後的今文家。請看末一段。然而鳴條也是南夷的地方,舜禹果然“雍容揖讓”,如何舜會死在這裏,諱了半天,似乎還是不能自圓其説。趙岐《孟子》注“諸馮,負夏,鳴條,皆地名,負海也”。這個“海”,是“夷蠻戎狄,謂之四海”的海,正是注釋《孟子》“東夷之人也”這一句。《吕氏春秋·簡選篇》“殷湯登自鳴條,乃入巢門”,《淮南子·主術訓》“湯困桀鳴條禽之焦門”《脩務訓》“湯整兵鳴條困夏南巢,譙以其過,放之歷山”。可見得鳴條和南巢歷山相近,正是所謂“東夷之地”。參看第六章第五節。——《書·湯誓序》正義引“鄭玄云:南夷地名”,已經微誤。至《書序》“伊尹相湯伐桀。升自陑,遂與桀戰於鳴條之野”,這個陑,本來是無可考的,僞孔硬説湯都偃師，桀都安邑，《正義》勉强傅會，才生出“陑在河曲之南，鳴條在安邑之西”種種曲説來，參看第四章第二節自明。還有舜封象於有庳一事，也極爲可疑。孟子答萬章的話，無論如何，也不能自圓其説。顧炎武就説“上古諸侯之封萬國，其時中原之地，必無閒土可以封也”。(《日知録》)然而古人所説萬國、三千、千八百，實在是個虚擬之詞，並不是真有這些國度(參看第七章)。有庳蒼梧，地極相近；舜放象的地方，就是後來自己逃去的地方，這個疑團，更無從解釋了。

(三)《新序·節士篇》:“禹問伯成子高曰：昔者堯治天下，吾子立爲諸侯；堯授舜，吾子猶存焉，及吾在位，子辭諸侯而耕，何故？子高曰：昔堯之治天下，舉天下而傳之他人，至無欲也；擇賢而與之，至公也；舜亦猶然，今君之所懷者私也，百姓知之，貪争之端，自此起矣；德自此衰，刑自此繁矣；吾不忍見，是以野處也。”這一段，竟説禹有私天下之心，和孟子答萬章的話，大相反背。劉向是個博極羣書的人，《新序》又是雜採古書而成的，自然不能謹守家法。這也是今古文家，互相違反的一證。《書·甘誓序疏》:“……蓋由自堯舜受禪相承，啓獨見繼父，以此不服，故伐之。”這個説法，也必有所本。

(四)以上都是儒家説話可疑之處，還有他不説話的地方，也很可疑。《史記·伯夷列傳》:“夫學者載籍極博，猶考信於《六藝》;《詩》、《書》雖缺，然虞夏之文可知也。堯將遜位，讓於虞舜舜禹之間。岳牧咸薦；乃試之於位；典職數十年，功用既興，然後授政；示天下重器，王者大統，傳天下若斯之難也；而説者曰：堯讓天下於許由，許由不受，恥之，逃隱；及夏之時，有卞隨、務光者，此何以稱焉。太史公曰：余登箕山，其上蓋有許由冢云。孔子序列古之仁聖賢人，如吴太伯、伯夷之倫，詳矣；余以所聞，由、光義至高，其文辭不少概見，何哉。”太史公這一段文字，是深苦於載籍上的話，和《書》義不合，《尚書》:虞夏同科(見義疏)，太史公説“虞夏之文”，是指尚書而言可知。“堯將遜位……然後授政”是述書義；“堯讓天下於許由，……何以稱焉”。是述非儒家的載籍，“示天下重器……若斯之難也”，與“此何以稱焉”句相呼應。既不能一筆抹殺，因爲有許由冢等實跡可證。《五帝本紀贊》:“學者多稱五帝，尚矣，然《尚書》獨載堯以來，而百家言黄帝，其文不雅馴，薦紳先生難言之。孔子所傳宰予問《五帝德》及《帝繫》姓，儒者或不傳。余嘗西至空峒，北過涿鹿，東漸於海，南浮江淮矣，至長老皆各往往稱黄帝堯舜之處，風教固殊焉；總之不離古文者近是。”可見得太史公的學問，極注重實驗，他親眼看見了一個許由冢，又聽見許多傳説，然而六藝無徵，自然要委決不下了。而又六藝闕然，無可考信的意思。然而據清朝宋翔鳳所考究，許由實在就是伯夷。他説堯舜時候的四岳，一共有三起人：第一起就是羲仲、羲叔、和仲、和叔四個；第二次分做八伯，四個是驩兜、共工、放齊、鯀，餘無可考。第三起就是伯夷等八人。見《尚書略説》，原文……“《周禮疏序》引鄭《尚書》注云：四岳，四時之官，主四岳之事，始羲和之時，主四岳者，謂之四伯；至其死，分岳事置八伯，皆王官。其八伯，惟驩兜共工放齊鯀四人而已。其餘四人，無文可知矣。案上文羲和四子，分掌四時，即是四岳，故云四時之官也。云八伯者，《尚書大傳》稱陽伯，儀伯，夏伯，羲伯，秋伯，和伯，冬伯，其一闕焉。《鄭注》以陽伯爲伯夷掌之，夏伯棄掌之，秋伯咎繇掌之，冬伯垂掌之，餘則羲和仲叔之後，《堯典》注言驩兜四人者，鄭以《大傳》所言，在舜即真之年，此在堯時，當别自有人，而經無所見，故舉四人例之。……案唐虞四岳有三：其始爲羲和之四子，爲四伯；其後共驩等爲八伯；其後伯夷諸人爲之。《白虎通・王者不臣篇》先王老臣不名，親與先王戮力共治國，同功於天下，故尊而不名也。《尚書》曰：咨爾伯，不言名也。案班氏説《尚書》，知伯夷逮事堯，故在八伯之首，而稱太岳。《春秋左氏》隱十一年，夫許，太岳之胤也。申，吕，齊，許，同祖，故吕侯訓刑，稱伯夷禹稷爲三后，知太岳定是伯夷也。《墨子・所染篇》、《吕氏春秋・當染篇》並云：舜染於許由伯陽，‘由’與‘夷’，‘夷’與‘陽’，並聲之轉。《大傳》之陽伯，《墨》《吕》之許由伯陽，與《書》之伯夷，正是一人。伯夷封許，故曰許由。《史記》：堯讓天下於許由。（原注“本《莊子》”）正傅會咨四岳巽朕位之語；百家之言，自有所出。《周語》太子晉稱共之從孫四岳佐禹。又云：胙四岳國，命曰侯伯，賜姓曰姜，氏曰有吕。《史記・齊太公世家》云：吕尚，其先祖嘗爲四岳，佐禹平水土，虞夏之際，封於吕，姓姜氏。此云四岳，皆指伯夷：蓋伯夷稱太岳，遂號爲四岳，其實四岳非指伯一人也，……”據他這個説法，堯讓天下，就是讓之於四岳；和《堯典》“咨四岳，朕在位七十載，汝能庸命，巽朕位”的話正合；然而四岳裏三個，倒就在“四罪”之中，《堯典》（僞古文的《舜典》）“流共工於幽州，放驩兜於崇山，竄三苗於三危，殛鯀於羽山，四罪而天下咸服”。豈不可駭。儒者於此，没有一句話疏通證明；讓國的許由，也不提及一字，一任非儒家去傳説，這又是什麼原故呢？又《史記・秦本紀》：“秦之先，帝顓頊之苗裔，孫曰女脩；女脩織，玄鳥隕卵，女脩吞之，生子大業。”《正義》：“《列女傳》云：陶子生五歲而佐禹，曹大家注云：陶子，皐陶之子伯益也。按此，即知大業是皐陶。”據此，則益是皐陶的兒子，禹要行禪讓，而皐陶死後，任政於益，反有世及的意思，這一層也很可疑。

以上所舉幾條，不過是彰明較著的；要是仔細蒐尋起來，一定還有許多證據。總而言之："唐虞揖讓"，"湯武征誅"，都是爲公而不爲私。孟子所謂"唐虞禪，夏后殷周繼，其義一也。"實在是儒家的學説，並非實有其事。所以儒家是這樣説法，别一家卻並不是這樣説法。就是儒家裏頭，古文家也還時時露出馬脚，只有今文家彌縫得完密。——這是因爲今文家的老祖師，都是親受口説於孔子，純粹是儒家的學説；古文家卻有些不純粹的古書做根據。請看近人井研廖氏的《今古文考》，南海康氏的《孔子改制考》，自然明白。咱們因此可以悟到兩種道理：

其(一) 儒家的學説，都是孔子所創造，並没有所謂堯、舜、禹、湯、文、武、周公等等的聖人。後世實行儒家之學，便是實行孔子之學；其"功罪"、"禍福"，一大部分，應當由孔子負其責任。且勿論其爲是爲非，爲功爲罪；孔子這個人理想的博大；他這學説組織的完密(看《孟子・萬章上篇》便見；這一篇的話，都是孔門的"書義"，上文已經説過了)卻很是可驚；所以當時有一部分人，很佩服他；説他是"集大成"，是"生民所未有"。一小部分的責任，後世的儒家，也應當分負的。

其(二) 世界究竟是"進化"的，後世總比古人好。譬如"政體"，斷没有後世是"專制"，古時候反有所謂"禪讓"之理。其餘各事，都是如此；一部歷史，都要用這種眼光看。

第四節　禹的治水

禹的治水，也是當時一大事。水患的原因，《堯典》上只有"湯湯洪水方割，蕩蕩懷山襄陵，浩浩滔天，下民其咨"二十個字。看不出什麽道理來。《吕氏春秋・愛類篇》説"古者龍門未開，吕梁未發，河出孟門之上，大溢逆流；無有丘陵高阜，盡皆滅之，名曰鴻水"，似乎仍舊是河患；但是《吕氏春秋》這句話，是原本《尸子》的；《尸子》已佚，只有輯本，所以現在就引《吕氏春秋》。尸子是晋國人，他單説龍門吕梁，是就他眼見的地方立論，參看胡渭《禹貢錐指》卷三。再看《淮南子·本經訓》"龍門未開，吕梁未發，江淮流通，四海溟涬"。就可以見得當時的水患，實在是"瀰漫於中國大平原"之上了。原來古時候，江淮河濟諸水都是相通的。這個説法太長，不能細講；欲知其略，請看孫星衍的《分江導淮論》。《白虎通》："謂之瀆河？瀆者，濁也；中國垢濁，發源東注海，其勁著大，故稱瀆也。"《風俗通》引《尚書大傳》："瀆，通也；所以通中國垢濁。"《水經·河水注》"自河入濟，自濟入淮，自淮達江，水徑周通，故有四瀆之名"。則四瀆之瀆字，實在含有"通""濁"二義；"通"字之中，又含有"通垢濁"同"周通"二義。這都是相傳的舊訓，決非酈道元所能造的。所以一有水患，就災區極廣。堯時候的水，據《堯典》看起來，似乎"是多年的積害"，那麽，自然情形更重大了。《孟子》上説：

> 《滕文公上》：當堯之時，天下猶未平：洪水横流，氾濫於天下；草木暢茂，禽獸繁殖；五穀不登，禽獸逼人；獸蹄鳥跡之道，交於中國。

《滕文公下》：當堯之時，水逆行，氾濫於中國；蛇龍居之，民無所定；下者爲巢，上者爲營窟。《淮南子》也説"民皆上丘陵，赴樹木"。就可以見得當時的情形了。孟子既然是用的書説，見上節。這許多話，一定有所受之，不是隨口亂道的。這許多話，卻不是儒家文飾出來的；因爲用不着文飾。

禹的治水，《史記》總叙他道："禹乃遂與益、后稷奉帝命，命諸侯百姓，興人徒以敷土；行山表木，定高山大川。……乃勞身焦思，居外十三年，《孟子》説"禹八年於外"，這些瑣細的問題，且别去考據他。過家門不敢入。陸行乘車，水行乘船，泥行乘橇，山行乘檋；左準繩，右規矩；載四時；以開九州，通九道，陂九澤，度九山；令益與衆庶稻，可種卑溼；令后稷與衆庶難得之食；食少，調有餘相給，以均諸侯。"和《孟子》"舜使益掌火，……禹疏九河，瀹濟、漯，而注之海；決汝、漢，排淮、泗，而注之江；……后稷教民稼穡，……"的説法相合。可見得當時治水，實在是禹爲主而益、稷佐之。《史記·殷本紀》載《湯誥》"古禹皋陶，舊勞於外"，大概皋陶和益，是父子繼業的。至於治水的法子，大概是疏導諸水，使之各有去路。

當時江淮兩流域的水，本來都是相通的，就其天然的趨勢，叫小水歸入大水，大水東流入海，那麽，江、淮、河、濟四水，就是諸水的綱領，所以這四條水，就唤做四瀆。《風俗通・山澤》引《尚書大傳》："江、淮、河、濟爲四瀆。"《湯誥》："東爲江，北爲漢，西爲河，南爲淮；四瀆既脩，萬民乃有居。"《孟子》："水由地中行，江淮河漢是也"，因爲當時諸水互通，所謂四瀆，不過是舉出四條大水，以爲諸水之綱領，所以濟漢也不妨互言。然而孟子的意思，也不是鑿定，把江、淮、河、漢算做四瀆；所以"疏九河"，"瀹濟漯"，"決汝、漢"，"排淮、泗"，又是把江淮河濟並舉，卻因爲諸水本來都相通，所以"而注之海"，"而注之江"，又不妨互言。大概古人這等處，觀念本不是精密確定的，不必泥定字面，生出許多麻煩的問題來。禹治水的方法，大概是如此；《孟子》説"水由地中行，江、淮、河、漢是也。"這十一個字，最能得概括的觀念。上句是治水的方法，下句是水的統系。至於詳細的情形，要帶起許多麻煩的問題來，現在暫不必講他。禹貢裏的地理，有一部分應當講明的，見第七章。如要曉得詳細的情形，可把胡渭的《禹貢錐指》先看一遍。這部書，雖不很精，然而彙集的説法很多，很容易看；看了這一部，儻要再看别種，也就有門徑了。

第四章　三王時代

第一節　羿的代夏和少康中興

“三王”就是“三代”，似乎應當算到東周之末；但是《孟子》已經説“三代之得天下也以仁，其失天下也以不仁”；古人所説的“三王”、“三代”，大概專指夏殷西周。我如今也圖立名的方便，用個“三代時代”，來包括夏殷西周三朝，和五帝時代對舉。

要講三王時代的事情，自然要從夏朝講起。然而禹的治水，已經編入五帝時代；啓伐有扈，第三章第三節，也已經略説；這件事情的詳細，是無可考見的；此外夏朝的事情，較爲著名的，只有“羿的代夏和少康中興”一件事。我們現在要講這件事，且請先看夏朝的世系圖。一、二、三、四等字，係表君位繼承；所用的線，是表血統上的統系。

（一）禹—（二）啓┬（三）太康
　　　　　　　　└（四）仲康—（五）相—（六）少康—
（七）予《左傳》作杼—（八）槐—（九）芒—（十）泄—
┬（十一）不降——（十四）孔甲—（十五）皋—
└（十二）扃———（十三）廑
（十六）發—（十七）履癸就是桀

據下文看起來，這個圖，未必盡可靠；然而現在他無可據，只得姑且照他。

羿的代夏和少康中興，是夏朝一件著名的事，卻又是一個考據問題。這件事，《史記》上只有“帝太康失國。昆弟五人，須於洛汭，作五子之歌”十八個字，和《書序》相同，其餘一概不提。《僞古文尚書》說：“太康尸位以逸豫，滅厥德，黎民咸貳。乃盤遊無度，畋於有洛之表，十旬弗反；有窮后羿，因民弗忍，距於河。厥弟五人，御其母以從，徯於洛之汭；五子咸怨，述大禹之戒以作歌。”僞古文的不可信，無待於言；這一篇，尤其荒謬可笑。別的且勿論，各種書上都說太康兄弟五人，他卻說“厥弟五人”，那麽，連太康倒有六個了。羿的代夏，詳見於《左傳》襄公四年和哀公元年，咱們現在，且把他鈔在下面。

> ……昔有夏之方衰也：后羿自鉏，遷於窮石，因夏民以代夏政，恃其射也，不脩民事，而淫於原獸。棄武羅、伯因、熊髡、尨圉，而用寒浞；《杜注》：寒國，北海平壽縣東有寒亭，如今山東的濰縣。寒浞，伯明氏之讒子弟也；伯明后寒棄之，夷羿收之；信而使之，以爲己相。浞行媚於內，而施賂於外；愚弄其民，而虞羿於田；樹之詐慝，以取其國家。羿猶不悛，將歸自田，家衆殺而烹之，《孟子·離婁下篇》：逢蒙學射於羿，盡羿之道；思天下惟羿爲愈己，於是殺羿。以食其子；其子不忍食諸，死於窮門。靡奔有鬲氏，《杜注》：今平原鬲縣。如今山東的德縣。浞因羿室，生澆及豷。恃其殘慝詐僞，而不德於民。使澆用師，滅斟灌及斟尋氏。《杜注》：二國，夏同姓諸侯；仲康之子后相所依。樂安，壽光縣東南有灌亭。如今山東的壽光縣。北海平壽縣東南有斟亭。如今山東的濰縣。處澆於過，《杜注》：東萊掖縣北有過鄉。如今山東的掖縣。處豷於戈。《杜注》：戈，在宋鄭之間。靡自有鬲氏收二國之燼，以滅浞而立少康；少康滅澆於過，后杼滅豷於戈；有窮由是遂亡，失人故也。昔周辛甲之爲太史也，命百官，官箴王闕。於虞人之箴曰：芒芒禹跡，畫爲九州。經啓九道；民有寢廟，獸有茂草，各有攸處，德用

不擾。在帝夷羿，冒於原獸；忘其國恤，而思其麀牡；武不可重，用不恢於夏家。獸臣司原，敢告僕夫。……襄四年魏絳告晉悼公的話。

……昔有過澆，殺斟灌以伐斟鄩，滅夏后相；后緡方娠，杜注后緡相妻。逃出自竇，歸於有仍，梁履繩《左通補釋》，《春秋經》桓五年，天王使仍叔之子來聘，《穀梁》經傳並作任叔。仍任聲相近，或是一地。……案《地理志》，東平有任縣，蓋古仍國。如今直隸邢臺縣附近。《杜注》：后緡，有仍氏女。生少康焉；爲仍牧正；惎澆能，戒之。澆使椒求之；《杜注》：椒，澆臣。逃奔有虞，《杜注》：梁國有虞縣。如今河南的虞城縣。爲之庖正，以除其害。虞思於是妻之以二姚，而邑諸綸；《杜注》：綸，虞邑。有田一成，有衆一旅；能布其德，而兆其謀；以收夏衆，撫其官職；使女艾諜澆，《杜注》：女艾，少康臣。使季杼誘豷。《杜注》：季杼，少康子后杼也。遂滅過戈，復禹之績；祀夏配天，不失舊物。……哀元年伍員諫吳夫差的話。

以上都只說羿的代夏，和少康中興；至於太康爲什麼失國，始終沒有提及。我們再看：

《墨子·非樂》：於武觀曰：啓乃淫溢康樂，野於飲食，將將銘，莧磬以力，湛濁於酒，渝食於野；萬舞翼翼；彰聞於大，大用弗式。

《逸周書·嘗麥》：其在啓之五子，忘伯禹之命，假國無正，用胥興作亂。遂凶厥國。皇天哀禹，賜以彭壽，思正夏略。

《墨子》的話，不甚可解；然而"湛濁於酒，渝食於野，萬舞翼翼"十二個字，大概是說"飲食""作樂"的。"彰聞於大"的"大"字，惠氏棟說是"天"字之誤，見江聲《尚書集注音疏》。也大概不錯。其餘不必强解。合着《墨子》和《逸周書》看起來，似乎夏之亡，由於沈湎於酒，又好飲食，又好音樂；其事起於啓，而亡國卻在他五個兒子手裏。"胥興作亂"四字，不知道是什麽事；彭壽是什麽人，也不可考。《竹書紀年》："帝啓十一年，放王季子武觀於西河。十五年，武觀以西河叛，彭伯壽帥師征西河，武觀來歸。"就是據着《逸周書》僞造的，惠氏以爲可信，就差了。武觀就是五觀，據下文所考，確是五個人，不是一個人。還有《楚辭》的《離騷》，有幾句，卻像總述這件事的始末的：

啓九辯與九歌兮，夏康娱以自縱；不顧難以圖後兮，五子用失乎家巷。羿淫遊以佚田兮，又好射夫封狐；固亂流其鮮終兮，浞又貪夫厥家。澆身被服强圉兮，縱欲而不忍；日康娱而自忘兮，厥首用夫顛隕。

五子就是武觀，爲什麽呢？《楚語》，"啓有五觀"，《書·甘誓》疏引作"夏有觀扈"，看韋注，似乎《書疏》是錯的。韋昭注"啓子，太康昆弟也"；《漢書·古今人表》："太康，啓子，昆弟五人，號五觀。"《潛夫論·五德志》："啓子太康仲康更立，兄弟五人，皆有昏德，不堪帝事，降在洛汭，是爲五觀"，諸説皆同。"武""五"是一聲之轉。那麽，爲什麽要稱觀呢？《水經》巨洋水注："國語曰：啓有五觀，謂之姦子。五觀，蓋其名也。所處之邑，其名曰觀。"《左傳》昭公元年："夏有觀扈"，杜注："觀國，今頓丘衛縣。"衛縣，就是如今山東的觀城縣。然而依我看來，這話未必可信。爲什麽呢？（一）觀城决不能稱爲洛汭，《書序》雖不可靠，然而這一篇卻和《史記》、《潛夫論》都相合的，没有反對證據。不便就疑心他。（二）衛縣是後漢的衛國，前漢名爲畔觀；杜預的注，似乎有點牽合。（三）古人注文用個蓋字，都是疑辭；酈道元説"蓋其名也"，可見也只是推測，不敢决定。所以我説"夏有觀扈"的觀究竟在什麽地方没有考據清楚，且不必把他來和太康兄弟五人牽合。然則太康兄弟五人，究竟在什麽地方呢？我説且算他在洛汭。他爲什麽要在洛汭呢？他居洛汭之前又在何處呢？這個問題，卻不能有圓滿的解答；我且引證一個人的話，來做一個推測。

金鶚《禹都考》：《求古録禮説》卷四。世言禹都安邑，其誤始於皇甫謐《帝王世紀》，酈道元澮水注因之；近洪氏頤煊，謂禹都陽城，不都安邑，足以證其謬矣；然其所考猶未詳也。鶚竊疑禹都有二；其始都在陽城，而其後乃都於晋陽。案《漢書·地理志》，潁川郡陽翟，夏禹國。應劭曰：夏禹都也。臣瓚曰：《世本》言禹都陽城,《汲郡古文》亦云居之,不居陽翟也。師古曰:陽翟本禹所受封耳,應瓚之説皆非。洪氏頤煊謂陽城亦屬潁川郡,與陽翟之地相近;或當日禹所都陽城,本在陽翟,故《漢志》云。鶚考《史記·夏本紀》,禹避舜子於陽城,諸侯皆去商均朝禹,於是即天子位;知其遂都陽城,蓋即所避之處以爲都也。趙岐《孟子》注,陽城在嵩山下;《括地志》嵩山,在陽城縣西北二十三里;則陽城在嵩山之南,今河南府登封縣是也。若陽翟,今在開封府禹州,其地各異。《漢書·地理志》,於偃師曰:殷湯所都;於朝歌曰:紂所都,於故侯國皆曰國;今陽翟不曰夏禹所都,而曰夏禹國,可知禹不都陽翟矣。……然《左傳》定公四年,祝佗謂唐叔,封於夏虚,啓以夏政;例以上文康叔封於殷虚,啓以商政,則禹之都即唐國也。唐國在晉陽:《漢書·地理志》太原郡晉陽,故詩唐國,周成王滅唐,封弟叔虞。杜預注《左傳》云:夏虚,大夏,今太原晉陽是也;本於《漢志》,其説自確。《水經》云:晉水出晉陽縣西縣甕山。酈道元注,縣,故唐國也;亦本《漢志》。乃臣瓚以唐爲河東永安,張守節以爲在平陽;不知唐國有晉水,故燮父改唐曰晉;若永安去晉四百里,平陽去晉七百里,何以改唐曰晉乎?唐定在晉陽,今山西太原府是也。又鄭康成《詩譜》云:魏國,虞舜夏禹所都之地。魏與唐相近,同在河北冀州;故哀公六年《左傳》引《夏書》云:惟彼陶唐,帥彼天常,有此冀方;今失其行,亂其紀綱,乃滅而亡。服虔以爲堯居冀州,虞夏因之;此皆禹都在河北之證也;但在晉陽,不在安邑;皇甫謐、酈道元以安邑爲禹都,此爲謬耳。……

我以爲古代的事情,都不過傳得一個大略;都邑之類亦然,不過大略知道他在什麼地方;區區計較於數十百里之間,實在是白費心血的,所以陽城到底在登封,還在禹縣,這個問題,暫可不必較量。至於所論禹都晉陽一層,實在非常精確。禹都河北這一層,造僞書的人,也似乎知道的;不過知道得不甚精確;他腦筋裏,只有一個"魏國夏禹所都”的觀念；見戰國時的魏，是都安邑，就以爲安邑必是禹都；禹都既在安邑，就桀都也在安邑了；桀都既在安邑，就連鳴條也搬到河北去了；輾轉牽率，就鬧出絶大笑柄。見下節。然而禹都雖不在安邑，卻不害其爲在晉陽；並且“惟彼陶唐……乃滅而亡”幾句《夏書》，怕確也是指太康亡國的；不過造僞書的人，不應當把兄弟五人改作“厥弟五人”；再把這幾句《夏書》硬栽在他口裏，算是他所做的歌罷了。這樣看來，太康似乎是本居晉陽，失了國，逃到洛汭的；當時還離河北不遠，到後來，纔給寒浞等愈逼愈東，以至於滅亡。少康雖滅寒浞，曾否恢復河北卻是一個疑問；所以桀之都，又在河南了。見下節。然則后羿又是從什麼地方來的呢？《左傳》説：“后羿自鉏遷於窮石”；《淮南子·地形訓》：“弱水，出自窮石”，高誘注：“窮石，山名也。在張掖北，塞水也。”似乎太遠些。然而堯本都冀州，羿在堯手裏就是射官，見《淮南子》。是個西北之國，卻也不足爲怪。難道羿是從西北塞外侵入的麽？看春秋時候的情形，便知道如今的山西省，在古代强半是戎狄佔據之地。又夏好音樂，羿好田獵，也似乎一個是久居開明地方的人，一個是從塞外侵入的。這個實在證據不足，只可存爲一種推測罷了。

第二節　夏殷的興亡

夏朝從少康以後，無事可見。《史記》説：孔甲“好方鬼神，事淫亂，夏后氏德衰；諸侯畔之”。又説：“自孔甲以來，而諸侯多畔夏；桀不務德而武；傷百姓，百姓弗堪。乃召湯而囚之夏臺，已而釋之；湯脩德，諸侯皆歸湯；湯遂率兵以伐夏桀；桀走鳴條，遂放而死。”那麽，夏朝的衰弱，是從孔甲時候起，至桀而滅亡的。

《史記》記夏殷興亡的事：

> 自契至湯，八遷，湯始居亳，從先王居。湯征諸侯：葛伯不祀，湯始伐之。……當是時：夏桀爲虐政，淫荒；而諸侯昆吾氏

爲亂，湯乃興師；率諸侯；伊尹從湯；湯自把鉞，以伐昆吾；遂伐桀。……於是湯曰：吾甚武，號曰武王。桀敗於有娀之虛；桀奔於鳴條；夏師敗績；湯遂伐三朡，俘厥寶玉。……於是諸侯服，湯乃踐天子位。平定海內。湯歸至於泰卷陶，中𤰞作誥。既絀夏命，還亳。

這一段事情，須把他的地理考核清楚，纔能知道當日戰爭的形勢。案上文所見的地名，是（一）亳，（二）葛，（三）昆吾，（四）有娀之虛，（五）鳴條，（六）三朡，（七）泰卷陶；除有娀之虛無可考外，其餘的，我都替他考核如下：

亳的說法，最爲麻煩。據《書經正義》所引：

（一）鄭玄云：亳，今河南偃師縣有湯亭。《帝嚳（告）釐沃序疏》。

（二）《漢書音義》：臣瓚者云：湯居亳，今濟陰亳縣是也。……同上。

（三）杜預云：梁國蒙縣北有亳城。同上。

（四）皇甫謐云：《孟子》稱湯居亳，與葛爲隣，葛伯不祀，湯使亳衆往爲之耕。葛，即今梁國寧陵之葛鄉也；若湯居偃師，去寧陵八百餘里，豈當使民爲之耕乎？亳，今梁國穀熟縣是也。同上。又《立政》"三亳阪尹"疏：皇甫謐以爲三亳，三處之地，皆名爲亳；蒙爲北亳，穀熟爲南亳，偃師爲西亳。

（五）鄭玄以三亳阪尹，共爲一事；云：湯舊都之民服文王者，分爲三邑；其長居險，故言阪尹。蓋東成皋，南轘轅，西降谷也。江氏聲，《尚書集注音疏》說"降"是"函"之音轉，降谷，就是函谷。

這所引諸說，《立政》和《帝嚳（告）釐沃序》的《正義》，都說是不能定其是非。咱們當考核之初，有一件事，應當注意的，就是三亳是周初的事，不能和湯時的亳，併爲一談。皇甫謐的錯誤，就出在這裏；他硬把周初的三亳，和商湯時候的亳，併爲一談；就把蒙、穀熟區區地方，硬分做南北兩亳，去配偃師的西亳；這個，清朝的王鳴盛氏駁得他最痛快，他説：《尚書後案》卷六。

> 蓋薄縣者，漢本屬山陽郡，後漢又分其地置蒙、穀熟二縣，與薄並改屬梁國；晉又改薄爲亳，且改屬濟陰；故臣瓚所謂湯都在濟陰亳縣者，即其所謂在山陽薄縣者也；案《漢書・地理志》山陽郡薄縣下，“臣瓚曰：湯所都”。其“湯居亳今濟陰亳縣是也”，見於河南郡偃師縣下。亦即司馬彪所謂在梁國薄縣；案《續漢書・郡國志》，薄縣下“湯所都”。杜預所謂在蒙縣北亳城者也；而亦即皇甫謐所分屬於蒙、穀熟者也；本一説也，孔穎達《書》、《詩》疏，案《詩・商頌・玄鳥疏》。皆誤認爲異説，其謬已甚。……而皇甫謐巧於立説，又以一薄分爲南北二亳，且欲兼存偃師舊説，以合《立政》三亳之文；不知《立政》三亳，鄭解謂遷亳之民而分爲三；亳本一耳，安得有三；皇甫謐之謬如此。……

這個説法，精核極了；但是王鳴盛是一生“佞鄭”的，他就一口斷定亳在偃師，而於皇甫謐去葛太遠，不便代耕之説，卻只把“其説淺陋，更不足辨矣”九個字，輕輕撇過，這個卻也未足服人。皇甫謐的話，大概是信口開河，没有一句可據的。但是這一駁，卻不能全説他無理。

我説古人的“城名”和“國名”，是分不開的；“國名”自然不能隨時變换，所以新遷了一個都城，大概就把舊都城的名字，做他的名字。譬如晉國的新絳故絳。商朝是隨便搬到什麼地方，都城都唤做亳的；所以“所謂亳的地方”，實在很多；但是當成湯時，考核得出來的，卻也剛剛有三處：

（一）是如今陝西的商縣。這個是魏氏源《書古微》上説的。《湯誓序發微》。他所舉最强的理由是(1)《書序》“湯始都亳，從先王居”，先王就是契；《周語》：“玄王勤商，十四世而興。”韋昭注：“玄王，契也。”據《史記》世系看起來，契到湯，恰好十四世。又《商頌毛傳》，也説玄王是契。僞孔傳説先王是帝嚳，實在大錯了的。契封於商。《書・帝嚳(告)釐序疏》：“鄭玄云：契本封商國在太華之陽。”(2)《詩・商頌》疏引《雒子命》《書緯》“天乙在亳，東觀於洛”。《藝文類聚》引《尚書中候》，“天乙在亳，諸鄰國襁負歸德；東觀於洛，降三分沈壁”。亳一定在洛之西，纔可説東觀。(3)《史記·六國表序》："或曰：東方物所始生，西方物之成孰；夫作事者必於東南，收功實者常於西北；故禹興於西羌；湯起於亳；周之王也，以豐鎬伐殷；秦之帝，用雍州興；漢之興，自蜀漢。"看他所連類並舉的，就可以知道亳一定在雍州境内。

(二) 就是偃師，這個，班固、《漢書·地理志》，河南郡偃師縣，"有尸鄉，湯所都。"劉昭《續漢書·郡國志》，河南郡偃師縣注引《皇覽》，"有湯亭，有湯祠。"又"尸鄉，在縣西三十里。"説法，都和鄭玄相同。依我看起來，還有一條證據：《孟子》："伊尹耕於有莘之野。"《史記》："阿衡欲干湯而無由，乃爲有莘氏媵臣。"有莘是周太姒的母家，在如今陝西郃陽縣。《吕氏春秋·本味篇》："有侁氏得嬰兒於空桑，後居伊水。命曰伊尹。"伊尹見湯的時候在有莘，後來居於伊水，就是湯始居商縣，後居偃師的旁證。

(三) 就是漢朝的薄縣，後來又分置蒙、穀熟的，地當今河南商邱、夏邑、永城三縣之境。這個班固於薄縣下，雖没有説是湯所都；然而後文論宋地，説："昔堯作遊成陽，舜漁雷澤，湯止於亳；故其民猶有先王遺風：重厚，多君子；好稼穡，惡衣食，以致畜藏。"王鳴盛硬説止字是"遊息"；然而古人説"某某之遺風"，都是指他久居之地，不是指他遊息之地，《漢書·地理志》的本身，就處處是證據。不能如此曲解；況且孟子的話，就是一個大證據；豈能袒護着鄭康成，反疑心孟子。孟子所用的，都是《書》説，是有傳授的，上章已經證明了。

然則當湯的時候，既然有這三處可指爲亳，湯到底是先住在哪一個亳，後來纔遷居到哪兩個亳的呢？要解决這個問題，就得一考當時用兵的形勢。上文《史記》所舉湯用兵之地是：

葛，《漢書·地理志》，陳留郡寧陵下，孟康曰：故葛伯國，今葛鄉是。如今河南的寧陵縣。

昆吾，昆吾有兩處：(一) 左昭十二年，"昔我皇祖伯父昆吾，舊許是宅"。是如今河南的許昌縣。(一) 哀十七年，"衛侯夢於北宫，見人登昆吾之觀"。《注》："衛有觀，在古昆吾之虚，今濮陽城中。"是如今直隸的濮陽縣。桀時的昆吾在舊許，見後。

鳴條，見第三章第一節。

三㚇，《續漢書·郡國志》，濟陰郡定陶，有三䑕亭。如今山東的定陶縣。

泰卷陶。《書序》，湯歸自夏至於大坰。仲虺作誥。《史記索隱》："……卷當爲坰，……解尚書者以大坰今定陶。……舊本或旁記其地名，後人轉寫，遂衍斯字也。"又《左傳》定元年"仲虺居薛"，薛是如今山東的滕縣。

又《詩·商頌》"韋顧既伐，昆吾夏桀。"則湯當伐桀之前還伐過韋顧兩國；韋在如今河南的滑縣，《左傳》注"東郡白馬縣有韋城"，《郡國志》作韋鄉。《通典》：滑州韋城縣，古豕韋國。顧在如今山東的范縣。《郡縣志》：顧城，在濮州范縣東二十八里，夏之顧國。

又桀的都城，《僞孔傳》説在安邑。《書序》："伊尹相湯伐桀，升自陑。"他説"湯升道從陑，出其不意；陑在河曲之南"。《正義》："蓋今潼關左右。""遂與桀戰於鳴條之野。"他説"地在安邑之西，桀逆拒湯"。皇甫謐就再連昆吾也拉到安邑來，説："今安邑見有昆吾邑，鳴條亭"；然而昆吾所在，證據確鑿，苦於不能一筆抹殺，就説明"昆吾亦來安邑，欲以衛桀，故同日而亡"。如此信口開河，真乃千古笑柄。金氏鶚據《史記》吴起對魏武侯"夏桀之居：左河濟，右太華，伊闕在其南，羊腸在其北"。《國語》"幽王三年，西周三川地震，伯陽父曰：周將亡矣，昔伊洛竭而夏亡，河竭而商亡"。斷定桀之都在洛陽，韋注引禹都陽城，還不密合。《求古録禮説》卷六《桀都安邑辨》。我説：古人都邑所在，不過傳得個大略，見上節。陽城、洛陽，數十百里之間，實在無從硬斷。《小戴記·緇衣》引尹吉就是《尹誥》，書經篇名。序書的又把他唤做《咸有一德》，見鄭注。"惟尹躬天見於西邑夏。"注，"天當爲先字之誤。……夏之邑，在亳西。"《正義》："案《世本》及《汲冢古文》云：禹都咸陽。……"咸陽，是誤字，如今《漢書·地理志》注引《世本》、《續漢書·郡國志》引《汲冢古文》，正作陽城，"西邑夏"，似乎是對於東遷的夏而言之。《國語》史伯對鄭桓公曰："昆吾爲夏伯矣。"韋昭注，"祝融之孫陸終第三子，名樊，爲己姓，封於昆吾。昆吾，衛是也。其後夏衰，昆吾爲夏伯，遷於舊許"。據此，桀似乎是始都陽城，後遷舊許，同昆吾在一起的；所以同日而亡。《商頌鄭箋》。

再看《逸周書·殷祝篇》"湯將放桀於中野;士民聞湯在野,皆委貨,扶老攜幼奔,國中虛。……桀與其屬五百人,南徙千里,止於不齊;不齊士民,往奔湯於中野。……桀與其屬五百人徙於魯,魯士民又奔湯;……桀與其屬五百人去居南巢。……"就可以知道桀的蹤跡,是步步往東南退的。《御覽》八十三引《尚書大傳》略同。

桀既然是往東退,湯自然是往東進;那麼,一定是先都商縣的亳,再都偃師的亳,再都鄰葛的亳的。不過,"既絀夏命還亳"的亳,卻無從斷定其在哪一處。因爲他隨便到什麼地方,都把他喚做亳,所以不敢斷定這亳是滅桀以前最後所住的亳。何以知道他隨便到什麼地方,都把他喚做亳呢?據上文所考證,當湯的時候,就有三個亳,是一個證據;《左》襄二十年,"鳥鳴於亳社",是宋國的社,還喚做亳社。《史記·秦本紀》:"寧公二年,……遣兵伐蕩社;三年,與亳戰,亳王奔戎,遂滅蕩社。"《集解》:"徐廣曰:蕩音湯,社,一作杜。"《索隱》:"西戎之君,號曰亳王,蓋成湯之胤。其邑曰蕩社。徐廣云:一作湯杜,言湯邑在杜縣之界,故曰湯杜也",《封禪書》:"於社,亳有三社主之祠。"《索隱》:"徐廣云:京兆杜縣有亳亭,則社字誤,合作杜亳。"《說文》:亳,"京兆杜陵"。是湯之後在雍州的,所居的城,還喚做亳。是兩個證據。所以我只說湯的時候,考得出的亳有三處。並不敢說湯的時候,亳只有三處。

然而湯用兵的形勢,卻因此可以推定。①

湯初都於今商縣的亳,後來進取偃師;桀大約是這時候(或者不是)棄陽城,退到舊許;湯再進到現在河南的東境(鄰葛的亳);從此以後,伐葛,伐韋,伐顧,然後迴向南伐昆吾。伐昆吾,就是伐桀;桀是從中野、不齊、魯,步步東南退,最後逃到鳴條;湯以其間,又伐三朡。

鳴條是東夷之地;三朡、魯,也是和東夷逼近的。參看第六章第五節。中野、不齊無可考。我們因此悟到:湯用兵的形勢,實在和周初相同;不過周朝滅紂,東征,伐淮夷,是武王、周公、成王三世相繼,湯卻是一個人幹的罷了。《孟子·滕文公篇》:"湯始征,自葛載,十一征而無敵於天下。"《趙注》:"載,始也。……一說,言當作再字;再十一者,湯再征十一國;再十一,凡征二十二國也。"

---

① 商周用兵形勢相類,秦亦相類。

不論十一、二十二，總之湯用兵的次數很多。

第三節　商朝的事實

(一)契—(二)昭明—(三)相土—(四)昌若—(五)曹圉—(六)冥

—(七)振—(八)微—(九)報丁—(十)報乙—(一一)報丙

—(一二)主壬—(一三)主癸—(一四)天乙是爲成湯—太丁
—(一五)外丙
—(一六)中壬

—(一七)太甲—(一八)沃丁
—(一九)太庚—(二〇)小甲
—(二一)雍己
—(二二)太戊中宗—(二三)中丁
—(二四)外壬
—(二五)河亶甲

—(二六)祖乙—(二七)祖辛—(二九)祖丁
—(二八)沃甲—(三〇)南庚

—(三一)陽甲
—(三二)盤庚
—(三三)小辛
—(三四)小乙—(三五)武丁高宗—(三六)祖庚
—(三七)祖甲—(三八)廩辛
—(三九)庚丁

—(四〇)武乙—(四一)太丁—(四二)乙—(四三)辛天下謂之紂

以上商朝的帝系圖，是據的《史記·國語》"玄王勤商，十四世而興；帝甲亂之，七世而亡"，又姜氏告公子重耳，"商之享國三十一王"。《大戴禮·保傅篇》："殷爲天子，三十餘世，而周受之。"《少閒篇》：孔子告哀公"成湯卒崩，二十一世，乃有武丁即位；武丁卒崩，九世，乃有末孫紂即位"。都和《史記》世數相合。又《書經·無逸篇》述殷中宗高宗祖甲諸君享國的年數，似乎也還確實。

商朝一代，可考見的事情，分述如下：

其(一)是伊尹放太甲。《史記》上說：

> 湯崩，太子太丁，未立而卒。於是迺立太丁之弟外丙，……即位二年崩。立外丙之弟中壬，……即位四年崩。伊尹迺立太丁之子太甲；太甲，成湯適長孫也。……帝太甲元年，伊尹作《伊訓》，《肆命》，《徂后》。帝太甲既立三年，不明，暴虐，不遵湯法，亂德；於是伊尹放之於桐宫三年。伊尹攝行政，當國以朝諸侯。帝太甲居桐宫三年，悔過，自責反善；於見伊尹迺迎帝太甲而授之政。

這件事，本來没有異説，僞古文《太甲》纔説"王徂桐宫居憂"，又説"惟三祀十有二月朔，伊尹以冕服奉嗣王歸於亳"；僞《傳》就説"湯以元年十一月崩，至此二十六月，三年服闋"；又解《書序》的"太甲元年"，做"湯没而太甲立稱元年"；僞《伊訓》："惟元祀，十有二月，乙丑，伊尹祠於先王"，做"湯崩踰月，太甲即位，奠殯而告"以就之；就把外丙中壬兩君革去，又把《史記》的"太甲既立三年"，"於是伊尹放之於桐宫三年"，兩個"三年"縮成一個三年了。這是不值得一辯的。但看上文商朝的世數，各書都與《史記》合，就知道決不能略去外丙、中壬兩君。商朝的"君位繼承"，大概是"兄終弟及"，而所謂"弟"者，以"同母"爲限，所以《春秋繁露》《三代改制質文篇》。說："商質者主天，夏文者主地；主天者法商而王，故立嗣予子，篤母弟；主地法夏而王，故立嗣予孫，篤世子。"《公羊》何注隱七年。說："母弟，同母弟；母兄，同母兄。……分別同母者，

《春秋》變周之文,從殷之質;質家親親,明當厚異於羣公子也。"《史記》:"自中丁以來,廢'適'而更立'諸弟子';'弟子'或争,相代立。""廢適"的"適"字,包括"弟"與"子"而言;和"諸弟子"的"諸"字一樣。以次當立的母弟,唤做"適弟";同母的弟兄,以次都立盡了,似乎應當回轉來,立長兄的兒子;譬如,仲壬死了立太甲,沃丁(甲)死後立祖丁;這個也要包括於"適子"二字之中。至於伊尹"攝行政,當國,以朝諸侯",自然是非常之舉,與所謂"古之人皆然"的"君薨,百官總己,以聽於冢宰三年",無涉。《論語・憲問》,《小戴記・檀弓》。因爲他在三年以外。桐宫,《史記集解》"鄭玄曰:地名也,有王離宫焉。"趙岐《孟子》注(《萬章上》)也只説"放之於桐邑"。《史記正義》:"《晉太康地記》云:尸鄉南有亳阪,東有城,太甲所放處也。"閻若璩又説——《尚書古文疏證》——《續漢書・郡國志》梁國虞縣有桐亭,虞是如今河南的虞城縣,離鄰葛的亳,只有七十里。纔便於伊尹,既然攝政,又可往來訓誨。這兩説:怕都是因亳而附會的,未必可據。

其(二)是殷朝的屢次遷都。據《史記》所記是:

仲丁遷於敖。《書序》作囂,《正義》"李顒曰:囂,在陳留浚儀縣(如今河南省城西北)。皇甫謐云:仲丁自亳遷囂,在河北也。或曰:今河南敖倉(就是《括地志》的説法),二説未知孰是。《史記正義》:"《括地志》云:滎陽故城,在鄭州滎澤縣西南十七里,殷時敖地也。"

河亶甲居相。《史記正義》:"《括地志》云:故殷城,在相州内黄縣東南十三里。即河亶甲築都之所,故名殷城也。"

祖乙遷於邢。《書序》作"祖乙圮於耿",《正義》"鄭玄云:祖乙又去相居耿,而國爲水所毁;於是修德以禦之,不復遷也。……"又《正義》前文説皇甫謐"又以耿在河東,皮氏縣耿鄉是也"。《史記索隱》"邢近代本亦作耿,今河東皮氏縣有耿鄉"。《正義》"《括地志》云:絳州龍門縣東南十二里耿城縣。故耿國也"。

帝盤庚之時,殷已都河北。盤庚渡河南,復居成都之故居。……乃遂涉河南,治亳。案這個亳,就是偃師,見上節。

……武乙立,殷復去亳,徙河北。這個河北,不能確定其在什麼地方。《史記・項羽本紀》:"乃與期洹水南殷虚上。"《集解》:"駰案應劭曰:洹水,在湯陰界,殷虚,故殷都也。瓚曰:洹水,在今安陽縣北,去朝歌殷都一百五十里;然則此殷虚非朝歌也。"有人疑心這殷墟是武乙所遷,然亦無確據。

其中考得出理由的,只有《書·盤庚序正義》引"鄭玄云:祖乙居耿後,奢侈踰禮,土地迫近山川,嘗圮焉;至陽甲立,盤庚爲之臣,乃謀徙居湯舊都"。又《序注》云:"民居耿久,奢淫成俗,故不樂徙。"此外都無可考見。《書·盤庚》"盤庚遷於殷"。《正義》:"鄭玄云:商家自徙此而號曰殷,鄭以此前未有殷名也。""於今五邦",《釋文》:"馬云:五邦,謂商丘,亳,囂,相,耿也。《正義》:鄭、王皆云:湯自商徙亳,數商,亳,囂,相,耿爲五。"

其(三)是殷朝的興衰。據《史記》説是:

(太甲) 帝太甲脩德,諸侯咸歸殷,百姓以寧。

(雍己) 殷道衰,諸侯或不至。

(大戊) 殷復興,諸侯歸之。

(河亶甲) 殷復衰。

(祖乙) 殷復興。

(陽甲) 帝陽甲之時,殷復衰;自仲丁以來,廢適而更立諸弟子,弟子或爭,相代立,比九世亂,於是諸侯莫朝。

(盤庚) 殷道復興,諸侯來朝。

(小辛) 殷復衰。

(武丁) 武丁脩政行德,天下咸驩,殷道復興。

(帝甲) 淫亂,殷復衰。

(帝乙) 殷益衰。

大抵所謂興衰,以諸侯之朝不朝爲標準。其中中衰的原因,只有從中丁到陽甲,是由於内亂,可以考見,此外都無從稽考了。

第四節　商周的興亡

周朝的先世,便是大家所知道的后稷,《史記》上説:

周后稷,名棄,其母有邰氏女,曰姜嫄。……帝堯聞之,舉棄爲農師，天下得其利，有功。帝舜曰：棄，黎民始飢，爾后稷，播時百穀；封棄於邰；如今陝西的武功縣。號曰后稷。别姓姬氏。后稷之興，在陶唐虞夏之際，皆有令德。后稷卒，子不窋立，不窋末年，夏后氏政衰去稷不務，不窋以失其官，而奔戎狄之間。

這其間要注意的，便是"后稷卒，子不窋立"的后稷，是最後居稷官的，並不是"封棄於邰，號曰后稷"的后稷。不窋以後的世系，《史記》所載如下：

不窋——鞠——公劉——慶節——皇僕——差弗——毀隃——公非——高圉——亞圉——公叔祖類——古公亶父追尊爲大王。——季歷是爲公季，追尊爲王季。——昌是爲西伯，西伯曰文王。

他所述的事跡是：

公劉雖在戎狄之間，復脩后稷之業。務耕種，行地宜，自漆沮渡渭取材用；行者有資，居者有畜積，民賴其慶，百姓懷之，多徙而保歸焉。周道之興自此始。……公劉卒，子慶節立，國於豳。如今陝西的邠縣。……古公亶父，復脩后稷公劉之業。積德行義，國人皆戴之。薰育戎狄攻之，……乃與私屬遂去豳，踰梁山，止於岐下。如今陝西的岐山縣。豳人舉國扶老攜弱，盡復歸古公於岐下；及他旁國聞古公仁，亦多歸之。於是古公乃貶戎狄之俗，而營築城郭宫室，而邑别居之。作五官有司，民皆歌樂之，頌其德。①

大抵如今的陝西，在古代是戎狄的根據地。參看第六章第一節。所以周之先世，屢爲所迫逐。公劉、古公，都是其中能自强的令主。古公之後，更得王季、文王兩代相繼，周朝的基業，就此光大起來了。

文王和紂的交涉，《史記》所記如下：

崇侯虎譖西伯於殷紂，……帝紂乃囚西伯於羑里。閎夭之徒患之，乃求有莘氏美女，驪戎之文馬，有熊九駟，他奇怪物，因

---

① 公劉亶父不爲戎狄所化。

> 殷嬖臣費仲而獻之紂。……乃赦西伯，賜之弓矢斧鉞，使西伯得征伐。……西伯陰行善，諸侯皆來決平。於是虞芮之人有獄不能決，乃如周。入界，耕者皆讓畔，民俗皆讓長。虞芮之人未見西伯，皆慙，相謂曰：吾所爭，周人所恥，何往爲，祇取辱耳。遂還，俱讓而去。諸侯聞之曰：西伯蓋受命之君。《郡縣志》："故虞城，在陝州平陸縣東北五十里，虞山之上，古虞國。閒原，在平陸縣西六十五里，即虞芮讓田之所。"明年，伐犬戎；見第六章第一節。明年，伐密須；《漢書·地理志》：安定郡陰密縣，《詩》：密人國。如今甘肅的靈臺縣。明年，敗耆國；今《尚書》作黎，《釋文》："尚書大傳作耆。"《說文》：黎邑，"殷諸侯國，在上黨東北"，如今山西的長子縣。明年伐邘；《集解》："徐廣曰：在野王縣西北。"《正義》："《括地志》云：故邘城，在懷州河内縣西北二十七里。"明年，伐崇侯虎，而作豐邑，自岐下而徙都之；在如今陝西鄠縣境内。明年，西伯崩。太子發立，是爲武王。西伯蓋即位五十年。……詩人道西伯，蓋受命之年，稱王而斷虞芮之訟，後七年而崩。謚爲文王。改法度，制正朔矣。追尊古公爲大王，公季爲王季。

文王受命稱王的年代，和紂囚文王的年代期限，各書互有異同《尚書大傳》"文王受命，一年斷虞芮之訟；二年伐邘；三年伐密須；四年伐犬夷；五年伐耆；六年伐崇；七年而崩。"又說："得散宜生等獻寶而釋文王，文王出則克黎。""伐崇則稱王。"見《詩·文王序》，《禮記·文王世子》，《左》襄三十一年疏。鄭康成說：入戊午蔀二十九年受命，明年改元，改元後六年而伐崇，居豐，稱王就在這一年。又有一説：以爲文王再受命，入戊午蔀二十四年受洛書，二十九年受丹書，俱見《詩·文王序》疏。《左》昭十一年，衛北宫文子說："紂囚文王七年。"《戰國·趙策》，魯仲連說："拘之牖里之庫百日。"然而文王在紂的時候，必有"稱王改元"的事情是無可疑的。

武王伐紂的事情，《史記》上所載如下：

> 九年，武王上祭於畢，東觀兵，至於孟津。爲文王木主，載以車中軍，武王自稱太子發，言奉文王以伐，不敢自專。……是時諸侯不期而會孟津者八百諸侯。諸侯皆曰：紂可伐矣。武王曰：女未知天命，未可也。乃還師。歸居二年，聞紂昏亂，暴虐

滋甚，……於是武王遍告諸侯曰：殷有重罪，不可以不畢伐。遂率戎車三百乘，虎賁三千人，甲士四萬五千人，以東伐紂。十一年十二月戊午，師畢渡孟津。諸侯咸會……二月甲子昧爽，武王朝至於商郊牧野。……諸侯兵會者，車四千乘。陳師牧野。帝紂聞武王來，亦發兵七十萬人距武王。……紂兵皆崩，畔紂，紂走，反入，登於鹿臺之上，蒙衣其珠玉，自燔於火而死。

以上所述，是武王伐紂的事實，然而周朝的功業，實在是到成王時候纔大定的。《史記》上又說：

武王爲殷初定，未集，乃使其弟管叔鮮、蔡叔度相禄父治殷，……乃罷兵西歸。……營周居於雒邑而後去。……武王已克殷後二年，……武王病。天下未集。羣公懼，穆卜。周公乃祓齋，自爲質欲代武王，武王有瘳，後而崩。太子誦代立，是爲成王。成王少，周初定天下，周公恐諸侯畔。周公乃攝行政當國。管叔蔡叔羣弟疑周公，與武庚作亂畔周，周公奉成王命伐誅武庚管叔，放蔡叔。以微子開代殷後，國於宋。頗收殷餘民，以封成王少弟封爲衛康叔。……初管蔡畔周，周公討之，三年而畢定。……周公行政七年，成王長，周公反政成王，北面就羣臣之位。成王在豐，使召公復營洛邑，如武王之意。周公復卜申視，卒營築，居九鼎焉，曰：此天下之中，四方入貢，道里均。……成王既遷殷遺民，……東伐淮夷，殘奄，遷其君薄姑。……興正禮樂，度制於是改，而民和睦，頌聲興。

據以上所述，可見得武王克紂之後，周朝的權力，僅及於洛邑。管、蔡和武庚同畔，這件事不入情理。大概“主少國疑”的時候，武庚想趁此“光復舊物”，管、蔡也要和周公争奪權位，叛雖同時，卻是各有目的的；其曾否互相結合，卻無可考了。周公東征，是一場大戰。《孟子》“周公相武王，誅紂，伐奄，三年討其君，驅飛廉於海隅而戮之，滅國者五十，驅虎，豹，犀，象而遠之，天下大悦。”他這戰争，大概是和東夷的交涉，《説文》："郁，周公所誅郁國，在魯。"又《書・費誓》，"徂兹淮夷，徐戎並興。"可見得這時候，東夷全畔。薄姑齊地，見《漢書・地理志》。東方畢定之後，仍舊要營建洛邑；成王親政之後，還要去征淮夷，殘奄；可見得周初用兵的形勢，和夏商之際，實在是一樣的。周營洛邑，就和湯從商遷到偃師相同；其用兵東夷，和湯遷到鄰葛之亳以後，用兵的形勢相同。參看第二節。以上的年代，據《史記》，是文王受命後七年而崩；後二年——九年——武王觀兵孟津；又二年——十一年——克紂；後二年——十三年崩，周公攝政七年，而致政於成王。《漢書・律曆志》載《三統曆》之説：是"文王受命九年而崩，再期在大祥而伐紂。……還歸二年，乃遂伐紂克殷。……自文王受命而至此十三年，……後七歲而崩。……凡武王即位十一年。周公攝政五年。……後二歲，得周公七年，復子明辟之歲。……"又周公攝政七年的年代，孔、鄭不同，見《禮記・明堂位》疏。

又成王和周公的關係，《史記・魯周公世家》説：

> ……武王既崩，成王少，在强褓之中，周公恐天下聞武王崩而畔，周公乃踐阼，代成王攝行政，當國。管叔及其羣弟流言於國曰：周公將不利於成王。周公乃告太公望、召公奭曰：我之所以弗辟而攝行政者，恐天下畔周，無以告我先王大王、王季、文王。……於是卒相成王，而使其子伯禽代就封於魯。管、蔡、武庚等果率淮夷而反。周公乃奉成王命，興師東伐，……二年而畢定。……周公歸報成王，乃爲詩貽王，命之曰《鴟鴞》，王亦未敢訓周公。……成王長，能聽政，於是周公乃還政於成王。……初成王少時，病，周公乃自揃其蚤，沈之河，以祝於神，曰：王少，未有識，奸神命者乃旦也；亦藏其策於府。成王病有瘳。及成王用事，人或譖周公，周公奔楚。成王發府，見周公禱書，乃泣，反周公。《蒙恬列傳》載恬對使者的話，與此説相同。周公在豐，病，將歿，曰：必葬我成周，以明吾不敢離成王。周公既卒，成王亦讓，葬周公於畢，從文王，以明予小子不敢臣周公也。周公卒後，秋，未穫，暴風雷雨，禾盡偃，大木盡拔，周國大恐。成王與大夫朝服以開金縢書。王乃得周公所自以爲功代武王之説。二公及王乃問史，百執事；史，百執事曰：信，有，昔周公命我勿敢言。成王執

書以泣，曰：自今後其無繆卜乎；昔周公勤勞王家，惟予幼人弗及知；今天動威，以彰周公之德，惟朕小子其迎，我國家禮亦宜之。王出郊，天乃雨，反風，禾盡起。二公命國人，凡大木所偃，盡起而築之，歲則大熟。

鄭康成注《尚書》，卻與此大異。他解"我之弗辟"句，"讀辟爲避，以居東爲避居"。《豳譜》和《鴟鴞・序疏》，又《尚書・金縢》釋文。說"周公出處東國，待罪，以須君之察己"。《詩・七月序》疏。又注"罪人斯得"，說："罪人周公之屬黨，與知居攝者。周公出，皆奔。今二年，盡爲成王所得，……周公傷其屬黨無罪將死，恐其刑濫，又破其家，而不敢正言，故作《鴟鴞》之詩以貽王。"《鴟鴞・序》。注"王亦未敢誚公"道："成王非周公之意未解，今又爲罪人言，欲讓之，推其恩親，故未敢。"《鴟鴞・序疏》。注"秋大熟未穫"道："秋，謂周公出二年之後明年秋也。"《豳譜疏》。注"惟朕小子其新迎"道："新迎，改先時之心，更自新以迎周公於東，與之歸，尊任之。"《詩・東山序疏》。以爲於是"明年迎周公而反，反則居攝之元年。"《禮記・明堂位疏》。這兩種說法，自然以《史記》爲準，爲什麽呢？（一）者，《史記》和《尚書大傳》相合。《尚書大傳》說雷風之變，在周公死後，見《路史後紀》十，《通鑑前編》成王十一年，《漢書・梅福傳》注，《儒林傳》注，《後漢書・張奂傳》注引。又《白虎通・喪服篇》："原天之意，子愛周公，與文武無異，故以王禮葬，使得郊祭。《尚書》曰：今天動威，以彰周公之德，下言禮亦宜之。"亦與《尚書大傳》同義。（二）者，"避居東都，待罪以須君之察己"，不合情理。我想周公攝政，就在武王崩的明年，"一年救亂，二年克殷，三年殘奄"，一定如《史記》和《尚書大傳》所說。《尚書大傳》，見《禮記・明堂位》疏。但鄭康成所讀古書，是極博的，他所說的話，也決不會没有來歷。我想這一段成王和周公衝突的歷史，一定在周公歸政之後。《左傳》昭公七年，公將適楚，"夢襄公祖，梓慎曰：……襄公之適楚也，夢周公祖而行。……子服惠伯曰：……先君未嘗適楚，故周公祖以道之；襄公適楚矣，而祖以道君。……"可見得周公奔楚，是實有的事。俞正燮《癸巳類稿・周公奔楚》義，引這一段事情，以證周公之奔楚，甚確。但以居東與奔楚併爲一談，卻似非。奔楚之後，不知道怎樣又跑了回來，回來之後，不知道怎樣死了。古人的迷信最重，活時候對人不起，到他死了之後，又去祭他求福，是不足怪的事。《漢書·匈奴列傳》："貳師在匈奴歲餘，衛律害其寵，會母閼氏病，律飭胡巫言：先單于怒曰：胡故時祠兵，常言得貳師以社，今何故不用。於是收貳師。貳師罵曰：我死，必滅匈奴，遂屠貳師以祠。會連雨雪數月，畜産死，人民疫病，穀稼不熟，單于恐，爲貳師立祠，室。"這件事，很可以推見野蠻時代的心理。雷風示變，因而改葬周公，因而賜魯郊祭，事雖離奇，其情節未嘗不可推想而得。那麽，周公之"以功名終"，怕又是儒家改制所託了。

第五節 西周的事跡

(一)武王發—(二)成王誦—(三)康王釗—(四)昭王瑕—(五)穆王滿—

—(六)共王繄扈—(七)懿王囏—(九)夷王燮—(一〇)厲王胡—
—(八)孝王辟方

—(一一)宣王静—(一二)幽王宫涅—(一三)平王宜臼—太子洩父—

—(一四)桓王林—(一五)莊王佗—(一六)僖王胡齊—(一七)惠王閬—

—(一八)襄王鄭—(一九)頃王壬臣—(二〇)匡王班
—(二一)定王瑜—(二二)簡王夷—

—(二三)靈王泄心—(二四)景王貴—(二五)悼王猛
—(二六)敬王匄—(二七)元王仁—

—(二八)定王介—(二九)哀王去疾
—(三十)思王叔
—(三一)考王嵬—(三二)威烈王午—(三三)安王驕—

—(三四)烈王喜
—(三五)顯王扁—(三六)慎靚王定—(三七)赧王延

西周的事情,《史記》所載如下。

成康之際,天下安寧,刑措四十餘年不用。

昭王之時,王道微缺。昭王南巡狩不返,卒於江上。其卒不赴告,諱之也。

穆王即位,春秋已五十矣。王道衰微。穆王閔文武之道缺,乃命伯臩今《尚書》作伯冏。申誡太僕國之政,作《臩命》,復寧。穆王將征犬戎,祭公謀父諫,……王遂征之,得四白狼四白鹿以歸,自是荒服者不至。諸侯有不睦者,甫侯言於王,作脩刑辟,……命曰《甫刑》。

懿王之時,王室遂衰,詩人作刺。

厲王即位三十年,好利,近榮夷公。大夫芮良夫諫,……厲王不聽,卒以榮公爲卿士,用事。王行暴虐侈傲,國人謗王。召公諫曰:民不堪命矣。王怒,得衛巫,使監謗者,以告則殺之,其謗鮮矣;諸侯不朝,三十四年。王益嚴,國人莫敢言,道路以目。……三年,乃相與畔,襲厲王,厲王出奔於彘。如今山西的霍縣。厲王太子静匿召公之家,國人聞之,乃圍之。召公曰:吾昔驟諫王,王不從,以及此難也;今殺王太子,王其以我爲讎而懟怒乎;……乃以其子代王太子,太子竟得脱。召公、周公二相行政,號曰"共和"。共和十四年,厲王死於彘;太子静長於召公家,二相乃共立之爲王,是爲宣王。

宣王即位,二相輔之,脩政,法文武成康之遺風,諸侯復宗周。……三十九年,戰於千畝,《索隱》:"地名,在西河介休縣。"如今山西的介休縣。王師敗績於姜氏之戎。

幽王嬖愛褒姒,褒姒生子伯服,幽王欲廢太子。太子母,申侯女而爲后;後幽王得褒姒,愛之,欲廢申后,並去太子宜臼,以褒姒爲后,以伯服爲太子。……幽王以虢射父爲卿,用事,國人皆怨,石父爲人佞巧,善諛好利,王用之,又廢申后去太子也。申侯怒,與繒、西夷、犬戎攻幽王,……遂殺幽王驪山下,虜褒姒,盡取周賂而去。於是諸侯乃即申侯而共立故幽王太子宜臼,是爲平王,以奉周祀。平王立,東遷於雒邑,避戎寇。驪山,在如今陝西的臨潼縣。

這其間可以研究的,有幾件事情。

其(一)是昭王南征不返的事:案《左傳》僖公四年,"昭王南征而不復"。《杜注》:"昭王……南巡守涉漢,船壞而溺。"《正義》:"《吕氏春秋·季夏紀》云:周昭王親將征荆蠻,辛餘靡長且多力,爲王右。還反,涉漢,梁敗,王及祭公隕於漢中;辛餘靡振王北濟,反振祭公。高誘注引此傳云:昭王之不復,君其問諸水濱,由此言之,昭王爲没於漢,辛餘靡焉得振王北濟也。振王爲虚,誠如高誘之注,又稱梁敗,復非船壞。舊説皆言漢濱之人,以膠膠船,故得水而壞,昭王溺焉,不知本出何書。"又《史記·齊太公世家集解》:"服虔曰:周昭王南巡狩,涉漢,未濟,船解而溺昭王。……"《索隱》:"宋忠云:昭王南伐楚,辛由靡爲右。涉漢,中流而隕,由靡逐王,遂卒不復,周乃侯其後於西翟。"這件事的真相,固然無可考見;然而有可注意的兩端:其(一),諸説都説是溺於漢,不説卒於江上。其(二),《吕氏春秋》説"昭王親將征荆蠻",宋忠也説"昭王南伐楚"。江漢可以互言,並没有什麽稀奇,巡狩和征伐,以古人説話的不正確,也未必有什麽區别。然則這件事情,依情理推度起來,實在是戰敗而死的。然則這一戰究竟是敗給誰呢?《左傳》下文"昭王南征而不復,君其問諸水濱"。《杜注》:"昭王時漢非楚境,故不受罪。"依我看起來,這句話實在弄錯了的。案《史記·楚世家》,説熊繹受封居丹陽。《漢書·地理志》,説就是漢朝的丹陽縣。漢朝的丹陽縣,是如今安徽的當塗縣,未免離後來的郢都太遠。清朝宋翔鳳,有一篇《楚鬻熊居丹陽武王徙郢考》,根據《世本》,左桓二年《正義》引。説受封的是鬻熊,不是熊繹,這一層我還未敢十分相信;然而他考定當時的丹陽,是在丹水、析水入漢之處,實在精確不磨。他的原文道:見《過庭録》卷四。

《史記·秦本紀》:惠文王後十三年,庶長章擊楚於丹陽。

《楚世家》亦言與秦戰丹陽，秦大敗我軍，遂取漢中之郡。《屈原傳》作大破楚師於丹浙。《索隱》曰：丹浙，二水名也。謂於丹水之北。浙水之南。皆爲縣名，在宏農，所謂丹陽浙是也。案《漢志》：宏農郡丹水，水出上雒冢領山，東至析入鈞。密陽鄉，故商密也。浙即析縣，並在今河南南陽府内鄉縣境内。《水經》，丹水出京兆上洛縣西北冢領山，東南過其縣南，又過商縣南，又東南至於丹水縣，入於均。《酈注》：丹水通南陽郡。《左傳》哀公四年，楚左司馬使謂陰地之命大夫士蔑曰：晉楚有盟，好惡同之。不然，將通於少習以聽命者也。京相璠曰：楚通上洛要道也。《酈注》又云：析水至於丹水，故丹水會均，有析口之稱。丹水又經丹水縣故城西南，縣有密陽鄉，古商密之地，昔楚申、息之師所戍也。春秋之三户矣。杜預曰：縣北有三户亭，丹水南有丹崖山，山悉赬壁，霞舉，若紅雲秀天，二岫更有殊觀。丹水又南徑南鄉縣故城東北，又東徑南鄉縣北，丹水徑流兩縣之間，歷於中之北，所謂商於者也；故張儀説楚絶齊，許以商於之地六百里，謂以此矣。《吕氏春秋》曰：堯有丹水之戰，以服南蠻，即此水，又南合均水，謂之析口。是戰國丹陽，在商州之東，南陽之西，當丹水析水入漢之處，故亦名丹析。鬻子所封，正在於此。

據此看起來，當時的楚國，正在漢水流域。昭王這一役，一定是和楚國打仗而敗，渡漢溺死的。

其(二)，周朝的穆王，似乎是一個雄主：他作《臩命》，作《甫刑》，在内政上頗有功績，又能用兵於犬戎。雖然《國語》上載了祭公謀父一大篇諫辭，《史記》上也有的。下文又説“自是荒服者不至”，似乎他這一次的用兵，無善果而有惡果；然而古人這種迂腐的文字，和事勢未必適合。周朝歷代，都以犬戎爲大患，穆王能用兵征伐，總算難得。又穆王游行的事情，《史記・周本紀》不載，詳見於《列子》的《周穆王篇》和《穆天子傳》。《周書・束皙傳》，《周王游行》五卷，説周穆王游行天下之事，今謂之穆天子傳。這兩部書，固然未必可信；然而《史記・秦本紀》、《趙世家》，都載穆王西游的事；又《左傳》昭十二年，子革對楚靈王也説“昔穆王欲肆其心，周行天下”；這件事，卻不是憑空揑造的：他當時能彀西游，就可見得道路平静，犬戎並不猖獗。

其(三)是厲王出奔和共和行政的事。厲王出奔這件事的真相，也無可考見。不知道逐他的究竟是誰。近來有人説，中國歷代的革命都是“暴民革命”，只有這一次，卻是“市民革命”。《飲冰室文集·中國歷史上革命之研究》。依我看起來，這大約是王城裏頭人做的事情。共和行政有二説：其一便是《史記》所説的“召公、周公二相行政”。還有一説，是出在《汲冢紀年》又不是如今的《竹書紀年》。和《魯連子》上的。説有個共伯，名和，攝行天子之事。這兩部都是僞書，《史記正義》已經把他的説法駁掉了，一翻閲就可明白。

其(四)，西周的盛衰，其原因有可推見的。周朝受封於陝西，本來是犬戎的根據地。參看第六章第一節。歷代都和犬戎競争，到大王、王季、文王，三代相繼，纔得勝利，周朝立國的根據，到此纔算確定。同時他的權力，向兩方面發展：其一是出潼關，向如今的河洛一帶，後來渡孟津伐紂，營建東都，所走的都是這一條路。其一便是出武關，向漢水流域，所以韓嬰叙《周南》，説“其地在南郡、南陽之間”。《水經注》三十四。現存的《詩序》，也説“文王之道，被乎南國，美化行乎江漢之域”《漢廣序》。就周公奔楚，所走的也是這條路。後來他權力退縮，受敵人的壓迫，也是從這兩方面而來。昭王南征而不復，便是對於南方一條路權力的不振。宣王號稱中興，尚且敗績於姜戎，可見得戎狄的强盛。到幽王時候，東南一方面的申，申國，在如今河南的南陽縣。和西方一方面的犬戎相合，西周就此滅亡了。這種形勢，和前乎此的商朝，後乎此的秦朝，實在是一樣的，通觀前後自明。

第五章　春秋戰國

第一節　春　　秋

周平王東遷之後四十九年，就是民國紀元前二六三三年，魯隱公元年。入春秋，直到前二三九〇年止，孔子卒的一年。其間凡二百四十二年。

春秋時代，列國的事情都有可考見，和西周以前所傳的只有“一個王朝的歷史”大不相同了。咱們現在要講春秋時代的歷史，就得先把當時幾個大國提出來講講。春秋時代的大國，①是晉、楚、齊、秦，其後起的就是吴、越。咱們現在且略講他的起源和情勢如下：

（一）齊　齊國的祖宗，唤做吕尚。四嶽之後。這個人，大約是文王、武王的謀臣。武王定天下之後，封於營邱。山東的昌樂縣。後世遷徙到薄姑，在博興縣境。又遷徙到臨菑。如今的臨淄縣。《史記》上説，“太公至國，脩政，因其俗，簡其禮；通商工之業，便魚鹽之利；而人民多歸齊，齊爲大國。《貨殖傳》也説“故太公望封於營邱，地瀉鹵，人民寡；於是太公勸其女功，極技巧，通魚鹽，則人物歸之，繦至而輻湊。故齊冠帶衣履天下；海岱之間，斂袂而往朝焉”。及周成王少時，管、蔡作亂，淮夷畔周。乃使召康公命太公曰：

---

① 大國皆近邊。江河流域相争。

東至海,西至河,南至穆陵,大約是臨朐縣南大峴山上的穆陵關。北至於無棣,在孤竹國境,如今直隸的盧龍縣。五侯九伯,汝實征之;齊由此得征伐,爲大國”。大概齊國的强,由於(一)獎勵工商業,(二)周初東方未定,要想借重他,畀以大權之故。

(二)晉　晉國的始祖,是成王的兄弟,喚做唐叔虞。封於唐。他的兒子燮,因地有晉水,改稱晉侯。後世遷徙到曲沃,又遷徙到絳。《詩譜》:“唐者,帝堯舊都之地,今日太原晉陽。堯始居此,後乃徙河東平陽。成王封母弟叔虞於堯之故墟,曰唐侯。南有晉水,至子燮,改爲晉侯。……至曾孫成侯,南徙居曲沃,近平陽焉。……穆侯又徙於絳。”案叔虞所封的唐,在如今山西太原縣,以爲在平陽,是誤謬的,詳見朱右曾的《詩・地理徵》。曲沃,是如今山西的聞喜縣。絳,就是翼,如今山西的翼城縣。曲沃滅翼之後,仍居於此。春秋時候,晉景公又遷新田,仍名曰絳,就把曲沃喚做故絳。新田,也在聞喜縣境。徙絳的穆侯,有兩個兒子:大的是太子仇,少的名成師。穆侯卒,仇立,是爲文侯。文侯卒,子昭侯伯立。封成師於曲沃,號爲桓叔。受封之後六十七年,前二六五六至前二五九〇。桓叔之後滅翼。滅翼的喚做武公。武公卒,子獻公詭諸立。滅霍,如今山西的霍縣。滅魏,如今山西的芮城縣。滅耿;如今山西的河津縣。又滅虞,如今山西的平陸縣。虢。如今河南的陝縣。《史記》説“當此時,晉疆西有河西,陝西大荔縣一帶。與秦接境,北邊翟,東至河内”。河南的沁陽縣。晉國就成了一個强國了。

(三)楚　楚國是帝顓頊之後,受封的喚做熊繹,居丹陽。見上章第五節。熊繹之後,五傳而至熊渠。《史記》上説“熊渠甚得江漢間民和,乃興兵伐庸。揚粤,至於鄂。……乃立其長子康爲句亶王,《集解》:“張瑩曰:今江陵也。”中子紅爲鄂王,《集解》:“駰案九州記曰:鄂今武昌。”少子執疵爲越章王,皆在江上楚蠻之地”。熊渠之後,七傳而至熊儀,是爲若敖,若敖再傳而至霄敖,是爲蚡冒。蚡冒卒,蚡冒的兄弟熊通,弑蚡冒的兒子而代立,是爲楚武王。“三十五年,楚伐隨。如今湖北的隨縣。……曰:我無弟也,今諸侯皆爲叛,相侵,或相殺;我有敝甲,欲以觀中國之政;請王室尊吾號。隨人爲之周請尊楚,王室不聽。……三十七年,楚熊通怒曰:……我自尊耳。乃自立爲武王。……於是始闢濮地而有之。子文王熊貲立，始都郢。如今湖北的江陵縣。文王二年，伐申。……六年，伐蔡，虜蔡哀侯以歸，已而釋之。楚强，陵江漢間小國，小國皆畏之。十一年，齊桓公始霸，楚亦始大。”案宋翔鳳的《楚鬻熊居丹陽武王徙郢考》，考定丹陽在丹析入漢之處，已見上節。他又考定越章便是春秋時候的豫章，在如今的當塗。原文：“越章，亦作豫章，越豫聲之轉。《左傳》定二年，桐叛楚，吴子使舒鳩人誘楚人曰：以師臨我，我伐桐。秋，囊瓦伐吴，師於豫章。吴人見舟於豫章，而潛師於巢。按桐國，在今安慶府桐城縣治；舒國，在今安徽廬州府舒城縣治，巢邑，在今廬州府巢縣治；其地並在江北，與漢豫章郡在江南者，相去六七百里。吴人必不設疑兵於六七百里之外，知豫章當與舒巢桐邑相近。疑漢丹陽縣在今當塗，乃是春秋之豫章。……《左傳》昭二十四年，楚子爲舟師以略吴疆，越大夫胥犴勞王於豫章之汭。如越勞楚於漢豫章郡今南昌府，既非楚子入吴所經；若指章水入江之處，則爲今九江府湖口縣，中隔廣信饒州，皆爲吴地；知豫章之汭，是越境之北界，斷在當塗之地。蓋越之故地，熊渠伐而有之，乃稱豫章。秦以其地置鄣郡，鄣與章通用，蓋以豫章名之。漢復改鄣郡爲丹楊，或取楊越之名，亦未可知。……”他又説：“鬻子後數世至熊繹，始南遷荆山，不通中國，而壹用力於蠻夷；故至熊渠而西連巴巫，東收豫章，江漢小國，靡不服從；楚能雄長荆州之地，當時稱之曰荆；故《鄭語》，史伯稱荆子熊嚴；《春秋》於桓公之世，楚並稱荆。至僖公初，漸以名通上國，乃還其始封號曰楚子。原注，“用《穀梁》語”。昭十二年《左傳》，右尹子革言昔我先王熊繹，辟在荆山篳路藍縷，以處草莽，此言荆山而不言丹陽，知熊繹是居荆山而非居丹陽者。荆山，在今湖北襄陽府南漳縣西八十里。……《左傳》昭四年，晉司馬侯稱荆山爲九州之險；蓋居荆山則漢水環其東北，足以北阻中國，東控漢東諸侯；既與諸夏爲限，遂能壹用力於蠻夷；是熊渠之强大，由得荆山之險也。……郢又在荆山南三百餘里；楚武王時，中國無伯主，遷郢則不但據漢水之固，並可俯瞰江濱。……《鄭語》：楚蚡冒於是乎始啓濮。韋注，濮，南蠻之國。《書・牧誓》，《孔傳》：濮在江漢之南。蓋楚蚡冒時已拓地於江南武王遂遷郢，俯江濱以偪之。江南蠻夷諸國，尤畏楚之偪己而不敢叛，而後專力從事於漢東諸侯。……”案楚國受封的，究竟是鬻熊，還是熊繹？所謂“熊繹辟在荆山”的“荆山”，是否定在如今的南漳縣境或者其範圍還可稍廣？我還未可斷定；然而楚國的受封，必在漢水中游流域。到後來沿漢而下，以達於江，他所征服的地方，西至如今的川楚，東至如今的蘇皖交界，然後從事於漢東。是的確不錯的。讀了這一篇文字，於楚國盛强的原因和春秋時代長江流域開拓的歷史，可以“思過半”了。

（四）秦　秦國之先，《史記》説也是帝顓頊之苗裔，“孫曰女脩。女脩織，玄鳥隕卵，女脩吞之，生子大業。……大業生大費，……是爲柏翳。舜賜姓嬴氏”。大業《史記正義》據《列女傳》，説就是皋陶，柏翳就是益，已見第三章第三節。他的後世，有一個唤做造父的替周穆王御而西游，周穆王封他於趙城，如今山西的臨汾縣。便是七國時趙國的始祖。又有一個唤做非子的，替周孝王主馬，周孝王邑之於秦如今甘肅的天水縣。爲附庸，便是秦國的祖宗。非子的曾孫，唤做秦仲，周宣王以爲大夫。叫他去伐戎，爲戎所殺。有子五人，宣王召之，與兵七千再叫他去伐戎，破之。五人之中，最長的唤做莊公。宣王依舊給他做西垂大夫，居於犬丘。如今陝西的興平縣。莊公的兒子唤做襄公。當犬戎弑幽王之時，發兵救周，戰甚力；平王東遷，襄公又發兵送他；於是“平王封襄公爲諸侯，賜之岐以西之地。曰：戎無道，侵奪我岐豐之地，……秦能攻戎，即有其地。……襄公於是始國。十二年伐戎而至岐卒”。前二六七七年。襄公的兒子，唤做文公。文公十六年前二六六六年。“以兵伐戎，戎敗，於是文公遂收周餘民有之，地至岐，岐以東獻之周”。於是周朝初興時候的形勢，就給秦國人佔去了。

（五）吴　吴的先世，《史記》上説：“吴太伯、太伯弟仲雍，皆周太王之子，而王季歷之先也。……太王欲立季歷以及昌，於是太伯仲雍二人，乃奔荆蠻，文身斷髮，示不可用。……太伯之奔荆蠻，自號句吴。荆蠻義之，從而歸之千餘家，立爲吴太伯。太伯卒，無子，弟仲雍立。是爲吴仲雍。仲雍卒，子季簡立。季簡卒，子叔達立。叔達卒，子周章立，是時周武王克殷，……因而封之。……壽夢立而吴始益大，稱王。……大凡從太伯至壽夢十九世，壽夢二年。前二四九五年。

楚之亡大夫申公巫臣怨楚將子反而奔晉，自晉使吴，教吴用兵乘車，令其子爲吴行人，吴於是始通於中國。”案斷髮文身，是粤族的風氣。太伯當時，實在是逃到粤族裏去的。當時江南一帶，全然是未開化之地。所以當春秋的上半期，吴國還是寂寂無聞。參看第六章第五節自明。巫臣的輸入文明，實在是吴國開化的大助力。

（六）越　越之先，《史記》説“越王句踐，其先禹之苗裔，而夏后帝少康之庶子也。封於會稽，如今浙江的紹興縣。以奉守禹之祀。文身斷髮，披草萊而邑焉。後二十餘世，至於允常。允常之時，與吴王闔廬戰，而相怨伐。允常卒，子句踐立”。案越國的開化，比吴國更晚，所以從允常以前，簡直連世系都無可稽考了。

綜觀以上六國，我們可以得到一個公例。就是“當時諸國，接近於異族的都强，其居於腹地的都弱”。齊近萊夷，晉近狄，秦近戎狄，——當時的戎狄，是一族，都是所謂犬戎。楚近黎族和粤族，吴越皆與粤族雜居，參看第六章自明。其實商周的先世，也是如此。商滅夏，周滅商，都是從陝西用兵於河南、山東，和秦的滅周，正是一樣。所以太史公《六國表序》，把“禹興於西羌，湯起於亳，周之王也，以豐鎬伐殷秦之帝，用雍州興。……”連類並舉，可惜禹興於西羌其詳不可得而聞了。近人《中國之武士道》序，説這個道理，頗爲透徹，可以參看。我説接近異族，因競争磨勵而强，固然是一個道理；還有“接近異族，則地方荒漠，而拓土易廣”。也是其中的一個原因。

此外可稱爲二等國的，便是

魯都曲阜，如今山東的曲阜縣。

衛康叔封於朝歌。春秋時爲狄所破，遷於楚丘，如今河南的滑縣。

曹武王弟叔振鐸，封於陶丘，如今山東的定陶縣。

宋微子封於商丘，如今河南的商丘縣。

鄭宣王的弟友封於鄭，如今陝西的華縣。後來東徙於虢鄶之間，如今河南的鄭縣。

陳陳胡公，舜之後。封於宛丘，如今河南的淮寧縣。

蔡蔡叔度之子胡。封於蔡，如今河南的上蔡縣，平侯遷新蔡，如今河南的新蔡縣。昭侯遷州來,如今安徽的壽縣。

許伯夷之後。封於許,如今河南的許昌縣。靈公遷於葉,如今河南的葉縣。悼公遷於夷實城父,如今安徽的亳縣。又遷於析,實白羽。如今河南內鄉縣。等。

此外小國還甚多,限於篇幅,不能盡列。要通知春秋時代各國的形勢的,把顧棟高的《春秋大事表》做參考書最好。因爲他很完備周密。

春秋時代的大勢,咱們且略講如下:

前二五九〇年,齊桓公會諸侯於鄄,如今山東的城濮縣。創霸。前二五七四年,山戎伐燕,齊桓公伐山戎以救燕。前二五七一年,狄人滅邢,又滅衛。齊桓公合諸侯的兵,遷邢於夷儀,如今山東的聊城縣,邢的本封,在如今直隸的邢臺縣。封衛於楚邱。見前。前二五六七年,齊桓公合諸侯伐楚,盟於召陵。如今河南的郾城縣。前二五五四年,齊桓公卒,諸子爭立,國內亂,齊國的霸業就此告終。

齊桓公死後,宋襄公定了齊國的內亂,要想圖霸。前二五四九年,和楚人戰於泓,水名,在如今河南的柘城縣。大敗,宋襄公受傷而卒。宋國的霸業只好算未成。

宋襄公死後,北方的諸侯,都折而入於楚。前二五四三年,晉文公和楚人戰於城濮,如今山東的城濮縣。楚師敗績。後此北方的霸權,在晉國手裏。

晉文公反國時,秦穆公與有力焉,所以秦晉甚睦。城濮戰後二國嘗合兵圍鄭。以其貳於楚。鄭國派一個大夫,夤夜縋城去見秦穆公。秦穆公聽了他的話,不但撤兵解圍,而且還派三個將官,幫同鄭國人戍守。晉文公死後,這三將暗中差人招呼秦穆公,叫他潛師襲鄭,自己做內應。秦穆公聽了他,發兵東來。晉襄公襲而敗諸崤。在如今河南的永寧縣。獲其三帥孟明視等。旋又放了他。秦穆公引咎自責,仍用孟明視。前二五三五年,伐晉,破之。《史記》上說他"遂霸西戎,闢地千里"。然而終春秋之世,秦國始終不能得志於東方,所以崤的一戰,關係是很大的。

晉襄公死後,繼立的是晉靈公,頗爲無道,而楚莊王日强。前二五〇八年，晉楚戰於邲，如今河南的鄭縣。晉師敗績，楚莊王稱霸。

前二四九〇年，宋臣華元，因爲和晉楚兩國的執政都要好的，出來合二國之成，盟於宋西門外。然不久，楚共王就背約，搆鄭叛晉。前二四八六年，晉厲公和楚共王戰於鄢陵，如今河南的鄢陵縣。楚師敗績，共王傷目。然而鄭國畢竟不服晉。晉厲公旋亦被弑。晉人立了悼公，又和楚争逐久之，到二四七三年，纔算把鄭國征服。

悼公死後，晉楚都衰。前二四五七年，宋臣向戌，再合晉楚之成，爲"弭兵之盟"於宋，從此時局一變。大抵從晉文公創霸以後，到弭兵之盟以前，北方的魯、衛、曹、宋等，是常服於晉的；南方的陳、蔡、許等，是常服於楚的；只有一個鄭國，叛服於晉楚之間。晉楚争霸，大抵所争的就是鄭。弭兵之盟，説"二國之從交相見"，把這個藩籬打破了。於是楚國的靈王，出來合諸侯，北方諸國遂紛紛奔走於楚。然而從弭兵之盟以後，直到春秋時代之終，因晉楚争霸而起的戰役，可以説是没有，這個究竟也是向戌的功勞。

晉楚皆衰以後，就是吴越的世界。吴國的强盛，起於前二四九五年巫臣的適吴，已見前。從此以後，吴國時時同楚國交兵，楚國不利的時候多。前二四一七年，楚相囊瓦好賄，辱蔡昭侯，蔡昭侯如晉請伐楚，晉國人爲他合了北方的諸侯。這時候的晉國，是六卿執政，腐敗得很，大合了諸侯，以求賄而罷。蔡昭侯再請於吴。吴闔閭爲之出兵，大破楚師於柏舉。如今湖北的麻城縣。就攻破了楚國的都城，楚昭王逃到隨國。幸而有個忠臣，唤做申包胥，到秦國去請了救兵來，吴師大敗，昭王纔得復國。

這時候，越國也强起來了。吴人在郢的時候，越人就乘間入吴。前二四〇七年，允常卒，闔閭乘而擊之，敗績於檇李，如今浙江的嘉興縣。闔閭受傷而死。前二四〇五年，闔閭的兒子夫差，敗越於夫椒。如今江蘇吴縣西邊的西洞庭山。越王句踐，以餘兵棲於會稽的山上，遣大夫種卑辭厚禮以求和。夫差許之，句踐歸國，卧薪嘗膽，以求報讎。而夫差從破越之後，就驕侈起來，溝通江淮，北伐齊魯，與晉國人争長於黄池。如今河南的封邱縣。前二三九三年。前二三七九年，就給越國人圍了起來。前二三七七年，越國人把他的都城攻破了，夫差自殺，吴國就此滅亡。於是句踐帶兵渡淮，“與齊晉諸侯會於徐州，如今山東的滕縣。周元王使人賜句踐，胙命爲伯”。

大抵春秋時候，可以分做幾個時代。

（一）從前二五九〇到前二五五四年，是齊桓公稱霸時代。

（二）從前二五五三到前二五四四年，是宋襄公圖霸不成，楚人强盛時代。

（三）從前二五四三到前二四五八年，是晉楚争霸時代。

（四）從前二四五七到前二四四一年，是楚國獨盛時代。明年，楚靈王被弑，平王立，不復事諸侯。

（五）從前二四四〇到前二四三八年，是晉楚皆衰，吴越尚未强盛的時代。權力未及於中原。

（六）從前二四三九到前二三八七年，是吴國强盛時代。其間吴國雖已敗於越，然對於北方，威力還在。

（七）從前二三八六年以後，是越國强盛時代。

大抵長江流域的開闢，是從春秋時代起的。五帝時代，三苗左洞庭。右彭蠡，其與黄河流域争競的實情，已無可考。文王“三分天下有其二”，“美化行乎江漢之域”，固然也利用南方的形勢，去包圍紂，然而不是長江流域的國能獨立和黄河流域競争。而其開闢，又先從中游流域起，次到下游流域。因爲文化從北方來，由漢域入江域，所以開化從中游起。至其上游流域的四川，則直到戰國時秦滅巴蜀，纔算入中國的版圖。南嶺以南的閩粤二江流域，入中國版圖，更在秦併天下之後。參看第六章。於此可以見得中國本部開闢的早晚了。

第二節　戰　　國

春秋以後，又二百五十七年，天下纔歸於統一。就是從前二三八九年起，到前二一三三年止，稱爲戰國時代。戰國時代的形勢，便是春秋時代號稱大國的晉，分爲韓、周同姓，後裔事晉的，喚做韓武子，封於韓原，如今陝西的韓城縣。趙、見上節。魏。周同姓畢公高之後，名畢萬，事晉獻公，獻公滅魏，便把魏地封他。周威烈王令魏斯、韓虔、趙籍爲諸侯，事在前二三一四年。這時候，晉君還在，到前二二八七年，三國纔廢晉君而共分其地。戰國時候的齊國，也爲田氏所篡。田氏是陳國公子完之後，——田陳同音，就是一個字。——周安王令田和爲諸侯，事在前二五九七年。越滅於楚；前二二四五年。而直隸北邊的燕，召公奭之後。封於薊，如今的京兆。漸漸的强起來；於是齊、燕、韓、趙、魏、秦、楚，並列爲七個大國。

七國之中，除燕最小，所處的地方又偏僻，無足輕重外。《燕世家贊》："燕北迫蠻貉，内措齊晉，崎嶇强國之間，最爲弱小。"在七國之中，燕國其實只算得二等國。楚國自然最强，因爲春秋時代，晉楚本强於齊秦，而這時候，楚國又没有分。齊國的形勢，和春秋時無甚出入。韓、趙、魏似乎力分而弱，然而"晉國，天下莫强焉"，他强國的資格，究竟還在。只有秦國，從春秋的末期，久已寂寂無聞，入戰國的初期，又國多内難，河西的地方，爲魏國所奪。又因爲僻處西垂，開化最晚，大家都有些瞧不起他。到孝公的元年，前二二七三年。《史記》上還説"河山以東彊國六。……楚魏與秦接界；魏築長城，自鄭如今陝西的華縣。濱洛如今陝西的北洛水。伊洛的洛，正字應當作雒。以北，有上郡；如今陝西榆林膚施一帶。楚自漢中如今的漢中道。南有巴、如今四川的保寧縣。黔中。如今湖南、湖北、四川三省交界之處。周室微，諸侯力政，争相并；秦僻在雍州，不與中國諸侯之會盟，夷狄遇之"國勢可謂凌夷極了。秦孝公的元年，已是入戰國的一百十七年，所以戰國的前半期，列國的勢力，是平均的。秦國的獨强、六國的破滅，全在從前二二七三到前二三八九這一百四十一年之内。

孝公即位之後，用了商鞅，定了變法之令，把全國的人，都驅到"農戰"一途，於是秦國的國勢，就驟然强盛起來了。[1] 秦國的攻六國，可以分做兩截看：其第一截，是"自完主義"，就是要全有如今陝

---

① 秦之盛：地勢、競争、質樸、變法。秦用兵路綫。

西的地方。前二二五一年，商鞅出兵伐魏，大敗魏兵，魏入河西以和。於是魏惠王棄安邑，如今山西的夏縣。徙都大梁。如今河南的開封縣。秦國既除了肘腋之患，又開了一條渡河而東的路。前二二三九年，秦國人又伐魏，取了上郡，於是如今陝西地方，全入秦國的版圖。前二二二七年，秦國又滅了蜀。蜀的地方，本是最爲富饒，而且因山川之險，從戰國以前，從没和别國交過兵。秦國得了這一塊"處女的富源地"，更其"富厚輕諸侯"。漢高祖和項羽相持，就是用的關中的兵，巴蜀的餉。戰國時代的秦，想必也有這種情形。所以《戰國策》上，説他得蜀之後，"益富厚，傾(輕)諸侯"。

他進取的兵，可以把他分做三路看：前二二二四年，敗楚，取漢中。到前二一九一年，司馬錯伐楚，取黔中，楚獻漢北之地。明年，白起伐楚，取鄢、就是春秋時的鄢陵。鄧、如今河南的南陽縣。西陵。如今湖南的東湖縣。又明年，白起再伐楚，拔郢，燒夷陵。在東湖縣，楚先王墳墓所在。楚東北徙都陳，如今河南的淮寧縣，後來又遷到壽春，如今安徽的壽縣。這一支可以算是"出長江流域的兵"，攻楚的。其中又分爲兩支，從江漢上游，順流而下。其"出河南的一支兵"所走的，便是如今從陝西出潼關的一條路。前二二二二年，伐韓，拔宜陽。如今河南的宜陽縣。從此以後，韓和東西周，都入秦人掌握之内。他卻又"出一支兵於河北"：前二一七三年，伐韓，拔野王。如今河南的河内縣。於是上黨如今山西的晉城縣。路絶，上黨的人不願意歸順秦國，就降了趙。秦國的白起，大破趙軍於長平，如今山西的高平縣。坑降卒四十萬，就攻破了上黨，北定太原。於是過娘子關到直隸，出天井關到河南的路，都在秦國人手裏。前二一六八年，秦國就圍了趙國的都城邯鄲。如今直隸的邯鄲縣。這時候，列國救趙的兵，都不敢進，幸而有一個魏國的公子無忌，奪了晉鄙的兵，擊敗秦軍於邯鄲下，三晉纔算苟延殘喘了幾年。前二一六〇年，秦滅東周，又伐韓，取滎陽，如今河南的滎澤縣。成皋，如今河南的汜水縣。地界直接大梁。前二一五七年，秦始皇立。立後十九年，就是前二一三九年，滅趙，趙國的公子嘉，自立爲代王，和燕國人合兵，駐紮在上谷。如今直隸的懷來縣。秦始皇派王翦駐紮在中山如今直隸的定縣。以圖燕。燕國的太子丹，派勇士荆軻到秦國去，要想刺殺秦始皇，事情没有成功。秦始皇大怒，發大兵圍薊，燕王奔遼東。前二一三六年，秦滅魏。明年，攻楚，又明年，把楚國滅掉了。前二一三三年，大發兵攻遼東，虜燕王喜。還滅代，虜代王嘉。明年，就把滅燕的兵南攻齊，虜齊王建。於是六國盡亡，秦國就統一天下了。周赧王的滅亡，在前二一六七年。先是敬王從王城（洛邑西城）徙居成周（洛邑東城），考王時，封弟揭於王城，是爲東周桓公，桓公的孫惠公，又自封其少子於鞏（如今河南的鞏縣），是爲東周惠公。赧王時，又徙都西周。赧王入秦，西周君也同時滅亡。東周君又奉周祀七年，到前二一六〇年，纔給秦國滅掉。其餘諸小國，許亡於鄭，鄭亡於韓，曹亡於宋，宋亡於齊，魯及陳、蔡皆亡於楚，只有衛國，到前二一二〇年——秦二世元年，纔給秦國滅掉。

秦國所以能滅掉六國，下列三條，大約是最大的原因：（一）秦國和戎狄競争最烈，以磨礪而强。晉在太原時近狄，遷絳之後，距敵較遠。和楚競争的"黎"、"越"二族，和齊競争的萊夷，都不是强敵。比不上犬戎。參看第六章。（二）秦國所據的地勢，和商周先世是一樣。參看第四章。從這地方出函谷關攻山東，出武關攻南陽、襄漢，都是上流之勢。秦國攻楚的路，和楚國先世拓土的路，也是一樣。參看上節自明。（三）秦國開化較晚，所以風氣樸實，國力較六國爲充足。試看李斯《諫逐客書》。列舉當時淫侈的事情，秦國竟没有一件。大抵文明進化已久的國，往往不免於暮氣；文明程度太淺的國，因爲物質和精神兩方面，强盛的元素都太缺乏，又興旺不起來，就暫時强盛，也不能持久，吴越就屬於這一種。戰國時代的六國屬於前一種。只有新進於文明的野蠻國家，最爲可怕，秦國就屬於這一種了。

秦國吞滅六國，我國的封建時代實在應當説是分立時代，但是封建這名詞，通行已久，現在姑且沿用他。就此告終了。但是還有一個問題，便是"我國的分裂時代從最早可考的時代起，到底共有若干國，後來怎樣漸次吞併，歸於統一的"呢？這一個問題，我請在第七章裏頭解答。

第六章　漢族以外的諸族

第一節　獯　　粥

中國人決不是單純的民族。以前所講的，都是漢族的歷史，這是因爲叙述上的方便，不能把各族的歷史，都攪在一起，以致麻煩。現在漢族的歷史，已經講到統一時代了，就得把漢族以外的各族，都講述一過。

中國人向來稱異族爲"夷"、"蠻"、"戎"、"狄"，這四個字，是"因其所居的方位而稱之"，參看下章。不是種族的名詞；若用這四個字來分別種族，一定要陷於誤謬的。到後世，這四個字的稱呼，也有不按着方位的（譬如狄侵入東方，仍舊稱他爲狄是）。然而這是後起的事，到這時候，能彀認明他的種族，居地雖然變换，還用舊名稱稱他。——種族的關係，已經紛亂得不可究詰了。

同漢族雜居最久，而關係又最密切的，便是獯粥。獯粥，又唤做玁狁，後世唤做匈奴，《史記索隱》（《匈奴列傳》）："晉灼曰：匈奴，堯時曰獯粥，周曰獫允。"都是一音之轉；這兩個字的合音，便是混，又寫作昆，寫作串，寫作畎，寫作犬，到後世又寫作胡。《詩・皇矣》："串夷載路"，《鄭箋》，"串夷，即混夷，西戎國名也。"《正義》："《書傳》作畎夷，蓋畎混聲相近，後世而作字異耳。或作犬夷，犬即畎字之省也。"古代所謂西戎北狄，都是這一種人。何以知道呢？因爲除這一族之外，可稱爲戎狄的，只有漢時之所謂羌，而據漢朝的事情看起來，羌人在古代，和漢族實在没甚交涉，看本章和第三篇所述羌人的事情自明。太史公《匈奴列傳》把古代的戎和狄都混雜在一起，或譏其不能分别，殊不知道戎和狄本没有種族上的區别的。①

這一族古代的根據地，也在黄河流域；到後世，纔漸次退卻到陰山山脈一帶，再退卻而至漠北，再退卻而到如今俄領中央亞細亞一帶，而入歐洲。參看第二篇。誤以爲漢時的匈奴，在三代以前，就據有漠南北的，卻是大誤。漠南的南部，雖有"分散谿谷"的小種落，然而不是他重要的根據地。至於漠北，則三代以前，大抵是丁令的地方。所以《尚書大傳》説"北方之極，自丁令北至於積雪之野"。

這一族的根據地，大約在漢族的西北。所以《史記》説"黄帝北伐獯粥，而邑於涿鹿之阿"；見第三章第二節。《墨子》説堯"北教八狄"；堯都太原。可見得這一族，從古以來，就佔據如今直隸、山西的北半省。至於陝西，更是他的大本營。所以《史記》上説"夏道衰，而公劉失其稷官，變於西戎，邑於豳。其後三百有餘歲，而戎狄攻太王亶父，亶父亡走岐下。……其後百有餘歲，周西伯伐畎夷氏。後十有餘年，武王伐紂，而營雒邑，復居於酆鄗，放逐戎夷涇洛之北"。洛，如今陝西北洛水。可見得周從受封以後，歷代和此族競争。幽王被弒以後，此族"遂取周之焦穫，而居於涇渭之間"。《詩》："玁狁匪茹，整居焦穫，侵鎬及方，至於涇陽。"《毛傳》以爲宣王時候的詩，恐不如《史記》之確。《爾雅·釋地》"周有焦穫"郭璞注："今扶風池陽縣瓠中是也。"池陽，如今陝西的涇陽縣。鎬，方，無可考。於是平王東遷，直到秦文公手裏，纔把岐豐的地方收回。見上章第一節。秦穆公時，"開國十二，闢地千里"，這是《秦本紀》上的話，《匈奴列傳》説"西戎八國服於秦"。這一族在涇渭上游，便無從肆其凶燄了。其在陝西東部的，也給晉國人所攘，居於圁、洛之間，圁，就是《漢書·地理志》上郡白土的圜水，《清一統志》説是在陝西葭縣入河的禿尾河。謂之白狄。《史記》説"號曰赤狄白翟"，誤。其侵入東方的，謂之赤翟。赤翟的境域，從晉國的蒲、如今山西的隰縣。屈如今山西的吉縣。起，緜延向東，和齊、魯、衛接界。邢、衛、宋、魯、齊、晉、鄭，都頗

---

① 夷、蠻、戎、狄，非辨種族之詞。

受其害。其種落，有東山皋落氏、如今山西的昔陽縣。廧咎如、如今山西的樂平縣。潞氏、如今山西的潞城縣。甲氏、如今直隸的雞澤縣。留吁、如今山西的屯留縣。鐸辰，如今山西的長治縣。都給晉國人滅掉。白狄也有侵入東方的，就是肥、如今直隸的藁城縣。鼓、如今直隸的晉縣。鮮虞。如今直隸的定縣。肥、鼓亦滅於晉，鮮虞到戰國時謂之中山，滅於趙。又有揚拒、如今河南偃師附近。泉皋、如今河南洛陽縣西南。伊洛之戎，《左傳》杜注"居伊水洛水之間"。地都入於周。又有蠻氏、如今河南的臨汝縣；亦稱茅戎，因爲他本居茅津。茅津，在如今山西的平陸縣。驪戎，如今陝西的臨潼縣。地亦入於晉。於是這一族在山、陝、直隸的南部和河南的，幾於全給漢族征服，以上說赤狄白狄，據《春秋大事表》。其未嘗服屬的，都在甘肅和直隸、山、陝三省的北邊。《史記》上叙述他的形勢道："自隴以西，有綿諸、如今甘肅的天水縣。緄戎、亦在天水境。翟豲之戎；如今陝西南鄭縣境。岐梁山涇漆之北，有義渠、如今甘肅寧縣、慶陽縣境。大荔、如今陝西的大荔縣。烏氏、如今甘肅的涇川縣。朐衍之戎；如今甘肅的靈武縣。晉北有林胡、如今山西的朔縣。樓煩之戎；如今山西的崞縣。燕北有東胡山戎；見下節。各分散谿谷，往往而聚者，百有餘戎，然莫能相一。"列國的開拓，便是"趙有代、句注之北，句注，如今的雁門山。魏有河西、上郡，以與戎界邊。河西、上郡入秦之後。秦、趙、燕三國，邊於匈奴。……秦昭王時，……伐殘義渠。於是秦有隴西北地上郡，築長城以拒胡；趙武靈王……北破林胡、樓煩，築長城，自代並陰山下至高闕爲塞，《集解》"徐廣曰在朔方"。而置雲中雁門代郡；……燕亦築長城，自造陽《集解》"韋昭曰：地名，在上谷。"至襄平，置上谷、漁陽、右北平、遼西、遼東郡以拒胡"。大抵這時候，這一族在甘肅和山、陝、直隸北邊的，都是"分散谿谷"的小部落；所以漢族開拓，毫無抵抗之力。漢族所以要築長城，也是防這些小部落侵盜的原故。像後世的匈奴、突厥，……原不是長城所能防。後人議論秦始皇的築長城，有人説他"立萬世夷夏之防"，固然迂謬可笑。又有人説，築了長城，還是無用，引後世史事爲證，也是陷於"時代錯誤"的。其中只有一族，根據在如今河套之内的，較爲强大。大約因爲地形平衍。易於合羣的原故。這個便是秦漢時代的匈奴了。

第二節　東　　胡

太史公把古代的戎狄算做一族，並不能算他錯；然而把東胡和匈奴混在一起，實在是弄錯了的，爲什麽呢？因爲東胡之後爲"烏桓"、"鮮卑"，烏桓、鮮卑和匈奴，確非同族。

《後漢書》、《三國志》都説：烏桓、鮮卑是東胡之後，東胡爲匈奴所破，遺族分保此二山，因名焉。後人因把東胡兩個字，當作這一族的本名，烏桓鮮卑，當作後起之名；因而有説東胡就是通古斯 Tongus 的譯音的，依我看起來，卻實在不然。爲什麽呢？據《希臘羅馬古史》，"裏海以西，黑海以北，古代即有'辛卑爾族'居之；……故今黑海北境，有辛卑爾古城；黑海峽口，初名辛卑峽；而今俄人名烏拉嶺一帶曰西悉畢爾"。《元史譯文證補》。《北史・魏世紀》述鮮卑二字的由來，也説"國有大鮮卑山，因以爲號"，東西相去數千里，不謀而合。可見所謂鮮卑，不是"部族以山名"，實在是"山以部族名"的。所以鮮卑部落，分布極廣，而烏桓一部，從魏武帝柳城一捷後，就不復見於史，《新唐書》所載，乃一極小部落。可見得鮮卑二字，實在是此族的本名。《史記索隱》引服虔"東胡，在匈奴之東，故曰東胡"。《後漢書・烏桓傳》"氏姓無常，以大人健者名字爲姓"。《索隱》引《續漢書》："桓以之名，烏號爲姓。"這麽説，東胡二字，是中國人因他居近匈奴，"貤匈奴之名以名之"。好比後世稱菲律賓爲小吕宋。烏桓二字，是大人健者之名，是一個分部的名稱。

這一族在古代，謂之山戎。據《史記・匈奴列傳》，紀元前二六一七年，"山戎越燕而伐齊，齊僖公與戰於齊郊。其後四十四年，山戎伐燕，燕告急於齊，齊桓公北伐山戎，山戎走"，"其後燕有賢將秦開，爲質於胡，胡甚信之。歸而襲破東胡，東胡卻千餘里"。這一族的根據地，似乎就是燕所開的上谷、漁陽、右北平、遼西、遼東五郡。爲什麽呢？因爲後來漢武招致烏桓，助防匈奴，所居的也是這五郡塞外；可見得所謂“卻千餘里”者，就是棄這五郡之地。有人說鮮卑就是《禹貢》析支的轉音（《大戴禮》鮮支渠搜，《史記·五帝本紀》作斯支渠廋）。這話似乎附會，我卻以爲頗爲有理。爲什麼呢？如此說，則鮮卑氐羌，古代居地相近，而據《後漢書》所載，烏桓、鮮卑和羌人風俗極其相類。羌俗“氏族無常，或以父名母姓爲種號”，可見母有姓而父無姓，烏桓亦“氏姓無常，以大人健者名字爲姓”，又“怒則殺其父兄，而終不害其母，以母有族類，父兄無相讎報故也”。烏桓“妻後母，報寡嫂”，羌亦“父没則妻後母，兄亡則納嫠嫂”，烏桓“俗貴兵死”，羌亦“以戰死爲吉利，病終爲不祥”。可爲古代曾經同居之證。這一族，連亞洲的西北方和北方都有，在古代，似乎也是從中亞高原，分散出去的。《漢書·地理志》：朔方郡有渠搜縣。蔣廷錫說就是《禹貢》上的渠搜後世望東北遷徙的（《尚書地理今釋》）這一説，假定爲確。則析支也可從如今的青海，遷徙到山陝北邊。再看下一節貉族遷徙的事實，則析支從山陝北邊再遷徙到燕北而爲鮮卑，也不足怪的了。

第三節　貉

東北方之族，鮮卑而外，還有一個貉。貉這一族，也有說他是東夷的，《說文》羊部：東方貉。《鄭志》答趙商問。“九貉，即九夷。”（《正義》引）也有說他是北狄的，《說文》豸部：“貉，北方豸種”，《孟子·告子篇》趙注：“貉在北方。”到底哪一說可靠呢？我說都不差的；貉是始居北方，後來遷徙到東北方的。《詩·韓奕》：“王錫韓侯，其追其貊，奄受北國”，《鄭箋》說：韓王韓城，所撫柔的，是“王畿北面之國”，又說“其後追也。貊也，爲玁狁所逼，稍稍東遷”。這十五個字，便是貉族遷徙的歷史。

何以知道鄭說之確呢？《後漢書·夫餘傳》：“本濊地。”《三國志》：“耆老自說古之亡人，其印文言濊王之印。國有故城名濊城。蓋本濊貉之地，而夫餘王其中，自謂亡人，抑有似也。”這幾句話，便是《韓奕》鄭箋的注脚。“耆老自說古之亡人”，就是貉族人自記其“爲玁狁所逼稍稍東遷”的歷史。不過《後漢書》說“本濊地”，《三國志》說“本濊貉之地而夫餘王其中”，卻是錯誤的。夫餘就是濊貉，所以漢朝賞他的印文，還說是濊王之印，儻使夫餘另是一個種族，而佔據濊貉之地，那印文如何能説濊王之印呢？後漢一朝，和夫餘往來極密，决不會弄錯的。況且果使如此，是夫餘征服濊貉，是戰勝攻取了，如何説是亡人呢？貉是種族的本名，濊是水名，貉族的一支，處濊水流域的，謂之濊貉，後來亦單稱他爲濊。又假用薉字。《水經注》："清漳逕章武故城西，故濊邑也，枝瀆出焉，謂之濊水。"漢章武縣，包括如今直隸大城、滄兩縣之境。這濊水，似乎就是濊貉所居的。但是他一個分部不是他的全族。何以知道呢？因爲《孟子》説："夫貉，五穀不生，惟黍生之。"章武决不是不生五穀的地方。可見得這一族的大部分，一定還在如今的長城之北。《後漢書》、《三國志》的四裔傳，是同本《魏略》，所以錯便同錯。《韓奕》的鄭箋，一看很不近情理，所以疑心他的人很多。然而"追也，貊也，爲玁狁所逼，稍稍東遷"。實在是一段種族遷徙重要的歷史。惟鄭君讀書極博，然後能知之。王肅不知此義，於是解溥彼韓城的韓城爲涿郡方城縣的寒號城(《水經・聖水注》)。燕師所完的燕爲北燕國(《釋文》)，以便將韓侯牽率到東北方去以就貉。巧則巧矣，而不知正不必如此之心勞而日拙也。王符《潛夫論》説："周宣王時有韓侯，其國近燕。"也就是王肅一派的話。《山海經》根據這一派話，再加之以造作，便説："貉國在漢水東北，地近於燕，滅之。"更可發一大噱。所謂漢水，想必是朝鮮的漢江了。他只曉得朝鮮和燕國接界，朝鮮的南邊，又有一條漢江；臆想貉國既近於燕，必定也近朝鮮；既近朝鮮，一定也近漢江；就臆造出這十三個字來。殊不知道漢江是漢武帝滅朝鮮後把其地分置四郡的南界，因爲這條江是漢朝的南界，所以有漢江之名(據朝鮮金澤榮《韓國小史》，這部書，南通縣有刻本)。當北燕未亡之時，這條水，尚未名爲漢江也。這一派僞書的不可信如此。

貉族在古代和漢族没甚交涉；然而這一族人，東北走而爲夫餘，其後爲句麗、百濟，和中國的關係，卻很深的，所以著其緣起如此。

第四節　氐　　羌

氐羌二族，在古代，大約是根據於中亞高原的；後來分爲許多支，在湟水流域，青海，和黄河上流兩岸的，是漢朝時候所謂羌人。在天山南路的，是漢時西域諸國中的氐羌行國。在祁連山一帶的，是月氏。在今四川雲南和川邊的，漢時謂之西南夷。均見後。其在古代和漢族有交涉的，在氐族爲巴，在羌族爲鬼方。

《説文》注:“巴蜀,桑中蟲也。”《魏略》:《三國志》注引。“氐,……其種非一;或號青氐,或號白氐,或號蚺氐,此蓋蟲之種類,中國人即其服飾而名之也。”可見此族當圖騰時代,曾經用蟲爲標幟。參看嚴復譯甄克思《社會通詮》。據《後漢書》,板楯蠻,世居渝水左右,如今的嘉陵江。其人善於歌舞,漢高祖用他的兵,還定三秦,因而就採他的樂舞,唤做巴渝舞。武王伐紂,有“庸、蜀、羌、髳、微、盧、彭、濮人”,而《尚書大傳》説:“惟丙午,王逮師前,師乃鼓鼗噪,師乃慆,前歌後舞”,可見武王所用的兵,實在有巴氐在裏頭。《華陽國志》:“周武王伐紂,實得巴蜀之師,巴師勇鋭,歌舞以淩之。殷人倒戈,故世稱武王伐紂前歌後舞也。”到戰國時,纔爲秦國所征服。《後漢書》説:“秦惠王併巴中,以巴氏爲蠻夷君長,世尚秦女。其民爵比不更;有罪,得以爵除。其君歲出賦二千一十六錢;三歲一出義賦,千八百錢。其民户出幏布八丈二尺,雞羽三十鍭。”又説:“秦昭王時,有一白虎,常從羣虎,數游秦漢巴蜀之境,傷害千餘人,昭王乃重募國中有能殺虎者,賞邑萬家,金百鎰。時有巴郡閬中夷人,能作白竹之弩。乃登樓射殺白虎。昭王嘉之,而以其夷人,不欲加封;乃刻石盟要,復夷人頃田不租;十妻不算;傷人者論,殺人者得以倓錢贖死。盟曰:秦犯夷,輸黄龍一雙,夷犯秦,輸清酒一鍾。夷人安之。”話雖有些荒唐,卻也是漢族撫柔這一族的一段歷史。

羌人和漢族的交涉,只有《易經》上“高宗伐鬼方”,《文選》李善注引《世本》:“鬼方於漢,則先零戎也。”《趙充國頌》。可證漢族當商朝時候,對於這一族,曾用兵一次。此外無甚關係。《商頌》:“昔有成湯,自彼氐羌,莫敢不來享,莫敢不來王,曰商是常”,又《周書·王會解》,也有氐羌,蓋商周之先,都處西方,所以和這兩族關係較密。又《商頌》“昔在成湯”云云,自係鄭箋所謂“責楚之義,女乃遠夷之不如”。後人因而牽合,説高宗的伐鬼方,就是“奮伐荆楚”。近人因而説鬼方就是夔,這是大錯了的。請看《詩古微·商頌魯韓發微》一篇。

第五節　粵

以上所講的,都是北方的種族,以下就要講到南方了。南方的種族和漢族最早有交涉的,自然要推黎族,已見第三章第二節,茲不複贅。黎族之外,還有一個極大的種族,就是所謂"粵族"。粵也寫作越。近來講歷史的人,對於"黎"、"粵"二族,都不甚加以分別,未免失之籠統。①

"黎族"是後世所謂"苗族","粵族"是現在所謂"馬來人"。這一種人,在古代也是根據在中亞高原的。後來沿橫斷山脈南下,分佈在亞洲沿海之地。凡現在"亞洲的沿海",和地理學上所謂"亞洲大陸的真沿邊",都是這一族人所據的。這個證據甚多,一時不暇細講。我現在且從中國歷史上,舉出兩條堅證如下:

其(一),這一種人,是有"文身"的風俗的。從歷史上看起來,如上所述的地方,都可發現同一的風習。

《禮記·王制》:東方曰夷,被髮文身,有不火食者矣。南方曰蠻,雕題交趾,有不火食者矣。注"雕文,謂刻其肌,以丹青涅之"。《正義》"文身者,謂以丹青文飾其身。……雕題交趾者,雕,謂刻也,題,謂額也,謂以丹青雕刻其額,非惟雕額,亦文身也"。案據正義,可知文身與雕題,就是一事。又不火食的風俗,東夷南蠻,也相同。《正義》説"以其地氣多暖,雖不火食,不爲害也"。南蠻的地方,誠然地氣多暖,東夷何嘗如此,可見夷蠻確係同族,所以有這同一的風俗。

《漢書·地理志》:粵地,……今之蒼梧、鬱林、合浦、交阯、九真、南海、日南,皆粵分也。其君禹後,帝少康之庶子云。封於會稽,文身斷髮,以避蛟龍之害。《史記·吳越世家》,已見第五章第一節。

《後漢書·哀牢傳》:種人皆刻畫其身,象龍文。

① 黎粵之別。粵之特徵及其居地。

又《東夷傳》：倭地大校在會稽東冶之東，與珠崖儋耳相近。故其法俗多同。《三國志》：男子無大小，皆黥面文身。……夏后少康之子，封於會稽，斷髮文身，以避蛟龍之害。今倭人好沈没捕魚蛤，亦文身以厭大魚水禽，後稍以爲飾。諸國文身各異；或左或右，或大或小，尊卑有差。以朱丹塗其身體，如中國用粉也。

《後漢書》：馬韓……其南界近倭，亦有文身者。弁辰……其國近倭，故頗有文身者。

《北史·流求傳》：如今的臺灣。婦人以墨黥手，爲蟲蛇之文。

《南史·扶南傳》：文身被髮。

閻若璩《四書釋地三續》：《留青日札》曰：某幼時及見今會城住房客名孫禄。父子兄弟，各於兩臂背足，刺爲花卉，葫蘆，鳥獸之形。因國法甚禁，皆在隱處，不令人見，某令解衣，歷歷按之。亦有五采填者，分明可玩。及詢其故，乃曰：業下海爲鮮者，必須黥體。方能避蛟龍鯨鯢之害也。方知斷髮文身，古亦自有；《漢書·地理志》於粤已云。録此者，以見今猶信耳。

其(二)，食人的風俗，前文所述的地方也是都有的。

《墨子·魯問》：楚之南，有啖人之國者。其國之長子生，則解而食之，謂之宜弟。美則以遺其君。君喜則賞其父。《後漢書·南蠻傳》引這一段，以爲當時的烏滸人。注："萬震《南州異物志》曰：烏滸，地名。在廣州之南，交州之北。恒出道間，伺候行旅，輒出擊之。利得，人食之，不貪其財貨；並以其肉爲肴葅；又取其髑髏破之以飲酒。以人掌趾爲珍異，以食老也。"《節葬下》：越東有輆沐之國，其長子生，則解而食之，謂之宜弟。

《左傳》僖十九年：宋公使邾文公用鄫子於次睢之社，欲以屬東夷。

《南史·毗騫傳》：國法刑人，並於王前噉其肉。國内不受估客，往者亦殺而食之，是以商旅不敢至。

《北史·流求傳》：國人好相攻擊，收鬭死者，聚食之。……

其南境，人有死者，邑里共食之。……戰鬬殺人。便以所殺人祭其神。

《隋書·真臘傳》：城東有神，名"婆多利"。祭用人肉，其王年别殺人，以夜祀禱。

以上兩種證據，都係略舉。若要全抄起來，還可得許多條。此外，(一)，如銅鼓，是這一種人所獨有的器具，含有宗教上的意味；而銅鼓發見的地方，和我剛纔所説這種人分佈的地方相合。詳見近人《飲冰室文集·中國民族歷史上之觀察》。(二)，《後漢書·南蠻傳》"珠崖、儋耳二郡，在海洲上，其渠帥，貴長耳，皆穿而縋之，垂肩三寸"。《淮南子·地形訓》説耽耳在北方。也可見得這種人的分佈，是沿海而成一半規形。總而言之，現在"亞洲的沿海"，和地理學上所謂"亞洲大陸的真沿邊"，都是這一種人所分佈的，如今稱爲馬來人，古人則謂之粵。——越——古代所謂東夷者，都是此族，所謂南蠻者，卻不是此族。——黎族——爲什麼古代不稱此族爲南蠻呢？因爲夷蠻戎狄，是和漢族接境的異族，間接的就不在内。參看下章自明。

古代這一族和漢族有交涉的，便是

嵎夷《書·堯典》："宅嵎夷，曰暘谷。"《釋文》："馬曰：嵎，海嵎也。夷，萊夷也。《尚書考靈曜》及《史記》作禺銕。"《禹貢》青州"嵎夷既略"。《索隱》按《今文尚書》及《帝命驗》並作禺銕，在遼西，銕，古夷字也。《説文》土部："嵎夷，在冀州陽谷，立春日，日直之而出。"山部："崵山，在遼西。一曰：嵎銕崵谷也。"按《説文》既加"一曰"二字，則"嵎夷崵谷也"與"崵山在遼西"，明非一義。《索隱》："在遼西"三字，須另爲一句。不得認做《今文尚書》和《帝命驗》裏的話。嵎夷自係萊夷。當以馬説爲準。

鳥夷《書·禹貢》：冀州"島夷皮服"，《史記》作鳥。《集解》："鄭玄曰：鳥夷，東北之民，搏食鳥獸者。"《書疏》亦謂"孔讀鳥爲島"，則今本島係誤字。揚州"島夷卉服"。《漢書·地理志》亦作鳥。案《後漢書·度尚傳》："深林遠藪椎髻鳥語之人"注"鳥語，謂語聲。似鳥也。"《哀牢傳》："其母鳥語。"此亦鳥夷的一義。《孟子》所謂"南蠻鴃舌之人"。

淮夷禹貢："淮夷蠙珠曁魚。"《史記集解》："鄭玄曰：淮水之上民也。"

徐戎《説文》：郐，"邾下邑也，魯東有徐城"，《史記·魯世家》："頃公……十九年，楚伐我，取徐州。"《集解》："徐廣曰：徐州，在魯東，今薛縣。"《索隱》"……又《郡國志》曰：魯國薛縣,六國時曰徐州”。

其中以(一)萊夷和(二)淮夷徐戎爲兩大宗。萊夷滅於齊,春秋襄六年。淮泗夷到秦有天下,纔悉散爲人户。《通典》。其南嶺以南,則直到秦始皇手裏纔征服。見第二篇第一章。

第六節 濮

濮族,就是如今的倮儸,《周書·王會解》作卜,“卜人以丹砂。”孔注:“卜人西南之蠻。”王應麟補注:“卜人即濮人。”《説文》作僰,云“犍爲蠻夷也”。都是一音之轉。長言之則曰“倮儸”。短言之則曰“濮”曰“卜”曰“僰”。唐時稱這種人爲“烏白蠻”,是中國人以其服飾稱之,不是他種族之名。試觀《唐書》所載,初裹五姓,都是烏蠻,他的婦人衣黑繒,東欽二姓,是白蠻,他的婦人,就都衣白繒可見。元以後仍就其種族之名譯音。這種人,就是漢朝時候的夜郎、滇、邛都諸國。他的居地,在黔江、金沙江、大渡河流域,詳見第二篇第四章第四節。在古代,和漢族有交涉的,卻還在其北。所以韋昭《國語注》,説濮是“南陽之國”。《鄭語》。杜預《釋例》説:“建寧郡南有百濮夷,濮夷無君長總統,各以邑落自聚,故稱百濮也。”見《左傳》文十六年,建寧,如今湖北的石首縣。這種人,當周初已與於王會,又《伊尹四方令》:正南亦有百濮。後楚蚡冒得濮之後,就服屬於楚。楚國的黔中郡,大概就是這一族的地方。“楚威王時,前二二五〇至前二二四〇年。使將軍莊蹻將兵循江上,牂牁江。略巴、黔中以西。……蹻至滇池,……以兵威定屬楚。”於是中國的兵力,直達今雲南省東北部。“會秦擊奪楚巴、黔中郡,道塞不通,因迺以其衆王滇,變服,從其俗以長之。”於是從黔中以西南,仍舊未入中國版圖。直到漢武帝時,方纔開闢。以上據《漢書·西南夷傳》。

第七章　中國古代的疆域

考究中國古代的疆域，有好幾種方法：其（一）是把古人所説"服"的里數和封建的國數來計算。① 這是有數目字爲憑的，似乎最爲精確。

《禹貢》五百里甸服：百里賦納總，二百里納銍，三百里納秸服，四百里粟，五百里米；五百里侯服：百里采，二百里男邦，三百里諸侯；五百里綏服：三百里揆文教，二百里奮武衛；五百里要服：三百里夷，二百里蔡；五百里荒服：三百里蠻，二百里流。

這其間便有許多異説：

（一）《今文尚書》歐陽夏侯説：謂中國方五千里，《王制正義》引《五經異義》。史遷同。《詩·商頌正義》：按《史記·夏本紀》，令天子之國以外五百里甸服，……甸服外五百里侯服，……侯服外五百里綏服，……綏服外五百里要服，……要服外五百里荒服。

（二）《古文尚書》説：五服旁五千里，相距萬里。《王制正義》引《五經異義》。

（三）賈逵、馬融：……甸服之外，每百里爲差，所納總秸粟米者，是甸服之外，特爲此數；其侯服之外，每言三百二百里者，

---

① 服之里數，封建國數，九州疆域，疆域四至，帝都所在，實力所至{帝都 / 真封建}，聲教所及贏縮。

還就其服之内别爲名耳,非是服外更有其地。《詩·商頌正義》。是爲三千里,相距方六千里。《禹貢正義》。

許慎、鄭玄都是從《古文尚書》説的,而其間又有異同。許慎只説:"以今漢地考之,自黑水至東海,衡山之陽至於朔方,經略萬里",所以從《古文尚書》説。《王制正義》引《異義》。鄭玄的意思,卻分别出黄帝、堯、舜和三代之末疆域不同來。他又説周初的疆域也比殷朝大,所以他注《易繫辭》"陽一君而二民,君子之道也,陰二君而一民,小人之道也"道:

一君二民,謂黄帝堯舜;謂地方萬里,爲方千里者百;中國之民居七千里,七七四十九,方千里者四十九;夷狄之民居千里者五十一;是中國夷狄,二民共事一君。二君一民,謂三代之末。以地方五千里。一君有五千里之土;五五二十五,更足以一君二十五,始滿千里之方五十,乃當堯舜一民之地,故云二君一民。實無此二君一民,假之以地爲優劣也。《王制正義》、《職方》賈疏:"……先生之作土有三焉:若太平之時,土廣萬里,中國七千;中平之世,土廣七千,中國五千;衰末之世,土廣五千,中國三千。"

所以他注《臯陶謨》:"弼成五服,至於五千",也説:

……堯制五服,服各五百里;要服之内四千里曰九州,其外荒服曰四海。禹所弼五服之殘數,亦每服者合五百里,故有萬里之界焉。他説:"《禹貢》……每言五百里一服者,是堯舊服;每服之外,更言三百里、二百里者,是禹所弼之殘數。"《商頌正義》。

他所以如此説,實在因爲要牽合《周官·職方氏》服數之故。案《職方氏》:

乃辨九服之邦國:方千里曰王畿,其外方五百里曰侯服,又其外方五百里曰甸服,又其外方五百里曰男服,又其外方五百里曰采服,又其外方五百里曰衛服,又其外方五百里曰蠻服,又其外方五百里曰夷服,又其外方五百里曰鎮服,又其外方五百里曰藩服。

他注“弼成五服”便説：

去王城五百里曰甸服；其弼當侯服，去王城千里；其外五百里爲侯服，當甸服，去王城一千五百里；其弼當男服，去王城二千里；又其外五百里爲綏服，當采服，去王城二千五百里；其弼當衛服，去王城三千里；其外五百里爲要服，與周要這個字是錯的，應當作蠻。服相當，去王城三千五百里；四面相距爲七千里，是九州之内也。……要服之弼，當其夷服，去王城四千里；又其外五百里曰荒服，當鎮服；其弼當蕃服，去王城五千里；四面相距，爲方萬里也。

再把封建的國數合起來，也是如此。案《異義》：“《公羊》説：殷三千諸侯，周千八百諸侯。《古春秋左氏》説：禹會諸侯於塗山，執玉帛者萬國。唐虞之地萬里，容百里地萬國。其侯伯七十里，子男五十里，餘爲天子閒田。許慎謹按《易》曰：萬國咸寧。《尚書》曰：協和萬邦，從左氏説。”鄭玄便駁他道：諸侯多少，異世不同。萬國者謂唐虞之制也。武王伐紂，三分有二，八百諸侯，則殷末諸侯千二百也，至周公制禮之後，準王制，千七百七十三國，而言周千八百者，舉其全數。《王制正義》。

他這一駁，也因爲要牽合《周禮》之故：

《王制》：凡四海之内九州，州方千里。州建百里之國三十，七十里之國六十，五十里之國百有二十，凡二百一十國；名山大澤不以封，其餘以爲附庸閒田。八州，州二百一十國。天子之縣内，方百里之國九，七十里之國二十有一，五十里之國六十有三，凡九十三國；名山大澤不以朌；其餘以禄士，以爲閒田。凡九州，千七百七十三國；天子之元士，諸侯之附庸不與。

《周官・職方氏》：凡邦國千里封公以方五百里則四公，方四百里則六侯，方三百里則七伯，方二百里則二十五子，方百里則百男，以周知天下。《鄭注》方千里者，爲方百里者百，以方三百里之積，以九約之，得十一有奇，云七伯者，字之誤也。

鄭玄注《王制》，説："禹承堯舜，……諸侯之地，有方百里，有方七十里，有方五十里。……"既然説是萬國，則"要服之内，地方七千里，乃能容之。《正義》引鄭注《皋陶謨》"州十有二師"道："……猶用要服之内爲九州，州立十二人爲諸侯師；蓋百國一師，則州十有二師，則每州千二百國也。八州九千六百國，其餘四百國在畿内。"夏末既衰，夷狄内侵，諸侯相併，土地減，國數少；殷湯承之，更制中國方三千里之界，亦分爲九州，而建此千七百七十三國焉。周公復唐虞之舊域，分其五服爲九；其要服之内，亦方七千里；而因殷諸侯之數，廣其土，增其爵耳"。

這許多數目字，一味望空打官司，決無解決之理。要解決他，只有兩法：其(一)，咱們本想靠里數來考見疆域的，現在反要有一個大略的疆域，來考核他的數目字，誰對誰不對。其(二)，就是根據當時所有的國數，來評判他們的説法。然而古代的疆域，就靠得住的大略，也不容易説出來。他們辯論的方法，有一種，説《漢書·地理志》，"所言山川，不出《禹貢》之域"。要想把《漢志》上的里數，來校勘"服"的里數，總算差强人意。然而辯護起來，又有一種巧法，説一種是據"虚空鳥路，方直而計之"；一種是據"著地人跡，屈曲而量之"。《禹貢正義》。這麽一來，就有確定的疆域，也無從和他們核算里數了。第一個法子，就不能用。第二個法子，他們本來説是"設法"的，《王制》、《職方》鄭注。並没説真有這許多國，更無從和他們核算。那麽，咱們第一種方法，想把服的里數和封建的國數來考古代疆域的，就算失敗了，請换第二種方法。

第(二)種方法，是把古人所説的"州"，來考古代的疆域。古人所説的州有三種：

(一)《禹貢》：冀州，《公羊》莊十年疏引鄭注，……兩河間曰冀州。濟河惟兖州，海岱惟青州，海岱及淮惟徐州，淮海惟揚州，荆及衡陽惟荆州，荆河惟豫州，華陽黑水惟梁州，黑水西河惟雍州。

（二）《爾雅·釋地》：兩河間曰冀州，河南曰豫州，河西曰雍州，漢南曰荆州，江南曰揚州，濟、河間曰兗州，濟東曰徐州，燕曰幽州，齊曰營州。《吕氏春秋》："河漢之間爲豫州，周也。兩河間曰冀州，晉也。河、濟間曰兗州，衛也。東方爲青州，齊也。泗上爲徐州，魯也。東南爲揚州，越也。南方爲荆州，楚也。西方爲雍州，秦也。北方爲幽州，燕也。"和《爾雅》的説法相合。

（三）《周官·夏官·職方氏》：東南曰揚州，正南曰荆州，河南曰豫州，正東曰青州，河東曰兗州，正西曰雍州，東北曰幽州，河内曰冀州，正北曰并州。

《爾雅》郭璞注："此蓋殷制"，《釋文》引李巡，《詩·周南·召南譜疏》引孫炎説同；又《周禮》到底靠得住與否，咱們且都不必管他。把這三種説法校對起來，《爾雅》較《禹貢》，少一個梁州，而多一個幽州。《職方》又少一個徐州，而多一個并州。賈疏説："以徐梁二州，合之雍青，分冀州以爲幽并也。"咱們也且承認他是正確的。從實際上論起來，殷周除盛時不敢説外，雍州的境界，必較《禹貢》爲小；梁州有無不可知。《書·堯典》（僞古文分爲《舜典》）："肇十有二州"，《史記集解》："馬融曰：禹平水土，置九州；舜以冀州之北廣大，分置并州；燕齊遼遠，分燕置幽州，齊爲營州。……"《爾雅·釋文》引鄭玄説："舜以青州越海，而分齊爲營州；冀州南北太遠，分衛爲并州，燕以北爲幽州。"《漢書·地理志》説："堯遭洪水，……天下分絶，爲十二州；使禹治之，水土既平，更制九州。"伏生《尚書大傳》則"肇"作"兆"，鄭注云："兆，域也。爲營域以祭十二州之分星也。"（《儀禮通解續》）則並不作分州解。這十二州的分，在什麽時候，也暫不必管他。照馬、鄭的説法，疆域和《禹貢》的九州，也没甚大出入。把《禹貢》的九州，核起如今的地方來，則冀州當今直隸、山西二省；兗州跨今直隸、山東二省；青州當今山東省的東北部；徐州當今山東省的南部，和江蘇、安徽二省的北部；荆州大略當今湖北、湖南兩省，豫州大略當今河南，都無疑義；這是大略説的，並不精確。只有雍梁二州的黑水、揚州的海，是一個疑問。依我看起來，第三章第二節所説的黑水，似乎是靠得住的。揚州的海，還是鄭注"自淮而至海以東也"之説可靠；《公羊》莊十年疏引。《僞孔傳》"南至海"之説，實在不可從。那麽：揚州的境域，當今江蘇、安徽兩省的大部分，除去淮北。和江西、鄱陽湖一帶。浙江太湖流域。的一部分；雍州當今陝、甘兩省，包括青海的大部；梁州包括四川和川邊。雲南省的北部——金沙江流域——或者也在其内。《禹貢》的九州，較今内地十八省：少兩廣、雲、貴、福建，而多川邊、青海；或者包括如今奉天省的一部分。這是承認青州越海之説。

這一種方法，因爲他有山川以做封域的證據，比第一種説法，靠得住許多。但是咱們還要用一種方法來核對他。

第（三）種方法，便是考校古人所説"疆域的四至"。

（一）《史記·五帝本紀》：東至於海，登丸山《集解》："徐廣曰：丸，一作凡。駰案《地理志》曰：丸山，在琅邪朱虚縣。"案如今《漢書·地理志》作凡山。及岱宗；西至於空桐，《集解》："韋昭曰：在龍右。"登雞頭；《索隱》："山名也。後漢王孟塞雞頭道，在隴西。……"南至於江，登熊、湘；《集解》："駰案《封禪書》曰：南伐至於召陵，登熊山，《地理志》曰：湘山，在長沙益陽縣。"北逐葷粥，合符釜山，而邑於涿鹿之阿。案這是指黄帝的。

（二）又南撫交阯北發，《索隱》："當云北户。"西戎、析支、渠搜、氐、羌，《索隱》："西戎上少一西字。"北山戎、發、息慎，《索隱》："……《漢書》：北發是北方國名，……山戎下少一北字。"東長、鳥夷。《索隱》："長字下少一夷字，……今按《大戴禮》亦云長夷，則長是夷號。"案這是説舜的。

（三）《書·禹貢》：東漸於海，西被於流沙，朔南暨，聲教訖於四海。

（四）《禮記·王制》：自恒山至於南河，千里而近；自南河至於江，千里而近；自江至於衡山，千里而遥；自東河至於東海，千里而遥；自東河至於西河，千里而近；自西河至於流沙，千里而遥。西不盡流沙，南不盡衡山，東不盡東海，北不盡恒山。凡四海之内，斷長補短，方三千里。

（五）《爾雅·釋地》：東至於泰遠，西至於邠國，南至於濮鉛，北至於祝栗，謂之四極；觚竹、北户、西王母、日下，謂之四荒；九夷、八狄、七戎、六蠻，謂之四海。夷蠻戎狄的數目，《爾雅》和《明堂位》不同。《明堂位》是九夷，八蠻，六戎，五狄。但鄭箋《詩·蓼蕭序》，同現在的《爾雅》相同；注《周官·職方布憲》，又和《明堂位》相同。《蓼蕭序疏》説："數既不同，而俱云

《爾雅》,則《爾雅》本有兩文。"又說:"李巡所注的《爾雅》,是屬於後一種。"《周官·職方氏》,是作四夷,八蠻,七閩九貉,五戎,六狄。《職方》賈疏說:《爾雅》所説是夏制,《大戴禮》盧辨注,又説這是殷制。"夏之夷國,東方十,南方六,西方九,北方十有三。"我説夷蠻戎狄,是古代居於四方的異族之名。是以方位論,不是以種族論(見上章),現在要靠他考見當時的種族,既不可能。至國數,則鄭志答趙商問,説"無别國之名,故不定"(《蓼蕭序疏》)。其實這種部落,也未必能稱爲國家。要靠他考見古代的疆域,也做不到。所以數目字的異同,可以置諸不論不議之列。既然是按四方的方位説,不是以種族論,自然用不着添出閩貉兩種來,所以《周官》是靠不住的。《王制正義》引李巡《爾雅》注,九夷、八蠻等,都有國别之名,這個更不可信了。

以上幾種説法,第(一)種是説黄帝足跡所至,上文説披山通道,未嘗寧居;下文説遷徙往來無常處,以師兵爲營衛。姑且不論他。第(二)(三)(四)(五)種,都是説當時"疆域四至"的,(三)説明"四海",(四)説明"四海之内",較爲精確;(五)把"四海"、"四荒"、"四極",分做三層,更爲清楚。咱們現在且從此研究起。《爾雅》郭注説:四極,"皆四方極遠之國";四荒,"次四極者";四海,"次四荒者";但是我有點疑心。《大戴禮·千乘篇》:"東辟之民曰夷,……至於大遠;……南辟之民曰蠻,……至於大遠;……西辟之民曰戎,……至於大遠;……北辟之民曰狄,……至於大遠;……"這"大遠",分明是次於四海的,不應反在四荒之外。再看邠國,《説文》引作汃,説"西極之水也"。邠是西極,汃,是西極之水,這個同没有解釋一樣;但汃、邠是同音字,邠就是豳,《釋文》:"邠,本或作豳。"文穎《上林賦》注和《白帖》引《爾雅》,都作豳。是公劉所邑。濮鉛,已見上章第六節;祝栗,邵晉涵《爾雅正義》説就是涿鹿的聲轉,涿鹿,見第三章第二節。把邠國和濮鉛的位置校勘起來,也在情理之中。地方都不很遠:孤竹則《漢書·地理志》説遼西郡令支縣如今直隸的盧龍縣。有孤竹城,比涿鹿遠;西王母則《淮南子·地形訓》説"在流沙之濱",比邠國遠;北户,後世的史傳,還可考見是後印度半島粤族的風俗,他們的户,都是向北。比濮鉛遠;只有日下,指不出確實的地方,然而就上三種比較起來,斷不得遠於太遠,這麽説,"四極"斷不在"四荒"之外。參看朱緒曾《開有益齋經論·西至於濮》一篇。郭注怕是弄錯了的。我們可以疏通證明，説：

（一）《王制》的東海、流沙、衡山、恒山，是當時中國的邊界；自此以外，謂之四夷。《禹貢》所説的也屬於這一種。

（二）《爾雅》的泰遠、邠國、濮鉛、祝栗，是比這遠一層的；黄帝所到的地方，和這一説相近。假定祝栗是涿鹿的聲轉。

（三）日下、西王母、北户、孤竹，是更遠一層，舜時聲教所到的地方，和這個相近。北發當作北户，不必説了。山戎在孤竹附近，春秋時還是如此。《大戴禮・少閒篇》，“昔虞舜以天德嗣堯，……西王母來獻其白琯。”都可以做證據。

但是還有個疑問，《爾雅》所説“距齊州以南戴日爲丹穴，北戴斗極爲空峒，東至日所出爲太平，西至日所入爲大蒙”又是什麽地方呢？我説這個怕是“根據天象推算出來的，未必實有其地”。古人説天有九野《淮南子・天文訓》。就説地有九州；《淮南子・天文訓》和《地形訓》。又斗九星主九州，見《續漢志・天文志》注。説地有十二州，天上也就有十二次舍；見《史記・天官書》正義。又説一生二，二生三，三生萬物；……以三參物，三三爲九；……因而九之，九九八十一；……《淮南子・天文訓》。就有大九州，比中國加八十一倍之説；《史記・孟子荀卿列傳》載鄒衍的説法。《史記》説他，“先列中國名山大川，通谷禽獸，水土所殖，物類所珍，因而推之，及海外人之所不能睹”，明係憑虚推測。大九州之名，見於《淮南子・地形訓》。又《周官・職方》賈疏，“……但自神農以上，有大九州：桂州，迎州，神州之等。至黄帝以來，德不及遠，惟於神州之内，分爲九州，故《括地象》云，昆侖東南萬五千里，名曰神州是也”。但都無從考校。可見得全是憑虚推測。無論哪一個社會裏，天文學總發達得很早。兩極之下，“夏有不釋之冰”，“物有朝生暮穫”，見《周髀》。雖不必親歷其境，據着天象，都可以算得出來的。丹穴、空峒、太平、大蒙，不過就“戴日”、“戴斗極”、“日所出”、“日所入”之處，替他立個名目罷了，如何能指實其地呢？

以上所説，把古人所説中國疆域的大略，總算弄清楚了。但是還有一個問題，便是如上所説，就是古代“實力所至”呢？還是“實力所至，和聲教所及，還是有區别的”呢？若説是有區别，那實力是“如何漸次擴充”的呢？實力所到的地方，還是“時有贏縮”的呢？還是“一進而不復退”的呢？那麽，實力自然是“漸次擴充”的，而且決不能没有贏縮。要考見其中的真相，最好是把“真正的封建”所及的地方，來做標準。古人所用封建兩個字，意義實太廣漠。真是征服異族，把他的地方，來封自己的同姓懿親，可以稱爲封建。若本來是各居其國，各子其民，不過因國勢的强弱，暫時表示服從，就不能用這兩字。然而古人於此，都没有加以區别。但是夏殷以前，並此而辦不到。那麽，只得另想一法，把古代帝都所在的地方，來窺測他實力所至。帝嚳以前，連帝都所在，也是茫昧的。只有《帝王世紀》，於古代帝王一一載其年代都邑。然而這部書很靠不住，江艮庭(聲)説：皇甫謐所説的話，没有一句靠得住的。據第一章第四節所考，可見得堯舜禹三代，都建都在太原，而禹又兼都陽城，到桀還是在陽城的。商周之先，都是從如今的陝西，用兵於河南，得手之後，就直打到如今山東的東部，江蘇、安徽的北部。至於河南的西南部、湖北的西北部，也是競争時候緊要的地方。可見古代漢族的實力：在陝西省裹，限於渭水流域；在山西省裹，限於太原以南；在直隸省裹，限於恒山以南；河南一省，除西南一部外，大概全在漢族勢力範圍之内；山東的東部，半島部。卻就是異族；江蘇、安徽的淮域，雖是異族，總算是關係較深的；對於湖北，僅及於漢水流域，江域還是没有設開闢的地方。參看第四、五、六三章。周初封建的國，也還是如此。齊、晉、楚初封的時候，都是和異族接境的。秦、吴、越等國，是封在蠻夷之地。關於周代封建的國，可以參看《春秋大事表》中的《列國爵姓及存滅表》。長江流域和直隸山陝的北部、甘肅的東部、山東的東北部的開闢，都是東周以後的事；南嶺以南，當這時代還不過僅有端倪，到秦漢時代纔完全征服的。看前文所説的事情，已經很明白了。咱們現在，更把秦朝所設的三十六郡哪幾郡是戰國時代哪一國的地方，來考校一下，便更覺得清楚。

太原、鉅鹿、雲中、雁門、代、邯鄲，這幾郡，都是趙國的地方。

上黨、三川、潁川、南陽是周朝的地方，其餘都是韓國的地方。

河東、東郡、上郡，這是魏國的地方。

南郡、九江、泗水、會稽、漢中、碭、薛、長沙，這是楚國的地方。

齊、琅邪，這是齊國的地方。

上谷、漁陽、右北平、遼西、遼東，這是燕國的地方。

此外巴蜀兩郡，是滅蜀之後置的。隴西、北地兩郡，是義渠的地方。内史所屬，是秦國的舊地。南海、桂林、象三郡，是秦始皇併天下之後，略取南越的地方置的。見第二篇第一章。還有九原郡，也是併天下之後所置。三十六郡，據《漢書·地理志》。

第八章　古代社會的政治組織

第一節　古代社會的階級制度

三代以前的社會和後世大不相同是人人知道的，但是三代以前的社會，究竟是怎樣一種組織呢？

大凡天下之事，沒有不由分而合的。古代交通未便，一水一山之隔，人民就不相往來，自然要分做無數小部落；既然分做無數小部落，自然免不掉爭鬬；既然要互相爭鬬，自然總有個勝敗；“勝的人是征服者”，“敗的人是被征服者”，社會上就生出“平民”、“貴族”兩階級；權利義務，種種不同；這是把古書隨手一翻，就可以見得的，譬如《堯典》說“以親九族，九族既睦；平章百姓，百姓昭明；協和萬邦，黎民於變時雍”。九族，百姓，黎民，等級層次，分得很爲清楚。但是天下無論什麽暴力，總是百年或數十年就過去的；古代這一種階級社會，卻持續到數千年，這是什麽道理呢？要明白這個道理，就不得不考察當時“貴族社會自身的組織”。

人類最初的團結，總是血統上的關係。這個便喚做“族”。所以《白虎通》說：“族者，湊也，聚也，謂恩愛相依湊也；生相親愛，死相哀痛，有會聚之道，故謂之族。”所謂九族是：

> 父屬四：各屬之內爲一族，父女昆弟適人者與其子爲一族，己女昆弟適人者與其子爲一族，己之子適人者與其子爲一族；母

族三：母之父姓爲一族，母之母姓爲一族，母女昆弟適人者爲一族；妻族二，妻之父姓爲一族，妻之母姓爲一族。這是今《戴禮》、《尚書》歐陽說。見《詩葛藟正義》引《五經異義》。古文家把“上自高祖，下至玄孫”，算做九族（《書・堯典釋文》），則是九世，不是九族了。

再從豎裏頭算起來，就有所謂“九世”。這便是“上自高祖，下至玄孫”；再由此而旁推之，就成了一篇《爾雅》上的釋親。《禮記大傳》上所謂“上治祖禰，……下治子孫，……旁治昆弟，……”是說得最該括的。有這橫豎兩義，就把血族裏頭的人團結起來了。

但是這種團結，範圍究竟還不十分大；出於九族九世以外的人，又想個甚麼法子呢？《白虎通》說：

宗者，尊也；爲先祖主者，宗人之所尊也。

有了“宗法”，便把血族團體裏頭的人無論親疏遠近都團結了起來；横裏頭的範圍也廣，豎裏頭的時間也持久了。所以宗法，實在是“古代貴族社會組織的根柢”。

宗法社會裏，最重的就是“宗子”。這個宗子，便是代表始祖的。譬如有個人，征服了一處地方，他在這地方，就做了王，這便是“太祖甲”；他的嫡長子，接續他做王的，便是“大宗乙”；他還有庶子“次乙”，分封出去，做個諸侯。這個便是“小宗”；但是因爲他做了諸侯，他的子孫，也奉祀他做大祖；他的嫡系，接續他做諸侯的，也喚做大宗；那麼，次乙的子孫，對於乙這一支，固然是個小宗；對於次乙的諸子，分封出去做大夫的，卻是個大宗；做大夫的，儻然再把自己的地方分給子弟，也是如此，這個分封出去的次乙，便是《大傳》所謂“别子爲祖”；次乙的嫡系接續下去做諸侯的，便是所謂“繼别爲宗”。普通的所謂“宗”，本來是“五世則遷”的；這個“繼别”的“大宗”，卻是“百世不遷”。凡是大祖的子孫，他都有收恤他的義務；這許多人，也都有尊敬他的義務；那麼，有了一個宗子，就把從始祖相傳下來的人都團結不散，而且歷久不敝了。《大傳》所謂“同姓從宗合族屬”。

單是把這許多人團結在一塊,原没有什麽道理,但是當時所謂"爲祖"的"别子",都是有土地的;——不是諸侯,就是大夫。——所以繼"别子"而爲"宗子"的,都有收恤族人的力量;他的族人爲自衛起見,要保守自己族裏的財産,也不得不盡輔翼宗子的責任。這件事情的内容:便是有一個人,佔據了一片土地,把這土地上的出産和附屬於這土地的人民的勞力,來養活自己一族的人。自己族裏的人,便幫同他管理這一片土地上的事務。儻然土地大了,一個人管轄不來,便把自己的族人分派一個出去。這分派出去的族人,管理他所受分的土地,也用這個法子,這便是古代的"封建政體"。所以封建政體,是從"族制"發達而成的。

儻然一族的人,始終住在一處,並没有分散出去,這一處地方上,也並没有别一族的人和他雜居,原用不着這種法子。所以宗法之起,是爲對抗異族而設的。

所以在古代,"脩身","齊家","治國","平天下",可以説做一串。所以説"親親故尊祖,尊祖故敬宗,敬宗故收族,收族故宗廟嚴,宗廟嚴故重社稷,重社稷故愛百姓,……"《大傳》。把一國的事情和一家的事情,看做一橛。所以看得"孝"那麽重,——因爲一個孝字,就把全社會——貴族社會——所以自衛的道理,都包括在裏頭。

所以在古代,天子要"撫諸侯",諸侯要"尊天子",也只是宗子收恤族人,族人尊敬宗子的道理。列國之間,要"講信脩睦",也只是同宗的人或者同族的人互相親愛,和全體社會是無關的。

再進一步,要扶持同族的人,叫他都不失掉固有的位置,就有所謂"興滅國繼絶世"之法。《尚書大傳》説:

> 古者諸侯始受封,則有采地:百里諸侯以三十里,七十里諸侯以二十里,五十里諸侯以十五里;其後子孫雖有罪黜,其采地不黜;使其子孫賢者守之,世世以祠其始受封之人;此之謂興滅國,繼絶世。《路史·國名紀》四。

他們同族不但都有分地,而且一有分地,就是互相扶持,叫他永久弗失。當時的貴族社會,有如此"精密"、"廣大"、"持久"的組織,平民社會,如何同他對抗呢?無怪"階級制度"要持續至數千年之久了。

然則這種制度,到後來是怎樣破壞掉的呢?這個仍出於"貴族團體自身的破裂"。古人論封建制度的説得好,做了皇帝,分封自己的弟兄子姪,出去做諸侯王;初封出去的時候,是親的;隔了幾代,就是路人了;怎不要互相猜忌。況且有國有家,原是利之所在,怎叫人不要互相争奪。況且初行分封制的時代,總是地廣人稀;得了百里、七十里、五十里的地方,四面八方,憑着你去開闢,總不會和人家觸接。到後世就不然了;你要開拓,就得要侵佔人家的地方,怎不要互相衝突?互相衝突就總有滅亡的人。諸侯相互之間是如此,卿大夫相互之間也是如此,譬如晉國的六卿,互相吞併。所以古代的封建,是奪了異族的地方來分給自己的人。到了後世,便變做自己的"伯叔兄弟",或者是"母黨"、"妻黨"的人,互相争奪。争奪之後,喪失産業的,便做了平民。少數的人所兼併的土地愈多,就喪失土地變做平民的人亦愈多,那麽,古代的階級社會就漸漸的崩壞而變爲平民社會了。所以古代做官的人,都是所謂"世卿",到後世卻變做了"游士";古代當兵的人,都是所謂"士"之一族,到後世卻漸漸普及於全國的人,都是這一個道理。見後。

第二節　封　　建

古代社會的階級制度,既然明白,就可以進而觀古代的"封建制度"了。

用後世人的眼光看起來,封建的諸侯,和不世襲的命官,是大相徑庭的。在古代的人看起來,卻没有什麽根本上的區别。爲什麽呢?外諸侯有分地的,内裏的公卿大夫也是有分地的;其或治民,或不治民;或世襲,或不世襲;不過因所處的地位不同漸漸的生出區别來,根本上的觀念總是一樣。——就是把一定的土地，分給同宗族的人。——所以古人説起“官制”或“封建制度”來，總是把外諸侯和内裏的公卿大夫連類並舉。

> 《王制》：王者之制禄爵：公、侯、伯、子、男，凡五等。諸侯之上大夫：卿、下大夫、上士、中士、下士，凡五等。天子之田方千里；公侯田方百里；伯七十里；子男五十里。不能五十里者，不合於天子，附於諸侯，曰附庸。天子之三公之田視公侯，天子之卿視伯，天子之大夫視子男，天子之元士視附庸。制農田百畝。百畝之糞：上農夫食九人，其次食八人，其次食七人，其次食六人，下農夫食五人。庶人在官者，其禄以是爲差也。諸侯之下士，視上農夫，禄足以代其耕也；中士倍下士，上士倍中士，下大夫倍上士，卿四大夫禄，君十卿禄；次國之卿，三大夫禄，君十卿禄；小國之卿，倍大夫禄，君十卿禄。

《孟子·萬章》下篇，載孟子答北宫錡的問，説：“天子一位，公一位，侯一位，伯一位，子男同一位，凡五等。”和《王制》“公侯伯子男凡五等”異。又説“君一位，卿一位，大夫一位，上士一位，中士一位，下士一位，凡六等”。則和《王制》似異實同。又《孟子》説：“下士與庶人在官者同禄”，《王制》説：“諸侯之下士視上農夫”，也小異。其餘都同。又《春秋繁露》説：“附庸字者方三十里，名者方二十里，人氏者方十五里。”較《孟子》、《王制》爲詳。《孟子》記北宫錡的問，明説所問的是“周室之班爵禄”。《春秋繁露》也明説所説的是周制。至於《王制》，則《白虎通·爵篇》説：“爵有五等，以法五行也；或三等者，法三光也。……質家者據天，故法三光；文家者據地，故法五行。含文嘉曰：殷爵三等，周爵五等，各有宜也。《王制》曰：王者之制禄爵，凡五等，謂公侯伯子男也。此據周制也。”更明説他是周制。《白虎通》又説：“殷爵三等，謂公侯伯也。……合，子男從伯。……或曰合從子。……地有三等不變。……令公居百里，侯居七十里。……”又

《王制正義》:“《禮緯含文嘉》曰:殷正尚白,白者兼正中,故三等。夏尚黑,亦從三等。”那麽,五等之爵,是周所獨有的。

至於古文家的説法,卻和今文家不同。他們雖也説周爵五等,而説封土則大異。案《周官·大司徒》説:

> 諸公之地,封疆方五百里,其食者半。諸侯之地,封疆方四百里,其食者叁之一。諸伯之地,封疆方三百里,其食者叁之一。諸子之地,封疆方二百里,其食者四之一。諸男之地,封疆方百里,其食者四之一。

鄭玄注《王制》説:

> 此地殷所因夏爵三等之制也。……《春秋》變周之文,從殷之質,合伯子男以爲一,則殷爵三等者,公侯伯也;異畿内謂之子。周武王初定天下,更立五等之爵,增以子男;而猶因殷之地,以九州之界尚狹也。周公攝政,致大平,斥大九州之界;制禮,成武王之意;封王者之後爲公,及有功之諸侯:大者地方五百里;其次侯,四百里;其次伯,三百里;其次子,二百里;其次男,百里。所因殷之諸侯,亦以功黜陟之。其不合者,皆益之地爲百里焉。是以周世有爵尊而國小,爵卑而國大者。惟天子畿内不增,以禄羣臣,不主爲治民。

鄭氏此説,羌無證據,徵諸古書,又實在没有這麽一回事,《東塾讀書記》卷七,有一條論此事甚核。所以就相信《周禮》的人,也不敢説他曾經實行。實在未敢贊同。

但是實際上,封地的大小,也並没有什麽争辯頭。爲什麽呢?無論“百里,七十里,五十里”,“五百里,四百里,三百里,二百里,百里”,總不過是一種制度。無論什麽制度,行的時候,總不能没有差池;何況封建?初封的時候,就算是照定制的,到後來或擴充,或侵削,也總是事實上的問題。況且封建總不過是施之於一部分之地。一朝之興,不過於實力所及之地滅掉舊國,封建自己的宗族;其餘的地方,總是因循其舊的。那麽,焉得有整齊畫一的制度呢?

天子和諸侯的關係,經傳上所説,咱們也且把他寫在下面,但是這種制度,也未必完全實行。就行之也未必能久,這也是無待於言的。

第(一)是管轄上的關係。《王制》説:

> 千里之外設方伯:五國以爲屬,屬有長;十國以爲連,連有帥;三十國以爲卒,卒有正;二百一十國以爲州,州有伯。八州:八伯,五十六正,百六十八帥,三百三十六長。八伯各以其屬,屬於天子之老二人;分天下以爲左右,曰二伯。
>
> 天子使其大夫爲三監,監於方伯之國,國三人。

《鄭注》二伯,説"《春秋傳》曰:自陜以東,周公主之,自陜以西,召公主之"。《公羊》隱五年傳文。則鄭氏雖以此爲殷制,也以爲周朝亦是如此。又武王滅商,使管叔、蔡叔、霍叔爲三監,《王制》這所説的,也明是周制。鄭氏以《王制》多爲殷制,又或以爲夏制,都以其和《周禮》不合,勉强立説的,不足爲據。

第(二)是往來交際的關係。《王制》説:

> 諸侯之於天子也,比年一小聘,三年一大聘,五年一朝;天子五年一巡守。歲二月東巡守,至於岱宗,柴,而望祀山川;覲諸侯;問百年者就見之;命太師陳詩,以觀民風;命市納賈,以觀民之所好惡,志淫好辟。命典禮,考時月正日,同律,禮樂制度衣服正之;山川神祇,有不舉者爲不敬,不敬者君削以地;宗廟有不順者爲不孝,不孝者君絀以爵;變禮易樂者爲不從,不從者君流;革制度衣服者爲畔,畔者君討;有功德於民者,加地進律。五月南巡守,至於南嶽,如東巡守之禮。八月西巡守,至於西嶽,如南巡守之禮。十有一月北巡守,至於北嶽,如西巡守之禮。歸假於祖禰,用特。

《王制》這一段,全根據於《尚書·堯典》僞古文分爲《舜典》。和《白虎通·巡守篇》所引的《書大傳》，想必是今文書説。

又《白虎通》："因天道時有所生；歲有所成；三歲一閏，天道小備；五歲再閏，天道大備；故五年一巡守；三年，二伯出述職黜陟；一年物有所終始，歲有所成，方伯行國；時有所生，諸侯行邑。"《公羊》隱八年《何注》，也説"三年一使三公黜陟，五年親自巡狩"。桓元年《注》，"故即位比年，使大夫小聘，二年使上卿大聘，四年又使大夫小聘，五年一朝"。則又與王制不同。這都是今文家説。

至古文家説，卻又不同。案《周官·大行人》：

> 邦畿方千里，其外方五百里，謂之侯服，歲壹見，其貢祀物；又其外方五百里，謂之甸服，二歲壹見，其貢嬪服；又其外方五百里，謂之男服，三歲壹見，其貢器物；又其外方五百里。謂之采服，四歲壹見，其貢服物；又其外方五百里，謂之衛服，五歲壹見，其貢材物；又其外方五百里，謂之要服，六歲壹見，其貢貨物；九州之外，謂之蕃國，世壹見，各以其所寶貴爲摯。王之所以撫邦國諸侯者：歲徧存；三歲徧覜；五歲徧省；七歲屬象胥，諭言語，協辭命；九歲屬瞽史，諭書名，聽聲音；十有一歲，達瑞節，同度量，成牢禮，同數器，脩法則；十有二歲，王巡守殷國。

又《左傳》昭十三年：

> 歲聘以志業；間朝以講禮；再朝而會以示威；再會而盟，以顯昭明。

許慎《五經異義》以今文説爲虞夏制，《左傳》所説爲周禮。賈逵、服虔以《左傳》所説爲天子之法。崔氏以爲朝霸主之法。鄭玄則以爲五年一小聘，比年一大聘，三年一朝，是晉文霸時所制。虞夏之制，諸侯歲朝；而虞五年一巡守，夏六年一巡守。《周禮》所説，是周制；《左傳》所説，不知何代之禮。均見《王制正義》。又《王制疏》引《五經異義》："《公羊》説：諸侯四時見天子及相聘，皆曰朝。……卒而相逢於路曰遇。古周禮説春曰朝，夏曰宗，秋曰覲，冬曰遇（案見《周官·大宗伯》），許慎……從《周官》説，鄭駁之云……朝通名，如鄭此言,《公羊》言其總號,《周官》指其別名,《異義》,天子聘諸侯,《公羊》説：天子無下聘義,《周官》説：間問以諭諸侯之志,許慎……從《周官》説,鄭無駁,與許慎同也。”

又《孟子·告子篇》:“天子適諸侯曰巡守,諸侯朝於天子曰述職。春省耕而補不足,秋省斂而助不給。《梁惠王》篇“天子適諸侯曰巡狩;巡狩者,巡所守也。諸侯朝於天子曰述職;述職者,述所職也;無非事者。春省耕而補不足,秋省斂而助不給。夏諺曰：吾王不游,吾何以休。吾王不豫,吾何以助。一游一豫,爲諸侯度”。以爲晏子之言。入其疆：土地辟;田野治;養老尊賢,俊傑在位;則有慶,慶以地。入其疆：土地荒蕪,遺老失賢,掊克在位,則有讓。一不朝則貶其爵;再不朝則削以地;三不朝,則六師移之。”《白虎通·考黜篇》説:“諸侯所以考黜何？王者所以勉賢抑惡,重民之至也。《尚書》曰：三載考績,三考黜陟。”下文臚列黜陟的辦法,更爲詳細。怕和《王制》所載,同是一種空話,未必真能實行的。

第三節　官　　制

至於内爵,則是以公、卿、大夫,分爲三等的。所以《白虎通》説:“公卿大夫何謂也？内爵稱也。”又説:“内爵所以三等何？亦法三光也。所以不變質文何？内者爲本,故不改内也。”這是説商朝内外爵皆三等;周朝改商朝的公一等,侯一等,伯子男一等,爲公,侯,伯,子,男凡五等。至於内爵則不改。這是天子之制。至於諸侯,卻是《王制》所説“上大夫卿,《白虎通》引少一個卿字,然而《白虎通》只説“諸侯所以無公爵者,下天子也”。没有説諸侯無卿爵,則其以上大夫爲卿可知。下大夫,上士,中士,下士;凡五等”,所以《白虎通》引這句話,又説明道:“此謂諸侯臣也。”

設官的數目,則是以三遞乘的。《王制》説:“天子三公,九卿,二十七大夫,八十一元士。”《昏義》同。《北堂書鈔》卷五十引《五經異義》、《今尚書》夏侯、歐陽説亦同。又説明其故道:“凡百二十,在天爲星辰,在地爲山川。”《白虎通》説:“凡百二十官,下應十二子。”《御覽》引《尚書大傳》説:“古者三公,每一公,三卿佐之。每一卿,三大夫佐之。每一大夫，三元士佐之。”《白虎通》同。鄭玄注《王制》説這是夏制，他是據着《明堂位》“有虞氏官五十，夏后氏官百，殷二百，周三百。”把三公，九卿，二十七大夫，八十一元士加起來，得百二十之數；抹掉二十，單説一百，合於古人“舉成數”的例；所以如此説法。然而《明堂位》這篇書，本來不甚可信，前人疑之者甚多。鄭注《明堂位》説：“周之六卿，其屬各六十，則周三百六十官也；此云三百者，記時冬官亡矣。”已經穿鑿得不成話。又説：“以夏殷推前後之差，有虞氏官宜六十，夏后氏官宜百二十，殷宜二百四十，不得如此記也。”可見他也有點疑心。案《春秋繁露》説：天子三公，九卿，二十七大夫，八十一元士之外，又有二百四十三下士，合爲三百六十三，法天一歲之數。周官三百六十，恐不是像《周官》所説的。周六官，其屬各六十，見天官小宰。

畿内的公卿大夫和封於外的諸侯，爵禄都是一樣的；所争者，内官但“世禄”而不“世位”，外諸侯則可以父子相繼，實際上的權力就大不相同了。《王制》：“天子之縣内諸侯，禄也（《正義》此謂畿内公卿大夫之子，父死之後，得食父之故國采邑之地，不得繼父爲公卿大夫也）；外諸侯，嗣也。”諸侯之國，也是如此，所以春秋譏世卿（見《公羊》隱三年宣十年傳）。這是法律上的話，實際上如何，自然另是一問題。

侯國的官，《王制》説：“大國三卿，皆命於天子；下大夫五人；上士二十七人。次國三卿，二卿命於天子，一卿命於其君；下大夫五人；上士二十七人。小國二卿，皆命於其君；下大夫五人；上士二十七人。”《春秋繁露》説：公侯伯子男之國，都是三卿，九大夫，二十七上士，八十一下士。《繁露》的大夫，就是《王制》的下大夫，其數不合。案《鄭注》：“小國亦三卿，一卿命於天子，二卿命於其君；此文似誤脱耳。”則《王制》此節，文有脱誤，似以《繁露》爲可據。

至其職掌，則《北堂書鈔》引《異義》、《今尚書》夏侯、歐陽説：“天子三公：一曰司徒，二曰司馬，三曰司空。”《周官》司徒爲官疏引《尚書傳》“天子三公：一曰司徒公，二曰司馬公，三曰司空公。”《韓詩外傳》卷八“三公者何？司空，司馬，司徒也。”説俱同。《論衡・順鼓篇》引《尚書大傳》“郊社不脩，山川不祝，風雨不時，霖雪不降，責於天公；臣多弑主，孽多殺宗，五品不訓，責於人公；城郭不繕，溝池不脩，水泉不隆，水爲民害，責於地公。"《太平御覽・職官部》引《尚書大傳》："百姓不親，五品不訓，則責之司徒；蠻夷猾夏，寇賊姦宄，則責之司馬；溝瀆壅遏，水爲民害，田廣不墾，則責之司空"；則天公是司馬，人公是司徒，地公是司空。和《韓詩外傳》"司馬主天，司空主土，司徒主人"之説相合。《白虎通》："《别名記》曰：司徒典名，司空主地，司馬順天。"至於九卿，各書皆不明言其名稱及職事，案《荀子・序官》：

> 宰爵知賓客祭祀饗食犧牲之牢數，司徒知百宗城郭立器之數，注百宗，百族也。立器，所立之器用也。司馬知師旅甲兵乘白之數。注白，謂甸徒，猶今之白丁也。或曰：白，當爲百，百人也。脩憲令，審詩商，注詩商，當爲誅賞，字體及聲之誤。禁淫聲，以時順脩，使夷俗邪音，不敢亂雅，太師之事也。脩堤梁，通溝澮，行水潦，安水藏，以時決塞，歲雖凶敗水旱，使民有所耘艾，司空之事也。相高下，視肥墝，序五種，省農功，謹蓄藏，以時順脩，使農夫樸力而寡能，注，禁其它能也。治田之事也。脩火憲，注，不使非時焚山澤。養山林藪澤，草木魚鼈百索，注，上所索百物也。以時禁發，使國家足用，而財物不屈，虞師之事也。順州里，定廛宅，養六畜，閒樹藝，勸教化，趨孝弟，以時順脩，使百姓順命，安樂處鄉，鄉師之事也。論百工，審時事，辨功苦，尚完利，便備用，使雕琢文采，不敢專造於家，工師之事也。相陰陽，占祲兆，鑽龜陳卦，主攘擇五卜，知其吉凶妖祥，傴巫跛擊之事也。注，擊讀爲覡，男巫也。古者以廢疾之人主卜筮巫祝之事，故曰傴巫跛覡。脩採清，注，採，謂採去其穢，清，謂使之清潔。皆謂除道路穢惡也。易道路，謹盜賊，平室律，以時順脩，使賓旅安而貨財通，治市之事也。抃急禁悍，防淫除邪，戮之以五刑，使暴悍以變，姦邪不作，司寇之事也。本政教，正法則，兼聽而時稽之，度其功勞，論其慶賞，以時慎脩，使百吏免案與勉同。盡，而衆庶不偷，冢宰之事也。

以上所舉，除司徒、司馬、司空及冢宰外，又得宰、太師、治田、虞師、鄉師、工師、傴巫跛擊、治市、司寇九官，似即係九卿。冢宰一官，有人說就是司徒兼的，然據《王制》，“冢宰齋戒受質”和“大司徒、大司馬、大司空，齋戒受質”分舉，分明不是一官；更據荀子此文，似乎確在三公之外。漢承秦制，有九卿而無三公，然而有相國丞相，秦制必沿襲自古，也可證冢宰在三公之外。《周官》地官序官疏引鄭《尚書大傳》注：“周禮，天子六卿，與太宰、司徒同職者，則謂之司徒公；與宗伯、司馬同職者，則謂之司馬公；與司寇、司空同職者，則謂之司空公。一公兼二卿，舉下以爲稱。”則似係以意彌縫，並無所本。冢宰似乎没有官屬的，百官都屬於三公。所以下文說：“大司徒、大司馬、大司空，齋戒受質；百官各以其成，質於三官；大司徒、大司馬、大司空，以百官之成，質於天子”，鄭注“百官，此三官之屬。”正和“每一公三卿佐之，每一卿三大夫佐之，每一大夫三元士佐之”的話相合。

古文家之說：則《五經異義》說：“《古周禮》說：天子立三公：曰太師，太傅，太保，無官屬，與王同職；故曰：坐而論道，謂之三公。又立三少以爲之副，曰少師，少傅，少保，是爲三孤。冢宰，司徒，宗伯，司馬，司寇，司空，是爲六卿之屬。大夫士庶人在官者，凡萬二千。”案《僞古文尚書·周官》：

> 立太師，太傅，太保，兹惟三公，論道經邦，燮理陰陽，官不必備，惟其人。少師，少傅，少保，曰三孤；貳公宏化，寅亮天地，弼予一人。冢宰掌邦治，統百官，均四海；司徒掌邦教，敷五典，擾兆民；宗伯掌邦禮，治神人，和上下；司馬掌邦政，統六師，平邦國；司寇掌邦禁，詰姦慝，刑暴亂；司空掌邦土，居四時，民地利；六卿分職，各率其屬，以倡九牧，阜成兆民。

攻《僞古文》的，都說他誤據《大戴禮·保傅篇》、《漢書·賈誼傳》，把太子的官屬，認做天子的三公三孤。又說鄭玄注《周官》“鄉老二鄉則公一人”說：王置六卿，則公有三人也。三公者，內與王論道，中參六官之事，外與六卿之教。又他注《尚書·君奭序》，“召公爲保，周公爲師”，說：此師保爲《周禮》師氏保氏，大夫之職。《書疏》。可見得鄭玄不主張六卿之上，別有三公三孤。然而《五經異義》所舉的古周禮説，確和《僞周官》相同。《周官》朝士，“建外朝之法，左九棘，孤卿大夫位焉。……面三槐，三公位焉”，也明説公孤在卿之外。又保氏序官疏引《鄭志》“趙商問：案成王《周官》，立太師，太傅，太保，兹惟三公。即三公之號，自有師保之名。成王《周官》，是周公攝政三年事；此《周禮》是周公攝政六年時，則三公自名師保；起之在前，何也？鄭答曰：周公左，召公右，兼師保，初時然矣”。趙商所説的《周官》，固然不是現在《僞古文尚書》裏的《周官》，然而可見得不僞的《周官》，也確有此文。又看鄭玄的答語，雖不承認“召公爲保，周公爲師”就是三公裏的太師太保；卻也並没有否認“立太師、太傅、太保，兹惟三公”之説。又《周禮》雖没叙列公孤之官，然而涉及公孤的地方很多，宰夫，司服，典令，巾車，司常，射人司士，太僕，弁師，小司寇等。可見得六卿之外，别有公孤，《周禮》確有此説，並不是造《僞古文尚書》的人杜撰的。

六官之説，《大戴禮·盛德篇》：“古之御政以治天下者；冢宰之官以成道，司徒之官以成德，宗伯之官以成仁，司馬之官以成聖，司寇之官以成義，司空之官以成禮。”《管子·五行篇》：“昔者黄帝得蚩尤而明於天道，得大常而察於地利，得奢龍而辨於東方，得祝融而辨於南方，得大封而辨於西方，得后土而辨於北方。黄帝得六相而天地治，神明至。蚩尤爲當時大常爲廩者，奢龍爲土師，祝融爲司徒，大封爲司馬，后土爲李。春者，土師也；夏者，司徒也；秋者，司馬也；冬者，李也。”都和《周禮》相合。此外《曲禮》：“天子之五官：曰司徒、司馬、司空、司士、司寇，典司五衆。”《春秋繁露·五行相勝篇》：“木者，司農也；……火者，司馬也；……土者，君之官也，其相司營；……金者，司徒也；……水者，司寇也。”《左傳》昭十七年郯子説：“祝鳩氏，司徒也；鴡鳩氏，司馬也；鳲鳩氏，司空也；爽鳩氏，司寇也；鶻鳩氏，司事也。”昭二十九年，蔡墨説：“五行之官，是爲五官：木正曰句芒，火正曰祝融，金正曰蓐收，水正曰玄冥，土正曰后土。”都只説五官。案古人五行之説，土是君象；見第十章第一節。董子説：“土者，君之官也”，其義最古。天、地、人、四時，謂之七始。五官之説，除掉中“土者君之官”，其實只有四官；合着象天地人的三公，似乎是配七始的。《文王世子》：“設四輔，及三公，不必備，惟其人。”疏引《尚書大傳》“古者天子必有四鄰：前曰疑，後曰丞，左曰輔，右曰弼”。怕也是就五官裏頭，除掉四個的。因爲總只有這幾個官，卻要“三光”，“四時”，“五行”，很麻煩的“取象”。所以三公，四鄰，五官，也是互相重複。這種錯雜不整齊的制度，很合乎歷史上自然發達的事實；《周禮》一部書，説得太整齊了，所以就有點可疑。①

其地方制度，《周禮》也説得很完備的。按照《周禮》，“王城”之外爲“鄉”；鄉之外爲“外城”，外城謂之“郭”；郭外爲“近郊”；近郊之外爲“遂”；遂之外爲“遠郊”，遠郊謂之“野”；野之外爲“甸”；甸之外爲“稍”；稍之外爲“縣”，縣爲“小都”；小都之外爲“鄙”，鄙爲“大都”；甸、稍、縣、都之地都是采邑，是行貢法的。鄉以五家爲比，五比爲閭，四閭爲族，五族爲黨，五黨爲州，五州爲鄉；比長是下士，閭胥中士，族師上士，黨正下大夫，州長中大夫，鄉大夫就是卿。遂則五家爲鄰，五鄰爲里，四里爲酇，五酇爲鄙，五鄙爲縣，五縣爲遂；遂大夫、縣正、鄙師、酇長、里宰、鄰長，比鄉官遞降一級。遂大夫是中大夫，里宰是下士，鄰長無爵。六鄉之吏：鄉大夫六人，州長三十人，黨正百五十人，族師七百五十人，閭胥三千人，比長一萬五千人；六遂的數目同六鄉相等；共有三萬七千八百七十二人。案《管子·立政篇》：“分國以爲五鄉，鄉爲之師；分鄉以爲五州，州爲之長；分州以爲十里，里爲之尉；分里以爲十游，游爲之宗；十家爲什，五家爲伍，什伍皆有長焉。”《小匡篇》：“五家爲軌，軌有長；十軌爲里，里有司；四里爲連，連有長；十連爲鄉，鄉有良人；五鄉一帥”，其制鄙：則“五家爲軌，軌有長；六軌爲邑，邑有司；十邑爲率，率有長；十率爲鄉，鄉有良人；三鄉爲屬，屬有帥；五屬爲一大夫。”兩篇所載，小有異同，然都和周禮相近，大概這一種組織，是和軍

① 此處原有夾注：“《大戴禮》、《管子》，也不是全可信的。”作者批注時自删。

制相應的。參看第五節。

其《尚書大傳》:"古八家而爲隣,三隣而爲朋,三朋而爲里,五里而爲邑,十邑而爲都,十都而爲師,州十有二師焉。"《御覽》百五十七。《公羊》宣十五年《何注》,"在田曰廬,在邑曰里;一里八十户;八家共一巷。……選其耆老有高德者,名曰父老;其有辨護伉健者,爲里正。"……見第四節。則純係以井田制度爲根本。《韓詩外傳》説中田有廬,疆埸有瓜這一條,也説"八家而爲隣",和《尚書大傳》、《公羊》何注,都是相合的。春秋以後的官制,散見於各書者甚多,尤其多的是《左傳》。《春秋大事表》裏,列有一表,很爲詳備,可以參考。①

至於當時服官的人:大概從士以下,或者用平民;從大夫以上,都是用貴族的;看下節便可明白。

第四節　教育和選舉

古代的教育,有"國學"和"鄉學"的區別,又有"大學"和"小學"的區別。"大學"和"小學",是以程度淺深分的;"國學"和"鄉學",一個是貴族進的,一個是平民進的。兩者截然,各爲系統,不可牽混。

《王制》:"天子曰辟雍,諸侯曰泮宫",又説諸侯之國:"天子命之教,然後爲學;小學在公宫南之左,太學在郊。"又説:"有虞氏養國老於上庠,養庶老於下庠;夏后氏養國老於東序,養庶老於西序;殷人養國老於右學,養庶老於左學;周人養國老於東膠,養庶老於虞庠。"所謂"辟雍"、"泮宫",是天子諸侯之國大學的通稱。"上庠"、"東序"、"右學"、"東膠",是虞夏殷周四代大學的專稱。"下庠"、"西序"、"左學"、"虞庠",是四代小學的特稱。這都是天子和公卿大夫元士之子,

---

① 此處夾注后半部分:"——因爲没有條理系統,太覺枯燥無味,所以没抄在這裏。"作者批注時自删。

所謂貴族入的。其入學的程序,《尚書大傳》説:"古之帝王者必立大學、小學,使王太子、王子、羣后之子,以至公卿大夫元士之適子:十有三年,始入小學,見小節焉,踐小義焉;年二十入大學,見大節焉,踐大義焉。"《御覽》百四十八,《禮記·王制》疏節引,作"十五入小學"。

至於鄉學,則(一)《孟子》説:"夏曰校,殷曰序,周曰庠。"(二)《禮記·學記》説:"古之教者家有塾,黨有庠,術有序。"似乎比《孟子》多出兩層等級來。然而試看《尚書大傳》:

> 大夫士七十而致仕,老於鄉里;大夫爲父師,士爲少師。注,所謂里庶尹古者仕焉而已者,歸教於閭里。耰鉏已藏,祈樂已入,注,祈樂,當爲新穀。歲事已畢,餘子皆入學。十五始入小學,見小節,踐小義;十八入大學,見大節,踐大義焉。距冬至四十五日,始出學,傅農事。《儀禮通解》卷九。

再看《公羊》宣十五年《何注》:

> 一里八十户,八家共一巷,中里爲校室。選其耆老有高德者,名曰父老。……十月事訖,父老教於校室。八歲者學小學,十五者學大學。其有秀者,移於鄉學;鄉學之秀者移於庠;庠之秀者移於國學,學於小學。諸侯歲貢小學之秀者於天子,學於大學。其有秀者,命曰進士。行同能偶,别之以射,然後爵之。

這裏頭"鄉學之秀者移於庠"八個字,是錯誤的。爲什麽呢?鄉學就是庠,《儀禮·鄉飲酒禮》:"主人拜迎於庠門之外"可證。所以《漢書·食貨志》這地方只説"其有秀異者,移鄉學於庠序;庠序之異者,移於國學"。並不説鄉學移於庠,庠移於國學。再看《學記》鄭注,"術當爲遂,聲之誤也。古者仕焉而已者,歸教於閭里,朝夕於門側之堂,謂之塾。《周禮》五百家爲黨,二千五百家爲遂;黨屬於鄉,遂在遠郊之外"。那麽,《學記》所謂"塾",就是何休所謂"校室",也就是《尚書大傳》所謂"餘子皆入學"的"學","黨有庠,術有序"的"庠"、"序",是因所在之地而異名,不是另有等級。這一級,和孟子所説"夏曰校,殷曰序，周曰庠"的"校"、"序"、"庠"相當。至於學記"家有塾"的"塾"，就是何休所謂"校室"，伏生所謂"餘子皆入學"的"學"，孟子没有提起。那麽，古代平民所入的學校，是兩級制：一級在里，所謂"塾"，"校室"，"餘子皆入學"的"學"。一級在鄉。所謂"夏曰校，殷曰序，周曰庠"，《學記》所謂"黨有庠，術有序"。伏生所謂"十五始入小學"，"十八入大學"，措語有些含混。不如何休説"八歲者學小學，十五者學大學"清楚。這是一個"校室"裏，因其年齡之大小，而所學各有不同，好比一個小學校裏，分爲初等、高等兩級，並不是一個"里"的區域裏，還有"大學"、"小學"兩種學校。

這兩級學校，都是平民進的。進到鄉學裏頭，就有入國學的機會了；入了國學，就仕進之途也在這裏了。《王制》上説：

> 命鄉簡不帥教者以告；耆老皆朝於庠，元日習射上功，習鄉尚齒，大司徒帥國之俊士，與執事焉。不變，命國之右鄉，簡不帥教者移之左；命國之左鄉，簡不帥教者移之右，如初禮；不變，移之郊，如初禮；不變，移之遂，如初禮；不變，屏之遠方，終身不齒。
>
> 命鄉論秀士，升之司徒，曰選士；司徒論選士之秀者而升之學，曰俊士；升於司徒者不征於鄉，升於學者不征於司徒，曰造士。樂正崇四術，立四教，順先王詩書禮樂以造士；春秋教以禮樂，冬夏教以詩書，王大子、王子、羣后之大子、卿大夫元士之適子、國之俊、選，皆造焉。……將出學，小胥、大胥、小學正、簡不帥教者，以告於大樂正；大樂正以告於王。王命三公九卿大夫元士皆入學；不變，王親視學；不變，王三日不舉，屏之遠方，西方曰棘，東方曰寄，終身不齒。大學正論造士之秀者，以告於王，而升諸司馬，曰進士。司馬辨論官才，論進士之賢者以告於王，而定其論。論定，然後官之；任官，然後爵之；位定，然後禄之。

這裏頭，從鄉學裏升上來的俊士、選士等，和王大子、王子、羣后之大子、卿大夫元士之適子，都是同學的，而且是"入學以齒"，注，皆以長幼受學，不以尊卑。很爲平等的。所争者，鄉人須“節級升之，……爲選士、俊士、至於造士。若王子與公卿之子，本位既尊，不須積漸，學業既成，即爲造士。”《正義》。有些不平等而已。

選舉的法子，雖然如此，然而實際上：(一) 鄉人能彀升入大學得爲進士的，恐怕很少；(二) 就是得爲進士，也未必能和貴族出身的人同一任用。俞正燮説：

> 周時，鄉大夫三年比於鄉，考其德行道藝：而興賢者，出使長之，用爲伍長也；興能者，入使治之，用爲鄉吏也。案《周官·大司徒》，“以鄉三物教萬民而賓興之：一曰六德：知、仁、聖、義、忠、和；二曰六行：孝、友、睦、姻、任、恤；三曰六藝：禮、樂、射、御、書、數。”鄉大夫“三年則大比，考其德行道藝，而興賢者能者。鄉老及鄉大夫，帥其吏，與其衆寡。以禮禮賓之。厥明，鄉老及鄉大夫羣吏，獻賢能之書於王；王再拜受之；登於天府，内史貳之。退而以鄉射之禮五物詢衆庶。”《注》：“鄭司農云：……問於衆庶，寧復有賢能者。……此謂使民興賢，出使長之；使民興能，入使治之。”這是另一種選舉法，和《王制》無從牽合，俞説推而廣之，誤。其用之止此。《王制》推而廣之，升諸司馬曰進士焉，止矣；諸侯貢士於王。以爲士焉，止矣。太古至春秋，君所任者，與共開國之人，及其子孫也。……上士，中士，下士，府，史，胥，徒，取諸鄉興賢能；大夫以上皆世族，不在選舉也。……故孔子仕委吏乘田，其弟子俱作大夫家臣。……荀子《王制》云：王公大人之子孫，不能禮義，則歸之於庶人；庶人之子孫，積文學，正身行，則歸之卿相士大夫。徒設此義，不能行也。周單公用羇。《左傳》昭公七年。鞏公用遠人，定公二年。皆被殺。……夫古人身經百戰而得世官，而以遊談之士加之，不服也。立賢無方，則古者繼世之君，又不敢得罪於巨室也。……《癸巳類稿》卷三《鄉興賢能論》。

俞氏此論，於古代階級社會的情形，可謂洞若觀火。我説六經原是儒家改制所託，固然不是憑空揑造，憑空揑造，也是不可能的事。所以持極端懷疑之論，也是錯的。然而以意改削的地方，必然很多；竟當他是歷史，原是不能的。不過比起後世人所造的古書來，畢竟又可信了許多。因爲人的思想，總是爲時代所囿。所以古人的胡説,也畢竟比後代人近情。譬如《王制》,就畢竟比《周禮》爲近古。

講古代學制的,還有一層,必須明白,便是古代有所謂"明堂的四學和太學",這個固然是學校的起源,然而到後世,明堂和學校已經分開了,必不可混而爲一。案蔡邕《明堂月令論》:"《易傳·太初篇》曰:天子旦入東學,晝入南學,莫入西學;案此處文有脱誤,《玉海》卷一百十一,引作"夕入西學,暮入北學",是。大學在中央,天子之所自學也。《禮記·保傅篇》曰:帝入東學,上親而貴仁;入西學,上賢而貴德;入南學,上齒而貴信;入北學,上貴而尊爵;入大學,承師而問道;與《易傳》同。案《保傅篇》如今《大戴禮》裏頭有的,亦見《賈子》。魏文侯《孝經傳》曰:大學者,中學明堂之位也。《禮記·古大明堂之禮》曰:膳夫是相禮:日中出南闈,……日側出西闈,……日入出北闈。"這所謂東、西、南、北四學,和中央的大學,固然都在明堂内;然而後世的學校,卻不是如此。這是爲什麼呢?這個阮元説得最漂亮。他説:初有明堂的時候,是宫室制度還没有完備,天子就只有這一所屋子,所以什麼事情都在裏頭辦,住也住在這裏頭。到後來,社會進化了,屋子一天多一天,什麼"路寢"哩,"宗廟"哩,"學校"哩,都從明堂裏分了出來。然而明堂卻仍舊有的,而且明堂裏頭還保存了許多舊制;所以已經從明堂裏分出來的事情,在明堂裏還是有的;不過變做有名無實罷了。這句話真是通論,把從來許多葛藤,可以一掃而空。《揅經室集·明堂論》。明白這個道理,"明堂之中,既有大學和四學,明堂之外,又有大學和小學"的問題,就可以無庸爭辨了。《周禮》的師氏保氏,又另是一種機關,和明堂裏頭的大學四學,明堂以外的大學小學,都不能牽合。參看第二篇上第八章第二節。

此外又有"貢士"和"聘士"的制度。《禮記·射義》説:"……古者天子之制,諸侯歲獻貢士於天子,天子試之於射宫。……"《白虎通·貢士篇》:"諸侯三年一貢士者,治道三年有成也。諸侯所以貢士於天子者,進賢勸善者也。天子聘求之者,貴義也。……故月令,季春之月,開府庫,出幣帛,周天下,勉諸侯,聘名士,禮賢者。……及其幽隱,諸侯所遺失,天子所昭,故聘之也。"這種制度,在古代的選舉法上,固然不占重要的位置,然而實在是後來進用游士的根本。

古代貴族、平民都有學校,似乎很爲文明。然而平民學校所教的,孟子説:"皆所以明人倫也;人倫明於上,小民親於下。"《滕文公上》。正和子游所謂"小人學道則易使也"《論語·陽貨篇》。一鼻孔出氣。嚴格論起來,實在是一種"奴隸教育"。貴族的教育,也含有"宗教臭味"。俞正燮説:

> 虞命教胄子,止屬典樂。周成均之教,大司成、小司成、樂胥,皆主樂。周官大司樂、樂師、大胥、小胥,皆主學。……子路曰:何必讀書,然後爲學。古者背文爲誦,冬讀書,爲春誦夏弦地,亦讀樂書。《周語》召穆公云:瞍賦矇誦,瞽史教誨。《檀弓》云:大功廢業,大功誦。……通檢三代以上,書樂之外,無所謂學;《内則》學義,亦止如此;漢人所造《王制》、《學記》,亦止如此。……《癸巳存稿》卷四《君子小人學道是弦歌義》。

原來學校是從明堂裏搬出來的。明堂本來是個"神祕之地"。所以後來學校裏的教科,還以"詩書禮樂"四項爲限。禮樂是舉行"祭典"時用的,詩就是樂的"歌詞",書是宗教裏的古典。他的起源,大概如此;後來抑或有點變化,然而總是"不離其宗"的。所以貴族雖有學校,也教育不出什麽人才來。所謂專門智識,是《漢書·藝文志》所謂某某之學,出於某某之官。見第十章第三節。專門的技能,則《王制》所謂"凡執技以事上者,不貳事,不移官。"都是世代相傳的。世官的不能廢,亦由於此。

東周以後,情形就大變了。這時候貴族政體漸次崩壞;做專官有學識的人,漸變而爲平民;向來所謂某官之守,一變而爲某家之學;民間纔有"聚徒講學"之事,有"負笈從師"的人;孔子弟子三千,楊朱、墨翟之言盈天下,都是這個道理。民間有智識的人,一天天增多;貴族裏頭,可用的人,一天天減少。就不得不進用游士,孟嘗、平原、信陵、春申的養客,也是這個道理。當時講求學問的人,漸漸以利禄爲動機。所以蘇秦説："且使我有雒陽負郭田二頃，吾豈能佩六國相印乎?"《史記》本傳。可見得當時的講求學問，大都是受生計上的壓迫；所以秦散三千金而天下之士鬭；可見得社會的文化，和物質方面大有關係。游士的智識，固然比世卿高。然而愛國心卻較薄弱。孟子對齊宣王説："所謂故國者非謂有喬木之謂也，有世臣之謂也；王無親臣矣。昔者所進，今日不知其亡也。"正是同這班人寫照。《梁惠王下》。"后勝相齊，多受秦間金，多使賓客入秦；秦又多予金，客皆爲反間，勸王去從朝秦；不脩攻戰之備，不助五國攻秦。秦以故得滅五國。五國已亡，秦兵卒入臨淄，民莫敢格者。王建遂降，遷於共。故齊人怨王建不蚤與諸侯合從攻秦，聽姦臣賓客，以亡其國。歌之曰：松耶柏邪，住建共者客邪。疾建用客之不詳也。"《史記·田敬仲完世家》。可見得當時的游士，把人家的國家，來做自己"富貴的犧牲"，是不恤的。

總而言之，社會階級制度，是要靠世卿之制維持的(因爲如此，纔是把一階級的人，把持了社會上的大權，不許别一階級的人插足)。然而如此，(一) 貴族所處的地位，就不能不優，所處的地位既優，就不能不驕奢淫逸，就不能不腐敗，(二) 而且貪欲之念，是無厭的，自己有了土地，遂想侵吞别人，貴族變爲平民的人就日多。貴族階級專有的智識，就漸漸的散入平民社會。所以貴族階級的崩壞，其原因仍在貴族社會的自身。這個很可以同馬克思的歷史觀，互相發明。

第五節　兵　　制

官制和教育選舉，都已明白，就得考究古代的兵制。後人講古代兵制的，有一種誤解，就是以爲古代是"兵農合一"、"全國皆兵"的。這個誤解，全由不知古代社會是個"階級制度"，以致於此。① 考究古

---

① 今古文兵制之異，兵農非合一。

代兵制的，都根據《周禮》。案《周禮》：

> (大司徒)令五家爲比，使之相保；五比爲閭，使之相受；四閭爲族，使之相葬；五族爲黨，使之相救；五黨爲州，使之相賙；五州爲鄉，使之相賓。
>
> (小司徒)乃會萬民之卒伍而用之：五人爲伍，五伍爲兩，四兩爲卒，五卒爲旅，五旅爲師，五師爲軍；以起軍旅，以作田役，以比追胥，以令貢賦。乃均土地以稽其人民而周知其數：上地家七人，可任也者家三人；中地家六人，可任也者二家五人；下地家五人，可任也者家二人。凡起徒役：毋過家一人，以其餘爲羨；唯田與追胥，竭作。
>
> (夏官序)凡制軍：萬有二千五百人爲軍；王六軍，大國三軍，次國二軍，小國一軍；軍將皆命卿。二千有五百人爲師，師帥皆中大夫；五百人爲旅，旅帥皆下大夫；百人爲卒，卒長皆上士；二十五人爲兩，兩司馬皆中士；五人爲伍，伍皆有長。①

這是古文家的説法，今文家怎樣呢？案《白虎通·三軍篇》：

> 三軍者何？法天地人也。以爲五人爲伍，五伍爲兩，四兩爲卒，五卒爲旅，五旅爲師，師二千五百人，師爲一軍，六軍一萬五千人也。

《公羊傳》隱五年《何注》："二千五百人稱師。天子六師，方伯二師，諸侯一師。"《穀梁傳》：襄十一年。"古者天子六師，諸侯一軍。"《詩》："周王于邁，六師及之。"《孟子·告子篇》："三不朝，則六師移之。"凡今文家言都同。

今古文家説兵制的不同，是無可强合的。然則哪一家的話是呢？我以爲今文家言是孔子託古改制的話，務要減輕兵役。古文家的話，是參考各種古書編成。論理，自然是今文家言文明；論古代的事實，怕還

---

① 戰國兵數之增，車——騎。

是古文家言相近些。請再看當時出兵的方法,《春秋繁露・爵國篇》説:

> 方里而一井,一井而九百畝。……方里八家,一家百畝。……上農夫耕百畝,食九口,次八人,次七人,次六人,次五人;多寡相補,率百畝而三口;方里而二十四口;方百里者十,得二百四十口;方十里,爲方百里者百,得二千四百口;方百里,爲方萬里者萬,得二十四萬口;法三分而除其一,城池,郭邑,屋室,閭巷,街路,市,官府,園囿,委圈,得良田方十里者六十六,十與方里這四個字,當作"與方十里者"五個字。六十六;定率得十六萬口;三分之,則各五萬三千三百三十三口;爲大□軍三,此公侯也。天子地方千里,爲方百里者百;亦三分除其一,定得田方百里者六十六,與方十里者六十六;定率得千六百萬口;九分之,各得百七十七萬七千七百七十七口,爲京□軍九,三京□軍,以奉王家。

這個計算的方法,和《周禮》大異。

> 《公羊》宣十五年《何注》:"十井共出兵車一乘。"又昭元年注:"十井爲一乘,公侯封方百里,凡千乘;伯四百九十乘,子男二百五十乘。"又哀十二年《注》:"禮,税民不過什一,軍賦不過一乘。"《論語・學而篇》"道千乘之國",《集解》引包咸説:"千乘之國者,百里之國也。古者井田,方里爲井,井十爲乘,百里之國者,適千乘也。"

案《孟子》説"天子之地方千里,公侯皆方百里",又説"萬乘之國弑其君者,必千乘之家;千乘之國弑其君者,必百乘之家。"趙注"萬乘,……謂天子也。千乘,……謂諸侯也。"則孟子之意,亦以爲十井共出一乘。而《漢書・刑法志》卻説:

> 因井田而制軍賦;地方一里爲井;井十爲通;通十爲成,成方十里;成十爲終;終十爲同,同方百里;同十爲封;封十爲畿,畿方千里;有税有賦:税以足食,賦以足兵。故四井爲邑;四邑爲丘;丘十六井也,有戎馬一匹,牛三頭;四丘爲甸;甸六十四井也,有戎馬四匹,兵車一乘,牛十二頭,甲士三人,卒七十二人;干戈備

具;是謂乘馬之法。一同百里,提封萬井除山、川、沈斥、城池、邑居、園囿、術路,三千六百井,定出賦六千四百井;戎馬四百匹,兵車百乘;此卿大夫采地之大者也,是謂百乘之家。一封三百一十六里,提封十萬井,定出賦六萬四千井,戎馬四千匹,兵車千乘,此諸侯之大者也,是謂千乘之國。天子畿方千里,提封百萬井,定出賦六十四萬井,戎馬四萬匹,兵車萬乘,故稱萬乘之主。

他這種説法,是根據於《司馬法》的鄭玄注《論語》"道千乘之國"引他,見《周禮》小司徒疏。然《司馬法》又有一説,是:

六尺爲步,步百爲畝,畝百爲夫,夫三爲屋,屋三爲井,井十爲通。通爲匹馬,三十家,士一人,徒二人。通十爲成,成百井。三百家,革車一乘,士十人,徒二十人,十成爲終,終千井,三千家,革車十乘,士百人,徒二百人。十終爲同,同方百里,萬井,三萬家,革車百乘,士千人,徒二千人。

鄭玄引他注《周禮》的小司徒。賈疏説:前説是畿外邦國法,甲士少,步卒多;後説是畿内采地法,甲士多,步卒少。

案照何休、包咸的説法,十井而出一乘,人多疑其太苛。然據《左傳》"昭十三年平邱之會,晉甲車四千乘。十二年傳,楚靈王曰:今吾大城陳、蔡、不羹,賦皆千乘,三原注,依劉炫説。國各千乘是合楚國之車,奚啻萬乘。昭五年傳云,韓賦七邑,皆成縣也,因其十家九縣,長轂九百,其餘四十縣遺守四千;是一縣百乘也。縣二百五十六井,是二井半出一乘;合晉國之軍又奚啻萬乘。……昭元年傳,秦后子適晉,以車千乘,是大夫不必百乘也"。這一段,引用朱大韶《實事求是齋·經義司馬法非周制説》。所以十井而出一乘並不是没有的事,不必疑心,所可疑者,照《春秋繁露》的説法,諸侯大國十六萬口之軍七千五百人,《繁露》説"三分之,則各五萬三千三百三十三口,爲大□軍三。"是説五三三三三口裏出七五〇〇人爲兵,不是説每一軍有五三三三三人。加以奉公家的一軍,共計萬人,是人民有十六分之一服兵役,而天子之國,共有一千六百萬口,而"爲京□

軍九”,再加“三京□軍,以奉王家”,服兵役的,不過三萬人,未免太不近情。照《漢書·刑法志》所主的《司馬法》説,天子之國,有甲士三萬,卒七十二萬,而六軍不過七萬五千人。照鄭玄所引的一説,一封之地,提封十萬井,有人民三十萬家,而不過出車千乘,出兵三萬人;畿方千里提封百萬井,應當有三百萬家,而亦未聞有天子出兵三十萬之説;若仍照六軍計算,則三百萬家,服兵役的不過七萬五千人;恐怕古代斷没有這般輕的兵役。種種計算,總之不合情理。我説:論古代兵制的,都誤於“兵農合一”之説,以致把全國的人民都算在裹頭,我如今且引江永的《羣經補義》一則,以破這個疑惑。

說者謂古者寓兵於農,井田既廢,兵農始分,考其實不然。……管仲參國伍鄙之法:制國以爲二十一鄉:工商之鄉六,士鄉十五;公帥五鄉,國子、高子,各帥五鄉;是齊之三軍,悉出近國都之十五鄉,而野鄙之農不與也。五家爲軌,故五人爲伍,積而至於一鄉。二千家,旅二千人,十五鄉三萬人爲三軍。是此十五鄉者,家必有一人爲兵。其中有賢能者,五鄉大夫有升選之法,故謂之士鄉,所以别於農也。其爲農者,處之野鄙,别爲五鄙之法。三十家爲邑,十邑爲卒,十卒爲鄉,三鄉爲縣,十縣爲屬,五屬各有大夫治之,專令治田供税,更不使之爲兵。……他國兵制,亦大略可考而知;如晉之始惟一軍;既而作二軍,作三軍;又作三行,作五軍;既舍二軍,旋作六軍;後以新軍無帥,復從三軍;意其爲兵者,必有素定之兵籍,素隸之軍帥;軍之漸而增也,固以地廣人多;其既增而復損也,當是除其軍籍,使之歸農。……隨武子云:楚國荆尸而舉,商農工賈,不敗其業,是農不從軍也。魯之作三軍也;季氏取其乘之父兄子弟盡征之;孟氏以父兄及子弟之半歸公,而取其子弟之半,叔孫氏盡取子弟,而以其父兄歸公;所謂子弟者,兵之壯者也;父兄者,兵之老者也;皆其素在兵籍,隸之卒乘者;非通國之父兄子弟也。其後舍中軍,季氏擇二,二子各一,皆盡征之而貢於公,謂民之爲兵者盡屬三家,聽其貢獻於公也；若民之爲農者出田税，自是歸之於君；故哀公云：二，吾猶不足。……三家之采邑，固各有兵；而二軍之士卒車乘，皆近國都；故陽虎欲作亂，壬辰戒都車，令癸巳至；可知兵常近國都，其野處之農，固不爲兵也。……案所述管子的兵制，見《小匡篇》。

案《周禮》只有大司徒五家爲比，……小司徒五人爲伍，……和夏官序官之文相應，可以見得六鄉各出一軍，並没遂以外亦服兵役之説。小司徒"乃經土地而井牧其田野。九夫爲井，四井爲邑，四邑爲丘，四丘爲甸，四甸爲縣，四縣爲都"，只説"以任地事而令貢賦，凡税斂之事"。並無所謂乘馬之法；從杜預注《左傳》，纔把他牽合爲一，成元年作丘甲注。這是不足據的。所以我説：兵農合一，不但春秋以後不然；就西周以前，也並没這一回事。這是爲什麽呢？因爲古代的人民，總有征服者和被服者兩階級：征服之族，是居於中央，制馭異族的。這是所謂"鄉"之民。被征服之族，是處於四圍，從事耕作的，這是"遂"以外之民。前者是服兵役的。後者是不服兵役的。鄉民固然也種田，然而不過如後世兵的"屯田"，並不是全國的農夫，都可當兵；"當兵的"同"種田的"，也分明是兩個階級；和向來所謂"兵農合一"的觀念，全不相同。天子畿内，雖有方千里的地方；服兵役的，卻只有六鄉；所以只出得六軍；諸侯的三軍二軍一軍，也是這個道理。春秋以前，列國的兵制，大概如此；所以出兵總不過幾萬人。戰國時代，卻就不然了。試看蘇秦對六國之君的話。見《戰國策》和《史記》本傳。

燕	帶甲數十萬	車六百乘	騎六千匹	粟支數年
趙	同上	千乘	萬匹	同上
韓	同上			
魏	武士二十萬，蒼頭二十萬，奮擊二十萬，廝徒十萬	六百乘	五千匹	
齊	帶甲數十萬			粟如丘山
楚	百萬	千乘	萬匹	粟支十年

所以這時候，阬降斬殺，動輒數十萬。這時候，大概全國都服兵役的。所以《孫子》説"興師十萬，日費千金，内外騷動，怠於道路，不

得操事者七十萬家”。這分明是按《司馬法》方千里之地,提封百萬井,可得甲士三萬,卒七十二萬計算的。所以我說:《管子》這部書,可以代表春秋以前的兵制。造《周禮》的人,所根據的,就是《管子》一類的書;所以只説六鄉的人服兵役,並不説遂以外的人服兵役。《司馬法》這部書,定是戰國人所造。他習見當時的人,全國都服兵役,並不知道古人不然;卻把古代一部分人所服的兵役,分配到全國人頭上去,所以兵役便那麼輕了。《春秋繁露》也犯這個毛病。明白這一層道理,便春秋以後兵制的變遷,也瞭如指掌了。

服兵役的年限,是從三十歲到六十歲。《白虎通・三軍篇》:“……年三十受兵何?重絶人世也。師行不必反,戰鬬不必勝,故須其有世嗣也。年六十歸兵何?不忍並鬬人父子也。”《王制正義》引《五經異義》、《禮》戴説、《易》、孟氏《韓》詩説並同。《古周禮》説:國中自七尺以及六十,野自六尺以及六十有五,皆征之。似較今文説加重。《鹽鐵論・未通篇》:“三十而娶,可以服戎事。”《後漢書・班超傳》班昭上書:妾聞古者十五受兵,六十還之。似乎把種田的年限,誤作服兵役的年限。參看下章第一節。

春秋時代兵制的變遷,《春秋大事表》的《田賦軍旅表》,可以參考。又《荀子・議兵篇》的話,很可以見得戰國時代列國兵力的比較,也可以一看。春秋戰國時代兵制的變遷,還有一端,可注意的。便是春秋以前,還注重於車戰;到戰國時代,便漸漸趨重於騎兵。所以蘇秦説六國的兵,都有騎若干匹的話。這個原因,大約由於前世地廣人稀,打仗都在平地,到後來地漸開闢,打仗也漸趨於山險地方的原故。《春秋大事表・春秋列國不守關塞論》參看。晉魏舒的“毁車崇卒”,《左傳》昭元年。是其起源。到趙武靈王胡服騎射,這個主義就大昌了。

第六節　法　　律

中國的法律,在世界上居四大法系之一。他的起源、成立、發達、變遷,自然很有研究的價值。但是要研究中國法律的,先得明白一種道理。古人總説什麼"尚德不任刑",又説什麼"道之以政,齊之以刑,民免而無恥。"《論語·爲政篇》。又説什麼"有虞氏之時,畫衣冠,異章服以爲僇而民不犯。"《史記·孝文本紀·除肉刑詔》。又説"夏有亂政而作《禹刑》,商有亂政而作《湯刑》,周有亂政而作《九刑》"。《左傳》昭六年《晉叔向詒鄭子産書》。後人給這許多話迷住了,都以爲刑是衰世之物,到了衰世纔有的,這種觀念,於法律的起源,實在大相違背。

無論什麼社會,最初時代,總是"禮治主義"。因爲古人知識簡單,没有"抽象的觀念",一切事情,應當如何,不應當如何,只得逐條做"具體的規定"。古人有句口頭話,"出於禮者入於刑"。所以"禮"就是"法"。① 既然要逐事爲具體的規定,自然弄得非常麻煩。所以古代的禮是非常麻煩的;就是古代的法,也是非常麻煩的。以爲治世可以没有刑罰,就可以没有法律,是大錯了的。

然則古代的法律,是什麼東西呢?

> 《禮記·王制》:司徒脩六禮以節民性,明七教以興民德,齊八政以防淫,一道德以同俗。下文説"六禮:冠、昏、喪、祭、鄉、相見。七教:君臣、父子、兄弟、夫婦、長幼、朋友、賓客。八政:飲食、衣服、事爲(《注》:謂百工技藝也)、異别(《注》:五方用器不同也)、度、量、數(《注》:百十也)、制(《注》:布帛幅廣狹也)。"
>
> 《周禮》:大司徒以鄉八刑糾萬民:一曰不孝之刑,二曰不睦之刑,三曰不婣之刑,四曰不弟之刑,五曰不任之刑,六曰不恤之刑,七曰造言之刑,八曰亂民之刑。又大司寇"以五刑糾萬民:一曰野刑,上功糾力;二曰軍刑,上命糾守;三曰鄉刑,上德糾孝;四曰官刑,上能糾職;五曰國刑,上願糾暴。"這種刑,也和禮無甚分别的。

我説這就是古代的法律,因爲違犯了,就要有制裁的。至於用刑

① 禮治,法律與道德合,今古文等級主義不同,法家非酷刑,成文法問題,法律公布問題。

的權柄,也一大部分在鄉官手裏。所以大司徒之職又説:“凡萬民之不服教而有獄訟者,與有地治者,聽而斷之,其附於刑者歸於士。”《周禮》固然是僞書,然而《管子·立政篇》也説:

> 分國以爲五鄉,鄉爲之師;分鄉以爲五州,州爲之長;分州以爲十里,里爲之尉;分里以爲十游,游爲之宗;十家爲什,五家爲伍,什伍皆有長焉。……閭有司觀出入者,以復於里尉。凡出入不時,衣服不中,圈屬羣徒,不順於常者,閭有司見之,復無時。若在長家子弟臣妾屬役賓客,則里尉以譙於游宗;游宗以譙於什伍;什伍以譙於長家。譙敬而弗復,一再則宥,三則不赦。凡孝悌忠信賢良儁材,若在長家子弟臣妾屬役賓客,則什伍以復於游宗,游宗以復於里尉,里尉以復於州長,州長以計於鄉師,鄉師以著於士師。凡過黨:其在家屬,及於長家;其在長家,及於什伍之長;其在什伍之長,及於游宗;其在游宗,及於里尉;其在里尉,及於州長;其在州長,及於鄉師;其在鄉師,及於士師。三月一復,六月一計,十二月一著。

可見當時士師所辦的事情,都是鄉官移過去的。周禮的話,並不是憑空亂説。至於公佈法律,也是在鄉官手裏的。所以《周禮》説:

> 大司寇正月之吉,始和,佈刑於邦國都鄙;乃縣刑象之法於象魏,使萬民觀刑象,挾日而斂之。

《立政篇》也説:

> 正月之朔,百吏在朝;君乃出令,佈憲於國。五鄉之師,五屬大夫,皆受憲於君前。太史既布憲,入籍於太府,憲籍分於君前。五鄉之師出朝,遂於鄉官,致於鄉屬,及於游宗,皆受憲;憲既佈,乃反致令焉;然後敢就舍。憲未佈,令未致,不敢就舍;就舍謂之留令,罪死,不赦,五屬大夫,皆以行車朝;出朝,不敢就舍;遂行,至都之日,遂於朝致屬吏。皆受憲;憲既佈,乃發使者致令,以佈憲之日,蚤晏之時;憲既佈,使者以發,然後敢就舍;憲未佈,使者

未發，不敢就舍；就舍謂之留令，罪死，不赦，憲既佈；有不行憲者，謂之不從令，罪死，不赦。考憲而有不合於太府之籍者：侈曰專制，不足曰虧吏，罪死不赦。

可見當時一切法律都在鄉官手裏，和後世地方行政官兼管司法正是一樣。

至於所用的刑罰，最早的就是“五刑”。《白虎通》説：

刑所以五何？法五行也：大辟法水之滅火，宫者法土之壅水，臏者法金之刻木，劓者法木之穿土，墨者法火之勝金。從《陳立疏證》本。

中國古代，什麽事情，都是取象於五行。五刑取法於五行，其義是很古的。有人據《吕刑》“苗民弗用靈，制以刑，惟作五虐之刑曰法，殺戮無辜，爰始淫爲劓、刵、椓、黥”，説五刑是漢族效法苗族的。案古代所謂苗民，並不是現在所謂苗族，第三章第二節已經證明，現在可無庸再説。《尚書大傳》：“唐虞象刑，而民不敢犯，苗民用刑而民興相漸。”只是説唐虞有刑而不用，苗民卻要用刑；並不是説唐虞以前，没有五刑，要取法於苗民。所以又説“唐虞之象刑，上刑赭衣不純，中刑雜屨，下刑墨幪”。《御覽》六百四十五。《御覽》又引《慎子》“有虞氏之誅，以幪巾當墨，以草纓當劓，以菲履當刖，以艾韠當宫，布衣無領當大辟。”儻使前此没有墨、劓、刖、宫、大辟，所象的又是什麽？象刑之説，本不足信。《荀子》便駁他，見《正論》篇；《漢書・刑法志》引其説。然而就照他講，也不能説五刑是苗民制的。

五刑的科條；《吕刑》説“墨罰之屬千，劓罪之屬千，剕罰之屬五百，宫罰之屬三百，大辟之罰，其屬二百；五刑之屬三千”。《周禮》司刑則説：“墨罪五百，劓罪五百，宫罪五百，刖罪五百，殺罪五百。”鄭玄注：“夏刑大辟二百，臏辟二百，宫辟五百，劓墨各千；周則變焉；所謂刑罰世輕世重者也。”《漢書・刑法志》又根據《周禮》“大司寇，刑新國用輕典，刑平國用中典，刑亂國用重典”之文，説《周禮》所載是中典，五刑之屬三千是用重典。案《唐律疏義》卷一，《玉海·律令門》引長孫無忌《唐律疏》，都引《尚書大傳》“夏刑三千條”，則鄭玄説夏刑三千，不爲無據；但不知《周禮》司刑所載，果有所本否。

《堯典》“象以典刑，流宥五刑，鞭作官刑，《白虎通·五刑篇》：“刑不上大夫者，據禮無大夫刑，或曰：撻笞之刑也。”或説似本於此。扑作教刑，《史記·五帝本紀集解》：“鄭玄曰：扑，檟楚也。扑爲教官爲刑者。”案就是《學記》所謂“夏楚二物，收其威也”。金作贖刑。”鄭注：“正刑五，加之流宥，鞭扑，贖刑。此之謂九刑。”《周禮·司刑疏》引。案《左傳》載叔向説“周有亂政而作《九刑》”，見上。又載季文子説“先君周公制《周禮》，……作誓令曰：毁則爲賊，掩賊爲藏；竊賄爲盗，盗器爲姦；主藏之名，賴姦之用，爲大凶德，有常無赦；在《九刑》不忘”。文十八年。則九刑古代確有此種刑法，其起源當亦甚古，鄭説應有所本。

人民應守的規則，雖由鄉官公佈；至於犯罪之後，怎樣懲罰，卻是守“祕密主義”的。所以鄭人鑄刑書，“叔向使詒子産曰：……昔先王議事以制，不爲刑辟。注：臨事制刑，不豫設法也。……民知有辟，則不忌於上；並有争心，以徵於書，而徼幸以成之，弗可爲矣。……民知争端矣，將棄禮而徵於書；錐刀之末，將盡争之。……”《左傳》昭六年。“趙鞅、荀寅……賦晉國一鼓鐵，以鑄刑鼎，著范宣子所爲《刑書》焉。仲尼曰：晉其亡乎，失其度矣。夫晉國，將守唐叔所受之法度，以經緯其民；卿大夫以序守之；民是以能尊其貴，貴是以能守其業；貴賤不愆，所謂度也。……今棄是度也，而爲刑鼎；民在鼎矣，何以尊貴；貴何業之守；貴賤無序，何以爲國。……”昭二十九年。大概把用刑罰看做在上者一種特權，要他變化不測，纔好叫手下的人懼怕；和“法治主義”，實在大相背馳。然而除刑書刑鼎之外，又有“鄭駟歂殺鄧析而用其《竹刑》”。定九年。“成文之法”，漸次公佈；“祕密主義”，漸次破壞；這也可以覘世變了。

照儒家的説法，古代用刑，但以五刑爲主，此外更無甚酷刑，而且“父子兄弟，罪不相及”。《左傳》昭二十年。《孟子·梁惠王下篇》：“昔者文王之治岐也,……罪人不孥。"《書·甘誓》:"予則孥戮汝。"孥,當作奴。言或奴或戮,並不及是連及妻子,見陳喬樅《今文尚書經說考》。可謂文明極了。然而據《周禮》,就有"斬"、"搏"、"焚"、"辜"之刑。"掌戮,掌斬殺賊諜而搏之;凡殺其親者焚之;殺王之親者辜之。"注:"斬以斧鉞,若今腰斬也。殺以刀刃,若今棄市也。……搏,當爲……膊,謂去衣磔之。……焚,燒也。……辜之言枯也,謂磔之。"其他出於五刑以外的刑罰,見於書傳上的,也隨時而有。怕儒家的話仍不免"改制託古"的故技,未必實際如此。贖刑之法,見於《吕刑》。"墨辟疑赦,其罰百鍰;……劓辟疑赦,其罰惟倍;……剕辟疑赦,其罰倍差;……宫辟疑赦,其罰六百鍰;……大辟疑赦,其罰千鍰。……"一鍰六兩,夏侯、歐陽説,見《周禮》職金疏。也很重的。

刑獄之制,今文不詳。《北堂書鈔》引《白虎通》:"夏曰夏台,殷曰牖里,周曰囹圄。"《意林》引《風俗通》同。《周禮》:"掌囚,掌守盜賊。凡囚者:上罪梏拲而桎,中罪桎梏,下罪梏,王之同族拲,有爵者桎,以待弊罪。"注:鄭司農云:拲者,兩手共一木也。桎梏者,兩手各一木也。玄謂在手曰梏,在足曰桎;中罪不拲手足,各一木耳;下罪又去桎;王同族及命士以上,雖有上罪,或拲或桎而已。又"司圜,掌收教罷民。……能改者;上罪三年而舍,中罪二年而舍,下罪一年而舍。其不能改而出圜土者殺。……"也和監獄相類。又方(大)司寇"以嘉石平罷民。凡萬民之有罪,而未麗於法,而害於州里者。桎梏而坐諸嘉石,役諸司空。重罪,旬有三日坐,期役;其次九日坐,九月役;其次七日坐,七月役;其次五日坐,五月役;其下罪,三日坐,三月役";則類乎後世的徒刑。

審理的制度,也很文明的。《王制》説:

> 司寇正刑明辟,以聽獄訟。必之(三)刺。有旨無簡,不聽。注:簡,誠也;有其意無其誠者,不論以爲罪。附從輕,赦從重。凡制五刑,必即天論。注,必合於天意,《釋文》論音倫,理也。注同。郵罰麗於事。注:郵,過也,麗,附也。過人罰人,當各附於其事,不可假他以喜怒。凡聽五刑之訟,必原父子之親,立君臣之義,以權之;意論輕重之序,慎測淺深之量以别之;注:意,思念也。淺深,謂俱有罪,本心有善惡。悉其聰明,致其忠愛以盡之。疑獄,氾與衆共之;衆疑,赦之。必察小大之比以成之。成獄辭,史以獄之成告於正,正聽之;正以獄之成告於大

司寇,大司寇聽之棘木之下;大司寇以獄之成告於王,王命三公參聽之;三公以獄之成告於王,王三又。注:當作宥。然後制刑。

下文又說:"析言破律,亂名改作,執左道以亂政,殺;作淫聲,異服,奇技,奇器以疑衆,殺;行僞而堅,言僞而辨,學非而博,順非而澤以疑衆,殺;假於鬼神,時日,卜筮以疑衆,殺;此四誅者,不以聽。"把現在的眼光看起來,似乎野蠻;然而宗法社會,大抵"守舊"而"蔑視個人的自由",不能全把今人的眼光,評論古人。至於"凡作刑罰,輕無赦。"則注謂"爲人易犯","凡執禁以齊衆,不赦過",則勢出於不得不然。也算不得什麽缺點。《周禮》:小司寇"以五聲聽獄訟,求民情。一曰辭聽,二曰色聽,三曰氣聽,四曰耳聽,五曰目聽。以之刺斷庶民獄訟之中;一曰訊羣臣,二曰訊羣吏,三曰訊萬民。聽民之所刺宥,以施上服下服之刑。又有三宥、壹宥曰不識,再宥曰過失,三宥曰遺忘。三赦壹赦曰幼弱,再赦曰老耄,三赦曰惷愚。之法"。就更爲完備了。

貴族的特權,今古文家的説法也微有不同。古文家偏於"優待王族"和"保持貴族的身分"。所以《周禮》:"凡命夫命婦,不躬坐獄訟;凡王之同族,有罪不即市。"《禮記·文王世子》:"公族;其有死罪,則罄於甸人;其刑罪則纖剸,亦告於甸人。公族無宫刑。獄成,有司讞於公;其死罪則曰某之罪在大辟;其刑罪則曰某之罪在小辟。公曰:宥之。有司又曰:在辟。公又曰:宥之。有司又曰:在辟。及三宥。不對。走出,致刑於甸人。公又使人追之曰:雖然,必赦之。有司對曰:無及也。反命於公。公素服。不舉,爲之變,如其倫之喪。無服。親哭之。"其優待王族,可謂達於極點了。案《戴記》是今古文雜的,《文王世子》也是古文家言。又《曲禮》"禮不下庶人,刑不上大夫"。許慎《五經異義》:"古周禮説:士尸肆諸市,大夫尸肆諸朝,是大夫有刑。"則古文説優待士大夫,不如優待王族。八議之法:第一是議親,第二是議故;次之纔是議賢,議能,議功,議貴,議勤,議賓。今文家則純乎是"尚賢主義",《公羊》宣元年傳:"古者大夫已去,三年待放。"《注》:"古者刑不上大夫,蓋以爲摘巢毁卵,則鳳凰不翔;刳胎焚夭,則麒麟不至;刑之則恐誤刑賢者;死者不可復生,刑者不可復屬,故有罪放之而已;所以尊賢者之類也。三年者,古者疑獄三年而後斷,……自嫌有罪當誅,故三年不敢去。"大抵古文家的話,還近乎事實。今文家就純乎是理想之談了。

刑餘之人,《王制》説:“是故公家不畜刑人,大夫弗養;士遇之塗弗與言也。屏之四方,唯其所之,不及以政,示弗故生也。”是今文家言。《周禮》説:“墨者使守門,劓者使守關,宫者使守内,刖者使守囿,髡者使守積。”是古文家言。似乎亦是古文家言近於事實。《周禮》:司厲“其奴:男子入於罪隸,女子入於舂稿”。鄭注説就是後世的奴婢。

以上的話,雖然有許多儒家的議論夾雜在裹頭,然而天下斷没有突然發生的事實;儒家的議論,也必有所本;據此,可以推想我國古代的法律是頗爲文明的。

秦國的法律,似乎是别一法系。《漢書·刑法志》説:“陵夷至於戰國,韓任申子,秦用商鞅,連‘相坐’之法,造‘參夷’之誅,增加肉刑大辟,有‘鑿顛’、‘抽脅’、‘鑊亨’之刑。”商鞅、申不害……,都是法家;法家的用刑,固然主乎嚴峻,然而所講的,只是信賞必罰(把現存的《管子》、《韓非子》、《商君書》等看起來,都是如此)。並没有造作酷刑的理論。秦國用刑之嚴,固然同法家有點關係。至於“鑿顛”、“抽脅”、“鑊亨”、“車裂”、“腰斬”、“夷其族”、“夷三族”等刑罰,似乎不是商君等造的。然則這許多刑罰是從哪裹來的呢?按秦國開化最晚,當時的人,都説他是戎翟之俗。這許多酷刑,難保是從未開化的蠻族裹采取來的。所以我説他是别一法系。關於秦朝的刑法,參看第二篇第八章第五節。

第九章　古代社會的經濟組織

第一節　農　　業

中國的社會進化是很早的。當神農時，已經離開遊牧社會進入耕稼社會了。漁獵時代和遊牧時代的情形，古書所傳不多，據第三章第一節所説，已可想見其大概，現在不必多講。所要講的，便是農業時代社會的狀況。①

中國古代，人民的職業，分爲四種：《漢書·食貨志》上，替他下一個定義説："學以居位曰士，闢土殖穀曰農，作巧成器曰工，通財粥貨曰商。"《管子》也把人民分做士、農、工、商四種。《史記·貨殖列傳》引《周書》曰："農不出則乏其食，工不出則乏其事，商不出則三寶絶，虞不出則材匱少。"是專就生產一方面説，所以略去士而加上一個虞。《周禮》太宰"以九職任萬民：一曰三農，生九穀；二曰園圃，毓草木；三曰虞衡，作山澤之材；四曰藪牧，養蕃鳥獸；五曰百工，飭化八材；六曰商賈，阜通貨賄；七曰嬪婦，化治絲枲；八曰臣妾，聚斂疏財；九曰閒民，無常職，轉移執事"。把人民的職業，分做九種，總不如士農工商四種分法的得當。

這種情形，從今日以前，二千多年，差不多没有改變，而爲社會的根柢的，尤其要推農人。要講古代農業社會的情形，就要研究到"井田制度"。井田制度，見於《孟子》、《韓詩外傳》、《春秋》的《公羊傳》、

---

① 四民，井田之懷疑，國野之别，貢徹之别，山澤公有，財政以農業爲基，太平之義。

《穀梁傳》、《公羊》的《何注》，和《漢書·食貨志》等書。咱們現在，且把他彙齊了，再行加以研究。

按《孟子·滕文公上篇》，載孟子對滕文公的話：

> 夏后氏五十而貢，殷人七十而助，周人百畝而徹，其實皆什一也。徹者，徹也，助者，藉也。龍子曰：治地，莫善於助，莫不善於貢。貢者，校數歲之中以爲常：樂歲，粒米狼戾，多取之而不爲虐，則寡取之；凶年，糞其田而不足，則必取盈焉。爲民父母，使民盻盻然，將終歲勤動，不得以養其父母；又稱貸而益之，使老稚轉乎溝壑；惡在其爲民父母也？夫世禄，滕固行之矣。詩云：雨我公田，遂及我私，惟助爲有公田，由此觀之，雖周亦助也。

他說：（一）治地有貢、助、徹三法，（二）莫善於助，莫不善於貢。意思是很明白的，但是其中有幾個疑點：

（一）夏殷周三代緊相承接，農夫所耕的田忽而五十畝，忽而七十畝，忽而百畝，那"疆界"、"溝洫"，如何改變？

（二）"徹"和"助"到底是怎樣分別？孟子既說"周人百畝而徹"，如何又說"雖周亦助"？

（三）"夫世禄，滕固行之矣"一句，和上下文都不相貫，夾在裏頭，是什麼意思？

第一個問題，由於從前的人，都承認井田的制度（凡古書上一切制度），都曾經推行於天下；而且既說井田，就聯想到《周禮》遂人、匠人等所說的"溝洫"，以爲都是實有的，而且到處都是這樣完備；所以有這疑問。依我看來，這種事情，是完全没有的。這種制度，至多曾推行於王畿及其附近諸國，而且是時興時廢，決不是從周以前，推行遍天下，繇歷數千年之久的。《周禮》這部書，就信他是真的人，也並不敢說他曾經實行。《論語》："禹……卑宫室而盡力乎溝洫。"閻若璩和毛奇齡都說是治天下的小水，並不是《周禮》上所說的溝洫。那麽，這一個疑問就無從發生，可以不必管他。第二個問題：（一）關於貢、助、徹的解釋，既然說其實皆什一，則耕五十畝者以五畝之入爲貢，耕七十畝者以七畝所入爲助，耕百畝者亦係取其十畝之入是不錯的。

（二）但是孟子何以既説周朝是徹，又説他是助呢？下文滕文公使畢戰問井地，孟子對他説的是：

> 夫滕壤地褊小，將爲君子焉，將爲野人焉；無君子莫治野人，無野人莫養君子。請野，九一而助；國中，什一使自賦。卿以下，必有圭田，圭田五十畝，餘夫二十五畝。死徙無出鄉；鄉田同井；出入相友，守望相助，疾病相扶持，則百姓親睦。方里而井，井九百畝；其中爲公田；八家皆私百畝，同養公田；公事畢，然後敢治私事；所以别野人也。

這所謂"圭田"，便是上文所謂"世禄"。大抵古代的人民，有征服者和被征服者兩階級。征服的人，住在中央山險之地，制馭被征服者；被征服的人，住在四圍平易之地，從事於生産事業。所以所謂國中，必是山險之地；所謂野，反是平夷的地方。所以《易經》説"王公設險以守其國。"孟子也説"域民不以封疆之界，固國不以山谿之險"。章太炎《神權時代天子居山説》可以參看。

"國"既是山險的地方，土地不能平正畫分，收税的只能總算耕地的面積取其幾分之幾，這個便是"貢法"和"徹法"。其中"校數歲之中以爲常的是貢法。按年歲好壞，征收之額可以上下的是徹法。貢法既有像龍子所説的弊病，所以周人改用徹法，這也是政治進化之一端"。"野"既是平夷的地方，土地都可以平正畫分，自然可以分出公田和私田；但借百姓的力，助耕公田，而不復税其私田，馬端臨説：國中必是平正之地，可以畫做井田，反行貢法。野是山險之地，難於畫做井田，反行助法，是因爲地方遠，耳目難周，怕官吏作弊的原故。有深意存焉。適得其反。所以鄭玄注《周禮》，也説遂人十夫有溝，是鄉遂用貢法。匠人九夫爲井，是都鄙用助法。《周禮》固然不是可靠的書，然而鄭玄這個説法，卻可以和《孟子》互相證明。他又説"周制畿内用夏之貢法，税夫無公田。邦國用殷之助法，制公田不税夫"。則恐係揣度之詞，没有什麽堅證。所以下文又據孟子的話，説邦國亦異内外（匠人注）。依我看，鄉遂用貢法，都鄙用助法，恐是通於天子諸侯的舊制。孟子只想改貢法爲徹法耳。中央既是征服之族住的，所謂君子（卿以下），自然都在這地方，他們自然有特别的權利，所以有所謂圭田，圭田是無税的。《王制》："夫圭田無征。"鄭注："夫，猶治也。征，税也。孟子曰：卿以下,必有圭田,圭田者不税,所以厚賢也。”除此之外,便要什一使自賦。滕國當時,大概只有這圭田(世禄)的制度,還是存在的;所以孟子説“夫世禄,滕固行之矣”;既行什一使自賦之法,這圭田的制度,仍當保存;所以又複説一句“卿以下必有圭田”。至於“方里爲井……同養公田”的法子,完全是所以待野人的。上文既把君子小人對舉,此處又明著之曰“别野人”,可見得圭田的法子,是所以待君子的了。《梁惠王下篇》:“文王之治岐也:耕者九一,仕者世禄。”(趙《注》:“賢者子孫,必有土地。”)和這篇所説的話,是一様的。周朝對於國中所行的徹法,孟子時候,還明白可考,所以直截了當説周人百畝而徹;對於野所行的助法,業已破壞無餘,所以只能據着詩句想像;這兩句話,也並不互相矛盾的。這麽説,第二、第三個問題,通統解決了。《孟子》這一章書,本來並不十分難解,但是近來忽然有人極端懷疑,所以解釋得略爲詳細一點。

但是《孟子》這一段,還只是説個大略;其中説得最詳細的,要算《公羊》的《何注》,和《漢書·食貨志》。咱們且再把他摘抄在下面。

> 《公羊》宣十五年何注:一夫一婦,受田百畝,以養父母妻子,五口爲一家。《孟子·梁惠王上篇》對梁惠王説:“百畝之時(田),勿奪其時,數口之家,可以無飢矣。”對齊宣王説作“八口之家”。公田十畝,即所謂十一而税也;廬舍二畝半;凡爲田一頃十二畝半。《孟子·梁惠王篇》“五畝之宅”,《趙注》:“廬井邑居,各二畝半,以爲宅。冬入保城二畝半,故爲五畝也。”八家而九頃,共爲一井,故曰井田,廬舍在内,貴人也;據《韓詩外傳·詩經》“中田有廬”,就是這麽講法。公田次之,重公也;私田在外,賤私也。《漢書·食貨志》又説:“士工商家受田,五口乃當農夫一人。”

這是一種分田的方法,還有一種换田的方法。

> 上田一歲一墾,中田二歲一墾,下田三歲一墾。肥饒不得獨樂,墝埆不得獨苦,故三年一换主或作土。易居。《食貨志》:“民受田:上田夫百畝,中田夫二百畝,下田夫三百畝。歲耕種者爲不易上田,休一歲者爲一易中田,休二歲者爲再易下田,三歲更耕之,自爰其處。”這是根據《周禮》的(遂人)。《何注》和《孟子》“死徙毋出鄉”相合。

他又叙述他們耕種的方法和生活的狀況道：

種穀不得種一穀，《食貨志》：種穀必雜五種。以備災害。田中不得有樹，以妨五穀。《食貨志》多"力耕數耘，收穫如寇盜之至"一句。還廬舍種桑、荻、雜菜。阮元《校勘記》説：此荻當作萩，萩者，楸之假借字。按《穀梁》范《注》（宣十五年），正作外樹楸桑。畜五母雞，兩母豕，瓜果種疆畔，據《韓詩外傳》。《詩經》的"疆埸有瓜"，便是如此講法。女尚蠶織。老者得衣帛焉，得食肉焉。《孟子》：五畝之宅，樹之以桑，五十者可以衣帛矣。雞豚狗彘之畜，毋失其時，七十者可以食肉矣。《食貨志》還廬樹桑，菜茹有畦，瓜瓠果蓏。殖於疆埸；雞豚狗彘，毋失其時。女脩蠶織，則五十可以衣帛，七十可以食肉。《穀梁》宣十五年：古者公田爲居，井竈蔥韭盡取焉。死者得葬焉。所謂"死徒毋出鄉"。

在田曰廬，在邑曰里。一里八十户，八家共一巷。……選其耆老有高德者，名曰父老；其有辨護伉健者爲里正；皆受倍田，得乘馬，父老比三老孝弟官屬，里正比庶人在官。《食貨志》："五家爲鄰，五鄰爲里，四里爲族，五族爲黨，五黨爲州，五州爲鄉，鄉萬二千五百户也。鄰長位下士；自此以上，稍登一級，至鄉而爲卿也。"也是用《周禮》的。吏民春夏出田，秋冬入保城郭。《食貨志》：春令民畢出在野，冬則畢入於邑，所以順陰陽，備寇賊，習禮文也。田作之時，春，父老及里正，旦開門坐塾上，晏出後時者不得出，莫不持樵者不得入。《食貨志》：春將出民，里胥平旦坐於右塾，鄰長坐於左塾，畢出然後歸；夕亦如之。入者必持薪樵，輕重相分，班白不提挈。五穀畢入，民皆居宅。里正趨緝績；男女同巷相從夜績，至於夜中，故女工一月得四十五日。《食貨志》：冬民既入，婦人同巷相從夜績，女工一月得四十五日；必相從者，所以省費燎火，同巧拙而合習俗也。

作從十月盡正月止，男女有所怨恨，相從而歌；飢者歌其食，勞者歌其事。男年六十，女年五十無子者，官衣食之，使之民間求詩；鄉移於邑，邑移於國，國以聞於天子；故王者不出户牖，盡知天下所苦，不下堂而知四方。《食貨志》：春秋之月，羣居者將散，行人振木鐸徇於路以采詩；獻之太師；比其音律，以聞於天子。

至於種田的年限，只有《漢書・食貨志》上説及，他説：

民年二十受田，六十歸田；七十以上，上所養也；十歲以下，上所長也；十一以上，上所彊也。

這種制度，原不敢説是推行到十二分；然而地廣人稀的時代，土地的私有的制度還没有發生。把一塊很大的地方，來均分給衆人耕種，也是有的，不過加以儒家學説的潤飾，便愈覺得他制度的完備罷了。

古代社會的生計，以農業爲主。所以國家的財政，也以農業上的收入爲基礎。《王制》上説：

冢宰制國用，必於歲之杪；五穀皆入，然後制國用。用地小大，視年之豐耗，以三十年之通制國用。量入以爲出。祭用數之仂。注：算今年一歲經用之數用其什一。喪三年不祭，惟祭天地社稷，爲越紼而行事。喪用三年之仂。注喪大事用三歲之什一。……國無九年之蓄曰不足，無六年之蓄曰急，無三年之蓄曰國非其國也。三年耕，必有一年之食；九年耕，必有三年之食；以三十年之通，雖有凶旱水溢，民無菜色，然後天子食，日舉以樂。《正義》：假令一年有四萬斛，以一萬斛擬三十年通融積聚，爲九年之蓄。以見在三萬斛，制國之來歲一年之用。案《公羊》宣十五年《何注》：三年耕，餘一年之畜；九年耕，餘三年之積；三十年耕，有十年之儲。《漢書・食貨志》：民三年耕，則餘一年之畜。衣食足而知榮辱，廉讓生而争訟息。故三載考績，孔子曰：苟有用我者，期月而已可也。三年有成，成此功也。三考黜陟，餘三年食，進業曰登，再登曰平，餘六年食。三登曰泰平。二十七歲，遺九年食。然後王德流洽，德化成焉。故曰如有王者，必世而後仁。繇此道也。

據此，則當時之所謂太平，就不過是農人的生計寬裕，因而國家的貯畜充足，社會的生活，就覺得安穩；農業在社會上的關係，可以算得大極了。

耕種而外，屬於農業性質的，便要推林業、畜牧、漁獵。當時的畜牧，已經做了農民的副業。如"畜五母鷄兩母豕"等。專門採伐林木或是捕漁打獵的人，大概也是很少的。所以當時的農業，是把公有的土地來分給平民耕種；至於採伐林木，或者捕漁打獵的地方，卻是作爲全部落公有的。並没專司其事的人，所以《王制》説：

名山大澤不以封。注：其民同財，不得障管。

《孟子》也説：

林麓川澤，以時入而不禁。

然而採取的制限，也是有的。所以《孟子》又説：

數罟不入洿池，魚鼈不可勝食也；斧斤以時入山林，材木不可勝用也。

《王制》也説：

天子諸侯無事，則歲三田：一爲乾豆，二爲賓客，三爲充君之庖。無事而不田，曰不敬；田不以禮，曰暴天物。天子不合圍，諸侯不掩羣。天子殺則下大綏；諸侯殺則下小綏；大夫殺則止佐車；佐車止，則百姓田獵。獺祭魚，然後虞人入澤梁；豺祭獸，然後田獵；鳩化爲鷹，然後設罻羅；草木零落，然後入山林；昆蟲未蟄，不以火田。不麛，不卵，不殺胎，不殀夭，不覆巢。《周禮》有山虞、林衡、川衡、澤虞、跡人、丱人等官。都屬地官。

第二節　工商業和貨幣[①]

農業而外，生利的人便要數着工商。古代社會的經濟組織，雖然幼稚，然而農工商分業，卻久已實行。所以《管子·小匡篇》説："士農工商四者，國之石民也；不可使雜處；雜處則其言哤，其事亂；是故聖

---

① 食貨界説，商<國/野 治商之法之嚴，從招徠到征税，工官至私家，制造，各種幣材，金銅不相權。

王之處士必於閒燕，處農必就田壄，處工必就官府，處商必就市井。”又説“士之子常爲士”，“農之子常爲農”，“工之子常爲工”，“商之子常爲商”。把工商兩種人比較起來，商人的程度，似乎高些。大約因爲他周流四方，無所不至；而工人則但立於官吏監督之下，篤守舊法，從事製造之故。

中國的商業萌芽是很早的。《洪範》八政：一曰食，二曰貨，《漢書·食貨志》替他下個界説道：

> “食”謂農殖嘉穀，可食之物，“貨”謂布帛可衣，及金刀龜貝，所以分財布利通有無者也。

前者是消費了他的本身以爲利的，後者是不供給消費，拿來做“交易的手段”以爲利的。《洪範》上頭，就把這兩種並列。可見當時的商業已很占重要的位置，他又追溯他的起源道：

> 二者生民之本，興自神農之世。以下引《易繫辭》的話，見第三章第一節。

據此看來，就可見得中國商業萌芽的早了。

後世的商業要分做兩種：一種是《王制》所謂“市廛而不稅”，《孟子》所謂“市廛而不征，法而不廛”的。《公孫丑篇》。按鄭注《王制》説：“廛，市物邸舍。稅其舍，不稅其物。”趙注《孟子》説：“廛，市宅也。古者無征，衰世征之……法而不廛者，當以什一之法征其地耳，不當征其廛宅也。”兩説不同。這種商人都有一定的廛舍；他的廛舍是在國中；所經營的商業較大。《周禮》匠人營國，面朝後市，内宰佐后立市，也屬於這一種。國家管理他的法子也很嚴。《王制》上説：

> 有圭璧金璋，不粥於市；命服命車，不粥於市；宗廟之器，不粥於市；犧牲不粥於市；布帛精麤不中數，幅廣狹不中量，不粥於市；姦色亂正色，不粥於市；錦文珠玉成器，不粥於市；衣服飲食，不粥於市，五穀不時，果實未熟，不粥於市；木不中伐，不粥於市；禽獸魚鼈不中殺，不粥於市。

這種嚴厲的規則,有幾種意義:(一)種是爲保持社會的階級制度,如“命服命車不粥於市”等;(一)種是爲維持社會上的風俗秩序,如“布帛精麤不中度”、當時的布帛,是交易的媒介物,有貨幣的性質。“飲食衣服不粥於市”等;爲禁止人民的懶惰奢侈。(一)種是爲社會經濟、人民健康起見,如“五穀不時”、“木不中伐不粥於市”等。

《周禮》上管理商人的有司市以下各官,也很嚴厲的。大概當時的商人,是立於政府嚴重監督之下。不如後世的自由,然而商業的利益古人也很曉得的,所以《王制》和《孟子》都說“關譏而不征”,很有招徠的意思。《周禮》卻有關門之征,要凶——饑荒——札——疾疫死亡——纔免。見司關。

還有一種,是在鄉野地方做賣買的,並没有一定的廛舍。所以《白虎通》説“行曰商,止於賈。”

《公羊》宣十五年《何注》:因井田以爲市,故俗語曰市井。

《孟子》:古之爲市也。以其所有,易其所無者,有司者治之耳。有賤丈夫焉,必求龍斷而登之,以左右望而罔市利,人皆以爲賤,故從而征之。征商,自此賤丈夫始矣。注:龍斷,謂堁斷而高者也。左右占望,見市中有利,罔羅而取之。《釋文》陸云:龍斷,謂岡壟斷而高者。

這種市大概是設在野田墟落之間的。未必終年都有,不過像如今的集市一般。神農氏日中爲市,大概就是這一種制度。《酒誥》上説“肇牽車牛遠服賈”,大概也是農民於收穫之後,去趕這一種貿易的。

工業也是這樣;有一種人,是專門做工的。就是《曲禮》所謂“天子之六工:曰土工,金工,石工,木工,獸工,草工,典制六材”。《考工記》所謂“凡攻木之工七,攻金之工六,攻皮之工五,設色之工五,刮摩之工五,搏植之工二”。這一種工人,是立於國家監督之下,而從事於製造的。所以《荀子》説工師之職是“論百工,審時事,辨功苦,尚完利,便備用;使雕琢文采,不敢專造於家”。至於民間日用之物,大概都是自己造的。《考工記》:“粵無鎛,燕無函,秦無廬,胡無弓車。粵之無鎛也,非無鎛也,夫人而能爲鎛也;燕之無函也,非無函也,夫人而能爲函也;秦之無廬也,非無廬也,夫人而能爲廬也;胡之無弓車也,非無弓車也,夫人而能爲弓車也。”可以推見一斑。大概切用的物,都是自己造的。俄國人某(忘其名)《新疆游記》,説新疆省沙漠地帶,往往隔數里或百里,有一塊泉地。這種泉地裏,都有漢人在那裏耕種。除掉金屬器具之外,一切都能彀自製,可以無待於交易的。

古代的社會,經濟程度幼稚,每一個部落,大概都有經濟自足的意思。所以種種需用的器具,必須自造。工業就不得不特設專官。實在不能自給的,也得要仰給於人;然而這時候社會的經濟情形,未必一切貨物都能循供求相劑的原則,得自然的調劑。有時候缺乏起來,就得靠託商人,出去想法子。所以國家和商人,也有相依爲命的時候。看子産對韓宣子説:“昔我先君桓公,與商人皆出自周;庸次比耦,以艾殺此地,斬之蓬蒿藜藿而共處之。世有盟誓,以相信也,曰:爾無我叛,我無强賈;毋或匄奪;爾有利市寶賄,我勿與知。”可見。《左傳》昭十六年。

商人和工人的情形,雖已大略講過;然而古代貨幣的情形,也得考究他一考究,纔能見得當時社會交换的狀況。按我國古代用爲貨幣的,最多的就是“貝”,次之就是“布”。所以貨賄一類的字,都是從貝,而後世的貨幣,還名爲布。參看近人《飲冰室叢著·中國古代幣材考》。至於金屬的使用,也是很早的。所以《史記·平準書》説:

> 虞夏之幣,金爲三品:或黄,或白,或赤;或錢,或布,或龜貝。

但是當時的制度,業已不可詳考,所以《漢書·食貨志》又説:“凡貨,金錢布帛之用,夏殷以前,其詳靡記云。”其有一定的制度,實在起於周朝。《食貨志》又説:

> 太公爲周立“九府圜法”。黄金方寸而重一斤;錢圜函方,輕重以銖;布帛廣二寸爲幅,長四丈爲匹。

錢圜函方,已經進於鑄造貨制。黄金雖然還在秤量時代,也已經明定一個用法;粗看起來,似乎金銅兩品“相權而行”了。然而實在不是。古代的黄金,並不和銅錢相權,而且黄金之外,用爲貨幣的,還是珠玉，這都是用之於遠處，偶一行之，並不是常用的貨幣。《管子》說：據《文獻通考·錢幣考》，較今本《管子》爲簡明。

> 湯七年旱，禹五年水，人之無䊵，有賣子者。湯以莊山之金鑄幣，而贖人之無䊵賣子者。禹以歷山之金鑄幣，以救人之困。夫玉起於禺氏，金起於汝漢，珠起於赤墅。東西南北去周七八千里。水絶壤斷，舟車不能通。爲其塗之遠，至之難。故託用於其重。以珠玉爲上幣，以黄金爲中幣，以刀布爲下幣。

可見"珠玉黄金"，不過當飢荒之際，需用極遠地方的貨物，偶一用之。至於平時民間使用，卻係用兩種銅錢相權。所以周景王要鑄大錢，單穆公說：

> 古者天降災戾，於是乎量資幣，權輕重以救民。民患輕，則爲之作重幣以行之，於是有母權子而行民皆得焉。若不堪重，則多作輕而行之，亦不廢重，於是有子權母而行，小大利之。今王廢輕而作重，民失其資，能無匱乎。

然而據戰國時代李悝所計算，則當時民間需用銅錢之數，也很少的。大概社會上的經濟，一大部分還在自足時代。請看下節。

第三節　春秋戰國時代社會經濟的變遷①

古代社會的經濟組織，他的特質，到底在什麽地方呢？就是"私有的制度"還没有起源，一個人的生産，不是爲着自己而生産，都是爲着全社會而生産。一個人的消費，也不必自己設法，社會上總得分配給他一份。所以當時的農工商，並不是爲自己要謀生活，纔去找這件

---

① 共産，兵力，商業，消費之等級。井田之壞，山澤私有，工人私人，商業之盛，風氣之變。

事幹的;是社會全體,要經營這種事業,分配到他頭上;所以他們都是"世業",並没有"擇業的自由"。所以當時就是不能工作的人,分配起來,也得給他一份。《王制》上説:

少而無父者謂之"孤",老而無子者謂之"獨",老而無妻者謂之"矜",老而無夫者謂之"寡",此四者,天民之窮而無告者也;皆有常餼。"瘖"、"聾"、"跛"、"躃"、"斷者"、"侏儒",百工各以其器食之。《正義》:此等既非老無告,不可特與常餼;既有疾病,不可不養;以其病尚輕,不可虚費官物。故各以其器食之。器,能也。因其各有所能,供官役使,以廩餼食之。

都是根據這一種"分配制度"來的。就是孔子所説"故人不獨親其親,不獨子其子,使老有所終,壯有所用,幼有所長,鰥寡孤獨廢疾者,皆有所養;男有分,女有歸。貨惡其棄於地也,不必藏於己;力惡其不出於身也,不必爲己";所夢想的也是這一種經濟組織。

但是這種組織,到後來破壞了。爲什麽破壞呢?我説有兩種原因:

(一)當時社會上,有貴族平民兩種階級。貴族階級侵奪平民階級。

(二)因生産的方法進步了,各部落都有餘財,交易之風漸盛。一個部落裏,雖没有私有財産的人,然而部落的財産,卻是私有的。所以部落和部落之間,仍可互相交易。因交易之風漸盛,而生産方法格外改變。從前各個部落,都得汲汲乎謀自給自足的,到這時候卻可以不必。缺乏了什麽,可以仰給於他部落。於是個人漸可自由擇業,而財産私有之風以起。參看《建設雜志》馬克思《資本論解説》。

所以當時舊組織的崩壞,第一件,便是井田制度的破壞。井田制度的破壞,《孟子》説:

夫仁政,必自經界始。經界不正,井地不均,穀禄不平。是故暴君污吏,必慢其經界。

寥寥數語,把井田制度破壞的原因,説得十分透徹。這分明都是貴族侵奪平民的。再看朱子的《開阡陌辨》。《文獻通考》卷一。

> 《漢志》言秦廢井田開阡陌説者之意,皆以開爲開置之開,言秦廢井田而始阡陌也。……按阡陌者,舊説以爲田間之道;蓋因田之疆畔,制其廣狹,辨其縱横,以通人物之往來。……當衰世法壞之時,則其歸授之際,必不免有煩擾欺隱之姦;而阡陌之地,切近民田,又必有陰據以自私,而税不入於公上者。是以一旦奮然不顧,……悉除禁限,……聽民兼并賣買;……使民有田即爲永業,而不復歸授,以絶煩擾欺隱之姦;使地皆爲田,田皆出税,以覈陰據自私之幸;……故《秦紀》、《鞅傳》皆云:爲田開阡陌封疆而賦税平。蔡澤亦曰:決裂阡陌,以静生民之業而壹其俗。……

這一篇説話,尤可見得井田制度的破壞,全由於貴族的侵占自私。井田制度,是古代共産社會的根本,井田制度一破,就共産社會的組織,根本上打消了。

按李悝替魏文侯作盡地力之教説:《漢書·食貨志》。

> 今一夫挾五口,治田百畝,歲收晦一石半,爲粟百五十石。除十一之税十五石,餘百三十五石。食:人月一石半,五人終歲,爲粟九十石。餘有四十五石。石三十,爲錢千三百五十。除社,閭,嘗新,春秋之祠,用錢三百;餘千五十。衣:人率用錢三百,五人終歲,用千五百。不足四百五十。不幸疾病死喪之費,及上賦斂,又未與此。

則當時的農民,就使實有百畝之田,養活一家五口,已經不足;何況照上文的研究,決没有百畝之田;再看韓非子的説法:《五蠹篇》。

> 今人有五子不爲多,子又有五子,大父未死而有二十五孫,

是以人民衆而貨財寡，事力勞而供養薄。更何況一家又決不止五口呢。然則當時的農民過什麽日子呢？

其第二件，便是商業的發達。階級制度全盛的時代，一切享用都要"身份相稱"，下級社會的人，有了錢也没處使用。《白虎通·五刑篇》：禮不下庶人，欲勉民使至於士，……庶人雖有千金之幣，不得服。所以商業不能大盛，加以古代生産的方法幼稚，平民社會裏，也實在没有幾個寬裕的人。到後來，生産的方法漸次進步，階級的制度又漸次破壞。只要有錢，憑你怎樣使用。這種舊制度，就一天天的崩壞了，《漢書·貨殖傳》説：

昔先王之制，自天子、公、侯、卿、大夫，至於皂隸、抱關、擊柝者，其爵禄、奉養、宫室、車服、棺槨、祭祀、死生之制，各有差品，小不得僭大，賤不得踰貴。夫然，故上下序而民志定，……及周室衰，禮法墮，諸侯刻桷丹楹，大夫山節藻棁；八佾舞於庭，雍徹於堂；其流至於士庶人，莫不離制而棄本，稼穡之民少，商旅之民多，穀不足而貨有餘。

這幾句話，把商業發達的情形，叙得瞭如指掌。《史記·貨殖列傳》説："用貧求富，農不如工，工不如商。"又説：無財作力，少有鬬智，既饒争時，儼然是一種大規模的競争了。

還有一件，便是古代所謂名山大澤，與民同財見第一節。的地方，到後來，都給私人占去，於是農民非常之苦，而畜牧、樹藝等事業，卻非常之發達。所以《史記·貨殖列傳》説：

陸地牧馬二百蹄，牛蹄角千，千足羊，千足彘，水居千石魚陂，山居千章之材。安邑千樹棗，燕秦千樹栗，蜀漢江陵千樹橘，淮北常山已南河濟之間千樹萩，陳夏千畝漆，齊魯千畝桑麻，渭川千畝竹，及名國萬家之城，帶郭千畝，畝鍾之田，若千畝卮茜，千畦薑韭，此其人皆與千户侯等。

這三種人，一種是"大地主"，一種是"商人"，一種是"擅山澤之利”的。終前漢一朝,始終是社會上的富者階級。這個且待第二篇再講。

社會上經濟的變遷劇烈如此,於是拜金主義大爲流行。“子貢結駟連騎,束帛之幣,以聘享諸侯;所至國君,無不與之分庭抗禮。”烏氏倮以畜牧起家。“秦始皇帝令倮比封君,以時與列臣朝請。”巴寡婦清,擅丹穴之利,“秦皇帝以爲貞婦而客之,爲築女懷清臺”。《史記·貨殖列傳》。而窮人則

> 庶人之富者累鉅萬,而貧者厭糟糠。《漢書·食貨志》。
>
> 凡編户之民,富相什則卑下之,相伯則畏憚之,千則役,萬則僕。《史記·貨殖列傳》。

其受生計壓迫,奔走求食的情形,則《史記·貨殖傳》説:

> 故壯士在軍,攻城先登,陷陣卻敵,斬將搴旗,前蒙矢石,不避湯火之難者,爲重賞使也;其在閭巷少年,攻剽椎埋,劫人作姦,掘冢鑄幣,任俠併兼,借交報仇,篡逐幽隱,不避法禁,走死地如騖者,其實皆爲財用耳。今夫趙女鄭姬,設形容,揳鳴琴,揄長袂,躡利屣,目挑心招,出不遠千里,不擇老少者,奔富厚也。游閑公子,飾冠劍,連車騎,亦爲富貴容也。弋射漁獵,犯晨夜,冒霜雪,馳阬谷,不避猛獸之害,爲得味也。博戲馳逐,鬬雞走狗,作色相矜,必争勝者,重失負也。醫方諸食技術之人,焦神極能,爲重糈也。吏士舞文弄法,刻章僞書,不避刀鋸之誅者,没於賂遺也。農工商賈畜長,固求富益貨也;此有智盡能索耳,終不餘力而讓財矣。

把社會上的形形色色,一切都歸到經濟上的一個原因,馬克思的唯物史觀,也不過如此。

總而言之,(一)貴賤的階級破,貧富的階級起。(二)共有財産的組織全壞,自由競争的風氣大開。是春秋戰國時代社會的一種大變遷,是三代以前和秦漢以後社會的一個大界限。

第十章　古代的宗教和文化

第一節　古代的哲學和宗教

古代人的思想，似乎是很幼稚的。然而天下無論什麽事情，都是從人的心理上發展出來；物質方面的勢力，自然也不可蔑視，這句話不要泥看。後代人的思想，又總是接着古代人的思想逐漸改變的。所以研究古代人的思想，在史學上頭，實在有很大的價值。在中國這種崇古的社會裏頭，更爲要緊。

要研究古代人的思想，先得明白一種道理。便是“古代人所想解決的，都是‘有’、‘無’、‘空間’、‘時間’等幽深玄遠的問題，他們的研究，大概是憑着‘想像’和‘推測’”。[①] 要像後世以科學爲根據，或是起了“認識論”上的疑念，對於“形而上學問題的解決”而懷疑的，實在很少。

---

① 陰陽——大極
五行
氣

易——形——質 天——（命）物（德）；祖——人

汎神

中國古人解釋"宇宙的起源",以"氣"爲萬物的原質,頗近於希臘的"惟物論"。又推想一切萬有,都起於"陰陽二力"的結合,也和"二元論"有些相像。但是他又推想"陰陽二力",其初同出於一原;而且"有"的根本,是出於"無",卻又不能說他是"惟物論"、"二元論"了。①他們推想最初的世界道:

> 天下萬物生於"有","有"生於"無"。《老子》。
>
> 泰初有"無",無"有"無"名";"一"之所起,有"一"而未形。《莊子》。
>
> "有形"出於"無形";"未有天地",能生"天地"者也。《淮南子·說山》。

從無而到有,是陰陽二力還沒有分的。所以說:

> "太極元氣",含"三"爲"一"。《漢書·律曆志》。

從一而分爲二,就是"太極"分爲"兩儀"。陰陽二力,再相和合,所生的物,便無窮了。② 所以說:

> "一"生"二","二"生"三","三"生"萬物"。《老子》。《春秋元命苞》:陰陽之性以一起,人副天地,故生一子。

但是從無而至有,究竟是怎麼樣子呢?還是"有",便像如今的樣子呢?還是逐漸變遷成功的呢?他們說:

> ……有"太易",有"太初",有"太始",有"太素";"太易"者,未見"氣"也;"太初"者,"氣"之始也;"太始"者,"形"之始也;"太素"者,"質"之始也;"氣"、"形"、"質"具而未相離,謂之"渾沌";"渾沌"者,言萬物相混沌而未相離也。《周易正義》八論之一引《乾鑿度》。

---

① 因果——慎始……變通。循環——倚伏,法自然。

② 四時、五方、六合、八卦、九宮。感生,受命,革命。

"質"出於"形",形出於"氣",而氣出於"易","易"是"變易",就是"動而不息"的意思;那麽,古人認一切萬有,是原於一種"動力"的。

自無出有謂之"生",《文選》六引劉瓛《周易義》:自無出有曰生。生於宇宙間之物,既然都是有質的,那麽,他於"宇宙間的物質",必定得到其一部分;這便唤做"德"。這是德字的本義。所以説:

天地之大"德"曰"生"。《易繫辭》。

物得以生謂之"德"。《莊子·天下篇》。

得到"宇宙間的物質"的一大部分而生,謂之"命"。所以説:

大凡物生於天地之間皆曰"命"。《禮記·祭義》。

宇宙間的物,同出於一原。所以雖然散而爲萬物,其根源仍是"同一"的。這個根源,便是天。萬物皆生於陰陽二力,而陰陽二力之動,陽又在先,所以可説物本乎天地,又可單説物本乎天。所以天神稱爲"上帝";"帝"就是"蒂",古作"柢",和"根"字是雙聲互訓的。詳見吴大澂《字説》。所以説:

物本乎天,人本乎祖。《禮記·郊特牲》。

宇宙間的物質,本來是唯一的。有一種力,叫他"凝集"起來,就成功有形有質的"物";凝聚的力散了,便又分離做無數"小分子",也可以説是"原子"。浮游空間。這其間又起變化,而再成爲别種的"物"。所以説:

精氣爲"物",游魂爲"變",《易繫辭》。精氣是"精的氣",精是"凝集得極堅密"的意思。所以説"窈兮冥兮,其中有精,其精甚真"(《老子》)。真和"填"、"闐"等同音,是充實的意思。

那麽一切萬有,無非一種原質所流動而變化的了。所以説:

凡物之"精",此則爲"生",下生五穀,上爲列星,流於天地之間則爲鬼神。《管子》。

有形有質的物,都有個局限。"最小而可稱爲無"的"原子",卻是没有的，是無所不遍的，所以宇宙之間是充實的。所以説：

> “神”無方而易無體。《易繫辭》。
>
> 惟“神”也，故不疾而速，不行而至。同上。
>
> “鬼神”之爲德，其盛矣乎。視之而不見，聽之而不聞，體物而不可遺。《禮記・中庸》。

這麽説，中國古代的哲學，又近乎“汎神論”了。

以上所述，用科學的眼光看起來自然不能滿足，然而古代一切思想，没有不以此爲根據的。因爲有生於無，所以“貴無”。“無”不但是老子所貴，就孔子也説“以致五至而行三無”（《禮記・孔子閒居》）。“無爲而治者，其舜也與？夫何爲哉，恭己正南面而已矣。”（《論語・衛靈公》）無就是虚，所以又“貴虚”。《韓非子・主道》：虚則知實之情，静則知動者正。有的起初，是“一而未分”的，所以“貴一”。《老子》：昔之得一者，天得一以清，地得一以寧，神得一以靈，谷得一以盈，萬物得一以生，王侯得一以爲天下貞。《吕氏春秋・大樂》：故一也制令，兩也從聽，是以聖人抱一以焉天下式。因爲貴一，所以要“反本”。《老子》：既得其母，以知其子；既知其子，復守其母；没身不殆。《禮記・大學》：其本亂，而未治者否矣。從政治上講起來，就要“正本”；君主的責任權力，就從此發生。從道德上説起來，也就發生“報本”之義。董仲舒説：是故聖人深探其本而反自貴者始，故爲人君者，正心以正朝廷，正朝廷以正百官，正百官以正萬民，正萬民以正四方。《公羊》元年春王正月，《何注》：春秋以元之氣，正天之端，以天之端，正王之政，以王之政，正諸侯之即位，以諸侯之即位，正境内之治。本就是中，所以貴“守中”。“皇極”的“極”訓中，老子多言數窮，不如守中。凡物之生，都是積微成著的，所以要“慎微”。古人説從無而至有，有形無形，算做一個階段，先要有形，纔能有體。微是無形的意思，著是有形的意思。所以《乾鑿度》説：“天氣三微而成著，三著而成體。”《荀子・賦篇》説：“物精微而無形。”《老子》：“搏之不得名曰微。”《孫子》：“微乎微，微至於無形。”是從小到大的，所以要“慎始”，《大戴禮・保傅》：正其本，萬物理。失之豪釐，差以千里。故君子慎其始也。要“謹小”，謝承《後漢書》載李咸奏：春秋之義，貶纖介之惡，采豪末之始。要“慎獨”。獨的本義訓小，不訓單獨。《禮記・禮器》：“觀天下之物，無足以稱其德者。則得不以少爲貴乎（古少小二字互通）。是故君子慎其獨也。”《大學》、《中庸》的慎獨，也是如此講，並不是説獨居之時（所以説誠於中，形於外，也是積微成著的意思）。《六韜》“太公曰：

凡兵之道，莫過於一。一者，能獨往獨來。”這個獨字，也是訓小的。易初六童觀，馬融注童，猶獨也。生又喚做“善”，所以貴“積善”。既生之後，逐漸長成，謂之善。這是善字的本義。因爲生機暢遂，是人人所樂，纔引伸爲善惡之善。《易繫辭》：一陰一陽之謂道，繼之者善也。成之者性也。這個善字，是用的本義。因爲善是逐漸生長的意思，所以貴乎積（《易文》言，“積善之家，必有餘慶。積不善之家，必有餘殃。臣弑其君，子弑其父，非一朝一夕之故。其所由來者漸矣。”把由來者漸訓積不善，可見善是繼續生長的意思）。逐漸生長的東西，要等他發達到極點纔好，所以説“止於至善”（《禮記·大學》）。這種問題，都是在極幽深玄遠的地方的。萬物的起源，古人在空間上，設想他在極高極遠的地方。所以説“天玄而地黄。”玄是黑色，深遠之處，一定是黑暗而不可見的。所以《後漢書·張衡傳》注説：“玄，深也。”（《莊子》“天下以深爲根”），在時間上，設想他在極悠久的年代。所以説“天爲古，地爲久”（《周書·周祝篇》）。天字訓古，確是古義，所以鄭康成注《尚書》粵若稽古，訓稽古爲同天。俞正燮説：“《三國志》、《書正義》，均詆鄭氏信緯，以人繫天，於義無取。且云：古之爲天，經無此訓，不悟《詩》云，古帝命武湯，正是經訓古爲天。”（《癸巳類稿》卷一）所以貴“知幾”，《易繫辭》：“知幾其神乎。幾者，動之微，吉之先見者也。”《尚書大傳》：“旋機者何也。機者，幾也，微也。其變幾微，而所動者大，謂之旋機。”正是“幾者動之微”的“的詁”。貴“極深研幾”。《易繫辭》：夫易，聖人之所以極深而研幾也。萬有的起源，是一種動力。這種動力，是動而不已的。所以貴“變通”，忌“執一”。《易繫辭》：“易窮則變，變則通，通則久。”《孟子》：“子莫執中，執中爲近之，執中無權，猶執一也。”雖然動而不已，然而仍有其“不變”者存，譬如四時晝夜，終而復始。所以説這一種動，是“循環”的；《史記·高帝本紀贊》：三王之道若循環，終而復始。所以説“天道好還”；四字見《老子》。所以易有“變易”、“不易”二義。因爲“天道好還”，所以説“福兮禍所倚，禍兮福所伏”；也見《老子》。所以説“將欲歙之，必固張之；將欲弱之，必固强之；將欲廢之，必固興之；將欲奪之，必固與之。”也是《老子》的話。因爲宇宙間的事物，都有天然的規則秩序，人在其間，也莫能自外；所以貴乎“法自然”。《老子》：道法自然。

以上所説，不過是略舉數端。若要備細推論起來，便是千言萬語也不能盡。然而可見古代的宗教、哲學、政治、倫理，……都有一貫的原理，存乎其間。從這種原理上，推衍發展，而成爲社會上的一切現象。可見得這種思想，看似幽深玄遠，卻是社會上一切顯著的現象的根本,因爲人的作事,總有一部分的原因在心理上,不能全用物質説明的。研究社會現象的科學的人,實在不容蔑視的。

以上所説,都偏於思想一方面,可以算是古代的哲學史。無論哪一種哲學,決没有能完全否認宗教的;無論哪一種宗教,也總含有幾分哲學上的解釋。何況古代,豈有只有哲學上的思想,没有宗教上的感情的道理呢?咱們既明白了古代的哲學思想,便可以進而考究古代宗教上的崇拜。

中國是進化極早的國,他的宗教,決不是"拜物教"等劣等的宗教。他宗教上的崇拜,和哲學的思想是可以一貫的説明的。他所崇拜的對象,是什麽呢?可以説是天象。

古人認陰陽二力爲萬物的起源,所以他所崇拜最大的對象便是"天地"。但是物之生,是由於四序的推行,這是顯而易見的。所以次於天地的崇拜,便是"四時"。把四時分配在"四方",再加以上天下地,就是"六合"。從六合之中,除掉了一個天,便成"五方"。把古人所説"物質生成的五種形態"配上去,就成了五行。再加之以"四隅"。那麽,單就四正四隅説起來,就成了"八卦"。連着中央算,就成了"九宫"。適和古人"一生二,二生三,三三而九"的思想相合。九宫的周圍,卻有十二,所以又有所謂"十二支",適可以配十二月。把三和五相乘,就是十五,於是又找到一個 Magicsquare 填在九宫裏頭,就成了後世所謂"洛書之數"了。《大戴禮·盛德篇》:明堂者,二九四,七五三,六一八。這分明是一種 Magicsquare。後世的人,卻把他看做一種神祕的東西,欲知其詳,可看胡渭《易圖明辨》。

古人所認爲生物的本源的,是天地和四時,所以有所謂五帝,又有所謂六天。《郊特牲正義》説:

> 指其尊極清虚之體,其實是一;論其五時生育之功,其别有五;以五配一,故爲"六天"。……又《春秋緯》紫微宫爲"大帝"。又云:北極耀魄寶。又云:大微宫有五帝座星:青帝曰靈威仰,赤帝曰赤熛怒,白帝曰白招拒,黑帝曰汁光紀,黄帝曰含樞紐。

六天之中，昊天上帝耀魄寶，是不管事的。古代的君主，要無爲而治，最初就是取象於此。所以論生育之功，只有五帝，五帝之中，青帝主春生，赤帝主夏長，白帝主秋殺，黑帝主冬藏，黄帝就是地，爲什麼天不管事，地卻要管事呢？《白虎通·五行篇》説：

地之承天，猶妻之事夫，臣之事君也；其位卑；卑者親視事，故自同於一行，尊於天也。

那麼，地的管事，又在什麼時候呢？他説：

土王四季各十八日，……土所以王四季何？木非土不生，火非土不榮，金非土不成，水非土不高；土扶微助衰，歷成其道，故五行更王，亦須土也。王四季，居中央，不名時。同上，又，行有五時有四何？……土尊不任職，君不居部，故時有四也。案木，火，金，水，各王七十二日，合土王四季各十八日，等於三百六十日。

然則水火木金土，又是什麼東西呢？案《白虎通》解釋五行的"行"字道："言行者，欲言爲天行氣之義也。"古人把氣認做萬物的原質，説"行氣"，就是把氣變做有形有質之物，就是"萬物的生成"。所以《書·洪範正義》解釋五行的"次序"道：

萬物成形，以微著爲漸；五行先後，亦以微著爲次。水最微爲一，火漸著爲二，木形實爲三，金體固爲四，土質大爲五。

他們又説他的"生尅"和"配合"道：

木生火者，木性温暖，伏其中，鑽灼而出，故生火。火生土者，火熱，故能焚木，木焚而成灰，灰即土也。……金居石，依山津潤而生，聯土成山，山必生石，故土生金。金生水者，少陰之氣，温潤流澤，銷金亦爲水，……故金生水。水生木者，因水潤而能生，故水生木。蕭吉《五行大義》。

五行所以相害者：天地之性，衆勝寡，故水勝火也；精勝堅，故火勝金；剛勝柔，故金勝木；專勝散，故木勝土；實勝虚，故土勝水也。《白虎通·五行篇》。

這全是把當時一種幼稚的"物質思想",附會上去的。至於上帝,雖不管事,也有"下行九宫"之説。

《後漢書·張衡傳》注引《乾鑿度》：太乙取其數以行九宫。鄭玄注：太一者,北辰神名也。下行八卦之宫,每四乃還於中央。中央者,地神之所居,故謂之九宫。天數大分,以陽出,以陰入,陽起於子,陰起於午,是以大一下。行九宫,從坎宫始。自此而坤,而震,而巽,所行者半矣,還息於中央之宫。既又自此而乾,而兑,而艮,而離,行則周矣。上遊息於太一之星,而反紫宫也。昊天上帝,又名太一。見《周禮》鄭注。《南齊書·高帝紀》九宫者：一曰天蓬,以制冀州之野;二爲天芮,以制荆州之野;三爲天衝,其應在青;四爲天輔,其應在徐;五爲天常,其應在豫;六爲天心,七爲天柱,八爲天任,九爲天英,其應在雍,在梁,在揚,在兖。

這種説法,和《易繫辭》帝出乎震,齊乎巽,相見乎離,致役乎坤,説言乎兑,戰乎乾,勞乎坎,成言乎艮相合的。

以上的話,用如今人的眼光看起來,荒唐極了。然而古代的社會現象,也無一不出乎此,即以政治論,萬物的生成,都出於天;天上主化育的,就是五帝;王者代天宣化,所以有"感生"之説。《詩生民正義》引《五經異義》:"詩齊,魯,韓,《春秋公羊》説,聖人皆無父,感天而生。"案《詩》"履帝武敏歆",鄭箋:"帝,上帝也,敏,拇也。……祀郊媒之時,時則有大神之跡,姜嫄履之,足不能滿,履其拇指之處,心體歆歆然;……於是遂有身,……後則生子,……是爲后稷。"又《商頌》:"天命玄鳥,降而生商",鄭箋:"玄鳥,鳦也。……湯之先祖,有娀氏女簡狄,……鳦遺卵,……簡狄吞之而生契。"鄭康成先學韓詩,箋詩多同韓義。感天而生,所以謂之天子。四序之運,成功者退,所以有"五德終始"之説。俞樾《達齋叢説》：五德更王,古有二説。《漢書·律曆志》載《三統曆》曰：唐火德,虞土德,夏金德,商水德,周木德,此一説也。《文選·齊安陸昭王碑》注引《鄒子》曰：五德從所不勝,虞土,夏木,殷金,周火,又一説也。……秦自謂以水德王,此相勝之説。周火故秦水也。漢自謂以火德王,此相生之説,周木故漢火也。……既有五德終始之説,一姓就不能終有天下,所以有"易姓革命"之説,革命的命,是指天命而言,所以王者之興,有受命之説。受命是指符瑞而言。有一種符瑞出現，便是天命他做天子的證據。譬如"河圖洛書"，就是符瑞的一種。詳見《詩文王篇正義》。《孟子·萬章篇》……然則舜有天下也，孰與之，曰：天與之。天與之者，諄諄然命之乎？曰：否，天不言，以行與事示之而已。……使之主祭，而百神享之，是天受之。使之主事而事治，百姓安之，是民受之也。天與之，人與之，故曰：天子不能以天下與人。堯崩，三年之喪畢，舜避堯之子於南河之南，天下諸侯朝覲者，不之堯之子而之舜，訟獄者，不之堯之子而之舜，謳歌者，不謳歌堯之子而謳歌舜，故曰天也。……《泰誓》曰：天視自我民視，天聽自我民聽，此之謂也。把天心和民意，打成一橛，荒怪之説，一掃而空，高則高矣，然而是儒家的學説，不是古代的事實。王者的治天下，全是奉行天意，所以治定之後，要封禪以告成功。《白虎通·封禪篇》：王者易姓而起，必升封泰山何？報告之義也。始受命之日，改制應天；天下太平功成，封禪以告天也。所以王者的治天下，是對於天而負責任；既然是對於天而負責任，對於人自然是不負責任的了。這是從大處説的，若要逐一仔細説起來，就千言萬語也不能盡。讀者諸君，請把惠氏棟的《明堂大道録》看一遍，就可以知道古代一切政治和宗教的關係了。因爲明堂是中國最早一個神祕的東西，一切宗教上的崇拜，都在這裏頭，一切政治，都在這裏頭施行，一切學術，也都發源於此的。此外一切現象，古人也没有不把宗教去解釋他的。看《白虎通》的《五行篇》，就可以明白。

第二節　文字的起源和變遷①

中國文字的起源，已見第三章第一節。據《正義》，則"上古結繩而治，後世聖人易之以書契"的"後世聖人"，是黄帝、堯、舜。再看許慎《説文解字序》説：

> 黄帝之史倉頡，見鳥獸蹏迒之跡，知分理之可相別異也，初造書契。

---

① 緣起，變遷，統一，古文，大小篆，隸。　韵語——字典——六書。

則文字起於黄帝，殆無疑義。① 然而《尚書・僞孔傳叙》説：

古者伏羲氏之王天下也，始畫八卦，造書契，以代結繩之政，由是文籍生焉。

《僞孔傳》原是不足論的書，他要説“伏犧、神農、黄帝之書，謂之《三墳》；……少昊、顓頊、高辛、唐、虞之書，謂之《五典》……”所以不得不説伏犧時有文字。然而這所謂《三墳》、《五典》，也是杜撰的。《左傳》昭十二年：“是能讀三墳五典八索九丘”，杜注“皆古書名”。《僞孔傳》根據於王肅，杜預和王肅，是互相依附的（見丁晏《尚書餘論》），尚且只説“皆古書名”；此外《正義》所引諸説，無一和《僞孔傳叙》相同的；故知此説定是杜撰。所以此説原不足論，然而《正義》申他的話，卻頗可注意。《正義》説：

《尚書緯》及《考經讖》，皆云三皇無文字，又班固、馬融、鄭玄、王肅諸儒，皆以爲文籍初自五帝，亦云三皇未有文字。案《僞孔傳》雖根據王肅，然輾轉相傳，至東晉時纔出現。又未必盡肅之舊，所以又有異同的地方。……又蒼頡造書，出於《世本》，蒼頡豈伏犧時乎？且《繫辭》云：黄帝、堯、舜，爲九事之目；末乃云上古結繩而治，後世聖人易之以書契。是後世聖人即黄帝、堯、舜，何得爲伏犧哉？……不同者，……其蒼頡則説者不同。故《世本》云：蒼頡作書，司馬遷、班固、韋誕、宋衷、傅玄，皆云蒼頡黄帝之史官也。崔瑗、曹植、蔡邕、索靖，皆直云古之王也。徐整云：在神農、黄帝之間。譙周云，在炎帝之世。衛氏云：當在庖犧、蒼帝之世。慎到云：在庖犧之前。張揖云：蒼頡爲帝王，生於禪通之紀。《廣雅》曰：自開闢至獲麟，二百七十六萬歲，分爲十紀；則大率一紀二十七萬六千年；十紀者，……禪通，九也。……如揖此言，則蒼頡在獲麟前二十七萬六千餘年。……又依《易緯通卦驗》，燧人在伏犧前。表計寘其刻曰，蒼牙通靈昌之成。孔演命，明道經。鄭玄注云：刻，謂刻石而記識之。……又《韓詩外傳》稱古

① 象形衍聲問題。

封泰山禪梁甫者萬餘人，仲尼觀焉，不能盡識。又《管子書》稱管仲對齊桓公曰：古之封泰山者七十二家，夷吾所識，十二而已。……是文字在伏犧之前，已自久遠，何怪伏犧而有書契乎。

義疏强中傳説，本不足論。所引崔瑗……之説，要破司馬遷……之説，也未必有力。就使崔瑗……之説是真的，古人同名號的很多(譬如堯的時候有共工，伏羲、神農之間，還有霸九州的共工)，安知古時候有個"王者"的倉頡，黄帝時候不再有個做史官的倉頡呢？然而説伏犧以前，久有文字，這話卻未可一筆抹殺。用科學的眼光看起來，天下斷無突然發生的事情，説前此都是結繩，倉頡一個人，"見鳥獸蹏迒之跡"，突然創造文字，也不合理。所以我説：文字斷不是一人造的；從黄帝以前，必已發生很久，不過書傳傳説，都説是起於黄帝時代，蒼頡是黄帝的史官，史官是管記事的，是用文字的，就都説文字是他所造罷了。

然則書傳傳説，爲什麽要説文字起於黄帝時代呢？按《易繫辭》説：

後世聖人易之以書契，百官以治，萬民以察。

則書契之用，是到黄帝時纔廣的，以前不過仍用之於"升封刻石"等事。所以大家都説書契是起於黄帝時了。

《説文解字叙》又説：

蒼頡之初作書，蓋依類象形，故謂之文；其後形聲相益，即謂之字。文者，物象之本；各本無此六字，段玉裁注本，依《左傳》宣十五年《正義》補。字者，言孳乳而寖多也。著於竹帛謂之書；書者，如也。以迄五帝三王之世，改易殊體，封於泰山者七十有二代靡有同焉。案封於泰山者七十二代，——這句話原不必真，然而照古人的意思説起來，自多在黄帝以前；許慎的意思，也未必有異；照此處文義看起來，卻像這七十二代，就在三王五帝之世似的；這是古人文法疏略，不可以辭害意。周禮，八歲入小學。保氏教國子，先以"六書"；一曰"指事"，……二曰"象形"，……三曰"形聲"，……四曰"會意"，……五曰"轉注"，……六曰"假借"。……及宣王太史籀著大篆十五篇，與古文或異。至孔子書

《六經》，左丘明述《春秋傳》，皆以古文。……其後諸侯力政，不統於王，惡禮樂之害己，而皆去其典籍。分爲七國，田疇異畝，車涂異軌，律令異法，衣冠異制，言語異聲，文字異形。秦始皇帝初兼天下，丞相李斯乃奏聞之，罷其不與秦文合者。斯依《蒼頡篇》，中車府令趙高作《爰歷篇》，太史令胡毋敬作《博學篇》，皆取史籀大篆，或頗省改，所謂小篆者也。是時秦燒滅經書，滌除舊典；大發吏卒，興戍役，官獄職務繁，初有隸書，以趣約易，而古文由此絶矣。

許慎的《説文解字叙》，向來講"文字的歷史"的，都根據他。我卻有點疑心，爲什麽呢？（一）既然説"五帝三王之世，改易殊體"，爲什麽"保氏六書"，卻有這樣的整齊？（二）從李斯作《蒼頡篇》，趙高作《爰歷篇》，胡母敬作《博學篇》之後，還有司馬相如的《凡將篇》，史游的《急就篇》，李長的《元尚篇》，楊雄的《訓纂篇》，班固的《十三章》，賈魴的《滂喜篇》，都是整句韻語，《凡將》七言：《急就》前多三言，後多七言；其餘都是四言。這一條根據段氏《説文解字注序》，可參看原書。一體相承，體例没有改變。既然保氏時代，就有很整齊的六書，爲什麽許慎以前，没一個人想到，照《説文》的體例，依字形分部編一部字書？整句韻語，是文字爲用未廣，學問靠口耳相傳時代的東西。《倉頡》、《爰歷》……，正合這種體裁，所以漢朝尉律試學僮"諷籀書九千字，乃得爲史"（見《許叙》），籀就是背誦（從段氏説），可見當時教學僮，都是如此的。若照《周禮》保氏教國子以六書的説法，是教小孩子的，不用《三字經》、《千字文》，反用《康熙字典》一類的字書了。哪有此理。（三）許慎説"及孔子書《六經》，左丘明作《春秋傳》，皆以古文"。這句話的根據就在他下文。所謂"壁中書者，魯恭王壞孔子宅，而得《禮記》、《尚書》、《春秋》、《論語》、《孝經》，又北平侯張蒼獻《春秋左氏傳》"。他又説"郡國亦往往於山川得鼎彝，其銘即前代之古文，皆自相似"。案他上文説秦朝時候，明説"而古文由此絶矣"，終西漢一朝，並没提起古文。到王莽時的六書，纔有所謂"一曰古文，孔子壁中書也。二曰奇字，即古文而異者也"。則古文是根據壁中書，奇字想就是根據山川鼎彝的。然而現在《説文》一書中，所存"古文""奇字"，實屬寥寥無幾，果使所謂古文者不過如此，和小篆算得什麼異同？後世“於山川得鼎彝”一類的事情很多(研究他的人就是小學中的金石一派)，所載的文字，分明和許書不盡相合。（四）而且六書的説法，僅見於《漢書・藝文志》，許慎《説文解字叙》，和《周禮》保氏注引先鄭的説法，此外都没有。爲什麽没有一個人提及，難道周代相傳的掌故，西漢時代没有一個人曉得麽？所以我疑心：

六書的説法，是本來没有的。這種説法，是漢代的人，把古人的文字，就字形上來研究所得的結果。並不是周代保氏，就有這種説法。所謂言語異聲，文字異形，並不是從戰國時代起的。中國的文字，戰國以前本來是大體相同，而各國都有小異的。直到秦併天下，“丞相李斯乃奏同之，罷其不與秦文合者”，纔統一，説“罷其不與秦文合者”，則大體相合可知。“言語異聲，文字異形”，是從七國時代起，他無證據，只有《周禮》上大行人“七歲屬象胥，諭言語，協辭令，九歲屬瞽史，諭書名，聽聲音”，可以做周室盛時，言語不異聲，文字不異形的證據。然而這句話，除《周禮》以外，也是他無證據的。既然六書的説法，是漢末的人研究所得的結果；那麽，從此以前，中國的文字是絶無條理的。不過有《蒼頡》、《爰歷》一類的書，像後世的《三字經》、《千字文》一般。給人家念熟了記牢了罷了，像後世《康熙字典》一類的書都是没有的。這麽説，就可以見得中國的文字，是迫於需用漸次增加，並不是有一個人(像蒼頡、史籀等)按了一定的條理系統，把他創造或改良的。難我的人要説：既然是逐漸發達，何以所有的字，分明能把六書來駕馭他；何以能這般有條有理呢？那麽，我要請問，後世造俗字的人很多，所造的字，也分明能把六書來統馭他，難道他們是通“六書義例”的麽。

以上的説法，似乎奇創，然而其中似乎也有點道理，請“好學深思之士”想一想。

程邈是中國一個改良字體的大家，他所改定的隸書，到如今還沿用他。真書和隸書，算不得什麽變遷。然而這個人事跡不詳。只據《説文》的《叙》，知道他是下杜人。《説文叙》説王莽時的六書：“三曰篆書。即秦小篆，秦始皇使下杜人程邈所作也。”這句話當在“四曰左書，即秦隸書”之下。看《段注》就可以明白。衛垣(恒)《四體書勢》：“……

小篆,或曰:下士人程邈,爲衙獄吏,得罪始皇,幽繫雲陽十年,從獄中作……奏之始皇,始皇善之,出以爲御史,使定書。或曰:邈所定乃隸字也。"前一説,想又是因《説文》的錯簡而致誤的。

至於作書的器具,古人所用的,有竹木兩種:木的唤做"牘",《説文》:牘,書板也。唤做"版",《管子·霸形篇》注:方,版牘也。又唤做"方"。《儀禮·聘禮》注:方,版也。板長一尺,《玉海》。所以又唤做"尺牘"。小的唤做"札",《漢書·郊祀志》注:札,木簡之薄小者也。也唤做"牒",《説文》:牒,札也。札,牒也。大的唤做"槧",槧長三尺。《釋名》。方而有八角,有六面或八面可寫的,唤做"觚",又唤做"稜"。顔師古《急就篇》注:觚者,學書之牘,或以記事。……或六面或八面皆可書。《史記·酷吏列傳》注:觚,八稜有隅者。刻木以記事謂之"契"。《漢書·古今人表》注:契,刻木以記事也。把他分做兩半,則或唤做"契",或唤做"券"。《曲禮》:"獻粟者執右契。"《史記·田敬仲完世家》:"公常執左券",則左半唤做券,右半唤做契。然亦是"對文則别,散文則通"的。竹的唤做"簡",又唤做"策"。《儀禮·既夕》注疏:編連爲策,不連爲簡。案這也是對文則别,散文則通的。也有用帛的,則謂之"縑素"。見《後漢書·和熹鄧皇后紀》注。編連起來是用"韋"《一切經音義》十四引《字林》:韋,柔皮也。所以説孔子讀《易》,"韋編三絶"。寫字是用筆蘸漆,書於簡牘。《物原》:虞舜造筆,以漆書於竹簡。寫錯了,就用刀削去,所以"刀筆"連稱,又説"筆則筆,削則削",《漢書·禮樂志》:"削則削,筆則筆。"注:"削者,謂有所删去,以刀削簡牘也;筆者,謂有所增益,以筆就而書也。"《曲禮》疏:"削,書刀也。"則削簡牘的刀,亦可以唤做削。這種寫字的法子,是很繁難的。所以古代的文化,發達得很緩。

第三節　東周以後的學派

研究古代的學術,先得明白兩種道理:

其(一) 古代的學術,是和宗教合而爲一的;到後世纔從宗教中分了出來。

其（二）古代的學術，是貴族所專有的；到後世纔普及到平民。

因此，所以講我國的學派，只得從東周以後起，因爲西周以前，學術是和宗教合而爲一的，是貴族所專有的。看本章第一節，已經可以明白他的思想；看了古代的一切制度，就可以明白他的外形了。

東周以後的學派，可考見的，無過於《史記·太史公自序》裏頭，述他的父親談所論六家要旨和《漢書·藝文志》所根據的劉歆《七略》。且把他節録在下面。

司馬談所論，是“陰陽”、“儒”、“墨”、“法”、“名”、“道德”六家。他說：

> ……嘗竊觀陰陽之術；大祥《正義》顧野王云：祥，……吉凶之先見也。而衆忌諱，使人拘而多所畏。然其序四時之大順，不可失也。儒者博而寡要，勞而少功，是以其事難盡從；然其序君臣父子之禮，列夫婦長幼之別，不可易也。墨者儉而難遵，是以其事不可遍循。然其强本節用，不可廢也。法家嚴而少恩。然其正君臣上下之分，不可改矣。名家使人儉而善失真。然其正名實，不可不察也。道家使人精神專一，動合無形，贍足萬物。其爲術也，因陰陽之大順，采儒墨之善，撮名法之要，與時遷移，應物變化，立俗施事，無所不宜，指約而易操，事少而功多。……

這幾句話，是總論六家得失的。以下又申説他的所以然道：

> 夫陰陽，四時、八位、十二度、二十四節，各有教令；順之者昌，逆之者不死則亡。未必然也，故曰使人拘而多所畏。春生，夏長，秋收，冬藏，此天道之大經也，弗順，則無以爲天下綱紀，故曰：四時之大順，不可失也。儒者以六藝爲法；六藝經傳以千萬數，累世不能通其學，當年不能解其禮。故曰：博而寡要，勞而少功。若夫列君臣父子之禮，序夫婦長幼之別，雖百家弗能易也。墨者亦尚堯舜道，言其德行曰：堂高三尺，土階三等，茅茨不翦，采椽不刮。食土簋，啜土刑，糲粱之食，藜藿之羹。夏日葛

衣，冬日鹿裘。其送死，桐棺三寸，舉音不盡其哀。教喪禮，必以此爲萬民之率，使天下法。……夫世異時移，事業不必同，故曰：儉而難遵。要曰强本節用，則人給家足之道也。此墨子之所長，雖百家弗能廢也。法家不别親疏，不殊貴賤，一斷於法，則親親尊尊之恩絶矣。可以行一時之計，而不可長用也，故曰：嚴而少恩。若尊主卑臣，明分職，不得相踰越，雖百家弗能改也。名家苛察繳繞，使人不得反其意，專決於名而失人情；案好比論理學，過偏於形式，而不顧事實。故曰：使人儉而善失真。若夫控名責實，參伍不失，此不可不察也。道家無爲，又曰無不爲，其實易行，其辭難知。其術以虚無爲本，以因循爲用。無成勢，無常形，故能究萬物之情。不爲物先，不爲物後，故能爲萬物主。有法無法，因時爲業；有度無度，因物與合。故曰：聖人不朽，時變是守。虚者，道之常也；因者，君之綱也。羣臣並至，使各自明也。……

他所主張的，雖是道家，然而他篇首説：“《易大傳》：天下一致而百慮，同歸而殊塗。夫陰陽、儒、墨、名、法、道德，此務爲治者也，直所從言之異路，有省不省耳。”則他也承認此六家是同可以爲治的。他議論當時的學問，專取這六家，大概也就是取其可以爲治的意思。如農家、兵家等，不是用於政治上的，所以都没論及。

劉歆的《七略》，除《輯略》是“諸書之總要”外，其《六藝》一略，和《諸子略》裏的儒家，是重複的。《諸子略》中，分爲“儒”、“道”、“陰陽”、“法”、“名”、“墨”、“從横”、“雜”、“農”、“小説”十家；其中去小説家，謂之“九流”。《詩賦》一略，和學術無甚關係。在後世的文學中，也只占一小部分。① 《兵書》一略，又分“權謀”、“形勢”、“陰陽”、“技巧”四家。《術數》一略又分“天文”、“歷譜”、“五行”、“蓍龜”、“雜占”、“形法”六家。《方技》一略，分“醫經”、“經方”、“房中”、“神仙”四家。其中尤以《諸子》一略，爲學術的中堅，咱們且節録他所論各家的源流宗旨

① 當云集部所自始。

如下：

儒家者流，蓋出於司徒之官。助人君……明教化者也。……

道家者流，蓋出於史官。歷記成敗、存亡、禍福、古今之道；然後知秉要執本，清虛以自守，卑弱以自持；此君人南面之術也。……

陰陽家者流，蓋出於羲和之官。敬順昊天，歷象日月星辰，敬授民時，此其所長也。及拘者爲之，則牽於禁忌，泥於小數，舍人事而任鬼神。

法家者流，蓋出於理官。信賞必罰，以輔禮制。……

名家者流，蓋出於禮官。古者名位不同，禮亦異數。孔子曰：必也正名乎。名不正，則言不順；言不順，則事不成。……

墨家者流，蓋出於清廟之守。茅屋采椽，是以貴儉；養三老五更，是以兼愛；選士大射，是以上賢；宗祀嚴父，是以右鬼；順四時而行，是以非命；以孝視天下，是以尚同；……

從横家者流，蓋出於行人之官。孔子曰：誦詩三百，使於四方，不能顓對，雖多，亦奚以爲。又曰：使乎使乎。言其當權事制宜，受命而不受辭，此其所長也。及邪人爲之，則尚詐諼而棄其信。

雜家者流，蓋出於議官。兼儒墨，合名法，知國體之有此，見王治之無不貫。……

農家者流，蓋出於農稷之官。播百穀，勸耕桑，以足衣食。……及鄙者爲之，以爲無所事聖王，欲使君臣並耕。……

小説家者流，蓋出於稗官。街談巷語道聽塗説者之所造也；……如或一言可采，此亦芻蕘狂夫之議也。

他又論兵家道：

權謀者，以正守國，以奇用兵，先計而後戰，兼形勢，包陰陽，用技巧者也。形勢者,雷動風舉,後發而先至,離合背鄉,變化無常。以輕疾制敵者也。陰陽者,順時而發,推刑德,隨斗擊,因五勝,假鬼神,而爲助者也。技巧者,習手足,便器械,積機關,以立攻守之勝者也。兵家者,蓋出古司馬之職,王官之武備也。……

又論術數道:

天文者,序二十八宿,步五星、日、月,以紀吉凶之象,聖王所以參政也。……歷譜者,序四時之位,正分至之節,會日、月、五星之辰,以考寒、暑、殺、生之實。……五行者,五常之刑氣也。……皆出於律歷之數。……而小數家因此以爲吉凶,而行於世,寖以相亂。……蓍龜者,聖人之所用也。……雜占者,紀百事之象,候善惡之徵;……衆占非一,而夢爲大。……蓋參卜筮。……形法者,大舉九州之執,以立城郭室舍形人及六畜骨法之度數,器物之形容以求其聲氣貴賤吉凶;猶律有長短,而各徵其聲,非有鬼神,數自然也。……數術者,皆明堂羲和史卜之職也。……

又論方技道:

醫經者,原人血脈、經絡、骨髓、陰陽、表裏,以起百病之本,死生之分,而用度箴、石、湯、火所施,調百藥齊和之所宜。……經方者,本草、石之寒、温,量疾病之淺、深,假藥味之滋,因氣感之宜,辨五苦六辛,致水火之齊,以通閉,解結,反之於平。……房中者,情性之極,至道之際,是以聖王制外樂以禁内情,而爲之節文。……樂而有節,則和平壽考。……神僊者,所以保性命之真,而游求於其外者也。……方技者,皆生生之具,王官之一守也;大古有岐伯、俞拊,中世有扁鵲、秦和。……漢興,有倉公。……

以上所論,除儒、道、陰陽、法、名、墨六家,和司馬談所論重複外。雜家不能稱家,小説家只是收輯材料,不能稱學。術數一略,包括天文學、歷學和古代的宗教學，亦不能出於陰陽家以外。方技四家，實在只算得一個醫家。醫經是醫學；經方是藥物學；房中是專研究生殖一科的；神仙雖然荒唐，卻也以醫學爲本；所以現在的《内經》，屢引方士之説。後世的方士，也總脱不了服食等事。與從横家、農家、兵家都在司馬談所論六家之外。所以我國古代的學術，有：

儒家、偏於倫理政治方面。道家、偏於哲學。陰陽家、古代的宗教家言，包括天文、律、曆、算數等學。法家、偏於政治法律方面。名家、近乎論理學。墨家、也在倫理政治方面。而敬天明鬼，比起儒道兩家來，宗教臭味略重。從横家、專講外交。農家、兵家、醫家。

而詩賦一略，也可以稱做文學。

他推論各家學術，以爲都出於王官。雖所推未必盡合，而“其理不誣”。可以見得古代學術爲貴族所專有的情狀。

以上所論，戰國以前學術界的大略情形，可以窺見了。至於詳論他的分岐變遷、是非得失，這是專門研究學術史的事，不是普通歷史裏講得盡的，所以只好略而不具。

第二篇　中古史（上）

第一章　秦始皇帝的政策

秦代以前的世界，是個封建之世；秦漢以後的世界，是個郡縣之世；其情形是迥然不同的：中國成一個統一的大國，實在是從秦朝起的。所以秦朝和中國，關係很大。

郡縣之治，咱們現在看慣了，以爲當然的。然而在當時，實在是個創局。咱們現在，且看秦始皇的措置如何。他的措置：

第一件，便是自稱皇帝，除去謚法。這件事，便在他初併天下這一年。他下了一個令，叫丞相御史等議帝號。他們議上去的，是“臣等謹與博士議曰：古有天皇、有地皇、有泰皇，泰皇最貴。臣等昧死上尊號，王爲‘泰皇’，命爲‘制’，令爲‘詔’，天子自稱曰‘朕’”，他又叫他們去掉一個泰字，留了一個皇字，再加上一個帝字，就成了“皇帝”二字；其餘便都照博士所議。不多時，又下了一道制道：“朕聞太古有號無謚；中古有號，死而以行爲謚。如此，則是子議父，臣議君也，甚亡謂，朕弗取焉。自今已來，除謚法。朕爲‘始皇帝’，後世以計數，二世三世，至千萬世，傳之無窮。”

第二件，便是廢封建，置郡縣。這時候，天下初統一，人情習慣於封建，六國雖滅，自然有主張新封的。所以初併天下這一年，就有丞相綰姓王等奏請：“六國初破，燕、齊、荆地遠，不爲置王，無以填之。請立諸子，唯上幸許。”始皇下其議，羣臣皆以爲便。獨有廷尉李斯説：“周文武所封子弟同姓甚衆；然後屬疏遠，相攻擊如仇讎；諸侯更相誅伐，周天子弗能禁。今海内賴陛下神靈，一統皆爲郡縣。諸子功臣，以公賦税重賞賜之，甚足，易制。天下無異意，則安寧之術也。置諸侯不便。”始皇也説：“天下共苦戰鬬不休，以有侯王。賴宗廟，天下初定，又復立國，是樹兵也，而求其寧息，豈不難哉。廷尉議是。”於是把天下分做三十六郡，置“守”、“尉”、“監”，守是一郡的長官；尉是幫守管理一郡的軍事的；監是中央政府派出去的御史。中國郡縣的制度，到此纔算確立。

第三件，便是收天下的兵器，把他都聚到咸陽銷毀了，鑄做“鍾”、“鐻”和十二個銅人，當時還是以銅爲兵。每個有一千石重。

第四件，是統一天下的“度”、“量”、“衡”和行車的軌與文字。參看第一篇第十章第二節。

第五件，是把天下的富豪遷徙到咸陽來，一共有十二萬户。

這都是初併天下這一年的事，後來又有“焚書”、“坑儒”兩件事。

“焚書”這件事，在前二一二四年。他的原因，是因爲始皇置酒咸陽宫，博士七十人前爲壽；有一個僕射周青臣，恭維始皇行郡縣制度的好處，又有個博士淳于越，説他面諛，而且説郡縣制度，不及封建制度。始皇下其議。丞相李斯，便把淳于越駁斥一番，因而説：“諸生不師今而學古，以非當世，惑亂黔首。”又説：“他們尊私學而相與非法教；人聞令下，則各以其學議之。入則心非，出則巷議。夸主以爲名，異取以爲高，率羣下以造謗。如此弗禁，則主勢降乎上；黨與成乎下。禁之便。”因而就擬了一個“禁之”的辦法：是“臣請史官，非秦記，皆燒之；非博士官所職，天下有敢藏詩書百家語者，悉詣守尉雜燒之；有敢偶語詩書棄市；以古非今者族；吏見知不舉者與同罪；令下三十日不燒，黥爲城旦。——所不去者，‘醫’、‘藥’、‘卜’、‘筮’、‘種樹’之書；若有欲學法令，以吏爲師。”秦始皇許了他，燒書的事情，就實行起來了。

“坑儒”的事情，在焚書的明年，是方士引出來的。當時講神仙的方士頗有勢力，秦始皇也被他惑了，便派什麽齊人徐市，發童男女入海求三神山；蓬萊，方丈，瀛洲。又派什麽燕人盧生，去求羨門、高誓，仙人的名字。煉“不死之藥。”這些事情的無效，自然是無待於言的。偏是這一年,盧生又和什麼侯生私下談論始皇:説他"樂以刑殺爲威","貪於權勢","未可爲求仙藥"。因而逃去。始皇聽得,大怒,説:我燒書之後,召"文學"、"方術"之士甚多。召文學之士,要想他們"興太平";召方術之士,要想靠他們"求奇藥";很尊重賞賜他們。如今不但毫無效驗,而且做了許多"姦利"的事情,還要"誹謗"我。因而想到,説諸生在咸陽的,有"惑亂黔首"的事情。就派個御史去按問。諸生就互相告發,互相牽引,給他坑殺了四百六十多人。

這幾件事情,其中第二、第四兩件,自然是時代所要求。第三件,後人都笑他的愚,然而這事也不過和現在"禁止軍火入口"、"不准私藏軍械"一様,無甚可笑。第五件似乎暴虐些,然而這時候,各地方舊有的貴族、新生的富者階級,勢力狠大,要是怕亂,所怕的就是這一班人(後來紛紛而起的,畢竟是六國的王族和將家佔其多數;否則就是地方上的豪傑。並非真是"甕牖繩樞之子;甿隸之人;遷徙之徒",可見地方上的特殊勢力,原是應當剗除的)。漢高祖生平,是並不學秦朝的政策的。然而一定天下,也就"徙齊、楚大族於關中",可見這也是時勢所要求,還没甚可議之處。最專制的,便是第一件和"焚書""坑儒"兩件事。爲什麼呢?"皇帝"是個空名,憑他去稱"皇",稱"帝",稱"王",稱"皇帝",似乎没甚相干。然而古人説:"天子者,爵也。"又説:"天子一位;公一位;侯一位;伯一位;子男同一位;凡五等。"可見天子雖尊,還不過是各階級中之一;並不和其餘的人截然相離。到秦始皇,便無論"命"、"令"、"自稱",都要定出一個特别名詞來,天子之尊,真是"殊絶於人"了。"太古有號無諡",自是當時風氣質樸,並不是天子有種權利,不許人家議論。到始皇,除去諡法,不許"子議父,臣議君",纔真是絶對的專制。焚書這件事,不但剥奪人家議論的權利,並且要剥奪人家議論的智識。——始皇和李斯,所做的事,大概是"變古"的,獨有這件事,是"復古"的。他們腦筋裏,還全是西周以前"學術官守,合而爲一"的舊思想,務求做到那"政學一致"的地步。人人都要議論,而且都有學問去發議論,實在是看不慣的。

“坑儒”的事情，雖然是方士引起來，然而他坐諸生的罪名，是“惑亂黔首”，正和“焚書”是一樣的思想。這兩件事，都是“無道”到極點的。

以上所述的是秦始皇對内的政策；他的對外，還有兩件事情。

其(一)是叫蒙恬去斥逐匈奴，收取河南的地方，如今的河套。於前二一二四年，修築長城，“起臨洮，迄遼東，延袤萬餘里。”秦始皇這一道長城，是因著戰國時的舊址連接起來的，並不是一時造成。他所經的地方，是在如今河套和陰山山脈之北，東端在朝鮮境内，也並不是如今的長城。

其(二)是發兵略取南越的地方，把他置了南海、如今廣東的南海縣。桂林、如今廣西的桂林縣。象在如今越南。三郡。又奪了勾踐的子孫的地方把他置了閩中郡。如今的福建。秦始皇的武功，有一部分人也頗恭維他。然而這也不過是時勢所造成(中國國力發達到這一步，自然有這結果)，無甚稀奇。不過“北限長城，南逾五嶺”，中國疆域(本部十八省)的規模，卻是從此定下來的。——後來無甚出入。

秦朝所以滅亡，由於奢侈和暴虐。他滅六國的時候，每破一國，便把他的宫室，畫了圖樣，在咸陽倣造一所；後來又在渭南造一所阿房宫。《史記》説他的壯麗是“東西五百步，南北五十丈。上可以坐萬人，下可建五丈之旗”。又在驪山在如今陝西臨潼縣。自營萬年吉地。單驪山和阿房宫兩處工程，就要役徒七十萬人。還要連年出去“巡遊”，“刻石頌德”。——封泰山；禪梁父。又要治什麽“馳道”。他又自推“終始五德之傳”，説周得火德，秦得水德。水德之始，應當嚴刑峻法，“然後合五德之數”。秦國的刑法，本來是很野蠻的，再經秦始皇有意加嚴，自然是民無所措手足了。

第二章　封建政體的反動

第一節　豪傑亡秦

秦朝吞滅六國，人心本來不服；加以始皇的暴虐和奢侈，自然是思亂者衆。不過給始皇的威名鎮壓住了，一時不敢動。始皇一死，自然一鬨而起了。

前二一二一年，秦始皇出遊，回去的時候，走到平原津，在如今山東的德縣。病了，到沙邱的平臺宫，在如今直隸的邢臺縣。就一命嗚呼。秦始皇有好幾個兒子：大的唤做扶蘇，是相信儒術的，看見秦始皇坑儒，就不免諫了幾句，始皇不悦，便叫他到上郡去監蒙恬的軍。小兒子胡亥，這一次卻跟隨始皇出來。始皇病重的時候，寫了一封信給扶蘇，叫他到咸陽去迎喪即位，這封信寫好了還没有發，給一個宦者趙高知道了。原來這趙高，是教胡亥讀書，又是教他決獄的；胡亥很喜歡他。這時候，他尚了"苻璽"，這封信自然在他手裏過。他就去勸丞相李斯，要造封假信，廢掉扶蘇，改立胡亥。李斯起初不肯；經不起趙高再三勸誘，他又説："秦國的宰相，没有一個能善終的。你如今立了扶蘇，他一定相信蒙恬，你一定不得好好兒的回去了。"李斯聽了這話，不覺心動。就彼此商量，假造一封詔書，賜蒙恬、扶蘇死。一路祕不發喪；回到咸陽，纔把秦始皇的死信，宣佈出來；擁立胡亥做了皇帝，這便是秦朝的二世皇帝。

二世做了皇帝，趙高自然得意了。他便教二世先用嚴刑峻法對付大臣；又把自己的兄弟姊妹都殘殺了。他又騙二世道："做皇帝的，總得叫人害怕。你如今年紀輕，在外面和大臣一塊兒辦事，總不免有弄錯的地方，就要給人家瞧不起了。人家瞧你不起，就要想法子來欺你了。不如别出去，咱倆在宫裏辦罷。"二世果然聽了他，躲在宫裏不出來，連李斯也不得見面了，趙高就此想個主意，謀害了李斯。這時候，用刑比始皇更嚴；葬始皇於驪山，已經是窮極奢侈，而且還要造阿房宫；真是"民不堪命"，天下的人，自然要"羣起而攻之"了。

前二一二〇年，就是二世的元年，七月裏，有兩個戍卒，一個唤做陳勝，一個唤做吴廣，都是楚國人，前去戍守漁陽。如今直隸的盧龍縣。走到蘄縣，如今安徽的宿縣。天下起雨來，走不通了，料想趕到了，也是誤了限期，一定要處斬的，就激怒衆人，造起反來了，不多時，陳勝便自立爲楚王。分遣諸將，四出號召。就有：

魏人張耳、陳餘，立趙國的子孫，唤做歇的，做了趙王；

魏人周市，立魏國的公子咎，做了魏王；

燕人韓廣，自立做燕王；

齊國的王族田儋，自立做齊王；

南方呢，也有：

沛人劉邦，據了沛，如今江蘇的沛縣。自立做沛公。楚國的縣令稱公。

楚將項燕的兒子，名字唤做梁，和他哥哥的兒子，名字唤做籍，表字唤做羽的，起兵於吴，如今江蘇的吴縣，秦朝的會稽郡治。項梁便自稱會稽守。

二世起初受了趙高的蒙蔽，以爲這許多人是"無能爲"的；誰知到明年正月裏，陳勝的先鋒周文，已經打到戲了。如今陕西的臨潼縣。二世纔大驚,這許多驪山的工人,本是犯了罪的,忙赦了他,叫一個人,喚做章邯的,帶着去抵禦周文。這時候,秦朝政事雖亂,兵力還强。這些新起烏合之衆,如何敵得政府的兵。居然把周文打死了。他就乘勝去攻陳勝,陳勝也死在下城父;如今安徽的蒙城縣。吴廣先已因攻滎陽如今河南的滎澤縣。不下,給手下的人殺了。章邯便去攻魏。

這時候,項梁的兵已經渡過江來了。有一個居鄛人,如今安徽的巢縣。喚做范增,前去勸他立楚國之後。項梁聽了他,便去找尋楚懷王的子孫;果然找到了一個名字喚做心的。項梁便把他立在盱眙,如今安徽的盱眙縣。仍舊喚做楚懷王。戰國時候,楚國有一個懷王,和齊國很要好的。秦國要想騙他,就叫張儀去對他説:你只要和齊國絶了交,我便送你商於的地方六百里。見第一篇第三章第五節。懷王信了他,果然和齊國絶了交;誰知秦國把前言賴掉了。懷王大怒,發兵攻秦,大敗,只得割地講和。後來秦又騙他去面會,當面逼勒他割地,懷王不肯,秦人便把他捉了去,後來懷王就死在秦國,楚國人很可憐他的。所以這時候,要立他的後人,而且還要稱他做楚懷王。

又有韓人張良,他的祖父,都做韓國的相。韓國滅亡了,他就盡散家財,尋覓死士,要想替韓國報讎。有一次,秦始皇出遊,走到博浪沙中,在如今河南的陽武縣。張良叫一個力士,伏在沙裏,用大鐵椎狙擊他,惜乎誤中"副車"。秦始皇吃這一嚇,叫天下大捉兇手十日,畢竟没有捉得到。到這時候,張良去見項梁,勸他立韓國之後,項梁聽了他,就立韓公子成爲韓王。

於是六國之後,都立起來了。然而這時候,秦兵攻魏,正在危急。齊王田儋發兵來救,誰知道打了一仗,又敗死了。項梁引兵而北,連勝兩仗,未免心驕意滿,又被章邯乘其不備夤夜劫營,殺得大敗虧輸,項梁也死了。章邯便到北面去,把趙王圍在鉅鹿。如今直隸的平鄉縣。諸侯的形勢,真是危急萬狀了。

正當危險的時候,卻有一枝救兵來了;你道是誰?原來就是中國絶世的英雄項羽。這時候,項梁已經死了,楚國一方面,總得想個應敵之策。就有人主張分兵兩枝:一枝去攻秦,一枝去救趙。然而秦國兵勢正强，許多將官，没有一個肯向前的，只有沛公和項羽不怕。大家商量定了，楚懷王便派：

沛公西入關；宋義爲上將，項羽爲次將，范增爲末將，北救趙。

誰知宋義見了秦兵也是懼怕的，到了安陽，如今山東的菏澤縣。一共駐紮了四十六天，不肯進兵；反叫他的兒子到齊國去做宰相，田儋死後，他的兄弟田榮，立了他的兒子田市。自己去送他，於路置酒高會。項羽見不是事，便把他殺了。這纔發兵渡河，和秦軍大戰。這一戰，真是秦軍和諸侯軍的生死關頭，《史記》叙述他的戰事道：

> ……項羽乃悉引兵渡河，皆沈船，破釜甑，燒廬舍，持三日糧，以示士卒必死，無一還心。……與秦軍遇，九戰，絶其甬道，大破之。……當是時，楚兵冠諸侯，諸侯軍救鉅鹿下者十餘壁，莫敢縱兵。及楚擊秦，諸將皆從壁上觀。楚戰士無不一以當十，楚兵呼聲動天，諸侯軍無不人人惴恐。於是已破秦軍，項羽召見諸侯將，諸侯將入轅門，無不膝行而前，莫敢仰視。項羽由是始爲諸侯上將軍，諸侯兵皆屬焉。

章邯雖敗，還能收拾殘兵，和項羽相持。不想派了一個長史司馬欣到關中去求救，趙高竟不見他。司馬欣急了，跑回來勸章邯投降項羽。章邯尋思没法，只得聽了他。秦人在關東的兵力，就此消滅了。

沛公這一支兵，本來想從洛陽入關的，誰知和秦戰不利，便改變方針，南攻南陽；南陽破了，就從武關進去。武關，在如今陝西商縣的東邊。趙高一向蒙蔽着二世，説山東盜是“無能爲的”。這時候，二世不免怪着他，趙高一想不好，不如先下手爲强，便把二世弑了，立了他哥哥的兒子公子嬰，去掉帝號，仍稱秦王，要想保有關中。子嬰又想個法子，把趙高騙去刺殺了，夷其三族。子嬰做了四十六天的秦王，沛公的兵已經到了灞上了。在如今陝西省城的東邊。子嬰無法抵禦，只得投降，秦朝就此滅亡。這是前二一一七年的事。

秦朝亡得這樣快，全是由於内亂，所以沛公兵來，無暇抵禦。在山東的一枝兵，也心變，投降人家了。秦朝是“統一專制君主”政體初成立的時代，就把什麽“宰相謀逆”、“奄宦弄權”、“殺長立幼”、“誅鋤骨肉”、“蒙蔽”、“弑逆”種種事情，都弄全了，這也可見得“君主政體”的流弊。欲知其詳，請把《史記》的《秦始皇本紀》、《李斯列傳》再仔細讀一遍。

第二節　項羽的分封和楚漢的興亡

秦朝既經滅亡，封建政體的反動力就要大張其燄了。原來當時的人習慣於封建，普通人的心裏，差不多以爲列國分立是當然的。秦國的統一，不過是個變局，秦始皇、李斯等，對於這個問題，卻要算先知先覺之士。暴力一過，總得回復到原狀的。至於前此業已互相吞併，而漸趨於統一，此等歷史觀念，並非普通人所有。所以陳勝、吴廣謀舉事，説：“等死，死國可乎。”這國字是指原來的楚國，就是要想恢復楚國的意思。范增説項梁，也説：“今君起江東，楚蠭起之將，皆争附君者，以君世世楚將，爲能復立楚之後也。”可以見得當時一般人的心理。既有這種心理，滅秦之後，自然没有一個人獨占了的道理，自然還是要分封。誰應當受封呢？自然是六國之後，和當時滅秦有功的人。誰來主這分封的事呢？自然是當時實力最强的人。這都是自然之理，無待於言的。沛公入關之後，項羽也定了河北，引兵入關，誰知道沛公早派兵把關門守住了。項羽大怒，便把函谷關打破。這時候，項羽的兵有四十萬，駐紮在鴻門；在臨潼縣境。沛公的兵只有十萬，駐紮在壩上；論兵力，是萬敵不過項羽的，幸而項羽有個族人，喚做項伯，和張良有交情的，聽得項羽下個軍令，明天要打沛公，便黄夜來見張良，勸他一同逃走。沛公乘勢，便託他去向項羽疏通。明兒一早上，又帶着張良、樊噲等幾個人，去見項羽，把守關的事當面解釋了一番，纔算吱唔過去。當初楚懷王曾經和諸將立一個約，說"先入定關中者王之"。這時候，項羽差人去報告楚懷王，懷王便回他"如約"兩個字。項羽哪裏肯聽，便自己分封起諸侯來。他所分封的是：

所封的人	王號	所王的地方	都城
劉邦	漢王	巴蜀漢中	南鄭如今陝西的南鄭縣。
章邯	雍王	咸陽以西	廢丘如今陝西的興平縣。
司馬欣秦的降將。	塞王	咸陽以東至河	櫟陽如今陝西的臨潼縣。
董翳秦的降將。	翟王	上郡	高奴如今陝西的膚施縣。
魏王豹魏王咎的兄弟。咎自盡之後，豹逃到楚國，楚人立他做魏王。	西魏王	河東	平陽如今山西的臨汾縣。
韓王成不多時，項羽把他殺了，改立了舊時候吴縣的縣令鄭昌。	韓王		陽翟如今河南的禹縣。
申陽張耳的嬖人。	河南王		洛陽如今河南的洛陽縣。
司馬卬趙國的將。	殷王	殷故墟	朝歌如今河南的淇縣。
趙王歇	代王		代如今直隸的蔚縣。
張耳	常山王	趙	襄國如今直隸的邢台縣。
英布楚國的將。	九江王		六如今安徽的六安縣。
吴芮秦國的番陽令，起兵跟了諸侯入關的。番陽，如今江西的鄱陽縣。	衡山王		邾如今湖北的黄岡縣。
共敖義帝的柱國，傳到他的兒子尉，給漢朝滅掉的。	臨江王		江陵如今湖北的江陵縣。
燕王廣給臧荼殺掉的。	遼東王		無終如今直隸京兆的薊縣。
臧荼燕國的將。	燕王		薊如今的北京。

續　表

所封的人	王　號	所王的地方	都　城
齊王市	膠東王		即墨如今山東的即墨縣。
田都齊國的將。	齊　王		臨淄如今山東的臨淄縣。
田安戰國時齊國最後的王喚做建的後人。	濟北王		博陽如今山東的泰安縣。

他卻自立做西楚霸王，王梁、楚地九郡，都彭城。九郡的地，《史記》、《漢書》上，都没有明文；據惲氏敬所考，是泗水、薛、郯、琅邪、陳、碭、東郡、會稽；會稽郡裏，又分出一個吴郡來。見他所著的《西楚都彭城論》。表面上把楚懷王尊做義帝，實際上卻把他遷徙到江南的郴；如今湖南的郴縣。不多時，又把他弑了。

他這分封的意思，不過是猜忌漢王，不要他佔據關中形勢之地；所以生出一個解釋來，説巴、蜀、漢中，也是關中之地，戰國時曾屬於秦，所以生出這一説。就把來封了他。卻把秦國三個降將封在關中，去堵住他的路。這三個人，都是項羽親身收服的，而且這三個人，帶着秦人在外打仗，死掉許多，秦人很恨他，不怕他據着關中反抗。他自己所據地方，既大，又是本來的勢力根據地，形勢也是很好的。

然而他把趙、魏、燕、齊的舊王，都搬到别處，去改封了自己心愛的人，人家心上就有些不服。加以當時還有"有功而未得封"或"擁兵而無所歸"的人，也想要搗亂，天下就多起事來了：這一年四月裏，諸侯罷兵，各就國，八月裏，田榮就併了三齊；田榮見項王把田市遷徙到膠東，大怒，留住他，不許他到膠東去。田市怕項王，就逃了去，田榮大怒，追上，把他殺了。又發兵打死田都。這時候，有一個昌邑人，唤做彭越，本來起兵跟漢王的，帶着一萬多人，在鉅野(如今山東的鉅野縣)没有歸宿，田榮就給他一顆將軍印，叫他打死田安，田榮就併王三齊。陳餘也起兵攻破張耳，迎接代王歇還去做趙王。趙王感激陳餘，就把他封做代王。陳餘和張耳，本來是好朋友，後來張耳給章邯圍在鉅鹿，陳餘不敢去救。張耳派兩個人去求救，陳餘没法，只得派幾個兵，同着他兩個去試試。這時候，秦國的兵勢盛，都死了。張耳疑心這兩個人是陳餘殺掉的；鉅鹿解圍以後，屢次盤問他。陳餘大怒，把印解下來，給張耳道：我這兵請你帶了罷，我不幹了。張耳手下有個人勸張耳就此接受了。陳餘没法，只得帶了幾十個人到大澤中去漁獵。項羽因他没有從入關，只封了他南皮（如今直隸的南皮縣等三縣的地方），陳餘心上不服。田榮起兵之後，便去請兵，打破了張耳。項羽既然是霸王，好比春秋時候的霸王。諸侯鬧了這種亂子，當然是他的責任，只得親身去攻打田榮。漢王乘機，用韓信做大將，八月，還定三秦；又派兵擊虜了韓王鄭昌。明年，正月，漢王出關，降河南王申陽；渡河，降西魏王豹，虜殷王卬；就帶了塞、翟、韓、殷、魏的兵五十六萬人東伐楚。項王這時候已經打死了田榮。田榮的兄弟田横又立了田榮的兒子田廣，項王"連戰未能下"。漢王卻乘虚攻入彭城。項王聽得，帶了精兵三萬，從胡陵如今山東的魚臺縣。回攻漢王。這一仗，把漢王殺得大敗虧輸，士卒死了二十多萬人。

然而漢王據了滎陽、如今河南的滎澤縣，是個黄河津渡之處。據了滎陽，就可以出兵河北。成皋，如今河南的汜水縣，西邊就是著名的虎牢關，是從山東到洛陽去的緊要關隘。據住成皋，東來的兵，就不得到洛陽，關中自然安如泰山了。和楚人相持。有蕭何留守關中，發關中的人補充軍隊；運巴蜀的糧供給軍饟。項羽的後路（梁地）卻時時爲彭越所擾。漢王一方面，有韓信平定了西魏、漢王敗後，反漢爲楚。趙、代，又攻破了齊；田廣死了，田横逃到海島上；到漢高祖平定天下之後，召他，他走到離洛陽三十里的地方自殺。項羽一方面，卻連一個最得力的英布也叛降了漢了。漸漸的兵少食盡。項羽無法，只得和漢朝講和，中分天下，以鴻溝爲界，當時河淮二水間的運河。《史記·河渠書》："滎陽下引河東南爲鴻溝，以通宋、鄭、陳、蔡、曹、衛，與濟、汝、淮、泗會。"從鴻溝以東爲楚，西爲漢。約既定，項羽就引兵東歸，漢王卻背約追他，合着韓信、彭越的兵，把他圍在垓下，如今安徽的靈璧縣。項王帶了八百騎突圍南走，到烏江，大江津名，在如今安徽的和縣。自刎死了。天下就統一於漢。這是前二一一一年的事。

自從陳涉發難，六國之後，紛紛自立；秦亡之後，項羽又大封諸侯；到這時候，又都煙消火滅了。這要算"封建的反動力"第一次失敗。

豪傑亡秦，要算中國平民革命第一次成功。以前湯放桀，武王伐紂，秦滅周，都是以諸侯革天子的命。三家分晉，田和篡齊，是以大夫革諸侯的命。這時候，革命的是一班什麼人，成功的又是一班什麼人，請看：

《史記・高祖本紀》：高祖爲人，……仁而愛人，喜施，這六個字，是用錢撒潑的別名。意豁如也。常有大度，這八個字，是無賴行徑，什麼事都不放在心上。不事家人生産作業。及壯，試爲吏，爲泗水亭長，廷中吏無所不狎侮。好酒及色。嘗從王媪、武負貰酒，醉卧，武負、王媪見其上常有龍，怪之。高祖每酤留飲，酒讎數倍。及見怪，歲竟，此兩家嘗折券棄責。高祖嘗繇咸陽，縱觀，觀秦皇帝，喟然太息曰：嗟乎！大丈夫當如此也。

只這幾句話，活畫出一個無賴的行徑。要是細心蒐尋，一部《史記》裏不知可以蒐出多少條來，現在且别細講他。再看輔佐他的人：蕭何、曹參，都是個刀筆吏；只有張良是個世家子弟，然而他的性質，也是和江湖上人接近的；陳平便是個不事生産的人；韓信、彭越更不必説了。漢高祖用了這一班人，卻居然成功，項王"其所任愛，非諸項，即妻之昆弟；雖有奇士不能用"。這是陳平説項王的話，見《史記・陳丞相世家》。分明帶有貴族性質，就到底敗亡。而且當時不但貴族裏頭没有人，就是草野之間出一點"賢人"的名聲的，這個人也就没甚用處(如周文、張耳、陳餘等)，反不如這一班無賴，這不是氣運使然麽？實在就是社會組織的變遷。趙翼的《廿二史劄記》裏，有一段論這事的，題目是《漢初布衣卿相之局》，考據得很精詳，可以參看一參看。

第三節　漢初功臣外戚宗室三系的鬭爭

項羽滅掉了，天下就算太平了麽？還没有呢，當時還有幾種特殊勢力。

其(一)是"功臣"。侯國革命時代，革了命，誰應當做皇帝是一定的；譬如夏亡之後，做皇帝的當然是湯，商亡之後，做皇帝的當然是武王。斷没有伊尹、太公出來和他競争的道理。平民革命時代就不然了，你好做，我也好做。項羽雖滅，韓信、彭越，……個個和漢高祖資格平等的，怎教他不生心？做皇帝的如何不要疑心他？疑心他，他如何不要自衛？這班人又都是身經百戰的，如何不可怕？在各種特殊勢力之中，這一種要算是最危險的了。

其(二)是"宗室"。這一種特殊勢力，是有意造出來的。當時的人對於封建有兩種心理：一種是被滅的人，要想恢復固有的基業。秦朝末年，六國之後，紛紛自立，就是這一種心理。一種是滅掉人家的人，要想封建自己的子弟親戚，以爲屏藩。淳于越勸秦始皇："臣聞殷周之王千餘歲，封子弟功臣，自爲枝輔。今陛下有海内，而子弟爲匹夫。卒有田常、六卿之臣，無輔拂何以相救哉？事不師古，而能長久者，非所聞也。"就是這一種心理。這種議論，秦始皇没有實行，漢高祖卻實行起來了。

其(三)就是"外戚"。外戚成爲一種特殊勢力，其根本也是從歷史上來的。當分裂的時代，部落和部落，國家和國家，總是互相讎敵。能彀互相聯絡的，本家之外，自然只有親戚。終漢之世，外戚的爲害最烈，難道漢朝的皇帝，性質和别一朝不同，總喜歡任用外家麽？也因爲漢時的社會，"去古還近"，人心爲"風氣所囿"，不能自拔的緣故。至於漢高祖的丈母家，更是助他取天下的，事成之後，自然也成爲一種特殊勢力了。這裏頭的關係，讀史的人都不大留意。我現在把他揭出來，卻是很有趣的。

《史記·高祖本紀》：單父人吕公善沛令，避仇從之客，因家沛焉。沛中豪傑吏聞令有重客，皆往賀。蕭何爲主吏，主進；令諸大夫曰：進不滿千錢，坐之堂下；高祖爲亭長，素易諸吏；乃紿爲謁曰：賀錢萬；實不持一錢；謁入，吕公大驚，起迎之門。吕公者，好相人；見高祖狀貌，因重敬之，引入坐。……酒闌，吕公因目固留高祖。高祖竟酒，後。吕公曰：臣少好相人，相人多矣，無如季相,願季自愛。臣有息女,願爲季箕箒妾。酒罷,吕媪怒吕公曰:公始嘗欲奇此女,與貴人。沛令善公,求之不與,何自妄許與劉季?吕公曰:此非兒女子所知也。卒與劉季。吕公女,乃吕后也。生孝惠,魯元公主。

看"避仇從之客"一句,便知道吕公也不是安分之徒,正和"好酒及色"、"不事家人生産"的人是一路。再看:

高祖爲亭長時,嘗告歸之田。吕后與兩子居田中耨,有一老父過,請飲,吕后因餔之。老父相吕后曰:夫人天下貴人。令相兩子,見孝惠,曰:夫人所以貴者,乃此男也。相魯元,亦皆貴。老父已去,高祖適從旁舍來,吕后具言:客有過,相我子母皆大貴。高祖問,曰:未遠。乃追及,問老父。老父曰:鄉者夫人嬰兒皆似君,君相貴不可言。高祖乃謝曰:誠如父言,不敢忘德。及高祖貴,遂不知老父處。這十個字,妙不可言。一句話點穿他都是造謠,毫無對證。

秦始皇帝嘗曰:東南有天子氣。於是因東遊以厭之。高祖即自疑,亡匿,隱於芒、碭山澤巖石之間。吕后與人俱求,嘗得之。高祖怪問之。吕后曰:季所居,上嘗有雲氣,故從往常得季。高祖心喜,沛中子弟或聞之,多欲附者矣。

可見當時"造謠惑衆",兩口子都是串同了的。還有吕后的妹夫樊噲,是和高祖同隱於芒、碭山澤之間的,沛縣人起兵時,就是託他去尋找高祖。吕后的哥哥,一個唤做澤,一個唤做釋之,都是跟隨着高祖起兵的。高祖彭城之敗,得了吕澤的兵,方纔站住。吕氏一系,有這許多人,如何不要成爲特殊勢力呢!所以當時的人説:"吕氏雅故,推轂高帝就天下。"見《史記·荆燕世家》。這句話,實在不是瞎説的。

當時的功臣,有封地的,都給高祖和吕后兩個人滅掉。這個可算劉、吕兩系,合力以摧殘功臣系。

齊王韓信。韓信破齊之後,就自立做了齊王,這時候,高祖没法,只得因而封之。到破了項羽以後,便"馳入齊王信壁,奪其軍"。把他改封做楚王。後來又用陳平的計策,僞遊雲夢，趁他來謁見，把他捉起來，説有人告他造反，帶到京裹，赦了他，封爲淮陰侯。前二一〇八年，代相陳豨反了，高祖自將去打他，吕后在京城裹，又叫人誣告韓信謀反，把他殺掉。

梁王彭越。高祖背約追項羽的時候，約會韓信、彭越，他倆都不來。高祖没法，用張良的計策，加給韓信封地，又封彭越做梁王，他倆纔都來。韓信死這一年，也有人告他謀反，高祖便把他廢了，徙之於蜀。走到路上，遇見吕后；彭越哭着對她説實在没有謀反，求吕后替他做主，放他回家鄉。吕后便帶他到洛陽去見高祖，説："彭王壯士，今徙之蜀，此自遺患；不如遂誅之，妾謹與俱來。"於是再叫人告彭越謀反，又把他殺掉。

韓王信。韓國的子孫，以勇敢著聞的。高祖定三秦時，叫他擊滅鄭昌，就立他做韓王。天下既定，把他遷徙到晉陽，要想靠他抵禦匈奴，他便自告奮勇，請徙治馬邑（如今山西的馬邑縣），漢朝許之。誰知這時候，匈奴兵力很强，把他圍了起來，他抵敵不過，只得差人求和。這件事給漢朝知道了，便去責問他。他急了，就索性投降匈奴，帶他入寇。韓信死的這一年，給漢朝將軍唤做柴武的打死。

淮南王英布。英布本來是項羽的降將，自然不能自安，也是韓信死的這一年造反，明年，給漢高祖打敗了，逃到江南，吴芮的兒子吴臣把他騙去殺掉。

趙王張敖。張耳給陳餘打敗之後投奔漢王，後來跟着韓信去打陳餘，陳餘死後，便立他做趙王。張耳死後，兒子張敖，接續下去。又尚了魯元公主。高祖走過趙國，張敖出來迎接，甚爲恭敬。高祖卻"箕踞嫚駡"，趙相貫高不忿，就想謀弑高祖，事情没有成功，倒給人家告發起來。同謀的人，都圖個自盡。幸而貫高挺身到京，力白張敖並不知情，張敖的性命，纔算保全，然而趙王的位子，卻保不住了。這是前二一一〇年的事。

燕王盧綰。盧綰和高祖是同鄉，他的父親，就和高祖的父親，是好朋友。盧綰和高祖同日而生，長大來，又是好朋友。高祖擊滅臧荼，就封盧綰做燕王。後來高祖去攻陳豨，盧綰也派兵夾攻，陳豨差人到匈奴求救，盧綰也差個張勝到匈奴去，叫匈奴别救他。這時候臧荼的兒子在匈奴國裹，對張勝説道："你們何必急急攻陳豨，陳豨滅亡，連你們燕國，也保不住了。"張勝以爲然。就叫匈奴發兵攻燕，好等燕國借此撤兵自救，不去攻陳豨。盧綰見張勝去後，匈奴的兵反來攻打，説張勝反了，就上書漢朝，請族誅張勝。不多時張勝回來，説明原因，盧綰纔知道他都是爲着自己，懊悔不迭，就隨意殺了一個人，對漢朝説是張勝。後來這件事情發覺了，漢高祖便叫樊噲去打他。盧綰逃出長城外。這時候，高祖已經病了，他和高祖畢竟是有交情的，時時在長城外打聽，想等高祖好了，親自進京來解釋。後來知道高祖死了，便逃到匈奴，死在匈奴國裹。

只有長沙王吴芮，因所封的地方很小，而且偏僻，無關大局，所以没有滅亡。當時所封建的同姓，卻有：

荆王賈。高祖的從父兄。韓信廢後,分其地,立賈和楚元王。英布造反的時候,劉賈給他打死。

楚元王交。高祖的同父弟。

吴王濞。高祖兄仲的兒子,英布滅後立的。

齊悼惠王肥。以下七王,都是高祖的兒子。

代王恒。就是文帝。代本來是封高祖兄仲的(仲名喜),仲爲匈奴所攻,棄國逃回,纔拿來封文帝。

趙隱王如意。張敖廢後立的。

淮南厲王長。英布滅後立的。

梁王恢。彭越滅後,立恢和淮陽王友。

淮陽王友。

燕靈王建。盧綰廢後立的。

“高祖刑白馬與諸侯盟,曰:非劉氏而王者,天下共擊之。”這個真可算得把天下當一家的産業了。

高祖死後,形勢就一變,變做“外戚一系,内關功臣,外關宗室”的樣子。原來吕后的干政,不是從高祖死後起的。《史記》上説:“戚姬幸,常從上之關東,……吕后年長,常留守,希見上,益疏。”高祖固然是個好色之徒,然而吕后的留守,卻不盡因“色衰愛弛”的緣故。高祖從滅掉項羽以後,重要的戰役,大概是自將,還要出去巡行,一年倒有半年不在京城裏。這時候,京城裏的事情,不是交給吕后,是交給誰?若説全權付託宰相,卻並没這一回事,請看《蕭相國世家》自知。所以高祖死後,吕后出來管理朝政,他這資格,是早就養成了的。吕氏一系,又有許多人夾輔她,自然没人敢反抗。

高祖晚年,愛了一個戚夫人,生了個趙王如意,要想廢掉太子立他,賴大臣力争得免。其實也爲吕氏在當時,是一種特殊勢力。要有吕后,纔能和功臣系相持,换個戚夫人,就糟了。高祖死後,孝惠帝即位,吕后就“斷戚夫人手足,去眼,煇耳,飲瘖藥,使居厠中,命曰人彘”。叫孝惠帝去看,惠帝看了大哭,病了好幾月。從此以後,惠帝不以他母親所爲爲然,卻又没奈何她，就無心政事，一味取樂，漸漸成病，前二〇九九年，死了。惠帝的皇后，是魯元公主的女兒。惠帝的外甥女。無子，太后叫他殺掉後宫有子的美人，取其子以爲子。這時候，立了他，是爲少帝，太后臨朝稱制。前二〇九五年，少帝年長了，知道他的母親是給吕后殺掉的，口出怨言，吕后把他廢掉了，立了個常山王義，改名爲弘。太后所封孝惠帝的兒子，有好幾個：就是淮陽王彊，常山王不疑，襄城侯山，軹侯朝，壺關侯武。彊死後，徙武爲淮陽王。不疑死後，徙山爲常山王，改名義。這幾個人，歷史上説他不是孝惠帝的兒子，這句話究竟是實情，還是漢大臣造的，現在無從斷定，請看下文。從此到前二〇九一年吕后死以前，朝廷的政權，始終在她手裏。

吕后對於宗室，殺掉一個趙隱王如意，又殺掉一個趙幽王友，就是淮陽王，如意死後徙封。一個趙共王恢。就是梁王。燕靈王建死後，她又叫人殺掉他的庶子，又割了齊國的琅邪、濟南二郡，都拿來封自己一系的人。還割了齊國的城陽郡，來做魯元公主的湯沐邑。太后要封諸吕時，右丞相王陵便引“高祖白馬之盟”來抵抗她。左丞相陳平、絳侯周勃説：“高帝定天下，王子弟，今太后稱制，王昆弟諸吕，無所不可。”(這句話倒也爽快)於是王陵免職，封諸吕的事，就實行起來。琅邪王是高祖的堂房弟兄，在高祖手裏不甚得法，吕后秉政，纔去拍馬屁，所以也是吕后一系的人。

燕	靈王建	吕通吕后的姪孫
趙	隱王如意　幽王友　共王恢	吕禄吕釋之的兒子
梁	恢	吕産吕台的兄弟
齊	悼惠王肥	齊悼惠王肥　哀王襄 吕王吕台吕澤的兒子 琅邪王劉澤 城陽魯元公主湯沐邑

他對於功臣系，就是叫吕禄、吕産起初是吕台帶的，吕台死後，吕産接他的手。帶了南北軍，漢朝京城裏的兵，參看第八章第四節。奪掉太尉周勃的兵權。這件事在惠帝死後。張良的兒子，唤做張辟疆，這時候只有十五歲，做侍中的官。去見陳平道：太后只有這一個兒子，現在死了，他哭得並不傷心，你知道是什麽原故？陳平道：我不知道呀！張辟疆道：皇帝(指惠帝)没有大的兒子，太后心上，就是怕你們這班人。

你何不請於太后,叫吕台、吕産、吕禄,都帶了南北軍。那麽,太后心安,就不來害你們了。陳平聽了他。《史記》上説"吕氏權由此起"。十五歲的小孩子知道什麽? 自然是太后指使他去的。大概張良是外戚一系的人;所以高祖要廢太子,吕后叫吕澤去逼他畫策(《留侯世家》);吕后要想叫吕氏帶南北軍,又是張辟彊出頭。

吕后臨死的時候,吩咐吕禄、吕産等道:"大臣恐爲變。必據兵衛宫,慎無送喪,爲人所制。"誰知吕后一死,風波就起來了,原來齊悼惠王有九個兒子,這時候,朱虚侯章,東牟侯興居,都在京城裏,便叫人去招呼哀王襄,叫他起兵來誅諸吕,自己做内應;齊哀王果然聽了他,發兵而西。吕禄、吕産便叫灌嬰去打他。這灌嬰也是功臣系裏的人,如何肯替外戚系出力? 走到滎陽,便和齊王連和。陳平、周勃等乘機叫酈商高帝的謀臣。的兒子酈寄去説吕禄,"以兵屬太尉",歸國就封。吕禄還猶豫不決。他們又找到一個尚符節紀通,就叫他詐傳詔旨,把周勃送到北軍裏,又分了一千兵給朱虚侯,朱虚侯就把吕産殺掉。於是悉捕諸吕男女,無少長皆斬之。外戚系的勢力,到此就算消滅了。

齊悼惠王肥
- 哀王襄
- 城陽景王章
- 濟北王興居
- 齊王將閭
- 濟北王志
- 濟南王辟光
- 菑川王賢
- 膠西王卬
- 膠東王雄渠

然而宗室系和功臣系的暗鬬又起來了。當這時候,最緊要的便是"皇位繼承"問題,《史記》上記他們的事情道:

> 諸大臣相與陰謀曰:少帝及梁、淮陽、常山王,皆非真孝惠子也。吕后以計詐名他人子,殺其母,養後宫,令孝惠子之,立以爲後及諸王,以强吕氏。今皆已夷滅諸吕,而置所立,即長用事,

吾屬無類矣。不如視諸王最賢者立之。或言齊悼惠王,高帝長子,今其適子爲齊王,推本言之,高帝適長孫,可立也。大臣皆曰:吕氏以外家惡,而幾危宗廟,亂功臣,今齊王母家駟鈞,駟鈞,惡人也,即立齊王,則復爲吕氏。欲立淮南王,以爲少,母家又惡。乃曰:代王,方今高帝見子最長,仁孝寬厚。太后家薄氏謹良。且立長故順,以仁孝聞於天下,便乃相與共陰使人召代王。

這件事,《史記》上説明他們是"陰謀";可見得"少帝及梁、淮陽、常山王,皆非真孝惠子"。這句話,並非實録。不過他們恐怕"即長用事,吾屬無類",所以造爲此説罷了。這時候,宗室裏頭要算齊最强,他們畢竟把他排掉了,立了一個無勢無力的代王,這個也要算宗室和功臣系的一場暗鬬。

文帝即位,把城陽、琅邪、濟南三郡,都還了齊;徙劉澤王燕。劉澤雖然宗室,卻是吕后封他的,齊王起兵的時候,把他騙來,軟禁起來。卻叫人去發其國兵,並將而西。劉澤無法,説齊王道:你軟禁了我,也很無謂。現在京城裏人,正在那裏議立誰做皇帝呢。我在姓劉的裏頭年輩最尊,你不如放我進京去替你游説游説。齊王就放了他。誰知他一進京,也主張齊王立不得,要迎立代王。當誅諸吕的時候,諸大臣許把趙地王朱虚侯,梁地王東牟侯。文帝聽得他兩個本意要立齊王的,只把朱虚侯封做城陽王,東牟侯封做濟北王。城陽王立兩年就死了,濟北王不久到底以謀反伏誅。齊哀王死後,兒子文王則又死了,没有後人,文帝便把他的地方分做六國,立了將閭、志、辟光、賢、邛、雄渠六人,這個已是"衆建諸侯而少其力"的意思了。漢高祖的兒子,還有一個淮南厲王長,前二〇八五年,以驕恣伏誅。

然而這時候,諸侯裏頭還有一個吴國。他的國裏是有章郡秦鄣郡,治今浙江長興縣。銅山,可以即山鑄錢。又東煮海水爲鹽,以是國無賦税,又招致了許多亡命,本來是危險分子。文帝時,吴太子來朝,和皇太子景帝。飲博,争道不恭,皇太子以博局提殺之,自然是加一層怨恨。文帝是用輭功的,吴王不朝,便賜以几杖,以示承認他有病的意思。吴王得漢朝寬容，反謀也就緩下來了，然而造反的資格畢竟還在。到景帝即位，又用了晁錯，削起諸侯的地來。原來漢初封建同姓，土地都很大，這時候，承喪亂之後，户口還少，承平數世，也就加多起來，諸侯的勢力更强了。到文帝時候，各種特殊勢力，只剩了這一種，自然要從此想法子。所以賈誼説：

> 欲天下之治安，莫若衆建諸侯而少其力：力少則易使以義；國小則亡邪心；……割地定制，令齊、趙、楚各爲若干國，使悼惠王、幽王、元王之子孫，畢以次各受祖之分地，地盡而止，及燕、梁他國皆然。其分地衆而子孫少者，建以爲國，空而置之，須其子孫生者，舉使君之。……

這種法子是一個和平的法子。文帝手裏没有實行。到景帝即位，任用晁錯做御史大夫，晁錯的主意，卻比賈誼激烈了。他不用“把諸侯的地方分給他自己子孫”的法子，卻硬用天子的權力來削諸侯的地。他説：“削之亦反，不削亦反，削之其反亟，禍小，不削其反遲，禍大。”前二〇六五年——景帝三年，一舉就削了楚、趙、膠西三國的地方。於是吴王恐“削地無已”，就和濟南、菑川、膠東、膠西四國，及楚王戊，元王的孫。趙王遂，如意的兒子，文帝所封。同舉兵反起來了。

吴國的反謀，蓄了三十多年，一發起來自然聲勢浩大了。他下令國中，説：“寡人年六十二，身自將；少子年十四，亦爲士卒先。諸年上與寡人同，下與少子等皆發。”一共得了二十多萬人。又發了閩、東越兩國的兵。他移書諸侯道：“吴國雖貧，寡人節衣食用，積金錢，脩兵革，聚糧食，夜以繼日，三十餘年矣。凡皆爲此……能斬捕大將者，賜金五千斤，封萬户；列將，三千斤，封五千户；裨將，二千斤，封二千户；二千石，千斤，封千户；皆爲列侯。其以軍若城邑降者，卒萬人，邑萬户，如得大將；人户五千，如得列將；人户三千，如得裨將；人户千，如得二千石；其小吏，皆以差次受爵金。他封賜，皆倍常法。其有故爵邑者，更益，勿因。……寡人金錢在天下者，往往而有，非必取於吴，諸王日夜用之不能盡。有當賜者，告寡人，寡人且往遺之。”幸而有善於用兵的周亞夫，總算應時戡定。當時七國的兵，係吴楚兩國西攻梁；濟南、菑川、膠東、膠西四國，共攻圍齊；趙國也發兵入齊西界。漢景帝派將軍酈寄擊趙；欒布擊齊；太尉周亞夫擊吴、楚。吴、楚的兵最輕剽，難與争鋒。梁國的都城睢陽（如今河南的商邱縣）被圍甚急，亞夫不去救，卻東北壁昌邑(如今山東的金鄉縣),遣輕騎出淮泗口,絶吴、楚糧道,吴、楚兵攻睢陽不克,攻亞夫軍又不勝,糧盡,只得退回。亞夫遣兵追擊,大破之。吴王逃到東越,給東越人殺掉。楚王戊自殺。濟南、菑川、膠東、膠西四國的王都伏誅。齊王將閭本和四國有謀,後來纔反悔了,城守拒敵,到這時候,也懼而自殺。梁孝王武是景帝的同母弟。從此以後,漢朝就"摧抑諸侯,不得自治民補吏",實權都在"相"的手裏。武帝時,又用主父偃的計策,叫諸侯把自己的地方分封自己的子弟。從此以後,列國疆域更加狹小,漢初的封建就名存實亡了。周亞夫是周勃的兒子,也帶一點功臣系的臭味,所以後來畢竟不得其死。參看《史記·絳侯世家》。

第三章　漢初的休養生息

功臣、外戚、宗室，三系的搗亂，都已講過，就可以講到漢初社會的建設方面了。要考察社會的情形，物質方面和精神方面都得注重的。精神方面固然要受物質方面的支配，物質方面也要受精神方面的支配。漢初社會的精神方面卻是怎樣呢？《史記》上説：

黎民得離戰國之苦，君臣俱欲休息乎無爲。《呂后本紀贊》。

爲什麽有這種心理？請想一想。西周以前不必論，從春秋到戰國，中國實在經過五百年的長期戰争；再加以秦朝的暴虐；再加以楚漢的分争；這時候，社會的狀況如何？如何不要發生這一種心理呢？

社會心理的力量是最大不過的。生於其間的人没一個能不受它的鼓動，而且受其鼓動而不自知。

《漢書·孝文帝本紀贊》：孝文皇帝即位二十三年，宫室、苑囿、車騎、服御，無所增益。有不便，輒弛以利民。嘗欲作露臺，召匠計之，直百金。上曰：百金，中人十家之産也，吾奉先帝宫室，常恐羞之，何以臺爲？身衣弋綈，所幸慎夫人，衣不曳地。帷帳無文繡，以示敦樸，爲天下先，治霸陵，皆瓦器，不得以金銀銅錫爲飾。因其山，不起墳。

又《食貨志》：孝惠高后時，百姓新免毒蠚，人欲長幼養老。蕭曹爲相，填以無爲，從民之欲，而不擾亂。是以衣食滋殖，刑罰用稀。及孝文即位，躬脩玄默，勸趣農桑，減省租賦。而將相皆舊功臣，少文多質，懲惡亡秦之政，論議務在寬厚，恥言人之過失，化行天下，告訐之俗易。……風流篤厚，禁網疏闊，選張釋之爲廷尉，罪疑者予民。是以刑罰大省，至於斷獄四百，有刑錯之風。

孝文帝這種恭儉的君主，在歷史上卻也難得。功臣是最喜歡搗亂的，也能彀"論議務在寬厚"，更爲奇怪。我說：這都是受了社會心理的鼓盪而不自知的。《吴王濞傳》："孝惠高后時，天下初定，郡國諸侯，各務自撫循其民。"當時的郡國諸侯，武人也不少，居然能如此，這個也是受社會心理的暗示。其效驗，居然"天下初定……大城名都散亡，户口可得而數者十二三，是以大侯不過萬家，小者五六百户。後數世，民咸歸鄉里，户益息。蕭、曹、絳、灌之屬，或至四萬，小侯自倍，富厚如之"(《史記・高祖功臣侯年表》)。

當時的政治受這種心理的支配。可考見的共有三端：其(一)是減輕人民的負擔：漢高祖初定天下，"輕田租十五而税一"。文帝十三年，前二〇七八年。"除民之田租"。到景帝三年，前二〇六七年。纔令民半出租，其間共有一十三年，没有收過一文的田税。這是中國歷史上僅有過一次的事。從此以後，田租是三十而税一。其(二)是簡省刑罰，高祖入關，就和人民約法三章。其後蕭何定《九章律》，雖然沿用秦法，然而斷獄四百在實際上卻是簡省的。文景時代，又屢有減輕刑罰的舉動。詳見第八章第五節。其(三)是在政治上一切都守無爲主義。所以賈生勸文帝"改正朔，易服色，法制度，定官名，興禮樂"。文帝就"謙讓未遑"。《史記本傳》。匈奴屢次入寇，從景帝以前，始終取防禦主義。這種政策，高祖、高后、文帝、景帝四代相繼，共有六十六年。前二一一七至前二〇五二年。它的效果便是：

《漢書・食貨志》：漢興，接秦之弊。諸侯並起，民失作業而大饑饉，凡米石五千，人相食，死者過半。高祖乃令民得賣子，就食蜀漢。天下既定，民亡蓋藏，自天子不能具醇駟，而將相或乘牛車。……至武帝之初，七十年間，國家亡事。非遇水旱，則民人給家足。都鄙廩庾盡滿，而府庫餘財。京師之錢，累百鉅萬，貫朽而不可較。太倉之粟,陳陳相因,充溢露積於外,腐敗而不可食。衆庶街巷有馬,阡陌之間成羣,乘牸(牸)牝者,擯而不得會聚。守閭閻者食粱肉,爲吏者長子孫,居官者以爲姓號,人人自愛而重犯法,先行誼而黜媿辱焉。

這個富力的增加,也總算得快的了。然而這種政治也有個弊病,便是(一)豪强之徒侵凌窮人,毫無制裁;(二)文化方面太覺黯然無色,所以激成武帝和王莽時的政治。且待下面再講。

第四章　漢朝的武功

第一節　匈　　奴

秦漢時代，是中國國力擴張的時代。這是爲什麽？（一）戰國以前是分裂的，秦漢時代變做統一的大國。（二）去戰國時代未遠，人民尚武之風還在。（三）從漢初到武帝，經過七十年的休養生息，富力也極充足。

從秦到清盛時，二千多年，中國"固定的領土"和"對外擴張的方向"，無甚變更。這個規模，是秦始皇開其端，漢武帝收其功，所以說雄材大略的，一定要數秦皇漢武。咱們現在要講漢朝的武功，因爲匈奴是漢朝一個大敵，就從他講起。我在第一篇第六章第一節裏，不是說過當時的匈奴，都是些"分散谿谷"的小部落，只有河套裏的一個部落，稍爲絶大麽？這個部落便是秦漢時候的匈奴。當秦始皇時候，匈奴的單于喚做頭曼。秦始皇叫蒙恬去斥逐他，頭曼不能抵抗，只得棄河套北徙。到秦朝滅亡，戍邊的人都跑掉了，匈奴復渡河而南，仍舊佔據了河套。這時候，匈奴國裏又出了個冒頓單于，東擊破東胡，西走月氏，南併白羊、樓煩二王，又北服丁令等小國，這個丁令，在貝加爾湖附近。貝加爾湖，當時喚做北海。就并有如今的内外蒙古和西伯利亞的南部了。老上單于時，又征服西域。

他這時候，便把從前“分散谿谷”的小部落都併而爲一。匈奴的統一事業到此時纔算完成。所以《史記》上說：

> 自淳維以至頭曼，《史記》：“匈奴，其先祖夏后氏之苗裔也，曰淳維。”《索隱》引樂彦《括地譜》：“夏桀無道，湯放之鳴條，三年而死。其子獯粥，妻桀之衆妾，避居北野，隨畜移徙，中國謂之匈奴。”這種話，靠得住與否，可以暫時不必管他。千有餘歲，時大時小，别散分離，尚矣。……然至冒頓而匈奴最强大，盡服從北夷，而南與中國爲敵國。

然而他的人數畢竟不多。《史記》上先説“控弦之士三十餘萬”，又説“自左右賢王以下，至當户，大者萬騎，小者數千，凡二十四長，立號曰萬騎”。則匈奴控弦之士，實在還不足二十四萬。既然“士力能彎弓，盡爲甲騎”。那麽，控弦之士之數，一定等於全國壯丁之數。老弱的數目，算他加兩倍，婦女的數目，算他和男子相等，也還不過百五十萬。(控弦之士)2＝老弱男子之數；控弦之士＋老弱＝男子之數；(男子之數)2＝匈奴全人數。所以賈生説“匈奴之衆，不過漢一大縣”。他所以强盛全由於：(一)游牧部落性質勇悍；(二)處塞北瘠薄之地，當然要向南方豐富之地發展。這是中國歷史上北狄之患公共的原因。

這時候，他所佔據的地方，是“諸左方王將居東方，直上谷，如今直隸的蔚縣。以東接濊貉、朝鮮。右方王將居西方，直上郡，如今陝西的膚施縣。以西接月氏、氐、羌。而單于之庭，直代、如今山西的代縣。雲中”。如今山西的大同縣。

匈奴和漢朝的兵釁，起於前二一一一年。以前只算得盜邊，這一次纔是正式的交戰。韓王信既降匈奴，就引導他入寇，參看第二章第三節。高祖自將擊之，被圍於平城，在如今大同縣。七日乃解。於是用劉敬的計策：(一)奉宗室女翁主爲單于閼氏，(二)歲奉匈奴絮、繒、酒、食物各有數，(三)約爲兄弟，以和親。劉敬是個戰國的策士，戰國以前，本國人本和戎狄雜居的，用這種“婚姻”、“賂遺”的政策，以求一時之安或爲欲取姑與之計的，是很多。劉敬還是這種舊眼光。然而這時候的匈奴，已經變做大國，不是前此雜居内地的小部落，暫時敷衍，將來就可以不戰而屈的。所以他這種政策畢竟無效。從此以後，經過老上冒頓的兒子,前二〇八五年立。和軍臣老上的兒子,前二〇七二年立。二世,都和漢時戰時和,到伊稚斜軍臣的兄弟,前二〇三七年立。手裏,形勢就一變了。

武帝和匈奴啓釁,事在前二〇四四年,用大行王恢的計策,叫馬邑人聶壹,陽爲賣馬邑城誘匈奴單于入塞,伏兵三十餘萬於其旁,要想捉住他。單于還没入塞,計策倒洩漏了。從此以後兩國就開了兵釁。其中最有關係的有三次。(一)是前二〇三八年,衛青取河南地,開朔方郡,恢復秦始皇時的舊界。(二)是前二〇三〇年,因爲伊稚斜單于用漢降人趙信的計策,益北絶漠,要想誘漢兵到那裏,趁他疲極而取之。漢朝便發了十萬騎,——這是官發的,又有私負從馬,凡十四萬匹,運糧重的還在外。——叫大將軍衛青,驃騎將軍霍去病,各分一半去打他。衛青出定襄,如今的和林格爾縣。打敗了單于的兵,追到寘顔山趙信城。趙信所造的。霍去病出代如今山西的代縣。二千餘里,封狼居胥山,禪于姑衍,臨瀚海而還。寘顔山,趙信城,狼居胥山,姑衍,瀚海,都應該在漠北,不能確指其處。從此匈奴遠遁,漠南無王庭。(三)是前二〇三二年,匈奴西邊的渾邪王殺休屠王降漢,漢朝就開了河西四郡。酒泉,如今甘肅的高臺縣。武威,如今甘肅的武威縣。敦煌,如今甘肅的燉煌縣。張掖,如今甘肅的張掖縣。從此以後,漢朝同西域交通的路開,匈奴卻斷了右臂了。參看下節。這都是武帝時候的事情。

伊稚斜之後,又六傳而至壺衍鞮單于。伊稚斜子烏維單于,前二〇二五年立。前二〇一八年卒,子詹師盧立,年少,號爲兒單于,前二〇一三年卒,季父句黎湖單于立。前二〇一二年卒,弟且鞮侯單于立。前二〇一二年卒,子狐鹿姑單于立。前一九九六年卒,子壺衍鞮單于立。出兵攻烏孫。這時候烏孫已尚了中國的公主。前一九八四年,宣帝本始元年。中國發五將軍,又叫校尉常惠,護烏孫兵,去攻匈奴,匈奴聞漢兵出,驅其畜産遠遁。所以五將軍無所得。常惠的兵從西方入,卻斬首三萬九千餘級,獲馬、牛、羊、驢、騾、橐駝七十餘萬頭。這個自然是個虚數,然而爲數必也不少。匈奴怨恨烏孫,這一年冬天,單于自將去攻他,歸途又遇見大雪,士卒凍死了十分之九。於是丁令乘弱攻其北,烏桓入其東,烏孫擊其西,殺傷不少。加以餓死,人民去掉十分之三,畜産去掉十分之五,匈奴竟變做一個弱國了。然而還没肯服中國。直到前一九七一年,虚閭權渠單于死,壺衍鞮單于的兄弟,前一九七九年立。握衍朐鞮單于立,國中又起了内亂。五單于争立,後來都併於呼韓邪單于。而呼韓邪的兄呼屠吾斯,又自立做郅支骨都侯單于,殺敗了呼韓邪。於是前一九六三年,漢宣帝甘露二年。呼韓邪款五原塞。如今綏遠道的五原縣。明年,就入朝於漢。郅支單于見漢朝幫助呼韓邪,料想敵他不過,恰好這時候,康居見下章。給烏孫所攻,來迎接他去併力抵敵烏孫。郅支大喜,便住到康居國裏去。前一九四七年——元帝的建昭三年,西域都護甘延壽,副都護陳湯,矯詔發諸國兵,把他攻殺了,傳首京師。前漢時代的匈奴,到這時候便算給中國征服。

第二節　西　　域

漢時所謂“西域”,其意義有廣狹兩種。初時所謂“西域”,是專指如今的天山南路,所謂“南北有大山,中央有河”。南山,是如今新疆和青海、西藏的界山;北山,是如今的天山山脈;河,就是塔里木河。這是狹義。但是後來交通的範圍廣了,也没有更加分别,把從此以西北的地方,也一概稱爲“西域”。這“西域”二字,便變成廣義了。

狹義的西域,有小國三十六,後稍分至五十餘。其種有“塞”,有“氐”、“羌”。氐、羌是“行國”,塞種是“居國”。諸國大概户數不過數百,口數不過千餘或數千。最大的龜兹,户數六九七〇,口數八一三一七,勝兵數二一七六。最小的烏貪訾離,户數四一,口數二三一,勝兵數五七。不過是一個小部落,實在不足稱爲國家。其中較大而傳國較久的,只有焉耆、如今新疆的焉耆縣。龜兹、如今新疆的庫車縣。疏勒、如今新疆的疏勒縣。莎車、如今新疆的莎車縣。于闐如今新疆的于闐縣。五國。漢時當交通孔道的,有車師、北道,如今新疆的吐魯番縣。樓蘭南道,如今已淪爲白龍堆沙漠。二國。餘均無足齒數。從此以西北，卻有幾個大國。

原來葱嶺以西，是白種人的根據地。現在歐亞兩洲的界綫，在地理上並不足爲東西洋民族的界綫；東西洋民族分佈的界綫，還要推葱嶺、帕米爾一帶大山。試觀葱嶺帕米爾以西諸國，和歐洲的歷史關係深，和中國的歷史關係淺可知。白種有名的古國，要推波斯。後來爲馬其頓所滅。亞歷山大死後，部將塞留哥(Seleucus)據叙利亞(Syria)之地自立，是爲條支。後來其東方又分裂而爲帕提亞(Parthia)、巴克特利亞(Bactlia)兩國，便是安息和大夏。大夏之東，也是希臘人所分佈之地。西域人呼爲 Ionian，就是 Yavanas 的轉音，這是大宛。大宛之北爲康居，再西北就是奄蔡了。奄蔡，就是元史上的阿速，到將來再講。安息是如今的波斯。大夏在阿母、西爾兩河之間。大宛在其東，大約在如今的吹河流域。其北就是康居，康居的地理，《元史譯文證補》把他考得很清楚的。原文甚長，不能備録，可以翻出一參考。奄蔡，也見《元史譯文證補》。據近世史家所考究，蒲萄、苜蓿，亦係希臘語 Botrus、Medike 的譯音(參看近人《飲冰室叢著·張博望班定遠合傳》)。這一節又須參考西史。這都是阿利安族。《漢書》上總叙他道："自宛以西，至安息，雖頗異言，然大同，自相曉知也。其人皆深目高鼻，多鬚髯。善市賈，争分銖之利。貴女子，女子所言，丈夫乃決正。"又顔師古說：烏孫"青眼赤鬚，狀類獼猴"。據近代人所研究，這種形狀很像德意志人。《元史譯文證補》卷二十七。這些國的種族屬於阿利安大約可無疑義了。

此外又有所謂"塞種"，大約是白種中的"塞米的族 Semites"。其居地，本來在如今的伊犂河流域。後來爲大月氏所破，纔分散。《漢書》上說："昔匈奴破大月氏，大月氏西居(君)大夏，而塞王南居罽賓。如今印度的克什米爾。塞種分散，往往爲數國。自疏勒以西，休循、捐毒之屬，皆故塞種也。"此外又有烏戈山離，"其草木、畜産、五穀、果菜、食飲、宫室、市列、錢貨、兵器、金珠之屬，皆與罽賓同。"難兜國，亦"種五穀，葡萄諸果，與諸國同屬罽賓"，大約亦係塞種。《漢書》上明指爲氐羌的，是"蒲犂與依耐，無雷皆西夜類也。西夜與胡異，其種類氐羌。行國，隨畜，逐水草"，此外更無明指爲氐羌的。只有婼羌、鄯善，亦係行國；温宿則"土地物類所有，與鄯善諸國同"。可以推定其爲氐羌。據《後漢書》，則西夜子合，各自有王。又有德若，"俗與子合同"，又載車師,蒲類,移支,且彌,亦均係行國。移支"俗勇敢善戰,以寇抄爲事。皆被髮。尤酷與羌類"。此外都不明著其種族。西域諸國前後《漢書》載其道里方位很詳,如今的新疆省,設縣不多,若把縣名來注,反覺粗略,若把小地名來注,太覺麻煩,反不如檢閱原書的清楚而正確了。所以除幾個大國之外,不再詳注今地。若要精密研究,看徐松的《漢書·西域傳補注》最好。

漢初,中國西北的境界限於黄河。渡河而西,祁連山脈之北是大月氏。後來河西四郡之地。從大月氏再向西,便是西域三十六國了。大月氏本來是個强國,冒頓和老上單于時,兩次爲匈奴所破,逃到伊犂河流域,奪了塞種的地方。塞種於此時南君罽賓。烏孫本來和大月氏雜居的,嘗爲大月氏所破,到這時候,便借兵於匈奴,再攻破大月氏。於是大月氏西南走,奪了大夏的地方。烏孫便住在伊犂河流域。漢武帝聽得大月氏是個大國,想和他夾攻匈奴,募人往使,張騫以郎應募前往,路經匈奴,給匈奴人留住一年多。張騫逃到大宛。大宛派個翻譯,送他到康居,康居再送他到大月氏。這時候,大月氏得了"沃土",殊無"報胡之心"。張騫留了一年多,不得要領而歸。恰好這時候匈奴的渾邪王,殺掉休屠王降漢,漢朝得了河西的地方。張騫建言,招烏孫來住。漢武帝就派他到烏孫,烏孫不肯來;而張騫的副使,到旁國去的,頗帶了他的人回來。漢武帝由是鋭意要通西域,一年之中,要差十幾回使者出去。

使者走過各國,各國是要搬糧挑水供給他的。加之當時出使的人,未必個個都是君子,頗有些無賴之徒想借此發些財的。因爲所帶金帛甚多。這種金帛,回來時候,未必有正確的報銷。要是無賴一點,沿路還可以索詐。或者還可以帶着做點買賣。其行徑,頗不敢保他正當。因此當道諸國,頗以爲苦。於是樓蘭、車師先叛。前二〇一九年,漢武帝發兵打破了這兩國。後來又有人説大宛國裏有一種"天馬",漢武帝差人,帶了"金馬"去换他的。大宛王不肯,和漢使衝突,把漢使殺掉。武帝大怒,派李廣利去打大宛。第一次因爲路遠,糧運不繼,不利。武帝再添了兵去,前二〇一二年到底把大宛打破。大宛離漢甚遠,給漢朝打破之後,西域諸國見了漢朝就有些懼怕。加之以烏孫也是一個大國,他起初和中國頗爲落落寡合，後來因爲時常同中國往來，匈奴人要想攻他，烏孫人急了，就尚了中國的公主。從此以後，烏孫和中國往來極爲親密。這都是漢朝的聲威所以遠播的原因。至於三十六國，當老上單于攻破月氏之後，就臣服匈奴。“匈奴西邊日逐王，置僮僕都尉，使領西域，常居焉耆、危須之間，賦税諸國，取給足焉。”從渾邪王降漢之後，而漢通西域之路始開。攻破大宛之後，則“敦煌西至鹽澤，如今的羅布淖爾。往往起亭。而輪臺、如今新疆的輪臺縣。渠犂，輪臺東。皆有田卒數百人，置使者校尉領護，以給外國使者。”然而當這時候，匈奴還時時要和中國争西域。前一九七九年，鄭吉攻破車師，屯田其地，保護了南道。前一九七〇年，匈奴内亂，日逐王降漢。於是匈奴所置的僮僕都尉銷滅，而中國叫鄭吉併護南北兩道，謂之都護。治烏壘城，在如今庫車縣東南。元帝時又設立戊己校尉，屯田車師。西域諸國，就全入中國的勢力範圍了。南道，是如今從羌婼、且末經于闐到莎車的路。北道，是從吐魯番經焉耆、庫車到疏勒的路。當時的争奪西域，只是争兩條通路，而漢朝以屯田爲保護路綫的政策。

第三節　朝　　鮮

貉族的情形，第一篇第六章第三節已經講過了。當漢武帝時，貉族在如今奉天、吉林兩省之間，大約從東遼河的上游起，北據松花江流域。當時遼東郡的塞外。漢人稱之爲濊，亦作薉。役屬“衛氏朝鮮”。

朝鮮是亞洲一個文明的古國。他的始祖，就是中國的箕子，這是人人知道的。但是箕子的立國，究竟在什麼地方呢？這個卻是疑問。朝鮮的古史，當箕氏爲衛滿所滅時全然亡失。朝鮮人要講古史，反得借資於中國。朝鮮人所自著的，只有新羅的僧人無極所作的《東事古記》。然而這部書不大可靠。據《東事古記》說：唐堯時代，有一個神人，喚做檀君，立國於如今的平壤，國號朝鮮。到商朝的中葉，傳統纔絶。這一段話,近來史家都不甚信他。箕子的立國,向來都説在平壤,近來也有人疑心,説箕子所走的朝鮮,實在如今的遼西。到後來,纔逐漸遷徙而入半島部的,但也没有十分充足的證據。

朝鮮當戰國時代,曾經和燕國交兵,給燕國打敗了。這時候,遼東地方全爲燕國所據。朝鮮和燕國以浿水爲界。如今的大同江。秦滅燕之後,又擴充到浿水以東。秦滅漢興,仍以浿水爲界。盧綰之亂,燕國有個人,唤做衛滿,逃到朝鮮,請於朝鮮王準,願居國的西境,替朝鮮守衛邊塞,朝鮮王許了他,所住的,大約就是秦朝所佔浿水以東的地方。後來衛滿勢力大了,就發兵去襲朝鮮,朝鮮王戰敗,逃到馬韓部落裏,衛滿就做了朝鮮的王。

三韓在朝鮮半島的南部。馬韓在西,佔如今忠清、全羅兩道,馬韓之東是弁韓,弁韓之東是辰韓,佔如今的慶尚道。漢武帝時,要想到中國來朝貢。這時候,衛滿已經傳子及孫,名爲右渠,阻礙三韓,不許他到中國來。又襲殺中國的遼東都尉。前二〇二〇年,漢武帝發兵兩道,把朝鮮滅掉,將其地分置樂浪、如今的黄海、平安兩道。臨屯、漢江以北。玄菟、咸鏡南道。真番地跨鴨緑江。四郡,從此以後,朝鮮做中國的郡縣好幾百年。直到東晉時代,前燕慕容氏滅亡,中國在遼東的勢力纔全失墜。

濊貉的酋長南閭,前二〇三九年,曾經率男女二十八萬口内屬,漢武帝替他置了個滄海郡,隔幾年,又廢掉了。朝鮮滅後,濊人有一支,遷到半島的東部去的,唤做東濊,又唤做不耐濊。留居故地的,就是後來的夫餘。

第四節　閩粤南越和西南夷

以上三節所説,都是對外的事情。“中國本部的統一”,卻是也到漢武帝手裏規模纔大定的。秦始皇略取南越地,置桂林、南海、象三郡,已見第一章。秦朝滅亡的時候,龍川令趙佗併了這三郡之地,自稱南越武王。越國滅亡之後,“諸族子争立,或爲王,或爲君,濱於江南海上,服朝於楚”。《史記·越勾踐世家》。秦有天下,取其地置閩中郡,粤王無諸,和他的同族名摇的,都佐諸侯滅秦有功。漢高帝立無諸做閩越王,都治,如今福建的閩侯縣。惠帝又立摇做東甌王。如今浙江的永嘉縣。前二〇四九年,閩越攻東甌,武帝發兵救之,兵還没有到,閩越兵先已退去,東甌請“舉國内徙”。於是徙其人江淮間,東甌的地方就空了起來。前二〇二三年中國滅掉南越,又滅掉東越,福建、廣東兩省,就永入中國版圖。

當時又有所謂西南夷,《漢書》叙述他的形勢是:

> 南夷君長以十數,夜郎最大。如今貴州的桐梓縣。其西,靡莫之屬以十數,滇最大。如今雲南的昆明縣。自滇以北,君長以十數,邛都最大。如今四川的西昌縣。此皆椎結,耕田,有邑聚。
>
> 其外,西自桐師以東,北至葉榆,名爲巂、昆明。如今雲南的大理縣。編髮,隨畜移徙,無常處,亡君長,地方可數千里。自巂以東北,君長以十數,徙,莋都,最大。徙,如今四川的天全縣。莋都,如今四川的清谿縣。自莋以東北,君長以十數,冉駹最大。如今四川的茂縣。其俗或土著,或移徙,在蜀之西。自駹以東北,君長以十數,白馬最大。皆氐類也。

以上所述,第一類是濮族(倮儸),從黔江流域到金沙江流域。文明程度最高。第二種大約也是氐羌一類。因爲若是粤族,便要斷髮,氐羌則或編髮(就是辮髮)或被髮。又粤族本居沿海,没有畜牧的。這一族人“隨畜移徙”,明是從北方高原之地遷來。所以知道他是氐或羌族。在瀾滄江流域。文明程度極低。第三種是氐族,在岷江、大渡河流域和嘉陵江上源。

漢武帝時,有一個人唤做唐蒙,出使南越。南越人請他吃蜀的“枸醬”,唐蒙問他你這枸醬從什麼地方來的,南越人説:從夜郎國裏,走牂牁江來的。如今的北盤江。唐蒙纔曉得走牂牁江可以通南越。回來時候,就上書武帝。請通夜郎,以爲是“制粤一奇”。武帝就拜唐蒙做中郎將,去曉諭夜郎。於是把夜郎的地方置了個犍爲郡。隔了幾年,公孫弘做了宰相。説“事西南夷繁費”,於是“罷事西南夷”。後來張騫從西域回來,説在大夏時看見蜀的布和邛的竹杖,問他從什麽地方來。他説從身毒國來的。如今的印度。如此看來,從蜀走西南夷,一定可通身毒,到得身毒,就可以通大夏。這一條路,比走“匈奴中”安穩得多了。於是再事西南夷,要想找通身毒的路。找了幾年,到底找不到。伐南越這一年,發了夜郎的兵沿牂牁江而下。夜郎等國起初以爲漢朝離他遠,斷不能佔他的地方的。且樂得弄些繒帛,所以都聽了唐蒙的話,願意等中國去置郡。到這時候,見中國要發他的兵出去打仗,就有些不願意,於是夜郎附近的且蘭如今貴州的平越縣。先反,給漢朝打破了,把他的地方置了個牂牁郡。於是“西南夷振恐”,紛紛都請“置吏”,就邛都、越嶲郡。莋都、沈黎郡。冉駹、汶山郡。白馬武都郡。的地方都置了郡,後二年,又滅掉了滇,把他的地方置了個益州郡。

從漢武帝通西南夷之後,雲南、貴州也算入了中國的版圖,本部十八省的規模就此定下來了。然而因“枸醬”而通西南夷,因“蜀布”、“邛竹杖”而再事西南夷,都是以商人的販運爲其動機的,這種事情,研究起來覺得殊有趣味。

第五章　前漢的衰亡

第一節　漢武帝的内政

漢武帝這個人,武功文治亦有可觀。他的文治見第八章第六節。然而他這個人太"不經濟"。他所做的事情,譬如"事四夷"、"開漕渠"、"徙貧民",原也是做得的事。然而應當花一個錢的事,他做起來總得花到十個八個。而且絶不考察事情的先後緩急,按照財政情形次第舉辦。無論什麽事情,總是想着就辦,到錢不彀了,卻再想法子,所以弄得左支右絀。至於"封禪"、"巡守"、"營宫室"、"求神仙",就本是昏憒的事情。我如今且把武帝手裏羅掘的事情,舉其大者如下。

(一) 募民入奴婢,得以"終身復",其本來是"郎"的,就再增加爵秩。後來又命民"買爵","贖禁錮","免贓罪",特置"武功爵"十七級賣給百姓,共直三十餘萬金。

(二) 用齊的大鹽商東郭咸陽、南陽大冶孔僅管鹽鐵。鐵器皆歸官鑄,製鹽的,都得用官發的器具。又榷酒酤。

(三) 算緡錢舟車。做賣買,放利息的人,有資本二千個錢,出一算。一百二十個錢。做手藝的人,有資本四千個錢,出一算。有軺車的人出一算。商賈有軺車的出兩算。船長五丈以上出一算。

(四) 置均輸用洛陽賈人子桑弘羊做大農丞,又代孔僅等儘管天下鹽鐵。桑弘羊想了一個法子,叫各處地方把本地的"出口貨"做"貢品",官卻把他販賣到别處。

(五)改錢法。秦有天下,仍定以黄金銅錢爲貨幣。黄金用"鎰"計重。銅錢仍照周朝的舊樣子,每一個重"半兩",上面就鑄着"半兩"兩個字。漢興,黄金仍用斤計重,錢文的輕重屢次改變,最後纔定爲"五銖"。初用"莢錢"。高后二年,行"八銖錢"(就是半兩),六年行五分錢(就是筴錢)。文帝時,鑄四銖錢,武帝初年,改做三銖,後來又行半兩,最後纔改做五銖。五銖通行以後,銅錢的輕重,就没有改變。漢朝的五銖錢,在唐鑄"開元通寶"以前始終算做良好的貨幣。文帝時,"除盜鑄令,使民放鑄",銅錢本已很多。武帝時,用度不足,就即多銅的山鑄錢,"錢益多而輕"。"乃以白鹿皮方尺,緣以繢,爲皮幣,直四十萬。王侯、宗室,朝覲、聘享,必以皮幣薦璧(璧),然後得行。又造銀錫白金。"白金三品,其一曰重八兩。圜形,其文龍。名白撰,直三千。其二較輕,方形,其文馬,直五百。其三更輕,其文龜,直三百。銷半兩,鑄三銖,禁私鑄。後來爲三銖錢輕,又鑄一種"赤仄錢",一當五。然而白金、赤仄,畢竟俱廢不行。到後來,到底"悉禁郡國毋鑄錢,專令上林三官鑄。錢既多,而令天下非三官錢不得行。諸郡國前所鑄錢皆廢銷之,輸入其銅三官。"錢法纔算大定。這一次的辦法,卻頗合於"貨幣政策"的原理。所以錢法就此定下來。可見天下事不合學理是不行的。

以上幾條,第一條波及吏治,固不必言。而且"買復"去民太多,則"徵發之士益鮮",就不得不再興别種苛法。官筦鹽鐵,則物劣而價貴。算舟車,則商賈裹足,物品缺乏。設均輸的時候,桑弘羊説:"如此,富商大賈,亡所牟大利,則反本,而萬物不得騰躍。"則明是和商賈争利,而其害人最甚的,尤要算"算緡"和"變亂錢法"。《漢書·食貨志》説:"……告緡遍天下,中家以上大氐皆遇告。……乃分遣御史廷尉正監分曹往,師古曰:曹,輩也;分輩而出爲使也。往即治郡國緡錢,得民財物以億計,奴婢以千萬數,田:大縣數百頃,小縣百餘頃,宅亦如之。於是商賈中家以上大氐破。民媮甘食好衣,不事畜藏之業。"這種行爲,簡直和搶劫無異。論錢法,則文帝時聽民鑄錢,本已害人不淺。賈生説:"法使天下公得……鑄銅錫爲錢,敢雜以鉛鐵爲它巧者,其罪黥。然鑄錢之情，非殽雜爲巧，則不可得贏。而殽之甚微，爲利甚厚。夫事有召禍，而法有起姦，今令細民人操造幣之埶，各隱屏而鑄作，因欲禁其厚利微姦，雖黥罪日報，其勢不止。乃者民人抵罪，多者一縣百數，及吏之所疑，榜笞奔走者甚衆。夫縣法以誘民，使入陷阱，孰積於此。"又說："今農事棄捐而採銅者日蕃，釋其耒耨，冶鎔炊炭。"可謂"怵目劌心"了。到武帝時，"法錢不立"，而突然禁民私鑄，這時候的錢並不是不能私鑄的，而且私鑄了是很有利的。大抵禁止私鑄，只有兩個法子：其（一）是國家所鑄的錢技術極精，人民不能效爲；其（二）是"鑄造費"極多，私鑄無利。此外都不足恃的。武帝專令上林三官鑄錢之後，所鑄的錢大約頗爲精工。《漢書·食貨志》，説私鑄的人"計其費不能相當"，就自然没有人鑄了。政府想借鑄錢取利，專靠嚴刑峻法去禁止人民私鑄。於是"自造白金五銖錢後五歲，而赦吏民之坐盜鑄金錢死者數十萬人。其不發覺相殺者，不可勝計。赦自出者百餘萬人。然不能半自出，天下大氐無慮皆鑄金錢矣。"就演成極大的慘劇了。

文景以前，七十年的畜積，到此就掃地以盡，而且把社會上的經濟，弄得擾亂異常。這都是漢武帝一個人的罪業。然而還有崇拜他的人。不過是迷信他的武功。我說：國家的武功，是國力擴張自然的結果，並非一二人所能爲。以武帝時候中國的國力，儻使真得一個英明的君主，還不知道擴充到什麽地步呢？"漢武式"的用兵，是實在無足崇拜的。參看第八章第四節。

第二節　霍光廢立和前漢的外戚

武帝因相信神仙之故，許多"方士"、"神巫"都聚集京師，就有"女巫"往來宫中，教"美人"把"木人"埋在地下，説可以度厄。到後來，就互相告訐，以爲"咒咀"。於是"巫蠱"之獄起。水衡都尉江充和太子有隙。武帝派他去治此獄，他就説在皇后、太子宫裏，得到木人更多。

太子急了，要見武帝面訴，江充又不許，太子無法，只得矯詔發兵，把江充殺掉，因而造反，兵敗自殺。於是武帝就没有太子，到晚年，婕妤趙氏，生子弗陵，武帝想立他做太子，恐怕身後兒子幼小，母后專權。先把趙婕妤殺掉，然後立他。武帝崩，弗陵立，這個便是昭帝。霍光、金日磾、上官桀，同受遺詔輔政。武帝的兒子燕王旦，因爲年紀比昭帝大，反不得立，有怨望之心。和上官桀、桑弘羊同昭帝的姊姊蓋長公主等結連謀反，事覺伏誅。自此大權盡歸於霍光。昭帝死，無子，此時武帝的兒子只有廣陵王胥在。霍光説廣陵王曾經犯罪給先帝廢掉的，不可立。迎立了武帝的孫子昌邑王賀，一百天，把他廢掉了。再迎立戾太子的孫子病已，改名爲詢，這個便是宣帝。宣帝立，大權還在霍光之手。宣帝少時，因戾太子之故，繫掖庭詔獄，幾乎喪命。幸而掖庭令丙吉保全他，後來替他娶了個許廣漢的女兒。宣帝在民間，就依靠他的外家史氏和丈母家許氏。即位之後，把許氏立爲皇后。霍光的夫人名顯，想把自己的女兒立做皇后，聽得大怒。趁許皇后生了太子，就是元帝。教一個女醫生，進毒藥把他藥死，霍光的女兒就立做皇后。霍光死後，宣帝漸奪霍氏之權。霍光的兒子禹，姪孫雲、山，相對而泣，霍光的夫人也急了。就把當初謀弑許皇后的事情告訴他們，他們大驚道：這是滅族的事，如何使得。於是就有反謀。事情發覺，都給宣帝殺掉。霍皇后也廢掉。按霍光的廢立，向來讀史的人都説他大公無私。把他和伊尹並稱，謂之“伊霍”。然而看《漢書·霍光傳》，廢掉昌邑王之後，殺掉他羣臣二百餘人。“出死，號呼市中曰：當斷不斷，反受其亂。”再看《夏侯勝傳》：“昌邑王嗣立，數出。勝當乘輿前諫曰：天久陰而不雨，臣下有謀上者，陛下出欲何之。……是時光與車騎將軍張安世欲廢昌邑王，光讓安世，以爲洩語，安世實不言。乃召問勝，勝對言在《洪範傳》曰：皇之不極，厥罰常陰時則下人有伐上者，惡察察言，故曰臣下有謀。光、安世大驚，以此益重經術士。”則霍光和昌邑王，明是互相齮齕之局。再看後來霍氏的權勢，和他的結局，則所謂“伊霍”，和歷代所謂“權臣”，原相去無幾。原來把科學家的眼光看起來，人是差不多的，——在科學上，是不承認有什麽非常之人，也不承認有什麽太善極惡之人的。研究歷史的目的，在於把古今的事情互相比較，而觀其會通。就是要把許多事情，歸納起來，得一個公例。若把儒家改制所託的話，通統認作實在，在後世，都是"欺人孤兒寡婦"的操、莽，而古代忽然有個"天下爲公"的堯舜，在後世，都是"彼可取而代也"的項羽，"大丈夫當如此也"的漢高，而在古代，忽然有個"非富天下"的湯，"以至仁伐至不仁"的武王。那就人的相異"如金石與卉木之不同類"，就無從互相比較，無從把許多事情，歸納了而得其公例，科學的研究，根本取消了。所以這些"偶像"，不能不打破他。並不是要跟死人爲難。

霍光秉政的時候，鑒於武帝時天下的疲弊，頗能安静不擾，與民休息。天下總算安穩。霍氏敗後，宣帝親攬大權，宣帝是個"舊勞於外"的人，頗知道民生疾苦，極其留意吏治，武帝和霍光時，用法都極嚴。宣帝卻留意於平恕，參看第八章第五節。也算西漢一個賢君。宣帝死，元帝立，從此以後便步步入於"外戚政治"了。

外戚不是偶然發生的東西，是古代社會組織上，當然有的一種階級，我在第二章第三節裏已經説過了。卻是中國，從秦漢而後，又有所謂"内重"、"外重"之局。外重是外有强臣，政府無如之何；到後來便變成"分裂"之局。像後漢變做三國是。内重是中央政府權力甚强，政府説句話，通國都無如之何；到後來便成了權臣篡國之局。像王莽的代漢是。前漢時代，地方政府的權力，本來只有諸侯王是强的。從七國之亂以後，漢初的封建名存而實亡，就成了内重之局；而外戚又是當時社會上一個特别的階級，那麽，漢朝的天下，斷送在外戚手裏，是勢所必至，無可挽回的。因爲任用賢才，是有英明的君主纔能彀，是特别的事情。普通的君主，就只能照常例用人，而當時的社會，還没有脱除階級思想。照常例用人，不是宗室，就是外戚。宗室是經過七國之亂以後，早已視爲"禁忌品"，斷不能用他秉政的。那麽，照常例用人，就只有外戚。英明的君主，不能常得，所以外戚的被任用，是勢所必至，並不是偶然發生的事情。

漢朝外戚的專權，起於元帝時候。元帝即位，任用外戚史高，又用了舊時的師傅蕭望之、周堪。元帝是個“柔仁好儒”的人，頗崇信師傅的説話。史高心上，不大高興，就和宦官弘恭、石顯結連，把蕭望之、周堪排擠掉，這是漢朝外戚和宦官發生關係之始。成帝即位，任用外家王氏，王鳳、王音相繼爲相，權力大盛，“郡國守相，皆出門下”，内官更不必説。王氏之勢，由此而成。成帝無子，立姪兒子欣做太子，是爲哀帝。哀帝頗喜懽大權獨攬，要“上法武宣”，然而他這個人，其實是糊塗的。罷斥王氏之後，仍代以外家丁氏和祖母的同族傅氏，又寵愛了嬖人董賢，給他做了大司馬。所以政治毫無改善之處。哀帝亦無子，死後，成帝的母親太皇太后王氏即日駕幸未央宫，收取璽綬，召了他的姪兒子王莽來“定策”。迎立了元帝的孫兒子衎，這個就是平帝，奪掉董賢的官，董賢自殺。又逐去傅氏、丁氏，滅掉平帝的母家衛氏，於是大權盡歸於王莽。平帝即位的時候，年尚幼小，到後來長大了，爲衛氏之故，心常不悦。爲王莽所弑。迎立宣帝的元孫嬰，號爲孺子，莽“居攝”，稱“假皇帝”，前一九〇四年，把他廢掉自立。改國號曰新。

漢世系圖

(一) 高祖劉邦 ─┬─ (二) 惠帝盈
　　　　　　　└─ (三) 文帝恒 ─ (四) 景帝啓 ─ (五) 武帝徹 ─┬─ 戾太子據
　　　　　　　　　　　　　　　　　　　　　　　　　　　　　└─ (六) 昭帝弗陵

戾太子據 ─ (七) 宣帝詢 ─ (八) 元帝奭 ─┬─ (九) 成帝驁
　　　　　　　　　　　　　　　　　　　├─ 康 ─ (十) 哀帝欣
　　　　　　　　　　　　　　　　　　　└─ 興 ─ (十一) 平帝衎

第六章　社會革命

王莽這個人，後世都把他罵得是個“十惡不赦”的，然而他實在是個“社會革命家”。

要曉得王莽是個怎樣人，先要曉得西漢的社會是個怎樣的社會。我不説（一）大地主（二）豪商（三）擅山澤之利的，是當時社會上的富豪階級麽？要曉得當時的情形如何，我且引兩個人的話來做證。

今農夫五口之家，其服役者，不下二人；其能耕者，不過百畝；百畝之收，不過百石，春耕，夏耘，秋穫，冬藏；伐薪樵，治官府，給繇役；春不得避風塵，夏不得避暑熱，秋不得避陰雨，冬不得避寒凍；四時之間，亡日休息；又私自送往迎來，弔死問疾，養孤長幼在其中；勤苦如此，尚復被水旱之災，急政暴虐，賦斂不時，朝令而暮改；當其有者，半賈而賣；亡者取倍稱之息；於是有賣田宅，鬻子孫，以償責者矣；而商賈大者積貯倍息，小者坐列販賣；操其奇贏，日游都市；乘上之急，所賣必倍。故其男不耕耘，女不蠶織；衣必文采，食必粱肉；亡農夫之苦，有阡陌之得；因其富厚，交通王侯，力過吏勢；以利相傾，千里游敖，冠蓋相望；乘堅策肥，履絲曳縞；此商人所以兼併農人，農人所以流亡者也。《漢書·食貨志》晁錯説文帝令民入粟拜爵。

富者田連阡陌，貧者亡立錐之地。又顓川澤之利，管山林之饒。荒淫越制，踰侈以相高；邑有人君之尊，里有公侯之富；小民安得不困。……或耕豪民之田，見税十五。師古曰：……十分之中，以各輸本田主也。故貧民常衣牛馬之衣,而食犬彘之食。……古井田法難卒行,宜少近古,限民名田,以澹不足。……去奴婢,除專殺之威。服虔曰:不得專殺奴婢也。《漢書·食貨志》董仲舒説武帝。

此外類乎此的話還多,一時也徵引不盡。《史記·平準書》説:文景極盛之後,"網疏而民富,役財驕溢,或至兼併"。似乎兼併之禍,是起於武帝以後的。然而其實不然。試看晁錯的話,當文帝時,農民的困苦業已如此,再看荀悦説:

古者什一而税。以爲天下之中正也;今漢氏或百一而税,可謂鮮矣;然豪强人佔田逾侈,輸其賦大半。官家之惠,優於三代。豪强之暴,酷於亡秦。是上惠不通,威福分於豪强也。文帝不正其本,而務除租税,適足以資豪强也。據《文獻通考》引。

可見第三章所引《漢書·食貨志》所述的盛況,只是社會的總富頗有增加,並没有普及於衆人。不過這時候,承大亂之後,人心容易厭足,再加以當時政令的寬簡,也就暫時相安罷了。這種貧富的階級,從東周以後逐漸發生成長,根深蒂固,區區秦漢之際幾年的戰亂,如何就得破除?那麽,如何會從武帝之後纔發生呢?所以漢朝的儒者,没一個不謳歌頌禱井田的。退一步,便是"限民名田"。哀帝初,師丹、孔光等輔政,曾擬有實行的辦法,給豪貴反對而罷。也見《漢書·食貨志》。後世的人,都笑他們迂闊,安知道在當時實在是時勢所要求?在這種情勢之下,要想什麽"限民名田"等平和緩進的方法,和富豪商量,請他讓步,畢竟是無望的。所以王莽即位之後,就取斷然的處置。下令道:

……今更名天下田曰王田,奴婢曰私屬,皆不得賣買。其男口不盈八,而田過一井者,分餘田與九族鄉黨。

這種辦法,還承認奴婢是私屬,總還算和平的。然而到底不能實行,三年之後,就下詔"諸食王田及私屬,皆得賣買"。

"田曰王田",是所以剥奪大地主的權利,他當時又立了五均、司市、泉府。司市以四時仲月,定出一個物價的標準來。商人的東西,有賣不掉的，五均按平價買進。有要借錢的，泉府可以出借，按月取息百分之三。這個，大約是所以救濟小資本家和勞力的人，摧抑重利盤剥的。又設六筦之令，官賣酒、鹽、鐵器，鑄錢，稅“採取名山大澤各物”的人。

他所行的事，最不可解的，是廢掉漢朝的五銖錢，更作金、銀、龜、貝、錢、布，五物，六名，二十八品。錢貨六品，銀貨二品，龜寶四品，貝貨五品，布貨十品，黄金另爲一品，在外。大概當時的人，有一種思想，以爲貨幣是富豪所用以兼併貧民的。所以務求減殺他的效力。晁錯説：“夫珠玉金銀，饑不可食，寒不可衣。……其爲物，輕微易臧，在於把握；可以周海内而亡饑寒之患；此令臣輕背其主，而民易去其鄉；盜賊有所勸，而亡逃者得輕資也。”就是這一種思想的代表。王莽大約也是抱這種思想的人。

王莽的立心，雖然是爲民請命，然而他所行的政策，實在是背於經濟原理的。所以弄得“農商失業，食貨俱廢”。《漢書·王莽傳》上的話。他更有一誤點，就是過於“迷信法治”，不管目前的形勢。《漢書·王莽傳》説：

> 莽意以爲制定則天下自平，故鋭思於地理，制禮作樂，講合六經之説，公卿旦入暮出，議論連年不解決。不暇省獄訟冤結、民之急務。縣宰缺者數年，守兼一切，貪殘彌甚。

再加以種種迂闊的行爲，如大改州郡名及官名等。自然要土崩瓦解了。

然而王莽所以失敗，還有一個大原因，原來古代的治法，是從極小的地方做起的。所謂國家，起初都是個小部落。君主和人民，本不十分懸隔；而政治上的機關，卻極完備；所以一切事務易於推行；而且也易於監察，難於有弊。到後世，就大不然了。一縣的地方，甚或大於古代的一國，何況天子。而所設的機關，卻極其疏闊。就有良法美意，也無從推行。而且專制政體的官吏，都是對於君主一個人而負責任的;君主監察所不及,就無論什麽事情,都做得出來的。固然也有好的官吏,然而政治上不能只憑希望。那麽,更有什麽事情能辦得好;不但辦不好,而且總是有弊,倒不如一事不做,還好希望苟且偷安,"漢文式"政治的所以成功,其原因就在乎此;"反漢文式"政治的所以失敗,其理由也在乎此。王莽也是其中的一個人。所以中國一切事情的停滯不進,和君主專制政體,是有很深的關係的。

然而王莽這個人,他的道德,他的人格,畢竟是很可景仰的。《漢書·本傳》說他初起的時候道:

> 莽羣兄弟,皆將軍五侯子,乘時侈靡,以輿馬聲色佚游相高。莽獨孤貧,因折節爲恭儉,受禮經,師事沛郡陳參,勤身博學,被服如儒生。
>
> ……爵位益尊,節操愈謙。散輿馬衣裘,振施賓客,家無所餘。收贍名士,交結將相卿大夫甚衆。
>
> 莽既拔出同列,繼四父而輔政。……遂克己不倦。聘諸賢良,以爲掾史。賞賜邑錢,悉以享士。愈爲儉約,母病,公卿列侯遣夫人問疾;莽妻迎之,衣不曳地,布蔽膝;見之者以爲僮使,問知其夫人,皆驚。

這許多事情,後人都把個"僞"字一筆抹殺了。我要請問,何以見得他一定是僞的呢?人家一定說:他後來做了皇帝,所以見得他起初都是僞的。我要請問,在從前那種政體之下,一個人有了非常的抱負,要行非常的改革,不做君主,是否能始終貫徹。爲了貫徹自己的主張的原故,事勢上皇帝又可以取得到手,是否可以取來做一做,以實行自己的主張。還是應該謹守君臣之義,專做一姓一家的奴隸,聽憑天下的事情,一切敗壞決裂?人家又要說:他所做的事情,一件都没有成功。然而我没聽見把成功失敗,判决人的好壞的。

他當時,爲了實行自己的主張的原故,把兒子都殺掉,是何等廓然大公。比第一編第三章第三節所述的"堯殺長子"何如。他爲了辦理天下事務之故,至於"常御燈火,猶弗能勝"。是何等勤力。到後來敗亡的時候,火都要燒到身上了,他還説"天生德於予,漢兵其如予何"。是何等自信力。

咳!王莽這種人,在政治上雖然失敗,他的道德,他的人格,畢竟是深可景仰的。

第七章　後漢的興亡

第一節　光武的中興

王莽變法，把當時社會上的經濟關係，攪得稀亂，自然要民愁盜起。

當時聚衆劫掠，和官府小小反抗的，到處都是。而其勢力最大，畢竟成爲擾亂種子的，就是綠林兵。這一支兵，起初藏匿在湖北綠林山中，在當陽縣境内。所以得綠林之名。後來分爲兩支，一支向南郡，如今的江陵縣。號爲下江兵。一支向南陽，號爲新市兵。隨縣平林鄉人，隨縣就是如今湖北的隨縣。也起兵附和他，稱爲平林兵。漢朝的宗室劉玄，就在軍中。景帝五世孫劉縯、劉秀也起兵舂陵，如今湖北的棗陽縣。和新市、平林兵合。於是大家會議，立哪一個做皇帝。“南陽諸豪”要立劉縯。而新市、平林諸將要立劉玄，畢竟是新市、平林諸將勢力大，把劉玄立做皇帝。他起初號爲更始將軍。所以歷史上就都稱他做更始。更始既立，北據南陽，王莽發大兵四十萬去攻他，和劉秀等戰於昆陽。如今河南的葉縣。大敗，於是響應的人，四面而起。更始派兵兩支：一支攻洛陽，一支攻武關，攻武關的兵，先入長安，王莽被殺，這是前一八八九年的事。更始這時候，已遷都洛陽。明年，又遷都長安。這時候，海内的人，望治頗切。而更始給平林新市諸將挾持住，不能有爲，諸將所幹的，都是些强盜行逕的事情，不成體統。於是四海失望，關中離心。他們又把劉縯殺掉，劉秀因出徇潁陽，未與其難，於是劉秀先把河北平定，取了河內，以爲根據地。這時候天下大亂。擁兵劫掠的人，到處都是。而琅邪樊崇等一派，都“朱其眉以自別”，號爲“赤眉”，其衆尤盛，前一八八七年，赤眉擁衆入關，更始被殺。這時候劉秀已經在河北做了皇帝——後漢光武帝。洛陽太守朱鮪，本來是忠於更始的。更始死後，纔把洛陽投降光武，於是光武遷都洛陽，所以後世稱光武以後爲東漢。

光武既都洛陽，明年，關中大饑，赤眉東走，光武勒兵宜陽，如今河南的宜陽縣。脅降了他，於是歷年的流寇掃清，天下漸有澄清之望。然而割據一方的，還有

延岑據漢中，後來投降公孫述。

隗囂據隴西。

竇融據河西五部。

公孫述據成都，全有益州。

李憲據淮南。

劉永梁孝王八世孫，據睢陽。

佼彊、董憲、張步這三個人，和劉永結連，據如今山東的東部。

秦豐據黎邱。

田戎據夷陵。

盧芳據九原，和匈奴結連。

其中除竇融以河西五郡降漢，不煩兵革外。只有隗囂能得士心，公孫述習於吏事，稍有規模。其餘都是強盜行逕，給光武以次削平，天下就此大定了。

第二節　後漢的武功

光武既定天下，頗能輕徭薄賦，撫綏百姓；明帝、章帝兩代，也頗能謹守他的成法；所以這三代，稱爲東漢的治世。然而東漢一代，內

治上的政策,不過因襲前漢,無甚足述。只有明、章、和三代的戡定外夷,卻是竟前漢時代未竟之功,而替後來五胡亂華伏下一個種子,其事頗有關係,現在述其大略如下。

匈奴從呼韓邪降漢之後,對於中國,極爲恭順。後來休養生息,部落漸漸盛了。就埋下一個背叛驕恣的根源。再加以王莽時,撫馭的政策失宜,於是烏珠留若鞮和呼都而尸兩單于,就公然同中國對抗。北邊大受其害。前一八六六年,呼都而尸單于死,子蒲奴立,連年旱蝗,赤地千里。烏桓乘隙攻破之,於是匈奴北徙數千里,漠南遂空。先是呼韓邪單于約自己的兒子,依次序立做單于,所以從呼都而尸以前六代,都是弟兄相及,呼都而尸要立自己的兒子。把兄弟知牙斯殺掉。烏珠留的兒子比,領南邊八部,心不自安,前一八六四年,自立做呼韓邪單于,投降中國。於是匈奴分爲南北。南匈奴的單于,入居西河美稷縣如今的鄂爾多斯左翼中旗。分派部下,駐紮邊地,幫中國巡邏守禦。中國人也待他甚厚。章帝末年,北匈奴益形衰弱,南匈奴要想併吞他。上書請兵,剛剛章帝死了,和帝即位,竇太后臨朝。派自己的哥哥竇憲出兵,大破北匈奴於稽落山,勒石燕然山而還。大約在如今杭愛山一帶。過了兩年,前一八二一年。竇憲又派左校尉耿夔出兵,大破北匈奴於金微山。這一次出塞五千餘里,爲從前漢以來出兵所未曾到。金微山,大約在外蒙的極西北。從此以後,匈奴就遠引而去,其偶然侵犯西域的,都只是他的分部。正支西入歐洲。就做了後世的匈牙利人。匈奴龍庭,《史漢》都没有明説,他的地方大約從漢開朔方郡以前,在陰山山脈裏,所以侯應議罷邊塞事,説:"北邊塞至遼東,外有陰山,東西千里,草木茂盛,多禽獸,本冒頓單于,依阻其中,治作弓矢,來出爲寇,是其苑囿也。"(見《前漢書・匈奴傳》)兒單于以後,所住的地方,離余吾水很近——天漢四年,且鞮侯單于悉遠其累重於余吾水北,而自以精兵十萬待水南。征和二年,右賢王驅其人民度余吾水六七百里。居兜銜山,壺衍鞮單于時,北橋余吾,令可渡,都見《漢書・匈奴列傳》。——余吾和仙娥,似乎是一音之轉。那麼,匈奴徙居漠北之後,是住在如今色楞格河域的,合第四章第一節和第一編第六章第一節看,這種人,從中國本部的北方,逃到漠南。從漠南逃到漠北,再從漠北輾轉遷入歐洲,種族的遷移,可謂匪夷所思了。

王莽末年，不但匈奴背叛，就西域也都解體。然而這時候，匈奴也無甚力量懾服西域。所以西域地方，就變做分裂的形勢。北道諸國，臣服匈奴，南道地方，卻出了一個莎車王賢。戰勝攻取，降伏各國。光武帝既定天下，西域十八國遣子入侍。要求中國再派都護，光武帝恐勞費中國不許，於是西域和中國斷絕關係。明帝時，大將軍竇固，派假司馬班超，出使鄯善。樓蘭的改名。鄯善王廣，待超甚恭。數日之後，忽然怠慢。超知有匈奴使者至，激勵部下三十六人，乘夜攻殺之。鄯善人大懼，情願投降，班超回國，竇固奏上他的功勞，明帝就真把他做軍司馬，教他再立功西域。於是班超仍帶了前此的三十六人到西域去，這時候，于闐王廣德攻殺了莎車王賢，稱霸南道，而龜茲王建，倚仗匈奴的勢力，攻殺疏勒國王而立了他的臣子兜題。班超先到于闐國去，在于闐王面前殺掉匈奴的使者，脅降了他。又差一個小吏田慮，走小路到疏勒去，出其不意把兜題拿住，自己跟着去，立了疏勒舊王的兒子，名字喚做忠的。於是西域諸國，紛紛進來朝貢。這時候，是前一八三九年，西域諸國已經和中國斷絕關係六十五年了。漢朝也出兵北路，打破車師，再立西域都護和戊己校尉。前一八三七年，明帝崩，龜茲等國背叛，攻没都護，朝廷以爲事西域繁費，就廢掉都護和校尉，並召班超回國。班超要行，疏勒人怕受龜茲侵犯，留住他不放。於是班超就留居西域。前一八三二年，班超上書，請平定西域，平陵人徐幹，也奮身願意幫助班超，章帝給他一千多人，帶到西域去，就把班超做西域都護。於是班超調用諸國的兵，把西域次第平定，班超在西域，直到前一八一〇年纔回國。任尚代他做都護，以峻急，失諸國歡心。和帝初年，諸國一時背叛，鄧太后仍用了班超的兒子班勇，纔把他鎮定。班超帶着區區三十六人，平定西域，真是千古的大英雄。他的事跡，本書限於篇幅，苦難詳舉，讀者諸君，可以合着《前後漢書》的《西域傳》參考一遍。

班超平定西域，葱嶺以西諸國都來朝貢。前一八一五年，班超差部將甘英前往大秦，走到條支，臨大海欲渡，“安息西界船人謂英曰：

海水大，往來逢善風，三月乃得渡。若遇遲風，亦有二歲者。入海人皆齎三歲糧。海中善使人思土戀慕，數有死亡者”，甘英就折了回來。大秦，就是統一歐洲的羅馬，這時候，從亞洲到歐洲，陸路不通，甘英所擬走的，是渡紅海到歐洲的一條路。安息西界船人的話，歷史上説是安息要阻礙中國和羅馬交通，故意説的，其實都是實情。詳見洪氏鈞的《元史譯文證補》。中國和歐洲的交通，此次將通又阻，直到桓帝延熹初，“大秦王安敦，遣使自日南徼外獻象牙犀角瑇瑁，始乃一通焉”。這大秦王安敦，據現在史家考校，便是生於公元一二一年，没於一八〇年的 Marcus Aurelius An。班勇平定西域，只限於葱嶺以東，葱嶺以西遂絶。

還有漢朝人和西羌人的交涉，這件事，是後漢分裂做三國和五胡之亂的直接原因，在第三篇裏講。

第三節　後漢的外戚和宦官

前漢給外戚篡奪，後漢仍舊用外戚，這件事情，把後世人的眼光看起來，很覺得稀奇，然而無足爲怪。我早説過，外戚是一種“特殊階級”。凡是一種特殊階級，不到他應當滅亡的時候，無論他怎樣作惡，人家總只怪着階級裏的人，並不怪着階級的本身，這是社會的覺悟，有一定的限度，也是無可如何的事情。

後漢外戚之禍，起於章帝時。章帝娶宋楊兩個女兒做貴人，大貴人生子慶，立做太子。小貴人生子肇，皇后竇氏，養爲己子。竇皇后譖殺二宋貴人，又廢掉太子慶，改立肇做太子。章帝崩，肇立，是爲和帝。太后臨朝，用哥哥竇憲做大將軍，專權横恣。和帝年長，和宦官鄭衆合謀，把他殺掉，這是後漢的君主和宦官謀誅外戚之始。和帝生子，屢次不育，就把皇子寄養在民間。和帝崩，皇后鄧氏，到民間去收了一個“生纔百餘日”的兒子來，把他立做皇帝，明年死了，是爲殤帝。

立清河王的兒子祜,是爲安帝。太后臨了十五年的朝。太后死後,安帝纔親政,斥逐鄧氏,用自己皇后的哥哥閻顯、耿貴人的哥哥耿寶,又寵愛了中常侍江京、李閏、樊豐、劉安、陳達;還有乳母王聖、王聖的女兒伯榮等一派小人。閻皇后無子,後宫李氏生了一個兒子,名字唤做寶,立爲太子。閻后和宦官合謀,譖殺李氏,廢寶爲濟陰王。前一七八七年,安帝到南陽去,死在路上。閻皇后和閻顯密謀,祕不發喪,馳回京師,迎立章帝的曾孫北鄉侯懿。不多時,死了。宦者孫程等迎立了濟陰王,是爲順帝,殺閻顯,遷太后於離宫。孫程等十九人皆封列侯。順帝用自己皇后的父親梁商做宰相,在外戚裏,總算安分的。梁商死後,兒子梁冀接他的手,就大專權驕恣起來。順帝死後,兒子冲帝立,一年而死。太后和梁冀"定策禁中",迎立章帝的孫子清河王纘,是爲質帝。年少聰明,目梁冀爲"跋扈將軍"。爲冀所弑,迎立章帝的曾孫蠡吾侯志,是爲桓帝。大權全在梁冀手裏,桓帝心不能平,而滿朝全是梁冀的人,只得再和宦官單超、具瑗、唐衡、左悺、徐璜等合謀,把梁冀殺掉。抄他的家産,約三十多萬萬,減掉一年租税之半。從此以後,漢朝外戚專權的局完,宦官亂國的事情起了。

宦官的品類,固然是不齒於人的,然而他和皇帝極爲接近。從來做皇帝的人,大概是閉置在深宫之中,毫無知識。天天同他接近的人,他如何不要聽信。前代論治的人,也曉得這個道理,所以總要注意於皇帝的"前後左右",使得他"罔非正人"。前漢時代,還懂得這個意思。在宫禁裏侍候皇帝的,還多用些士人,而且要"妙選名儒,以充其任"。和帝時,鄧太后秉政,纔把中常侍、黄門侍郎等官,都改用閹人。歷代君主,又都和他們謀誅外戚,於是宦官的權力大盛。不但干預中央的政治,甚至"兄弟姻親,佈滿州郡,競爲暴虐",就激成了天下的亂源。這時候,朝政日非,而風俗頗美,天下的士流大都崇尚氣節。一時名士,外任州郡的,對於宦官的親戚,無不盡法懲治。激於意氣,以致過甚的行爲,自然也是有的。於是宦者和士流,互相嫉惡,就激成"黨錮之獄"。參看第八章第二節。桓帝死後,無子。迎立章帝的玄孫解瀆亭侯宏,是爲靈帝。竇太后臨朝,竇太后的立做皇后,有個人喚做陳蕃,頗與有力。因此太后感激他,用他做太傅。又用自己的父親竇武做大將軍,陳蕃也是名流系裏頭的人,天下頗想望其丰采。陳蕃和竇武謀誅宦官,反爲所殺。於是黨錮之禁更嚴,靈帝長大之後,相信宦官,尤其死心塌地,而漢朝的天下就完了。

後漢世系圖

(一)光武帝劉秀 —(二)明帝莊 —(三)章帝炟 —
- 慶 —(六)安帝祜 —(八)順帝保 —(九)冲帝炳
- (四)和帝肇 —(五)殤帝隆
- 壽 —(七)北鄉侯懿
- 伉 — 寵 — 鴻 —(十)質帝纘
- 開
  - 翼 —(十一)桓帝志
  - 淑 — 同萇 —(十二)靈帝弘
    - (十三)廢帝辯
    - (十四)獻帝協

第八章　秦漢時代的政治和文化

第一節　官　　制

漢朝的制度，大概是沿襲秦朝；秦朝的制度，又沿襲三代以前。這種制度，雖未必有什麼精意存乎其間，然而去古還近，大概積弊是一天深一天的。制度是一層層地，不管理論堆積起來的；所以愈到後世，愈不切於事實，愈不合於理論，秦漢的制度，確有優於後世之處。況且後世的制度，又都是沿襲秦漢而漸變的，不明秦漢的制度，就連後世制度的真相也不能明白，所以研究秦漢時代的制度頗爲緊要。

變封建爲郡縣是從秦朝起的，咱們現在就從秦漢時代的官制講起。

秦和西漢，中央政府最高的官是丞相，或稱相國。有時但置一人，有時分置左右丞相。後漢則以太尉，天公司徒，人公司空，地公分部九卿。稱爲三公，是用古代三公、九卿的官制。參看第一篇第八章第三節。太尉在前漢，爲中央政府最高的武職，和丞相對掌文武，彷彿像宋朝的二府。此外又有御史大夫，掌副丞相。前漢的宰相，往往從御史大夫遞升。這三種，都是中央政府最高的官。

此外又有太常，秦名奉常。掌宗廟禮儀；光禄勳，秦名郎中令。掌宮殿掖户；衛尉，掌宮門衛屯兵；太僕，掌輿馬；廷尉，中間曾改名大理。掌刑辟;大鴻臚,本名典客,又曾改名大行令。又有典屬國一官併入。掌諸歸義蠻夷;宗正,掌親屬;大司農,本名治粟内史。掌穀貨;少府,掌山澤之税;謂之九寺六卿,是中央政府分掌庶務的。

帶兵的官,通稱校尉。而司隸校尉,主督察大姦,兼有警察的性質,權最重。帶北軍的中尉,主徼循京師,後改爲執金吾。

治京師的官。秦朝稱爲内史。漢景帝時,分置左内史。武帝時,改内史爲京兆尹,左内史爲左馮翊,又把向來的都尉,改爲右扶風,分治内史的右地。京兆尹、左馮翊、右扶風,謂之三輔。後漢時,改京兆尹爲河南尹。

外官仍分郡縣兩級。郡有太守,縣的户數,在一萬以上的稱爲令,不滿一萬户的爲長,其下都有丞、尉。十里一亭,有長;十亭一鄉,鄉有三老、嗇夫、游徼;三老掌教化;嗇夫職聽訟,收賦税;游徼掌徼循,禁盜賊。列侯所食的縣,唤做"國"。皇太后皇后公主所食的唤做"邑"。有蠻夷的唤做"道"。

秦朝又有一種監御史,是中央政府派他出去監郡的。漢朝省去這個官,由丞相派史出去"刺郡"。武帝時,把天下分做十三部,十二部各置刺史,一部屬司隸校尉。——以六條督察所部。(一) 强宗豪右,田宅踰制,以强陵弱,以衆暴寡。(二) 二千石不奉詔書,遵承典制,背公向私,侵漁百姓,聚斂爲姦。(三) 二千石不恤疑赦,風厲殺人,怒則任刑,喜則任賞,煩擾刻暴,剥戮黎元,爲百姓所嫉,山崩石裂,妖祥訛言。(四) 二千石選署不平,苟阿所愛,蔽賢寵頑。(五) 二千石子弟,怙恃榮勢,請託所監。(六) 二千石違公下比,阿附豪强,通行貨賂,割損正令。出於六條以外的,便不問;往來巡行,並無一定的治所。後漢以後,權漸重而位亦漸尊。然而還不過是中央政府派出去的督察之官。這時候的郡,什麽事情都和中央政府直接。所以秦漢時代,實在是個"兩級制"。到靈帝中平五年(前一七二四年),因各處紛紛盜起,列郡不能鎮壓,改刺史爲州牧;簡九卿等官,出去充任;於是其權大重;而中央政府,又不久解紐,諸州牧各自據土,紛紛佔據地盤,就儼然變做三級制了。

爵分二十級:(一) 公士,(二) 上造,(三) 簪裹,(四) 不更,(五)

大夫,(六)官大夫,(七)公大夫,(八)公乘,(九)五大夫,(十)左庶長,(十一)右庶長,(十二)左更,(十三)中更,(十四)右更,(十五)少上造,(十六)大上造,(十七)駟車庶長,(十八)大庶長,(十九)關內侯,(二十)徹侯,後來因避漢武帝的諱,改爲通侯。也都是秦制用以賞有"功"、"勞"的人。

秦漢官制的特色:(一)這時候的中央政府,宰相是個副貳天子,治理天下的;九卿等官,也各有獨立的職權,都是分治天下衆務的;不是天子的私人。到後來,紛紛任用什麽尚書、中書、侍中做宰相;把九卿的職權,也奪歸六部;於是所任用的,全是天子玩弄之人,君權愈擴張無限。(二)是外官階級少而威權重,和後世大不相同。這個有好處,亦有壞處。(三)則這時候去古還近,地方自治的意思,還有存留。《漢書·高帝紀》:"二年五月癸未令,……舉民年五十以上,有脩行,能帥衆爲善,置以爲三老,鄉一人。擇鄉三老一人爲縣三老,與縣令、丞、尉,以事相教。"可見得這時候,對於三老等官視之甚重,和後世名存實亡的,大不相同。這其中也有許多方面的因果關係,且待後文講到後世制度的時候,比較詳論。

第二節　教育和選舉

後世的人,都説秦朝焚燒詩書,毀滅儒術,這句話,其實是錯的。馬端臨説:"案《西漢公卿百官表》,博士,秦官,掌通古今。……既曰通古今,則上必有所師承,下必有所傳授。故其徒實繁。秦雖有其官,而甚惡其徒,常設法誅滅之。始皇使御史案問諸生,傳相告引,至殺四百六十餘人;又令冬種瓜驪山,實生,命博士諸生就視,爲伏機殺七百餘人;二世時,又以陳勝起,召博士諸生議,坐以非所宜言者,又數十人。然則秦之於博士弟子,非惟不能考察試用之,蓋惟恐其不澌盡泯没矣。叔孫通面諛,脱虎口而逃亡;孔甲持禮器,發憤而事陳涉有以也哉。”《文獻通考》卷四十。這一段考據，頗爲精詳，雖然虐待其人，然而師承傳授，確自有的，可見得儒學並没有絶，不過這種傳授，是爲繼續“博士官之所職”起見，不是爲教育人才起見，不過是古代“學術存於官守”之舊，不能算得學校。

到漢朝武帝時候，公孫弘做宰相，纔奏請“爲博士官置弟子五十人，復其身。太常擇民年十八已上，儀狀端正者，補博士弟子。郡、國、縣、道、邑，有好文學，敬長上，肅政教，順鄉里，出入不悖所聞者，令相、長、丞，上屬所二千石。二千石謹察可者，當與計偕，詣太常，得受業如弟子”。這纔是以傳授學術爲目的，可以算作學校。然而營建學舍確是王莽手裏的事。

案《漢書·景十三王傳》，河間獻王德“武帝時……來朝，……對三雍宫”。《兒寬傳》：武帝東封泰山，還登明堂。寬上壽曰：……陛下……祖立明堂辟雍。師古曰：祖，始也。似乎武帝時就有太學的。而《禮樂志》又説：“……成帝時，犍爲郡於水濱得古磬十六枚。……劉向因是説上，宜興辟雍，設庠序，成帝以向言下公卿議，會向病卒，丞相大司空奏請立辟雍，案行長安城南。營表未作，遭成帝崩，羣臣引以定謚，及王莽爲宰衡，欲燿衆庶，遂興辟雍。……”馬端臨説：“蓋古者明堂辟雍，共爲一所：蔡邕《明堂論》曰：取其宗祀之清貌，則曰清廟；取其正室之貌，則曰太廟；取其尊崇，則曰太室；取其堂，則曰明堂；取其四門之學，則曰太學；取其四面周水圜如壁，則曰辟雍；異名而同事。武帝時，泰山濟南人公玉帶上《黄帝時明堂圖》，明堂中有一殿，四面無壁，以茅蓋通水，水圜宫垣，爲複道，上有樓，從西北入，名曰崑崙。天子從之以入，拜祀上帝，於是上令奉高作明堂汶上，如帶圖。脩封時，以祠太一五帝，蓋兒寬時爲御史大夫，從祠東封。還登明堂上壽，所言如此，則所指者疑此明堂耳。意河間獻王所封之地，亦是其處。非養士之辟雍也。”《文獻通考》卷四十。按馬氏這個説法，很確，並可同第一編第八章第四節所説，互相證明。

漢朝的學校，是逐漸增盛的。武帝置博士弟子五十人，昭帝增爲百人，宣帝時增至二百人，成帝末增至三千人。後漢光武時，就營建太學，建武五年，前一八八三年。明、章兩代，都崇儒重道，車駕屢幸太學。其時又爲“功臣子孫”，“四姓末屬”，别立校舍，“期門”、“羽林”之士，皆令通《孝經》、《章句》。匈奴亦遣子入學，梁太后時，又詔大將軍至六百石，悉遣子入學。本初（質帝年號）時太學諸生，遂至三萬餘人。學校可謂極盛，然而衰機也就伏在這個時候。這時候，學校人數只求其多，不講實在。入學的，大概都是一班貴游子弟，並不是真正講求學問的人。所以，范曄説這時候的學風，是“章句漸疏，多以浮華相尚”。又《三國志》董昭上疏説：“竊見當今年少，不復以學問爲本，專更以交游爲業。國士不以孝弟清脩爲首，乃以趨勢游利爲先。”這明是把一種紈絝子弟的氣習，移植到學校裏。講聲華的必定尚意氣，所以到後來就激成“黨錮之禍”。學校裏都是一班貴族子弟，所以漢朝的太學生，是和外戚結黨而攻宦官的。“此中消息，可以微窺”。

國家的學校雖然如此，究竟還不如私人教育之盛。《漢書·儒林傳贊》説：“自武帝立五經博士，開弟子員。設科射策，勸以官禄。訖於元始，百有餘年，傳業者寖盛，支葉蕃滋。一經説至百餘萬言，太師衆至千餘人。蓋禄利之路然也。”禄利固然是人所同欲，然而學術的興盛，一大半的原因，也由於社會上“智識的欲望”，不容一筆抹殺。後漢則張興著録且萬人，牟長著録前後萬人，蔡元著録萬六千人，樓望，諸生著録九千餘人，宋登教授數千人，魏應、丁先弟子著録數千人，姜肱，就學者三千餘人，曹曾門徒三千人，楊倫、杜撫、張元，皆千餘人，更非前漢所及，俱見《後漢書》。私人教育，總比國家所設立的學校爲盛，這個也是中國教育史上的一個特色。

至於選舉，則有兩種：其（一）郡國歲舉孝廉。又漢武帝制郡國口二十萬以上，歲察一人；四十萬以上二人；六十萬三人；八十萬四人；百萬五人；百二十萬六人；不滿二十萬，二歲一人；不滿十萬，三歲一人，限以四科：一曰德行高妙，志節清白；二曰學通行脩，經中博士；三曰明習法令，足以決疑。能按章覆問，文中御史；四曰剛毅多略,遭事不惑,明變決斷,纔任三輔縣令。是用古代"諸侯貢士"之制,後世的人,以爲這是鄉舉里選,卻是錯的。鄉舉三老,方和《周禮》的"使民興賢,出使長之。使民興能,入使治之"相合。其(二)則朝廷要用哪一種人,特詔標出科目,令公卿郡國,各舉所知。這個卻是後代制科的先聲,漢朝選舉制度的利弊得失,要和後世比較纔見,且俟後文再講。

第三節　賦　　稅

漢朝的田賦,本來是十五而稅一;景帝以後,變做三十而稅一,已見前。光武中興以後,亦是三十而稅一。到靈帝時,纔加天下田稅,每畝錢十文,謂之"脩宫錢"。

田稅以外,另有一種"口稅"謂之"算賦"。人民從十五歲起,到五十六歲止,每人每年出錢百二十文,謂之一算;以治"庫兵""車馬"。其事起於高帝四年,見《本紀》如淳引《漢儀注》。又有七歲到十四歲出的,每人二十錢,以食天子,謂之"口賦"。武帝時,又加三個錢,以補"車"、"騎"、"馬"。見《昭帝本紀》元鳳四年如淳引《漢儀注》。按《漢書·宣帝紀》,五鳳三年"減天下口錢"。甘露二年"減民算三十"。"師古曰:一算減錢三十也。"成帝建始二年"減天下賦錢。算四十"。"孟康曰:本算百二十,今減四十爲八十。"所謂減,都是指當年而言,並不是永遠變更定額。又《貢禹傳》:"禹以爲古民亡賦算,口錢起武帝,征伐四夷,重賦於民。民產子,三歲則出口錢。故民重困。至於生子輒殺,甚可悲痛。宜令兒七歲去齒,乃出口錢;年二十乃算。……天子下其議,令民產子七歲乃出口錢,自此始。"則是永遠減免的。

又有一種"更賦",亦見《昭帝紀》注引如淳說:"更有三品:有'卒更',有'踐更',有'過更',古者正卒無常,人皆當迭爲之,一月一更,是爲'卒更'也。貧者欲得顧更錢者,'次直者'出錢顧之,月二千,是謂'踐更'也。天下人皆直戍邊三日,亦名爲更,律所謂'繇戍'也。雖

‘丞相子’，亦在戍邊之調。不可人人自行三日戍，又‘行者’當自戍三日，不可往便還。因便住，一歲一更：諸不行者，出錢三百入官，官以給戍者，是爲‘過更’也。”

案以上三種，第一種是“税”，第二種是“賦”，税是種田的人出的，賦是脩理兵器車馬等都包括在裏頭。的費用，全國人民都負擔的。《漢書・食貨志》所謂“税以足食，賦以足兵”。第三種是人民應服兵役的代價，就是課人民以“一種兵役的義務”的“變相的完納”。

漢朝的國用，以田租爲主。《漢書・食貨志》説：“高祖……輕田租，什五而税一，量吏禄，度官用，以賦於民。而山、川、園、池、市、肆，租税之入，自天子以至封君湯沐邑，皆各爲私奉養，不領於天子之經費。”所以掌穀貨的大司農，是管國家財政的；掌山澤之税的少府，是掌天子私財的。所以武帝命大司農兼管鹽鐵，孔僅、東郭咸陽説：“山海天地之臧，宜屬少府，陛下弗私，以屬大農佐賦。”很有稱頌他的意思，此等雜税，已見第五章第一節。昭帝時郡國所舉的賢良文學，要求停罷，和桑弘羊争辯了許多話，到底只罷掉一種酒酤，其餘都没有動。亦見《漢書・食貨志》，其兩方面争辯的話，詳見《鹽鐵論》。

第四節　兵　　制

西漢所行的，是民兵之制。人民都有當兵的義務。《漢書・高帝紀》注引如淳説：“《漢儀注》云：民年二十三爲正。一歲爲衛士，一歲爲材官騎士，習射御，馳戰陳。又曰：年五十六，衰老，乃得免爲庶民，就田里。”又《王制正義》引許慎《五經異義》：“漢承百王，而制二十三而役；五十六而免。”兩説相同。案今文家説，民年三十受兵，已見第一編第八章第五節。《高帝紀》注又引：“孟康曰：古者二十而傅。三年耕，有一年之儲，故二十三而後役之。”《五經異義》：“《易》孟氏、《韓詩》説：年二十行役，三十受兵。”則漢朝人民的服力役，比古代遲三年,服兵役卻早七年,或者漢代所承,實是古制;三十受兵,是儒家託古所致;亦未可知。

其兵的種類,有"材官"、"車騎"、"樓船"三種:材官是步卒,車騎是騎兵,樓船是水師。《後漢書·光武紀》注引《漢官儀》:"高祖命天下選能'引關'、'蹶張'材力武猛者,以爲'輕車'、'騎士'、'材官'、'樓船'。常以秋後講肄課試,各有負數,平地用'車騎',山阻用'材官',水泉用'樓船'。"大約'材官'最爲普通,'車騎'邊郡較多,'樓船'只有沿江海的地方有。

京師有南北軍:"南軍衛尉主之,掌宫城門内之兵。""北軍中尉主之,掌京城門内之兵。"據《文獻通考》,其詳可參看原書。武帝時,增置中壘、屯騎、步兵、越騎、長水、胡騎、射聲、虎賁八校尉,都屬北軍。八校尉,都見《漢書·百官公卿表》,《刑法志》:"至武帝平百粤,内增七校。""晉灼曰:胡騎不常置,故此言七也。"又有期門、羽林,都屬南軍。《文獻通考》引章氏説:"漢初南北軍,亦自郡國更番調發來。何以言之。黄霸爲京兆尹,坐發騎士詣北軍,馬不適士。劾乏軍興則知自郡國調上衛士,一歲一更,更代番上,初無定兵。自武帝置八校,則'募兵'始此;置羽林、期門,則'長從'始此。"案期門是從六郡良家子孫裹選出來的,見《漢書·東方朔傳》。羽林兵,初名建章營,設於太初元年。後來又取從軍死事的人的子孫,養在羽林,"教以五兵",號曰"羽林孤兒"。見《百官公卿表》。

前漢時,各郡都有都尉,幫着太守管理武事。王國裹頭,則相比郡守,中尉比都尉。這種制度,都是沿襲秦朝的。後漢光武帝建武六年,罷郡國都尉;七年,罷天下輕車、騎士、材官、樓船。只留着京師的南北軍。然而後來郡國也往往復置。北軍裹的八校尉,虎賁併入射聲,胡騎併入長水,又省掉中壘校尉,所以號爲北軍五營。此外另有一支兵,駐紮在黎陽,謂之黎陽兵。又會扶風都尉帶一支兵,駐紮在雍懸。護衛園陵,俗稱爲雍營。

秦朝和西漢時代,有一種特色,就是"這時候,去古未遠,人民尚武的性質還在,無論什麽人,發出去都是强兵。"巴蜀等一兩處地方是例外。所以秦朝的用兵,不論驪山的役徒,閭左的百姓,都發出去戰守;漢朝也有所謂"七科謫"、張晏曰:吏有罪一,亡命二,贅婿三,賈人四,故有市籍五,父母有市籍六,大父母有市籍七。見《漢書・武帝紀》注。“弛刑”、“罪人”、“惡少年”、“勇敢”、“奔命”、“伉健”……這都是未經訓練的人。然而發出去,往往戰勝攻取。將帥裏頭,也極多慷慨效命的人。譬如後漢的班超,又如前漢的李陵,以步卒絶漠,這是歷史上只有這一次的事情。有這種民氣和民力,儻使真能利用,中國的國力實在可以擴張到無限。偏遇着秦始皇、漢武帝兩個人,把民力財力大半銷耗在奢侈淫欲的一方面。秦始皇的用兵,已經很不經濟,漢武帝更其專信幾個椒房之親,家無法度,以致總算起來,總是敗北的時候多,勝利的時候少,細看《漢書・匈奴列傳》可見。伐大宛這一役,尤其是用兵不經濟的確證。漢朝用兵,所以結局總獲勝利,是由於這時候中國和外國的國力,相差太遠,並不是用兵的得法。這種用兵,結局雖獲勝利,畢竟是以最大的勞費,得最小的效果的。就使勝利,也所得不償所失。這種用兵,實在一無可取。中國大有可爲的時代,就給這兩個人弄糟了的。然而後世,反很多崇拜他、原諒他的人,可謂徼幸極了。

第五節　法　　律

從秦漢到魏晉,可以算做中國法律的“發達”、“長成”時代。案自秦以前,我國的法律究竟是個甚麽樣子,實在無從考見其詳細。第一篇第八章第六節所舉。實在有許多儒家的學説,夾雜在裏面,無從分别。但是全把儒者的學説闢掉,剩取了許多零碎的事實,也並不能考見其真相。自秦以後,其“承襲”、“變遷”的途徑,纔確有可考;其“進化的狀況”,就可以窺知了。

秦朝的法律所以貽害天下,有兩種道理:其(一)是由於他所用的“刑罰的野蠻”。第一篇第八章第六節,已經説過。《漢書・刑法志》説:

> 漢興之初,雖有約法三章,網漏吞舟之魚;然其大辟尚有“夷三族”之令。令曰:當三族者,皆先黥,劓,斬左右趾,笞殺之,梟其首,菹其骨肉於市;其誹謗詈詛者,又先斷舌;故謂之“具五

刑”。彭越、韓信之屬，皆受此誅。

到高后元年，纔除掉“三族罪”，“祅言令”，孝文二年，又除掉“收孥相坐律”，然而足爲中國法律史上開一個新紀元的，實在要推前二〇七八年(孝文帝十三年)廢除肉刑這一件事，《漢書·刑法志》記他的始末道：

> 齊太倉令淳于公有罪當刑，防獄逮繫長安。淳于公無男，有五女，當行會逮，駡其女曰：生子不生男，緩急非有益也。其少女緹縈，自傷悲泣，迺隨其父至長安，上書曰：妾父爲吏，齊中皆稱其廉平；今坐法當刑，妾傷夫死者不可復生，刑者不可復屬；雖後欲改過自新，其道亡繇也。妾願没入爲官婢，以贖父刑罪，使得自新。書奏，天子憐悲其意，遂下令曰：制詔御史：蓋聞有虞氏之時，畫衣冠異章服以爲戮而民弗犯，何治之至也。今法有肉刑三，孟康曰：黥，劓二；刖左右趾合一；凡三也。而姦不止，其咎安在。……《詩》曰：愷弟君子，民之父母；今人有過，教未施而刑已加焉；或欲改行爲善，而道亡繇至；朕甚憐之。夫刑至斷支體，刻肌膚，終身不息，何其刑之痛而不德也，豈稱爲民父母之意哉？其除肉刑，有以易之。

於是以“髡鉗”代“黥”，“笞三百”代“劓”，“笞五百”代“斬趾”。按《史記索隱》：“崔浩《漢律序》云：文帝除肉刑，而宫不易。張斐注云：以淫亂，易人族類，故不易也。”《文獻通考·刑考》二馬氏按語：“……景帝元年詔，言孝文帝除宫刑，出美人，重絶人之世也。則文帝並宫刑除之。至景帝中元年，赦徒作陽陵者死罪，欲腐者許之；而武帝時，李延年、司馬遷、張安世兄賀，皆坐腐刑；則是因景帝中元年之後，宫刑復用，而以施之死罪之情輕者，不常用也。”愚按自高后時即除三族罪，而文帝時新垣平謀逆，也用過三族之誅。見《漢書·刑法志》。大概是偶一爲之之事。這時候，笞者多死，景帝時，又兩次減少笞數，第一次減笞三百爲二百，五百爲三百；第二次再減笞二百爲一百，三百爲二百。並定“箠”的式樣，當笞者“笞臀”，如淳曰：然則先時笞背也。毋得“更人”，自是“笞者得全”。其動機都發自緹縈，緹縈可以算得我國歷史上一個紀念人物了。

（二）然而秦朝的害天下，實在又在其“用法的刻深”，漢宣帝時，路温舒上奏説道：見《漢書本傳》。

> 臣聞秦有十失，其一尚存，治獄之吏是也。……今治獄吏。……上下相敺，以刻爲明；深者獲公名，平者多後患；故治獄之吏，皆欲人死；非憎人也，自安之道，在人之死；是以死人之血，流離於市；被刑之徒，比肩而立；大辟之計，歲以萬數。……夫人情安則樂生，痛則思死；捶楚之下，何求而不得；故囚人不勝痛，則飾辭以視之；吏治者利其然，則指道以明之；上奏畏卻，則鍛練而周内之；蓋奏當之成雖咎繇聽之，總以爲死有餘辜；何則，成練者衆，文致之罪明也，是以獄吏專爲深刻，殘賊而亡極，媮爲一切，不顧國患，此世之大賊也。故俗語曰：畫地爲獄議不入，刻木爲吏期不對，此皆疾吏之風，悲痛之辭也。

這種情形，在當時司法界已成爲風氣。《漢書・刑法志》説：文帝時候“斷獄四百，有刑錯之風”。宣帝留意刑罰，特置廷平，又“常幸宣室，齊居而決事”，“獄刑號爲平矣”。都只是救濟一時，不是個根本解決的辦法。

然則根本解決的辦法何在呢？那就在於“删定律令”。案漢朝的法律，是沿襲自秦的，秦朝所用的，卻是李悝所定的六篇之法。漢初，蕭何改爲九篇，叔孫通又益以律所不及，爲十八篇。後來張湯又加了二十七篇。趙禹加了六篇，共爲六十篇。而又有漢朝的例案隨時編集起來的，謂之《令甲》、《令乙》……《決事比》，大概其初苦於法文太簡，不彀用，於是不得不隨時增加；而其增加，絶没有條理系統；以致也有互相重複的，也有互相衝突的。司法的人，就大可上下其手。《漢書・刑法志》説：“律令凡三百五十九章；大辟四百九條，千八百八十二事;死罪決事比萬三千四百七十二事;文書盈於几閣,典者不能遍睹;是以郡國承用者駮,或罪同而論異;姦吏因緣爲市,所欲活則傅生議,所欲陷則與死比。"因爲法律太雜亂,難於使用之故,於是解釋的人很多,到後來就也都承認他可以引用。《晉書·刑法志》説:"後人生意,各爲章句。叔孫宣、郭令卿、馬融、鄭玄諸儒章句,十有餘家,家數十萬言。"再合起《正律》和《令甲》、《決事比》來,就是"凡斷罪所當由用者,合二萬六千二百七十二條,七百七十三萬二千二百餘言。簡直是不可收拾了。

删定的必要,前漢時人,就知道的,所以漢宣帝留心刑獄,而涿郡太守鄭昌上疏,説這是一時的事,"若開後嗣,不若删定律令"。宣帝未及措置,到元帝、成帝手裏,纔下詔議行。班固説"有司……不能……建立明制,爲一代之法;而徒鉤摭微細,毛舉數事,以塞詔而已"。所以到後漢時,還是錯亂得那麽樣。直到魏文帝手裏,命陳羣、劉劭等删定,纔定爲新律十八篇。新增十三篇,舊有的六篇,廢掉一篇。晉武帝還嫌他"科網太密",再命賈充等脩定,共爲二十篇,於前一六四四年泰始四年。頒行。是爲《晉律》。我國的法律,從李悝手裏具有雛形,直到這時候,纔算發達完備。參看《晉書·刑法志》。

《晉律》現已不傳,然據近人餘杭章氏所研究,則其單辭隻義,有很文明的,轉非隋唐以後的法律所及。章氏説:隋唐以後的法律,是承襲北魏的,夾雜了鮮卑法在裏頭。他文集中有一篇文章論這事,可以參看。

第六節　學　　術

兩漢的學問,從大概説起來,可以稱爲儒學時代。從儒學之中再分别起來,又可以分爲今文時代和古文時代。

漢初是"黄老"、"申韓"之學並行的。《史記·儒林傳》説"……孝文帝本好刑名之言，及至孝景，不任儒者；而竇太后又好黄老之術。”大概當時的休養生息，是取黄老的主義；參看第三章。對待諸侯王等，則實系取申韓之術。到漢武帝，任用趙綰、王臧、田蚡、公孫弘等一班儒臣；又聽董仲舒的話，“表章六藝”，“罷黜百家”；於是戰國時“百家之學並行”的現象，至此就“定於一尊”了。

儒家之學，所以獨盛，近人都説因其明君臣之義，而且其立教偏於柔，《説文》訓儒爲柔。便於專制，所以世主扶翼它；我看這也不盡然：（一）儒家之學，利於專制，是到後世纔看出來的；當時的人，未必有此先見。（二）無論什麽學問，都是因其環境而變遷的。儒家之學，二千年來受專制君主的卵翼，在專制政體之下發達變遷，自然有許多便於專制的説法。西漢時代的儒學，確和後世不同；這點子便於專制之處，就别一家的學説，也是有的。假使當時别一家的學術，受了專制君主的卵翼，在專制政體之下發達變遷，也未必不生出便於專制的説法來。況且到後世，反抗君主的議論，道源於儒家之學的很多，近世講今文學的人，就是一個好例。别一家的書，主張專制的話也還在，豈能一筆抹殺。若説法家的便於專制，顯而易見，容易招人反抗；不如儒家之術，隱而難知，得“吾且柔之”之道。則全是用後世人的眼光議論古事，實在是陷於時代錯誤的。然則儒家之學，所以獨受世主的尊崇，究竟是什麽道理呢？我説這個在後世是全然出於因襲，並没有什麽道理，儒家之學，在社會上勢力已成，做君主的人，自然也不去動他。況且君主也是社會裏的一個人，他的思想也未必能跳出社會以外。全社會的人，都把孔教當作“天經地義”，他如何會獨想推翻孔教呢？至於漢武帝所以尊崇儒術，則和秦始皇説“吾悉召文學……士甚衆，欲以興太平”，《史記·秦始皇本紀》。參看第一章。是一個道理。原來一個人治天下，無論怎樣憑恃武力，總不能全不講教化。而講教化，只有儒家之學最長。因爲他“治具”最完備。《七略》説儒家之學，出於司徒之官，是不錯的。而且漢武帝，是個喜歡鋪張場面的人，而巡守封禪……典禮，也只有儒家知道。秦始皇焚書坑儒，仍要留着博士之官（他出去封禪,也是教儒家議禮),也是這個道理。不必過於深求,反生誤解的。

西京儒學的傳授:最初,就是《史記·儒林列傳》所說:"言《詩》,於魯則申培公,於齊則轅固生,於燕則韓太傅;言《尚書》,自濟南伏生;言《禮》自魯高堂生;言《易》,自菑川田生;言《春秋》於齊魯,自胡毋生,於趙,自董仲舒。"到後來,則分爲十四博士。就是

- 詩
  - 魯
  - 齊
  - 韓
- 書
  - 歐陽
  - 大夏侯(勝)
  - 小夏侯(建)
- 禮
  - 大戴(德)
  - 小戴(聖)
- 易
  - 施(讎)
  - 孟(喜)
  - 梁丘(賀)
  - 京(房)
- 春秋
  - 公羊
    - 嚴(彭祖)
    - 顔(安樂)
  - 穀梁

以上十四家,都是元帝以前所立,《書》的歐陽、大小夏侯,同出伏生;《禮》的大小戴,同出后蒼;《易》的施、孟、梁丘,同出田何;《公羊》嚴、顔二家,同出胡毋生;只有《詩》的魯、齊、韓三家,没有公共的祖師;然而三家的説法,總是大同小異。

到平帝的時候,纔另有一派學問。其源出於劉歆,歆移書博士説:"……魯恭王壞孔子宅,欲以爲宫,而得'古文'於壞壁之中:'逸禮'有三十九,'書'十六篇,天漢之後,孔安國獻之,遭巫蠱倉卒之難,

未及施行。及《春秋左氏》,邱明所脩,皆'古文舊書'。多者二十餘通,藏於祕府。"於是别立《古文尚書》、《逸禮》、《左氏春秋》,又有毛公的《詩》"自謂子夏所傳,而河間獻王好之,未得立"。《漢書・藝文志》。這一派爲"古文之學"。

"今文"就是漢時通行的隸書。西漢諸經師,都是口耳相傳;所傳經文,就用當時通行的隸書書寫。到劉歆等,纔自謂能通史籀所造的"大篆",和大篆以前的"古文"。參看第一編第十章第二節。所傳的經,别有古文本爲據。於是人家稱這一派爲"古文學",就稱西漢經師所傳爲"今文學"以别之。所以今文古文,是既有古文之學以後,對待的名詞;古文未興以前,今文兩個字的名詞,也是没有的。

東漢之世,古文之學,比今文爲盛:衛宏、賈逵、馬融、許慎,都是古文家的大師;而鄭玄遍注羣經,尤稱爲古學的"集大成"。其實鄭玄是兼用今文的,不過以古文爲主。三國時代,出了一個王肅,專和鄭玄爲難,僞造孔安國《尚書傳》、《論語》、《孝經注》、《孔子家語》、《孔叢子》五部書,以互相引證。又有一個注《左傳》的杜預,和他互相影響。於是古文之中,再分出鄭王兩派,互相水火。古文家本没有師法可守,個個人是互異的,但不如此的互相水火。遭晉永嘉之亂,兩漢經學傳授的統緒中絶,於是今文家的書,只傳得《公》、《穀》和《韓詩》,而並無傳他的人;古文之學,也幾乎中絶,而魏晉人一派的學問大行。現在所傳的《十三經注》,除《孝經》爲唐明皇《御注》外,只有《公羊》的何休《注》,還是西漢今文家言。其餘《詩經》的《毛傳》,是純粹古文家言。鄭《箋》雖兼採今文,然而既没有師法,就和他所注的《三禮》,和趙岐注的《孟子》,都只算得古文家言。此外《書經》的《僞孔傳》、《易經》的王弼《注》、《穀梁》的范寧《集解》、《左傳》的杜預《集解》、《論語》的何晏《集解》、《爾雅》的郭璞《注》,就都是魏晉人的著作。

咱們原不必有什麽"薄今愛古"之見,就看了儒家之學和其餘諸家,也是平等的,難道還一定要考出什麽"今文家言"來,以見得"孔門口説"之真?然而這其間有一個很大的關係。生於現在,要考校古代的歷史,不能不靠古人所傳的書;而古人所傳的書,也有個分别。大概其説法出於從古相傳的多,則雖看似荒唐,而實極可靠,把後人的意思羼雜進去多的,驟看似乎可信,其實仔細考校,總和古代社會情形不合。從這一點看起來,卻是西漢今文家的話,價值最大;東漢古文家次之;魏晉時代的人,價值最小了。百家所傳的書,只有儒家最多。咱們現在,要考校古史:其勢不得不借重於儒家的經,要借助於儒家的經,其勢不得不借重於漢以後經師之説,要借重於漢以後諸經師之説,就對於漢朝的今古文,和魏晉人所造的僞書,不能不加以分别。本書裏頭,論到學術派别,書籍真僞的地方很多,都是把這種"分别史材"的眼光看的。

漢朝人還有别種學問,併入别一篇裏講,以便有個條理系統,免得瑣碎。

第二篇　中古史(中)

第一章　後漢的滅亡和三國

第一節　後漢的亂源

兩漢時代，總算是中國統一盛强的時代；兩漢以後，便要暫入於分裂衰弱的命運了。這個分裂衰弱的原因也甚多，追溯起來，第一件便要説到"後漢時代的羌亂"。

羌族的起源和分佈，已見第一篇第六章第四節，和第二篇上第四章第二節。這一族分佈的地方，是很廣的。現在專講後漢時在中國爲患的一支，《後漢書·羌傳》説：

> 羌無弋爰劍者：秦厲公時，爲秦所拘執，以爲奴隸……後得亡歸，而秦人追之急，藏於巖穴中，得免。羌人云：爰劍初藏穴中，秦人焚之；有景，象如虎，爲其蔽火，得以不死。既出，又與劓女遇於野，遂成夫婦。女恥其狀，被髮覆面，羌人因以爲俗。遂俱亡入三河間。《注》："黄河湟水賜支河也。"案賜支就是析支，就是河曲之地，不能另算做一條河。所以注引《續漢書》作"河湟之間"。諸羌見。爰劍被焚不死，怪其神，共畏事之，推以爲豪。河湟少五穀，多禽獸，以射獵爲事；爰劍教之田畜，遂見尊信；廬落種人依之者日益衆。羌人謂奴爲"無弋"，以爰劍嘗爲奴隸，故因名云。其後世世爲豪。至爰劍曾孫忍時，秦獻公初立，欲復穆公之威，兵臨渭首，滅狄豲

戎，忍季父卬，畏秦之威，將其種人附落而南，出賜支河曲數千里；與衆羌絶遠，不復交通。其後子孫分别，各自爲種，任隨所之：或爲氂牛種，越嶲羌是也；如今四川的西昌縣。或爲白馬種，廣漢羌是也；如今四川的廣漢縣。或爲參狼種，武都羌是也；如今甘肅的武都縣。忍及弟舞，獨留湟中。並多娶妻婦；忍生九子，爲九種；舞生十七子，爲十七種。羌之興盛，從此始矣。

《後漢書》説越嶲、廣漢、武都諸羌，都是爰劍之後，這句話恐未必十分可信。但因這一段文字，可以證明兩漢時代，爲中國患的羌人確是居湟中這一支。湟中是個肥沃的地方，爰劍又是個從中國逃出去的，他的文明程度，總得比塞外的羌人高些，看“教之田畜，遂見尊信”八個字，就可以明白。

這一支羌人的根據地，是從河湟蔓延向西南，包括青海和黄河上游流域。他的文明程度頗低，而體格極其强悍；《後漢書》説他“堪暑耐寒，同之禽獸”。而且好鬥。部落分離，不能組織大羣；又好自相攻伐，要到一致對外的時候，纔“解仇詛盟”；事情一過，就又互相攻伐了；這也是羌人的一個特色。這個是因爲他所處的地方，都是山險，没有廣大的平原的原故。羌人在歷史上，始終不能組織一個强大的國家，做出大一點的事業，也是爲此。

漢朝和羌人的交涉，起於武帝時，這時候，匈奴還據着河西，參看第二篇上第四章第一節。和羌人所據的湟中，只隔着一枝祁連山脈；武帝防他互相交通，派兵擊破羌人，置個護羌校尉統領他。羌人就棄了湟水，西依西海青海鹽池。在青海西南。王莽時，羌人獻西海之地，王莽把來置了一個西海郡，莽末内亂，羌人就乘此侵入中國。後漢時羌人一支佔據河北大允谷和大小榆中一帶，在如今平番導河一帶。頗爲邊患，和帝時，纔把他打破，重置了西海郡；而且夾着黄河，開列屯田。從此從大小榆谷到西海，無復羌寇。然而降羌散佈郡縣的很多。在安定、北地、上郡的，謂之東羌。在隴西、漢陽、金城的，謂之西羌。中國的吏民豪右，都不免“侵役”他。前一八〇五年，罷西域都護和校尉，發羌人去迎接他。羌人頗有逃散的。郡縣到處“邀截”，又不免騷擾。於是各處羌衆，同時驚潰。“東寇三輔,南略益州”。涼州的守令,都是内地人;見羌勢已盛,無心戰守,都把郡縣遷徙到内地來;百姓有不願意遷徙的,就强迫“發遣”;死亡流離,也不知多少。直到前一八九四年,纔把三輔肅清,涼州還没有平定,而軍費已用掉二百四十億。到順帝時,涼州也算平定了,纔把内徙的州縣,依舊回復。不多時,羌人又叛。用兵十餘年,又花掉八十多億的軍費。到桓帝即位,纔用段熲做校尉,去討叛羌,這個段熲,是以殺戮爲主義的。他説:“昔先零作寇,趙充國徙令居内,煎當亂邊,馬援遷之三輔。始服終叛,至今爲梗,猶種枳棘於良田,養蛇虺於室内也。臣欲絶其本根,不使能殖。”於是從前一七五三年起,至前一七四三年止,用兵凡十一年。把西羌直追到河首積石山,東羌蹙到西縣如今甘肅的秦安縣。山中,差不多全行殺盡。這歷年的羌亂,纔算靠兵力鎮定。羌亂的詳細,可參看《後漢書·本傳》,和任尚、虞詡、段熲、皇甫規、張奐等傳。

後漢的羌人,並不算什麽大敵,他的人數,究竟也並不算多,然而亂事的蔓延,軍費的浩大,至於如此。就可見得當時軍力的衰弱,政治的腐敗。這件事情,和清朝川楚教匪之亂,極其相像。軍費自然十之七八,都是用在不正當的方面的。卻是(一)涼州一隅,因此而兵力獨厚;(二)其人民流離遷徙之後,無以爲生,也都養成一個好亂的性質,就替國家種下一個亂源。

政治腐敗,他的影響,決不會但及於涼州一隅的。咱們現在,要曉得後漢時代社會的情形,且引幾段後漢人的著述來看看。

> 今察洛陽:資末業者,什於農夫;虚僞遊手,什於末業;是則一夫耕,百人食之;一婦桑,百人衣之;以一奉百,孰能供之。天下百郡千縣,市邑萬數,類皆如此;本末不足相供,則民安得不饑寒。《論衡·務本篇》。
>
> 王侯貴戚豪富,舉驕奢以作淫巧,高負千萬,不肯償債;小民守門號呼,曾無怵惕慚怍哀矜之意。同上,《斷訟篇》。使餓狼守庖厨,飢虎牧牢豕,遂至熬天下之脂膏,斲生人之骨髓。……豪人

之室，連棟數百，膏田滿野，奴婢千羣，徒附萬計，船車賈販，周於四方，廢居積貯，滿於都城，奇賂寶貨，巨室不能容，馬牛羊豕，山谷不能受，妖童美妾，填乎綺室，倡謳妓樂，列乎深堂。《昌言·理亂篇》。

井田之變：豪人貨殖館舍，佈於州郡，田畝連於方國。……財賂自營，犯法不坐，刺客死士，爲之投命。至勢弱力少之子，被穿帷敗，寄死不斂，冤困不敢自理。同上《損益篇》。

這種情形，説來真令人"劌心怵目"。卻是爲什麽弄到如此？這是由於漢朝時候的社會，本不及後世的平等。他的原因，是由於（一）政治上階級的不平，（二）經濟上分配的不平，這個要參看下篇第三章第五節和第七節纔得明白。這種不平等的社會，儻使政治清明，也還可以敷衍目前，爲"非根本的救濟"；卻是後漢時代，掌握政柄的不是宦官就是外戚，外戚是紈袴子弟，是些無知無識的人，宦官更不必説。他們既執掌政權，所用的自然都是他們一流人，這一班人佈滿天下，政治自然没有清明的希望。要曉得黑暗的政治，總是揀着地方上愚弱的人欺的，總是和地方上强有力的人，互相結託的。所以中央的政治一不清明，各處郡縣都遍佈了貪墨的官；各處郡縣都遍佈了貪墨的官，各處的土豪，就都得法起來。那麽，真不啻佈百萬虎狼於民間了。靈帝開西邸賣官，刺史守令，各有價目。尤其是直接敗壞吏治的一件事情。

所以張角一呼，而青、徐、幽、冀、荆、揚、兖、豫八州的人，同時響應。張角是鉅鹿人，他自創一種妖教，名爲"太平道"。分遣弟子"誑誘四方"，十餘年間，衆至數十萬，他把這些人分做許多"方"，大方萬餘人，小者數千。暗約前一七二八年靈帝中平元年。三月五日同時起事。還没有到期，給自己同黨的人告發了，張角就"馳敕諸方，一時俱起"。中外大震。這種初起的草寇，論兵力，究竟是不濟事的。靈帝派皇甫嵩、朱儁等去討伐，總算不多時就戡定了。然而從此之後，到處寇盗蜂起，都以"黄巾"爲號。張角的兵，都是把黄布包着頭的，所以人家稱他爲黄巾。郡縣竟不能鎮定。因爲到處寇盗蜂起之故，把州刺史改做州牧，於是外權大重,就成爲分裂的直接原因。參看上篇第八章第一節、下篇第三章第一節。

第二節　漢末的割據和三國的興亡

"山雨欲來風滿樓",分裂的機會成熟了,卻仍等待着積久爲患的宦官外戚做個導火綫。

靈帝是個最尊信宦官的。他因爲數失皇子,何皇后的兒子辯,養於道人史子助家,號爲史侯。王美人的兒子協,靈帝的太后董氏自行撫養,號爲董侯。靈帝想立董侯,没有辦到,前一七二三年,靈帝病重了,把董侯屬託宦者蹇碩,叫蹇碩立他。這時候,何皇后的兄弟進,做了大將軍,兵權在手。蹇碩想誘他入朝,把他殺掉,然後擁立董侯。何進明知他的陰謀,擁兵不朝。蹇碩不敢動。於是史侯即位,是爲廢帝。

這時候,外戚宦官,依舊是勢不兩立。然而何氏出身低微,何太后的立,頗得些宦官的力。以是何氏對於宦官,有些礙難下手。何進雖然殺掉蹇碩,又逼死董太后,殺掉董太后的哥哥董重;然而要盡誅宦官,何太后就要從中阻撓他。何進手下袁紹等一班人,因而勸何進召外兵以脅太后。

宦官知道事情危險了,就把何進誘入宫,殺掉。袁紹等乘勢攻宦官,盡殺之。涼州將董卓,駐兵在河東。聽得何進召外兵的命令,即日進兵。這時候剛剛到京。於是擁兵入京城,把廢帝廢掉了,擁立董侯,是爲獻帝。

京城裏的大權,霎時間落入"涼州軍閥"之手。袁紹等一班人,自然是不服的。於是袁紹逃回山東,起兵"討卓"。諸州郡紛紛應之。董卓就把天子遷徙到長安。近着涼州老家。"討卓"的兵,本來不過"各據地盤",没有"討卓"的誠意。自然是遷延敷衍,毫無成功。

然而"涼州系"卻又內亂起來了,前一七二〇年,司徒王允和中郎將吕布,合謀殺掉董卓。董卓手下的將官李傕、郭汜,起兵攻陷京城,殺掉王允。吕布逃到山東。李傕、郭汜又自相攻伐。傕劫天子,汜留公卿爲質。直到前一七一六年,涼州將張濟從東方來,替他們和解,纔算罷兵言和。獻帝趁這機會,便想逃歸洛陽。李傕、郭汜起初答應了,後來又追悔,合兵來追。獻帝靠羣盜李樂等幫忙,總算逃脱。然而羣盜又專起權來,外戚董承等没法,只得召兗州的曹操入衛。曹操既至,以洛陽殘破,挾着獻帝遷都許昌。如今河南的許昌縣。從此以後,大權都在曹操手裏,獻帝"守府而已"。

這時候,州牧郡守,紛紛割據。就有:

袁紹　據幽并青冀四州
劉備　據徐州
劉表　據荆州
劉焉　據益州
袁術　據壽春如今安徽的壽縣。
馬騰、韓遂　割據涼州

後漢時代,是頗重門閥的。參看下篇第三章第七節。袁紹是"四世三公",所據的地方又廣大,所以勢力最强。卻是曹操"挾天子以令諸侯",所假借的名義,也比衆不同。

"涼州系"在當時是個擾亂天下的罪魁。然而其中並没有雄才大略的人,李傕、郭汜、張濟,不久都無形消滅了。只有吕布,卻是個驍將。袁術攻劉備,吕布乘勢奪取徐州。劉備弄得無家可歸,只得投奔曹操。這劉備也是個英雄,曹操便利用他去攻吕布。曹操表劉備做豫州牧,借兵給他。前一七一四年,和他合力攻殺吕布。這時候,袁術因爲措置乖方,在壽春不能立足,想要投奔袁紹。曹操順便叫劉備擊破他。袁術只得折回,死在壽春。然而劉備也不是安分的人,就和董承合謀,想推翻曹操。卻又自己出屯小沛。事情發覺了,曹操殺掉董承，打破劉備。劉備也投奔袁紹，於是青、徐、兗、豫四州略定。

袁曹衝突的時機到了。前一七一二年，戰於官渡，在如今河南中牟縣的北邊。袁紹大敗，慙憤而死。兒子袁譚、袁尚爭立。前一七〇六年，曹操全定河北。袁譚爲曹操所殺。袁尚逃到烏桓（參看第二章第一節）又給曹操打敗；再逃到遼東，遼東太守公孫康把他殺掉。前一七〇四年，便南攻荆州。劉表剛好死掉，他的小兒子劉琮把荆州投降曹操。

這時候，劉備也在荆州。他和曹操是不能相容的，逃往江陵。曹操派輕騎追他，一天一夜走三百里，到當陽長阪，如今湖北的當陽縣。追到了。劉備兵敗，再逃到夏口，靠劉表的大兒子劉琦。

這時候的劉備，可算得勢窮力盡了，卻有一支救兵到來。當東諸侯起兵"討卓"的時候。長沙太守孫堅也起兵而北。董卓西遷之後，孫堅便收復洛陽。後來和袁術結連去攻劉表，給荆州軍射殺。堅兒子賁，收集殘部，投奔袁術。孫策雖然年少，倒也是個英雄。看看袁術不成個氣候，便想獨樹一幟。於是請於袁術，得了父親舊時的部曲。南定揚州。前一七一二年，孫策死了，他的兄弟孫權代領其衆。劉備手下的諸葛亮，便想一條計策，自己到江東去求救。

這時候的江東，論起兵力來，萬萬敵不過曹操。然而（一）北軍不善水戰，（二）荆州軍又非心服，（三）加以遠來疲敝，又有疾疫，卻也是曹操兵事上的弱點。孫權是個野心勃勃的人，手下周瑜、魯肅等也有一部分主戰的；於是派周瑜帶水軍三萬，和劉備合力抵禦曹操。大破曹操的兵於赤壁。如今湖北嘉魚縣的赤壁山。於是曹操北還，劉備乘勝攻下如今湖南省的地方。明年，周瑜又攻破江陵。三分鼎足之勢，漸漸的有些成立了。俗傳"借荆州"一語，說荆州是孫權借給劉備的。這句話毫無根據。請看趙翼《廿二史劄記》。

赤壁戰後，曹操一時也不想南下。而西方的交涉又起。原來涼州地方，本有個馬騰、韓遂割據。李傕、郭汜等滅後，曹操雖然收復關中，派鍾繇鎮守，卻還沒顧得到涼州。前一七〇一年，曹操徵馬騰做衛尉。馬騰的兒子馬超，疑心曹操要害他，就和韓遂舉兵造反。涼州的兵勢,十分精鋭。鍾繇抵敵不住,只得棄長安而走。馬超、韓遂直打到潼關。曹操自將去抵禦他,用離間之策,叫他兩個分心,到底把他打敗了。明年,曹操就殺掉馬騰。馬超知道了,舉兵又反,卻給楊阜等起兵打敗。馬超就逃奔漢中。

這時候的漢中,是誰據着呢?先前巴郡有個張修,創立五斗米道。參看下篇第三章第六節。沛縣的張魯信奉他,張修死後,張魯就儼然做了教主。很有信奉他的人。益州牧劉焉,便叫他保守漢中。劉焉死後,兒子劉璋頗爲闇弱。張魯就有吞併益州之志。劉璋急了,因爲劉備素有英雄之名,就想招他入川,借他防禦張魯。

劉備聞命,真是"得其所哉"。即便帶兵入川,不多時,就借端和劉璋翻臉,把西川奪去,這是前一六九八年的事。前一六九七年,曹操平定張魯,取了漢中。前一六九六年。劉備又把漢中奪去。這一年八月裏,又命關羽從荆州進兵攻取襄陽。這時候的劉備,對於曹操竟取了攻勢了。

曹操取漢中這一年,孫權因劉備入川,也頗想乘虚奪取荆州,劉備這時候,正想争取漢中。知道兩面開釁是不行的。便和孫權妥協,把荆州地方平分,備使關羽守江陵,權使魯肅屯陸口。如今湖北的蒲圻縣。這時候周瑜已經死了。到關羽進攻北方的時候,孫權又把吕蒙調回,换了個"未有重名,非羽所忌"的陸遜。關羽果然看輕他。把江陵守兵盡數調赴前敵,後路空虚。吕蒙便乘勢發兵,襲取江陵。這時候,關羽前敵的攻勢也已經給曹操發大兵堵住,弄得進退無路,只得退軍,給孫權伏兵捉住,殺掉。西蜀進取之勢,受了一個大打擊。

前一六九二年,曹操死了。兒子曹丕嗣爲魏王,便把漢獻帝廢掉,自立,是爲魏文帝。明年,蜀漢先主劉備也稱帝於成都。前一六九三年,孫權也在建業如今江蘇的江寧縣,東晋時因爲避愍帝的諱改名建康。稱帝,是爲吴大帝。後漢就此分作三國。

關羽的敗亡,是蜀漢一個致命傷。當時東吴的無端開釁,卻也是有傷國際信義的。這種毫無藉口的開釁,在歷史上也很爲少見。所以先主稱帝之後,就首先自將伐吴。卻又在猇亭,在如今湖北宜都縣西邊。給陸遜殺得大敗虧輸。又羞又氣,死了。諸葛亮受遺詔輔政,東和東吴,西南定益州,漢郡,治滇池,如今雲南的昆明縣。屢次出兵伐魏。前一六七八年,死了。蜀漢就此不振。諸葛亮是中國一個大政治家,本書限於篇幅,不能詳細介紹他。廣智書局《中國六大政治家》裏有他的傳,頗可看的。諸葛亮出兵伐魏,第一次在前一六八五年。這一次魏人不意蜀國出兵,很爲張皇失措。天水、南安、安定三郡,都叛應亮,兵勢大振。時魏明帝初立,親幸長安,派張郃去抵禦他。諸葛亮派馬謖當前鋒。這張郃是魏國的宿將,馬謖雖有才略,大約軍事上的經驗不及他。給張郃在街亭(如今甘肅的秦安縣)打敗。諸葛亮只得退回漢中。這一年十二月裏,諸葛亮再出散關(在如今陝西寶雞縣西邊)圍陳倉(在寶雞的東邊),不克而退。明年春,再出兵攻破武都(如今甘肅的成縣),陰平(如今甘肅的文縣)。前一六八一年,魏曹真伐蜀。攻漢中,不克。明年,諸葛亮伐魏。圍祁山(在武都西北),魏司馬懿來救。諸葛亮因糧盡退回。張郃來追,給諸葛亮殺掉。前一六七六年,諸葛亮再出兵伐魏。進兵五丈原(在如今陝西郿縣),分兵屯田,爲久駐之計。這年八月裏,就病死了。諸葛亮的練兵和用兵,都很有規矩法度;和不講兵法,專恃詭計,徼倖取勝的,大不相同。《三國志》、《晉書》,都把他戰勝攻取的事情抹煞,這是晉朝人説話如此。只要看他用兵的地理,是步步進逼,就可以知道他實在是勝利的了。

諸葛亮死後五年,魏明帝也死了。養子芳年紀還小。明帝死時,本想叫武帝的兒子燕王宇輔政。中書監劉放、中書令孫資,趁他昏亂時候,硬勸他用曹爽和司馬懿。明帝聽了他。於是曹爽、司馬懿,同受遺詔輔政。其初大權盡在曹爽手裏,司馬懿詐病不出。到前一六六三年,曹爽從魏廢帝出去謁陵。不知道怎樣,司馬懿忽然勒兵關起城門來,矯太后的命令,罪狀曹爽。曹爽没法,只得屈伏了。其結果,就給司馬懿所殺。於是大權盡入於司馬懿之手。這件事的真相是無從考見的,然而有可注意的,曹爽所共的一班人,都是當時的名士,司馬懿卻是個軍閥。曹爽和司馬懿相持凡十年。曹爽是曹真的兒子,在魏朝總算是個宗室。朝廷上又有一班名士擁護他(把如今的話説起來,可以説他是名流系的首領)。其初司馬懿不能與争,大概是這個原故。曹爽專政之後,把太后郭氏遷徙到永寧宫。和他的兄弟曹羲,都帶了禁兵(這時候,表面上把司馬懿尊做太傅,暗中卻奪去他的權柄。司馬懿就稱病不出)。後來司馬懿推翻他,就是趁他兄弟都出城,奪了他的禁兵,表面上卻用太后出頭。這樣,我們推想起司馬懿的行爲來,大約是"交通宫禁","勾結軍隊"。其詳情卻就無可考較了。現在歷史上所傳的話,都是一面之詞,信不得的。曹爽死後,司馬懿、司馬師、司馬昭,父子弟兄,相繼秉政,削平異己。當時魏國的軍人,都是司馬懿一系。只有揚州的兵反抗他。前一六六一年,揚州都督王凌,前一六五七年,揚州都督毌丘儉,前一六五五年,揚州都督諸葛誕,三次起兵。都給司馬氏平定。司馬師先廢曹芳而立曹髦;司馬昭又弑曹髦而立曹奂;到司馬炎,就自己做起皇帝來了。前一六四七年。

蜀自諸葛亮死後,蔣琬、費禕,相繼秉政。費禕死後,後主纔親理萬機,信任宦官黄皓,頗爲昏闇。蔣琬、費禕的時代不大主張用兵。費禕死後,姜維執掌兵權,連年出兵北伐,毫無效果;而百姓疲弊,頗多怨恨。前一六四九年,司馬昭叫鍾會、鄧艾兩道伐蜀。會取漢中,姜維守住劍閣,如今四川的廣元縣。會不得進。而鄧艾從陰平直下緜竹,就是從甘肅文縣,出四川平武縣的左擔山,向緜竹的一條路。猝攻成都,後主禪出降。蜀漢就此滅亡。於是晉國派羊祜鎮襄陽,王濬據益州以圖吴。羊祜死後,杜預代他。

吴自大帝死後。少子亮立。諸葛恪輔政,給孫峻所殺。於是峻自爲大將軍。峻死後,弟綝繼之,廢亮而立景帝休。景帝把孫綝殺掉,然而也無甚作爲。景帝死後,兒子皓立,很爲淫虐。吴當諸葛恪秉政時,曾一次出兵伐魏。諸葛恪死後,忙着内亂,就没有工夫顧到北方。靠着一個陸抗,守着荆州,以抵禦西北兩面。陸抗死後,吴國就没有人才了。前一六三八年。前一六三二年,王濬、杜預,從益、荆兩州,順流而下。王濬的兵先到,孫皓出降。吴國也就滅亡。

三國時代,是我國南北對抗之始。這時代特可注意的是江域的漸次發達。前此江南的都會,只有一個吴。江北的廣陵如今江蘇的江都縣。卻是很著名的。我們可以設想,產業和文化的重心還在長江的北岸。自從孫吴以建業爲國都,孫吴建國,北不得淮域。濡須水一帶,是兵爭的要地。定都建業,既可扼江爲險,又便於控制這一帶地方。建業後來又做了東晉和宋、齊、梁、陳四朝建都之所。東晉以後,南方文化的興盛,固由於北方受異族之蹂躪,衣冠之族避難南奔;然而三國時代的孫吴,業已人才濟濟。這也可見南方自趨於發達的機運,不盡借北方的擾亂爲文化發達的外在條件了。又益州這地方,從古以來,只以富饒著名,在兵爭上,是無甚關係的。卻是到三國時代,正因爲他地方富饒,就給想"佔據地盤"的人注目。劉備初見諸葛亮的時候,諸葛亮勸他佔據荆益二州。說"天下有變:則命一上將,將荆州之軍,以向宛洛;將軍身率益州之衆,以出秦川。"前者就是關羽攻魏的一條路。關羽既敗,諸葛亮屢次伐魏,就只剩得後者一條路了。論用兵形勢,自然是出宛洛,容易震動中原。所以我說荆州之失,是蜀漢的致命傷。然而劉備、諸葛亮,當日必定要注重益州。則"荆土荒殘,人物凋敝"兩句話,就是他主要的原因。這個全然是富力上的問題。而向來不以戰鬬著名的蜀人,受諸葛亮一番訓練,居然成了"節制之師"。從此以後,蜀在大局上的關係也更形重要了。

當時還有一個佔據遼東的公孫度,傳子公孫淵,於前一六七五年,爲司馬懿所滅。其事情,和中原無甚關係。與高麗有關係處,詳見下篇第一章第六節。

三國系圖

魏武帝曹操 ─┬─ (一) 文帝曹丕 ─┬─ (二) 明帝叡 ─ (三) 齊王芳
　　　　　　│　　　　　　　　　└─ 霖 ── (四) 高貴鄉公髦
　　　　　　└─ 燕王宇 ── (五) 陳留王奐

(一) 蜀漢先主(昭烈帝)劉備 ─ (二) 後主禪

(一) 吳大帝孫權 ─┬─ 和 ── (四) 皓
　　　　　　　　├─ (二) 廢帝亮
　　　　　　　　└─ (三) 景帝休

第二章　兩晉和五胡

第一節　晉初異族的形勢

從前一七二三年，董卓入據都城，擅行廢立，山東州郡紛紛起兵討卓之後，天下就此分裂；直到前一六三二年晉武帝平吴，天下纔算統一；其間凡九十二年。卻是晉武平吴之後，不及二十年，天下又亂起來了。所以致亂的原因，固然有許多，卻是最大的有兩端：其（一），是晉武帝的勵行封建制。其（二），是當時散佈塞内外的異族太多，没有好法子統馭他。前者是"八王之亂"的原因，後者就是"五胡之亂"的原因。如今且把五胡的形勢，叙述於下：

（一）匈奴，羯。羯是匈奴的别種，居於上黨郡武鄉縣羯室，如今山西的榆社縣。匈奴從呼韓邪降漢以後，其部衆入居并州，已見第二篇上第七章第二節。呼韓邪單于二十一傳而至呼廚泉，因先世是"漢甥"，便改姓劉氏。魏武帝因爲他部衆强盛，把他留之於鄴，而分其部衆爲五，每部設立部帥，又選漢人做他部裏的司馬，以監督他。五部中左部最强，呼廚泉哥哥的兒子豹，做他的部帥；晉武帝又把他分做兩部。雖然如此嚴密監督，他的部落總是日漸繁盛的。於是平陽、西河、太原、新興諸郡，都佈滿了匈奴。

（二）鮮卑。東胡的起源，已見第一篇第六章第二節和第二篇上

第四章第二節。從東胡給冒頓打破後,其衆分爲兩支:南邊一支叫烏桓,漢武帝招他保守上谷、漁陽、右北平、遼東、西五郡塞外。鮮卑更在其北方。

後漢時,匈奴滅亡後,鮮卑北據其地。當後漢末年,鮮卑出了兩個著名的酋長(檀石槐、軻比能)。檀石槐時,其疆域北接丁令,西抵烏孫,東界扶餘,參看下篇第一章第六節。幾於不減匈奴之盛。可惜團結力不固,檀石槐、軻比能死後,就又分裂了。參看《後漢書》、《三國志》本傳。然而他的部落,分佈極廣,東邊從遼東起,西邊到并涼塞外爲止,没一處不有鮮卑。

烏桓當後漢末年,曾經和袁紹相結託。袁氏敗亡以後,袁尚和袁熙就奔依烏桓。魏武帝用田疇做鄉導,出盧龍塞,掩擊烏丸於柳城,在如今熱河道的凌源縣。大破之,降斬二十餘萬,遷其餘衆於中國。從此以後,烏桓兩個字就不見於歷史上了。僅《新唐書・四裔傳》,載有一極小部落,不足齒數。柳城一戰,決不能把烏丸滅掉,大約餘衆都併入鮮卑。因爲鮮卑二字本是這一族的本名(見第一篇第六章第二節)。本節參看《後漢書》、《三國志》的《烏桓鮮卑本傳》和《田疇傳》。

(三) 氐,羌。羌人當後漢時候,雖然大被殺戮,然而他的繁殖力頗大。晉初,馮翊、北地、新平、安定諸郡,又都給他佈滿。氐人本在巴中的,張魯時代,因敬信鬼道,纔遷入漢中。魏武帝克漢中,遷氐人於北方。於是扶風、始平、京兆諸郡,莫不有氐。

當時郭欽、江統等一班人,都創"徙戎之論",要把他徙之塞外。參看《晉書》本傳。然而把戎狄置諸塞外,自以爲安,其實是最危險的事。爲什麼呢?因爲這是中國管轄所不及,爲强爲弱,都不能去問他的信。這種部落裏,要是出了一個英雄,"併兼","脅服",便成了一個强大的部族,要爲邊患了。歷代北族的起源,都是如此。參看後文遼金元清初起的事跡,自明。所以"徙戎之論",不過是條姑息之策。但是這些民族,雜居在内地,是要有法子撫綏他,駕馭他,慢慢和他同化。讓一步説,也要政治清明,兵力强盛,叫他不至於生心。晉初既毫無撫綏制馭的政策;又有"八王之亂"授之以隙(漢族自然同化的力量雖大，一時間也不及奏效），就釀成五胡之亂了。

第二節　八王之亂

魏朝待宗室是最薄的。同姓諸王，名爲有土之君，其實同幽囚無異。所以司馬氏傾覆魏朝很是容易。晉武帝有鑒於此，於是大封宗室，諸王皆得“選吏”、“置軍”，而且“入典機衡，出作岳牧”，倚任之重，又過於漢朝。這個要算“封建制度第二次反動力”了，然而也終於失敗。

晉朝的景皇和文皇是弟兄相及的。武帝的母弟齊王攸，大約也有這種希望。當時朝廷上，也很有一班齊王的黨羽。說太子惠帝不好，勸武帝立齊王。卻是武帝的權力大，畢竟把齊王逼得出去就國，齊王就此憂憤而死。這也算得晉初“繼嗣之争”的一個暗潮。參看《晉書》齊王本傳，惠帝固然是昏愚的，然而《晉書》上形容他的話，也未必盡實。譬如說惠帝聽蛙鳴，便問這個是“官乎私乎”？荒年，百姓窮得没有飯吃，人家告訴他。他說“何不食肉糜”，這個是傻子無疑了。然而蕩陰之戰（見下）稽紹以身護衛他，被殺，血染帝衣，左右要替他洗去，他說“稽侍中血，勿浣也。”智愚就判若兩人。可見惠帝昏愚之說，一半是齊王之黨所造的謠言。武帝死後，太子即位，是爲惠帝。前一六二二年。

宗室之間既然起了暗潮，自然要借重外戚。武帝有兩個楊后；前楊后，就是生惠帝的，臨終時候，因爲惠帝“不慧”，怕武帝另立了皇后，要廢掉他。於是“泣言”於武帝，要立自己從父駿的女兒做皇后。武帝聽了他，這便是後楊后。惠帝是個極無能爲的人，既立之後，楊駿輔政，他的威權自然是很大的了。卻是又有人想推翻他。惠帝的皇后是賈充的女兒，賈充是司馬氏的死黨。司馬氏的纂弑，和賈充很有關係的。可參看他本傳。深沉有智數，見惠帝無能，也想專制朝政，卻爲楊駿所扼，於是想到利用宗室。

前一六二一年，賈后和楚王瑋、武帝第五子。東海公繇宣王孫。

合謀,誣楊駿謀反,把他殺掉。廢太后,幽之金墉城。在洛陽西北。以汝南王亮宣帝第四子。爲太宰,和太保衛瓘同聽政。汝南王和衛瓘要免掉楚王的兵權。賈后和楚王合謀殺掉汝南王。把東海公繇也遷徙到帶方。在如今朝鮮的黄海道。旋又借此爲名把楚王殺掉。前一六二〇年,賈后弑楊太后。太子遹不是賈后所生,前一六一三年,賈后把他廢掉,徙之金墉城。明年,又把他囚在許昌。這時候,趙王倫宣帝第九子。掌衛兵,要想推翻賈后,就故意散放謡言説:殿中兵士要想廢掉皇后,迎還太子。賈后急了。前一六一二年把太子殺掉。趙王就趁此起兵,殺掉賈后。前一六一一年,就廢惠帝而自立。

這時候,齊王冏攸的兒子。鎮許昌,成都王穎武帝第十六子。鎮鄴,河間王顒宣帝弟,安平王孚的孫。鎮關中,同時起兵討趙王。左衛將軍王輿起兵殺掉趙王,迎惠帝復位。成都王、河間王都還鎮,齊王入洛陽。河間王忌他,叫長沙王乂武帝第六子。攻殺齊王。前一六一〇年。明年,河間王和成都王又合兵攻乂,不克。前一六〇八年,東海公越宣帝弟,高密王泰之子。執乂以迎顒將張方,張方把乂殺掉。成都王穎入洛陽。不多時,又回鄴,留部將石超守洛陽。東海公旋又攻超,超奔鄴。於是東海王越進爵。奉着惠帝,號召四方,以攻成都王。成都王遣石超拒戰,惠帝大敗於蕩陰,如今河南的湯陰縣。給成都王擄去,置之於鄴。東海王逃回本國。這時候的成都王,要算得志得意滿了。卻是幽州都督王浚和并州刺史東嬴公騰,越的弟。又起兵討他。石超拒戰,大敗。成都王只得挾着惠帝南奔洛陽。時洛陽已爲張方所據。於是張方再挾着惠帝和成都王走長安。

前一六〇七年,東海王越再合幽并二州的兵,西迎惠帝。河間王顒派成都王穎據洛陽拒敵,大敗。河間王把事情都推在張方身上,把他殺掉,叫人到東海王處求和。東海王不聽,直西入關,挾着惠帝還洛陽,河間王逃到太白山,給南陽王模高密王泰的兒子。殺掉。成都王走到新野,給范陽王虓宣帝弟,范陽康王的兒子。捉到,殺掉。惠帝東歸之後，爲東海王所弑，而立懷帝。

晉系圖

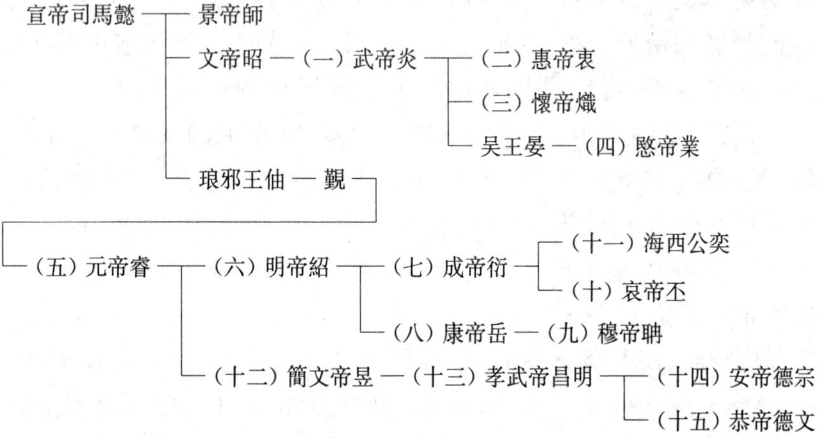

第三節　西晉的滅亡

五胡亂華的事情，咱們得把它分做四個時代，便是：

第一　前趙强盛時代

第二　後趙强盛時代

第三　前秦强盛時代

第四　後燕、後秦對立時代

前趙就是匈奴。五胡之中，匈奴、鮮卑爲大。而鮮卑根據地在塞外，匈奴在塞内，所以匈奴先興起。

劉豹的兒子名字唤做淵，本在洛陽做侍子。從漢以後，外國王子到中國來做質子的，美其名曰“侍子”。惠帝元年，纔用他做五部大都督（但是人仍舊在洛陽）。成都王穎用事，又叫他監五部軍事，也留之於鄴。劉淵屢請還河東，成都王不許。到幽并兵起，劉淵乘機説成都王，要回河東去,合五部之衆,來幫他的忙。成都王纔許了他。於是劉淵回到左國城,在如今山西離石縣東北。自立爲漢王。前一六〇八年。旋又遷居平陽,如今山西的臨汾縣稱帝。

這時候,洛陽以東羣盜紛起,一時無所歸向,便都去依附匈奴(其中最盛的,要算王彌和石勒)。於是匈奴的勢力大盛。前一六〇二年,劉淵卒,子和立,弟聰弑而代之。這時候,石勒的兵縱橫河南。東海王越,自出兵討之,卒於項。如今河南的項城縣。勒追敗其軍於苦縣。如今河南的鹿邑縣。於是官軍不復能討賊,聽其縱横司、豫。前一六〇一年,劉曜劉淵的族子。攻洛陽,王彌、石勒都引兵來會。城陷,懷帝被虜。劉聰的兒子粲又攻陷長安,殺南陽王模。前一五九九年正月,"劉聰大會。使帝著青衣行酒。侍中庾珉號哭。聰惡之。……帝遇弑,崩於平陽"。

這時候,雍州刺史賈疋,已恢復長安,旋討張連被害,衆推始平太守麴允領雍州刺史。奉秦王業爲太子。及得凶問,即位。是爲愍帝。時"長安城中,户不盈百,牆宇頹毁,蒿棘成林。……衆惟一旅,公私有車四乘。器械多闕,運饋不繼。諸侯無釋位之志,方鎮闕勤王之舉。"就靠麴允、索綝京兆太守。盡忠輔翼,屢卻敵兵。前一五九六年,劉曜大舉來攻,諸軍畢竟不支。八月,京城被圍。十月,帝出降。明年,劉聰"因大會,使帝行酒洗爵。反而更衣,又使帝執蓋。晉臣在坐者,多失聲而泣。尚書郎辛賓。抱帝慟哭,爲聰所害。十二月,……帝遇弑,崩於平陽。"於是西晉滅亡。

第四節　胡羯的興亡

西晉滅亡之後,匈奴的勢力看似很利害了。然而劉淵本不是什麽有大略的人,看他自立之後,一無作爲可知。劉聰就更荒淫。當時匈奴所有,實在不過雍州和河東斤土而已。於是石勒起於東方。

石勒，羯人。初名訇，其先匈奴别部羌渠之胄，祖父並爲部落小率。汲桑始命以石爲姓，勒爲名。大安中，惠帝年號。前一六一〇、一六〇九兩年。并州刺史東嬴公騰，執賣諸胡於山東，以充軍實，勒亦在其中。後與魏郡汲桑，同從成都王穎故將公師藩爲盜。藩和汲桑，都給青州刺史苟晞所擊斬。石勒降漢。於是借其兵力，縱横東方。這時候，北方已經糜爛得不堪，其稍能自立的只有：

青州刺史苟晞
幽州都督王浚
并州刺史劉琨

都給石勒滅掉。羣盜中最强盛的，是王彌、擾亂青徐一帶。曹嶷，也在青州。廣固城（在如今山東益都縣西邊，後來南燕所都）便是曹嶷所築。也給石勒所併。幽、并、青、冀、司、豫、兗、徐，差不多都是石勒的勢力範圍。然而他起初也不過是個流寇的樣子，後來得趙人張賓，用他的計策，前一六〇〇年，北據襄國，如今直隸的邢臺縣。明年，又南定鄴，就據了這兩處做根據地，於是漸漸的成了一個規模。

前一五九五年，劉聰卒，子粲立。劉聰當生時，娶靳準的女兒爲后，就委政於準。粲立，爲準所殺。於是石勒從襄國，劉曜從長安，都發兵攻準。勒攻破平陽，靳明奔劉曜，爲曜所族殺。於是劉曜自立於長安，改國號爲趙。明年，石勒也自稱趙王。歷史上稱劉曜爲前趙，石勒爲後趙。

前一五八四年，劉曜伐後趙，圍金墉。石勒往救，戰於洛西，曜大敗，被執。子熙奔上邽。如今陜西的南鄭縣。明年，爲石虎所追殺。於是前趙滅亡。後趙又併有雍秦二州。

前一五七〇年，石勒卒，子弘立。石勒的從子虎，是向來執掌兵權的，弑弘而自立。虎殘暴無人理，參看第四章。後趙就不能支持，而鮮卑、氐、羌繼起。

前一五六三年，石虎卒。石虎的太子邃以謀弑虎，爲虎所殺。立其弟宣。宣的弟韜,有寵於虎,宣忌而殺之。虎大怒,又殺掉宣,而立小兒子世做太子。世的母親是劉曜的女兒。謫東宫的衛士名爲“高力”的於梁州,“遇赦不原”。高力軍反,攻破長安,出潼關,向洛陽。虎大懼,叫養子冉閔和羌酋姚弋仲去打他,總算把高力打平。等到收軍回來,石虎已經死了。冉閔走到李城,如今河南的温縣。遇見石虎第三個兒子石遵,就勸他去攻石世。石遵聽了他,就用冉閔做先鋒,打破鄴城,殺掉石世母子。石遵本來許以冉閔爲太子的,即位之後,卻背了約。於是冉閔攻殺石遵,立了他的兄弟石鑒。石鑒想殺掉冉閔,又給冉閔所殺。於是冉閔自做皇帝,復姓冉氏,改國號爲魏,這是前一五六二年的事。

冉閔做皇帝雖不過一年,卻和當時時局很有關係,便是他殺石鑒時的“大誅胡羯”。《晉書·載記》上記這件事道:

……宣令内外六夷,敢稱兵杖者斬之。胡人或斬關或踰城而出者,不可勝數。……令城内曰:與官同心者住;不同心者,各任所之。敕城門不復相禁。於是趙人百里内悉入城,胡羯去者填門。閔知胡之不爲己用也;班令内外:趙人斬一胡首送鳳陽門者,文官進位三等,武職悉拜牙門。一日之中,斬首數萬。閔躬率趙人,誅諸胡羯;無貴賤男女少長,皆斬之,死者二十餘萬。……屯據四方者,所在承閔書誅之。於是高鼻多鬚,濫死者半。有人據這一句,疑心當時的胡羯形狀頗像白種人。案羯是匈奴别種。匈奴自是土耳其族。但是當時的所謂“胡”,範圍是很廣的。譬如鮮卑在匈奴之東,就叫東胡,西域諸國,有時也稱爲西胡。又如説北走胡,南走越。葱嶺以東,原有屬於白種的塞種(見第二篇第四章第二節)。這種人,自然也有遷居中國的;又有本來和匈奴混合,隨著匈奴遷徙入中國的。所以大誅胡羯的時候,其中有高鼻多鬚的人。

經這一次殺戮之後,胡羯的勢力就大衰。冉閔雖然敗亡,胡羯卻不能再起了。

第五節　鮮卑的侵入

鮮卑是個大族。他當時所佔據的地方雖在塞外,不如匈奴在腹心之地;然而他的種落卻較匈奴爲多。所以擾亂中原雖在匈奴之後,而命運卻較匈奴、氐、羌爲長。其中最先崛起的是慕容氏。慕容氏,《晉書·慕容廆載記》上説他是東胡之後,分保鮮卑山的。又述他的先世道:

> 曾祖莫護跋,魏初率其諸部入居遼西,從宣帝伐公孫氏有功,拜率義王,始建國於棘城之北。時燕、代多冠步摇,莫護跋見而好之,乃斂髮襲冠,諸部因呼之爲步摇,其後音訛,遂爲慕容焉。……祖木延,左賢王。父涉歸,以全柳城之功,進拜鮮卑單于,遷邑於遼東北。棘城在如今熱河道朝陽縣。

到慕容廆手裏,遷徙到徒河的青山,在如今奉天錦縣境。又遷徙到大棘城,如今奉天的義縣。并有遼東。參看下篇第一章第六節。慕容廆還受晉朝的官爵。廆卒,子皝立,前一五七九年。纔自稱燕王。前一五七五年。又築龍城,徙都之。如今的朝陽縣。皝卒,子儁立。前一五六四年。這時候,遼西的鮮卑還有宇文氏和段氏。宇文氏爲慕容皝所滅。見第三章第四節。段氏據令支,如今直隸的遷安縣。也給慕容儁滅掉。於是前燕的疆域和後趙直接。

石氏滅亡之後,慕容儁乘勢侵略中國。前一五六二年,拔薊,取幽州,南徇冀州。前一五六〇年,和冉閔戰於魏昌,如今直隸的無極縣。閔馬倒被執。魏亡。於是慕容儁徙都鄴。

當時前燕的實力僅及河北一帶,幽、冀二州及鄴。於是氐酋苻洪,羌酋姚弋仲,也都想乘機自立。案《晉書·載記》:

> 苻洪,字廣世,潞(略)陽臨渭氐人也。……世爲西戎酋長。

始其家池中蒲生,長五丈五節,如竹形,時咸謂之蒲家。因以爲氏焉。父懷歸,部落小帥。……屬永嘉之亂,……宗人蒲光、蒲突,遂推洪爲盟主。劉曜僭號長安,光等逼洪歸曜,拜率義侯。曜敗,洪西保隴山。石季龍將攻上邽,洪又請降。……拜冠軍將軍,委以西方之事。……以洪爲龍驤軍流人都督,處於枋頭。枋頭城,在如今河南濬縣。石氏亡後,"有説洪稱號者,洪亦以讖文草付應王,又其孫堅背有草付字,遂改姓苻氏"。

姚弋仲,南安赤亭羌人也。……燒當……七世孫填虞,漢中元末,寇擾西州,爲楊虛侯馬武所敗,徙出塞。虞九世孫遷那率種人内附。……處之於南安之赤亭。那玄孫柯迴。……迴生弋仲。……永嘉之亂,東徙榆眉。……劉曜……以弋仲爲平西將軍,邑之於隴上。及石季龍克上邽,弋仲説之……徙隴上豪强,……以實畿甸。……勒既死,季龍執權。思弋仲之言,遂徙秦、雍豪傑於關東。弋仲率步衆數萬,遷於清河。按赤亭,在如今甘肅隴西縣。榆眉,在陝西汧陽縣。清河郡,治如今山東的清平縣。

這都是被胡羯壓服的,胡羯既亡,自然都想出頭了。苻洪擊虜趙將麻秋,不多時,給麻秋毒殺。兒子苻健,殺掉麻秋,引兵入關。姚弋仲也病死,兒子姚襄降晉。這時候,河南郡縣無主,降晉的極多。晉朝就要起兵經略北方了。

第六節　東晉内外的相持

從元帝即位建康以後,前一五九五年。到慕容儁入鄴這一年,前一五六〇年,晉朝的東渡,已經三十六年了。這三十六年之中卻是怎樣的呢? 東晉的歷史,我可以説是荆、揚二州衝突的歷史。

元帝以前一五九九年都督揚州軍事,鎮下邳。如今江蘇的邳縣。這時候，北方喪亂。元帝用王導的計策，遷居建康。愍帝被弑以後，便在建康即位。江東的人心很歸向元帝。卻是從北方喪亂以來，南方也屢有亂事，都靠荆州的兵討定。(荆州的刺史是劉宏，他手下的名將便是陶侃、周訪)，所以當時荆州的兵力，遠較揚州爲强。元帝即位之初，王導和從兄王敦，同心翼戴(王導典機務，王敦掌征討)。元帝便用王敦都督江、揚、荆、湘、交、廣六州軍事。這時候，劉宏已死。王敦便把周訪遷徙到梁州，陶侃遷徙到廣州，自己專管荆州之事。元帝又有些怕他。引用劉隗、刁協、戴淵、周顗等一班人，叫戴淵都督司、豫，鎮合肥，如今安徽的合肥縣。劉隗都督青、徐鎮淮陰，如今江蘇的淮陰縣二州軍事，以防制他。又叫譙王承做湘州刺史，以掣王敦的肘。王敦在諸將中只有些怕周訪。卻是周訪死了，甘卓繼任，卓年已老耄，王敦絶不怕他。前一五九〇年，王敦發兵反，從武昌順流而下。劉隗、戴淵發兵入衛，拒戰，都大敗。劉隗逃奔後趙，刁協給人殺掉。敦入城，殺周顗、戴淵而去。同時也發兵襲殺甘卓和譙王承。元帝憂憤而崩。明帝立，敦移鎮姑孰，如今安徽的當塗縣。陰謀篡奪。前一五八八年，死了。明帝和丹陽尹温嶠合謀，發兵討平其亂。這是荆、揚二州的第一次衝突。

明帝在位三年而崩，成帝立，還只有五歲，太后庾氏臨朝。后兄庾亮執政。這時候，祖約屯壽春，祖約的哥哥，唤做祖逖。請兵於元帝，要去恢復北方。元帝叫他自己召募。於是祖逖在淮陰召募約八千人，慷慨北行。和後趙相持，河南州郡，歸他的極多。前一五九一年，祖逖死了，祖約代領其衆。抵當不住後趙，退屯壽春。陶侃鎮荆湘，又有個歷陽内史蘇峻，歷陽，如今安徽的和縣。討王敦有功。都和庾亮不睦。前一五八五年，庾亮徵蘇峻爲大司農，蘇峻就舉兵和祖約同反。蘇峻的兵鋒很爲精鋭。庾亮逃奔尋陽，去投温嶠。這時候，温嶠鎮尋陽。温嶠以大義責陶侃，一同舉兵，討定蘇峻。祖約逃奔後趙，後來爲後趙所殺。這一次，不是温嶠公忠體國，陶侃也還未必可靠，晉朝就危險極了。這是東晉所生肘腋之變，總算靠上流的兵力鎮定的。

陶侃死後，庾亮代督荆江，前一五七八年。纔出兵北伐。這時候,後趙方强,石虎時代。庾亮兵出無功,慚憤而卒。庾亮的兄弟庾翼接他的手。前一五七〇年,成帝崩。成帝兩個兒子,一個喚做丕,一個喚做奕,年紀都還幼小。宰相庾冰便立了琅邪王岳,是爲康帝。庾翼從武昌移鎮襄陽,庾冰代鎮夏口。前一五六八年,康帝又死了。康帝的兒子喚做聃,還只有三歲。庾冰要立會稽王昱,簡文帝。宰相何充不同意。聃即位,是爲穆帝。太后褚氏臨朝。這一年,庾冰死了,庾翼移鎮夏口,庾翼的兒子,名喚方之,代鎮襄陽。明年,庾翼又死了。遺表請把自己的兒子爰之代鎮荆州。何充不聽,用了桓温,並且連方之都罷掉。從此以後,庾氏的勢力,就消滅了。

桓温卻是個豪傑,他佔據上流以後,佈置起來,便覺得旌旗變色,於是就成了伐蜀之功。前蜀的起源,《晉書・載記》上説他是廩君之後。案廩君的神話見於《後漢書・南蠻傳》上。《晉書・李特載記》略同。

巴郡南郡蠻,本有五姓:巴氏、樊氏、瞫氏、相氏、鄭氏,皆出於武落鍾離山。其山有赤黑二穴,巴氏之子生於赤穴;四姓之子皆生黑穴。未有君長,俱事鬼神。乃共擲劍於石穴,約能中者,奉以爲君。巴氏子務相,乃獨中之,衆皆歎。乃令各乘土船,約能浮者,當以爲君,餘姓悉沈,唯務相獨浮。因共立之,是爲廩君。乃乘土船,從夷水至鹽陽。鹽水有神女,謂廩君曰:此地廣大,魚鹽所生,願留共居,廩君不許。鹽君暮輒來取宿,旦即化爲蟲,與諸蟲羣飛,掩蔽日光,天地晦冥。積十餘日。廩君伺其便,因射殺之。天乃開明。廩君於是君乎夷城,四姓皆臣之。鍾離山,在如今湖北宜都縣境。夷水就是如今的清江。

《晉書・載記》上又述李氏的緣起道:

漢末,張魯在漢中,以鬼道教百姓。賨人敬信巫覡,多往奉之。值天下大亂,自巴西之宕渠,遷於漢中楊車坂,抄掠行旅;百姓患之,號爲楊車巴。魏武帝剋漢中,特祖將五百餘家歸之。魏武帝拜爲將軍,遷於潞(略)陽北土,復號之爲巴氐。

這一支巴氐,實在是前秦、後涼、成漢的共祖。不過前秦、後涼是留居北方的,成漢卻是入蜀的罷了。前一六一六年,關中氐齊萬年反,關西擾亂,百姓都流亡入漢中。李特因將之入蜀。前一六〇六年,李特的兒子李雄攻破成都,自稱成帝。李壽改國號爲漢。又北併漢中。李雄刑政寬簡,百姓頗爲相安。前一五七八年,李雄死了,兄蕩的兒子班立。李雄的兒子越弒之而立其弟期。期淫虐不道,又爲李特的孫子壽所弒。李壽也是個荒淫無道的,成漢就此大衰。李壽卒,兒子李勢立。前一五六五年,桓溫兩道伐蜀,直逼成都,李勢出降。前蜀就此滅亡。

前蜀滅後兩年而石虎死,北方大亂。河南諸州,都來降晉。於是晉朝就想北伐。然而這時候,荊、揚二州的掎齕又起。朝廷忌桓溫的威名日盛,就引用名士殷浩,去抵抗他。石虎死的明年,殷浩都督揚、豫、徐、兗、青五州軍事。前一五五九年,殷浩用姚襄做先鋒北伐,反爲襄所邀擊,大敗。桓溫因此逼着朝廷,廢掉殷浩。於是荊州的勢力,高壓揚州,達於極點了。前一五五八年,桓溫伐秦,大敗其兵,直到灞上。苻健用堅壁清野的法子拒他,桓溫糧盡退兵。明年,討定姚襄。姚襄走關中,給秦人殺掉,他的兄弟萇,投降苻秦。前一五五一年,穆帝崩,成帝的兒子琅邪王丕立,是爲哀帝。前一五四七年,哀帝又崩。兄弟弈立,是爲廢帝海西公。前一五四三年,桓溫伐燕,戰於枋頭,不利。這時候,中央猜忌桓溫,於他的舉動頗務掣他的肘。於是桓溫就想要行廢立。前一五四一年入朝,廢海西公而立簡文帝。明年,簡文帝崩,孝武帝立。桓溫頗有"圖篡"之意。朝臣謝安、王坦之故意用鎮静的法子對待他。前一五三九年,桓溫死了,他的兄弟桓沖是個無能爲的人。把荊州讓給謝安,於是荊揚二州的衝突,又算告一個小結束。

第七節　苻秦的盛强

如今又要説到北方的事情了。慕容儁遷鄴這一年就死了。子暐立,慕容恪輔政。前一五四七年,陷洛陽。前一五五六年,桓温破姚襄,收復洛陽。到這一年而陷於前燕。前一五四五年,慕容恪卒,慕容評輔政。越二年而桓温北伐,慕容垂大敗之於枋頭。慕容評性最鄙吝,見慕容垂威名日盛,忌之,陰圖謀害。慕容垂逃到秦國。於是前燕驟衰。而前秦從苻堅即位以後,苻健卒,子生立。苻堅弑而代之。堅的父親名雄,也是苻洪的兒子。用了王猛,脩政練兵,國勢驟强。前一五四二年,王猛伐燕,克洛陽。明年,攻破了鄴城。慕容暐被執,前燕就此滅亡。這時候,北方的國,又有

(1) 前涼　前涼張軌,前一六一二年做晉朝的涼州刺史。這時候,中原喪亂,軌就保有了涼州。張軌和他的兒子實,都還"事晉,執臣禮"。張實卒,他的兄弟張茂立。劉曜來攻,纔力屈稱藩。張茂卒,張實的兒子張駿立。張駿卒,子張重華立。石虎來攻,屢敗其兵。張重華卒,子曜靈立。爲重華的兄祚所弑。祚淫虐不道,又爲其下所殺。立了張重華的兒子玄靚。張駿的少子天錫,又弑之而自立。前一五三六年,爲前秦所滅。

(2) 代　代就是拓跋氏,詳見第九節。也是前一五三六年,爲前秦所滅。

(3) 隴西鮮卑乞伏氏　《晉書·載記》述他的源起道:"在昔有如弗斯、出連、叱盧三部,自漠北南出大陰山。遇一巨蟲於路,狀若神龜,大如陵阜。乃殺馬而祭之。祝曰:若善神也,便開路;惡神也,遂塞不通。俄而不見,乃有一小兒在焉。時又有乞伏部,有老父無子者,請養爲子,衆咸許之。老父欣然,自以有所依憑,字之曰紇干。紇干者,夏言依倚也。……四部服其雄武,推爲統主。"這一段神話雖荒

唐,卻可見得這一族是從漠北遷徙而來的。後來有一個部長,喚做祐鄰,乞伏國仁的五世祖。纔南遷到秦州的邊境。在如今蘭山道的北境。祐鄰六傳至司繁,爲前秦所擊破,降於前秦。

其餘諸小部落,一時也無不懾服。於是苻堅"三分天下有其二",就要想滅掉東晉以統一天下。——於是西陷梁、益,東擾徐、豫。前一五二六年,就起了大兵八十萬來伐晉。

第八節　淝水之戰和北方分裂

北方的苻秦,雖然盛强;南方的東晉,形勢卻也變了。這是爲什麼?從謝安秉政之後,就叫他的姪兒子玄駐紮廣陵。謝玄募了一支精兵,號爲"北府兵"。統帶這一支兵的人,名喚劉牢之,也是一個戰將。

苻堅的伐晉,所靠的就是兵多。既然"多而不精",就一定"多而不整",這本是兵家所忌的。當時他的大軍,還没有到齊,前鋒就給劉牢之打敗。南軍的戰氣已經加倍。謝玄等遣使請戰,苻堅要放他渡水,"半渡而擊之"。誰知自己的兵,多而不整,一退不可復止。給晉兵殺得大敗虧輸。這種戰事的始末,本書限於篇幅,不能詳叙。欲知其詳,參考《通鑑紀事本末》最便。其餘的戰役倣此。

苻堅盛强的時候,北方的羌人和鮮卑人等,本是被他硬壓服的,並不是心服。然而苻堅卻待他們甚厚,而且措置之間,似於本族反疏。當時勸他的人很多,他都不聽。這也有個原故,氐本是個小族,若要專靠了幾個本族人,而排斥異族,如何能站得住呢?這也是苻堅眼光遠大之處。然而一朝敗北,向來"力屈而非心服"的人,就如雨餘春筍,一時怒發了。於是

慕容垂據中山,如今直隸的定縣。爲後燕。

慕容永據長子,如今山西的長子縣。爲西燕。

姚萇據長安,爲後秦。

吕光據姑臧,如今甘肅的武威縣。爲後涼。吕光,潞陽氐人。苻堅的驃騎將軍。替苻堅討平西域的。

乞伏國仁據隴右,爲西秦。居勇士川,在如今甘肅金縣的東北。乞伏乾歸徙宛川,在如今甘肅靖遠縣的西南。

苻堅先爲西燕所攻,棄長安,奔五將山。在陝西岐山縣東北。後來被姚萇捉到,殺掉。他的兒子丕,鎮守鄴城,爲慕容垂所逼,逃到晉陽,自立。和慕容永打仗,敗死。苻堅的族子登,自立於南安。如今甘肅的平涼縣。和後秦相攻,前一五九一年,給姚萇的兒子姚興殺掉。兒子崇,逃到湟中,給乞伏乾歸殺掉。於是前秦滅亡。

前秦滅亡這一年,慕容垂也滅掉西燕,併幽、冀、并三州,又南定青、徐、兗三州。後秦也攻破洛陽。並有淮漢以北,又破降乞伏乾歸。並稱爲北方大國。然而拓跋氏和赫連氏,也就起來了。

第九節 拓跋氏的興起

鮮卑諸族以慕容氏爲最大。然而慕容氏所遇的機會,不如拓跋氏之佳(慕容氏直氐、羌、胡、羯方張之時,而拓跋氏直諸族都已凋敝之後),所以拓跋氏就成了統一北方的大功了。拓跋氏的起源,《北史》上説:

> 魏之先,出自黄帝軒轅氏。黄帝子曰昌意,昌意之少子,受封北國,有大鮮卑山,因以爲號。其後世爲君長,統幽都之北,廣漠之野,畜牧遷徙射獵爲業。湻樸爲俗,簡易爲化,不爲文字,刻木結繩而已。時事遠近,人相傳授,如史官之紀録焉。黄帝以土德王,北俗謂土爲拓,謂后爲跋,故以爲氏。其裔始均,仕堯時:逐女魃於弱水北,人賴其勳;舜令爲田祖。歷三代至秦漢,獯粥、儉狁、山戎、匈奴之屬,累代作害中州,而始均之裔,不交南夏,是

以載籍無聞。積六七十代，至成皇帝，諱毛，立，統國三十六，大姓九十九，威振北方。

拓跋氏的有傳説，大概是起於成皇帝的，以前都是捏造出來。成帝以後，《北史》叙述他的世系：五傳而至宣帝推寅；宣帝以後，又七傳而至獻帝隣。《北史》記他之事跡道：

> 宣帝南遷大澤，方千餘里，厥土昏冥沮洳。謀更南徙，未行而崩。……獻皇帝隣立。時有神人，言此土荒遐，宜徙建都邑。獻帝年老，乃以位授於聖武皇帝，案，名詰汾。令南移。山谷高深，九難八阻，於是欲止。有神獸似馬，其聲類牛，導引歷年乃出。始居匈奴故地。其遷徙策略，多出宣獻二帝，故時人並號曰推寅，蓋俗云鑽研之義。

這其中固然雜有神話，然而他本來的居地，和遷徙路徑，卻可以推測而得。如今的西伯利亞，從北緯六十五度以北，號爲凍土帶。自此以南，到五十五度，爲森林帶。更南的平地，號爲曠野帶。又南，爲山岳帶；就是西伯利亞和蒙古的界山。凍土帶極冷，人不能生活的地方極多。森林帶多蚊虻。曠野帶雖沃饒，然而正是《北史》所説“昏冥沮洳”之地。拓跋氏最初所居，似係凍土帶，因不堪生活的困難而南徙，又陷入曠野帶中。後來纔越過山脈，而到如今的外蒙古，就是所謂“匈奴故地”了。有人説“大澤方千餘里”，是如今的貝加爾湖，這句話是弄錯的。貝加爾湖，是古時候的北海，是丁令人所居（參看下篇第一章第二節），在北荒要算樂土了。“大澤方千餘里”，明是廣大的沼地。

詰汾的兒子名爲力微，神元帝。居於定襄的盛樂。如今歸綏縣的北邊。四傳至禄官，力微的兒子。衆分爲三部：禄官居上谷之北，濡源之西。如今的灤河。禄官的兄子猗㐌，居參合陂。如今山西的陽高縣。猗盧，居盛樂。前一六一六年。前一六〇四年，禄官卒，猗盧合三部爲一。這時候，劉琨和匈奴相持，而拓跋氏同鐵弗氏的交涉也於是乎起。

鐵弗氏是匈奴南單于的苗裔，居於新興。“北人謂胡父鮮卑母爲鐵弗,因以號爲姓"。《北史》本傳。鐵弗氏的酋長喚做劉虎,和劉琨相攻。劉琨借兵於拓跋氏,擊破之。於是把陘北的地方賞他,封爲代王。前一五九七年。猗盧死後,國多内難,中衰。到前一五七四年,什翼犍立,昭成帝。纔再强盛。什翼犍徙居雲中,如今山西的大同縣。仍和鐵弗部相攻。前一五三六年,劉虎的孫子劉衛辰,劉虎死後,子務桓立。和拓跋氏講和。務桓死,弟閼陋頭立。和拓跋氏構衅。後爲務桓的兒子悉勿祈所逐,逃歸拓跋氏。悉勿祈死,弟衛辰代立。請兵於前秦。前秦遣兵伐代。什翼犍病不能戰,逃到陰山之北。秦兵退了,纔回來。給兒子寔君所弑。前秦聽得,再發兵攻代,把寔君殺掉。於是把代國的地方,分屬於劉衛辰和劉庫仁。劉武的宗人,昭成帝以宗女妻之。什翼犍的孫子珪,這時候年紀還幼小。他的母親賀氏帶着他去依劉庫仁。後來劉庫仁死了,兒子劉顯想害他。他就逃到賀蘭部。前一五二六年,自稱代王。旋稱帝,是爲北魏道武帝。後滅劉顯前一五二五年。和劉衛辰兩部,遷居平城。前一五二一年。代北的種落本來是很强悍的,他東征西討,把這許多種族都漸次收服,就依舊變做一個强部了。

從前秦滅亡以來,北方連年兵争,凋敝已極。後秦和後燕雖然併地稍廣,國力也都不充實。前一五一七年,慕容垂的兒子寶帶兵攻魏,大敗於參合陂,死者無數。明年,慕容垂自將攻魏,魏人斂兵避他。垂入平城。退軍時候,看見魏國人所築的"京觀",又羞又氣,走到上谷,死了,慕容寶立。魏人大舉南伐,陷并州,從丹陘東下,從娘子關到獲鹿縣的隘道。郡縣望風而潰,中山以外,只剩了鄴和信都如今直隸的冀縣。兩城。慕容寶逃到龍城。魏兵退後,出兵想收復中山,手下的軍隊譁變起來,只得退回龍城。叛兵追上,把他圍住。慕容寶就給手下的人所弑。少子長樂王盛,定亂自立。因用刑甚嚴,又爲手下的人所弑。兄弟河間公熙立,奢淫無度,爲部將馮跋所篡,是爲北燕。前一五〇三年。魏道武南侵的時候,慕容皝的小兒子范陽王德鎮鄴,棄之,南走廣固,自立,是爲南燕。

後燕破敗到如此,後秦也日就衰頹。劉衛辰滅亡,他的小兒子名喚勃勃，逃到鮮卑的叱干部，後來又轉入後秦。姚興叫他守衛朔方，以禦後魏。誰知勃勃既得兵權，就叛起後秦來。前一五〇五年，自立爲夏王，改氏赫連。連年攻剽後秦的邊境，後秦用兵，總是不利，國力更形疲敝。赫連勃勃居統萬城，在如今陝西的懷遠縣。

這時候的北方諸國，大都已到末運了。南方的東晉，卻是怎樣呢？

第十節　宋簒東晉和魏併北方

東晉從淝水戰後，形勢也大變了。這是爲什麽？就因爲有了一支北府兵，下流的形勢驟强。

孝武帝委政於自己的兄弟會稽王道子。道子也是個“嗜酒昏愚”的，又委政於王坦之的兒子國寶。謝安的女婿。孝武帝的母舅王恭鎮京口，和道子不睦。桓温的兒子桓玄在荆州，鬱鬱不得志，也遊説刺史殷仲堪造反。前一五一六年，孝武帝崩，安帝立。明年，王恭、殷仲堪同舉兵反，以誅王國寶爲名。道子大懼，把王國寶殺掉，差人去求和，二人纔罷兵。於是道子又引用譙王尚之宣帝弟進的玄孫。做腹心。用他的計策，新立了一個江州，用王愉國寶的兄。做刺史，割豫州所屬四郡歸他管轄。豫州刺史庾楷庾亮的孫子。大怒，説王恭、殷仲堪，再舉兵内向。道子的世子元顯，遣人運動劉牢之，襲殺王恭。譙王尚之也殺敗庾楷，而殷仲堪用桓玄、楊佺期南郡相。做先鋒，直殺到石頭城。朝廷不得已，用桓玄做江州刺史，殷仲堪做荆州刺史，楊佺期做雍州刺史。三人纔罷兵而還。前一五一四年。未幾，仲堪和佺期都給桓玄所併。前一五一三年。於是上流的權勢又歸於桓玄一人了。元顯年紀雖小，卻頗有才氣，從經過一次事變以後，朝廷的實權盡入其手。前一五一〇年，荆州大饑，元顯趁勢發兵以討桓玄。桓玄也興兵東下。元顯就仗一個劉牢之，桓玄差人運動劉牢之，劉牢之又叛降桓玄。元顯弄得手足無措,兵遂大潰。桓玄入都,殺掉道子和元顯,並且奪掉劉牢之的兵權。劉牢之要謀反抗,手下的人都恨他反覆,没有人肯幫他的忙,牢之自縊而死。於是桓玄志得意滿,前一五〇九年,廢掉安帝而自立。

然而北府兵的勢力,畢竟還在。宋武帝(劉裕)便是這一支兵裏最有實力的人。前一五〇八年,劉裕和何無忌、劉牢之的外甥。劉毅、孟昶、諸葛長民等,起兵京口、廣陵,以討桓玄。桓玄大敗,挾安帝走江陵,爲益州刺史毛璩所殺。安帝復位,於是劉裕在中央政府總攬大權,同時起事諸人,分佈州郡。東渡以後,中央政府,常爲外州所挾制起初爲荆州所挾制,後來也兼爲北府所挾制。的形勢,到此一變。

後燕、後秦的衰弱,已如前述。北魏道武帝,從破燕之後聽信了方士的話,吃了寒食散,大概是一種金石劑,性質極其猛烈。初服的時候,覺 得諸病悉除。但是到後來,毒發起來,也非常猛烈。六朝人受其害的很多,巢元方《諸病源候總論》裏,載有解救的法子,還可以考見其中毒的情形。躁怒無常,國政頗亂。所以也不過謹守河北,不能出兵。劉裕"休兵息民"了幾年,前一五〇四年,出兵伐南燕(這時候,慕容德已死,兒子慕容超在位)。明年,把南燕滅掉。又回兵平定了盧循、徐道覆的亂。這件事情,雖然不過是妖人創亂,於當時的時局卻頗有關係的。先是有琅邪人孫泰,習妖術於錢塘杜子恭。孝武帝時孫泰做了新安太守,就想反。事覺,伏誅。他的姪兒子孫恩,逃入海中,聚黨爲亂,衆至數十萬。屢剽揚州沿海,直至京口。這時候,劉裕還在劉牢之麾下,拒戰有功。劉牢之便把這件事情專委他。到底把孫恩打平(恩窮蹙赴水死)。劉裕的"嶄然見頭角,自此始"。桓玄篡位,孫恩的妹夫盧循,南陷廣州,玄不能討,就用他做刺史。盧循又用自己的姊夫徐道覆做始興相(始興如今廣東的曲江縣)。劉裕北伐,盧循、徐道覆乘機分兩道北犯(從如今的湖南、江西),直出長江,軍勢甚盛。何無忌敗死,劉毅拒戰,也大敗。劉裕趕歸守禦。這時候,"北歸將士,並皆創病,建康戰卒,不過數千"。諸將都要奉安帝渡江,劉裕堅持不可。徐道覆勸盧循急攻,盧循不聽,久之,無所得,要想回兵。給劉裕襲破,盧循、徐道覆逃回廣州。卻廣州又已給劉裕遣兵襲取了。盧循攻交州,兵敗自殺。徐道覆在始興,也兵敗而死。滅掉割據四川的譙縱。毛璩的參軍。前一五〇七年,攻殺毛璩,據蜀。前一四九八年,劉裕遣朱齡石把他討平。歷史上也稱譙縱爲後蜀。漸次翦除異己。荆州刺史劉毅,豫州刺史諸葛長民。譙王尚之的兄弟休之做荆州刺史,也給劉裕攻破,逃奔後秦。前一四九六年，出兵伐後秦（這時候，姚興已死，他的兒子姚泓在位）。從合肥向許洛，所至克捷。明年，就攻破長安，把後秦滅掉。後秦求救於魏，魏人不能出兵，但列兵河上爲聲援，給劉裕打敗。

這時候，晉國大有可以恢復北方之勢，而劉裕急於圖篡，引兵南歸，只留着一個兒子義真，留守長安。諸將不和，長安就給赫連勃勃打破。前一四九四年。“裕登城北望，流涕而已。”前一四九四年，劉裕弑安帝而立其弟恭帝。明年，就篡晉自立。

宋武帝篡晉之後，三年而殂。子少帝義苻立爲徐羨之、傅亮、謝晦、檀道濟等所弑。立了武帝第三個兒子義隆，是爲文帝。廬陵王義真是次子，徐羨之等也和他不睦，先誣以罪，把他廢掉。文帝和檀道濟謀，討除徐羨之等三人。不多時，又把檀道濟殺掉。於是和武帝同時起兵的人，既給武帝除掉，就武帝手下的宿將，到此也翦滅無餘，更無力經營北方，北方就都併於後魏了。

北魏道武帝，以前一五〇四年，爲兒子清河王紹所弑。明元帝討紹自立，又服寒食散，不能治事。前一四八九年，傳位於太武帝，國勢復强。赫連勃勃取了長安，就是這一年死了。兒子赫連昌立。魏太武帝立後二年，自將伐夏，攻統萬，赫連昌逃奔上邽。又給魏人追攻擒獲。他的兄弟赫連定自立於平涼。後來爲魏人所破，逃到吐谷渾。吐谷渾人把他執送北魏，於是西夏滅亡。前一四八一年。

涼州地方，從苻堅淝水敗後，就爲吕光所據。前一五二六年。前一五一五年，匈奴沮渠氏叛，《載記》説“其先世爲匈奴左沮渠，因以官爲氏焉。”推吕光所命的建康太守段業爲主，據張掖。前一五一一年，沮渠蒙遜殺段業而自立，是爲北涼。業所署沙州刺史李暠，也據敦煌自立，是爲西涼。前一五一二年。河西鮮卑禿髮烏孤，《載記》説：“其先與後魏同出。”按拓跋禿髮，就是一音的異譯。又據樂都如今甘肅的碾伯縣。自立，是爲南涼。前一五一五年。後涼的地方，就此分裂了。吕光死後，兒子紹繼之。紹兄纂，殺紹自立。纂弟超，又殺纂而立其兄隆。北涼南涼，時來攻擊，遂降於後秦。前一五〇九年。南涼禿髮烏孤，傳弟利鹿孤，利鹿孤又傳弟傉檀。

傉檀降後秦,姚興以爲涼州牧,移鎮姑臧。後爲西秦乞伏熾磐所滅。前一四九八年。西秦乞伏國仁,傳弟乾歸,爲姚興所破,降於後秦。後來逃歸苑川,見上節。自立。傳子熾磐,襲滅西秦,熾磐死後,子暮末立,爲赫連定所殺。前一四八一年。西涼李暠,遷居酒泉,並有玉門以西。傳子歆,爲沮渠蒙遜所滅。前一四九一年。南涼亡後,沮渠蒙遜並有姑臧。又滅西涼,取敦煌。在涼州諸國中,最爲强大。傳子牧犍,爲後魏所滅。前一四七三年。還有馮跋所立的北燕,傳子馮宏,也給後魏滅掉。於是天下就賸宋魏兩國了。

第三章　南北朝

第一節　宋齊的治亂

宋文帝的時候，雖然宿將垂盡，兵力已靠不住，然而前此滅南燕，滅後秦，總算是“累勝之餘”，而且這時候的拓跋魏，也不過草創，所以還有恢復中原的念頭。宋武帝死時，魏明元帝乘喪伐宋，取青、兗、司、豫四州，置戍於虎牢、在如今河南汜水縣。滑臺。如今河南的滑縣。前一四八三年，宋文帝遣劉彦之伐魏，魏人斂兵河北，宋人恢復虎牢、滑臺。到冬天，魏人縱兵南下，宋人不能抵當，所得的地方又都失去。文帝“經營累年”，到前一四六三年，又遣兵伐魏。然而“兵多白徒，將非才勇”，纔進就敗。魏太武帝自將南伐，至於瓜步。在如今江蘇六合縣。宋人沿江置戍，極其吃緊。幸而盱眙、如今安徽的盱眙縣。彭城，如今江蘇的銅山縣。都堅守不下，魏太武帝乃勒兵而還。然而“所過郡邑，赤地無餘”，至於“燕歸巢於林木”。元嘉文帝年號，前一四八八——前一四五九年。之政，在南朝中本算是首屈一指的，到此也弄得“邑里蕭條”了。前一四六〇年，魏太武帝被弑，文成帝立。宋文帝再想北伐，也沒有成功。南北分立，“北强南弱”之勢，到此就算定了。明帝時，和魏交兵，又失掉淮以北的地方。

文帝皇后袁氏，生太子劭。淑妃潘氏，生始興王濬。淑妃很爲得寵,袁皇后"恚恨而殂"。太子劭因此深恨潘淑妃和始興王。始興王懼,"曲意事劭",劭又喜歡了他。劭和濬多過失,怕文帝覺察,"因爲巫蠱"。事覺,文帝要廢太子而賜始興王死,猶豫未決。潘淑妃告訴了始興王。始興王告訴太子,太子就舉兵弒帝。並殺潘淑妃。江州刺史沈慶之,奉武陵王駿,討誅劭、濬。駿立,是爲孝武帝。前一四五九年。

孝武帝天資刻薄,武帝、文帝的子孫,差不多都給他殺盡。孝武帝卒,前廢帝子業立,前一四四八年。荒淫無度,而刻薄同孝武帝一樣。孝武帝的舊臣,多給他殺掉。又要殺江州刺史晉安王子勛。也是孝武帝的兒子。子勛的長史鄧琬,奉他起兵。剛好前廢帝爲左右所弒,明帝立。前一四四七年。諭子勛罷兵,鄧琬不聽,奉子勛稱帝於尋陽。前一四四六年。這時候,"四方貢計,並詣尋陽",朝廷所保,只有丹陽、淮南等幾郡而已。不多時,子勛給沈攸之等討敗。明帝因此更加猜忌,孝武帝的子孫,也差不多給他殺完。前一四四〇年,明帝卒,後廢帝立,荒淫更甚於前廢帝。江州刺史桂陽王休範反,文帝的兒子。晝夜兼程襲建康,爲蕭道成所討平。蕭道成自此威權漸大。道成刺兗州,鎮淮陰。前一四三五年,道成弒後廢帝,而立安成王準。荆州刺史沈攸之和中書令袁粲,鎮石頭。起兵討道成,都敗死。前一四三三年,蕭道成遂篡宋自立,是爲齊高帝。

齊高帝篡宋之後,四年而殂。前一四三〇年。子武帝立。武帝和高帝同起艱難,留心政治,在南朝諸帝中,比較算是好的。前一四一九年,武帝卒。武帝太子長懋早卒,次子竟陵王子良,頗有奪宗之意。武帝兄子西昌侯鸞,扶立太孫昭業,是爲鬱林王。子良憂懼而死。鬱林王荒淫無度,在位一年,爲鸞所弒,立其弟昭文。旋廢之而自立,是爲明帝。大殺高、武二帝子孫。前一四一四年,明帝卒。子寶卷立,是爲東昏侯,昏淫爲南朝諸帝之最,而亦"果於殺戮"。豫州刺史裴叔業治壽陽,如今安徽的壽縣。降魏,南朝因此失掉淮南之地。江州刺史陳顯達反,崔慧景討平之。慧景還兵攻帝,爲豫州刺史蕭懿所殺。東昏侯又把蕭懿殺掉。蕭懿的兄弟蕭衍,時爲雍州刺史;東昏侯發道密旨給荆州刺史南康王寶融,叫他暗中圖謀他。寶融舉兵反,前一四一一年,自立於江陵,是爲和帝。這時候,蕭衍也起兵襄陽,和帝就用他做征東將軍,發兵東下。東昏侯戰敗,爲宦者所弑。明年,和帝禪位於蕭衍,是爲梁武帝。

宋系圖

- (一)武帝劉裕
  - (二)少帝義符
  - (三)文帝義隆
    - (四)孝武帝駿——(五)前廢帝子業
    - (六)明帝彧
      - (七)後廢帝昱
      - (八)順帝準

齊系圖

- (一)高祖蕭道成——(二)武帝賾——長懋
  - (三)廢帝鬱林王昭業
  - (四)廢帝海陵王昭文
- 道生——(五)明帝鸞
  - (六)廢帝東昏侯寶卷
  - (七)和帝寶融

第二節 北魏的盛衰

北魏太武帝時候雖然强盛,然而連年用兵,國頗虚耗。太武帝還有北征柔然、高車的事情,見下篇第一章第三節。文成帝立,“守之以静”,民乃復安。前一四四七年,文成帝卒,子獻文帝立。好佛,傳位於孝文帝。前一四四一年。太后馮氏旋弑獻文帝而稱制。前一四三六年。前一四二二年,馮太后卒,孝文帝纔親政。

孝文帝是北魏一個傑出的人物。遷都洛陽,前一四一九年。斷北語,改族姓,禁胡服,與漢人通婚,興學校,改制度。從此以後,鮮卑就與漢族同化了。參看第四章。然而北魏的衰機，也兆於此時，其中有兩個重要的原因：

（一）魏國的宗室貴人，從南遷以後都習於奢侈。這時候，佛法初行，建寺造塔等迷信，更足以助長奢侈。野蠻民族遷徙到文明的地方，吸收文化難，而沾染物質上的奢侈易，這也是歷代北族遷入中國的通例。

（二）北魏當建都在平城的時候，和北族的交涉是很頻繁的。參看下篇第一章第三節。所以設了懷朔、高平、禦夷、懷荒、柔玄、沃野六鎮，在如今興和道西南境。“盛簡親賢，擁麾作鎮。配以高門子弟，……不但不廢仕宦，至乃偏得復除。當時人物，忻慕爲之。及太和在歷，僕射李沖，當官任事。涼州士人，悉免廝役；豐沛舊門，仍防邊戍、自非得罪，當世莫肯與之爲伍。征鎮驅使，爲‘虞候’、‘白直’，一生推遷，不過軍主。然其往世，房分留居京者，得上品通官，在鎮者便爲清途所隔。……多復逃胡鄉，乃峻邊兵之極，鎮人浮遊在外，皆聽流兵捉之。於是少年不得從師，長者不得遊宦。……自定鼎伊洛，邊任益輕。唯底滯凡才，出爲鎮將。轉相模習，專事聚斂。或有諸方姦吏，犯罪配邊，爲之指蹤，過弄官府，政以賄立，莫能自改”。以上魏廣陽王深上書，見《北史·太武五王傳》。太和，孝文帝年號。前一四三五——前一四一三年。於是鬱極思變，就成了後來的亂源。

前一四一三年，孝文帝卒，宣武帝立。委政於高皇后的兄肇。前一三九七年，宣武帝卒，孝明帝立，年方六歲，高太后臨朝。先是道武帝要立明元帝做太子，恐怕身後母后專權，先殺掉他的母親，纔立他。從此以後，就成爲拓跋氏的家法（君主政體的殘酷不仁如此）。宣武帝好佛，充華胡氏生子孝明帝，立爲太子，纔不殺胡氏，而且把他立爲貴嬪。高太后臨朝，又要殺掉胡貴嬪，中給事劉騰等設法阻止。胡貴嬪很感激他。不多時，胡貴嬪和劉騰等合謀，伏兵把高肇殺掉，並弒高太后。於是胡氏自稱太后，臨朝稱制。前一三九六年。劉騰和太后的妹夫元乂等用事。後來太后又寵幸了一個清河王懌。孝文帝的兒子。元乂、劉騰把清河王殺掉,連太后也幽禁起來。劉騰死後,元乂防範稍疏,太后又設法把元乂殺掉,再臨朝稱制。前一三八七年。

奢侈的風氣,到胡后時候更盛。大營寺塔,賞賜無度。於是"府庫累世之積,掃地無餘"。至於"減百官禄力";"豫借百姓六年租税";入市的,每人要税一個錢。地方官又競爲誅求,以結納權要。弄得民不聊生。於是六鎮和内地的人,紛起叛亂。爾朱榮,北秀容人,"世爲部落酋帥;其先居爾朱川,因爲氏焉"。北秀容,在如今山西的朔縣。爾朱榮雄健有才略,討平部人之亂,做了并、肆等六州都督。這時候,明帝年長,和太后嫌隙日深。密召爾朱榮,要誅滅太后左右,旋又後悔,止住他。太后大懼,把孝明帝殺掉。前一三八四年。爾朱榮舉兵入洛,殺掉胡太后,立了孝莊帝,留其黨元天穆居洛,自還晉陽。前一三八二年,孝莊帝誘爾朱榮入朝殺之,並殺元天穆。爾朱榮的從子爾朱兆,舉兵弑帝,立了長廣王曄。獻文帝的孫子。明年,又把他廢掉,而立節閔帝。前一三八一年,高歡起兵於信都,高歡,本在爾朱氏部下。先是河北叛亂時,有一個亂黨唤做葛榮,兵最强。後來給爾朱榮滅掉。手下的人,受爾朱氏陵暴,都不聊生。大小凡二十六反,殺掉過半,還是不能遏止。爾朱兆問計於高歡。高歡説:不如叫他就食山東。爾朱兆聽了他,就叫高歡帶了去。於是高歡就起兵討兆。立渤海太守朗。太武帝兒子的玄孫。攻破鄴城。爾朱兆迎戰,大敗。高歡入洛,廢掉節閔帝和朗,而立孝武帝。明年,攻殺爾朱兆。孝武帝和高歡不睦,暗結關中大行臺宇文泰,以圖高歡。前一三八〇年,孝武帝舉兵討歡,歡也從晉陽南下,夾河而軍。孝武帝不敢戰,奔長安。這一年冬天,爲宇文泰所弑,立了文帝。而高歡也另立了一個孝静帝。於是魏分爲東西,前一三六二年,東魏爲北齊所篡。西魏又兩傳,到前一三五二年,而爲宇文氏所篡。

魏系圖

(一) 道武帝拓跋珪—(二) 明元帝嗣—(三) 太武帝燾—晃—(四) 文成帝濬—(五) 獻文帝弘

- (五) 獻文帝弘
  - (六) 孝文帝宏
    - (七) 宣武帝恪—(八) 孝明帝詡
    - 懷—(十一) 孝武帝脩
    - 愉—(十二) 文帝寶炬
      - (十三) 廢帝欽
      - (十四) 恭帝廓
    - 懌—亶—(東魏) 孝静帝善見
  - 勰—(九) 孝莊帝子攸
  - 羽—(十) 節閔帝恭

第三節　東西魏的紛争和侯景亂梁

東西魏分立後,高歡、宇文泰,劇戰十年,彼此不能相勝,其中最危險的,是前一三七五年這一役。這時候,關中大饑,宇文泰所帶的兵,不滿萬人,而高歡的兵,有二十萬。戰於渭曲,高歡大敗。西魏從此纔算站住,乘勝進取河南許多地方。明年,東魏侯景,治兵虎牢,以復河南諸州。宇文泰來救,不利。於是從洛陽以東爲東魏,所有的形勢略定。前一三六九年,高歡又發兵十萬伐魏,戰於印山,互有勝負。從此以後,東西魏就没有什麽大戰役。在河北,東魏以晉陽,西魏以汾州爲重鎮。於是東西分立的局面定,而受其害的,卻在於梁。

梁武帝在位四十八年,前一四一〇——前一三六三年。在歷代君主中,年壽要算長久的。初年勵精圖治,國内頗稱太平。晚年迷信佛法,三次在同泰寺捨身。“祭宗廟,以麪爲犧牲。”人民有犯罪的,至於“涕泣而赦之”。於是刑政廢弛,承平日久,兵力尤不可靠。又梁武帝太子統昭明太子早卒,武帝立了自己的次子簡文帝做太子,對於昭明太子的兒子,覺得有些抱愧。於是把統的兒子河東王譽、岳陽王詧等都出刺大郡。而又用自己許多兒子,分刺諸郡以敵之。諸王“人各有心”,彼此乖離,也是召亡的一個原因。梁武帝的滅亡,攻佛法的人，都把他作爲口實，然而這是他誤解佛法之過，並不能歸咎到佛法本身，這是略爲研究佛法就可以知道的。

高歡手下得力的戰將是侯景，嘗專制河南。前一三六五年，高歡卒，子澄，嗣執魏政。侯景以河南十三州降梁。梁武帝因此就起了恢復北方的雄心。叫自己的姪子貞陽侯淵明去伐魏。魏遣慕容紹宗討侯景，淵明被擒。侯景奔梁，襲據壽陽，梁朝就用他做豫州刺史。先是梁人乘魏亂，恢復淮北諸州。侯景見梁朝兵備廢弛，陰懷異圖。前一三六四年反，武帝命臨賀王正德拒之，武帝兄弟的兒子，起初養以爲子，打算把他立做太子。後來太子統生，正德還歸本支。因此不悦，常畜異謀。正德反引侯景渡江，把他開門放入。梁武帝憂憤而死。侯景立了簡文帝，盡陷江南諸郡縣。

這時候，梁朝所分封的諸王方各據一州，互相吞併。梁武帝第七個兒子湘東王繹，據了荆州。攻克河東王譽於湘州，邵陵王綸武帝第六子。於郢州，形勢頗强。前一三六一年，侯景泝江而上，陷江州、郢州，攻巴陵，大爲王僧衍所敗。猛將多死。回來之後，就殺掉簡文帝和太子大器，立了個豫章王棟，昭明太子孫。旋又弒之而自立。稱漢帝。湘東王即位於江陵，是爲元帝。始興太守陳霸先起兵討侯景，元帝派他和王僧辨分道進攻，侯景敗死。

先是元帝遣兵攻岳陽王詧於襄陽，岳陽王求救於西魏。元帝乃罷兵。及元帝即位，武帝第八個兒子武陵王紀，也稱帝於成都，發兵攻江陵。元帝請救於西魏，西魏發兵入成都。武陵王腹背受敵，敗死。於是益州爲魏所取，而東方州郡，亦大半入魏。自巴陵至建康，以江爲界。後來元帝和魏，又有違言。前一三五八年，西魏遣柱國于謹帥師伐梁。攻破江陵，元帝遇害。徙岳陽王詧於江陵，令其稱帝，是爲西梁。王僧辨和陳霸先立敬帝於建康。而東魏又把貞陽侯淵明立做梁主，派兵送他回來。王僧辨拒戰，大敗，就投降了他，同他一起回來，把敬帝廢做太子。陳霸先發兵襲殺王僧辨，重立敬帝。前一三五五年，就禪位於陳。

梁系圖

(一) 武帝蕭衍 —— 統 ——(後梁)(一) 宣帝詧 —(二) 明帝巋 —(三) 琮
　　　　　　　├(二) 簡文綱
　　　　　　　└(三) 元帝繹 —(四) 敬帝方智

陳系圖

(一) 武帝陳霸先
　└ 道譚 ——(二) 文帝蒨 —(三) 廢帝伯宗
　　　　　└(四) 宣帝頊 —(五) 後主叔寶

第四節　周齊的興亡和隋的統一

從北魏道武帝建國之後,凡一百四十八年,而分爲東西。前一五二六——前一三七九年。又十六年而東魏爲北齊所篡,二十三年而西魏爲北周所篡。北齊高氏,系出漢族,然而從文宣帝以後,都極其淫暴,這都是當時所謂“漸染胡風”的一流人;參看第四章。從文化上論,實在不能算他是中國人。宇文氏則也是鮮卑。《北史·周本紀》說:

> 其先出自炎帝。炎帝爲黄帝所滅,子孫遁居朔野。其後有葛烏兔者,雄武多算略,鮮卑奉以爲主。遂總十二部落,世爲大人,及其裔孫曰普回,因狩,得玉璽三紐,文曰皇帝璽。……其俗謂天子曰宇文,故國號宇文,並以爲氏,普回子莫那。自陰山南徙,始居遼西,……爲魏甥舅之國。自莫那九世至侯歸豆。爲慕容皝所滅。

“出自炎帝”,和得氏之由,自然是荒唐話。自陰山南徙,始居遼西,這句話從地理上看,卻不錯的。宇文氏先世的事跡,詳見《北史》第九十八卷《宇文莫槐傳》。《本紀》説他是鮮卑,而《宇文莫槐傳》又説他是匈奴，這也是《北史》疏處。《宇文莫槐傳》説："其先南單于之遠屬也。……其語與鮮卑頗異。""頗異"者，"不盡異"之詞。這一種人，就是奚、契丹的祖宗，明明是鮮卑。不過其先居於陰山，地近匈奴，大概有婚姻上的關係，所以説是"南單于之遠屬"。而兩民族也極爲密接，所以説"其語與鮮卑頗異"，大約是攙雜匈奴語的。這也可推想前史致誤之由。

北齊篡魏的是文宣帝。性極淫暴，然而這不過是"漸染胡俗"的結果，論起他的本性來，是很明決的。所以還能委任楊愔。歷史上説他"主昏於上，政清於下"。文宣帝死後，太子殷立，爲孝昭帝所廢。前一三五三年。傳弟武成帝，前一三五一年。極其荒淫。用祖珽、和士開一班小人，朝政大亂。國用不足，賦斂無藝，弄得民不聊生。前一三四七年，傳位於子緯。奢縱更甚。郡縣守令都是市井鄙夫，入資得官，而剥削百姓，以爲取償之計。於是北齊就成了必亡之勢。

北周篡魏的是孝閔帝。西魏文帝，卒於前一三六一年。子欽立，前一三五九年，爲宇文泰所廢。立其弟廓。前一三五六年，宇文泰卒。明年而孝閔帝篡魏。然而大權都在從兄宇文護之手。篡位的明年，爲護所弑。立其弟明帝，前一三五一年，又弑之，而立其弟武帝。武帝立十二年，纔誅護親政。前一三四〇年。"帝沈毅有智謀，……剋己勵精，聽覽不倦。用法嚴整，……羣下畏服。……以海内未康，鋭情教習，至於校兵閲武，步行山谷。……征伐之處，躬在行陣；性又果決，能斷大事，故能得士卒死力。"前一三三六年，伐齊，克平陽。齊主自晉陽回攻，不克。明年，再伐齊，克鄴。齊主緯出走，被執，齊亡。

滅齊的明年，周武帝卒，子宣帝立。荒淫無度，周政遂衰，前一三三三年，傳位於静帝。自稱天元皇帝。未幾而死，静帝年幼，内史上大夫鄭譯等，矯詔引宣帝后父楊堅輔政。楊堅就大殺周宗室，盡握朝權。相州總管尉遲迥、鄖州總管司馬消難、益州總管王謙等起兵討堅，皆爲堅所敗。前一三三一年，堅遂篡周而自立。

陳武帝無子，傳位於兄子文帝。前一三五三年。文帝死後，太子伯宗立。前一三四六年。大權盡在叔父安平王頊之手。前一三四四年,爲頊所廢。頊自立,是爲宣帝。宣帝立九年而北齊亡,乘機恢復淮南之地。隋文帝受禪的明年,宣帝卒,後主叔寶立。荒淫無度。前一三二三年,爲隋所滅。西梁已先二年爲隋所滅,天下復統一。

北齊系圖

神武帝高歡
- (一)文宣帝洋—(二)廢帝湛
- (三)孝昭帝演
- (四)武成帝湛—(五)後主緯—(六)幼主恒齊將亡時,後主傳位於子恒,亦爲周人所執。

北周系圖

文帝宇文泰
- (一)孝閔帝覺
- (二)明帝毓
- (三)武帝邕—(四)宣帝贇—(五)靜帝闡

第四章　軍閥和異族

讀兩晉南北朝的歷史，有一件事情應當注意的。便是："這時候，中國的政府，差不多始終是軍閥政府"。曹魏、司馬晉，其初都是軍閥，不必論了。晉武平吴之後，便撤廢州郡兵備，原也有意於偃武脩文；無如一方面又想行"封建制度"，諸王都給以兵權，就釀成了"八王之亂"。於是"中央政府解紐"，各地方的權力自然擴張起來。這時候，北方五胡的勢力日盛，解紐之後的地方政府，無論怎樣抵敵不住他。所以雖然有劉琨、王浚等幾個想竭力支持的人，也是終於滅亡。至於南方，究竟離五胡的勢力稍遠，長江一帶還能自保，就成了東晉和宋、齊、梁、陳五朝漢族逃難的地方。卻是南方的形勢，從長江下流，要想渡江而南，是很難的（長江下流的津要，是采石和京口兩處，以當時軍事上的形勢論，北軍很難飛渡，所以有"長江天塹"的話）。而荆、襄一方面，受北方的壓迫較重；荆、襄設或不保，從上游順流而下，下游也是不能自保的。所以自來立國南方的，没有不以荆、襄爲命脈。三國吴要力争荆州，也是這個道理。因此之故，晉室東渡以後，荆、襄方面不得不屯駐重兵，以禦北方（當時荆州的形勢，在事實上總較揚州爲强）。晉室東渡以後，所以能立國，固然靠此；而中央政府常受荆州方面的壓迫，也是爲此。在劉裕滅掉桓玄以前，這種形勢始終没有改變。劉裕以一個武人，而盡滅掉其餘的武人。論理，中央政府的權力，可以大振；然而當時雖把功臣宿將除盡，而因防禦北方的原故，外兵仍不得不重。於是芟除功臣宿將的結果，徒然弄得掌兵的都是庸才,以致對外不競;而國内則外兵既重,中央政府,仍不免受其壓迫,齊、梁、陳三朝的崛起都是如此。還有許多反叛而不曾成功的。所以從董卓入據洛陽以後,到隋朝統一天下以前,“漢族四百年的政府,可以説全是給軍閥盤據”。前一七二三——前一三二三年。讀史的人,總説外兵不重,不能抵禦異族的;所以宋朝除掉唐朝的藩鎮,就有遼、金、元之禍。這種觀察,是全然誤謬的。宋朝的滅亡是另有原因,和去藩鎮全無干涉;而且契丹的侵入,不是藩鎮引他進來的麽?這個且待將來再論。即以東晉論,當時荆州的兵力,似乎替國家捍禦一點外患;然而若不是荆、揚二州,互相猜疑,東晉恢復北方的機會就很多;桓温没有下流的掣肘,劉裕没有内顧之憂,恢復北方的事業,都未嘗不可以成功。所以内外乖離,最是立國的大忌,所以軍閥的對於國家,是有百害而無一利的。——這個並不是説要去兵;正因爲有了驕横的軍閥,往往只能對内,並不能對外;到國内乖離之後,就是把别國人引進來,都是在所不恤的。這個是歷朝的史事,都是如此,略爲留心一點,便可以看得出。以上是就對外一方面論。就對内一方面論,軍閥政府的罪惡就更大。因爲軍閥政府大抵是不知政治爲何事的。所以行不出一點好政治來,而且本有的好政治,還要給他敗壞。把下文所講魏晉以後的政治制度和兩漢一比較,就可以知道了。還有一種昏淫的君主,也是軍閥政府所獨有的,崇尚文治的皇室很少。我如今且舉個齊東昏侯做個例。

> 帝在東宫,便好弄,不喜書學。……在宫嘗夜捕鼠達旦,以爲笑樂。……性訥澀少言,不與朝士接。……常以五更就卧,至晡乃起。王侯以下,節朔朝見,晡後方前,或際暗遣出。臺閣案奏,月數十日乃報,或不知所在;閹豎以紙包裹魚肉還家,並是五省黄案。……教黄門五六十人爲騎客,又選營署無賴小人善走者爲逐馬鷹犬,左右數百人,常以自隨;奔走往來,略不暇息。置射雉場二百九十六處。……漸出游走,不欲令人見之,驅斥百姓,惟置空宅而已。是時率一月二十餘出。既往無定處,尉司常

慮得罪，東行驅西，南行驅北；應旦出，夜便驅逐。……臨時驅迫，衣不暇披，乃至徒跣走出；犯禁者應手格殺，百姓無復作業，終日路隅。從萬春門由東宫以東至郊外數十里，皆空家盡室。巷陌縣幔爲高障，置人防守，謂之“屏除”。高障之内，設部伍羽儀；復有數部，皆奏鼓吹羌，胡伎鼓角横吹。夜反，火光照天。每三四更中，鼓聲四出，幡戟横路。……或於市肆左側，過親幸家，環繞宛轉，周遍都下。老小震驚，啼號塞道。處處禁斷，不知所過。疾患困篤者，悉捆移之，無人捆者，扶匐道側，吏司又加捶打，絶命者相係。從騎及左右，因入富家取物，無不爲盡。工商莫不廢業，樵蘇由之路斷。至於乳婦昏姻之家，移産寄室；或輿病棄尸，不得殯葬，有棄病人於青溪邊者，吏懼爲監司所問，推至水中，泥覆其面，須臾便死，遂失骸骨。……三年，殿内火。……其後出游，火又燒濬儀、曜靈等十餘殿，及柏寢；北至華林，西至祕閣，三千餘間皆盡。左右趙鬼，能讀《西京賦》，云：“柏梁既災，建章是營。”於是大起諸殿。……皆帀飾以金璧。……潘氏服御，極選珍寶，主衣庫舊物，不復周用，貴市人間；金銀寶物，價皆數倍。……都下酒酤，皆折輸金，以供雜用，猶不能足。下揚、南徐二州橋桁塘埭丁，計功爲直，斂取見錢，供太樂主衣雜費；由是所在塘瀆，悉皆隳廢，又訂出雄雉頭，鶴氅白鷺縗，百品千條，無復窮已。親倖小人，因緣爲姦，科一輸十。……百姓困盡，號泣道路。少府大官，凡諸市買，事皆急速，催求相係；吏司奔馳，遇便虜奪。市廛離散，商旅靡依。又以閱武堂爲芳樂苑，窮奇極麗，當署種樹，朝種夕死，死而復種，卒無一生。於是徵求人家，望樹便取，毁徹牆屋，以移置之。……紛紜往還，無復已極。……明帝時，多聚金寶，至是金以爲泥，不足周用，令富室買金，不問多少，限以賤價，又不還直。……潘妃放恣，威行遠近。父寶慶，與諸小共逞姦毒，富人悉誣爲罪，田宅貲財，莫不啓乞，或云寄附隱藏，復加收没。一家見陷，禍及親隣；又慮後患，男口必殺。……《南史·齊本紀》下。

宋的前後廢帝，齊的鬱林王，陳的後主，都是這一路人。爲什麽這樣淫暴的君主，專出在這個時候？原來一國的文化，決不是普及於全社會裏的各階級的。這種人，都是沈没在社會的下層的。歷朝開國的君主，固然都是這一種人，然而得國之後，總要偃武脩文，一兩傳後，就把這種性質變掉。獨有南北朝時代，他的政府始終没改掉軍閥的性質，就自然産出這一種人。這也可見得武人當權的弊竇。

至於北方，則當時始終在異族政府之下，而異族的君主也是極淫暴的。我如今再舉個石虎爲例。

> 季龍性既好獵，其後體重，不能跨鞍，乃造獵車千乘，轅長三丈，高一丈八尺，置高。一丈七尺格獸車四十乘，立三級行樓二層於其上。剋期將校獵，自靈昌津，南至滎陽，東極陽都，使御史監察其中禽獸，有犯者罪至大辟。御史因之擅作威福，百姓有美女好牛馬者，求之不得，便誣以犯獸，論死者百餘家。海、岱、河、濟間人無寧志矣。又發諸州二十六萬人脩洛陽宫。發百姓牛二萬餘頭配朔州牧官。增置女官二十四等，東宫十有二等。諸公侯七十餘國，皆爲置女官九等。先是大發百姓女二十已下十三已上三萬餘人，爲三等之弟，以分配之。郡縣要媚其旨，務於美淑。奪人婦者，九千餘人。百姓妻有美色，豪勢因而脅之，率多自殺。石宣及諸公及私令採發者，亦垂一萬，總會鄴宫。季龍臨軒簡弟諸女，大悦，封使者十二人皆爲列侯。自初發至鄴，諸殺其夫及奪而遣之，縊死者三千餘人，荆、楚、揚、徐間，流叛略盡，宰守坐不能綏懷，下獄誅者五十餘人。《晉書·載記》第六。

當時北朝裏這種殘暴不仁的人極多，其最甚的，就是劉聰、劉曜、苻生、赫連勃勃等。北齊的文宣帝、武成帝、後主等，雖然系出漢族，然而久已和胡人同化，也可以認他做胡人。其中也有一派比較文明一點的，便是鮮卑慕容氏、氐苻堅和北魏孝文帝等。這個大約因各族感受漢族文化的不同而異。當時諸族之中,最淫暴的,是胡、羯;鮮卑、氐、羌,都比較文明些。這個也有個緣故。漢朝的征服異族,對於匈奴用力最多,所以當時的匈奴雖然降伏,還時時存一怕他復叛的心,養之如驕子。看《前後漢書·匈奴傳》,便可知道。至於氐、羌兩族,卻又不免淩侮他。只有鮮卑,住在塞外,和漢族的關係較疏。既不受漢族的壓迫,也不能壓迫漢族。兩族的關係,雖然也有時小小用兵,然而大體上,卻總是通商往來的一種平和關係。所以匈奴因受優待而驕;氐、羌兩族,又因受壓迫,而不能爲正當的發展。只有鮮卑人,最能吸收漢族的文化。所以他們滅亡的時候,也是不同。胡、羯是暴虐不已,終於自斃的。鮮卑卻是吸收了漢族的文化,慢慢兒同化的。氐、羌人數較少,所以和别一族融化,較爲容易。

北魏孝文帝的勵行改革,讀史的人都説他是失策。這種觀察,也是誤謬了的。議論他的人,不過説他是:從此以後,就同化於漢族,失掉本來雄武的特質。然而不如此,難道想永遠憑藉着武力和漢族相持麽?後來的女真、滿洲,都是實行這種政策的,然而"其效可覩"了。這個且待後來再行詳論。總而言之,以塞外遊牧的民族,侵入中國,其結果,和漢族同化而融合,是不可避免的。只看你決心走哪一條路罷了。那麽,還是揀胡羯的一條路走呢?還是揀鮮卑的一條路走呢?這種道理,難道北魏孝文帝都能曉得麽?這也未必其然,不過一種愛慕文化的心理,實在能彀教人消滅種族之見罷了。這也可見得文化是天下的公物,實在有益於平和。

第二篇　中古史(下)

第一章　隋朝的内政外交

第一節　隋文帝的内治

從董卓入據洛陽以後，到隋文帝統一天下以前，中國實在經過四百年異族和軍閥蹂躪的政治，前篇的末章已經説明了。到隋文帝統一以後，天下就换了一番新氣象。

隋文帝這個人，在中國歷史上並不負什麽好名譽，然而他卻實在有過人之處。我如今且引《文獻通考·國用門》馬端臨論隋朝財政的一段話如下：

> 按古今稱國計之富者莫如隋，然考之史傳，則未見其有以爲富國之術也。蓋周之時酒有榷，鹽池，鹽井有禁，入市有税，至開皇三年而並罷之。夫酒榷、鹽、鐵、市征，乃後世以爲關於邦財之大者，而隋一無所取，則所仰賦税而已。然開皇三年，調絹一匹者，減爲二丈；役丁十二番者，減爲三十日。……開皇九年，以江表初平，給復十年；自餘諸州，並免當年租税。十年，以宇内無事，益寬徭賦，百姓年五十者，輸庸停放。十二年，謂河北、河東：今年田租，三分減一；兵減半；功調全免。則其於賦税，復闊略如此。然文帝受禪之初，即營新都，徙居之。繼而平陳，又繼而討江南、嶺表之反側者。則此十餘年之間，

> 營繕征伐，未嘗廢也。《史》稱帝於賞賜有功，並無所愛。平陳凱旋，因行慶賞，自門外夾道列布帛之積，達於南郭，以次頒給，所費三百餘萬段。則又未嘗嗇於用財也。夫既非苛賦役以取財，且時有征役以糜財，而賞賜復不吝財，則宜其用度之空匱也，而何以殷富如此。《史》求其説而不可得，則以爲帝衫履儉約；六宮服澣濯之衣；乘輿供御，有故敝者，隨令補用；非燕享，不過一肉；有司嘗以布袋貯乾薑，以氈袋進香，皆以爲費用，大加譴責。嗚呼！夫然後知《大易》所謂節以制度，不傷財，不害民，《孟子》所謂賢君必恭儉禮下，取於民有制者，信利國之良規，而非迂闊之談也。……

總而言之，隋文帝這個人，固然也有他的短處（猜忌、嚴酷），然而他的長處，卻實在不可没的。他的長處，第一在躬行節儉，第二在留心政治，勤於民事。當文帝時候，一切政治，都定有規模，唐以後沿襲他的很多。這個且待第三章裏再講。我如今還要講一講隋文帝的武功。要講隋文帝的武功，就不得不把當時塞外異族的形勢先行叙述一番。

第二節　回族的起源和分佈

歷史上爲中國之患最深的，自然是北族。北族，匈奴之後便是鮮卑。鮮卑之後卻是誰呢？便是柔然。柔然，《南史》上説他是匈奴别種，是錯誤的。《北史》上説：

> 始神元之末，掠騎有得一奴，髮齊肩，無本姓名，其主字之曰木骨間。木骨間者，首秃也。木骨間與郁久間聲相近，故後子孫因以爲氏。木骨間既壯，免奴爲騎卒。穆帝時，坐後期當斬，亡匿廣漠谿谷間，收合逋逃，得百餘人，依純突隣部。木骨間死，子

車鹿會,雄健,始有部衆;自號柔然。後太武以其無知,狀類於蟲,故改其號爲蠕蠕。

又後來阿那環柔然的可汗,見下節。啓魏主:"臣先世緣由,出於大魏。"可見得柔然確是鮮卑的分部。然而當時北方,鮮卑並没有大部落,柔然如何能突然發生呢?這個由於他所用的,都是高車之衆。然則高車是什麽種族呢?

高車就是鐵勒(也譯作勅勒),漢朝時候,唤做丁令(又寫作丁零、丁靈)。然則他在什麽地方呢?

> 《史記·匈奴列傳》:後北服渾庾、屈射、丁靈、隔昆、新藜之國。渾庾,《漢書》作渾窳。隔昆下《漢書》有龍字,是衍文,《三國志》注也没有的。《漢書·李廣蘇建傳》乃徙武北海上無人處。……丁令盜武牛羊。
>
> 《漢書·匈奴傳》:郅支……北擊烏揭,烏揭降,發其兵,西破堅昆,北降丁令。《史記·索隱》引《魏略》:丁靈,在康居北,去匈奴庭接習水七千里。《三國志》注引《魏略》以上三國,案指呼得堅昆丁令,呼得就是烏揭。堅昆中央,俱去單于庭安習水七千里;南去車師六國五千里;西南去康居界三千里;西去康居王治八千里。

北海,就是如今的拜喀勒湖。接習水的接字,是譌字,安習水,就是如今的額爾齊斯河。把"地望"、"道里"核起來,都如此。然則漢初的丁令,東西蔓延已經很廣了。再看他以後的分佈是怎樣?案《北史》述鐵勒分佈的地域是:部名太麻煩,且多不能句讀,所以略去。

> 獨洛河北。如今的土拉河。伊吾以西,焉耆之北,傍白山。金山西南。如今的阿爾泰山。康國北,見第二章第二節。傍阿得水。疑心是如今的鹹海。得嶷海東西。疑心是如今的裏海。拂菻東。拂菻,就是羅馬。北海南。

《唐書》述鐵勒十五部的地域是:

回紇　居薛延陀北娑陵水上，距京師七千里。娑陵水，如今的色楞格河。

薛延陀據上文，則薛延陀在色楞格河的南邊。

拔野古　漫散磧北，地千里。直僕骨東，鄰於靺鞨。

僕骨　在多覽葛之東，地最北。

同羅　在薛延陀北，多覽葛之東，距京師七千里而羸。

渾　在諸部最南者。

契苾　在焉耆西北鷹娑川、多覽葛之南。

多覽葛　在薛延陀東，濱同羅水。如今的土拉河。

阿跌

都播　其地北瀕小海，西堅昆，南回紇。

骨利幹　處瀚海北。其地北距海，去京師最遠。又北度海，則晝長夜短；日入烹羊，胛熟，東方已明，蓋近日出處也。北距的海，大約是如今的貝加爾湖。

白霫　居鮮卑故地。直京師東北五千里。與同羅、僕骨接。避薛延陀，保奥支水、冷陘山。山南契丹，北烏羅渾。東靺鞨，西拔野古。地圓袤二千里，山繚其外。如今蒙古東部的内興安嶺。

斛薛　處多覽葛北。

奚結　處同羅北。

思結　在延陀故牙。

所述分佈的地域，也和《史》、《漢》、《魏略》所述差不多的。然則何以見得丁令（丁零、丁靈）就是鐵勒（勑勒），也就是高車呢？案《北史・高車傳》“蓋古赤狄之餘種也，初號爲狄歷，北方以爲高車、丁零。”狄歷、丁令（丁零、丁靈），鐵勒（勑勒）本是一音之異譯，這是很容易見得的。至於高車，則《魏書》説他因“車輪高大，輻數至多”，所以得名。《元史譯文證補》引阿卜而嘎錫的話，説他古時嘗“侵掠異族，鹵獲至多，騎不勝負。有部人能製車，車高大，勝重載，乃盡取鹵獲以返，故以高車名其部”。日本高桑駒吉説：康里

Kankly兩個字,是土耳其語“車”的意思。然則高車兩個字,就是後來康里部的康里兩個字的義譯了。高桑駒吉的話,見他所著的《北狄史》。又《元史譯文證補》説康里就是康國是錯的,看第二章第二節自明。

這種人現在通稱爲回族,西漢人則稱他爲突厥人。《元史譯文證補》説:“匈奴之後,突厥最盛。突厥既滅,回紇乃興。今日者,玉關以西,天山南北,悉爲回部,無所謂突厥也;而突厥之稱,乃獨流傳於西土。曰突而克,亟讀之即突厥曰突克蠻,猶言突厥同類,今法人稱土耳其國,音如突而克月,稱其人類曰突而克;英人稱其國曰突而克以;皆爲突厥轉音。”案以下還有一大段,論突厥、回紇的語言文字的,太長,不能備録了,可檢閱原書。又案突而克,中國現在譯作土耳其。然而這都是後起分部的名稱,並不是古來全族的通號。《尚書大傳》:“北方之極,自丁令北至積雪之野,帝顓頊、神玄冥司之。”可見得丁令二字起源之古。據《北史·高車傳》,則丁令二字是北方人的稱呼,這個北方二字,大約是指北族。在漢族的正音,則當作狄歷。狄歷兩個字分明就是一個“狄”字的“長言”。難道古代所謂北狄的“狄”字,本是指這一種人而言之的麽?這個證據還不十分充足,卻就不敢武斷了。匈奴古代本與漢族雜居河域,遷徙到漠南北,是後來的事情,已見第一二篇。這一説如假定不誤,則古代漢族北境就和丁令相接。

第三節　高車和柔然

丁令的部落分佈得如此其廣,他的起源如此其早,然而從南北朝以前,卻寂寂無聞,這是什麽原故呢?我説就由他部落太多,不能統一的原故。《北史》説他:“無都統大帥,當種各有君長。爲性粗猛,黨類同心。至於寇難,翕然相依。”要“至於寇難”,纔能彀“翕然相依”,就可以反證他平時的不能結合。

丁令部落,在中國歷史上最早有些關係的,就是《北史》上所謂高車。高車也是全族的通名,《北史》把高車、鐵勒,分别爲二,非是。但這《北史》所稱爲高車的一部分,無從替他另定新名,所以仍舊沿用他。讀者只要曉得這所用的高車二字是狹義就是了。這所謂高車,狹義的高車。就是丁令部族在匈奴之北的。指舊

時匈奴所居之地。這所謂高車,在如今外蒙古北境,和西伯利亞南境。《北史》上述他的起源道:

其語略與匈奴同,而時有小異。或云其先匈奴甥也。俗云:匈奴單于生二女,姿容甚美,國人皆以爲神。單于曰:我有此女,安可配人?將以與天。乃於國北無人之地築高臺,置二女其上,曰:請天自迎之。經三年,其母欲迎之,單于曰:不可,未徹之間耳。復一年,乃有一老狼,晝夜守臺嗥呼,因穿臺下爲空穴,經年不去。其小女曰:吾父處我於此,欲以與天;而今狼來,或是神物,天使之然。將下就之。其姊大驚,曰:此是畜生,無乃辱父母。妹不從,下爲狼妻而產子。後遂滋繁成國。故其人好引聲長歌,又似狼嗥。

説匈奴人築臺於"國北無人之地";而且他在血統上和匈奴有關係,言語又與匈奴大同,可見得他和匈奴的關係,和他所處的地方了。這一部分的丁令,既然和匈奴關係如此之密,他的程度自然應當略高些;然而還不能自行結合。直到柔然侵入漠北,借用其力,纔和中國發生直接的關係。這個大約因他所處的地方,太偏於北,還不及漠北的交通頻繁,競争劇烈,所以進化較遲。

柔然的强盛,始於社崙;木骨閭七傳。和魏太武帝同時。屢侵後魏北邊。太武帝把他打敗,社崙就渡漠擊高車,"深入其地,遂併諸部",於是兵勢大振。前一四八四年,太武自將攻他。時社崙從父弟大檀爲可汗,"震怖北走"。柔然所用的,是高車之衆;高車之衆,是"頭别衝突,乍出乍入,不能堅戰"的,所以不足以當大敵。太武北至兔園水,大約是如今的土拉河。降其部衆數十萬。大檀憂憤而死。後來太武又兩次征討高車,把投降的部衆都遷之漠南,也有好幾十萬。這遷徙到漠南的高車,大約慢慢的就和本在漠南的諸部族同化了。所以後來不聽得再有什麽舉動。至於遺留在漠北的,大約仍隸屬於柔然;所以後來柔然得以復振。柔然的復振,在東西魏既分之後。大檀五世孫醜奴,和他的從弟阿那瓌,相繼爲可汗,都和東西魏做敵國。到前一三六〇年,纔爲突厥所破。柔然雖然是鮮卑,然而從拓拔氏南遷之後,漠北不聽得再有什麽鮮卑的大部落,所以柔然所用的,可決其都是高車之衆。然則柔然的盛强,就要算是丁令部族第一次見頭角於歷史上了。繼柔然而興的,便是突厥。

第四節　突厥的起源

突厥的起源,研究起來,卻是一件很有興趣的問題。案《北史》述突厥起源,共有三説:

(一) 其先在西海之右,獨爲部落,蓋匈奴之别種也,姓阿史那氏。後爲鄰國所破,盡滅其族。有一兒,年且十歲,兵人見其小,不忍殺之,乃刖其足,斷其臂,棄草澤中。有牝狼,以肉餌之,及長,與狼交合,遂有孕焉。彼王聞此兒尚在,重遣殺之。使者見在狼側,並欲殺狼。於時若有神物,投狼於西海之東,落高昌國西北山,山有洞穴,内有平壤茂草,周圍數百里。《隋書》作“地方二百餘里”。四面俱山。狼匿其中,遂生十男。十男長,外託妻孕,其後各爲一姓,阿史那即其一也,最賢,遂爲君長。故牙門建“狼頭纛”,示不忘本也,漸至數百家。經數世,有阿賢設者,率其部落,出於穴中,臣於蠕蠕。

(二) 或曰:突厥本平凉雜胡,姓阿史那氏。魏太武皇帝滅沮渠氏,阿史那以五百家奔蠕蠕。世居金山之陽,爲蠕蠕鐵工。金山形似兜鍪,俗呼兜鍪爲突厥,因以爲號。

(三) 又曰:突厥之先,出於索國;在匈奴之北。其部落大人曰阿謗步,兄弟七十人。其一曰伊質泥師都,狼所生也。阿謗步等性並愚癡,國遂被滅。泥師都既别感異氣,能徵召風雨。娶二妻,云是夏神冬神之女。一孕而生四男:其一變爲白鴻;其一國於阿輔水、劍水之間，號爲契骨；其一國於處折水；其一居跋斯處折施山，即其大兒也。山上仍有阿謗步種類，並多寒露。大兒爲出火温養之，咸得全濟。遂共奉大兒爲主，號爲突厥，即納都六設也。都六有十妻，所生子皆以母族姓，阿史那是其小妻之子也。都六死，十母子内欲擇立一人。乃相率於大樹下共爲約，曰：向樹跳躍，能最高者，即推立之。阿史那年幼，而跳最高，諸子遂奉以爲主，號阿賢設。

又《元史譯文證補》卷一，譯拉施特《蒙古全史》，述蒙古種族的起源道：

相傳古時蒙古與他族戰，全軍覆没，僅遺男女各二人，遁入一山，斗絶險巇，唯一徑通出入，而山中壤地寬平，水草茂美，乃攜牲畜輜重往居。名其山曰阿兒格乃衮。二男：一名腦古，一名乞顔；乞顔義爲奔瀑急流，以其膂力邁衆，一往無前，故以稱名。乞顔後裔繁盛，稱之曰乞要特；乞顔變音爲乞要，曰"特"者，統類之詞也。後世地狹人稠，乃謀出山，而舊徑蕪塞，且苦艱險。繼得鐵鑛，洞穴深邃，爰伐木熾炭，篝火穴中，宰七十牛，剖革爲筒，鼓風助火，鐵石盡鎔，衢路遂闢，後裔於元旦鍛鐵於鑪，君與宗親，次第捶之，著爲典禮。

這一段話，和《北史》突厥起源的第一説，極其相類。洪文卿説：恐是蒙古"襲突厥唾餘，以自述先德"。但是蒙古爲什麽要拾突厥的唾餘，以自叙先德呢？當蒙古盛時，突厥也是個被征服的種族。我再三考校，纔曉得蒙古本是賓夷、突厥的混種（這個且待後來再説）。這一段話，定是《北史》第一説的傳聞異辭。

就這幾種説法看起來，其中有許多同點：（一）突厥是狼種。（《北史》第一第三兩説。）（二）突厥姓阿史那氏。《北史》三説都同。（三）突厥有十姓，阿史那是其一。《北史》第一第三兩説。（四）突厥先世，嘗爲他族所滅，《北史》第一第三兩説，和《蒙古全史》。遁入一山。《北史》

第一説,和《蒙古全史》。(五)始出此山的人,爲阿賢設。《北史》第一第三兩説。(六)突厥人長於鍛鐵。《北史》第二説,和《蒙古全史》。(七)納都六設的"設"字,是突厥"别部典兵者"之稱。《唐書·突厥傳》。納都六三字,就是腦古的異譯。(八)蒙古的始祖,《蒙文祕史》名孛兒帖赤那,"孛兒",譯言"蒼","帖赤那",譯言"狼"。阿史那、泥師都,都是帖赤那的異譯。

這種傳説,似乎荒唐,然而突厥牙門建狼頭纛;突厥可汗,每歲率重臣,祭其先窟。西突厥也歲使重臣,向其先世所居之窟致祭。又拉施特"身仕宗藩之朝,親見捶鐵典禮";斷不能指爲虚誣。然則突厥的起源,一定就要在這幾種神話裏頭討消息了。這討消息的法子怎麽樣?我説仍不外乎考求他的地理。突厥先世所居的山:據《北史》第一説,在西海之東,高昌國西北;第二説是金山之陽;第三説,山名跋施處折施,不曾説他所在的地方,但和阿輔水、劍水,總不得十分相遠。劍水,便是後世的謙河,在唐拏烏梁海境内。據《蒙古全史》,山名阿兒格乃袞,也不曾説他所在的地方。我説突厥先世爲他族所滅,就是魏太武滅沮渠氏的事實。這時候,突厥在平涼境内,大約也受過兵災,於是逃到一座山中。這座山就是所謂跋施處折施(也就是所謂阿兒格乃袞),其位置,在高昌國的西北,金山之陽,和所謂謙河相距並不甚遠。我何以敢斷定突厥先世爲他族所覆滅,就是魏太武滅沮渠氏的事情呢?因爲這種野蠻部落,他所記的神話並不能很遠。試看高車的神話,也不過託始於"匈奴既在漠北之後"可知。若説他荒誕不中情實,那更不必疑心。請看一看《唐書》的《回紇傳》,回紇是怎樣滅亡的,再看一看《元史》的《巴而朮阿而忒的斤傳》,他們自己卻説成一件甚麽事情,就可知道了。

然則突厥也是在近塞地方,文化程度比較高一點,所以能用鐵勒之衆的。

第五節　突厥的盛强和隋朝與突厥的交涉

突厥之强，起於土門。土門部衆漸盛，始和後魏通商。前一三六〇年，土門攻柔然，大破之。柔然可汗阿那瓌自殺。土門於是自立爲伊列可汗。伊列可汗卒，弟木杆可汗立。西南破嚈噠，見第二章第二節。西北服結骨，見第三篇上第二章第二節。北服鐵勒諸部，東北服竇帶，見第三篇下第二章第一節。靺鞨，見第三篇上第五章第一節。東南服奚、契丹。見第三篇上第三章第二節。於是突厥的疆域，北包西伯利亞，東北至滿洲，西接羅馬，西南包俄領中央亞細亞，開北族未有之盛。木杆可汗卒，弟佗鉢可汗繼之。這時候，周、齊分争，彼此都怕突厥和敵人結好，争"結婚姻，遺繒帛"，以買他的歡心。於是佗鉢大驕，道："使我在南兩兒孝順，何憂貧也。"北齊滅亡之後，突厥擁立了文宣帝的兒子范陽王紹義。周人把宗女千金公主嫁給他，纔把紹義執送。佗鉢可汗死，繼立的名沙鉢略可汗。沙鉢略可汗時，周亡隋興。沙鉢略又師佗鉢的故智，助周營州刺史高寶寧爲寇。先是周臣長孫晟，替周人送千金公主於突厥，對於突厥的内情頗爲熟悉。隋文帝用他的計策，離間了木杆可汗的兒子阿波可汗，和其主西方的達頭可汗突厥分部的酋長，也稱可汗，其共主則稱大可汗。和沙鉢略構兵，突厥於是分爲東西。沙鉢略乃請和。千金公主改姓楊氏，封爲大義公主。沙鉢略死後，弟莫何可汗繼之。擒獲阿波。莫何死，沙鉢略之子都藍可汗立。大義公主又煽惑他犯邊。隋文帝又用長孫晟的計策，煽惑了都藍的兄弟突利可汗，突厥主東方的，總稱爲突利可汗。這個和後來頡利可汗的兄弟，同稱號而非一人。叫他構殺大義公主。就故意把宗女安義公主嫁給突利可汗，而不許都藍尚主，以挑動都藍之怒。都藍果然大怒，發兵攻突利可汗，破之。突利逃奔中國，隋朝處之夏、勝二州之間。夏州，在如今陝西横山縣北，勝州在鄂爾多斯左翼後旗。封他爲啓民可汗。這時候,安義公主已死,又把義成公主嫁給他。都藍死後,突厥内亂,啓民靠着隋朝的援助,盡有其衆。西突厥自阿波被擒後,子泥利可汗,繼主部衆。尼利死後,子處羅可汗繼之。不善撫御,部下反叛。也入朝於隋。於是周齊以來北方的强敵,就算給隋朝的外交政策戰勝。——然而這種手段,畢竟是卑劣的,所以也不能持久。

第六節　朝鮮半島三國和中國的關係

同隋朝有關係的,還有一個高句麗。如今也得叙述一叙述他的起源。

從漢武帝滅衛氏,分置四郡後,昭帝時,臨屯廢入樂浪,真番廢入玄菟。公孫度又分樂浪南境置帶方郡;晉時俱屬平州。朝鮮半島的北部,就入於中國的版圖。然而懸隔東北,中國的實力,究竟及不到他,於是貉族的勢力,就乘機侵入。

貉族的起源,已見第一篇第六章第三節,和第二篇上第四章第三節。從漢武帝平定朝鮮之後,濊貉分爲兩支:一支入朝鮮半島東部的,號爲東濊,也稱不耐濊。不耐,漢樂浪郡屬縣,東部都尉治。其留居舊地的爲夫餘國。後漢光武時,始通中國。晉初,爲慕容廆所破,前一六二七年。晉人援之復國。前一六二六年。其後事,遂不復見於中國史上。據《朝鮮歷史》所記載,則夫餘嘗分爲二;中國歷史上所載,爲北夫餘;别有一支,移居於加葉原,在如今沿海州境内。謂之東夫餘。後降於高句麗。北夫餘王慕漱,和部酋河伯之女柳花私通,生子名朱蒙。南走至忽本,亦作卒本,在如今興京縣境。自立一國,號爲高句麗。以高爲氏。是爲東明聖王。都沸流山上。林泰輔説:佟家江的支流富爾溝,就是古時的沸流水,山當在其附近。時前一九六九年。漢宣帝神爵四年。東明聖王卒,子琉璃明王類利立。先是北夫餘王優台,娶忽本人女召西奴,生了兩個兒子:

一個喚做沸流,一個喚做温祚。優台死後,召西奴轉嫁東明聖王,沸流温祚,也都相隨而來。琉璃明王立後,“沸流兄弟鬱鬱,自視如贅疣”。於是與其臣十人南走,温祚立國於北漢山下,是爲北慰禮城。在如今漢城之北。以有十臣相輔,號爲十濟。後來又以百姓樂從,改號爲百濟。時前一九二九年。漢成帝鴻嘉三年,沸流立國海濱,民不樂從,鬱鬱而死。北夫餘得晉援復國,後爲靺鞨所逼,也降於高句麗。以上據朝鮮金澤榮《韓國小史》,兼參考日本人林泰輔《朝鮮通史》。朝鮮史籍所載高句麗百濟開國的事情,也和中國《後漢書》、《晉書》、《南北史》、《隋書》所載,無大出入,不過事實略爲完備些罷了。朝鮮半島詳備的史事,也起於中國唐以後高句麗、百濟,還是文獻無徵的。

同時又有起於朝鮮半島南部的,是爲新羅及駕洛。《魏書》稱爲迦羅。案三韓部落,也已見第二篇。三韓之中,以馬韓爲最大。箕準給衛滿殺敗之後,逃到馬韓之中稱王。又傳了九世,到前一九〇四年,王莽篡漢這一年。纔給百濟滅掉。先是秦始皇時候,中國人避苦役出塞的,和辰韓雜居,謂之秦韓。亦稱爲辰韓,而分別本來的辰韓,謂之辰韓本種。其衆分爲六村,有一個人,姓朴,喚做赫居世。爲六村所服,推爲共主;同高句麗立國同年。居於金城;如今的慶州。是爲新羅。初名徐羅伐,後改雞林,晉惠帝時,纔改稱新羅。又有少昊金天氏之後八人,從中國的莒縣,西漢屬城陽,東漢屬琅邪,如今仍稱莒縣,屬山東。遷徙到辰韓。後人稱其地爲八莒,如今朝鮮的星州。他的後人金首露,以前一八七〇年,受弁韓九干“干”,弁韓酋長之稱。的推戴,立國,是爲駕洛。傳八世,到前一三八一年,梁武帝中大通三年。纔降於新羅。此節也據《韓國小史》。以上所説的話,固然未必十分可信;然而朝鮮半島的南部(三韓),是由漢族開發,卻是無可疑的。

高句麗的初興,在鴨緑江支流渾河流域。琉璃明王,從沸流山遷居國内。在如今桓仁縣境。八傳到山上王延優,又遷都丸都。在如今輯安縣境。對於遼東,時有騷擾。前一六六六年,魏幽州刺史毌丘儉,攻破丸都。山上王的兒子東川王優位居,遷居平壤。四傳到故國原王釗,又遷都丸都。這時候,慕容廆做了晉朝的平州刺史。前一五七〇年,攻破丸都;虜釗母妻,而且掘其父墓,載其尸而還。故國原王卑辭求和,乃還其父尸。高句麗自此不敢再爲侵寇。又四傳到廣開土王談德。

南伐百濟,取城五十八,部落七百。見《永樂大王碑》。又救新羅,敗百濟日本的聯合兵。這時候慕容氏入據中國,高句麗乘勢,盡取遼東之地,國勢大振。

百濟從滅掉箕氏之後,遷都四沘,如今的夫餘。盡並馬韓之地。與新羅時相攻伐。高句麗强盛之後,新羅百濟,嘗聯合以禦之。先是日本九州地方的熊襲人,嘗靠新羅做聲援。前一七一二年,日本仲哀天皇伐熊襲,卒於軍。他的皇后(神功皇后,中國歷史上,叫他做卑彌呼)喬裝男子,渡海攻新羅。新羅人不能禦,進金帛八十艘請和。於是日本於弁韓故地開任那府,如今慶尚道洛東江以東之地。派兵戍守。南北朝以後,新羅漸强。前一三五〇年,陳文帝天嘉三年。奪取日本的任那。日本屢出兵攻新羅;百濟妬忌新羅的强盛,也反與高句麗聯盟,於是新羅勢孤,不得不乞援於中國;就釀成了隋唐時代,中國和朝鮮半島的交涉。

但是當隋朝時候,這種複雜的關係還没有發生。隋朝的用兵於高句麗,純粹因他侵犯中國而起。前一三一四年,高句麗嬰陽王元,廣開土王七傳。率兵侵犯遼西。隋文帝遣漢王諒率師擊之,遇水潦,餽運不繼,不利而還。高句麗因此益驕。

第七節　隋唐的興亡

隋文帝時候,天下畜積之多既如前述;而且這時候,綏服了北方一個强敵,並不曾動什麽干戈;論理,這時候的中國,大可以希望太平。然而這種基業,到煬帝手裏,竟都敗壞掉了。

隋文帝的廢太子勇而立煬帝,讀史的人,都以爲失策。然而太子勇是個什麽樣人?立了他,又有什麽好處?我説:這時候還承南北朝的餘風,太子勇是北齊文宣帝一流人,煬帝是陳後主一流人。都是當時社會的産物。——既然要行"君主世襲"之制,這種事情,是無可如何的。隋文帝廢勇立廣的事情,可自把《隋書》或《通鑑紀事本末》……參考。這一類事情(顯著而容易查檢的),本書實因限於篇幅,不能詳舉了。

隋煬帝的貽害於天下,可以總括爲"務巡遊"和"事四夷"兩件事情。屬於前一項顯著的,便是

(1) 以洛陽爲東都,大營宫室。

(2) 開通濟渠,自西苑引穀洛二水,以達於河;又自河入汴,自汴入淮,以接江淮間的邗溝。又開江南河,從京口達餘杭。如今浙江的餘杭縣。

(3) 開永濟渠。引沁水,南通黄河,北至涿郡。如今的京兆。

(4) 治馳道,自太行抵并州,由榆林以達於薊。

屬於後一項的是:

(1) 北巡,幸啓民可汗帳,賞賜不可勝計。

(2) 誘西突厥獻地,設西海、河源、鄯善、且末四郡。西海,就是如今的青海。河源,是指黄河下源。鄯善,且末,都是漢時西域國名。謫罪人以戍之,轉輸巨萬,於是西方先困。

(3) 使裴矩招致西域諸胡入朝,參看第二章第二節。所過郡縣,供帳極其勞費。

(4) 而其騷動全國的,尤在東征一役。帝徵高句麗王元入朝,不至。前一三〇一年,徵天下兵會涿郡,以伐高句麗,明年,攻遼東,不克。而將軍宇文述,又以九軍大敗於薩水。如今朝鮮的大寧江。損失巨萬。前一二九九年,再徵天下兵會涿郡,楊玄感督運黎陽,舉兵反,乃還師,遣兵擊楊玄感,玄感敗死。前一二九八年,再徵天下兵會涿郡,時天下已亂,所徵兵多不至;高句麗亦困弊請和,於是掩耳盜鈴,受其降而罷兵。

煬帝的無道,是人人所知開運河一事,或有人替他辯護,説於調和南北的文化有益。然而開運河,用不着"坐龍舟"遊玩。煬帝的開運河,和漢武帝的"事四夷"一樣,所做的事情,雖不能説他全然無益,然而以如此"勞費",致如此"效果",總是極不經濟的;而且他作事的

動機,全没有福國利民的思想;所以就他的行爲而論,畢竟是功不抵罪的。

天下攪得如此,自然有許多人紛紛而起。於是

竇建德據樂壽。如今直隸的獻縣。

翟讓李密同起兵,後來李密殺掉翟讓,據洛口。在如今河南的鞏縣,隋於此置倉。

徐圓朗據魯郡。如今山東的滋陽縣。

劉武周據馬邑。如今山西的馬邑縣。

梁師都據朔方。如今陜西的横山縣。

薛舉據天水。

李軌據武威。

蕭銑據江陵。

林士弘據鄱陽。如今江西的鄱陽縣。

朱粲據南陽。

杜伏威據歷陽。如今安徽的和縣。

李子通據海陵。如今江蘇的泰縣。

陳稜據江都。

沈法興據毗陵。如今江蘇的武進縣。

前一二九七年,煬帝北巡,至雁門,爲突厥始畢可汗啓民的兒子。所圍,援至乃解。明年,再造龍舟如江都。見中原已亂,無心北歸;而從駕的將士,都是北方人;宇文化及宇文述的兒子。等因之作亂。前一二九四年,弒煬帝,立秦王浩,煬帝弟秦王俊的兒子。擁衆北歸,隋將王世充,立東都留守越王侗,和李密相持。聽得化及北歸,忙和李密連和,叫他把化及堵住。化及就弒殺秦王,自稱許帝。後爲竇建德所殺。

唐高祖李淵,本是隋朝的太原留守。前一二九五年,起兵。攻破長安,奉西京留守代王侑爲帝。明年,就廢代王而自立。先平定薛仁杲、薛舉的兒子。李軌,滅掉劉武周。這時候,河北全爲竇建德所據;河南則王世充和李密相持。世充殺敗李密,李密降唐。又借名收撫山

東,出關要圖自立。爲唐將盛彦師所邀斬。世充於是弑越王侗,自稱鄭帝。前一二九一年,唐秦王世民攻王世充,圍洛陽。世充求救於竇建德,建德發兵來救,世民據虎牢迎擊,大破之,生擒建德,世充乃降。明年,建德舊將劉黑闥復叛,徐圓朗先已降竇建德,建德亡後,降唐,及是也叛應之。爲唐太子建成所破,於是北方略平。南方惟蕭銑所據的地方最大。滅王世充這一年,也給李靖滅掉。林士弘先已爲蕭銑所逼,退保餘干,如今江西的餘干縣。未幾而死,其衆遂散。朱粲降唐復叛,也給唐朝滅掉。江淮之間,杜伏威最强。陳稜、沈法興,都給李子通滅掉,李子通又給杜伏威滅掉,杜伏威入朝於唐,於是南方也平定。

北邊則高開道爲其下所殺。劉武周將苑君璋據馬邑,降突厥,後見突厥政亂,亦來降。前一二八四年,討平梁師都,天下就大定了。

隋系圖

（一）文帝楊堅——（二）煬帝廣——昭——（三）恭帝侑
　　　　　　　　　　　　　　　　　　└（四）恭帝侗

第二章　唐朝的初盛

第一節　唐太宗滅突厥

唐高祖的得天下，大半由於秦王世民之力，而即位之後，卻立建成做太子；於是有"玄武門之變"。高祖傳位於世民，是爲太宗。玄武門之變，可用《通鑑紀事本末》參考。然而這件事情的真相，是不傳的。

唐太宗是一個賢主，歷史上稱他勤於聽政，勇於納諫，能用賢相房玄齡、杜如晦，直臣魏徵。在位之時，天下太平百姓安樂，至於"行千里者不齎糧"，"斷死刑僅三十九人"。這種話，雖然不免有些過情，而且未必合於事實，譬如斷死刑之所以少的，一定是由於官吏希旨，粉飾太平，這是可以推想而得的。然而"貞觀之治"，總要算歷史上所罕見的了。唐朝的治法，是集魏晉南北朝的大成，這個且待第三章裏再講。而唐朝一朝，和域外諸民族，關係尤大。現在且述個大略。

唐朝的對外，最重要的還是和北族的關係。突厥啓民可汗死後，子始畢可汗立。部衆漸强。這時候，又值中國喪亂，邊民避亂的，都逃奔突厥。於是突厥大盛，控弦之士數十萬。割據北邊的人，都稱臣於突厥。唐高祖初起，也卑辭厚禮，想得他的助力。然而卻没得到他多少助力。天下已定之後，待突厥還是很優厚的。然而突厥反格外驕恣。大抵遊牧民族，總是"淺慮"而"貪得無厭"的。而且這種人所處的境遇，足以養成他“勇敢”、“殘忍”的性質。所以一種“好戰鬭”的“衝動”，極其劇烈。並不是一味卑辭厚禮，就可以和他“輯睦邦交”的。而且一時代人的思想，總給這個時代限住，這也是無可如何的事。“前朝的遺孽，想倚賴北族，北族也把他居爲奇貨。”這種事情，“齊周”、“周隋”之間，已經行過兩次了，已經行之而無效的了。然而隋唐之際，還是如此。突厥内部，有個義成公主，煽惑他犯邊。而外面卻也有個齊王暕，可以給他利用。始畢死後，弟處羅可汗立。處羅死後，弟頡利可汗立。從啓民到頡利四代，都妻隋義成公主。這是北族的習慣如此。到頡利，就迎齊王暕，置之定襄。在如今山西平魯縣的西北。没一年不入寇，甚至一年要入寇好幾次，北邊幾千里，没一處不被其患。高祖幾乎要遷都避他。而唐朝對待他的法子，也還是鈔用隋朝的老文章，這個真可謂極天下之奇觀了。處羅可汗的兒子，主治東方，仍稱爲突利可汗。太宗和他，本來是認得的，於是設法離間他。而頡利這時候，又失掉鐵勒的心。北方的鐵勒，一時叛他。推薛延陀回紇爲主。而國内又遇著天災，於是國勢大衰。前一二八三年，頡利擁衆漠南，想要入寇。太宗遣李靖等分道伐他。李靖襲破頡利於鐵山，在陰山之北。頡利遁走。爲唐行軍總管張寶相所擒。於是突厥之衆，一時奔潰。也有北降薛延陀的，也有西走西域的，而來降的還有十幾萬。太宗初時，想把他處之塞内，化做中國人。當時魏徵主張把他遷之塞外，温彦博主張把他置諸中國，化做齊民。辯論的話，具見《唐書·突厥傳》。太宗是聽温彦博的話的。著《唐書》的人，意思頗有點偏袒魏徵。然而温彦博的話，實在不錯。唐朝到後來，突厥次第遣出塞外，而且不甚能管理他，仍不啻實行魏徵的政策。然而突厥接連反叛了好幾次，到默啜，幾乎恢復舊時的勢力，邊患又很緊急，這都是“放任政策”的弊病。——“唐朝駕馭突厥的政策，和他的效果”，這件事情，頗有關係，可惜原文太長，不能備録。讀者諸君，可自取《唐書》一參考。後來見他不甚妥帖，纔用突厥降人蕭思摩爲可汗，叫他還居河北。這時候，薛延陀的真珠可汗，已徙居突厥故地，真珠可汗，名夷男。突厥還没滅亡的時候，太宗就册封他做可汗，以“樹突厥之敵”。突厥滅後，就徙居突厥故地。形勢頗强。蕭思摩不能撫馭，依舊逃歸中國。前一二六八年，真珠可汗卒，子拔灼立。薛延陀内亂，太宗趁勢又把他滅掉。於是回紇徙居薛延陀故地。鐵勒的强部,本來只有薛延陀和回紇,薛延陀既亡,回紇還没强盛。對於中國,奉事惟謹。於是北方的强敵,又算暫時除掉。

至於西突厥,則到高宗手裏,纔給中國征服的,見下節。

第二節　藏族的興起

唐朝所謂西域,和漢朝的情形,又大不相同了。後漢和西域的交通:葱嶺以西,從永初以後就絶掉;葱嶺以東,直到桓帝延熹以後纔絶。參看第二篇第七章第二節。兩晉時代,只有苻堅盛時,曾命吕光征服西域,也只及於葱嶺以東。詳見《晉書·吕光載紀》和西域諸國的傳。後魏到太武時,纔和西域交通,兼及於葱嶺以西。當時西域分爲四域:"葱嶺以東,流沙以西爲一域",這就是第二篇第四章第二節所説"狹義的西域"。"葱嶺以西,海曲以東爲一域",是如今的伊蘭高原。"者舌以南(詳見《元史譯文證補》二十七上)月氏以北爲一域",是如今吉爾吉思曠原之地。"兩海之間,水澤以南爲一域",是如今俄領土耳其斯坦之地。其詳可參考《北史》。然而後魏和西域,没有多大的關係。隋煬帝時,曾招致西域諸國入貢,共四十餘國。惜乎當時的記録,多已失傳,所以"史不能記其詳"。總之,中國和西域的關係,漢朝以後,是到唐朝纔密切的。

要曉得魏晉以後西域的情形,就得曉得月氏和嚈噠。月氏,已見第二篇第四章第一節。他從占據大夏故地之後,東西域算做大國,文明程度也頗高。中國的佛教,就是從月氏輸入的。參看第三章第六節。到西元五世紀後半,前一三六一年—前一三一二年。梁簡文帝大寶二年,至隋文帝開元十年。纔給嚈噠所破,支庶分王,便是《唐書》所謂昭武九姓。《北史》:"康國者,康居之後也。……其王本姓温,月氏人也。舊居祁連山北昭武城,因被匈奴所破,西踰葱嶺,遂有其國。枝庶分王。故康國左右諸國,並以昭武爲姓,示不忘本也。"《唐書》:"康國,君姓温,本月氏人。始居祁連山北昭武城,爲突厥所破,稍南依葱嶺,即有其地。支庶分王;曰安,曰曹,曰米,曰何,曰火尋,曰戊地,曰史,世謂九姓。並姓昭武。"案康居没有住過祁連山北，月氏西徙，也遠在突厥勃興以前。《北史》説康國是康居之後，明係誤謬。《唐書》"爲突厥所破"，突厥也明係匈奴之誤。月氏爲嚈噠所破，中國史不載其事，西洋史也不詳。但月氏西徙以後，分其國爲五部翕侯，後來貴霜翖侯併四部爲一，明有一統一的共主。照《北史》、《唐書》所載，只有枝庶分王，明是統一政府給嚈噠滅掉以後的情形。康國，亦稱薩末鞬，又作颯秣建，元魏稱悉萬斤，就是如今的撒馬兒干。安，又稱布豁，亦作捕喝，就是如今的布哈爾。東安，亦稱小安，又稱喝汗，在安東北四百里。曹，又稱西曹，亦稱刧布呾那，在米國之北，西三百餘里而至何國。東曹，亦稱率都沙那，又作蘇對沙那，蘇都識匿，北至石，西至康，皆四百里。

中曹，在康之北，西曹之東。石，亦稱柘支，又作柘析，又作赭時，就是如今的塔什干。米，又稱彌末，又作弭末賀，北距康百里。何，亦稱屈霜你迦，又作貴霜匿，在刧布呾那西三百餘里。火尋，亦作貨利習彌，又作過利，就是後來的花剌子模。戊地，《西域記》作伐地，在布豁西四百餘里。史，亦稱佉沙，又稱羯霜。南有鐵門山，就是《明史》所謂渴石，如今的加爾支。以上昭武九姓諸國釋地，據《唐書·西域記》，參照《元史譯文證補》和近人丁氏謙的《西域記考證》。《北史》又有烏那遏，都烏滸水西（如今的阿母河）。東北去安四百里，西北去穆二百里。又有鏺汗國《唐書》作寧遠，都葱嶺之西五百餘里。東距疏勒千里，西去蘇對沙那，西北去石國，各五百里，國王也都姓昭武。又《北史》另有大月氏國，都賸藍氏城，小月氏，都富樓沙城。總而言之，月氏雖爲嚈噠所破，以至土崩瓦解，然而支庶分王，依舊到處都是，實在還不止《唐書》所載昭武九姓。諸國的全亡，當在大食東侵以後，史書闕略，無可詳考了。然則嚈噠又是什麽呢？

"西藏古時候喚做什麽？""就是唐朝的吐蕃。"這種問答，是很容易得到的，是人人以爲不錯的，然而實在太粗略了些。案《唐書》：

> 吐蕃，本西羌族，居析支水西。祖曰鶻提勃悉野，健武多智，稍併諸羌，據其地。蕃發聲近故其子孫曰吐蕃，而姓勃窣野氏。或曰：南涼秃髮利鹿孤之後，二子：曰樊尼，曰傉檀，傉檀嗣，爲乞伏熾磐所滅。樊尼挈殘部臣沮渠蒙遜，以爲臨松太守。蒙遜滅，樊尼率兵西濟河，逾積石，遂撫有羣羌云。

這兩説，都説吐蕃就是羌。如今的藏族，和歷史上的羌人有一個大異點。便是藏族是"一妻多夫"，羌人是"一夫多妻"。然則爲什麽歷史上"一妻多夫"的種族，不把他算做藏族的祖宗，反要拉一個"一夫多妻"的羌人呢？

如今的海藏高原，在地文地理上，可以分做四個區域。

(1) 後藏湖水區域。其地高而且平。

(2) 前藏川邊傾斜地。雅魯藏布江以東，巴顏哈喇山脈以南，大慶河以西，諸大川上游的縱谷。兼包四川雲南的一部。

(3) 黄河上游及青海流域。

(4) 雅魯藏布江流域。喜馬拉雅岡底斯兩山脈之間。

(2)(3)都是羌族棲息之地。(4)是吐蕃發祥之地。(1)就是藏族的居地了。藏族見於歷史上的，凡三國，都有"一妻多夫"的風習的：一是嚈噠，一是女國，《唐書》作東女(對於西女而言之。"西女，西北距拂菻西南際海島，……拂菻君長，歲遣男子配焉。俗産男不舉。"亦見《唐書》)，又稱蘇伐刺拏瞿呾羅(《西域記》同)。《西域記》又云：其地在大雪山中，北距于闐，東接吐蕃，正是如今後藏之地。女國的結果，《唐書》本傳不詳，《南詔列傳》南詔給韋皋的信，有"西山女王，見奪其位"兩句，可見女國係爲吐蕃所滅。一是《唐書・南蠻傳》中的名蔑。原文云"其人短小，兄弟共取一妻。婦總髮爲角，以辨夫之多少。"而嚈噠最大。

嚈噠的事跡，中史闕略，西史也不詳，但約略曉得西元五世紀中，是嚈噠的全盛時代。他的疆域，西至波斯，東至天山南路。都城在吐火羅，就是如今波爾克。《北史》把吐火羅嚈噠，分做兩國，是誤謬的。據丁氏《大唐西域記考證》、《南史》"滑國，車師别種"，《北史》"大月氏之種類，亦曰高車之别種"，都是誤謬的。嚈噠盛强的時候，曾征服西北兩印度。前一三九〇年頃，北印度烏萇國，有超日王出，把嚈噠逐之境外；而突厥亦興於北方，攻擊嚈噠；嚈噠腹背受敵，前一三五〇年頃，國遂分崩，突厥代領其地。

以上是葱嶺以西的情形；葱嶺以東，從後漢以後，諸小國就開了一個互相吞併的局面，其興亡不甚可考。到唐時，高昌、焉耆、龜茲、于闐、疏勒，五國較大。高昌，就是漢朝車師之地，其王是中國人。詳見《晉書》和《北史》，兹不備舉。也役屬於西突厥。唐太宗時候，對於高昌、焉耆、龜茲三國，都用過兵。初設安西都護府於高昌，後來徙治焉耆。這時候，葱嶺以東，要算綏服，到前一二五九年，高宗滅掉西突厥，把西突厥的屬地，都分置羈縻府州。西至波斯，唐朝對於西域的威聲，這時候要算極遠了。

第三節　印度阿利安人入藏

如今要説到吐蕃了。講吐蕃人的歷史,自然要以吐蕃人自述的話爲據。《蒙古源流考》一書,是蒙古人既信喇嘛教之後,把舊有的《脱卜赤顔》,硬添上一段,算是蒙古人系出吐蕃王室的。參看第三篇下第二章第一節。拿來講蒙古的歷史,極不可靠;卻是其中述吐蕃王室的來歷,都是吐蕃人自己説的話。據原書:原書文理極劣,且全録太繁,所以加以删潤。

> 巴特沙拉國烏迪雅納汗生一子;善占之"必喇滿"占之,曰:此子尅父,必殺之;而鋒刃利器,皆不能傷;乃貯以銅匣,棄之恒河中;外沙里城附近種地之老人,見而收養之。及長,告以前事;此子遂向東方雪山而去;至雅爾隆贊,唐所有之四户塔前,衆共尊爲汗;時歲次戊申,戊子後一千八百二十一年也。是爲尼雅特贊博汗。勝四方部落,爲八十八萬土伯特國王。傳七世,至智固木贊博汗。案"贊博",都是"贊普"的異譯。爲姦臣隆納木所弑。其長子罝特,逃往寧博地方。次子博囉咱,逃往包地方。三子布爾特齊諾,逃往恭布地方,一本作恭博。案這個人,就是後文硬把他算做蒙古的始祖的。隆納木據汗位一載,舊日數大臣誅之;迎立博囉咱,是爲六賢汗之首。六賢汗後,又傳衍慶七汗,妙音七汗,而至名哩勒丹蘇隆贊。名哩勒丹蘇隆贊,以丁丑年生,實戊子後二千七百五十年。二十三歲,己丑,即汗位。

名哩勒丹蘇隆贊,就是《唐書》的棄宗弄讚。即位之年,歲在己丑,是唐太宗貞觀三年。前一二八三年。生年丁丑,應當是隋煬帝的大業十三年。前一二九五年。這一年是戊子後二七五〇年,則尼雅特贊博汗始王土伯特的戊申,是周赧王的二年了。前二二二四年。《源流考》的世次年代,固然全不可據。然而這所謂土伯特,如今西藏人自稱,還是如此。異譯作唐古特,圖伯特。土伯二字,就是吐蕃的對音。“蕃”讀如“播”。“特者,統類之詞”,見上節引拉施特《蒙古全史》。所謂恒河、雪山喜馬拉雅山。都在印度地方。和如今研究“西藏學”的人,説“西藏地方的貴種,是印度阿利安人,由喜馬拉雅山峽路,遷入西藏”的話也相合。然則所謂土伯特,就是我“上節所説藏族”的名稱。至於吐蕃的王室,自出於巴特沙拉國,並不是土伯特。

然則藏族的藏字,又是從何而來的呢?我説這就是羌字。“羌”、“藏”,古都讀如“康”。到“羌”字的讀音改變,就寫作“藏”字;“藏”字的讀音又變,就又寫作“康”字了。土伯特本只佔領後藏高原的地方;從印度遷入的阿利安人,和吐蕃王室同族。更只佔領雅魯藏布江流域。自此以外,前節所舉的(2)(3)兩個區域,都是羌人分佈的地方。漢時的所謂羌人,據地本在青海和黄河上游流域,已見第三篇第一章第一節。這一帶地方,到晉朝時候,爲鮮卑、吐谷渾所據,吐谷渾是慕容廆的庶兄。和廆不睦,西徙附陰山。後來逐漸遷徙,而入於如今的青海地方。他的子孫,學中國“以王父字爲氏”的例,就把吐谷渾三字,做了國名。詳見《晉書》、《南史》、《北史》。羌人都被他征服。其獨立的部落,還有宕昌,《北史》:“在吐谷渾東,益州西北。”鄧至,在平武(如今四川的平武縣)以西,汶嶺(岷山)以北。党項,東接臨洮(如今甘肅的岷縣)、西平(如今甘肅的西寧縣),西拒葉護。——指突厥的轄境而言。都是在岷山以北的。其岷山以南,諸大川的上游,則有嘉良夷,附國,薄緣夷等。《北史》:“嘉良有水,闊六七十丈;附國有水,闊百餘丈;並南流,用皮爲舟而濟。”應當是如今的鴉龍江和金沙江。“附國西有薄緣夷。其西爲女國。女國東北,連山緜亘數千里,接於党項,往往有羌。”女國在如今的後藏,女國東北的山,應當是長江、怒江之間的山了。此外《北史》和《唐書》,所載瑣碎的名字還很多,今不具舉。都在“深山窮谷,無大君長”。所以吐蕃强盛以後,就都爲所役屬。

從印度侵入的阿利安人,因爲做了土伯特王,就改稱土伯特(吐蕃),而他種族的本名遂隱。吐蕃王室强時,羌人都被他征服,和中國交涉,都是用吐蕃出名,羌字的名詞,就暫時冷落。但是羌人畢竟是一個大種族,他所佔據的地方也很大,這羌字的名詞,畢竟不會消滅的。到後世同中國交涉，就又用羌字出名。

但是這時候，羌字的讀音，已經改變了；就照當時的口音，把他譯作藏字。到後來，藏字的讀音，又改變了，於是藏字又變作地理上的名詞，而向來"譯做羌字藏字的一個聲音"，又照當時的口音，譯做康字。於是把西藏一個區域，分作康、藏、衛三區，而康字藏字，遂同時並行，變作地理上的名詞。如果推原其始，則有"一妻多夫的風習"的這一個民族，應當正稱爲土伯特(吐蕃)，不得借用藏字。從印度侵入的這一支人，更應當加以區别，或稱做"吐蕃王室"，或稱做"阿利安族"；現在一概稱爲藏族，不過是隨俗的稱呼，學術上精密研究起來，這種籠統的名詞，是不能用的。"現在的所謂藏族"，依我剖解起來是如此，不知道對也不對，還望大家教正。

羌族和土伯特所處的地方，都是很瘠薄的；所以文明程度不高。吐蕃王室，從印度侵入，他的文明程度，自然要高些；所以就强盛起來了。吐蕃的信史，就起於名哩勒丹蘇隆贊，以前的世次，都是不足信的。唐太宗時，吐蕃因求"尚主"不得，曾經一攻松州，如今四川的松潘縣。太宗派侯君集把他打敗。但是旋亦許和，把宗女文成公主嫁他。這位文成公主，和吐蕃的開化，大有關係。如今西藏人還奉祀他。文成公主好佛，帶了許多僧侣去；棄宗弄讚又打破泥婆羅，如今的廓爾喀。娶了他一個公主；這位公主，也是好佛的；吐蕃從此，纔信奉佛教，而且派人到中國、印度留學，定法律，造文字；也都見《蒙古源流考》。棄宗弄讚，可認爲一個熱心文化的人。後來吐蕃和中國構兵，都是棄宗弄讚死後，專兵權的大臣所爲。棄宗弄讚對中國，始終很爲恭順。看《唐書》本傳自知。

因爲和吐蕃交通，而中國的國威，就宣揚於印度，這也是一件偶然的事情。這時候玄奘，遊歷到印度，對烏萇國的尸羅逸多王，陳述"太宗神武，中國富强"。尸羅逸多便遣使交通中國。前一二六四年，尸羅逸多死了，其臣阿羅那順自立。中國使者王玄策適至，阿羅那順發兵拒擊。王玄策逃到吐蕃邊境，調吐蕃和泥婆羅的兵攻他，生擒阿羅那順，下五百餘城。中國和印度，發生兵争的關係，在歷史上就只這一次。

第四節　唐朝和朝鮮日本的關係

從隋煬帝東征失敗以後,高句麗就格外驕傲;聯合百濟,屢侵新羅,新羅無法,只得求救於中國。唐太宗初時,也無意於爲他出兵;到前一二七〇年,高句麗大臣泉蓋蘇文弑其主建。建號榮留王,是嬰陽王的兄弟。立其姪寶藏王臧。太宗以爲有隙可乘,想趁此恢復遼東,就出兵以伐高句麗。《唐書》載太宗謂臣下:"今天下大定,惟遼東未賓。……朕故自取之,不遺後世憂也。"可見得這一次用兵的動機,全不是爲新羅。

太宗的用兵,自然和隋煬帝不同;然而這時候,中國用兵於高麗,有種種不利之點;所以以太宗的神武,也犯了個"頓兵於堅城之下"的毛病,不能得志。太宗以前一二六七年二月出兵。四月,渡遼河,克遼東;進攻安市;在如今蓋平縣境。破高句麗援兵十五萬於城下。然而安市城小而堅,攻之遂不能克。九月,以遼左早寒,遂班師。這一次,雖然没打敗仗;然而兵威的挫折和實際的損失,是不待言而可知的。太宗深以爲悔。

御駕親征,手下的人把這件事看得太隆重了,用兵就不覺過於持重,不能應機,也是失敗的一個原因。所以反不如偏師遠鬬的利害。前一二五二年,高宗因高句麗、百濟攻新羅益急,遣蘇定方自成山在如今山東的文登縣。渡海攻百濟,破其都城。百濟王義慈降,百濟人立其弟豐,求救於高句麗、日本。前一二四九年,劉仁軌大破日本兵於白江口。如今的錦江。豐奔高句麗。百濟亡。前一二四六年,泉蓋蘇文死。三子争權,國内亂。明年,高宗遣李勣伐高句麗。前一二四四年,也把他滅掉。於是朝鮮半島,只賸了新羅一國。唐朝在平壤設了個安東都護府,以統治高句麗、百濟的地方。這時候,中國對東方的聲威大振,日本和中國的交通,在此時也稱極盛。

第五節 從魏晉到唐中國和南洋的關係

以上所説的，是東西北三方面的情形。還有從魏晉到唐，中國和南方諸國的交涉，也得大略説一説。中國的海岸線，是很長的。閩、浙、廣東，當時且兼有越南的一部分。等省，曲折尤富。南方的國民，在海上所做的事業也不少。可惜中國歷代，都注意於陸而不注意於海；就是盛强的時候，國力也只向西北一方面發展。這許多冒險的國民，做了國家的前驅；不但没有國力做他的後盾，使他的事業發揚光大；連他們的姓名事跡，也都在若有若無之間了。現在且根據着歷史所載，把當時南方諸國的情形，大略説一説。

案當後漢時，中國交州的境域，大約包括如今越南的北部。從廣和城以北。分爲交阯、九真、日南三郡。三國時，分爲交阯，新興，武平，九真，九德，日南六郡。晉初因之。晉初，日南的南境，據地自立，這個便是林邑；其都城，就是如今的廣和城。唐至德以後，謂之占城國。林邑的南邊，就有扶南，在瀾滄江下流臨暹羅灣。真臘，如今的柬埔寨。赤土；如今的地那悉林。這都是後印度半島較大的國。其頓遜、毗騫、諸薄、馬五洲、自然大洲，卻是因扶南而傳聞的。《南史》：扶南，"其南界三千餘里，有頓遜國。在海崎上，地方千里。城去海十里。有五王，並羈屬扶南"。"頓遜之外，大海洲中，又有毗騫國。去扶南八千里。""又傳扶南東界，即大漲海海中有大洲，洲上有諸薄國。國東有馬五洲。復東行漲海千餘里，至自然大洲。"頓遜，當在馬來半島的南端。毗騫，似在蘇門答臘。諸薄國，馬五洲，或者是婆羅洲。自然大洲，或者是巴布亞。史稱扶南王范蔓，"作大船，窮漲海，開國十餘，闢地五六千里"。想是因此而傳聞的。……范蔓是中國人。

此外當南北朝時候，通貢於南朝有：

訶羅陁。

訶羅單。《宋書》説他都闍婆洲，怕就是闍婆達。

婆皇。

婆達。

闍婆達。《唐書》:"訶陵,亦曰社婆,曰闍婆。"《地理志》: 海峽(如今的馬六甲海峽)之南岸爲佛逝國,佛逝國東,水行四五日,至訶陵國。則當在今蘇門答臘的東南端。

盤盤。據《唐書》,在哥羅西北。哥羅在海峽北岸,則盤盤當在馬來半島南境。

丹丹。《唐書》説:"在南海,北距環王,限小海,與狼牙脩接。"亦當在馬來半島南端。

干陀利。

狼牙脩。如今的蘇門答臘。

婆利。如今的婆羅洲。

當隋朝時候和中國有交涉的,又有一個流求,就是如今的臺灣。此外見於《唐書》的便有:

甘畢。在南海上,東距環王。(環王即是林邑)。

哥羅舍分。在南海南,東距墮和羅。

脩羅分。在海北,東距真臘。

僧高。在水真臘西北。武令、迦乍、鳩密。這三國當與僧高相近,故《唐書》以其名連舉。

富那。和鳩密同入貢的。

投和。自廣州西南,海行百日乃至。

墮和羅。在投和之西,亦名獨和羅。南距盤盤。自廣州行五月乃至。

曇陵陀洹。都是墮和羅的屬國,曇陵在海州中。陀洹,又名耨沱洹,在環王西南海中,和墮和羅接。

羅越。在海峽北岸。

瞻博。《唐書》説北距兢伽河。(恒河)當在今阿薩密附近。

墮婆登。在海島上,在環王之南,東距訶陵。

寶(室)利佛逝。在海峽南岸。

羅刹。在婆利之東,與婆利同俗。

誅奈。在環王之南，汎交阯海，三月乃至。

甘棠。《唐書》但説居大海南，無從知爲何地。

諸國的種族，大抵分爲兩種：一種裸跣、黑色、拳髮、垂耳的，是馬來西亞種。仍有食人的風俗。參看第一篇第六章第五節。一種深目高鼻的，是印度西亞種。宗教文化，都屬印度一系。其和中國交通，從晉到唐，大概没有斷絶。可惜歷史上的記載，只有宋文帝、梁武帝、唐中葉以前，三個時代較詳。欲知其詳，可自取從《晉書》到《唐書》的《四裔傳》參考。

當這時代，最可注意的，是中國曾經和西半球交通。案《南史》：

扶桑國。齊永元元年，其國有沙門慧深來至荆州，説云：扶桑，在大漢國東二萬餘里；地在中國之東。……名國王爲乙祁。貴人：第一者爲對盧，第二者爲小對盧，第三者爲納咄沙……其衣色，隨年改易：甲乙年青，丙丁年赤，戊己年黄，庚辛年白，壬癸年黑。……其婚姻：婿往女家門外作屋，晨夕灑掃。經年而女不悦，即驅之：相悦，乃成昏。昏禮：大抵與中國同。親喪，七日不食；祖父母喪，五日不食；兄弟，伯叔，姑，姊妹，三日不食。設坐爲神像，朝夕拜奠。不制衰絰。嗣王立，三年不親國事。

這一國政教風俗，雖和中國相類。然"婿往女家門外作屋"，是新羅俗；貴人名對盧，是高句麗語，大抵是朝鮮半島的人民移植的。文身國，在倭東北七千餘里。大漢國，在文身國東五千餘里。扶桑在大漢東二萬餘里。明明是南北美洲。近人餘杭章氏《法顯發現西半球説》。見《章氏叢書·太炎文集》中。據法顯《佛國記》，説法顯所漂流的耶婆提國，就是如今南美洲的耶科陁爾。法顯不但發見西半球，而且還繞地球一周。然而《佛國記》説耶婆提國，"外道"、"婆羅門"興盛，佛法無足言。則法顯以前，印度人已有到西半球的。《南史·扶桑傳》又説其國"舊無佛法。宋大明二年罽賓國有比丘五人，遊行其國，流通佛法經像，教令出家，其俗遂改。"可見朝鮮半島的人到西半球，又在印度人以前了。

第六節　武韋之亂和開元之治

以上所述,要算是唐朝全盛的時候;如今便要經過一個中衰期了。這便是"武韋之亂"。

太宗以前一二六三年崩,高宗即位。高宗的初政,也是很清明的。所以史家說"永徽之治,媲美貞觀"。然而從前一二五八年,納太宗才人武氏爲昭儀。明年,廢王皇后,立武氏爲后,褚遂良、長孫無忌等諫諍都遭貶斥。從此以後,朝政漸亂。高宗有風眩的毛病,不能視事。件件事情,都叫武皇后干預,實權就漸入於武后之手。

高宗以前一二二九年崩,高宗的太子名忠,非武后所生,武后把他廢掉,立了自己的兒子弘。弘卒,立了他的兄弟賢。又把賢廢掉,立了他的兄弟哲。這時候,哲即位,是爲中宗。明年,武后把他廢掉,立了他的兄弟旦。睿宗。遷中宗於房州。如今湖北的鄖陽縣。前一二二二年,以旦爲皇嗣,改姓武氏。自稱則天皇帝,國號周。前一二一四年,還中宗於京師,立爲太子。前一二〇七年,武后有疾,宰相張柬之和崔元暐、敬暉、桓彥範、袁恕己等謀。運動宿衛將李多祚,舉兵殺武后嬖臣張易之、張昌宗,奉中宗復位。然而中宗的皇后韋氏,又專起權來。韋后的女兒安樂公主,嫁給武后姪兒子武三思的兒子武崇訓。三思因此出入宮掖。還有替武后掌文墨的上官婉兒,中宗立爲倢伃,和韋后都同武三思交通。武氏的權勢,又盛起來。張柬之等五人,反遭貶謫而死。中宗的太子重俊,不是韋后所生。韋后和武三思等,日夜謀搖動他。重俊又怕又氣,舉兵把武三思武崇訓殺掉。自己也給衛兵所殺。前一二〇二年,韋后弒殺中宗,要想臨朝稱制,相王旦的兒子臨淄王隆基,起兵討誅韋后。奉相王即位,是爲睿宗。然而這時候,政治上的空氣,還不清明。武后的女兒太平公主,向來干預慣政治的。在政治上，還頗有實權。又要想謀危太子。睿宗立臨淄王爲太子，就是玄宗。直到前一二〇一年，纔算把他安置於蒲州，而命太子監國。明年，把太平公主召還賜死。睿宗也傳位於太子，是爲玄宗。“武韋之亂”，到此纔算告一結束。

武后以一女主而“易姓革命”，君臨天下十五年。看似曠古未有之事。然而這時候，朝廷上並没有什麼特殊勢力，自然没有人去反抗他。唐朝的宗室，只有越王貞，琅邪王沖，想起兵反抗他。異姓之臣，只有徐敬業曾一起兵。都是並無憑藉的人，自然不能成事。這時候，政治界上的情形，卻給他攪得希亂。從越王貞、琅邪王沖起兵之後，他疑心唐朝的宗室，都要害他；就大殺唐宗室。從徐敬業起兵之後，更其“杯弓蛇影”。於是大開“告密”之門。任用周興、來俊臣、索元禮等酷吏。濫用刑誅，貽累人民，實爲不淺。又濫用爵禄，收拾人心，弄得政界上，全是一班“干進無恥”，喜歡興風作浪的小人。中宗復位以後，直到睿宗禪位以前，政界上的空氣，總不得清明，都是他一手造成的。頗像近時的袁世凱。

既然一味注意對内，對外一方面，自然無暇顧及。於是突厥遺族骨咄禄，頡利的疏族。就强盛起來。骨咄禄死，弟默啜繼之，復取漠北。回紇度磧，南徙甘涼間。恢復頡利時代的舊地。大舉入攻河北，破州縣數十。契丹李盡忠、孫萬榮，也舉兵背叛，攻破營、平二州，侵及冀州。參看第三篇上第三章第二節。朝廷發大兵數十萬討之，都不能定。還有吐蕃，當高宗時候，就破党項，滅吐谷渾；又取西域四鎮。龜兹、于闐、焉耆、疏勒。武后時，總管王孝傑，雖然把四鎮恢復，然而吐谷渾故地，畢竟爲吐蕃所據，中宗時，又把河西九曲的地方，賞給吐蕃。而且許其築橋於河，以通往來。於是河洮之間，被寇無虚日。

内政外交，當這個時代，都糟透了。玄宗出來了，總算是小小清明。玄宗任姚崇、宋璟爲相。宋璟罷後，又任用韓休、張九齡，内政總算是整飭的。對外呢？突厥默啜死於前一一六九年，毗伽可汗立，用老臣暾欲谷的話，和中國講和。毗伽死後，突厥内亂。前一一六八年，朔方節度使王忠嗣，出兵直抵其庭，把他滅掉。對於吐蕃，玄宗初年,就毁橋守河。吐蕃也請和好。後來兵釁復啓,玄宗飭諸軍進討,到前一一五九年,就復取河西九曲之地。這要算唐朝國威最後的振起。到前一一五七年,安禄山反以後,情形就大變了。

唐系圖

(一)高祖李淵 —(二)太宗世民 —(三)高宗治
- (四)中宗哲
- (五)睿宗旦 —(六)玄宗隆基 —(七)肅宗亨 —(八)代宗豫
  - (九)德宗适 —(十)順宗誦 —(十一)憲宗純
    - (十二)穆宗恒
      - (十三)敬宗湛
      - (十四)文宗昂
      - (十五)武宗炎
    - (十六)宣宗忱 —(十七)懿宗漼
      - (十八)僖宗儇
      - (十九)昭宗曄 —(二十)昭宣帝柷

第三章　從魏晉到唐的政治制度和社會情形

第一節　官　　制

從魏晉到唐的制度，是相因的。唐朝的制度，只算集魏晉南北朝的大成。從三國以後，中國的政府，有四百年，在軍閥和異族手裏，上篇第四章，已經説過了。要看這時候的政治，在他的施政機關上，就最看得出。

漢朝從武帝以後，宰相就漸漸失其實權，已見第二篇上第八章第一節。這種趨勢，從魏晉以後，愈趨愈甚。魏朝建國之初，置了一個祕書省，受禪之後，改爲中書省。於是中書親而尚書疏。南北朝以後，因侍中常在禁近，時時參與機務，於是實權又漸移於門下省。總而言之，魏晉南北朝，機要是在中書、門下兩省的，尚書不過執行政務罷了。中書、門下，像後世的内閣。尚書像後世的六部。到唐朝，就用三省的長官，中書令、侍中、尚書令，但尚書令是太宗做過的，所以不以授人，就把次官僕射，改做長官。後來又不甚真除，但就他官加以同中書門下三品，同中書門下平章事等名目，便算做宰相。作爲宰相。中書面受機務，門下省掌封駁，尚書承而行之。雖有此制，三省常合在一個政事堂内議事，並沒有三個機關分立的樣子。尚書省分六部，是吏，户，禮，兵，刑，工。這個制度，相沿到清朝，未曾改革。六部之分，是沿襲後周的制度。後周的制度，是蘇綽定的。都以《周禮》爲法（六部就是仿的天，地，春，夏，秋，冬六官）。這種制度，隋朝沒有沿襲他。中葉以後，所謂翰林學士，和天子十分親近，又漸漸的握起實權來。學士之名，本是因弘文集賢兩館而起的(參看下節)。翰林院，本是藝能技術之流雜居之所，以備天子宴閒時的召見。玄宗時，纔於翰林院置待詔，供奉，命與集賢院學士，分掌制勑(本來是中書舍人的職務)。又於翰林院之南，別立學士院以處之；於是與雜流不相混處，而其地望遂清。然其官則仍稱爲翰林學士。王叔文的用事，就是居翰林中謀畫的。參看第三篇上。總而言之，翰林學士的握權，和前此的中書省如出一轍。明清時代的殿閣，也不外此理，這等處，須要通觀全局，自然明白。

九卿是歷代都有的，然而都失其職。實權都在六部。爲避繁起見，不再詳敘。御史一官，卻威權漸重。武后時，改爲肅政臺。分置左右。左察朝廷，右澄郡縣。中宗復位後，復名御史臺。仍分左右。睿宗時，命兩臺都察内事，旋又把右臺廢掉。貞觀末，御史中丞李乾祐，奏於臺中置東西二獄，從此以後，御史臺就多受詞訟，侵涉了司法的權限。

至於外官的變遷，則和内官正相反。内官的權限，日趨於輕；宰相九卿等，有獨立職司的官，職權多見侵奪。外官的權力，卻有日趨於重之勢。秦漢時代的兩級制，郡縣。到漢末改設州牧，就變成三級制。也已見第二篇上。東晉以後，疆域日蹙，而喜歡多置州郡，以自張大。於是“僑置”的州郡甚多。往往有僅有空名，實無轄境的。於是州郡愈多，轄境愈小。然而這時候是個軍閥擅權的世界；軍閥的地盤，是利於大的；州郡雖小，有兵權的，往往以一個人而都督許多州的軍事，其轄境仍舊很大。隋朝統一以後，當時的所謂州，已經和前此的郡，區域大小，並無分別了。於是把州、郡併做一級。唐朝也沿其制，而於其上再設一個道的區域。一道之中，是沒有長官的。中宗復位的這一年，分天下爲十道，每道各設巡察使。睿宗景雲二年，前一二〇一年。改爲按察使。玄宗開元二十七年，前一一七三年。又改爲採訪處置使。肅宗至德前一一五六、前一一五五年。以後，把天下分做四十餘道，各置觀察使。這種使官，都稱爲監司之官。他的責任，只是駐於所察諸郡中的大郡，訪察善惡，舉其大綱，並不直接理事，頗和漢朝刺史的制度相像。然而到後來，往往侵奪州郡的實權，州郡不敢與抗。而且這時候，已經是軍人的世界了。有軍馬的地方，就都設了節度使。凡有節度使的地方,任憑有多少使的名目,都是他一個人兼的。這正和現在的督軍兼省長等等一樣,又誰敢和他相抗呢?於是中央政府,毫無實權,可以管轄地方,又成了尾大不掉的情形了。參看第三篇上第二章第一第二第五節。監司官的名目,還有許多,欲知其詳,可參看《文獻通考》第六十一、六十二兩卷。

唐朝的官制,中葉以後,又有宣徽南北院和樞密院,其初特以處宦者,並沒有什麼重要的職權。後來宦者的威權日大,這兩種官的關係,也就漸重。到五代以後,都變做了大臣做的官。這個留待第三篇裏再講。又地方自治的制度,從漢魏以後,日益廢壞。漢朝時候,重視三老、嗇夫等職的意思,絲毫沒有。而役法日重,這一等人,反深受了苦役之累。這個也是一個極大的變遷,也待第三篇再講。

第二節　教育和選舉

教育制度,從三國以後,是很衰頹的,無足稱述。《三國志·王肅傳》:"自初平之元,至建安之末。天下分崩,人懷苟且。紀綱既衰,儒道尤甚。至黄初……之後,……太學始開。……至太和青龍中,中外多事,人懷避就,雖性非解學,多求詣太學。太學諸生有千數。而諸博士,率皆粗疏,無以教弟子;弟子本亦避役,竟無能習學。冬來春去,歲歲如是。……正始中,有詔議圜丘,普延學士。時郎官及司徒領吏,二萬餘人,雖復分佈,見在京師者,尚且萬人。而應書與議者,略無幾人。又是時朝堂,公卿以下,四百餘人。其能操筆者,未有十人。多皆相從飽食而退。……"這是後漢以後,學校就衰的情形。從此到南北朝末,雖亦設有國子學,太學,四門小學,或又置有博士,然皆無足稱述。唐太宗時,"屯營飛騎,亦令受經;高句麗、新羅、高昌、吐蕃,皆遣子入學"。表面上似乎是很盛的,然而實際,士人社會的視線,已經移到科舉上了。

要曉得科舉制度的由來,就要先曉得九品中正。九品中正之制,起於魏文帝時。這時候,"三方鼎立,士人播遷,詳覆無所"。尚書陳羣,就於各州郡皆置中正,品評其本地的人物,分爲九等。上上、上中、上下、中上、中中、中下、下上、下中、下下。而尚書用人時,憑以覆核。這種制度的可行,原因爲後漢時代,清議極重,鄉評特爲有力之故。史稱"晉武帝時,雖風教頽失,然時有清議,尚能勸俗。陳壽居喪,使女奴丸藥,積年沈廢。郤詵篤孝,以假葬違常,降品一等。"然而鄉評的有力,是一種風俗,風俗是要隨時勢改變的。九品中正,是一種制度,比較的總覺流於硬性。於是就生出種種弊病來。扼要些説,便是:

(一) 中正的權力太大,而又並無賞罰之防。就不免有(1) 徇私,(2) 趨勢,(3) 畏禍,(4) 私報恩讎等事情。

(二) 一地方的人,中正本不能盡識;就使盡識,也未必能知他的好壞。就使能知他的好壞,也不應當以一個人的話爲標準。況且中正至多能曉得這個人的品行德望,至於當官的才能歷練,是全然不知道的。

然而這還不是最大的弊病。最大的弊病就是中正都是本地方人,誰沒有親戚朋友?一個人在社會上,本没有真正完全的自由。一個階級裏的人,受這階級的制裁,當然最爲嚴重,誰能彀真正破除情面呢?於是所選舉的,總不外乎這一階級裏的人。就成了"上品無寒門,下品無世族"的局面 。歷代選舉的制度,縱或小有改革。然大體總是相同。九品中正的制度,南至梁、陳,北至周、齊,都是有的,直到隋開皇中方罷。這種制度,於兩晉南北朝的門閥階級,是很有關係的。參看第七節。

"隋唐以後科舉"的前身,便是兩漢時的郡國選舉。原來郡國選舉的制度,到兩晉以後,也弊壞得不堪了。東晉初年,爲了撫慰遠方的人士起見,州郡所舉的孝廉秀才,都不試就用。後來實在弄得不堪了。於是要試之以經。秀才孝廉,就都不敢進京。到京的,也都裝病不考。於是寬限五年,令其補習。九品中正的制度既不可行。於是不得不加之以考試。既然憑考試爲去取,就索性"無庸郡國選舉,而令他懷牒自列於州縣,州縣加以考試,合格的再把他送進京去應考"。就變成隋唐以後的科舉制度了。唐以後的科舉,最重的是進士科。這一科,是起於煬帝大業中的(當時還是試的策)。這件事,《隋書》不載。只見於《唐書》所載楊綰疏中。大約當時還不甚看重他。“唐制,取士之科……有三:由學館者曰‘生徒’,由州縣者曰‘鄉貢’,皆升於有司而進退之。……其天子自詔者曰制舉,所以待非常之才焉。”其科目,有秀才,明經,進士,俊士,明法,明字,明算,一史,三史,開元禮,道舉,童子等等,然而取之最多的,只有進士明經兩科。進士試“詩”、“賦”、“論”、“策”。明經試“帖經”、“墨義”。這時候,崇尚文詞的風氣已成。明經所做的帖經墨義,又是毫無道理的。大家都看不起他。就有“焚香看進士,瞋目待明經”的諺語。不是天資愚魯,不會做詩賦的人,都不肯去做明經。就把天下人的聰明才力,都消磨到“聲病”上去。參看第六節。

《文獻通考》卷二十九凡舉司課試之法:帖經者,以所習經,掩其兩端,中間開惟一行。裁紙爲帖凡帖三字,隨時增損。可否不一。或得四,或得五,或得六爲通。後舉人積多,故其法益難,務欲落之。至有帖孤章絶句,疑似參互者以惑之。甚者或上抵其注,下餘一二字,使尋之難知,謂之倒拔。既甚難矣,而舉人則有駈縣孤絶索幽隱,爲詩賦而誦習之。不過十數篇,則難者悉詳矣。其於平文大義,或多牆面焉。按這是責令默寫經文。

又卷三十……愚嘗見東陽麗澤呂氏家塾有刊本呂許公夷簡《應本州鄉舉試卷》。因知墨義之式。蓋十餘條。有云:作者七人矣,請以七人之名對。則對云:七人,某某也。謹對。有云:見有禮於其君者,如孝子之養父母也,請以下文對。則對云:下文曰:見無禮於其君者,如鷹鸇之逐鳥雀也。謹對。有云:請以注疏對者,則對云:注疏曰云云。有不能記憶者,則只云對未審。……

這種考試的法子,現在看起來,真正是奇談。然而也不足爲怪。這是古人研究學問的方法如此。原來古人都是把《經》就算做學問;所謂通經,又不必自出心裁,只要遵守先儒的注疏;自然就造成這種怪現象了。這種現象,一變而爲宋朝的經義。再變就是明清的八股文,通看後文自明。

武舉起於武后的長安二年,前一二一〇年。也用鄉貢之法,由兵部主其事。

制科的科名,是没有一定的。唐制科名目和登制科的人,詳見《文獻通考》卷三十三。

以上所説,是取士的方法,但登科以後,還不能就有官做,還要試於吏部,謂之"釋褐試"。釋褐試取了,纔授之以官。一登進士第,便有官做,這是宋朝的法子,唐朝卻不如此。

銓選仍是歷代都由尚書。唐時分爲文武二選:文選,吏部主之;武選,兵部主之。文選有身、體貌豐偉。言、言辭辯正。書、楷法遒美。判文理優長。四種。"始集而'試',觀其書判。已試而'銓',察其身言。已銓而'注',詢其便利。而擬。已注而'唱',不厭者得反通其辭,三唱而不厭,還得聽其冬集。"較諸後世的銓選,似乎還要合理些。又後魏崔亮吏部侍郎。創停年格。補用的人,一以他停罷後歲月爲斷。後世説他是資格用人之始,都不以他爲然。然而他實在是迫於胡太后時候,强令武人也要入選,纔創此法,以限制他的。他覆外甥劉景安的信,説:"吾近面執,不宜使武人入選。請賜其爵,厚其禄,既不見從,是以權立此格,限以停年耳。"可見此法之創,實是限制武人的意思多。況且以資格年勞用人,原不算得弊政,較諸在上的任意抑揚,在下的夤緣奔競,就好得多了。

第三節　兵　　制

唐朝的兵制,也是沿襲南北朝的。近人南海康氏説:"中國承平的時候,可以算是没有兵。雖然有唤做兵的一種人,實在是把來供給别種用場，如以壯觀瞻等，並不是要他打仗。”這句話最通。秦漢時代，承襲着戰國時的餘風，全國還有些尚武的風氣；東漢而後，就漸漸顯出無兵的樣子了。參看第二篇上第八章第四節。從五胡亂華起，到南北朝末止，卻可以算得一個長期戰争，其中東西魏（周、齊）對立的時候，競争尤其劇烈；所以産出一種略爲整齊的兵制。

有名的“府兵”制，是起源於後周的。其制是籍民以爲兵，但是揀其魁健才力的，並不是全數叫他當兵。——而蠲其租調。令刺史以農隙教練。合爲百府，每府一郎將主之；分屬二十四軍。領軍的謂之開府；一大將軍統兩開府；一柱國統二大將；共爲六軍。總數不滿五萬人（隋朝也沿襲其制，置十二衛將軍）。

唐制：折衝府有上，中，下。上府千二百人，中府千人，下府八百人。每府都有折衝都尉，和左右果毅都尉，以司訓練。其兵的編制：是十人爲火，火有長。五十人爲隊，隊有正。三百人爲一團，團有校尉。有兵籍的人，年二十而爲兵，六十而免。平時居於田畝，教練皆以農隙。有事就出去從征；事訖，依舊各還其鄉。據《唐書・兵志》説：唐初，天下共六百三十四府，而在關内一道的，倒有二百六十一，所以中央的形勢頗强。當時宿衛，也是靠府兵輪值的，謂之“番上”。

但是到高宗武后時，久不用兵，府兵法就漸壞，至於宿衛不給。宰相張説，就請募兵宿衛，謂之“彍騎”。玄宗時，這種宿衛的兵，也是有名無實；諸府又完全空虚；内地竟無一兵；而邊兵卻日重。所以安禄山一反，竟無從抵禦了。

唐初用府兵的時候：有所征伐，都是臨時命將；戰事既罷，兵歸其府，將上其印，所以没有擁兵的人。其戍邊的兵，大曰軍；小曰守捉，曰城，曰鎮，都有使。總管他們的謂之道，道有大總管。後來改爲大都督，但行軍時仍曰大總管。永徽以後，都督帶“使持節”的，謂之節度使。但還没有用它做官名。睿宗景雲二年，前一二〇一年。用賀拔延嗣做涼州節度，這是以節度名官之始。玄宗天寶初。於沿邊置十節度經略使,安西(治龜兹,今新疆庫車縣)、北庭(治庭州,今新疆迪化縣)、河西(治涼州,今甘肅武威縣)、朔方(治靈州,今甘肅寧夏縣)、河東(治太原,今山西陽曲縣)、范陽(治幽州,今京兆)、平盧(治營州,今熱河道承德縣)、隴右(治鄯州,今甘肅西寧縣)、劍南(治益州,今四川成都縣)九節度,嶺南(治廣州,今廣東南海縣)一經略使。邊兵就此大重了。安史亂後,討賊有功之將,和賊將來降的,都授以節度使(或沿其舊官)。於是節鉞遍於内地,而“尾大不掉”之勢以成。

然而制唐朝死命的,實在還不是藩鎮之兵,而倒是所謂“禁軍”。禁軍的起源:是跟高祖起義於太原的兵,事定而後,願留宿衛的,共有三萬人。於是處以渭北閒田,謂之“元從禁軍”。老不任事,即以其子弟代之。後亦與於“番上”。太宗時,在元從禁軍中,選善射者百人,以從田獵,謂之百騎。武后改爲千騎。睿宗又改爲萬騎,分爲左右。玄宗用這一支兵平韋氏之亂,改名左右龍武軍。又有太宗所置的飛騎,高宗所置的羽林,也各分左右。謂之“北衙六軍”。與諸衛的兵,號爲南衙的相對待。中葉以後,又有所謂“神策軍”。其緣起:因天寶時,哥舒翰破吐蕃於臨洮西的磨環川,即於其地置軍,謂之神策。以成如璆爲節度使。安禄山反,成如璆派軍中的將,唤做衛伯玉的,帶千人入援。與觀軍容使魚朝恩宦者共屯陝州。神策軍的地方,旋爲吐蕃所陷,於是即以衛伯玉所帶的兵爲神策軍。和陝州節度使郭英乂,俱屯於陝。前一一四九年,吐蕃陷長安,代宗奔陝。魚朝恩以神策的兵,和陝州的兵來扈衛。當時都號爲神策軍。後來伯玉罷官,神策軍歸郭英乂兼帶。郭英乂又入爲僕射,這一支兵,就入於魚朝恩手裏。是爲宦官專管神策軍之始。魚朝恩後來入都,便把這一支兵,帶到京城裏,依舊自己統帶着他。然而還不過是一支屯駐京城裏的外兵並不算做禁軍。前一一四七年,吐蕃又入寇。魚朝恩以這一支兵,入屯苑中。於是聲光大好,出於北衙軍之上。德宗從奉天還京,都不相信大臣,而頗委任宦官,專叫他統帶禁軍。這時候,邊兵的饟,不能按時發給;而神策兵饟糈優厚。於是邊將在外戍守的,多請遥隸神策。神策軍數,遂至十五萬。自關以西,各處的鎮將,大都是宦官手下人。所以宦官的勢力,强不可制。昭宗時,想改用宗室諸王帶他,始終没有成功。而宦官每和朝臣水火,就挾着神策軍裏幾個鎮將的力量,以脅制天子,誅戮大臣。到底弄得朝臣借着朱全忠的兵力,打破宦官一系的鎮將李茂貞,把宦官盡數誅夷,而唐亦以亡。這都是後來的話,參看第三篇上第二章第四節,自然明白。禁軍的始末,《唐書・兵志》不詳,見《文獻通考》第一百五十一卷。總而言之,亡唐朝之力:藩鎮的兵,不過十分之三;禁軍倒有十分之七。

第四節 刑 制

兩漢魏晉刑制的變遷,已見第二篇上第八章第五節。從晉武帝頒布新律之後,張裴、杜預,又各爲之注。泰始前一六四七年至前一六三八年。以後用之。然律文簡約;兩家的注,又互有不同;"臨時斟酌,吏得爲姦"。齊武帝永明九年。前一四二一年。删定郎王植之,纔合兩家的注爲一。然事未施行,書亦亡滅。梁武帝時,齊時舊郎蔡法度,還記得王植之的書。於是叫他損益舊本。定爲《梁律》。天監初,天監,梁武帝年號,前一四一〇年至前一三九三年。又使王亮等改定,共爲二十篇。定罪二千五百條,刑分十五等。陳武帝令尚書删定郎范杲參定律,又令徐陵等知其事,定律三十卷。大體沿用梁法。這是南朝法律的沿革。

元魏入中原以前,刑罰是很嚴酷的。道武帝入中原,才命三公郎王德,除其酷法。約定科令。太武神䴥中。前一四八四年至前一四八一年。詔崔浩定律。正平中,前一四六一年。又命游雅、胡方回等改定,共三百七十條,有門房之誅四。獻文增其十三,孝文時定爲十六。大辟百四十五。獻文增其三十五,孝文時定爲二三五。刑罪就是耐罪。二百二十一。獻文增其六十二,孝文時定爲三七七。

北齊武成帝河清三年,前一四三八年。尚書令趙郡王叡等奏上《齊律》十二篇。系雜採魏晉故事。刑名有五:一死,二流,三耐,四鞭,五杖。又有所謂重罪十條。一反逆,二大逆,三叛,四降,五惡逆,六不道,七不敬,八不孝,九不義,十内亂。不在"八議"和"論贖"之限。

北周的律,定於武帝保定三年。前一三四九年。刑分死,流,徒,鞭,杖。不立十惡的名目,而重"大逆"、"惡逆"、"不道"、"大不敬"、"不孝"、"不義"、"内亂"之罪。隋初,令高熲等重定新律。其刑名有五,也有十惡之條。一謀反、二謀大逆、三謀叛、四惡逆、五不道、六大不敬、七不孝、八不睦、九不義、十内亂。唐朝的刑法,大抵沿隋之舊。

這其中最可注意的,是刑罰的變遷。馬端臨説:"漢文除肉刑,而以髡笞代之。髡法過輕,而略無懲創;笞法過重,而至於死亡。其後乃去笞而獨用髡。減死罪一等,即止於髡鉗;進髡鉗一等,即入於死。而深文酷吏,務從重者,故死刑不勝其衆。魏晉以來病之,然不知減笞數而使之不死,乃徒欲復肉刑以全其生。案復肉刑的議論,兩晉時代最甚。其理由所在,就是"死刑太重,非命者衆;生刑太輕,罪不禁姦"兩語。肉刑卒不可復,遂獨以髡鉗爲生刑。所欲活者傅生議,於是傷人者或折腰體,而纔翦其毛髪;所欲陷者與死比,於是犯罪者既已刑殺,而復誅其宗親。輕重失宜,莫此爲甚。及隋唐以來,始制五刑,曰笞杖徒流死,此五者,即有虞所謂鞭、朴、流、宅,雖聖人復起,不能易也。"案隋以前"死刑有五:曰磬、絞、斬、梟、裂。流徒之刑,鞭笞兼用,數皆逾百"。隋始定鞭笞之數,死刑只用斬、絞兩種。這都是較前代爲文明處。

還有一層可注意的,便是隋朝的刑法。是兼採魏晉和拓跋魏兩種法系(這個大概是周、齊如此,而隋朝因之)。其斟酌輕重之間,固然較舊時的法律爲進步。然而精神上,也有不如舊時的法律之處。即如晉律,部民殺長官,和父母殺子的,都同"凡"論。這是兩漢以後,把經學應用於法律,文明之處。父殺其子當誅,見《白虎通》。隋律卻就不然。這是拓跋魏的社會,進化較淺,"官權""父權"太重之故。中國反改其舊律而從之，真是下喬入幽了。餘杭章氏《文集》裏，有一篇文字，專論這件事，可以參看。

- 隋五刑
  - 死
    - 絞
    - 斬
  - 流
    - 千里居作二年
    - 千五百里居作二年半
    - 二千里居作三年
  - 徒
    - 一年
    - 一年半
    - 二年
    - 二年半
    - 三年
  - 杖
    - 百
    - 九十
    - 八十
    - 七十
    - 六十
  - 笞
    - 五十
    - 四十
    - 三十
    - 二十
    - 十

總而言之：秦漢以後的法律：經晉朝的一大改革，而大體趨於完善；經隋朝的一番損益，而輕重更覺適宜。所以從西洋法律輸入以前，沿用千年，大體不曾改變。

第五節　賦税制度和民生

從秦漢統一以後，直到前清海禁大開以前，二千多年，中國社會的經濟組織没有甚麽根本上的變更。從戰國到秦漢，是有一個大變的。參看第一篇第九章，和第二篇上第六章。這個時代，中國人的生計是以農業爲本位。要看當時社會的經濟狀況就須注意於農民。但是中國史家記載平民的生活狀況,是很少的。卻是當時的田賦制度,便是當時"農民生活狀況的反映"。

從晉到唐,其間的田賦制度,都有同一的趨嚮。爲之代表的,便是晉的"户調式",魏的"均田令",唐的"租庸調制"。今各述其大略如下:

户調之式,起於晉武帝平吴以後。他的法度是:男女年十六至六十爲正丁;十五以下至十三,六十一以上至六十五,爲次丁;十二以下,六十六以上,爲老小。男子一人,占田七十畝;女子三十畝。案這是指爲户者而言。其外:丁男課田五十畝,丁女二十畝;次丁男半之,女則不課。丁男之户,歲輸絹三疋,綿三斤。女及次丁男爲户者半輸。

後魏的均田,在前一四二七年。孝文帝大和九年。他的辦法:是把田分成"桑田"、"露田"兩種。桑田是"世業";露田及歲而受,年老則免,身没則還。桑田的數目,有過於其應得之數的,得以賣出;不足的得以買入。但過於應得之數,及在應得之數以内的,不得買賣。大概當時把官有的地,授與人家做露田。其原有田地的,一時並不没收他;本無田地的,一時也不能補足。所以人民的桑田,有逾限的,也有不足額的。男子年十五以上,受露田四十畝;婦人二十畝。奴婢依良丁。有牛一頭,許授田三十畝;但牛四頭爲限。

唐朝的租庸調制,高祖武德七年定,前一二八八年。是:丁男十八以上,給田一頃;以二十畝爲"永業",餘爲"口分"。田多可以足其人的,爲"寬鄉",少的爲"狹鄉"。狹鄉授田,減寬鄉之半。工商:寬鄉減半,狹鄉不給。——鄉有餘田,以給比鄉;州縣同。"徙鄉"和"貧無以葬"的人,得賣世業田。從狹鄉徙寬鄉的,得並賣口分田。受田的丁;每年輸粟二石,謂之"租"。看地方的出產:或輸絹,綾,繒,各二丈,綿二兩,或輸布二丈四尺,麻三斤,謂之"調"。力役每年二十日,遇閏加兩日,不役的,每日折輸絹三尺;謂之"庸"。《通考》:"租庸調徵科之數,依杜佑《通典》及王溥《唐會要》所載。陸宣公《奏議》及《資治通鑑》所言皆同。《新唐書・食貨志》……疑太重，今不取。”

這種制度，便是兩漢時代，“富者田連阡陌，貧者無立錐之地”的反響。雖不能做到地權平均，較諸毫無法度，聽其自相兼併，總好得許多。但是“徒法不能以自行”。這種制度，若要實行，行政要非常綿密。以中國行政的疏闊，和地方自治制度的廢壞，從何實行起？户調之式，定後不多時，天下就大亂；究竟這種制度，曾否實行？史學家頗多懷疑。大概就使實行，時間也是很短的。均田之令，和租庸調的制度，都是定於大亂之後。當時地廣人稀，無主的田很多，推行自然不十分困難。但是一兩傳後，人口增殖，田畝漸感不足，就難於維持了。均田令的結果，後來是怎樣？史家没有明確的記載。租庸調制，則《唐書》明説他，到開元時而其法大壞，“併兼踰漢成哀”。

平均地權的制度，不能維持，卻反生出一種弊病來。便是兩漢時代的税，是認着田收的；雖有口税，很輕。從户調，均田令，租庸調等制度行後，人人有田，收税就只須認着人。專制時代的官吏，行政是怠慢慣了的；只要收得着税，其餘就一切不問了。到後來，實際上授田的事情，已經没有了；併兼之事起了；他卻還只是認着向來出税的人收税；哪裏來管你實際有田没有田(這時候，若要查明白有田的人，然後收税；就要徹底根究，叫併兼的人，把田都吐出來，還給無田的人；而且照法律上講，不但併兼人家的人有罪，就是被人家併兼的人，也是有罪的。這件事豈不甚難)？這一來，百姓不但享不着人人有田的利益，無田的人反要負擔和“有田的人一樣的租税”的痛苦。在兩漢時代，就只要出極輕的口税。這如何能支持？於是乎有“逃户”。逃的人逃了，不逃的人，賦税就要更重，税法就大壞了。玄宗時，宇文融爲監察御史。也明曉得徹底根究，叫併兼的人把所併兼的田，通統吐出來，是辦不到，就想括“籍外的羨田”，以給逃民。然而“併兼之亟”，總是起於人多而田不足之後的，那得有許多羨田可括？而且他的辦法，逃户受羨田的，又要出錢千五百；於是州縣希旨：把有主的田，算作羨田;本地的人,算作客户;反變成了聚斂的政策。安史亂後,賦税紊亂的情形,更其不可收拾。德宗時,楊炎爲相,才創“兩税”之法。“夏輸”無過六月,“秋輸”無過十一月。“户無主客,以見居爲簿。人無丁中,以貧富爲著。”雖没有把“税人而不税田”的法子,根本改革;然而照他立法的意思,是“以人的貧富,定出税的多少”;較諸就田而税,負擔偏於農民的,反覺公平。不過人的貧富,不易測定。實行起來,要求其公平,是很難罷了。陸贄説:兩税以資産爲宗,少者税輕,多者税重,然而有藏於襟懷囊篋,物貴而人莫窺的;有場圃囷倉,物輕而衆以爲富的。有流通蕃息之貨,數少而日收其贏的;有廬舍器用,價高而終歲寡利的。計估算緡,失平長僞。我説:兩税的法子,若真能行得公平,倒近乎一般所得税了。這個談何容易。楊炎的法子,自然離此理想尚遠。然在當時,總不失爲救弊的良法。

《文獻通考·田賦門》的一段按語,論秦漢到唐田賦制度的變遷,極爲清楚。我如今不避繁複,再節鈔在下面。因爲這件事,和當時社會的生計狀況,是很有關係的。是農民生活狀況的反映。

……自秦廢井田之制,……始舍地而税人。……漢時,官未嘗有授田限田之法。……田税隨占田多寡,爲之厚薄。……人税則無分貧富,然……每歲不過十三錢有奇耳。參看第二篇上第八章第三節。至魏武初平袁紹,乃令田每畝輸粟四升,又每户輸絹二疋,綿二斤,則户口之賦始重矣。晉武帝又增而爲絹三疋,綿三斤。……然晉制:男子一人占田七十畝,女子及丁男丁女占田皆有差;則出此户賦者,亦皆有田之人;……宜其重於漢也。自是相承,户税皆重。然至元魏而均田之法大行。齊周隋唐因之,賦税沿革,微有不同。史文簡略,不能詳知。然大概計畝而税之令少,計户而税之令多。然其時户户授田,則雖不必履畝論税,只逐户賦之,則田税在其中矣。至唐,始分爲租庸調。……然口分世業,每人爲田一頃。……所謂租庸調者,皆此受田一頃之人所出也。中葉以後,法制隳弛,田畝之在人者,不能禁其賣易;官授田之法盡廢;則向之所謂輸庸調者,多無田之人矣;乃欲按籍而徵之,令其與豪富兼併者,

> 一例出賦，可乎？……授人以田，而未嘗别有户賦者，三代也；不授人以田，而輕其户賦者，兩漢也；因授田之名，而重其户賦；田之授否不常；而賦之重者，已不可復輕；遂至重爲民病；則自魏至唐之中葉也。自兩税之法行，而此弊革矣。……

此外生計界的情形，無甚特别的可述。但有一件可注意的，便是當這時候，中國對外的貿易，頗爲發達。從魏晉到唐，中國和南洋交通的發達，已見上章第六節。魏晉北朝，和西域的關係，雖不如漢唐時代的密切；然而也没有甚麽戰争；民間往來貿易的關係，可以推想爲無甚中斷的時候。中國商人的能力非常之大。譬如漢朝還没有通南越和西域，商人倒早已做了先鋒隊了(參看第二篇上第四章)。

《隋書·食貨志》説："梁初，……交廣之域，全以金銀爲貨。"又説："後周時，河西諸郡，皆用西域金銀之錢。"當時對外貿易的影響，及於中國的通貨上。而且他説：晉自東渡以後，嶺外諸酋帥，有因生口，翡翠，明珠，犀象之饒，雄於鄉曲的，朝廷多因而籍之，以收其利。這種辦法，直到南朝之末，都是如此。這許多東西，也都是當時互市的商品。就可以推想貿易額的盛大了。至於唐朝：則陸路有互市監，以管西域諸國的貿易；海路布市舶司，以管南洋諸國的貿易。惜乎歷史上，關於這種記載，十分闕略。近人梁啓超的《廣東通商發達史》，參考東西洋人的著述，述南北朝唐時候中國對外貿易的情形頗詳。可惜文長，不能備録。讀者諸君請自取原書參考。

第六節 學術和宗教

從東漢到魏晉，中國的學術思想界，起了一個大變遷。這個可以説從煩碎的考古時代，到自由思想時代，也可以説從儒學時代，到老學佛學時代。

西漢的儒學,就不過抱殘守缺,固守着幾句相傳的師説;究竟孔門的學説,還是"負荷"得不能完全。到了末年,又爲着"託古改制"之故,生出許多作僞的人來。又因爲兩漢的社會,去古未遠;迷信的色彩,很爲濃厚;於是這種作僞的話裏頭,又加上許多妖妄不經的話。讖緯終東漢之世,是以緯爲内學,經爲外學。東漢的學風,雖然不必務守師説,似乎可以獨出心裁。然而賈、許、鄭、馬等,又不免流於煩碎。打了半天官司,總是不見分曉。也不免使人厭倦。於是人心上就生出一種"棄掉這些煩碎的考據,而探求真理"的要求。

在中國舊學問裏,可以當得起哲學的名稱的,當然只有道家。在儒家,則一部《周易》裏頭,也包含着許多古代的哲學。參看第一篇第十章第一節。所以這時候,研究學問的人,都是《老》、《易》併稱。其中最有名的,便是何晏、王弼、阮籍、嵇康、劉伶、王戎、王衍、樂廣、衛玠、阮瞻、郭象、向秀等一班人。這一班人,"專務清談,遺棄世務",固然也有惡影響及於社會。然而替中國學術思想界,開一個新紀元,使哲學大放光明;前此社會上相傳的迷信,都掃除净盡,也是很有功的(世務本來不能彀都責備哲學家做的)。研究起中國的哲學史來,這一派"魏晉的哲學",實在很有研究的價值。

中國的學問,是偏於致用的。《老》、《易》雖説是高深的哲學,要滿足純正哲學的要求,究竟還不彀。於是佛學乘之而興。佛教的輸入中國,古書上也有説得很早的,然而不甚可靠。可靠的,還是漢明帝著中郎將蔡愔到西域去求佛經,前一八四五年,永平十年。蔡愔同着攝摩竺法蘭兩僧,齎經典東來的一説。然而這時候,佛教在社會上,還没甚影響。三國時,天竺僧支讖、支亮、支謙從西域來,士大夫才漸漸和他交接。東晉時,又有佛圖澄,從西域來,專事譯經。慧遠開蓮社於廬山,這是後世净土宗的初祖。士大夫和他交接的更多,然而還不過是小乘。前一五一一年,姚秦弘始三年鳩摩羅什入長安,才譯出大乘《經論》。從此以後,佛教在中國(宗教界和學術界)。就放出萬丈的光燄。"佛教"或"佛學",都是專門的學問。要明白他的真相,決不是本書所能紹介。我現在且轉録近人新會梁氏《中國古代思潮》裏的一張表,以見得佛學入中國後盛衰的大略。若要略知佛學的門徑,梁氏這一篇文章,很爲簡明可看。若要再進一步,則近人梁氏的《印度哲學概論》最好。這部書,把印度各種哲學和佛學對舉,很可以見得佛學的"來源"、"影響",和他的"真相"。謝氏的《佛學大綱》,雖然無甚精神,鈔撮的也還完備,也可看得。

以下十三宗,只有俱舍、成實兩宗是小乘,其餘都是大乘。其中天台一宗,係中國人所自創。

宗名	開祖	印度遠祖	初起時	中盛時	後衰時
成實	鳩摩羅什	訶梨跋摩	晉安帝時	六朝間	中唐以後
三論	嘉祥大師	龍樹,提婆	同　上	同　上	同　上
涅槃	曇無讖	世　親	同　上	宋　齊	陳以後歸天台
律	南山律師	曇無德	梁武帝時	唐太宗時	元以後
地論	光統律師	世　親	同　上	梁陳間	唐以後歸華嚴
浄土	善導大師	馬鳴,龍樹,世親	同　上	唐宋明時	明末以後
禪	達摩大師	馬鳴,龍樹,提婆,世親	同　上	同　上	同　上
俱舍	真諦三藏	世　親	陳文帝時	中　唐	晚唐以後
攝論	同　上	無著,世親	同　上	陳隋間	唐以後歸法相
天台	智者大師		陳隋間	隋唐間	晚唐以後
華嚴	杜順大師	馬鳴,堅慧,龍樹	陳	唐則天後	同　上
法相	慈恩大師	無著,世親	唐太宗時	中　唐	同　上
真言	不空三藏	龍樹,龍智	唐玄宗時	同　上	同　上

《周易》		王弼韓康伯	
《尚書》		僞孔安國《傳》,王肅等所造。	
《毛詩》	毛亨《傳》鄭玄《箋》		
《周禮》	鄭玄《注》		
《儀禮》	鄭玄《注》		
《禮記》	鄭玄《注》		
《左傳》		杜預《集解》	
《公羊》	何休《解詁》		
《穀梁》		范寧《集解》	
《孝經》			唐玄宗御《注》
《論語》		何晏《集解》	
《孟子》	趙岐《注》		
《爾雅》		晉郭璞《注》	

這時候,儒家之學也竟有點"道佛化"的樣子。原來東漢的儒學,至鄭玄而集其大成。然而盛極必衰,於是就出了一個王肅,專替鄭玄爲難。一定要勝過鄭玄,這件事,也頗爲難的。於是又想出一個作僞的法子。僞造孔安國《尚書傳》、《論語》、《孝經注》、《孔子家語》、《孔叢子》五部書,互相印證。把自己駁難鄭玄的話,都砌入這五部書裏頭,算是孔氏子孫所傳,孔子已有定説的。參看丁晏《尚書餘論》。這種作僞的手段,較之漢朝的古文家,更爲卑劣。參看第二篇上第八章第六節。然而王肅是晉武帝的外祖。所以當時,頗有人附和他。譬如杜預,就是其中的一個。詳見《尚書餘論》。總而言之,從王肅等一班人出,而"鄭學"也衰了。然而王肅這一派學問,在社會上也不占勢力。東晉以後,盛行的,便是王弼、何晏這一派。這都是把道家之學去解釋儒書的。再到後來的人,並不免參雜佛家的意思。上面所列一表,是唐朝時候所定的《十三經注疏》。所取的注,其中除《孝經》爲唐玄宗御注外,其餘十二經,魏晉人和漢人各半。北朝的風氣,變動得晚些。自隋以前,

北方的學者,大抵謹守漢儒的學問。熟精《三禮》的人極多。參看《廿二史劄記》卷十五。這便是鄭玄一派學問。也有能通何休公羊的。這並是今文學了。至於南人,則熟精漢學的,久已甚少。所風行的,都是魏晉以後的書。然而從隋朝統一之後。北朝的武力,戰勝了南人。南朝的學術,也戰勝了北人。北人所崇尚的,鄭玄注的《周易》、《尚書》,服虔注的《左傳》都亡,鄭玄注左傳未成,以與服虔,見《世説新語》。則服虔和鄭玄,是一鼻孔出氣的。而王弼、杜預的《注》,和僞孔安國的《傳》,到唐朝就列於學官。這個決不是南朝的經學,能勝過北朝(就經學論,北朝確較南朝爲純正)。不過就學術思想界的趨勢而論,漢朝人的儒學,這時候,其道已窮;而魏晉以後的這一派哲學正盛;南朝的經學,是"魏晉的哲學化"了的,所以就占了優勝罷了。

還有古代的神仙家,到魏晉以後,也"哲學化"了,而成功了後世的所謂"道教",和"儒"、"釋"併稱爲"三教"。這件事也要一論。案神仙家的初起,其中並没有什麽哲學。他們所求的,不過是"不死"。所以致不死的手段,是"求神仙"和"鍊奇藥"。參看第二篇上。所謂不死,簡直是説肉身可以不死。"尸解"的話,怕還是後來造出來,以自圓其説的。這一派妖妄之説,大概是起於燕齊之間。所以託之於黄帝。《史記·封禪書》説:齊威宣和燕昭王,就使人入海求蓬萊方丈瀛洲。《史記》的《八書》,固然全不是太史公所作,然而也並不是憑空僞造的(《禮書》、《樂書》,是抄的《荀子》和《小戴記》。其餘略以《漢志》爲本)。又《左傳》,齊景公問晏嬰,"古而無死,其樂如何"? 除神仙家之外,没有説人可以不死的。齊景公這句話,一定是受神仙家的影響。這也可做神仙家之説,舊行於燕齊之間的一證。這一派人,和中國古代的醫學,很有關係。《内經》裏屢引方士之説。他們是懂得點藥物學的,所以有所謂鍊奇藥。古代的醫學,原有"呪由"一科,所以到後來,張角等還以"符水"替人治病。其説起於燕齊之間,所以有"入海的思想",而有所謂三神山;大約海邊上的蜃氣,一定和這種妖教的構成,很有關係的。當秦皇、漢武時代,神仙家的勢力極盛。這時候,這一派人(方士)專以蠱惑君主爲事。到後來,漢武帝化了許多錢,神仙也找不到,奇藥也鍊不成,才曉得上了大當,"喟然而歎曰:世安有神仙"? 從此以後,這一派人,蠱惑君主的伎倆,就無從再施,於是一變而愚惑平民。然而從張角、孫恩造反以後,又變做一種妨害治安的宗教,勢不能再在社會上大張旗鼓;雖然還有張道陵、寇謙之等一班人,借符籙丹鼎等説,以愚惑當世。參看《魏書·釋老志》。畢竟是不能大占勢力的,這一種宗教,要想自存,就非改絃易轍,加上一點新面目不可。把後世道教的書來看,真像是和《易》、《老》相出入的。然而請問這許多話,漢以前的神仙家有麽?譬如《淮南子》,後世認爲道家的書。然而《淮南子》裏,原有易九師的學説。又如《太極圖》,後世認爲陳摶從道家的書裏取來的,不是儒家所固有。然而他的説法,可以和《易經》相通,畢竟無從否認。參看胡渭《易圖明辨》。我説:這許多話,本是中國古代的哲學,保存在《易經》裏頭的。魏晉以後的神仙家,竊去以自文其教。所以魏晉以後的道教,全不是漢以前的神仙家的本來面目。神仙家的本來,是除了鍊奇藥,求神仙等,别無什麽哲學上的根據的。明乎此,則可知我國"道藏"的書大有研究的價值。爲什麽呢?中國古代的哲學,保存在《易經》裏。五經裏頭,只有《易經》,今文家的學説全亡東漢人所注的《易經》,妖妄不經,瑣碎無理,全没有哲學上的價值。要求古代的哲學(從《易經》裏去求),只有到《淮南子》等一類的書裏去蒐輯然而這一類書,也所傳甚少,而且殘缺不完。神仙家既然竊取這一種哲學,以自文其教,當他竊取的時候,材料總比現在多。這種哲學,一定有儒家已亡,借着他們的竊取,保存在道藏裏頭的。把這一種眼光去蒐尋,一定能尋得許多可貴的材料。

還有一種風氣,也是到魏晉以後才盛的,便是崇尚文學。兩漢時代,固然也有許多文學家。然而這時候,看了文學,不過一技一能,究竟還是以樸學爲重。到魏文帝,就説:"年壽有時而盡,榮樂止乎其身,二者必至之期,未若文章之無窮。"這種思想,全然是兩漢人没有的。這是由於(一)兩漢人的學問,太覺頭巾氣,缺乏美感,枯寂了的反動。(二)則魏晉人的哲學,所鑄造成的人生觀。總是"脩短隨化,終期於盡,古人云:死生亦大矣。豈不痛哉"一派。總覺得灰心絶望。然而人的希望,究竟不能盡絶的。“愛惜羽毛”的人,就要希望“没世不可知之名”。隋朝的李諤説:“自魏之三祖,崇尚文詞。……競騁浮華,遂成風俗。江左齊梁,其弊彌甚。貴賤賢愚,唯務吟詠。……競一韻之奇,争一字之巧。連篇累牘,不出月露之形,積案盈箱,惟是風雲之狀。代俗以此相高,朝廷據兹擢士。禄利之路既開,愛尚之情愈篤。於是閭里童昏,貴遊總丱,未窺六甲,先製五言。……遞相師祖,澆漓愈扇。……”也可以見得這種風氣的由來,和其降而益甚的情形了。因有這種風氣,所以唐朝的取士,就偏重進士一科。也因爲有科舉制度,替他維持,所以這種風氣,愈不容易改變。

文學的内容,從南北朝到唐,也經過一次變遷。從東漢到梁陳,文學日趨於綺靡,這是人人知道的。這種風氣,走到極端,就又起了反動。隋文帝已經禁臣下的章奏,不得多用浮詞。唐興以後,就有一班人,務爲古文,至韓、柳而大盛。就開了北宋到明的一派文學。曾國藩《湖南文徵序》:“自東漢至隋,……大抵義不單行,辭多儷語;即議大政,考大禮,亦每綴以排比之句,間以婀娜之聲。歷唐代而不改。雖韓李鋭志復古,而不能革舉世駢體之風。……宋興既久,歐陽曾王之徒,崇奉韓公,以爲不遷之宗;適會其時,大儒迭起,相與上探鄒魯,研討微言;羣士慕效,類皆法韓氏之氣體,以闡明性道。自元明至……康雍之間,風會略同。”這幾句話,説自漢至清初,文學變遷的大概,頗爲簡明。總而言之:古文之學,是導源唐初。大成於韓、柳等一班人,到北宋纔大盛的。《舊唐書·韓愈傳》:“大曆、貞元間,文字多尚古學,效揚雄、董仲舒之述作。獨孤及梁肅,最稱淵奥。愈從其徒游,鋭意鑽仰,欲自振於一代。”《新唐書·文苑傳序》:“大曆、貞元間,美才輩出。擩嚌道真,涵泳聖涯,於是韓愈倡之,柳宗元、李翺、皇甫湜等和之,唐之文,完然爲一代法。……”——韓公的“闢佛”,對於以前的學術宗教界,也要算一個反動。且留待講宋代學術時再講。

第七節　門閥的興廢

從南北朝到唐,其間還有一大變,便是門閥階級的破除。三代以前的社會,原是一種階級制。看第一篇第九章第三節,便可以知道。

春秋戰國之際,雖説經過一次大變遷,畢竟這種階級制的餘波,是不能掃除净盡的。讀史的人,都説九品中正之制,弄得“上品無寒門,下品無世族”。然而做中正官的人,並不曾全操選舉之權。不過朝廷要用人時,把他所品評的等第,來覆核覆核罷了。選舉之權,畢竟還在州郡手裏。郡國選舉之制,不是魏晉以後纔有的。以前雖没有九品中正之制,難道郡國選舉,都是十分公正,不帶一點階級臭味的麽?梁武帝時,沈約上疏,説:“頃自漢代,本無士庶之別。……庠序棊布,傳經授受,學優而仕。始自鄉邑,本於小吏幹佐,方至文學功曹。積以歲月,乃得察舉。……”可見漢朝的選舉,自比魏晉以後公平;然而説毫無階級臭味,是决辦不到的。這是决不然的。不過不像魏晉南北朝這種盛法罷了。兩晉南北朝時候,門閥階級之嚴,是由於(一)有九品中正之制,替他維持。(二)則這時候,五胡亂華,漢人和胡人,血統上不免混淆。士大夫之家,就想高標門第,以自矜異。(三)則當晉室渡江之初,文明的重心,還在北方;北方的大族,初南遷的時候,也還有高自位置的思想;以後就成了一種風氣。所謂大族,必須要標明了一個“郡望”,以明其本出何郡,就是魏晉以前,階級制度並没有消除盡净的證據。倘使你在本籍,本没有特異於人之處,遷徙之後,又何必要特標出一個郡望來呢?這種階級制度,是到唐中葉以後,才漸次破壞,經過了五代,然後消除净盡的。破壞這種制度的力量,要算隋唐以後的科舉制度最大。這是爲什麽呢?原來當郡國選舉的時代,無論你怎樣公正,無論怎樣的注重於才德,這郡國所“薦舉”或“拔擢試用”的人,總不得真正到社會的下層階級裏去找——固然也有例外的,然而總是例外。直到郡國選舉的制度,變做了投牒自舉。這時候,形式上固然還説是鄉貢,然而既憑考試,這鄉貢便是有名無實的話。被舉的人(舉人)和舉他的人(州郡),其間纔不發生關係。——無論什麽人,向州郡投牒自列,州郡就不能不考試他;考試合格了,便不能不舉他。把全國的人,都聚到京城裏去考試,和他的本鄉,相離得很遠;考試防弊的制度,又一天嚴密似一天;在唐朝,還没有“糊名”、“易書”、“禁懷挾”等種種制度。考官還得以採取譽望;就和士子交通,也不干禁例的。但是從唐到清,考試的制度,是一天天往嚴密的一條路上走的;這是考試制度的進化。應考的人,和考他的人，也再不得發生關係。這樣，全國的寒畯，纔真和有特權的階級，立於平等競爭的地位。所以隋唐以後的科舉制度，實在有破除階級的大功，不可湮没的。向來讀史的人，都説投牒自舉，是個最壞的制度。其意，不過説這是“干進無恥”。其實不然。參與政治，是國民的一種義務，不單是權利。有服官的能力，因而被選舉，因而服官，這是國民應享的權利，也就是國民應盡的義務。郡國選舉和徵辟……的時代，有了才德，固然可以被選舉，被徵辟的。儻使人家不來選你，徵你，辟你，便如何？若在隋唐以後，便可以懷牒自列。所以唐以後的科舉制，是給與國民以一種重大的公權。——實際上應試的人，志願如何，另是一説。從法理上論，這一層道理，是顛撲不破的。

兩晉南北朝時候的階級制度，是怎樣？我且引近人錢塘夏氏的一段話如下：

……其時士庶之見，深入人心，若天經地義然。今所見於史傳者，事實甚顯。大抵其時士庶，不得通婚。故司馬休之之數宋武曰：裕以庶孽，與德文嫡婚，致兹非偶，實由威逼。指宋少帝爲公子時，尚晉恭帝女事言。沈約之彈王源琅邪臨沂人。曰：風聞東海王源，嫁女與富陽滿氏，王滿聯姻，實駭物聽。此風勿翦，其源遂開。點世塵家，將被比屋。宜寘以明科，黜之流伍。可以見其界之嚴矣。其有不幸而通婚者，則爲士族之玷。如楊佺期弘農華陰人。自以楊震之後，門户承藉，江表莫比；有以其門地比王珣者，琅邪臨沂人。猶恚恨。而時人以其過江晚，婚宦失類，每排抑之。然庶族之求儷於士族者，則仍不已；不必其通婚也，一起在動作之微，亦以偕偶士族爲榮幸；而終不能得。如紀僧真丹陽建康人。嘗啓齊武曰：臣小人，出自本州武吏。他無所須，惟就陛下乞作士大夫。帝曰：此事由江斅字叔文，濟陽考城人。謝瀹，字義潔，陳郡夏陽人。我不得措意，可自詣之。僧真承旨詣斅。登榻坐定；斅命左右；移吾牀，讓客。僧真喪氣而退。告帝曰：士大夫固非天子所命也。

其有幸而得者,則以爲畢生之慶,如王敬則晉陵南沙人。與王儉字仲寶琅邪臨沂人。同拜開府儀同,曰:我南州小吏,徼幸得與王衛軍同拜三公,夫復何恨?甚至以極凶狡之夫,乘百戰之勢,亦不能力求。如侯景請娶於王謝。梁武曰:王謝高門非偶,當朱張以下訪之。積此諸端觀之,當時士庶界限,可以想見。……此皆南朝之例,若夫北朝,則其例更嚴。南朝之望族,曰琅琊王氏,陳國謝氏。北朝之望族,曰范陽盧氏、滎陽鄭氏、清河博陵二崔氏。南北朝著姓不僅此,此乃其尤者耳。南朝之望族,皆與皇族聯姻。其皇族,如彭城之劉、蘭陵之二蕭、吴興之陳,不必本屬清門。惟既爲天子,則望族即與聯姻,亦不爲恥。王謝二家之在南朝,女爲皇后,男尚公主,其事殆數十見也。而北朝大姓,則與皇室聯姻者絶少。案魏朝共二十五后,漢人居十一,而無一士族焉。……此殆由種族之觀念而成。……隋文之獨孤皇后,唐太之長孫皇后,皆鮮卑人也;而斛律明月稱"公主滿家",則皆渤海高氏之女,皆可爲此事之證。……

這種習尚,唐初還很盛。唐太宗定《氏族志》,頒行天下。而《李義府傳》説:"自魏太和中,定望族七姓,子孫迭爲婚姻。唐初作《氏族志》,一切降之。然房玄齡、魏徵、李勣,仍往求婚,故望不減。"可見這事,竟非政治勢力所能干涉。又《杜羔傳》説:"文宗欲以公主降士族,曰:民間婚姻,不計官品。而尚閥閲;我家二百年天子,反不若崔、盧耶?"可見中葉以後,尚有此風。然而科舉制度既興,寒門致身顯貴,畢竟較以前爲容易。加以物質上的欲望,總是不能没有的。所以到唐朝以後,士族貪庶族之富,而和他結婚的,就漸漸加多。再加以五代的喪亂,士族失其位置,庶族致身富貴。又喪亂之際,人民播遷,譜牒失考,因而庶族冒充士族的,也日漸加多。從宋以後,這種階級,又漸歸於平夷了。

到貴賤階級破壞的時候,社會上好利之風,就必然日盛。唐朝時候,是這種門閥制度,行將滅亡,僅保惰力的時候。所以唐朝士大夫好利之風，實在較南北朝爲甚。《文獻通考》卷二十七引江陵項氏的話：

> 風俗之弊，至唐極矣。王公大人，巍然於上，以先達自居，不復求士。天下之士，什什伍伍，戴破帽，騎蹇驢，未到門百步，輒下馬，奉幣刺再拜，以謁於典客者，投其所爲之文，名之曰“求知己”。如是而不問，則再如前所爲者，名之曰“溫卷”。如是而又不問，則有執贄於馬前，自贊曰某人上謁者。……

這固然由於科舉制度之興，有以使士人干進無恥，然而貴賤的階級平夷了，除富更無可慕，也是其中的一個原因。

第三篇　近古史（上）

第一章　近古史和中古史的異點

從漢到唐，和從宋到清，其間的歷史，有一個不大相同之點。便是“從漢到唐，中國是征服異族的；從宋到清，中國是給異族征服的。”五胡雖然是異族，然而入居内地久了，其實只算得中國的編氓。他們除據有中國的土地外，都是别無根據地的。所以和中國割據的羣雄無異。到遼金元卻不然。遼是自己有土地的，燕雲十六州，不過構成遼國的一部分。金朝雖然據有中國之半，然而當世宗、章宗手裏，都很惓惓於女真舊俗，很注重於上京舊地的。元朝更不必説了。所以前此擾亂中國的，不過是“從塞外入居中國的蠻族”乘着中國政治的腐敗，起來擾亂。這時候，卻是以一個國家侵入的。就是“中國前此，不曾以一個國家的形式，和别一個國家相接觸而失敗，這時代卻不然了”。從契丹割據燕雲十六州起，到元順帝退出中國的一年爲止，其間凡四百二十四年。前九六六年至前五四三年。

明太祖起而恢復中原二百七十五年。清朝人又入據之者二百六十八年。從順治元年，即前二六八年起，到宣統三年止。所以這時代，中國有十分之七，在異族統治的狀態之下。然而其初就是由幾個軍人内鬨，把異族勾引進來的。這時代，中國所以輾轉受累，始終不能强盛，也都是直接間接受軍人的害。讀到下文，自然明白。軍閥和國家的關係，可謂大了。然而還有一班人，説立國於現在的世界，軍備是不能没有的。因而頗懷疑於現在的軍人，不能全去。我卻拿什麽話同他説呢？立國於世界，軍備原是不能全去的，然而須要曉得，軍備有種種的不同。若依然是“從今以前的軍人”,可說於國家有百害而無一利;莫説保護國家,國家本没有外侮,有這班人,就引起來了;外侮本可以抵禦,有這班人,就無從抵禦了。這不是一時憤激之談,請看歷史。

第二章　唐朝的分裂和滅亡

第一節　安史之亂

北宋爲什麽不能抵禦遼金，馴致於給元朝滅掉？這個根是五代種下來的。五代時候，爲什麽要去勾結異族，請他進來？這個根是唐朝種下來的。唐朝怎樣會種下這個根？是起於有天下者好大喜功的一念，和奢侈淫欲的行爲。專制政體和國家的關係，可謂大了。

唐玄宗時所設的十節度經略使，已見前篇第三章第三節。這諸鎮之中，西北兩面，以制馭突厥、吐蕃、奚、契丹故，兵力尤厚。唐初邊將，是"不久任"、"不兼統"的。"蕃將"就有功勞，也做不到元帥。玄宗在位歲久，漸漸荒淫。始而寵武惠妃，繼而寵楊貴妃，委政於李林甫。林甫死後，劍南人楊釗，又夤緣楊貴妃的門路，冒充他哥哥。於是賜名國忠，繼李林甫爲宰相。玄宗始而鋭意邊功，繼而荒淫無度，軍國大政完全不在心上。邊將就有以一人而兼統數鎮，十幾年不换的。李林甫又妬功忌能，怕邊將功勞大的，要入爲宰相，就奏用胡人爲元帥，於是安禄山就以胡人而兼范陽、平盧兩鎮節度使。這時候，奚、契丹漸漸强起來了。參看第三章第二節。安禄山時時同他打仗，又暗招奚、契丹的人，補充自己的軍隊。於是范陽兵精，天下莫及。他有反心已久。以玄宗待他厚，一時還猶豫未發。到楊國忠做了宰相，和安禄山不對，説他一定要反的，玄宗不聽。楊國忠就想激變安禄山，以“自實其言”。於是處處和安禄山作對。前一一五七年，禄山就反於范陽。

這時候，内地是毫無兵備的。玄宗聽得禄山反信，叫封常清河西節度，這時候適在京師。到東京去募兵抵禦他。然新招來的“白徒”，如何和百練的精兵打仗？屢戰皆敗，不一月，河南、河北皆陷。禄山就稱帝於東京。封常清逃到潼關，和副元帥高仙芝共守。玄宗把他殺掉，代以哥舒翰。哥舒翰主堅守，楊國忠又催他出戰。前一一五六年六月，戰於靈寶，如今河南的靈寶縣。大敗，潼關失守。玄宗出奔四川。當楊貴妃得寵的時候，還有他的姊姊秦國夫人哩，韓國夫人哩，虢國夫人哩，都出入宫禁，驕奢淫佚得了不得，後來楊國忠也是如此。軍民心上，久已怨恨得不堪了。玄宗走到馬嵬驛，在如今陝西興平縣。軍變了，逼着玄宗把楊國忠楊貴妃都殺掉，然後起行。又有一班父老“遮道”，勸玄宗留太子討賊，玄宗也聽了他。太子走到靈武如今甘肅的靈武縣。即位，是爲肅宗。

當哥舒翰守住潼關的時候，平原太守顔真卿，常山太守顔杲卿，都起兵討賊。河北響應。賊將史思明，雖然把常山打破，將顔杲卿殺掉。而朔方節度使郭子儀，河東節度使李光弼，又連兵而出井陘。殺敗史思明。安禄山一方面形勢頗爲吃緊。不意潼關破了，子儀、光弼，都撤兵西上，顔真卿也逃到行在。於是形勢大變。幸而安禄山是個武人，所靠的只是兵强，此外别無大略。他手下的戰將，也是毫無謀略的，既入長安，縱情於子女玉帛，並不出兵追趕，所以玄宗得以入蜀，肅宗也安然走到靈武。前一一五五年，安禄山又給他的兒子安慶緒殺掉。安慶緒不能駕馭諸將，將卒都不聽他的命令。於是兵勢驟衰。

肅宗即位之後，郭子儀以兵至行在。前一一五五年二月，先平河東，以爲進取兩京的預備。九月，以廣平王俶代宗。爲天下兵馬大元帥,並着回紇西域的兵,克復西京。旋進取東京。於是賊將皆降。賊將尹子奇屢攻睢陽,幸得張巡、許遠堅守。後來雖然給子奇攻破,然而不久,東京就收復了。子奇爲人所殺,江淮得以保全。

賊將裏頭,最驃悍的要算史思明。投降之後,唐朝仍以他爲范陽節度使。李光弼使副使烏承恩圖之。事洩,思明殺掉承恩,再反。這時候(前一一五四年),九節度之師六十萬,方圍安慶緒於鄴,久而不克。史思明發兵來救,官軍大敗。李光弼的兵,在諸將中,算最整齊的,只斷得河陽橋。河陽,如今河南的孟縣。思明入鄴,殺慶緒。旋發兵陷東京。前一一五一年,攻陷河陽及懷州,河南河内縣。朝廷大震。幸而思明也爲其子朝義所殺,賊勢又衰。前一一五〇年,肅宗崩,代宗立。史朝義差人去騙回紇,説唐天子已死,國無主;速南取其府庫,金帛多着哩。回紇信了他,牟羽可汗,自己帶兵南下,而走到路上,給唐朝人曉得了。趕快派蕃將僕固懷恩,鐵勒僕骨部人。前去游説他。勸他反助唐朝。於是再派雍王适德宗。做天下兵馬大元帥,和回紇的兵,一同進取東京。史朝義走幽州,幽州已降,想逃奔奚、契丹,爲追兵所及,自縊而死。一場大亂,總算平定。

郭子儀,李光弼,是歷史上負頭等聲譽的人物。我説他的兵,實在没有什麽用場。這個很容易見的。進取西京的時候,官軍的總數,共有十五萬;回紇兵不過四千。然而爲什麽一定要有了回紇兵,才能收復兩京?當時官軍的兵力,並不薄弱、賊兵則久已腐敗了;而且安禄山死了,失了統御的人;何以十幾萬的官軍,竟不能力戰取勝,一定要借助於回紇兵呢?圍相州一役,没有外族兵,就以六十萬的大兵,而殺得大敗虧輸。這時史思明的兵,只有三萬。

相持幾年,畢竟又靠回紇的力,才把史朝義打平。這種軍隊,也就可想而知了。所以我説《唐書》上所載郭李的戰績,是全不可靠的。安史的亡,只是安史的自亡。不然,安史的一班降將,何以毫不能處置,而只好養癰遺患呢?

第二節　唐中葉後的外患

唐朝因安史之亂所致的患害有兩種：一種是外國驟强，一種是藩鎮遍於内地。

突厥復興的時候，回紇度磧，南徙甘涼間，已見上篇第二章第六節。突厥亡後，回紇懷仁可汗，又北徙據其地。樹牙於都尉鞬山，大約在如今三音諾顔境内。懷仁的太子葉護，葉護是官名，不是人名。凡北狄的人名，有時是“名”，有時是“稱號”，有時是“官名”。有時“名”“號”“官名”等，混雜在一起。一一分別，不勝其煩；而且有許多分別不出的；所以概不加注。特於此發其凡。讀者只要不把他都認作人名就是了。助中國收復兩京。原約克復西京之日，土地歸唐，金帛子女歸回紇。城破之日，回紇欲如約。廣平王率衆拜於葉護馬前，請他破了東京再如約，回紇也勉强聽從。代宗時候，懷仁可汗，已經死了，子移地健立，是爲牟羽可汗。葉護得罪前死，所以不曾立。聽了史朝義的話，自己帶兵南下，走到陝州，遇見了僕固懷恩，總算是反而助唐。然而居然責雍王不“蹈舞”，把兵馬使藥子昂，行軍司馬韋少華杖殺。唐朝這時候，只得吞聲忍氣，無如之何。僕固懷恩，雖然是個蕃將，對於唐朝，卻的確盡忠的。參看《唐書・懷恩傳》。後來和河東節度使辛雲京不協。唐朝卻偏助雲京。於是懷恩造反；兵敗，逃入回紇。前一一四八年，引回紇吐蕃入寇。幸而懷恩道死，郭子儀單騎去見回紇，説和了他，與之共擊吐蕃，吐蕃遁去。唐朝和回紇的國交，總算没有破裂。然而這時候，回紇驕甚，每年要貢馬數千匹，都是用不得的，卻要賞賜他很多的金帛。回紇人留居長安的，驕縱不法。酗酒滋事，無所不爲。犯了法，給官抓去；便聚衆劫取，官也無如之何。後來牟羽可汗，又要入寇，宰相頓莫賀諫，不聽。就弑之而自立，是爲合骨咄禄毗伽可汗。德宗在陝州，是吃過回紇的虧的。即位之後，心中還有些不忿。然而這時候，中國的國力，實在不彀。宰相李泌，再三婉勸，於是與回紇言和。回紇從肅代以後，和中國交通頻繁，多得中國的賞賜，漸漸的"濡染華風"，流於文弱了。文宗時，年荒疫作。爲黠戛斯所攻，就是鐵勒十五部裏的結骨。《唐書》稱"其人皆長大，赤髮，皙面，緑瞳。"則本來是白種。後來和鐵勒相混，所以又説"其種雜丁令"。"其文字語言，與回鶻同。"其牙在青山，青山在劍河之西。案劍河就是謙河，見前篇第一章第四節。可汗㕎馺特勒被殺。餘衆走天德軍名，在烏剌特旗境。振武間，盜畜牧，爲唐軍所破。殘部五千，仰食於奚，仍爲黠戛斯所虜。於是漠南北無復回紇。而其餘衆走西域的，蔚爲其地一大族，遂成現在回族分布的形勢。參看下篇第三章第一節。

吐蕃卻比回紇强，所以唐朝受吐蕃的害，也比回紇爲烈。安史亂時，諸將皆撤兵入援。於是吐蕃乘勢盡陷河西隴右之地。前一一四九年，吐蕃入寇，至便橋。在如今陝西咸陽縣境。代宗奔陝州。吐蕃入長安，立廣武王承弘爲帝。旋以郭子儀多張疑兵以脅之，乃棄城而去。德宗初立，和吐蕃講和，約以涇隴諸州爲界。朱泚反時，吐蕃允助兵討賊；約事定，畀以涇靈等四州。旋吐蕃軍中疫作，不戰而退。事平之後，卻又邀賞 。德宗只略酬以金帛。吐蕃缺望，又舉兵爲寇。兵鋒直逼畿輔，諸將竟"不能得一俘"。穆宗時，其贊普達磨，"嗜酒好獵，兇愎少恩"，吐蕃國勢漸衰。武宗時，贊普死，無子，妃綝氏的兄子嗣立。只三歲，綝氏共治其國。别將論恐熱不服，作亂。吐蕃的鄯州節度使尚婢婢，又不服論恐熱，舉地來降。前一〇六三年，宣宗就恢復河湟之地。明年，沙州首領張義潮等復以河西之地來歸。於是唐朝復有河西隴右之地。然河湟一帶，吐蕃人雜居的不少。河西也荒蕪已甚。到唐朝末年，聲教隔絶。河西就復爲回鶻所據。隴右也入於蕃族之手。直到宋熙寧中纔恢復。這是後話，且待以後再講。

還有國不甚大，而爲害卻很深的，便是南詔。南詔，《唐書》説他是哀牢夷之後，其實不然。哀牢夷，在如今雲南保山一帶。後漢明帝時，始開其地爲永昌郡。《後漢書》説他"種人皆刻畫其身，象龍文"，又説他"穿鼻儋耳"，這明是馬來人種。古代所謂粵族。南詔則係出烏蠻。烏蠻是和白蠻分别之稱,亦謂之兩爨。以南北朝時,中國有爨氏王其中。故烏蠻爲東爨,白蠻爲西爨。其衆在金沙江大渡河流域,就是現在的猓玀。古代的濮族,參看第一篇第六章第五和第六節,第二篇上第四章第四節。唐時,其衆分爲六詔。蠻語謂王曰詔。蒙嶲詔,在如今四川西昌縣。越析詔,亦稱磨些詔,在如今雲南麗江縣。浪穹詔,在如今雲南洱源縣。邆賧詔,在如今雲南鄧川縣。施浪詔,在洱源縣之東。蒙舍詔,在如今雲南蒙化縣。蒙舍詔地居最南,故亦稱南詔。玄宗時,南詔的酋長波邏閣,纔合六詔爲一。徙治太和城。如今雲南的太和縣。玄宗封爲雲南王。天寶間,劍南節度使鮮于仲通失政。南詔酋長閤羅鳳,波邏閣的兒子。北臣吐蕃。仲通討之,大敗。楊國忠調山東兵十萬討之,又大敗。於是南詔北陷嶲州,西昌縣。兵鋒及清谿關,如今四川的清谿縣。西川大受其害。然而南詔從歸服吐蕃之後,賦斂甚重;吐蕃每入寇,常用其兵做先鋒;又奪其險要之地,築城置戍;南詔深以爲苦。當嶲州陷時,西瀘令鄭回,爲閤羅鳳所獲,叫他做孫兒子異牟尋的師傅。德宗時,閤羅鳳死,異牟尋嗣位,以鄭回爲相。鄭回勸他歸唐。西川節度使韋皋,也遣使招他。於是異牟尋再歸唐朝,和唐朝合力,擊破吐蕃。前一一一〇年,西川之患始解。文宗時,異牟尋的孫子勸利在位,又舉兵爲寇。攻成都,入其郛。勸利死後,子酋龍立。懿宗時,稱帝,國號大禮。屢攻嶺南,又陷安南都護府。在如今越南的東京。唐朝用高駢做安南都護,打敗他。南詔又改攻四川,唐朝又把高駢調到四川,把他打破,南詔纔不敢爲寇。酋龍死後,南詔也衰,和唐朝就無甚交涉了。

西突厥别部,喚做處月,西突厥亡後,依北庭都護府以居。其地在金娑山之陽,蒲類海如今新疆的巴黑坤湖。之陰,有大磧曰沙陀,因號爲沙陀突厥。河西既陷,安西北庭,朝貢路絶。肅代後,常假道於回紇。回紇因之,求助無厭。沙陀深以爲苦,於是密引吐蕃陷北庭。吐蕃徙沙陀於甘州。久之,回紇取涼州,吐蕃疑心沙陀和回紇交通,要徙其衆於河外。黄河之南。沙陀大懼。前一一〇四年,其酋長朱邪盡忠朱邪二字,就是處月的異譯。和其子執宜,悉衆三萬落歸唐。吐蕃追之,且戰且走。盡忠戰死。執宜以餘衆款靈州塞。節度使范希朝以聞。詔處其衆於鹽州,置陰山都督府,以執宜爲兵馬使。其後希朝移鎮河東,執宜舉部隨往。希朝更處其衆於神武川北的黄瓜堆,在如今山西山陰縣北。簡其精鋭,以爲沙陀軍。懿宗以後,屢次用他征討,就做了沙陀入據中原的根本了。

第三節　肅代到穆宗時候的藩鎮

安史敗後,其所署置的諸將皆來降。唐朝用姑息政策,仍舊把原有的地方,給他做節度使。於是

薛嵩據相衛軍名昭義,治相州,如今河南的安陽縣。薛嵩死後,弟萼立,爲田承嗣所併。

李寶臣據恒趙軍名成德,治恒州,如今直隸的正定縣。

田承嗣據魏博軍名天雄,治魏州,如今直隸的清豐縣。

李懷仙據范陽軍名盧龍。懷仙爲兵馬使宋(朱)希彩所殺,希彩又給手下人殺掉。推朱泚爲節度。朱泚入朝,以弟滔知留後。

李正己據淄青軍名平盧,治青州,如今山東的益都縣。

各繕甲兵,擅賦税,相約以土地傳子孫。而

山南東道梁崇義治襄州,如今湖北的襄陽縣。

淮西李希烈治蔡州,如今河南的汝南縣。

也和他們互通聲氣。

肅代兩世,是專取姑息政策的。德宗立,頗思振作。前一一三一年,李寶臣死,子維岳請襲,不許。維岳就和田承嗣的侄兒子悦,及李正己,連兵拒命。梁崇義也趁勢造反。德宗派河東節度使馬燧,神策兵馬使李晟,打破田悦。李希烈討平梁崇義。幽州朱滔,也發兵助官軍,攻破李維岳。維岳之將王武俊,殺維岳以降。事已指日可定了。而朱滔王武俊怨賞薄,反助田悦。李希烈也反於淮西。於是弄得兵

連禍結。前一一二九年，發涇原軍治涇州，如今甘肅的涇川縣。討李希烈。打從京城過，兵士心上，以爲必有厚賞；誰知一點没有；而且吃局又壞。軍士大怒，作亂。德宗出奔奉天。如今陝西的乾縣。亂軍奉朱泚爲主，進攻奉天。幸得渾瑊力戰，河中節度治蒲州，如今山西的永濟縣。李懷光，也舉兵入援。朱泚方纔解圍。德宗所用的宰相盧杞，是姦邪的。輿論都不以爲然。懷光既解奉天之圍，就奏參盧杞的罪惡。德宗不得已，把盧杞貶斥，然而心實不以爲然。懷光一想，這件事做得冒昧了。就也索性造反，和朱泚合兵。德宗不得已，再逃到梁州。如今陝西的南鄭縣。這時候，真是勢窮力盡了。於是用陸贄的計策，"下詔罪己"。赦了李希烈，田悦，朱滔，李納，李正己的兒子。王武俊，專討朱泚。總算把長安收復，河中也打平，然而山東的事情，就到底虎頭蛇尾了。

德宗從奉天還京後，一味信任宦官，注意聚斂，山東的事情，自然無心再管。傳了個順宗，只做了一年皇帝，就傳位於憲宗。參看第四節。憲宗即位後，倒居然暫時振作。先是田承嗣死後，傳位於侄兒子田悦。承嗣的兒子田緒，殺而代之。傳位於兄弟季安。季安死後，兒子懷諫幼弱，軍中推裨將田興爲主，請命於朝。憲宗的宰相李絳，勸憲宗因而授之，而且厚賜其軍。軍士都歡欣鼓舞。於是魏、博一鎮，歸心朝廷。而淮西吴元濟，李希烈雖蒙朝廷赦罪，旋爲其手下的將陳仙奇所殺。希烈的愛將吴少誠，又殺掉陳仙奇，替希烈報讎，朝廷弗能討。少誠死後，牙將吴少陽，殺掉他的兒子而自立。傳子元濟，不但不奉朝令，還要出兵寇掠。最爲悖逆。平盧李師道李納傳子師古，師古傳弟師道。成德王承宗，王武俊傳子士真，士真傳子承宗。都和他互相勾結。憲宗發兵討吴元濟，淮西兵既精，而境内又處處築有柵壘，難攻易守。從前一〇九八年用兵，到前一〇九五年，還不能克。李師道屢次代元濟請赦，憲宗不許。師道就派奸細，焚毁河陰轉運院軍儲，刺殺宰相武元衡，又刺傷裴度的頭。裴度仍堅主用兵，而且請自往督師。這一年十月裏，唐鄧節度使李愬，用降將的計策，乘雪夜襲入蒲州。執吴元濟，送到京師，殺掉。明年，發諸道兵討平李師道。盧龍節度使劉總，本以弑父自立，朱滔死，軍中推劉怦爲留後。傳子濟，濟子總，弑而代之。心常不安。及是就棄官爲僧。王承宗死後,他的兄弟承元,也束身歸朝,肅代以後的藩鎮,到此居然削平了。

然而前一〇九二年,憲宗就死了。穆宗立,恣意聲色,不問政事。宰相蕭俛段文昌,又以爲天下已平,不復措意於三鎮。於是朱滔的孫子朱克融,乘機再據盧龍。成德將王庭湊,魏博將史憲誠,亦各據鎮以叛。朝廷發兵攻討,多觀望不進;糧餉又匱乏;就不得已罷兵。於是再失河北,"迄於唐亡,不能復取"。河北三鎮的平定,倒没有滿三年。

穆宗後的河北三鎮:

(盧龍)　朱克融　李載義　楊志誠　史元忠　陳行泰　張絳　張仲武　張直方仲武子　周綝　張允伸　張公素　李茂勳　李可舉　李全忠可舉子　李匡威全忠子　李匡籌匡威弟,爲李克用所破,克用代以劉仁恭。

(魏博)　史憲誠　何進滔　何弘敬進滔子　何全皋弘敬子　韓允中　韓簡允中子　樂彦禎　羅弘信　羅紹威弘信子

(成德)　王庭湊　王元逵庭湊子　王紹鼎元逵子　王紹懿紹鼎子　王景崇紹懿兄子　王鎔景崇子　張爲禮鎔養子

第四節　宦官的專横

唐朝亡於藩鎮,是人人知道的。其實藩鎮之禍,還不如宦官之深。爲什麽呢?藩鎮之中,始終抗命的,其實只有河北三鎮。其餘諸鎮,雖也時時有抗命的事情,然而從黄巢作亂以前,顯然拒命,始終不能削平的,其實没有。不過外權太重,中央政府,陷於威權不振的狀態罷了。要是有有爲之主,赫然發憤,原未嘗不可收拾。然而從中葉之後,也未嘗無有爲之主,而始終不能振作,則實由於宦官把持朝局之故。宦官所以能把持朝局,又由於他握有兵權之故。所以唐朝宦官之禍,是起於玄宗,而成於德宗的。

唐初的宦官,本没有什麽權柄。玄宗纔叫宦官楊思勖出平蠻亂。又信任高力士,和他議論政治。於是力士"勢傾朝野"。權相如李林甫、楊國忠,尚且交結他。至於太子亦"事之以兄"。然而高力士畢竟還是謹慎的。肅宗即位後,寵任李輔國。輔國因張良娣有寵,和他互相結託。後來張良娣立爲皇后,又和輔國相惡。肅宗病重了。張皇后要想除掉李輔國,輔國竟勒兵弑后。代宗即位,乃陽尊輔國爲尚父,而暗中遣人,把他刺殺。代宗又寵任程元振,魚朝恩,一味蔽聰塞明,以致吐蕃入侵,兵鋒已近,還没有知道,倉皇出走,幾乎大不得了。然而這時候,宦官的兵權還不甚大。除掉他畢竟還容易,所以程元振、魚朝恩,雖然威權赫奕,畢竟各伏其辜。

到德宗從奉天回來,鑒於涇原兵變時候,禁軍倉卒不能召集;不願意兵權專歸武將;於是就神策、天威等軍,置護軍中尉、中護軍等官,以宦官竇文暘、霍仙鳴等爲之。又置樞密使,令宦官宣傳命令。宦官的勢力,從此就深根柢固了。參看上篇第三章第一第三節。順宗即位,東宫舊臣王伾、王叔文,居翰林中用事。引用韋執誼做宰相;杜佑做度支使;韓泰、劉禹錫、柳宗元等,參與謀議;要想減削宦官的權柄。派范希朝做神策京西行營使,以收禁軍的兵權。而宦官遣人告諸將,"無以兵屬人"。希朝到了奉天,諸將没一個人理他。兵權收不回來,就弄得一籌莫展。於是宦官藉口順宗有病,逼着他傳位於太子,是爲憲宗。王叔文等一班人,都遭貶斥。這是士大夫和宦官鬥争第一次失敗。憲宗即位,也信任宦官吐突承璀,教他帶兵去征討。憲宗太子甯早死,承璀要立豐王惲,而憲宗以惲"母賤",立遂王宥爲太子。憲宗晚年,喫了方士的金丹,躁怒無常,爲宦官陳弘志所弑。並殺掉吐突承璀和豐王惲,而立穆宗。穆宗和敬宗,都是荒淫無度的。穆宗性尤褊急,左右動輒獲罪,也爲宦官劉克明所弑。立憲宗子絳王悟。樞密使王守澄,又殺掉劉克明和絳王,而立文宗。文宗即位之初,就用宋申錫做宰相,和他謀誅宦官。宦官誣以謀反,文宗不得已,把宋申錫貶斥。又不次擢用李訓鄭注,和他謀誅宦官。於是正陳弘志弒逆之罪,鴆殺王守澄。鄭注先出鎮鳳翔,謀選精兵入京,送王守澄葬,乘勢誅滅宦官還没到期,李訓等就先動手。詐言左金吾殿後有甘露降,派宦官去看,想趁此把他們殺掉。誰知事機洩漏,中尉仇士良、魚弘志,就劫文宗入宫,以神策軍作亂。殺掉李訓和宰相王涯賈餗,鳳翔監軍,也把鄭注殺掉,凡監軍,都是宦官。於是大權盡入宦官之手,宰相不過奉行文書而已。這是士大夫和宦官鬥争第二次失敗。文宗一子早死,立敬宗子成美爲太子。文宗病重了,仇士良、魚弘志矯詔立武宗爲皇太弟。文宗崩後,武宗殺太子而自立。武宗還算英明。即位之後,漸次奪掉仇士良的權柄。然而武宗也没有兒子。武宗病重,中尉馬元贄等定計,立宣宗爲皇太叔,武宗死後即位。宣宗留心政治,唐朝人稱爲"小太宗"。然而也並没奪掉宦官什麽權柄。宣宗長子鄆王温,無寵。臨朝時候,把第三個兒子夔王滋屬託樞密使王歸長。左軍中尉王宗實,又靠着兵權迎立懿宗。懿宗也没立太子,病重時候,中尉劉行深、韓文約共立僖宗。僖宗死後,羣臣要立他的長子吉王保。而觀軍容使楊復恭,又仗着兵權,迎立昭宗。昭宗即位之後,一心要除宦官。於是宦官倚仗着方鎮之力,肆行叛逆。畢竟弄得朝臣也借助於方鎮,以除宦官,這是士大夫和宦官第三次鬥争,就弄得宦官滅而唐亦以亡。其事都見第五節。總而言之:中央的兵權和機務,都操在宦官手裏;六七代的皇帝,都是由宦官擁立;這是歷代所没有的。然而其初,不過起於君主一念之差;專制政體的危險,就在這等地方。

第五節　黄巢之亂和唐朝的滅亡

藩鎮跋扈於外,宦官專權於内,唐朝的天下,自然是弄不好的了。然而還借着流寇做個引綫,纔弄得四海分崩。

唐朝自經安史之亂,財政困難,税法大壞,參看第二篇下第三章第五節。

百姓本已苦極不堪了。懿宗時，奢侈尤甚；加以對南朝用兵，賦斂更重。於是裘甫作亂於浙東，總算旋即敉平。前一〇五二年。而徐、泗的兵戍守桂州的，又因及期不得代作亂。前一〇四四年。推糧料判官龐勛爲主，北陷徐、宿、滁、和等州，進攻泗州。朝廷令康承訓討之，承訓奏請以沙陀兵自隨，由朱邪執宜的兒子赤心，帶着前去。及戰，"所向無前"。居然把龐勛打平。於是賜赤心姓，名曰李國昌，用他做大同節度使。治雲州，如今山西的大同縣。旋又移鎮振武(治舊時的單於都護府，地在陰山之南)。沙陀就得了地盤了。徐州，如今江蘇的銅山縣。宿州，如今安徽的宿縣。桂州，如今廣西的桂林縣。滁州，如今安徽的滁縣。和州，如今安徽的和縣。泗州，如今安徽的泗縣。

僖宗即位時候，還只有十二歲，一切政事，都交給宦官田令孜。這時候，山東連年饑荒，前一〇三七年，濮州人王仙芝起兵作亂。明年，冤句人黄巢聚衆應之。又明年，仙芝在荊南，給招討使曾元裕打死。黄巢收其餘衆，從宣州如今安徽的貴池縣。入浙東。掠福建，陷廣州。旋以軍士多疫，還陷潭州。如今湖南的長沙縣。從潭州北陷鄂州，如今湖北的武昌縣。東南陷饒如今江西的鄱陽縣。信；如今江西的上饒縣。仍趨宣州。由采石渡江；北陷東都，進攻潼關。這時候的神策軍，都是富家子弟，賄賂宦官，竄名軍籍。借此以避賦役。實際上並"不能操兵"。用以把持朝政則有餘，真個要他去打仗，就不行了。於是多出金帛，雇窮人代行。也都是"不能操兵"的。如何敵得百戰的流寇？於是潼關失守。田令孜早叫他的哥哥陳敬瑄田令孜是宦官的養子，本姓陳。去做西川節度使，預備危急時候，再演那玄宗幸蜀的故事了。這時候，就挾着僖宗，出奔成都。黄巢入長安，自稱齊帝。前一〇三二年。

僖宗出奔之後，宰相鄭畋、王鐸，先後統諸道的兵，以討黄巢。諸軍都不肯盡力；四方藩鎮，也都袖手旁觀；於是不得不再用沙陀的兵。李國昌做了節度使之後，他的兒子李克用，就做沙陀兵馬使，戍守蔚州。如今山西的靈邱縣。蔚州的兵，殺掉防禦使段文楚，推他爲主，入據雲州。朝廷就用李國昌做大同節度使，以爲克用必不能拒敵父親。

誰知李國昌也想兒子得一個地盤,倒父子聯兵反起來。給幽州節度李可舉打敗。父子都逃入韃靼。見下篇第二章第一節。這時候,克用的族父李友金,替代北監軍陳景思,説請赦李克用的罪,叫他來打黄巢。朝廷聽了他。於是前一〇三〇年十一月,李克用帶着沙陀、韃靼的兵一萬多人南來。連戰皆勝。明年四月,就把長安收復。黄巢逃出潼關,去攻蔡州。節度使秦宗權,敵他不過,就投降了他,和他一同造反。前一〇二八年,李克用又出關,把黄巢打死。於是歷年的流寇,總算平定。然而李克用就做了河東節度使,沙陀竟進了中原了。

僖宗還京後,田令孜依然用事。垂涎着解州、安邑,兩個鹽池的利益,想把河中節度使王重榮,移到山東。重榮不肯。令孜就結合邠寧治邠州,如今陝西的邠縣。朱玫、鳳翔治岐州,如今陝西的鳳翔縣。李昌苻去攻他。誰知王重榮是李克用的親戚,克用發兵來救,朱玫、李昌苻大敗。就反和李克用合兵,殺進京城。僖宗逃到鳳翔,又逃到興元。如今陝西的南鄭縣。後來李克用、王重榮,又願意歸順朝廷,李昌苻也和朱玫不合,三人合力,把朱玫攻殺,僖宗纔算回京。田令孜逃到西川靠陳敬瑄。

前一〇二四年,僖宗死了,楊復恭擁立昭宗。昭宗頗爲英明。這時候,李克用攻殺昭義軍節度使孟方立。昭義軍,治邢州,如今直隸的邢臺縣。併邢、洺如今直隸的永年縣。磁如今直隸的磁縣。三州。又北取雲州。朱全忠和河北三鎮,都請出兵攻他。昭宗想借此除掉李克用,也就出兵征討。誰知道全忠和三鎮的兵都不出,官軍被克用殺得大敗。只得把宰相崔濬貶謫,和他講和。僖宗回京之後,李昌苻又作亂,遣李茂貞討平之。就以茂貞爲鳳翔節度使。昭宗不要楊復恭帶禁軍,叫他去做鳳翔監軍。復恭走到興元,造反。茂貞又討平之。於是驕恣得了不得。前一〇二〇年,昭宗發禁兵討李茂貞,茂貞和邠寧節度使王行瑜,合兵拒命。把官軍殺得大敗。只得把事情都推在宰相杜讓能身上,把他殺掉,和他們講和,於是朝廷一舉一動,都爲行瑜、茂貞所制。還有鎮國軍治華州,如今陝西的華縣。韓建,也和他倆結爲一黨。前一〇一七年,三人一同入朝,竟把宰相韋昭度、李谿殺掉。聽得李克用要舉兵來討，纔各自還鎮。而李茂貞的乾兒子李繼鵬，做了右軍指揮使，又舉兵作亂。昭宗逃到石門。鎮名，在如今陝西的藍田縣。幸得李克用舉兵，討斬王行瑜，昭宗纔得回京。前一〇一六年，昭宗置殿後四軍，派諸王統帶。李茂貞本是和宦官一氣的，就舉兵犯闕。昭宗逃到華州。韓建也和宦官結連，把諸王一齊殺掉。李克用又派兵入援，纔把昭宗送還。昭宗回京後，仍和宰相崔胤，謀誅宦官。前一〇一二年，中尉劉繼述，就把昭宗囚了起來立太子裕爲帝。崔胤密結神策指揮使孫德昭，殺掉劉繼述，奉昭宗復位。然而兵權畢竟還在宦官之手，於是乎不得不借助於朱全忠。

朱全忠，本名温，華州人。是黄巢手下的降將。唐朝用他做宣武節度使。治汴州，如今河南的開封縣。這時候，黄巢雖滅，而秦宗權又强。如今的河南山東，給他剽掠得幾乎没一片乾净土。屢次發兵攻擊朱全忠，全忠居圍城之中，四無應援，而"勇氣彌厲"。後來到底把秦宗權滅掉。又東滅朱瑄、朱瑾，朱瑄據兖州(如今山東的南陽縣)，軍名泰寧。朱瑾據鄆州(如今山東的東阿縣)，軍名天平。南併時溥，據徐州。北服河北三鎮。西併河中，取義武，治定州，如今直隸的定縣。奪據邢、洺、磁三州。連年攻圍太原。李克用也弄得自顧不暇。北方的形勢，就推全忠獨强了。

崔胤要謀誅宦官，宦官挾李茂貞以自重；崔胤就密召朱全忠的兵。前一〇一一年，宦官韓全誨等，見事機已急，就劫昭宗走鳳翔。這時候，韓建已降順了朱全忠。前一〇一〇年，朱全忠進兵圍鳳翔。明年，李茂貞抵敵不住，殺掉韓全誨等，把昭宗送到朱全忠營裏。於是大殺宦官。回京城後，又殺掉八百多人。前一〇〇八年，朱全忠把昭宗遷到洛陽。就是這一年，把昭宗弑殺，立了昭宣帝。前一〇〇五年，就禪位於梁。

這時候，方鎮割據的，便有：

淮南楊行密唐朝的廬州刺史。前一〇二六年，淮南節度使高駢，給他手下的將畢師鐸囚了起來。招宣州觀察使秦彦到揚州，把高駢殺掉。行密討誅秦彦和畢師鐸，據了廣陵。旋秦宗權的將孫儒來攻，兵力甚厚。行密不能抵禦，逃回廬州，又逃到宣州。孫儒發大兵把他圍起。幸得孫儒軍中大疫,行密趁此把他擊斬。仍據廣陵,盡有淮南之地。行密死後,子渥,又盡取江西。

兩浙錢鏐唐朝的杭州刺史。昭宗時,越州觀察使董昌造反,錢鏐討滅他。前一〇一六年,就做了鎮海鎮東兩節度,盡有浙東西之地。

湖南馬殷孫儒的裨將。孫儒死後,和劉建鋒逃到湖南,攻陷潭州。前一〇一七年,劉建鋒給手下的人殺掉,推馬殷爲主,盡據湖南地方。

福建王審知固始縣人,哥哥王潮,做本縣的縣佐。壽州人王緒造反。攻破固始,用王潮做軍正。這時候,秦宗權方强,問王緒要租稅。王緒就帶兵渡江,南入福建,據了汀(如今福建的長汀縣)漳(如今福建的龍谿縣)兩郡。王緒暴虐,給手下人殺掉,推潮爲主。進據泉州(如今福建的晉江縣)。前一〇一九年,福建觀察使陳巖死了,王潮就進據福州。前一〇一五年,王潮死後,王審知接續下去。

嶺南劉巖劉巖的哥哥劉隱,前一〇〇七年,做唐朝的嶺南節度使。劉隱死後,劉巖接續下去。

劍南王建王建是田令孜的養子,本來在神策軍裏。僖宗入蜀之後,田令孜用他做利州刺史(如今四川的廣元縣)。後來和田令孜陳敬瑄翻臉,前一〇一九年,把成都攻破,敬瑄和令孜都被殺。前一〇一五年,又攻殺東川節度使顧彦暉,就盡併兩川之地。

還有個虎踞河東的李克用。就變做五代十國之世了。

第三章　五代的興亡和契丹的侵入

第一節　梁唐晉的争奪

從來讀史的人，有一個謬論。就是説："唐朝有藩鎮，所以兵强；宋朝削除藩鎮，國内雖然治安，然而兵就弱了，就有遼金元之禍。"這句話，全是誤謬了的。宋朝的事情，且待慢慢再説。唐朝的强，是在開元以前，這時候，何嘗有什麽藩鎮？天寶以後，藩鎮徧地都是了。然而請看上章第二節所説，唐朝的對外如何？豈但如此，就連一個小小的沙陀，也抵當不住，聽他縱横中原；到後來並且連契丹都引進來。

軍事是貴乎嚴肅的，貴乎能統一的；所以對外能戰勝的兵，對内必然能服從命令；驕蹇不用命的兵，對外必不能一戰。唐朝就是如此：中葉以後的藩鎮，可謂大多數不聽朝廷的命令了。然而打一個區區的草寇，還是不濟事，還得仰仗沙陀兵。所以李克用一進中原，兵力就"莫强於天下"。然而李克用也不過是一個普通的北族，並不是有什麽雄才大略的；所靠的就不過是兵力。所以兵力雖强，依然無濟於事；到後來，居然"天下之勢，歸朱温者十七八"。然而沙陀這個種族，畢竟還有些朝氣；唐朝這一班軍閥，卻早成了暮氣了。朱温雖是個英雄，既包圍在這種空氣裏，自然不免受些影響。所以朱温死後，兒子毫無用處，竟給李存勗滅掉。這話是怎麽説？大凡在草澤英雄裏,要出個脚色容易;在驕横的軍閥裏,要出一個脚色難。因爲草澤英雄,是毫無憑藉的,才情容易磨練得出;軍閥卻是驕奢淫佚慣了的,他那個社會中,自然出不出人才來。

梁太祖篡唐之後,前一〇〇〇年,給次子友珪所弑。弟三子友貞,討殺之而自立,是爲末帝。先是前一〇〇四年,李克用死了,兒子存勗繼立。李克用晚年,也有點暮氣;存勗卻是"新發於硎"。於是河北三鎮及義武,皆爲存勗所服。李克用死的一年,魏博羅紹威也死了。梁兵便乘機襲取趙州,進攻鎮州。成德王鎔,和義武王處直聯盟,求救於晉。李存勗爲之出兵,敗梁兵於柏鄉(如今直隸的柏鄉縣)。幽州劉仁恭,爲其子守光所囚。李存勗攻之,梁人救之,不勝。梁太祖既死,晉人乘機入幽州,把劉守光殺掉。前九九七年,梁人所派的魏博節度使楊師厚死了。梁人想趁勢把天雄軍分爲兩鎮。軍人作亂,迎接李存勗,於是魏博也入於晉。梁末帝性柔懦,更不是李存勗的對手。嘗發兵攻魏州,又想出奇兵襲晉陽,都不成功。晉人卻襲取梁的楊劉鎮,在如今山東東阿縣境。築了德勝南北兩城。就在東阿境內。梁人就只得"決河自固"。前九八九年,李嗣源襲取鄆州。如今的東阿縣。梁朝的形勢,更爲緊急。梁末帝派勇將王彦章去攻鄆州,又給李存勗殺掉。這時候,梁國的重兵,都在河外。李存勗用李嗣源的計策,發兵直襲大梁。梁末帝無法,只得圖個自盡;於是梁朝滅亡。

李存勗以前九八九年,自稱皇帝,國號也叫做唐,是爲後唐莊宗。滅梁之後,遷都洛陽。莊宗既是個沙陀,又是個軍閥,幹得出甚麽好事情? 滅梁之後,自然就志得意滿起來。寵任伶人宦官;不問政事,賞賜無度。——五代十國,原算不得什麽國家,不過是唐朝藩鎮的變相。唐朝的藩鎮,節度使的廢立,是操在軍士手裏的;這時候,雖然名目變做皇帝,實際上自然還脱不了這種樣子。莊宗把方鎮上供的錢,都入之内府,以供私用;州縣上供的錢,纔撥入外府,以供國家的經費。内府"金帛山積",而外府竭蹶異常。南郊祭天賞賜不足,軍士就都有怨心;軍士心變,軍閥的命運就完了。

前九八七年,莊宗派宰相郭崇韜,帶了他的兒子魏王繼岌伐蜀。這魏王,是劉皇后所生。劉皇后本是莊宗的妃子,郭崇韜爲他有寵,勸莊宗立爲皇后,希冀他見自己的情,宫裏可以得一個强援。誰知道劉后反聽宦官的話? 王建的兒子王衍,是很荒淫的。郭崇韜的兵一到,自然馬到成功。然而川中盜賊大起,一時未能還兵。就有宦官對劉皇后説: 郭崇韜起了異心,恐於魏王不利。劉皇后大懼。忙告訴莊宗,請他把郭崇韜殺掉。莊宗不聽。劉皇后就自己下了一條“教”給魏王,叫他殺掉郭崇韜。中外的人,都莫名其妙,於是謡言四起。就在這謡言四起的時候: 魏博的兵戍瓦橋關在如今直隸的雄縣。而歸的,就據着鄴都作亂。莊宗派李嗣源去打。李嗣源的兵也變了,劫着李嗣源,把他送進鄴城裏。李嗣源想條計策,撒了一句謊,鄴城裏的叛兵,纔再放他出來。李嗣源的女婿石敬瑭説: 哼! 這種糊塗的皇帝;你給手下的兵,劫進叛兵城裏,再出來,還想没有罪麽? 不如索性反罷。李嗣源一想,不錯,就派石敬瑭做先鋒,直趨洛陽。莊宗想要拒他,手下的兵,没一個用命,就給伶人郭從謙所弑。於是李嗣源即位,是爲明宗。

明宗也是沙陀人,是李克用的養子。這個人在軍閥裏,卻比較的算安分些。在位八年,總算没十分荒謬的事情。前九七九年,明宗死了。養子從厚立,是爲閔帝。這時候,明宗的養子從珂鎮鳳翔,石敬瑭鎮河東。閔帝想把他倆調動,從珂就舉兵反。閔帝派五節度的兵去打他,都非降即潰。派自己的衛兵去迎敵,到陝州,如今河南的陝縣。又迎降。於是閔帝逃到衛州,如今河南的汲縣。被殺。從珂即位,是爲廢帝。廢帝既立,又要把石敬瑭移到天平,石敬瑭也就造反,於是契丹來了。

第二節 契丹的興起和侵入中國

契丹的祖宗,就是鮮卑宇文氏,已見第二篇中第三章第四節。這一種人,自爲慕容氏所破,竄居如今的熱河道境。後魏道武帝,又把他打敗。於是“東西分背”。西爲奚,東爲契丹。奚人居土護真河流域,如今的英金河。盛夏徙保冷陘山。在嬀州西北。契丹人居潢河之西,如今的西剌木倫。土河之北。如今的老哈河。奚衆分爲五部,契丹則分爲八部。

古八部:
- 悉萬丹
- 何大何
- 伏弗郁
- 羽陵
- 日連
- 匹絜
- 黎
- 吐六千

唐時八部:
- 達稽唐以爲峭落州
- 紇便彈汗州
- 獨活無逢州
- 芬問羽陵州
- 突便日連州
- 芮奚徒何州
- 墜斤萬丹州
- 伏赤山州匹黎州

按契丹的部名,見於《魏書》的,《遼史》謂之古八部。其後嘗爲蠕蠕及高麗所破,部落離散。隋時,纔復依託紇臣水而居,即土護真河。分爲十部,逸其名。唐時,復分爲八部。《遼史》説:這八部,“非復古八部矣”。然而據唐朝的羈縻州名看起來;則芬問就是羽陵,突便就是日連,芮奚就是何大何,墜斤就是悉萬丹,伏就是匹絜;其餘三部,雖不能斷定他和元魏時何部相當,然而八部卻實在没有變。《遼史》的話,是錯誤了的。

契丹盛强之機,起於唐初。唐太宗時,契丹酋長窟哥内附。太宗把他的地方,置松漠都督府,就以窟哥爲都督,賜姓李。别部大酋辱紇主也來降,以其地爲玄州。八部也各置羈縻州。這時候,奚人亦内附,以其地爲饒樂都督府。兩都督府,共隸營州。如今熱河道的朝陽縣。武后時,窟哥的後人李盡忠,和歸城(誠)州刺史孫萬榮這是契丹的另一部。其酋長孫敖曹,以高祖武德四年來降。安置之於營州城旁,即以其地爲歸城(誠)州,萬榮是敖曹的孫子。同反。武后發幾十萬大兵,都不能討定。到底靠突厥默啜,襲破盡忠之衆。這時候盡忠已死。又借助於奚兵,纔把萬榮打平。契丹勢力的不可侮,於此已見。然而經這次大創以後,契丹也就中衰。附於突厥。前一一九八年,玄宗開元二年。盡忠的從父弟失活纔來降。於是奚酋李大酺,也叛突厥來歸。唐朝就再置松漠饒樂兩都督府,各妻以公主。前一一九四年,失活死,從父弟娑固襲爵。爲牙將可突干所攻,逃奔營州。營州都督許欽澹,爲他發兵,並且發李大酺的兵,去攻可突干,大敗,娑固及李大酺都被殺。於是奚衰而契丹獨强。可突干立娑固的從父弟鬱干。前一一九〇年,鬱干死,弟吐干襲。又和可突干不協。前一一八七年,來奔。國人立其弟邵固。前一一八二年,爲可突干所弒。一一七八年,幽州長史張守珪,結契丹部長過折,過折斬可突干來降。即以爲松漠都督,旋爲可突干餘黨泥禮所弒。

遼太祖先世世系據《遼史·太祖本紀贊》。

雅里——毗牒——頦領——肅祖耨里思——懿祖薩剌德——玄祖匀德實——德祖撒剌的——太祖阿保機《遼史·耶律曷魯傳》:曷魯對奚人說:"漢人殺我祖奚首,夷離堇。"這奚祖夷離堇,也是太祖的先世。我疑心就是可突干。

遥輦氏九可汗見《遼史·百官志》。

津(注)可汗　阻午可汗　胡剌可汗　蘇可汗　解(鮮)質可汗　昭古可汗　耶瀾可汗　巴剌可汗　痕德堇可汗

雅里就是泥禮。亦作涅里。當時推戴他的人很多,見《耶律曷魯傳》。"讓不有國",而立迪輦阻里。《遼史》說就是阻午可汗。唐朝賜姓名曰李懷秀,拜松漠都督。前一一六七年,天寶四年。殺公主叛去。更封其酋李楷落以代之。安史亂後,契丹服於回紇。前一〇七〇年,武宗會昌二年。可汗屈戍《遼史》說就是耶瀾可汗。纔來降。咸通中,懿宗年號,前一〇五二年至前一〇三九年。可汗習爾,曾兩次進貢。《遼史》說就是巴剌可汗。前一〇一一年,昭宗天復元年。欽德立爲可汗,是爲遥輦氏的末主痕德堇可汗。

《遼史·地理志》說:遼之先世,是"有神人,乘白馬,自馬盂山浮土河而東;有天女,駕青牛,由平地松林泛潢河而下;至木葉山,二水合流,相遇,爲配偶。生八子;其後族屬漸盛,分爲八部"。木葉山,遼屬永州,在如今熱河道赤峯縣東北境。我頗疑契丹所謂八部,就是八子之後,而《遼史》所謂"皇族"、"國舅",卻出於八部之外,皇族是代表乘白馬的神人,國舅是代表乘青牛的天女。所以隋時其衆分爲十部,而唐時松漠、玄州,亦在八部之外。皇族是大賀氏、遥輦氏、世里氏,是爲三耶律。國舅是乙室已氏、拔里氏,是爲二審密。大賀氏之衰,八部僅存其五。雅里就把這五部再分爲八;《五代史》載契丹八部是:旦利皆、乙寶活、實活、納尾、頻没、納會雞、集能、奚嗢。又析三耶律爲七,二審密爲五;共二十部。三耶律的分,大賀、遥輦,共析爲六,而世里氏仍合爲一,謂之迭剌部。所以其實力最强。遥輦氏做可汗的時候,實權仍在迭剌部手裏。

契丹太祖之興,據《五代史》説:契丹"部之長號大人。常推一大人,建旗鼓以統八部。至其歲久,或其國有疾疫而畜牧衰,則八部聚議,以旗鼓立其次而代之;被代者以爲約本如此,不敢争。某部大人遥輦次立。案這是誤以氏族爲人名。時劉仁恭據有幽州,數出兵摘星嶺攻之。每歲秋霜落,則燒其野草。契丹馬多飢死。即以良馬賂仁恭,求市牧地;請聽盟約;甚謹。八部之人,以爲遥輦不任事,選於其衆,以阿保機代之。……是時劉守光暴虐,幽涿之人,多亡入契丹;阿保機又間入塞,攻陷城邑,俘其人民;依唐州縣,置城以居之。漢人教阿保機曰:中國之王,無代立者。由是阿保機益以威制諸部而不肯代。其立九年,諸部以其久不代,共責誚之,阿保機不得已,傳其旗鼓。而謂諸部曰:吾立九年,所得漢人多矣,吾欲自爲一部;以治漢城,在如今熱河道圍場縣西南。可乎?諸部許之。……使人告諸部大人曰:我有鹽池,諸部所食。然諸部知食鹽之利,而不知鹽有主人,可乎?當來犒我。諸部……共以牛酒會鹽池。阿保機伏兵……盡殺諸部大人,遂立不復代"。據《遼史》則太祖是做本部夷離堇,升爲大迭烈府夷離堇,再進爲於越;痕德堇可汗死,然後即位的。我頗疑所謂建旗鼓以統八部,就是夷離堇之職。至於共主,則自在八部之外,但看唐時松漠玄州,在八部之外可知。大賀、遥輦兩氏的可汗,相承具有世次,斷不得僅有八部公推的大人。迭剌部、夷離堇,就是後來的北南二大王院,總統部族軍民之政,是很有實權的。居了此職,所以可圖篡。太祖以前,這一職,或須由諸部公推。所以大賀、遥輦兩氏,雖無實權,世里氏還遲遲不能圖篡。

太祖的代痕德堇而立,事在前一〇〇六年。《遼史》以明年爲太祖元年。

當時既能招用漢人，又盡服北方諸部族。契丹所征服的部族甚多，具見《遼史・屬國表》。——此外還有散見於《本紀》中的。其最有關係的，就是渤海（見第五章第一節）、黠戛斯（征服黠戛斯，則可見契丹的聲威，已到漠北）、党項、沙陀、韃靼（這三種人，在今山陝之北。党項，見第二篇下第二章第三節。自爲吐蕃所破，跟吐谷渾同逃到中國的北邊。韃靼，見下篇第二章第一節）、回鶻、吐蕃（這是在河西的回鶻，隴右的吐蕃）等等。於是契丹疆域："東至海；西至金山，阿爾泰山。暨於流沙；甘肅新疆的沙漠。北至臚朐河；克魯倫河。南至白溝。"這是取燕雲十六州以後的事。以上幾句話，據《遼史・地理志》。就做了北方一個大國了。前此北族的得勢，不過一時强盛，總還不脱游牧種人的樣子。獨有契丹，則附塞已久，沐浴漢人的文化頗深；而且世里氏之興，招用漢人，也是其中一個原因；所以他的情形，又和前此北族，稍有不同。自李大酺死後，奚人就弱，而契丹獨强。終唐之世，契丹人崛强，而奚人常服從。契丹太祖絶後，奚人纔服屬契丹。後來又一部叛去，依嬀州北山射獵，到太宗時纔服契丹。

契丹太祖，起初和李克用約爲兄弟，後來又結好於梁，所以李克用很恨他。後唐莊宗時，契丹屢次入寇。這時候，周德威守幽州，棄渝關如今的山海關。之險，契丹就入據平州，如今直隸的盧龍縣。然而和後唐戰，總不甚得志。前九八六年，契丹太祖死，次子德光立，是爲太宗。立十年，而石敬瑭來求救。

石敬瑭造反之後，廢帝派張敬達去攻他。石敬瑭便去求救於契丹。許賂以盧龍一道，及雁門關以北之地。部將劉知遠後漢高祖。説：契丹是没有大志的。就要借他的兵，只宜許以金帛；不可爲一時之計，遺將來的大患。敬瑭不聽。契丹太宗聽得石敬瑭求救，便自帶大兵南下。把張敬達圍了起來。廢帝派幽州節度使趙德鈞去救，德鈞又懷挾異志，投降契丹。於是契丹太宗册石敬瑭爲晉帝。挾之南下，打敗後唐的兵。廢帝自焚死。晉高祖入洛，就割幽、如今的京兆。薊、如今京兆的薊縣。瀛、如今直隸的河間縣。莫、如今直隸的肅寧縣。涿、如今京兆的涿縣。檀、如今京兆的密雲縣。順、如今京兆的順義縣。新、如今直隸的涿鹿縣。嬀、如今直隸的懷來縣。儒、如今直隸的延慶縣。武、如今直隸的宣化縣。雲、如今山西的大同縣。應、如今山西的應縣。寰、如今山西的馬邑縣。朔、如今山西朔縣的西北。

蔚如今山西的朔縣。十六州,送給契丹。從此以後,中國的形勢,就如負疽在背了。《遼史·兵志》"每南伐,點兵多在幽州北千里鴛鴦泊。……皇帝親征,至幽州……分兵爲三道,……至宋北京,三路兵皆會,……大抵出兵不過九月,還師不過十二月。若帝不親征,則以重臣統率往還,進以九月,退以十月。……若春以正月,秋以九月,則不命都統,只遣騎兵六萬,於界外三百里内,耗蕩生聚,不令穩養而已"。觀此,則遼人之侵宋,殆視爲每歲當然之事。宋朝北邊的所以凋弊,實由於此。而其所以然,則全由於幽州割讓,北邊無險可守(河東雖割雲州,仍有雁門内險。受害便不甚深)。所以《遼史》説,"宋惟太宗征北漢,遼不能救。餘多敗衄。縱有所得,亦不償失。良由石晉獻土,中國失五關故也"。可見燕雲十六州的割讓,於中國關係極大。這種内争的武人,真是罪大惡極。

然而石晉自身,也就深受其害。當石晉高祖時候,事契丹甚謹,内外諸臣,也有許多不忿的。高祖深知國力疲敝,不能和契丹開釁,始終十分隱忍。前九〇七年,石晉高祖卒,兄子重貴立,是爲出帝,出帝的立,侍衛景延廣,頗有功勞。於是用他和高祖舊臣桑維翰,同做宰相。景延廣這個人,是很冒昧的。立刻就罷對遼稱臣之禮,對於遼人交涉,一味强硬。於是兵釁遂開。戰争連年,雖亦互有勝負;然而這時候,國力既已疲敝,諸藩鎮又各挾異心,到底難於支持。前九六六年,晉將杜重威,叛降契丹。契丹兵就入大梁,把出帝捉去。晉高祖入洛的明年,遷都於汴。

明年,契丹太宗入大梁。然而這時候,遼人全不知治中國之法。一味想蒐括中國的錢財,搬到本國去。於是派使者分路出去"括措財帛"。又用子弟親信做諸州節度刺史,也全是外行,用了一班漢奸,做出許多荒謬的事情。又遼國的兵制,有一種"打草穀軍",是軍行時,專出去剽掠的。既入中國之後,依然行用此法。於是叛者蜂起。契丹太宗没法,只得北還,行至欒城如今直隸的欒縣。而死。先是契丹太祖的長子,名倍。太宗是次子。太祖后述律氏,喜歡太宗。於是滅掉渤海之後,封倍爲人皇王,太祖號天皇,述律氏號地皇后。以鎮其地。人皇王逃奔後唐。廢帝死時,把他殺掉。於是太宗襲位。述律后第三個兒子喚做李胡,最爲横暴。太宗死後,遼人怕述律后又要立他,就軍中推戴世宗。述律后怒,叫李胡發兵拒戰,兵敗,乃和世宗講和。後來述律后和李胡,又有異謀。世宗幽后於木葉山,把李胡囚在祖州(在如今熱河道林西縣境)。事情纔算了結。

後漢高祖劉知遠,也是沙陀人。石晉高祖南下,派他留守太原。契丹攻晉時,他按兵守境,好像是守中立的樣子。遼太宗北還後,纔在太原稱帝。太宗死後,乃發兵入大梁。諸鎮降遼的,都復來歸。遼世宗因國内有難,無暇顧及南邊,於是中國又算恢復。

第三節　周世宗的强盛和宋朝的統一

後漢高祖入大梁後,明年,就死了。子隱帝立。前九六四年。高祖舊臣楊邠、總機政。郭威、主征伐。史弘肇、典宿衛。王章管財賦。分掌國事。隱帝厭爲所制。前九六二年,把楊邠、史弘肇、王章都殺掉。郭威方統兵防遼,隱帝又要殺掉他。郭威還兵,把隱帝攻殺。高祖的兄弟劉崇,留守太原。本和郭威不協。這時候,郭威揚言要迎立他的兒子。名贇。劉崇就按兵不動。郭威旋出軍禦遼,至澶州,如今直隸的濮陽縣。爲軍士所擁立,還大梁。是爲後周太祖。差人把劉崇的兒子殺掉。於是劉崇稱帝於太原,是爲北漢。遣使稱侄於遼,世宗册之爲帝。更名旻。

前九五八年,周太祖卒,養子世宗立。北漢乘喪,借遼兵來伐,世宗大敗之於高平。如今山西的高平縣。世宗是個奮發有爲的人,於是富國强兵,立下了一個安内攘外的計畫。就做了宋朝統一事業的根本。

五代時候的禁衛軍,原是唐朝藩鎮的兵;這種兵,用以脅制主將則有餘,真個要他見仗則不足,我前面已經説過了。後唐莊宗、閔帝、廢帝的相繼敗亡,也未必不由於此。周世宗從高平打仗回來,纔深知其弊。於是大加簡汰;又在諸州招募勇壯,以補其闕;同時又減裁冗費,整頓政治;於是國富兵强了。

這時候,遼世宗已死,穆宗繼立。前九六一年。沈湎於酒,不恤國事,國勢中衰。然而北漢、南唐、後蜀等,還想憑藉其力,以震動中原。北漢本是靠遼立國的,南唐、後蜀,也特差使臣,和遼通問。周世宗要想伐遼,就不得不先用兵於南唐、後蜀。

南唐李昪,是篡吴得國的。吴當楊渥時,兵權盡入於牙將張顥、徐温之手。前一〇〇四年,顥、温共弑渥,而立其弟隆演。温又殺顥。於是大權盡歸於温。温出鎮昇州(如今江蘇的江寧縣),留子知訓在江都輔政。爲副都統朱瑾所殺。温養子知誥戡定其亂。代知訓輔政。徐温死後,大權就歸於知誥。前九七五年,隆演的弟溥,禪位於知誥。復姓李,更名昪。國號叫作唐。傳子李璟,文弱不能有爲,國勢實弱。然南唐土地本大;李璟又乘閩楚之衰,把他吞併;閩王審知,傳子延翰,爲弟延鈞所弑。延鈞襲位,更名璘。自以國小地僻,常謹事四鄰。頗爲安穩。前九七七年,璘爲其下所弑。子繼鵬立,改名昶。前九七五年,又遇弑。審知少子延曦立,延曦的兄弟建州刺史延政,和他相攻。前九六八年,延曦爲其下所弑,延政即位,還没有遷到福州。明年,給唐兵圍起來,滅掉。馬殷傳子希聲。希聲傳弟希範。湖南多産金銀,又有茶利,國頗殷富。希範奢侈無度,重加賦税。纔弄得民窮財盡。前九六〇年,希範卒,弟希廣立。庶兄希萼守朗州(如今湖南的武陵縣)。以年長不得立,怨望庶弟希崇,又和他合謀。於是希萼入潭州,把希廣殺掉。自立。又爲希崇所囚,希崇把他安置在衡山(如今湖南的衡山縣)。又有人奉以舉事。崇懼,請兵於唐。前九六一年,唐兵入潭州,希崇降。於是頗有自負的意思。後蜀主孟昶,也是昏愚而狂妄的。後蜀孟知祥,是後唐的西川節度使。明宗末年,安重海爲相,和東川節度董璋不協。璋舉兵反,明宗使石敬瑭討之。知祥和董璋併力,敬瑭不能克,罷兵。前九八一年,知祥攻殺董璋,兼有兩川之地。前九七四年,知祥卒,子昶繼立。都想交結契丹,以圖中原,前九五六年,周世宗遣兵伐蜀,取階、如今甘肅的武都縣。成、如今甘肅的成縣。秦如今甘肅的天水縣。三州。明年,自將伐唐,屢破其兵。盡取江北之地。前九五四年,遣舟師入江。唐人只得割江北請和。稱臣於周,奉其正朔。

前九五三年,周世宗自將伐遼,取瀛、莫、易三州,置雄、如今直隸的雄縣。霸如今直隸的文安縣。二州,自此中國和契丹,以瓦橋關爲界。遂趨幽州。遼將蕭思温不能抗。請救於穆宗,穆宗沈湎於酒,又不時應。幽州大震。不幸世宗有病,只得班師。不多時,世宗死了。兒子梁王宗訓立,是爲恭帝。還只七歲。未幾,就有陳橋驛在如今河南開封縣東北。兵變的事情。

宋太祖趙匡胤，本是後周太祖、世宗兩代的將，屢立戰功。這一次事情，是和後周太宗的篡漢，如出一轍的。大約竟是抄老文章。大凡人心看慣了一件事，很容易模仿，所以“惡例不可輕開”。當時傳言遼人入寇，太祖帶兵去防他，走得不多路，就給軍士所擁戴了。太祖既襲周世宗富强之餘；而這時候，割據諸國又没一國振作的，統一的事情，自然容易措手。前九四九年，先平定了湖南和荆南。馬希萼時，朗州將王逵周行逢，據州以叛。推辰州刺史劉言爲主。南唐破潭州後，不久，仍爲王逵等所得。受命於後周。後來王逵攻殺劉言，又爲裨將潘叔嗣所殺。周行逢討誅叔嗣平定湖南。前九五〇年，行逢卒，子保權年幼。行逢遺命，説衡州刺史張文表，一定要造反。若不能敵，可請命於朝。明年，文表果然襲取潭州，將攻朗州。朗州人就到宋朝請救。南平高繼興，本梁將。前一〇〇七年，梁太祖用他做荆南節度使，有荆、歸、峽三州。後唐莊宗滅梁，繼興入朝。唐封爲南平王。繼興見莊宗政亂，知道不能久存。還鎮後，遂謀自保之策。從此南平在實際上，就自立爲一國。繼興傳子從晦，從晦傳子保融，保融傳弟保勗，保勗又傳保融子繼沖，凡五世。宋朝派慕容延釗李處耘去救朗州，就假道於南平，把他襲滅。南平滅時，張文表已給朗州將楊師璠打平。而宋朝仍進兵不已，到底直逼朗州，把保權擒獲。前九四七年，滅後蜀。孟昶降。前九四三年，平南漢。南漢劉巖死後，弟龑繼立。極其侈虐。龑傳子玢，玢傳弟晟，皆耽於遊宴，政治愈壞。晟傳子鋹更爲昏暴，而屢侵宋邊，遂爲宋所滅。前九三七年，滅南唐南唐事中國最謹。前九五一年，李璟卒，子煜立。宋以“徵其入朝不至”爲名，前九三八年，派曹彬去伐他。明年，十一月，把他滅掉。九三四年，吴越王錢俶遂納土。錢鏐傳子元瓘，元瓘傳子佐，佐傳弟倧，倧傳弟俶，凡五世。只有北漢，倚恃遼援，宋朝攻他幾次，未能得志。太祖和趙普，也因北漢捍禦西北兩面，北指契丹，西則當時甘肅地方亦在化外。所以姑置爲緩圖。到前九三三年，太宗太平興國四年。天下已定，太宗便大舉伐北漢。分兵敗遼援兵。於是北漢也滅掉。唐中葉後的分裂，到此纔算統一。

宋朝的太祖、太宗，都可以算能祖述周世宗的人物。但是彼此的政策，似乎有一異點。周世宗之意，似乎是想先破遼，恢復幽州的。對於以後，作何策畫，無從揣測。伐後蜀，伐南唐，不過是除掉後患，以便併力向前的意思。宋太祖、太宗，卻是先平定内難，然後從事於遼。大約是“先其易者”的意思，原也不失爲一種政策。但是遼當穆宗在位，實在是有隙可乘的時候。景宗初年,南邊也未能佈置得完密。穆宗死於前九四三年。已在太祖代周之後十年。此時努力進取,頗較後來爲容易。失此機會,頗爲可惜。

還有宋太祖和太宗的繼承,這件事,也是所以結五代之局的。據《宋史》説:太祖母杜太后死時,太祖和趙普,都在榻前受遺命。太后問太祖"汝知所以得天下乎"?太祖説:"皆祖考及太后之餘蔭也。"太后説:"不然。正由周氏使幼兒主天下爾。汝百歲後,當傳位汝弟"云云。太祖頓首受教。於是太后叫趙普,把這件事筆記起來,藏之金匱。太宗在太祖時,是做開封尹的。即位之後,就以秦王廷美爲開封尹。征遼之役,德昭也從行。有一次,軍中夜驚,失掉太宗所在,有人謀擁立德昭。太宗知之,不悦。失利而歸,並太原之賞,也閣置不行。德昭爲言。太宗怒曰:"待汝自爲之,未晚也。"德昭退而自刎。前九三一年,太平興國六年。秦康惠王亦卒。太祖四個兒子,都没有了。又有人告秦王驕恣,將有陰謀。乃罷其開封尹,以爲西京留守。時趙普和盧多遜,互相排擠。趙普失掉相位。就上疏自陳預聞顧命的事情;太宗又發見了金匱的誓書;於是再相趙普。把盧多遜和廷美兩人,羅織成獄。多遜竄死崖州。如今廣東的崖縣。廷美房州安置,憂悸而死。太宗就傳位於自己的兒子了。這許多話,自然不是這件事情的真相。"斧聲燭影"等説,出於李燾《長篇》。也是"齊東野人"之談。我説太祖篡周,太宗原是與聞其事的。當時一定早有"兄終弟及"的成約。杜太后遺命等話,都是子虛烏有的。這件事,也不過結五代"置君如奕棋"的局面罷了。

杜太后
- 邕王元濟早亡
- 太祖
  - 滕王德秀早亡
  - 燕懿王德昭
  - 舒王德林早亡
  - 秦康惠王德芳
- 太宗
- 秦王廷美
- 夔王光贊早亡

五代系圖十國已見前。後唐、石晉、後漢都是沙陀人。

(梁)(一)太祖朱晃—(二)末帝友貞

(唐)李克用┬(一)莊宗存勗
　　　　　└(二)明宗亶養子┬(三)愍帝從厚
　　　　　　　　　　　　　└(四)廢帝從珂養子

(晉)┬(一)高祖石敬瑭
　　└敬儒—(二)出帝重貴

(漢)(一)高祖劉知遠—(二)隱帝承祐

(周)(一)太祖郭威—(二)世宗榮養子

遼系圖

(一)太祖耶律億原名阿保機┬倍—(三)世宗阮—(五)景宗賢—(六)聖宗隆緒
　　　　　　　　　　　　└(二)太宗德光—(四)穆宗璟

—(七)興宗宗真—(八)道宗洪基—濬—(九)天祚帝淳

宋系圖

趙弘殷┬(一)太祖匡胤┬德昭—惟吉—守度—世括
　　　│　　　　　　└德芳—惟憲—從郁—世將
　　　└(二)太宗光義┬(三)真宗恒—(四)仁宗禎
　　　　　　　　　　└元汾—允讓—(五)英宗曙—(六)神宗頊

(神宗頊)┬(七)哲宗煦
　　　　└(八)徽宗佶┬(九)欽宗恒
　　　　　　　　　　└(十)高宗構

(世將)—令繪—子稱—(十一)孝宗瑋—(十二)光宗惇—(十三)寧宗擴

(世括)—令稼—子奭—伯件—師雅—希壚┬(十四)理宗昀
　　　　　　　　　　　　　　　　　└福王與芮—(十五)度宗禥

(度宗禥)┬(十六)端宗昰
　　　　├(十七)恭宗㬎
　　　　└(十八)帝昺

第四章　北宋的積弱

第一節　宋初和遼夏的交涉

宋太祖專力平定國内，對於北方，是取守勢的。史稱太祖使李漢超屯關南(瓦橋關)，馬仁瑞守瀛州，韓令坤鎮常山(如今直隸的正定縣)，賀惟忠守易州，何繼筠鎮棣州(如今山東的惠民縣)，以拒北狄。郭進控西山(衛州刺史兼西巡檢)，武守琪戍晉州(如今山西的臨汾縣)，李謙溥守隰州(如今山西的隰縣)，李繼勳鎮昭義，以禦太原。趙贊屯延州(如今陝西的膚施縣)，姚内斌守慶州(如今甘肅的慶陽縣)，董重誨守環州(如今甘肅的環縣)，王彦昇守原州(如今甘肅的鎮原縣)，馮繼業鎮靈武，以備西夏。都待之甚厚；給他們的錢也很多；軍中的事情，都得以便宜從事；由是二十年無西北之虞，得以盡力東南。到太宗時候，中國既已全定，就想乘此攻遼，恢復燕雲。然而遼自景宗即位以後，已非復穆宗時的腐敗；這時候，遼距開國未遠，兵力還强；又有耶律休哥等良將；所以太宗北伐，竟無成功。

太宗既滅北漢之後，就進兵攻遼。克順薊二州，進攻幽州，兵勢頗鋭。已而遼將耶律休哥來援，王師敗績於高粱河。前九三〇年，遼景宗卒，聖宗立。年幼，太后蕭氏同聽政。專任耶律休哥以南邊之事，形勢益强。而太宗誤聽邊將的話，以爲遼女主當國，有隙可乘。前九二七年，再命曹彬、潘美、田重進，分道北伐。彬出雄州，取涿州，爲耶律休哥所敗。潘美出雁門，取寰、朔、應、雲四州，亦爲遼將耶律色珍所敗。太宗遂急召田重進還師。田重進是出飛狐口的。

從這兩次以後，宋朝就不能進取。而契丹卻屢次南侵。前九一五年，太宗崩，真宗立。前九一三年，遼聖宗自將入寇，至澶州。遣偏師渡河，掠淄、青。真宗自將禦之，次於大名。契丹乃還。前九〇八年，聖宗和太后，又大舉入寇。到澶州，中外震駭。羣臣多主張遷都。幸而宰相寇準，力主親征。於是車駕渡河，次於澶州。遼人不意真宗親出；這時候，聖宗和蕭太后，親在行間，用兵也不免偏於遲重些。前鋒攻澶州，又不利；統軍蕭撻凜，中弩箭而死。於是用宋朝降將王顯忠介紹，和中國議和。索價是要關南之地。磋議的結果，以歲幣銀十萬兩，絹二十萬匹成和；遼主稱真宗爲兄，真宗稱蕭太后爲叔母。

宋朝對於契丹，雖始終不能得志。然而從前九〇八年成和之後，到前七九〇年，再開兵釁，差不多有百二十年。其間只有遼興宗初立的時候，看見國家富强，慨然有取關南之意，差劉六符等來求地。前八七〇年。宋朝遣富弼報之，弼力言用兵則利在臣下，言和則利在主上；反復開陳，興宗纔算取消用兵的意思。這句話，是出於《遼史》上的，所以可信。但增加歲幣銀絹各十萬兩匹。這一次，又争歲幣用"納"字用"貢"字。據《宋史》說，是用納字；據《遼史》說，則是用貢字的。没有第三者做證據，也無從判決其真假。總而言之，宋朝對遼朝的交涉，是始終處於弱國的地位的。然而言和甚久，實際上受害還不算利害。實際上受害最利害的，倒在西夏。

西夏出於党項。始祖名拓跋赤辭，大約是鮮卑人在党項中做酋長的。唐太宗時歸中國。他的後人，有一個唤做思敬的，討黄巢有功。唐朝賜以國姓，用他做定難節度使，世有夏、如今陝西的懷遠縣。銀、如今陝西的米脂縣。綏、如今陝西的綏德縣。宥、鄂爾多斯右翼後旗。静如今米脂縣北。五州。宋太宗時，其後人李繼捧入朝，盡獻其地。繼捧的兄弟繼遷，叛走地斤澤。在夏州東北三百里，如今懷遠縣境。前九二七年，襲據銀州，明年，降於遼。前九二四年，宋人仍用李繼捧做定難節度使，賜姓名趙保忠。想要招徠他。繼遷請降，宋人也用爲銀州觀察使。賜姓名趙保吉。旋繼遷又叛，繼捧也與之合。宋朝討擒繼捧，而繼遷卒不能獲。前九一〇年，繼遷陷靈州，改爲西平府，遷居之。元昊又改名興州。明年，陷西涼府。旋給吐蕃族潘羅支所攻,中流矢而死。參看第四章第四節。子德明立。使子元昊,西取河西。這時候,河西爲回鶻所據。德明在位凡三十年,總算没有窺邊。前八八〇年,德明卒。元昊嗣立,宋朝的邊患就起了。

元昊是西夏一個豪傑,他是兼吸收中國和吐蕃兩種文明的,所以《宋史》説他"曉浮屠法,通蕃漢文字"。參看第二篇下第二章第三節。所以即位之後,西夏的情形,就焕然丕變。定官制,造文字,設立蕃學漢學,區晝郡縣,分配屯兵,具見《宋史・西夏本傳》。前八七三年,元昊舉兵反。宋朝初令范雍、夏竦,分守鄜延、環慶和涇原、秦鳳。旋用夏竦做陝西招討使,韓琦、范仲淹兩個,做他的副手。韓琦主張出兵,范仲淹主張堅守;兩人議論不協,出兵的事情,就没有成功。西夏人來攻,韓琦的副將任福,倒大敗於好水川。在甘肅隆德縣東。范仲淹又擅和夏人通信。於是韓、范和夏竦都罷,用陳執中代他。後來又用韓琦守秦鳳,王沿守涇原,龐籍守鄜延,范仲淹守環慶,也總是不能得利。前八六九年,元昊雖屢打勝仗,而國中也覺得困弊,纔遺書龐籍請和。明年,和議成,宋朝封他爲夏國王。歲賜銀絹茶綵,共二十五萬五千。元昊的反叛,雖也不過五年,然而宋朝用兵的耗費,和沿邊的破壞,所受的損失甚大。陝西地方,元氣差不多始終没有恢復。西夏兼吸收中國和吐蕃的文明,立國有二百多年,規模很有可觀。可惜記載極爲闕略。《西夏紀事本末》一書,蒐輯得還算完備。可以參考。

西夏系圖從(一)到(八)爲定難節度使的傳授

(一)李思恭 — 某 — (三)彝昌
(二)思諫
思忠—仁顔—彝景—光儼—(九)太祖繼遷—(十)太宗德明
(十一)景宗曩霄本名元昊—(十二)毅宗諒祚—(十三)惠宗秉常—(十四)崇宗乾順
(十五)仁宗仁孝—(十六)桓宗純祐
越王仁友 —(十七)襄宗安全
某—彦宗—(十八)神宗遵頊—(十九)獻宗德旺
清平郡王—(二十)南平王晛

(四)仁福彝昌族子 —(五)彝興 —(六)克睿 —(七)繼筠
(八)繼捧

第二節　宋初的政策和後來腐敗的情形

宋朝的對外，既如此失敗，而内政也日即於腐敗。原來宋初所患的，便是

禁軍的驕横，

藩鎮的跋扈。

禁軍是承五代的餘習，時時想把天子賣給别人。這時候的天子，原是節度使變的。他們看了他，還和前此的節度使一樣。賣一次，總有一班人得升官發財。藩鎮的所以跋扈：是由於他一個人常兼統數郡；既有兵權在手裏，支郡節度使所管而非其所治的，謂之支郡。自然給他壓倒。於是先把財政把持起來；地方上的款項，都用"留使"、"留州"的名目，開銷浄盡；只把一小部分"上供"給國家。這還是表面上服從中央的；和中央斷絶關係的，就自然一個大錢也没有了。既有了錢，就再拿來養兵，以違抗中央政府。

宋太祖得天下之後，自然首先要除掉這種弊病。所以乾德初，就面諷帶禁軍的石守信等，解除兵柄；開寶初，又因藩鎮王彦超等入朝，諷他們也把兵柄解除。參看《宋史》諸人的本傳。這就是所謂"杯酒釋兵權"。不至於時時怕"肘腋之變"；外面有兵柄的，又先去掉幾個；事情自然就好辦了。於是以後節度使有出缺的，就都用文臣代他。

命以前節度使所管的支郡，都直隸京師。

在諸州設立通判，一切事情，皆得直達朝廷。

各路皆設轉運使，以管理一路的財賦。諸州的經費，除本地的開支外，悉送闕下。

各州精壯的兵，都送到京師，升爲禁軍。其留本州的，謂之廂軍；

大都老弱,而且不甚教閱,不過給役而已。

各處要兵防守的地方,再派中央的兵出去,一年一换,謂之“番戍”。

這種政策推行以後,中央集權的形勢就很穩固;唐中葉以後的弊病,就都除掉了。然而日久便腐敗起來。你道爲什麽?原來

(1)宋初務弱外兵。其後中央的軍政,不加整頓,禁軍也弄得很腐敗。番戍原是叫兵士習勞的意思;然而不熟悉戍守地方的形勢,以致遇有戰事,毫無用處(西夏造反的時候,陝西屯兵數十萬,然而緩急時候,仍舊要倚仗民兵。後來就大簽鄉民爲兵,弄得十分騷擾);倒反借此要索衣糧,看得出戍一次,是一個要錢的機會。又歷代廂軍升爲禁軍的很多;每遇荒年,又把招兵看作救荒的政策;於是兵數驟增。

開寶太祖年號前九四四年至前九三七年	三七八〇〇〇人
至道太宗年號前九一七年至前九一五年	六六六〇〇〇人
天禧真宗年號前八九五年至前八九〇年	九一二〇〇〇人
慶曆仁宗年號前八七一年至前八六四年	一二五九〇〇〇人
治平英宗年號前八四八年至前八四五年	一一六二〇〇〇人

(2)在財政上,宋初用度尚小;平吴、蜀、江南、荆南、湖南、南漢諸國,都頗得其蓄積;所以頗稱富饒。後來兵多而官也多;真宗又因外交上的關係,去封泰山,祠汾陰,這件事,散見於《宋史》寇準、丁謂、王旦、王欽若諸人傳中。然而並不是真相。據《宋史》説:澶淵之役,寇準主親征,王欽若主遷都。和議既成,真宗頗優待寇準,寇準也自鳴得意。王欽若内懷慚愧,就對真宗説:澶淵之役,實在是“城下之盟”,寇準以陛下爲“孤注”耳。真宗頗以“城下之盟”四字爲恥,問他有什麽法子,可以雪恥?王欽若説:只有封禪,於是妄言有天書降,就出去封泰山,祠汾陰。以封禪爲雪恥的方法,真宗愚不至此。宋朝人素好説話,果然如此,斷不能不起鬨的;然而當時也並没有多少人反對,可知其中一定别有用意。《真宗·本紀贊》説:“契丹,其主稱天,其后稱地,一歲祭天,不知其幾;獵而手接飛雁,鴇自投地,皆稱爲天賜。祭告而誇耀之。宋之諸臣,意者欲假是以動敵人之聽聞,而潛銷其窺伺之心歟?……”頗得當時的真相。未必

嚇得倒敵人。而因此大興土木，廣營齋醮，財政的耗費，倒弄得一天大似一天；仁宗在位歲久，萬事因循；更加以陝西的用兵，財政更形竭蹶。原來宋朝最爲無名的費用，是“郊祀”、祭天時的賞賜。至道末，五百餘萬緡。景德(真宗年號前九〇八年至前九〇五年)七百餘萬緡。仁宗時，一千二百餘萬緡。“養兵”、“宗室吏員冗禄”真宗時，九百七十八萬五千緡。仁宗時，一千二百萬緡。治平視皇祐(仁宗年號)，增十之三。元祐(哲宗年號)則一倍皇佑，四倍景德。三項，其數都日有加增。所以他的歲入，是：

至道末　二二二四五八〇〇緡
天禧末　一五〇八五〇一〇〇緡
皇祐元　一二六二五一九六四緡
治平二　一一六一三八四〇五緡

天禧末的歲出，是一二六七七五二〇〇，還有盈餘。治平二年的歲出，是一二〇三四三一七四，再加以非常出臨時經費。一一五二一二七八，就不足一五七二六〇四七了。

(3) 宋朝的政治，還有一種毛病，便是防弊太甚。不但削弱外官的權柄便對於中央的官，也是如此。唐中葉以後，因爲宦官掌握兵權，樞密使一職，就漸漸尊重，前面已經説過了。前篇第三章第一節本篇第一章第四節。卻到五代時，還相沿設立此官，改用士人，宋朝也是如此。又唐朝中葉以後，因財政紊亂，特設度支使一官，以整理財政，又因這時候，鹽鐵兩項，都是入款的大宗，又特設鹽鐵使一官。宋朝都没有裁掉；於是合户部度支鹽鐵，爲一個機關，謂之三司。就成一個“中書主民，樞密主兵，三司理財”的局面。宰相的權柄太小。當時的人說：財已匱而樞密還是添兵；民已困而三司還是斂財；中書看着民困，而不能叫三司寬財，樞密減兵。這就是行政不統一的毛病。而諫官的氣燄卻極盛。這個(一)者因宋初的君主，要想防制權臣，特借臺諫以重權。蘇軾説：“歷觀秦漢，以及五代，諫諍而死，蓋數百人；而自建隆以來，未嘗罪一言者；縱有薄責，旋即超升。許以風聞，而無官長。風采所繫，不問尊卑。言及乘輿，則天子改容；事關廊廟，則宰相待罪。故仁宗之世，議者譏宰相但奉行臺諫風旨而已。”(二)者，也因爲五代時候，風俗大壞，氣節掃地,發生了一種反動力。宋朝的士夫,就多有“務爲名高”、“好持苛論”的氣習。喜歡求名,就遇事都要起鬨,到後來就弄成一種羣衆心理的樣子。好持苛論,便彼此不能相容,就弄得互相嫉忌,不免要用不正當的“競争”、“報復”手段。——所以喜歡結黨,喜歡排擠,喜歡標榜,喜歡攻擊,差不多是宋朝士大夫,人人同具的氣習。恭維自己的同黨,便説得比天還要高;毁駡異黨的人,就説得連禽獸也不如。叫後世讀史的人疑惑,這時候,何以君子這樣多,小人也這樣多,其實誰也算不得君子,誰也不定是小人,不過是風氣已成,人人爲羣衆心理所左右。其中起鬨得最利害的,就是英宗時所謂“濮議”,歐陽修有一篇文章,記這件事情,頗爲窮形盡相。惜乎太長,不能抄録;讀者諸君,可自己取來看一遍。宋朝的黨禍,實在是從真宗時鬧起的。當時王欽若和寇準,就互相排斥。讀史者都説寇準是君子,王欽若是小人。天書一件事,似乎是王欽若等幾個人弄出來的。其實寇準也並没反對,而且也上書獻符瑞。可見得兩派之争,其中並没甚政見的異同了。天書的事情,丁謂是其中一個有力的人物,因爲丁謂是做三司使,全靠他籌了欵來,然後封禪等事得以舉行的。真宗末年,復相寇準。真宗的皇后劉氏,“警悟,曉書史”,頗與聞政事。真宗末年久病,事情更都是皇后管的。内侍周懷政,不知怎樣,忽然想請太子監國(劉皇后無子;後宫李氏生子,劉后取爲己子,叫楊淑妃撫養他;後來立爲太子,這便是仁宗),去同寇準商量,寇準亦以爲然。後來事情泄漏了,便罷寇準,代以丁謂。懷政憂懼,要想廢劉皇后,殺掉丁謂,再相寇準,而逼真宗傳位於太子。事情又泄漏了,於是誅懷政,貶寇準,詔太子開資善堂,引大臣決事,而后裁制於内。這件事情,據《宋史》説:想叫太子監國,原是真宗的意思,不過對周懷政説及,而懷政出去告訴寇準的。然而羌無證據。若果如此,周懷政也不負多大的責任。何至於就想廢皇后殺宰相呢?若本來周懷政和寇準毫無關係,廢掉皇后,殺掉宰相,去請他來再做宰相,寇準又如何肯來呢?所以這件事,殊爲可疑。寇準既貶,丁謂自然得法了。未幾,真宗去世,丁謂和内侍雷允恭,去營視山陵。雷允恭誤聽人言,把皇堂移了一塊地方。太后叫王曾去覆看。王曾就説他“包藏禍心,有意移皇堂於絶地”。借此把丁謂擠去。這種手段,殊不正當,而宋人非常贊美他。丁謂既罷,代以王曾。後來吕夷簡做宰相。吕夷簡這個人,《宋史》上也説他不大正當的。然而也没甚顯著的壞處。仁宗是李宸妃所生。當劉太后在日,始終自己没有知道。劉太后死後纔有人對他説起。於是仁宗大慟,去易棺改葬。先是李宸妃死的時候(李氏本是順容,疾急時,進位爲宸妃),劉太后本要“用宫人禮治喪於外”。吕夷簡對太后説:“禮宜從厚。”又對承辦喪事的内侍羅崇勳説:“宸妃當用后服斂,以水銀實棺。異時莫謂夷簡未嘗言也。"羅崇勳也聽了他。及是,仁宗開棺驗視,妃"玉色如生,冠服如皇太后",乃歎曰:"人言其可信哉。"(當時告訴仁宗的人,説宸妃是死於非命)待劉氏加厚。吕夷簡這種事情,讀史的人,不過説他有心計,能替劉氏打算,其實這等處,消弭掉無數無謂的風潮。不然,早就興起大獄來了。仁宗即位之後,吕夷簡仍做宰相。仁宗的皇后郭氏,因和尚美人、楊美人争寵。自己去批尚美人的頰。仁宗自起救之。誤批上頰。仁宗大怒,要廢掉郭后,吕夷簡不曾反對。這時候,孔道輔做臺長,率諫官范仲淹等力争。一時都遭貶謫。這件事,宋人也算他一件大事情的。西夏既和之後,仁宗用夏竦做樞密使。諫官歐陽修等攻之。説他是姦邪。竦纔到京城,就罷去。代以杜衍。於是國子監直講石介,就做了一首《慶曆盛德詩》,以稱美仁宗。杜衍之黨,和夏竦之黨,就互相指目爲黨人,大相攻擊(歐陽修《朋黨論》,就是作於此時)。前八六九年,仁宗以范仲淹爲宰相,富弼爲樞密使。范仲淹是王荆公以前一個有心改革的人。《宋史》上説他鋭意裁抑僥幸,考覈官吏。然而不便者多,不過幾個月,就罷去。杜衍繼爲宰相。御史中丞王拱辰攻其婿蘇舜欽,和他所引用的集賢校理王益柔。杜衍不自安,罷職而去。於是富弼、范仲淹、歐陽修等,也聯翩辭職。拱辰大喜,説:"吾一網打盡矣。"而夏竦又繼爲宰相。再以後的大事件,便是濮議了。以上黨争的事情,一一詳叙起來太繁。《宋史》中諸人的傳,讀者可自取參考。但是《宋史》的議論,全是一偏的。須得自出眼光,用精密的手段考校。總而言之:宋朝的黨争,不過是鬧意氣。並無甚真有關係的事情。卻因此弄得政局不能穩静;無論什麽人,都不能放手做事情;就奮勇去做,也四面受人牽掣,不得徹底;即使一時勉强辦到,不久政局轉變,也要給人家取銷掉的。後來的王荆公,就是榜樣。這個卻貽害甚大。

而其最可痛心的,就是民窮財盡。原來從藩鎮擅土以後,就多用武人做地方官,管收税機關;又創設了無數麻煩的雜税。這種苛税,無有不是揀着地方上貧弱的人欺的(因爲豪强的人,都是有勢力,能和官府相結託的)。於是貧弱的人,就只得獻其所有,以託庇於豪强;有産的人,就逐漸變爲無産者。這麽一來,豪强的力量更大了,就更可以兼併貧弱的人。而且干戈之際,田地總有荒廢的;還有那貧弱之人流亡的;田地也都入於豪强之手。於是貧富就大爲不均。宋朝的收税,是很寬的。每破一國,必把他所有的苛税廢除,或是大加蠲減(累朝相承,又遞有蠲減)。而且"一遇水旱徭役,則'蠲除'、'倚閣',殆無虚歲。倚閣者後或凶歉,亦輒蠲之"。"畎畝轉易,丁口隱漏,併兼僞冒",也"未嘗考按"。然而歷代開國之初,都有一種改良分配的政治。譬如晉之户調,魏之均田,唐之租庸調制。宋朝卻絲毫未有。所以取民雖寬,只是優待了一種豪强兼併的人,貧民絲毫得不到好處。而且受豪强的壓迫更甚。民間借貸的利率,春天借米一石,秋天就還他兩石,還算是普通的,見《宋史·陳舜俞傳》。司馬光説當時窮民的情形,“稼一不登,則富者操奇贏之資,取倍稱之息;偶或小稔,責償愈急;税調未畢,資儲罄然;穀未離場,帛未下機,已非己有。所食者糠籺而不足,所衣者綈褐而不完。直以世服田畝,不知舍此尚有可生之路耳”。見《宋史·食貨志》。這種狀況,真是言者傷心,聞者酸鼻了。還有一件,宋朝的税額雖輕,而税目和徵收的方法,都很不佳良;所以國家收入雖少,人民的負擔,並不見輕。參看下篇第五章第五六節。又有一種苛酷不堪役法,簡直是絶掉人民的生機,社會的經濟狀況,就更不堪設想了。原來所謂“力役”,就是唐朝租庸調制裏的所謂“庸”,“庸錢”既已併入兩税,就不該再有所謂力役。然而從唐朝中葉以後,還是要按“人户等第”差充的。賦税無論重輕,總還有個數目;數目過大,表面上總還有些説不出來。這種差役的苦累,卻是因辦公事而賠貼,法律上無可告訴。宋時差役的名目,是衙前,——主官物;里長、正、户長,——督課賦税;耆長、弓手、壯丁,——逐捕盗賊;承苻、人力、手力、散從,——以供驅使;而衙前,里長,最爲苦累,往往傾家不能給。所謂人户的等第,是以丁口的多寡,和貲産的厚薄定的。於是百姓弄得不敢多種一畝田,多栽一株桑,也有自殘以免役的,也有自殺以免子孫之役的。真是慘無人道。以上所説的話,還不過述得一個大略:若要仔細説起來,還有許多的情形。讀者請自取《宋史》的《食貨志》看一遍。總而言之:宋朝的百姓,是苦極不堪的。所以從澶淵議和以後,除掉陝西一隅,因西夏造反,連兵五六年外,此外並没有什麽大干戈;而且朝廷也並没行什麽害民的事情;然而海内的景象,已覺得憔悴不堪;財政上很覺得竭蹶,而察看民力,租税的負擔,業已至於“不可復加”的限度。要想設法改革,一切弊竇,都是積重如山的。這樣的一個國家,要想治理真覺得無可下手。惟其如此,我們讀史的人,真不能不佩服神宗和王荆公的熱心和勇氣了。

第三節　王荆公的變法

然而變法的結果，不過弄得黨争更甚，所創的法，也不過供給後來奢侈的君主、貪欲的宰臣，聚斂和妄作妄爲之用。豈不可歎。王荆公是我國有數的政治家，怕也是世界有數的政治家。他一生的事跡，本書因限於篇幅，不能備詳。近人新會梁氏，著有《王荆公傳》一書，很爲可看。讀者諸君，務必取來細讀一過。"高山仰止，景行行止"，這種偉大人物的精神和人格，是不可以不天天"心嚮往之"的。講史學的人，總説歷史有裨於脩養，我説歷史的有裨於脩養，無過於看王荆公這一種人物的傳記了。

神宗的用王荆公做宰相，事在前八四三年。到前八三八年六月，罷相。明年二月，再入相。又一年多而罷。繼其後的，是韓絳、吕惠卿等。終神宗之世，行荆公的法不曾變。

當王荆公的時候，宋朝所亟待整理的，是財政與軍政。然而荆公的眼光，不是專注於一時的。所以他的財政政策，大致在於寬恤人民，培養社會的富力；至於兵政，則想變募兵爲民兵；還於這種眼前的急務以外，特注意於培養人才，而改良學校和選舉。這是荆公内政上的政策。

荆公所創設的財政機關，是制置三司條例司。神宗初令司馬光等置局看詳，裁減國用。光辭以不能。乃罷裁減局，但下三司共析。荆公執政後，纔創設這個機關。創設之後，對於支出一方面，則把一歲的用度，和郊祀大計，都"編著定式"。所裁省的冗費，計有十分之四。其餘一切積極的政策，也都是從此議行的。

荆公對於民政上的設施，最緊要的，是青苗法和免役法。"青苗法"是陝西轉運使李參所行。當春天播種時，叫百姓自己揣度，種田之後，能有多少贏餘，官就酌量借錢給他，以做種田的資本；到穀熟後還官。荆公把這個法子,推行到諸路。用常平廣惠倉的錢穀做本錢。常平倉是漢朝耿壽昌所創的法子。豐收之年,倉裏儲蓄了米,到荒年發出來平糶;使歲有豐歉,而穀價常得其平;不至於荒年則吃米的人受累,豐年則種田的人吃虧。所以謂之常平。歷代仿辦的很多,也有就唤做常平倉的,也有另立廣惠……名目的。但是常平二字,總算做這種倉的總名。南宋後,又有一種社倉,則用意與常平同,而辦法小異。可參考《文獻通考》的《市糴考》。這是所以救濟富人盤剥重利之弊的。“免役法”是改“差役”爲“雇役”,令“鄉户”各按等第,輸“免役錢”。本來無役的人家,出“助役錢”。其“額”,是按一縣所須的數目均攤。又額外增取二分,謂之“免役寬剩錢”,以備水旱。官用此錢,募人充役,不再“簽差”。其整理賦税,最爲根本的,是“方田均税法”。以東西南北各千步之地爲一“方”。每年九月,縣令委佐官分地計量。於每一方地的角上,立了一根木頭,以作標識。測量既畢,則經界已正;然後察看其土性的高下,以定賦税。當時反對青苗的人,其理由是:(一)官放錢取息;(二)取息二分太重;(三)州縣以多借出爲功,不免押借;(四)有錢的人,不願借,無錢的人,借了不容易還;銀錢入手,良民不免浪費,何況無賴之徒?追收起來,州縣就不免多事;(五)出入之際,吏緣爲姦,法不能禁。(一)、(二)兩説,都不足論(取息二分,較之當時民間借貸的利率,已經輕得多了)。(三)、(四)、(五)都是奉行不善之弊,不能怪到法的本身。青苗一事,讀史的人,大都以爲詬病,然而所謂害民的話,都出在反對黨的口裹。此外,在“反對荆公的《宋史》”裏,竟也找不出什麽證據來。可見當時奉行就是不善,也没有多大的弊病。反對雇役的理由是:(一)向來差役,固有因此破家的,也有全然不役的下户;現在一概要出錢,上户則便,下户則否。不知負擔本該均平;況且免役錢亦視鄉户等第,以定多少,並非是不論貧富,概令出同一的錢;還有向來無役的户,也出助役錢;如何得便於上户,不便下户?(二)户口升降失實。不知差役也要分别人户等第的。户口的昇降,和役法的爲差爲雇無關。此外理由尚多,更不值得一駁。總而言之,荆公所行的法,以免役爲最完全合理。所以後來輾轉變遷,而其法卒不能廢。——差役之法,卒不能復。新會梁氏説:“直至今日,人民不復知有徭役之苦,即語其名,亦往往不能解。……公之此舉,……實國史上世界史上最有名譽之社會革命,……”實非虚言。青苗原非完全合理之法,然在當時,確亦爲救濟貧民之一法。方田則荆公時推行不曾甚廣。後來徽宗時候,雖然繼續進行,恐怕有名無實。此外還有“市易”、“均輸”等法,也是關於經濟的行政,以其推行也不甚廣,而本書篇幅有限,所以從略。讀者可自取《宋史·食貨志》參考。

關於軍事,則首先着手於裁兵,把不任禁軍的,降爲廂軍;不任廂軍的降爲民。《宋史》上不曾明言其所裁之數，只説“所裁減者甚衆”。《通考》同。其次則改掉從前番戍之制，置將統兵，分駐各路。其置將之數，河北十七，府畿七，京東九，京西四，鄜延九，涇原十，環慶八，秦鳳五，熙河九，淮南兩浙江南東西路各一。荆湖北路一，南路二，福建路一，廣南東路一，西路二，共九十二將。又有馬軍十三指揮，忠果十指揮，土軍兩指揮，與將並行。一將一指揮的兵數，史無可考；但知忠果十指揮，額各五百人；東南諸將的兵，有在三千人以下的。又行保甲之法，以十家爲一保，保有長；五十家爲一大保，有大保長；十大保爲一都保，有都保正，副。户有二丁的，以其一爲保丁。保丁中每日輪派五人備盜。後來纔教保長以武藝，教他去轉教保丁。荆公是主張民兵制度的。和反對黨辯論的話，具見《宋史·兵志》。還有他上仁宗的書，也暢論此理，可以參看。當時還有“保馬”之法，由官給民馬，令其豢養，而免其租税的一部。又特置“軍器監”，以改良軍器，本書因限於篇幅，也只得從略。

關於教育選舉的改革，見下篇第五章第二節。

第四節　神宗的武功

神宗、荆公，所想膺懲的是遼、夏。但這兩件事，都不是一時辦得到的。於是先爲伐夏的準備，而有恢復河湟之舉。

唐宣宗時，雖然恢復河湟；然佔據其他的蕃族，仍舊不少。大者數千家，小者數十百家，爲一“族”，各有首領。内屬的謂之“熟户”，不内屬的謂之“生户”。其初，涼州的潘羅支，和青唐的唃廝羅，都能和西夏相抗。後來潘羅支之兄弟廝鐸督，爲元昊所併。唃廝羅死後，也國分爲三。潘羅支殺李繼遷，已見前。不久，被蕃族附繼遷的所殺。潘羅支，宋朝本曾授以朔方節度的名號，及是，遂以授其弟廝鐸督。元昊復取西涼府，廝鐸督和中國，就音信不通，想是給他征服了。唃廝羅初居宗哥城（在涼州西南五百里）後徙邈川（在如今西寧縣的東南），又徙青唐（如今的西寧）。始終和元昊相抗。唃廝羅死後，第三子董氈嗣，遂據河北之地。長子瞎氈，别據河州（如今甘肅的導河縣），次子磨氈角據宗哥城。前八四二年，建昌軍司理王韶，詣闕上平戎三策。説欲取西夏，要先復河湟。

荆公頗善其言,用韶爲洮河安撫使。於是王韶先克復武勝,建爲熙州。如今甘肅的狄道縣。旋破木征,取河州。以次降岷、如今甘肅的岷縣。洮、如今甘肅的臨潭縣。宕、在岷縣西南。疊,在臨潭之南。開闢熙河一路。董氈傳子阿里骨,至孫瞎征,部落自相睽貳。哲宗元符二年(前八一四年),王贍因之,取邈川,青唐。置邈川爲湟州,青唐爲鄯州。旋因蕃族反叛,棄之。徽宗崇寧三年(前八〇八年),王厚又重取二州。

夏元昊死於前八六一年,仁宗皇祐三年。子諒祚立。先是鄜州將种世衡,請進城延安東北二百里的舊寬州城,以逼西夏,朝廷許之。城既築成,賜名爲青澗。如今陝西的清澗縣。就以世衡知城事。世衡死後,兒子种諤,繼任下去。前八四五年,英宗治平四年。种諤襲取綏州,如今陝西的綏德縣。朝議以爲擅開兵釁,把种諤貶斥。這一年,諒祚也死了,子秉常立,還只有三歲。前八四三年,願將所陷的塞門、如今陝西安塞縣北。安遠如今甘肅通渭縣境。兩砦,歸還中國,以换取綏州。神宗也答應了他。誰知道夏人並無誠意,交涉不能就緒。於是改築綏州城,賜名綏德。夏人就舉兵入寇。神宗用韓絳做陝西宣撫使。起用种諤,殺敗夏人,進築了一個囉兀城。在如今陝西米脂縣北。又進築了許多的砦。不多時,夏人來攻,諸砦盡陷,並囉兀也不能守。於是再罷韓絳,斥退种諤。前八三一年,秉常給他的母親囚了起來。神宗聽种諤的話,這時候,种諤已仍做了鄜延總管。令陝西河東,五路進討,約期同會靈州,不曾成功。前八三〇年,侍中徐禧,新築了一個永樂城,在如今米脂縣西。夏人來攻,又敗死,這兩役,北宋喪失頗多。但《宋史》説"官軍,熟羌,義保,死者六十萬"。恐怕也言之過甚。於是仍許西夏講和。元豐六年,前八二九年。神宗對西夏用兵,是失敗的。然而決不如《宋史》所言之甚。只要看反對新法的人,並没指出什麽陝西因用兵而受害的實據來,就可知道了。前八二六年(哲宗元祐元年),秉常死,子乾順立。也只三歲。還了中國"永樂之俘"一百四十九人。當時朝臣,就把神宗時所得米脂(如今的米脂縣)、葭蘆(如今陝西的葭縣)、浮圖(綏德西)、安疆(在如今甘肅安化縣東北)四砦,輕輕還了他。然而晝界不定,侵寇仍不絶。於是知渭州章楶,請進城平夏(如今甘肅的固原縣)以逼之。諸路同時,進兵,拓地。西夏畢竟國小,不能支持,介遼人以乞和。前八二五年(哲宗元祐二年),和議再成,從此終北宋之世,無甚兵争。

以上所述,是神宗以後,對於北方的兵事。還有對於南方的兵事，關係也頗大；如今撮叙其大略。

（一）沅水流域的蠻族，參看第一篇第三章第二節。就是黎族的正支。漢時謂之武陵蠻，隋時，漢族的疆域，進拓到如今沅陵地方，置了一個辰州。唐時，又進闢錦、如今湖南的麻陽縣。溪、如今湖南的永順縣。巫、如今四川的巫山縣。叙如今湖南的黔陽縣。等州。唐末，其地爲羣蠻所據。宋初，用徭人秦再雄，招降之。於是沅江的蠻族，分爲南江和北江。北江彭氏最大，南江舒氏，田氏，向氏最大。而資江流域，又有梅山峒蠻。如今靖縣地方，又有楊氏，號十峒首領。酋長都是漢姓，大約是漢人王其中的。梅山峒蠻，爲患最甚。神宗用章惇經制蠻事。平梅山蠻，開其地爲安化、新化兩縣。今縣名同。又平南江蠻，置沅州。如今湖南的芷江縣。而北江諸酋，亦願納土。徽宗時，又降十峒首領，置誠州。如今的靖縣。

（二）黔江流域的濮族，在唐時，爲東謝、在如今貴州思南縣一帶。牂牁、漢朝的牂牁郡境。西趙、在東謝之南。夷子在東謝之西。諸蠻。宋時，先有龍、方、張、石、羅五姓，神宗時，又有程、韋二姓，都通朝貢，謂之西南七蕃。其在長江流域的，則分屬黎、叙、威、茂、瀘五州。其中惟黎州的三王蠻，係氐羌，餘均濮族。皆不侵不叛，只有居長寧、如今四川的長寧縣。寧遠如今四川屏山縣附近。以南的晏子，和納溪如今四川的納溪縣附近的斧望箇恕，頗爲邊患。神宗命熊本討平他。後來又平定了如今重慶以南的地方，開建了一個南平軍。叙、威、茂三州的蠻族，徽宗時，内附置州的頗多。但都不久即廢。參看第一篇第六章第六節，第二篇上第四章第四節，第四篇上第七章。西南諸族，就是如今總稱爲"高地族"的。鄙人自謂把他分析得頗清楚，讀者諸君，務請留意，得了這一個綱領，去看别種書，可以較有把握。

（三）安南之地，自唐以前，本來都屬中國版圖。五代時，才有人據其地獨立。宋初，平嶺表，據其地的丁氏，遣使入貢；太祖也因而封之。這大約是内地初平，不欲窮兵於遠的意思。太宗時，丁氏爲黎氏所篡，太宗發兵討他，不能取勝；只得因其請和，授以官爵。從此以後，安南就獨立爲一國了（有三國的紛争，而朝鮮獨立；有五代的紛争，而安南獨立，正是事同一例，這都是軍閥給國家的好處）。真宗時，丁氏又爲李氏所篡。神宗時，其主乾德，遣兵犯邊。連陷欽、如今廣東的欽縣。廉如今廣東的合浦縣。二州，和邕州。如今廣西的邕寧縣。前八三七年，神宗派郭逵去討他，逵先恢復失地。明年，入其國，敗其兵於富良江。安南請和。從此以後，對於宋朝，就始終臣服。安南的歷史，中國史上所説的，都有些錯誤。現在根據日本人所著的《安南史》，述其大略如下。——這是根據安南人自己所作的歷史的。安南之地，本來是唐朝的安南都護府。後梁末帝貞明中(前九九七至前九九二)，土豪曲承美據其地，送款於梁，南漢伐執之，派楊廷藝領其地。後來楊廷藝給手下人殺掉。牙將吴權，自立爲王(前九七四)。傳子昌笈，爲權妃楊氏之弟三哥所篡。昌笈的兄弟昌文，廢三哥，重立昌笈。昌笈死，昌文即位。境内大亂。昌文自己出兵討伐，中箭而死(前九四七)。諸州互相攻伐。前九四二年，併於驩州刺史丁部領。始稱帝，國號瞿越。部領愛少子項郎，欲立爲嗣。項郎的哥哥丁璉，把項郎殺掉，部領就只得傳位於璉。璉時，宋平南漢，璉遣使入貢。太祖以爲静海軍節度使，封交阯郡王。後來爲其下所殺。部領亦遇害。璉的兄弟璿立。前九三二年，爲大將黎桓所篡(太宗太平興國五年)。太宗派海陸兵(海兵出廣州，陸兵出邕州)去討他，不利。桓亦遣使謝罪。前九二六年，仍以爲静海軍節度，加安南都護，封京兆郡侯。前九一九年，封南平郡王。真宗即位，進封南平王。前九〇六年，黎桓死，次子龍鉞立，爲弟龍鋌所弑。前九〇二年，龍鋌死，殿前指揮使李公藴自立。真宗仍以其官爵授之(英宗時，改封安南國王)。傳四世而至仁宗，始改國號曰大越。自太祖至仁宗，皆留心政事，制定法律，兼提倡孔教和佛教，稱爲安南的盛世。神宗、英宗兩世，亦稱賢主。高宗立，荒於遊宴，安南始衰。將軍郭卜作亂，都城爲其所陷。漁家子陳承，以鄉兵平卜，輔立高宗之子惠宗。惠宗無子，傳位於女佛金，佛金嫁陳承的兒子炬(就是《元史》的陳日煚)。就傳位於炬，於是李氏亡而陳氏興。

安南李氏系圖國號大越

(一)太祖李公藴前九〇二年—(二)太宗佛瑪前八八四年
└(三)聖宗日尊前八五七年┬(四)仁宗乾德前八四一年
　　└崇憲侯—(五)神宗陽焕前七八五年
└(六)英宗天祚前七七四年—(七)高宗龍翰前七三六年—(八)惠宗旵前七〇一年
└(九)昭皇佛金前六八七至前六八六年

第五節　元祐紹聖的紛更和徽宗的衰侈

王荆公的變法，宋朝人把他駡得一佛不出世。然而實在無甚貽害於民之處。只要看當時，並無民愁盜起的現象，就可明白了。荆公變法，關涉的方面太多。果真貽害於民，則全社會都受其騷擾，斷没有不民怨盜起的道理。然而宋朝人的黨見，鬧的太兇了。不論什麼事情，都幾乎只有意氣，並無是非。當荆公行新法的時候，反對的人，便紛紛而起（其中最著名的，便是司馬光、吕公著、韓琦、富弼、歐陽修、范純仁、蘇軾、蘇轍等），無如神宗一概不聽。前八二七年，神宗崩，哲宗立，還只十歲。太皇太后高氏神宗的母親。臨朝，用司馬光、吕公著做宰相。於是舊黨聯翩而進。不到一年，就把荆公所行的新法都廢掉。然而這時候，舊黨之中，又分爲洛、蜀、朔三黨。洛黨以程頤爲首。蜀黨以蘇軾爲首。朔黨以王巖叟、劉安世、劉摯、梁燾爲首。互相攻訐，紛紜擾攘，對於政治，其實並没有一定的主見。又大家都捧着一個太皇太后，"哲宗有言，或無應者"。於是哲宗積忿在心。前八一九年，太皇太后崩。楊畏、李清臣、鄧潤甫等，首創紹述之議。哲宗就罷范純仁，起用章惇做宰相。而朝局又一變。當荆公執政的時候，反對的人雖多，卻並未竄逐一人。只有上流民圖的鄭俠，下獄遠竄，乃荆公罷相一年中事。詳見梁氏所著《王荆公傳》。元祐諸臣執政，纔把行新法的吕惠卿、鄧綰、蔡確等遠竄。章惇執政之後，也就竄逐舊黨諸臣，以爲報復。甚至要追廢宣仁太后，以有人阻撓，不果。前八一二年，哲宗崩，無子。太后要立徽宗。章惇説：以年則神宗諸子，申王爲長；以親，則哲宗母弟簡王當立。太后不聽。徽宗既立，章惇遭貶，以曾布爲相。這時候，太后權同聽政。頗起用元祐諸臣。然曾布本是助荆公行新法的。太后聽政纔七月，就歸政。徽宗意亦傾向新法，卻去引用了一個反覆無常的蔡京。司馬光要復差役，限期五日，大家都以爲難。這時候，蔡京知開封府，獨能如約辦到。司馬光大喜。於是曾布亦罷相。

蔡京窺徽宗意旨所在，把元祐諸臣的姓名，親寫了一張黨人碑，勒諸朝堂，其子弟都不得至闕下；於是新舊水火之勢，格外無可挽回。而徽宗又荒淫無度，好大喜功，北宋的天下，就無可支持了。當時就没有女真，内亂也要大起的。只看南渡之初，羣盜的多便可知。

蔡京是一個聚斂的好手，只要把《宋史·食貨志》看一遍，便可見得當時：不論那一項財源，都給他蒐括净盡；不論那一件政事，到他手裏，就變做了聚斂的政策；以供給徽宗淫侈之用。本篇勢難備詳，讀者諸君，請取來自讀一過。便可見得財政紊亂，是國家的致命傷。於是設蘇杭應奉局，派宦者童貫，到東南去監造御器。又命朱勔領花石綱，東南人家有好的花石，便運進京來。其騷擾，自然不言可知。於是在京城裏造了一座萬歲山，窮極奢侈。到元朝攻金汴京的時候，金人把這山上的石頭，用來供發礮之用。塗毒了無數生靈，其結果，還是拿來做殺人之具，真正可發一歎。又相信道教，進用方士王老志、王仔昔、林靈素等，大營齋醮，費用也不可勝計。内政一方面，既已如此，對外又要講武功。西南一方面，則招降蠻族，置了許多州縣。西北一方面，又用王厚以開湟、鄯。均見上節。於是童貫借此機會經略陝西，和夏人開釁。每戰，輒諱敗爲勝。教諸將多築城堡，騙朝廷是新拓的土地。前七九二年，睦州人方臘作亂，連陷睦、如今浙江的建德縣。歙如今安徽的歙縣。二州，進陷杭州。童貫帶兵把他討平。就格外自謂知兵，要想趁遼朝敗亡的機會，恢復燕雲。北狩南渡之禍，就因此而起了。

第五章　北宋遼金的興亡

第一節　女真和金室的起源

女真，就是現在的滿族。他的起源，是很古的。他的名稱，考據起來，也很有趣味。

這一族人：在最古的時候，稱爲肅慎。亦作息慎、稷慎。兩漢時謂之挹婁。從南北朝到唐，謂之靺鞨。亦作勿吉。遼以後，稱爲女真。避興宗諱作女直。《大金國志》："金國，本名珠里真，後訛爲女真，亦作慮真。"宋劉忠恕説金朝姓朱里真。到明末，纔稱爲滿洲。而據清朝人所説：則謂舊稱所屬曰珠申。近來日本稻葉君山著《清朝全史》，説：清朝改號稱清以前，實曾自號其國曰金。至於滿洲二字，則明人和朝鮮人，都書作"滿柱"，乃最大酋長之稱，既非國名，並非部族之名。我國人有自署心史的，著了一本《史料》，把這件事情，考覈得很詳細，實在已無可疑。參看這兩部書，和本書第四篇上第三章第一節。我纔悟到《魏書》稱靺鞨的酋長，號"大莫弗瞞咄"，"瞞咄"兩字，就是滿柱的異譯，靺鞨兩字，又是瞞咄的異譯。至於挹婁，則是滿洲語"葉嚕"亦作懿路。的轉音，乃是巖穴之義。是因其所居而名之，並非種族的本號。見《滿洲源流考》。至於其種族的稱號，則索慎、女真、珠申，原是一音的異譯，幾千年來，並沒有改變。現在東三省的索倫人，也就是這種人，把珠申又寫作索倫了。

這一族人,當三代以前,曾到中國來,貢其楛矢石砮。見《史記·孔子世家》。兩漢時代,臣服夫餘,所以不和中國交通。據《後漢書》及《晉書》。到南北朝時,分爲七部。便是:

靺鞨
- 粟末部居最南與高麗接。
- 伯咄部在粟末北,《唐書》作汨咄。
- 安車骨部在伯咄東北。
- 拂涅部在伯咄東。
- 號室部在拂涅東。
- 黑水部在安車骨西北。
- 白山部在粟末東南。

《唐書》没有號室部,其餘都同。又有思慕、黑水西北,當在今龍江境。郡利、從思慕北行十日,當在今嫩江境。窟説、從郡利東北行十日,當在今璦琿附近。莫曳皆、從窟説東南行十日,當在今同江附近。虞婁、無考。越喜、在如今開原鐵嶺之北,北接寧安。鐵利在圖們江北岸。等部。靺鞨,渤海的釋地,《韓國小史》,最爲可據。《滿洲源流考》,亦可參看。拂涅、鐵利、虞婁、越喜,時時通中國,而郡利、窟説、莫曳皆,都不能自通。粟末、黑水,都是如今的松花江(上源稱粟末,稍遠便稱黑水),所以《唐書》説:粟末等六部,"部間遠者三四百里,近者二百里"。《金史》説"女真之地,有混同江,長白山,混同江,亦號黑龍江;所謂白山黑水者也"。尤其説得清楚。清朝人誤把鄂嫩、克魯倫兩河,算作黑龍江的上源,於是《唐書》、《金史》之説都不可通。不自知其考古之粗疏,反疑心前史是錯誤,真是荒謬絶倫。

滿族的開化,都是得高麗的力。參看第四篇上第三章第一二節。所以粟末靺鞨和高麗最近,就最先開化。當唐朝時候,建立了一個渤海國,地有五京,十五府,六十二州。上京龍泉府,在如今寧安附近。中京顯德府,在如今吉林東南。東京龍泉府,在如今海參崴附近。南京南海府,在如今朝鮮的咸興。西京鴨緑府,在如今輯安縣附近。其餘諸府州,不盡可考。核其疆域,實在包括如今的吉、黑兩省,朝鮮的咸鏡道和平安道的大部分,俄國的阿穆爾沿海兩州。一切制度文化,都以唐朝爲模範。真不媿爲海東文明之國。到五代時候,纔給契丹太祖滅掉。關於渤海的事情,可參看《唐書本傳》和《韓國小史》。前述靺鞨諸部落,《唐書》說:"白山本臣高麗,唐取平壤,其衆多入唐。伯咄、安車骨等浸微,無聞焉。惟黑水盛强,分十六落,跨水,稱南北部。"從渤海盛强以後,這許多部落,都變做他國家的一部。渤海滅亡以後,依舊是黑水部出來反抗契丹,這便是金朝人。

金朝的部族,就是黑水女真。從渤海亡後,服屬契丹。《金史》說:在南者系遼籍,謂之熟女真;在北者不系籍,謂之生女真。《大金國志》則說明熟女真在混同江之南,生女真在混同江之北。朝鮮史籍,則稱熟女真爲西女真,說他在白頭山就是長白山。大幹長嶺之西,鴨綠江之北;生女真爲東女真,在長嶺之東,豆滿江圖們江。之西。據《韓國小史》。地位都相符合。

至於金朝的王室,則實在系出高麗。據《金史》說:金朝的始祖,名喚函普。來自高麗,年已六十餘矣,居完顏部僕幹水之涯。這時候,完顏部方與他部爭鬭,函普替他排難解紛;部人感激他,把部裏一位六十多歲還没出嫁的姑娘嫁給他;生了兩男一女,從此以後,就做了完顏部人。可見前此還無意於久住。朝鮮的史家,則說彼國的平州如今的咸興。有個僧人,喚做金俊,逃入生女真。娶妻生子,爲金之始祖。又有說平州有個僧人,喚做金幸。金幸的兒子,名喚克守。克守娶生女真之女爲妻,生了個兒子,喚做古乙太師,太師是遼朝人所加的爵號。生女真雖不系遼籍,也有受遼命,稱太師的。見《大金國志》。是金朝的始祖的。我說金朝的始祖,名字喚做什麽,自然該以金朝人自述的話爲準。然而函普究竟姓什麽,《金史》不曾說出來。《金史》述金人所以稱金的原因,共有兩說:一說:"國言金曰'安出虎',以安出虎水源於此,故名金源。"一說:是太祖建國時候的詔書說:"契丹名國,義取鑌鐵。鑌鐵雖堅,終亦變壞;惟金不變。"遂號國爲大金。兩說自相矛盾。我看"太祖下詔書的時候,金朝必久已稱金,詔書上的話,不過是就固有的名稱,加之以一種解釋。安出虎水的名目,前此亦没有聽見;怕函普本來姓金,安出虎水,正是因高麗的金氏,遷居於此,所以得名的。乃水以部族名,非部族以水名。至於《金史》上説金朝的王室爲完顔氏,乃是從生女真之俗,用的女系”。這種推測,儻使不謬,則金朝的王室,簡直是漢族的血胤了。爲什麽呢?因爲朝鮮半島的金氏,實在系出中國。見第二篇下第一章第六節。以上兼據《韓國小史》。《韓國小史》載宋徽宗崇寧八年,金使裹弗失請和於高麗説:“昔我太師盈歌,嘗言我祖宗出自大國,至於子孫,義當歸附;今太師烏雅束,亦以大邦爲父母之國。”政和時,金使如高麗脩好,亦稱高麗爲父母之邦。

金系圖

(一)始祖函普—(二)德帝烏魯—(三)安帝跋海—(四)獻祖綏可

(五)昭祖不魯—(六)景祖烏古廼—(七)世祖劾里鉢
(八)肅宗頗剌淑
(九)穆宗盈歌

(十)太祖旻本名阿骨打—景宣帝繩果—(十二)熙宗亶本名合剌
遼王宗幹—(十三)海陵庶人亮本名迪古乃
睿宗宗峻—(十四)世宗雍本名烏禄
(十一)太宗本名吴乞買

顯宗允恭—(十五)章宗璟本名麻達葛
(十七)宣宗珣本名吾睹補—(十八)哀宗守緒
(十六)衛紹王允濟本名興勝

第二節　遼朝的滅亡

金朝的開化,起於獻祖。安帝、德帝兩代,無事跡可見。前此是穴居的,到獻祖徙居海姑水,《金史·本紀》下文又説“自此遂定居於安出虎水之側矣”。《始祖以下諸子傳贊》則説:“再徙安出虎水。”安出虎水,是如今的阿勒楚喀河。海姑水當在其附近。纔知道“築室”、“樹藝”。至昭祖,乃漸以“條教爲治”。遼人以爲惕隱。“昭祖耀武,至於青嶺白山長白山。入於蘇濱耶懶之地,所至克捷”。《韓國小史》説:蘇濱,就是渤海的率賓府,金朝的恤品路;其地,從如今的興京向西南,跨過鴨緑江。耶懶,就是金朝的曷懶路;其地,從朝鮮吉州向南,直至咸州。景祖之時,"自白山、耶悔、未詳。統門、圖們的轉音。耶懶、土魯倫未詳。之屬,至於五國之長,皆聽命"。案所謂五國,就是《遼史》所謂五國部,有一個城,在朝鮮的會寧府。徽宗所遷的五國城,就是這個城。乃遼朝屬境最遠的地方。景祖替遼人討平五國中的蒲聶部,受遼命,爲生女真部族節度使。"始有官屬,紀綱漸立。"景祖、世祖、肅宗、穆宗四世,皆盡力平定東方諸部族,一面借用遼朝的聲威,一面又用外交政策,阻止遼兵入境,拒絶遼人要他"系籍"。到太祖手裏,就和遼人交涉起來了。

契丹的國勢,以聖宗時爲最盛;興宗時,亦尚可蒙業而安;道宗時,用佞臣耶律乙辛,自殺其子耶魯斡,忠良多遭陷害,國勢遂衰。天祚帝立,荒於遊畋,委政於妃兄蕭奉先,國事更壞。這時候,遼朝年年遣使到女真去求海東青,一種名鷹的名目。騷擾得極其厲害。金太祖就借此激怒諸部族;又有個星顯水紇石烈部的阿疏,和金朝構兵,逃到遼朝去,金朝要索還,遼朝不肯;太祖也以爲口實。前七九八年,起兵攻遼,陷寧江州。在如今吉林東北。遼遣都統蕭嗣先討之,大敗於出河店。在如今夫餘縣附近。金遂取咸州。在如今鐵嶺之東。前七九七年,金太祖稱帝,定國號曰金。

女真初起,部族很小,初起時,甲兵未嘗滿千。太祖攻遼,諸路兵皆會來流水(如今的拉林阿),只有二千五百人。出河店之戰,兵始滿萬。然護步答岡之役,遼兵號稱七十萬,金兵仍不過二萬。以後兩路伐宋,每路也不過三萬人。説他就有取遼而代之之心,是決無之理。他所以起兵,大概因遼朝對於女真,控制頗爲嚴密;《大金國志》説:契丹於賓州混同江之北八十里築寨,以控制生女真。又説:"契丹恐女真爲患,誘豪右數千家,處之遼陽之南,使不得與中國往來,謂之曷蘇館。自咸州東北分界,入山谷,至涑末江(即粟末),中間所居之女真,隸咸州兵馬司,謂之回霸。極東而野居者,謂之黄頭女真。居涑末江之北,寧江州之東。……"所以當時遼朝控制女真,咸州寧江州,是兩個要地。這兩處既破,就輪到黄龍府了。而所謂求海東青等的遼使,又一定十分騷擾。金朝從景祖做生女真部族節度使後,累代都和遼朝打交涉,遼朝的無能爲,已經給他看穿。當時女真有叛亂的,遼朝都不能定,都靠生女真部族節度使替他打定。於是姑且起兵,想脱遼朝的羈軛。所以咸州、寧江州既下之後,就遣使與遼議和。因他本來所求,不過如此。以還阿疏和還黄龍府於别地爲條件。黄龍府如還去，女真的自由，就算完全恢復了。遼人不答應。金太祖就自行用兵，攻破黄龍府。前七九七年九月。天祚帝聞之，自將兵七十萬至騶門。七十萬自係虚數，然而爲數必不少。不意禦營副都統耶律章奴謀反，想立興宗次子耶魯斡之子秦晉國王淳。天祚帝聞之，皇遽西歸給金兵追到護步答岡，殺得大敗。騶門和護步答岡，都該離黄龍府不遠。大概在如今艮嶺縣附近。明年，渤海人高永昌據東京，又給金太祖打破。於是東京郡縣，多降於金。金朝的疆域，差不多有如今的奉、吉兩省了。

黄龍府既破，金朝已經心滿意足；更加意外得了一個東京，自然更無進取之意。前七九五年，又差人到遼朝去議和。所要求的條件是：

(1) 遼主册金主爲皇帝。

(2) 遼主以兄禮事金主。

(3) 割讓上京、中京、興中府三路之地。

(4) 納歲幣。

(5) 以親王公主，駙馬，大臣子孫爲質。

磋磨了許多時候。(3)(5)兩條，都不要了。第(4)條也肯減少數目，只求册用漢禮，和第(2)條而已。然而遼人争執條文，議終不就。至前七九二年，兵釁再開，金兵就攻破上京。在如今熱河道開魯縣境。

遼朝是一個泱泱大國，如何亡得十分快；而且極容易？這件事，讀史的人，都有點疑心。原來遼朝的國家，是合三種分子組織成功的。便是(一)契丹、奚，(二)諸部族，(三)漢人。諸部族的瓦解，是很容易的；南邊既然擁立了秦晉國王，就把所得到的中國地方都失去；再加以契丹諸部族，也未必都歸心天祚，就弄得衆叛親離的了。前七九一年，遼朝的耶律余睹叛降金，天祚的元妃，生秦王定。文妃生晉王敖魯斡。敖魯斡頗賢，爲國人所歸心。耶律余睹，是文妃的妹夫。元妃怕秦王不得立，誣文妃和耶律余睹謀立晉王，天祚賜文妃死，耶律余睹懼而降金。金人因此盡知天祚的虚實。於是命世祖的兒子遼王杲做都統以伐遼。明年，克中京。如今熱河道的凌源縣。天祚帝這時候，還在鴛鴦濼打獵，在如今直隸赤城縣境。爲金兵所襲，逃到夾山。在如今五原西北。於是南京的人，擁立了秦晉國王淳，盡有燕雲、平州、遼西、上京之地；天祚帝所有，不過沙漠以北，西南西北兩招討使而已。金人就進取西京。

漏屋更遭連夜雨，破船又遇打頭風；遼人正弄得七零八落，卻宋人又想恢復燕雲了。原來宋徽宗本是個好大喜功之主，蔡京、童貫一班人，又是全不曉得輕重的，聽得金朝打破遼人，就想借金人之力，以恢復失地。於是差燕人馬政到金朝去，求"五代時陷入契丹漢地"。前七九四年。馬政是燕人，童貫使遼時，自言有滅遼之策。童貫就把他帶歸，引見徽宗，賜姓名爲趙良嗣。《宋史》說：馬政的使金，是約夾攻遼國的。然而《金史本紀》說："……馬政以書來，曰：克遼之後，五代時陷入契丹漢地，願畀下邑。"並無夾攻之說。果使宋本約夾攻，金朝的復書，就不必再提起與宋夾攻之說了。大概童貫等本想不煩一兵，而得燕雲的，這並不是有外交手段，不過是小人僥倖之心而已。金太祖復書，約宋朝夾攻，誰得到的地方，就算誰的。於是約宋朝攻南京，金取中京及上京。前七九〇年，童貫派兵攻遼，大敗。這一年六月，遼秦晉國王死了，遼人立天祚帝的次子秦王定爲帝，尊秦晉國王的妻蕭氏爲太后，同聽政。童貫聽得，又派劉延禧和遼國的降將郭藥師去攻遼，又不勝。童貫大窘，就差人到金朝去，請金朝代攻燕京。這時候，金太祖正以西京郡縣反側，應遼王杲的請，親自出師。就從蔚州攻破居庸關，直薄南京。蕭太后和秦王定都逃掉，於是南京攻破，遼人五京皆破。天祚帝輾轉山後，弄得無家可歸。到前七八六年，給金朝人捉獲，遼朝就此滅亡。金朝和宋朝的交涉，就此起了。

第三節　北宋的滅亡

金朝當初起的時候，並沒有什麼土地思想（他的滅遼，其實是遼人自己土崩瓦解，並不是金人真有多大的能力）。以區區東方一個小部落，一旦滅遼而有之，不但喜出望外，再求擴充，一時也有些難於消化了。所以南京雖係金朝所取,也不過敲幾個錢的竹杠,就肯把來還宋。原來宋朝和金朝,是約夾攻契丹的。遼朝的南京、西京兩道,本應當宋人自己去取。然而後來,全仗金人的力量攻下。於是金人一方面,只肯還宋燕京和薊、景、檀、順、涿、易六州;而宋朝則山後諸州外,還要要求營、平、灤三州。原來燕雲十六州,自入契丹之後,頗有廢置。這時候,在遼朝的南京道,除析津府外,有薊、景、檀、順、涿、易六州;景州遼所置,在如今直隸的遵化縣。西京一道,除大同府外,有應、蔚、儒、嬀、奉聖、歸化六州,和武、朔二州;歸化州,就是舊時的武州。遼朝的武州,治如今山西的神池縣。奉聖州,也是遼朝所置,在如今直隸的保安縣。都是五代時讓給契丹的舊地。至於營、平二州,見第三章第二節。則係後唐時,契丹所攻陷,灤州如今直隸的灤縣。係遼人所置,都和石晉所割的地無涉。宋朝起初和金立約,也只說"五代時陷入契丹漢地",並没提起營、平、灤;南京既破之後,宰相王黼,就想兼得此三州,差馬政到金朝去要求。金朝一定不答應。這時候,涿、易二州,是遼將郭藥師帶來投降的,已經是宋朝的地方,其餘諸州,卻都在金人手裏。於是金人也提出强硬的抗議。說:

(1) 若宋朝定要營、平、灤三州,則併燕京而不與。

(2) 就使宋朝不要營、平、灤三州,單要燕京和六州,燕京的租稅,也是要給金朝的;因爲這地方是金朝所攻下。燕京的租稅額,是每年六百萬緡;現在金朝肯減取,只要一百萬緡。

(3) 儻若宋朝不肯照此辦法,就要把涿、易二州,都還金朝。

於是磋議的結果,宋朝答應:

(1) 歲輸銀絹各二十萬兩匹,又别輸"燕京代稅錢"一百萬緡。

(2) 遣使賀金主生辰及正旦。

(3) 置榷場貿易。

前七八九年,五月,金人就把燕京和薊、景、檀、順之地來歸。不多時,又還了應、蔚、儒、嬀、奉聖、歸化六州。這一年八月裏,金太祖死了,太宗立。十一月,又以武朔二州來歸。宋朝置爲燕山府和雲中府兩路。

平州地方,金朝既不還宋,就建爲南京,以遼降將張覺留守。就是這一年六月裏,張覺據城叛降宋。宋人受之。十一月,給金朝打破,張覺又逃到燕山。金朝人來索取,宋朝無奈,只得殺掉張覺,“函首以界金”。然金朝人仍以此爲口實。前七八七年,十月,宗翰宗望都是遼王杲的兒子。分兩道伐宋。

宗望從平州入燕山,宗翰從雲中攻太原。這時候,童貫方駐兵太原,聽得金朝人來,先拔步跑掉。幸得知太原府事張孝純固守,所以河東一路,還可暫時支持。而河北一路,宋人以郭藥師守燕山,又派内侍梁方平,帶着衛士,拒守黎陽。郭藥師既望風投降。明年正月。梁方平的兵也大潰,宗望遂渡河。這時候,徽宗業已傳位欽宗,隔年十二月。金兵圍汴京,由主戰的李綱固守。雖然未必一時就破;然而四方來援的兵很少,因爲這時候已没有什麼兵,參看下篇第四章第三節。偶有來的,也遇敵輒敗。於是只得和金朝講和。其條件是:

(1) 宋朝輸金五百萬兩,銀五千萬兩,表段百萬匹,牛馬萬頭。

(2) 尊金主爲伯父。《宋史·欽宗紀》作叔父,是錯的。《高宗紀》也作伯父。

(3) 割太原、中山、河間三鎮。

(4) 以親王宰相爲質。

於是括京城裏的金二十萬兩,銀四十萬兩,先行交給金人。並以肅王樞爲質。五月,宗望遂解圍北還。這時候,宗翰還在太原,聽得宗望講和,也差人來“求賂”。大概金朝人的意思,以爲每一支兵,都要得些利益,纔算罷兵的。宋朝人的意思,則説業已講和,如何又來需索。於是把他的使者捉起來。宗翰大怒,分兵攻破威勝軍、如今山西的沁縣。隆德府,如今山西的長治縣。進取澤州。如今山西的鳳台縣。宋朝人說：這是背盟了。就詔三鎮固守，而且派兵往援。這時候，遼朝的國戚蕭仲恭，做了金朝的使臣，來到宋朝，也給宋朝人拘留住。蕭仲恭的母親，本是遼道宗的女兒。就騙宋朝人，説能替宋朝招耶律余睹，叫他叛金。宋人信了他，寫了封信給余睹，封在蠟丸裏，託蕭仲恭帶回。蕭仲恭走到燕山，就把這蠟書獻給宗望。金人以這兩件事爲名。八月，宗翰、宗望再舉兵南下。九月，宗翰陷太原，從孟津渡河。宗望也渡河，替他會合。十一月，合圍京城。閏十一月，城陷。欽宗自到金營請和。先是京城未被圍時，金人差人來，要盡得兩河之地。宋朝没法，只得答應他。叫聶昌使宗翰軍，耿南仲使宗望軍。聶昌到絳州，如今山西的絳縣。給鈐轄趙子清所殺。南仲走到衛州，如今河南的汲縣。衛州人不納，而且要殺掉他。南仲逃到相州。如今河南的安陽縣。於是和議不成。京城既破之後，仍以割兩河地成和。再差耿南仲和陳過庭出去割地，各地方的人，都不奉詔。前七八五年，二月，金人就擄徽、欽二宗，和欽宗的太子諶，以及后妃宗室等皆北去，而立宋臣張邦昌爲楚帝。金人既去之後，張邦昌雖不敢做皇帝；然而宋朝人在北方，也始終站不住，就成了南渡之局了。

白話本國史

下

呂思勉文集

上海古籍出版社

第三篇　近古史（下）

第一章　南宋和金朝的和戰

第一節　南宋初期的戰事

從南宋以後，又變做異族割據北方，漢族佔據南方的局面了。其和兩晉南北朝不同的，便是後者的結果，是漢族先恢復了北方，然後統一南方；前者的結果，卻是佔據北方的異族，爲另一異族所滅，而漢族亦爲所吞併。

從南宋到元，重要的事情，便是：

(1) 宋南渡後的立國，及其和金朝人的交涉。

(2) 金朝的衰亡。

(3) 蒙古的建立大帝國，和他的侵入中國。

(4) 元朝的滅亡。

如今且從第一項說起。

宋朝南渡之初，情形是很危險的，其原因：

(1) 這時並無一支可靠的兵。當徽宗時候，蔡京等利用諸軍闕額，“封樁其餉，以備上供”。北宋的兵力，本靠不住；這一來，便連靠不住的兵力，也没有了。靖康時入援，以陝西兵多之地，竭力蒐括，只得萬五千人。南北宋之際，大將如宗澤及韓、岳、張、劉等，都是招羣盜而用之；既未訓練，又無紀律，全靠不住；而中央政府既無權力，諸將就自然驕橫起來;其結果,反弄成將驕卒惰的樣子。

(2) 這時候,到處盜賊蜂起。只要一翻《宋史·高宗》的《本紀》,從建炎元年到紹興十一二年間,前七八五至七七〇年。天下二十六路,每路總有著名的盜匪數人或十數人,擁衆十餘萬或數十萬,這種數字,固然未必確實,然而其衆也總不在少數。剽掠的地方,或數郡,或十數郡。其次也擁衆或數萬或數千。這都是徽宗時多行苛政,民不聊生;加以北方受了兵禍,流離失所的人,起而爲盜,再去蹂躪他處的原故。此外還有(1)潰兵和(2)團結禦敵、(3)號召勤王之兵,屯聚不散,而又無所得食,也變而爲盜的。

這樣説,國家既無以自立,而又無以禦外;儻使當時的金朝大舉南侵,宋朝卻用何法抵當?然而南宋竟没有給金朝滅掉,這是什麽原故?

金朝本是一個小部落;他起初,不但無吞宋之心,並且無滅遼之心,前篇已經説過了。所以滅遼之後,燕雲州縣,仍肯還宋。就是同宋朝開釁以後,金人所要的,也不過河北、河東,所以既得汴京之後,就拿來立了一個張邦昌。

金兵既退,張邦昌自然是不能立脚的。於是請哲宗的廢后孟氏垂簾。二帝北狩時,太子和后妃宗室都北行,廢后以居母家得免。康王構,本來是到金朝去做"質"的。走到半路上,爲人民所阻,退還相州;開大元帥府。及是,以孟后之令迎之。康王走到南京,歸德府如今河南的商邱縣。即位,是爲高宗。

高宗即位之初,用主戰的李綱做宰相。這時候,宗澤招撫羣盜,以守汴京;高宗就用他做東京留守,知開封府;又命張所招撫河北,傅亮經制河東。旋復罷李綱,召傅亮還,安置張所於嶺南。宗澤屢疏請還汴京,不聽;請留南陽,亦不報;李綱建議巡幸關中襄、湖北襄陽。鄧,河南鄧州,今南陽。又不聽。這一年十月裏,就南走揚州。讀史的人,都説高宗爲黄潛善、汪伯彦二人所誤。然而高宗不是十分無用的人,看下文便知。儻使恢復真有可圖,未必怯弱至此。這時候的退卻,大約因爲汴京之守,不過是招用羣盜,未必可恃;又當時的經略河北、河東,所靠的,不過是各處團結的民兵,也未必可靠之故。據李綱説:當時河東所失,不過恒代、太原、汾晉、澤潞。河北所失,不過懷、衛、濬、真定。其餘地方的民兵,都還團結,爲宋守禦。當時派出的傅亮、張所,手下並没有兵,大約就是想利用這種民兵,以拒敵。然而這種兵,並不能用正式軍隊,以禦大敵的。後來取消經略河北、河東之議,大約爲此。至於急急乎南走揚州,則大約因爲金兵逼近,北方不能立足之故。

金朝一方面,到這時候所要經略的,還不過河北、河東。對於此外地方的用兵,不過是剽掠主義。也可以説是對於宋朝的膺懲主義。當時就使滅掉宋朝,大河以南的土地,金人也是不要的。前七八五年,七月,宗望死了,代以宗輔。太祖的兒子,熙宗的父親。這一年冬天,宗輔東徇淄青。分兵入襄、鄧、唐、蔡。這支兵,是逼高宗的。高宗所以不敢留居關中、南陽。明年正月,因高宗還在揚州,而農時已屆,還師。宗翰的兵,於七八五年冬天,入陝西,陷同華、京兆、鳳翔。明年,留婁室屯駐,自還河東。前七八四年,七月,宋朝差王師正到金朝去請和,又以密書招誘契丹漢人,爲金人所獲。金太祖詔宗翰、宗輔伐宋。於是二人會兵濮州。十月,進兵。合兩路兵以逼高宗。明年二月,前鋒到揚州。高宗先已逃到杭州。金人焚揚州而去。五月,宗弼也是太祖的兒子。就再進一步,而爲渡江之計。

宗弼分兵攻蘄、如今湖北的蘄春縣。黄,如今湖北的黄岡縣。自將兵從滁、如今安徽的滁縣。和、如今安徽的和縣。太平如今安徽的當塗縣。渡江,逼建康。先是前七八四年,七月,宗澤死了,代以杜充。杜充不能撫用羣盜,羣盜皆散,汴京遂陷。高宗仍用他留守建康。宗弼既渡江,杜充力戰,而韓世忠不救。見第二節。杜充遂降。於是宗弼陷廣德,如今安徽的廣德縣。出獨松關,在如今浙江安吉縣西邊。逼臨安府。杭州所改。高宗先已逃到明州。如今浙江的鄞縣。宗弼遣阿里蒲盧渾從越州如今浙江的紹興縣。入明州。高宗從昌國如今浙江的象山縣。入海。阿里蒲盧渾也以舟師入海追之三百里,不及而還。於是宗弼"裒所俘掠",改走大路,從秀州、如今浙江的嘉興縣。平江如今江蘇的吴縣。而北。到鎮江,韓世忠以舟師邀之江中,相持凡四十八日,宗弼頗窘,旋因世忠所用的是大船,無風不得動,爲宗弼用火攻所破,宗弼乃北還。這一次是金朝南侵的極點。從此以後,金人再有主張用兵的,宗弼便説"士馬疲弊,糧儲未足,恐無成功",不肯再聽他了。這是用兵的計畫如此;宋朝人以爲他給韓世忠一場殺怕了,不敢再説渡江,這是犯了誇大的毛病。參看第二節。

以上所説,是宗輔的一支兵。金朝的左軍。其宗翰的一支兵,右軍。則以打平陝西爲極限。先是高宗既南渡,用張浚做川陝京湖宣撫使,以經略上游。前七八二年,張浚以金朝的兵,聚於淮上;從興元出兵,以圖牽制。金朝果然分了東方的兵力,用宗輔做西路的監軍;宗弼渡江而北,也到陝西去應援。這一年九月裏,戰於富平,如今陝西的興平縣。浚兵大敗。於是關中多陷。張浚用趙開以治財賦,劉子羽、吴玠、吴璘以任戰守,和金人苦苦相持,總算拒住漢中,保守全蜀。這其間很有幾場苦戰,可參看《宋史》三人的本傳。

金人既不要河南、陝西,這幾年的用兵,是爲什麼呢?這是利用他來建立一個緩衝國,使自己所要的河北河東,可以不煩兵力保守。所以這一年九月裏,就立劉豫於河南,爲齊帝,十一月裏,又畀以陝西之地。於是宋朝和金朝的戰爭,告一小結束,宋人乃得利用其間,略從事於内部的整理。

第二節 和議的成就和軍閥的翦除

宋朝當南渡之初,最窘的是什麼?便是

(1) 盜賊的縱横,

(2) 諸將的驕横。

如今且先説盜賊。當時盜賊之多,前節已説過,請讀者自行翻閱《宋史·高宗本紀》和岳飛、韓世忠、張俊等幾個人的傳,本書無暇一一詳叙。其中最强悍的,是李成、據江淮湖湘十餘郡。張用、據襄漢。孔彦舟、據武陵。楊太、洞庭湖裏的水寇。范汝爲在福建。等幾個人。都給張俊、岳飛、韓世忠打平,而孔彦舟、李成都降齊。

劉豫既然爲金所立,就想自固其位。於是請於金,欲立其子麟爲太子,以窺探金朝的意思,到底打算不打算永遠保存他這齊國。金朝說:替我伐宋,能勝才許你。於是劉豫就利用李成、孔彦舟的投降。前七七九年,十月,叫李成南侵,陷襄陽、唐、鄧、隨、如今湖北的隨縣。郢、如今湖北的鍾祥縣。信陽,如今河南的信陽縣。岳飛把它恢復。劉豫又乞師於金。九月,撻懶穆宗的兒子。帶着五萬人,和齊兵同寇淮西。步兵入淮東,韓世忠敗之於大儀(鎮名,在如今江蘇江都縣西)。騎兵入淮西,攻廬州(如今安徽的合肥縣),岳飛派牛皋救卻之。不多時,金太宗死了,金兵引還。先是宋朝很怕劉豫,至於稱之爲大齊。這一次,知道無可調和。於是高宗從臨安進幸平江,起用張浚視師,頗有振作的氣象。金兵既退,張浚仍竭力布置。前七七六年,分令張俊屯盱眙,如今安徽的盱眙縣。韓世忠屯楚州,如今江蘇的淮安縣。劉光世屯合肥,岳飛屯襄陽。高宗又詔諭三軍,說要親征。劉豫聞之,便告急於金。金朝人的立劉豫,本是想他做個緩衝國,使河北、河東,不煩兵力守禦的。如今反要替他出兵伐宋,如何肯答應呢?於是劉豫自簽鄉兵三十萬,叫他的兒子劉麟、出壽春,犯合肥。姪兒子劉猊自渦口犯定遠(如今安徽的定遠縣)。和孔彦舟自光州(如今河南的潢川縣)犯六安(如今安徽六安縣)。三道入犯。劉猊到藕塘,鎮名,在定遠縣東。爲楊沂中所敗。劉麟、孔彦舟皆引還。於是金人知道劉豫是無用的,並不能靠他抵禦宋人。前七七五年,十一月,就把他廢掉,而在汴京立了個行臺尚書省。

於是和議開始了。和議的在當時,本是件必不能免的事。參看《廿二史劄記》卷二十六《和議》條。然而主持和議的秦檜,卻因此而大負惡名,當議割三鎮的時候,集百官議延和殿,主張割讓的七十人,反對的三十六人;秦檜也在三十六人之内,金人要立張邦昌,秦檜時爲臺長,和臺臣進狀争之。後來金朝所派的留守王時雍,用兵迫脅百官,署立張邦昌的狀,秦檜抗不肯署,致爲金人所執。二帝北徙,檜亦從行。後來金人把他賞給撻懶。前七八二年,撻懶攻山陽(楚州),秦檜亦在軍中,與妻王氏,航海南歸。宋朝人就説是金人暗放他回來,以圖和議的。請問這時候,金人怕宋朝什麽?要講和,還怕宋朝不肯?何必要放個人回來,暗中圖謀。秦檜既是金朝的奸細,在北朝,還怕不能得富貴?跑回這風雨飄摇的宋朝來做什麽?當時和戰之局,毫無把握,秦檜又焉知高宗要用他做宰相呢？我説秦檜一定要跑回來，正是他愛國之處；始終堅持和議，是他有識力，肯負責任之處。能看得出撻懶這個人，可用手段對付，是他眼力過人之處。能解除韓、岳的兵柄，是他手段過人之處。後世的人，卻把他唾罵到如此，中國的學術界，真堪浩歎了。真冤枉極了。請看當時諸將的情形。

給事中兼直學士院汪藻言：金人爲患，今已五年。陛下以萬乘之尊，而倀然未知税駕之所者，由將帥無人，而御之未得其術也。如劉光世、韓世忠、張俊、王瓊之徒，身爲大將，論其官，則兼兩鎮之重，視執政之班，有韓琦、文彦博所不敢當者；論其家，則金帛充盈，錦衣肉食；輿臺廝養，皆以功賞補官；至一軍之中，使臣反多，卒伍反少。平時飛揚跋扈，不循朝廷法度；所至驅虜，甚於夷狄；陛下不得而問，正以防秋之時，責其死力耳。張俊守明州，僅能少抗；奈何敵未退數里間，而引兵先遁？是殺明州一城生靈，而陛下再有館頭之行者，張俊使之也。……陛下……以……杜充守建康，韓世忠守京口，劉光世守九江，而以王瓊隸杜充，其措置非不善也。而世忠八九月間，已掃鎮江所儲之資，盡裝海船。焚其城郭，爲遁逃之計。注意！後來邀擊宗弼，無風不得動的，就是這海舶。因爲要裝載資儲，又要預備入海，所以不得不大。洎杜充力戰於前，世忠、王瓊，卒不爲用；光世亦晏然坐視，不出一兵；方與韓祐朝夕飲宴，賊至數十里而不知；則朝廷失建康，虜犯兩浙，乘輿震驚者，韓世忠、王瓊使之也；失豫章而太母播越，六宫流離者，劉光世使之也。……諸將以負國家，罪惡如此；而俊自明引兵至温，道路一空，民皆逃奔山谷。世忠逗遛秀州，放軍四掠，至執縛縣宰，以取錢糧；雖陛下親御宸翰，召之三四而不來；元夕取民間子女，張鐙高會。……瓊自信入閩，所過要索千計；公然移文曰：無使枉害生靈，其意果安在哉？臣觀今日諸將，用古法皆當誅。……案此疏上於前七八二年，即建炎四年。讀者可自取一種編年史，把建炎三四年的兵事參考。

起居郎胡寅上疏言：……今之賞功，全陣轉授，未聞有以不用命被戮者。……自長行以上，皆以真官賞之；人挾券歷，請厚俸，至於以官名隊。……煮海榷酤之入，遇軍之所至，則奄而有之；闤闠什一之利，半爲軍人所取。至於衣糧，則日仰於大農；器械則必取之武庫；賞設則盡出於縣官。……總兵者以兵爲家，若不復肯捨者，曹操曰：欲孤釋兵，則不可也，無乃類此乎？……諸軍近者四五年，遠者八九年，未嘗落死損逃亡之數，豈皆不死乎？……參看第五章第三五六節。觀此可知當時所有的税入，爲諸將分割殆盡。

以上都見《文獻通考》卷一五四。馬端臨也説："建炎中興之後，兵弱敵强，動輒敗北，以致王業偏安者，將驕卒惰，軍政不肅所致。""張、韓、劉、岳之徒，……究其勳庸，亦多是削平内難，撫定東南耳；一遇女真，非敗即遁；縱有小勝，不能補過。"韓世忠江中之捷，是乘金人不善用水兵，而且利用大船的優勢，幸而獲勝；然亦終以此致敗。大儀之戰，只是小勝；當時金人以太宗之死，自欲引歸，和世忠無涉；參看《金史》便知。岳飛只郾城打一個勝戰。據他《本集》的捷狀，金兵共只一萬五千人；岳飛的兵，合前後的公文算起來，總在二萬人左右，苦戰半日，然後獲勝，並不算什麽希奇。《宋史》本傳，巧於造句，説"兀朮有勁兵號拐子馬，是役以萬五千騎來"，倒像單拐子馬就有一萬五千，此外還有無數大兵，岳飛真能以寡擊衆了。以下又鋪張揚厲，説什麽"磁相、開德、澤潞、汾隰、晉絳，皆期日與官軍會"；"自燕以南，金人號令不行"；真是説得好聽，其實只要把宋、金二《史》略一對看，就曉得全是瞎説的。十二金字牌之召，《本傳》可惜他"十年之功，廢於一旦"，然而據《本紀》所載，則還軍未幾，就"諸軍皆潰"了。進兵到朱仙鎮，離汴京只四十多里，更是必無之事。郾城以外的戰績，就全是莫須有的。最可笑的，宗弼渡江的時候，岳飛始終躲在江蘇，眼看着高宗受金人追逐；《宋史》本傳，還説他清水亭一戰，金兵橫屍十五里；那麽，金兵倒好殺盡了。——韓、岳二人，是最受人崇拜的，然而其戰績如此。至於劉光世，則《宋史》本傳説他的話，就已經轂了。依我看，倒還是張俊，高宗逃入海的時候，在明州，到底還背城一戰。這種兵，好靠着他謀恢復否？

然而既不能言和，這種兵就不能去；留着他又是如此；真是載胥及溺了。幸而當時有一個機會。

原來金朝的王位繼承法，從太祖以前，只好説是生女真部族節度使的繼承。是不確定的。把王位繼承，看得是一件很重大的事情；除掉合法應繼承的人以外，都有凛然不可侵犯的意思；這是君主專制政體，幾經進化以後的情形。像女真這種淺演的國家，當然没有這種觀念。景祖就捨長子劾孫而傳位於世祖；世祖、肅宗、穆宗,都是兄弟相及;《金史》説都是景祖之意。世祖、肅宗之間,又越掉一個劾孫。康宗以後,又回到世祖的兒子;世祖共有十一個兒子,三個是做金主的。太宗又傳太祖的兒子;大約是只憑實際的情勢,毫無成法可言的。那麽,就人人要"覬覦非分"了。至於實權,這種侵略主義的國家,自然在軍人手裏。金初用兵,常分爲左右兩軍。其初都元帥是遼王杲;左副元帥是宗望,右副元帥是宗翰。遼王死後,宗翰以右副元帥兼都元帥。宗翰就有不臣之心。宗望死後,代以宗輔。這時候都死了。軍人中老資格,只有宗弼和撻懶。而撻懶輩行又尊,和内裏的宗雋、右相。宗磐,太師領三省事,位在宗幹上。都有異志。幹國政的宗幹、斜也,制不住他。這種人,自然是不關心國事的。於是宋朝利用這個機會,差王倫到金朝去,"求河南地"。前七七五年二月。就是這一年,金朝把劉豫廢了。十二月,王倫從金朝回來,説金朝人答應還二帝的梓宫,及太后,和河南諸州。把時間核起來,金朝人是先有還宋朝河南之意,然後廢掉劉豫的。王倫的外交,也很爲有功,不過《宋史》上也把他算做壞人了。明年三月裏,高宗就用秦檜做宰相,專意言和。十月裏,王倫聞着金使蕭哲、張通古來,許先歸河南諸州,徐議餘事。

- (一)景祖
  - 劾孫——撒改——宗翰
  - (二)世祖
    - (五)康宗
    - (六)太祖
      - 宗峻—(八)熙宗
      - 宗幹—(九)海陵庶人
      - 宗望
      - 宗弼
      - 宗輔—(十)世宗
      - 宗雋
    - (七)太宗—宗磐
    - 杲——斜也
  - (三)肅宗
  - (四)穆宗——撻懶

平心而論:不煩一兵,不折一矢,恢復河南的失地;這種外交,如何算失敗?主持這外交的人,如何算姦邪?卻不料金朝的政局變了:這是無可如何的事,也是不能預料的事;就能預料,這種有利的外交,也總得辦辦試試的;如何怪得辦這外交的人?把河南還宋,宗幹本是不贊成的,但是拿這主持的人,無可如何。到後來宗弼入朝,形勢就一變了。於是宗磐、宗雋,以謀反誅。撻懶以屬尊,放了他,仍用他做行臺尚書右丞相。誰想撻懶走到燕京,又有反謀。於是置行臺尚書省於燕京,以宗弼領其事;而且兼領元帥府。宗弼遣人追殺撻懶,大閱於祁州,如今直隸的祁縣。把到金朝去受地的王倫捉起來,前七七三年七月。發兵重取河南、陝西,而和議遂破。

宗弼入河南,河南郡縣多降。前鋒到順昌,如今安徽的阜陽縣。爲劉錡所敗。岳飛又在郾城如今河南的郾城縣。把他打敗。宗弼走。還汴京。婁室入陝西,吴璘出兵和他相持,也收復許多州縣。韓世忠也進兵復海州(如今江蘇的東海縣)。張俊復宿(如今安徽的宿縣)亳(如今安徽的亳縣)。這一次的用兵,宋朝似乎是勝利的。然而順昌、郾城,宗弼是以輕敵致敗,再整頓前來,就不可知了。陝西不過是相持的局面,並無勝利之可言。持久下去,在宋朝總是不利,這是通觀前後,很可明白的。當時諸將的主戰,不過是利於久握兵柄,真個國事敗壞下來,就都一閧而散,没一個人肯負其責任了。所以秦檜不得不堅決主和。於是召回諸將。其中最倔强的是岳飛,乃先把各路的兵召還;然後一日發十二金字牌,把他召回。前七一一年,和議成,其條件是:

> 宋稱臣奉表於金。金主册宋主爲皇帝。
> 歲輸銀絹各二十五萬兩匹。金主生辰及正旦,遣使致賀。
> 東以淮水、西以大散關爲界。

宋朝二十六路,就只賸兩浙、兩淮、江東西、湖南北、四川、福建、廣東西十五路;和京南西路襄陽一府,陝西路的階、成、秦、鳳四州。金朝對宋朝,卻不過歸還二帝梓宫及太后。

這種條件,誠然是屈辱的。所以讀史的人,都痛罵秦檜,不該殺岳飛,成和議。然而凡事要論事實的,單大言壯語無用。我且再引《金史》酈瓊的一段話,見本傳。案酈瓊是劉光世部下。南渡諸將中,劉光世最驕蹇不用命。前七七五年,張浚做都督的時候,把他免掉,以大兵隸都督府,酈瓊就叛降齊。以見當時儻使續戰,到底能勝不能勝?

語同列曰：瓊常從大軍南伐；每見元帥國王，案指宗弼。親臨陣督戰；矢石交集，而王免胄，指揮三軍，意氣自若。……親冒鋒鏑，進不避難；將士觀之，孰敢愛死？……江南諸帥，材能不及中人；每當出兵，必身在數百里外，謂之持重；或習召軍旅，易置將校，僅以一介之士，持虛文諭之，謂之調發；制敵決勝，委之偏裨；是以智者解體，愚者喪師；幸一小捷，則露布飛馳，增加俘級，以爲己功，斂怨將帥；縱或親臨，亦必先遁，而又國政不綱；才有微功，已加厚賞；或有大罪，乃置不誅。不即覆亡，已爲天幸，何能振起邪？

和議既成，便可收拾諸將的兵柄了。當時韓、岳、張、劉和楊沂中的兵，謂之御前五軍。楊沂中中軍。常居中宿衛。韓、後軍。岳、左軍。張、前軍。劉右軍。都駐紮於外。劉光世的兵降齊後，以吴玠的兵升補，四川離下流遠，和議成後，仍用帥臣節制。對於韓、岳、張則皆授以樞府，罷其兵柄，其中三人被召入朝，岳飛到得最晚，不多時，就給秦檜殺掉。這件事，本書篇幅無多，且莫去考論他的是非曲直。但要注意的：據《宋史·張憲傳》，則憲的謀還岳飛兵柄，並不是莫須有的事。從三宣撫司罷後，他的兵，都改稱某州駐劄御前諸軍，直達朝廷，帥臣不得節制。驕橫的武人既去，宋朝才可以勉强立國了。我如今請再引《文獻通考》所載葉適論四大屯兵的幾句話，案四大屯兵，就是指韓、岳、張和吴玠的兵。以見得當時的情形。

……諸將自誇雄豪，劉光世、張俊、吴玠兄弟、韓世忠、岳飛，各以成軍，雄視海内。……廪稍惟其所賦，功勳惟其所奏；將版之禄，多於兵卒之數；朝廷以轉運使主餽餉，隨意誅剥，無復顧惜。志意盛滿，仇疾互生。……其後秦檜慮不及遠，急於求和，以屈辱爲安者，蓋憂諸將之兵未易收，浸成疽贅，則非特北方不可取，而南方亦未易定也。故約諸軍支遣之數；分天下之財，特令朝臣以總領之，以爲喉舌出納之要。諸將之兵，盡隸御前；將帥雖出於軍中,而易置皆由於人主。……向之大將,或殺或廢,惕息俟命,而後江左得以少安。……

看了這一段,也可以知道當時的措置,實在有不得已的苦衷了。總而言之,古人濫得美名,或者枉受惡名,原不同咱們相干,不必要咱們替他平反;然而研究歷史,有一件最緊要的事情,便是根據着現代的事情,去推想古代事實的真相(根據着歷史上較爲明白,近情的事情,去推想糊塗、荒誕的事情的真相)。這麽一來,自然見得社會上古今的現象,其中都有一個共通之點。得了這種原則公例,就好拿來應用,拿來應付現在的事情了。所謂"臧往以知來"。歷史的用處,就在這裏。儻使承認了歷史上有一種異乎尋常的人物,譬如後世只有操、莽,在古代,卻有禪讓的堯、舜;現在滿眼是驕横的軍閥,從前偏有公忠體國的韓、岳、張、劉。那就人的性質,無從捉摸;歷史上的事實,再無公例可求;歷史可以不必研究了。

第三節　海陵的南侵和韓侂胄的北伐

紹興和議成後,宋朝和金朝,又開過兩次兵釁:一次是海陵的南侵,一次是韓侂胄的北伐。

金海陵是一個狂謬的人。乘熙宗晚年,嗜酒昏亂,弒之。從上京會寧府,如今吉林阿城縣南。遷都到燕京,前七五九年。後來又遷都於汴。前七五二年。想要滅宋,以統一天下。前七五〇年,就發大兵六十萬入寇。

金海陵兵分四路,一支從蔡州瞰荆襄,一支從鳳翔攻大散關,一支從膠西走海路窺臨安,海陵自將大兵,從渦口渡淮。聲勢頗盛。宋朝這時候,宿將只有個劉錡,叫他總統諸軍。劉錡自守楚州,叫别將王權守淮西。權不戰自潰;劉錡也老病,不能帶兵,退守鎮江;淮南盡陷。海陵到采石,想要渡江,形勢甚險。幸而金朝内亂起來。海陵兩次遷都,都大營宫室;又爲伐宋起見,籍民爲兵,大括民馬:於是羣盗大起。海陵卻一味隱諱，有提及的人便獲罪；於是羣下亦相率不言；遂將羣盜置諸不顧，依舊出兵伐宋，授甲時候，就有逃亡的。猛安完顏福壽等，跑到東京遼陽。擁立世宗。海陵聽得，要把所有的兵，盡行驅之渡江，然後北歸。不期宋中書舍人虞允文奉命犒師，收王權的散卒，把他殺得大敗。於是海陵改趨揚州，至瓜洲，鎮名，在如今江蘇丹徒縣西。爲其下所弒。金兵北還。宋人乘機，收復兩淮州郡。又東取唐、鄧、陳、蔡、海、泗，西取秦、隴、商、虢諸州，兵勢頗振。

前七五〇年，高宗傳位于孝宗。孝宗是個主張恢復的，起用張浚，做兩淮宣撫使。張浚派李顯忠、邵弘淵兩人出兵。李顯忠復靈璧，如今安徽的靈璧縣。遂會邵弘淵復虹縣，如今安徽的虹縣。又進取宿州。顯忠置酒高會，不設防備。金副元帥紇石烈志寧來援，顯忠之兵，大潰於苻離。在宿縣境内，事見《金史·志寧傳》。《宋史》把敗兵之罪，全推在邵弘淵身上，殊靠不住。於是恢復之議，遂成畫餅。金世宗初以承海陵騷擾之後，不欲用兵，但令元帥府防禦河南。遷延年餘，和議不成。就再令元帥府進兵，陷兩淮州郡。前七四七年，和議成。(1) 宋主稱金主爲叔父，(2) 歲幣銀絹各減五萬兩匹，(3) 疆界如紹興時。

孝宗從和議成後，仍不忘恢復，嘗教閱禁軍，措置兩淮屯田；惜乎積弱之勢，不能驟振；而金又正當全盛；終於空存虛願。前七二三年，孝宗傳位於光宗，稱壽聖皇帝。光宗后李氏，和孝宗不睦，宦者又乘間離間，光宗卻也有病，不能常去朝見壽皇。這本算不得什麽事情，而宋朝士大夫，一種羣衆心理的作用，卻又因此表現。把他當作一個大問題，時時犯顏直諫。前七一八年，孝壽皇崩，光宗託病不出，叫兒子嘉王擴，出來主持喪事。於是宰相趙汝愚，託閤門使韓侂胄，去白高宗的皇后吴氏，説：皇帝久病不出，人心驚慌，京城裏的秩序，怕要保持不住，請他出來做主，叫光宗傳位於嘉王，於是内禪之事遂成。嘉王即位，是爲寧宗。這件事本來是無甚關係的，只因宋朝士大夫喜歡立名；找着一點事情，便要小題大做，反而弄得不妥帖。當時迫光宗内禪的理由，不過説是人心驚慌，秩序要保持不住。其實中國歷代的百姓，和官府都没甚關係,何況朝廷?只要當"士大夫"的人少造幾句謠言,就皇帝病一百年,秩序也不會亂的。傳位之事既成,其中卻就有點功可居,就有點權利可爭;於是政海上又起了波瀾,趙汝愚反爲韓侂胄所排擠而去,卻又這時候"道學"之論已盛,參看第五章第八節。韓侂胄雖能排去趙汝愚,然趙汝愚是道學中人,韓侂胄就要"不爲清議所與"。於是想立點功勞,"以間執人口",而伐金的事情又起。

金世宗以前七二三年殂,孫章宗立。北邊的部族,叛亂了好幾年。山東、河南,又頗有荒歉的地方。就有善於附會的人,對韓侂胄說,金朝勢有可乘。韓侂胄這時候,已經有了成見,自然信以爲真。於是用皇甫斌守襄陽,郭倪鎮揚州,吴曦督四川,暗中做伐金的豫備。初時還不敢顯然開釁,只是時時剽掠金朝邊境。到前七〇六年,就下詔伐金。金章宗起初聽得的宋人要和他開釁,還不相信,把入告的人,給了個杖戍之罪。所以這一次的兵釁,實在其曲在宋。到邊境屢次被掠,才命平章政事僕散揆,於汴京設立行省,調集河南諸路的兵,聽其便宜行事。到宋人下詔伐金,金人也就舉兵南下。這時候,金人的兵力,確已不濟;然而宋朝的兵,無用更甚。屢戰皆敗,襄陽淮東西多陷(其間吴曦又以四川叛降金,宋朝更爲吃緊。幸而金朝接應的兵,還没有到,就爲轉運使安丙所誅)。於是韓侂胄又想議和。派邱密督視兩淮軍馬,叫他暗中遺書金人。金人覆書,要得韓侂胄的頭。侂胄大怒,和議又絶。然而寧宗的皇后楊氏,又和韓侂胄有隙。寧宗皇后韓氏崩後,楊貴妃曹美人俱有寵。韓侂胄勸寧宗立曹美人,寧宗不聽。於是趁此機會,叫他的哥哥楊次山,和禮部侍郎史彌遠合謀,把韓侂胄殺掉,函首以畀金,和議乃成。韓侂胄固不足取,然而宋朝的舉動,也未免太失體面了。這一次的和議,銀絹各增十萬兩匹;疆界和兩國君主的關係,仍如舊時。

第二章　南宋金元的興亡

第一節　蒙古的由來

章宗以後，金朝的勢力，也日就衰微，蒙古就要崛起了。(1) 蒙古到底是怎樣一個種族？(2) 本來住在什麽地方？(3) 爲什麽忽然强盛起來？關於這種問題，《元史》上頭，一個字也没有，真是荒謬絶倫。

清朝的洪文卿説："蒙古就是《舊唐書》的蒙兀室韋，《新唐書》作蒙瓦。在望建河南。望建河，就是如今的黑龍江。"《元史釋文證補》卷二十七。這句話是不錯的。但是蒙古人常自稱爲韃靼，《元祕史》便如此，但寫作達達。元朝逃到漠北，數傳之後，仍自稱爲韃靼。宋朝人的記載也早就稱他韃靼；這又是什麽原故？

室韋，《魏書》説："蓋契丹之類；在南者爲契丹，在北者號爲室韋。"又説："其語與奚契丹同。"《唐書》説："鮮卑之別部。"又説："其語言，靺鞨也。"案現在滿蒙的語言，相同的很多；室韋酋長，號爲"餘莫弗瞞咄"，分明是一句靺鞨話。《魏書》説，"其語與奚契丹同"，當是就其近於契丹者而言之；因此便把他認爲契丹的同類；契丹是鮮卑，《唐書》就説他是鮮卑的別部；這是和契丹接近的結果。論其種族的本來，實在和靺鞨近，和鮮卑遠。參看第二篇中第三章第四節，和本篇下第三章第一節。

室韋的分布,當南北朝時候,是

南室韋　在㮈水流域。《唐書》作猺越河,亦作那河,如今的嫩江。

北室韋　從南室韋北行十日,依吐紇山而居。

鉢室韋　從北室韋北行千里,依胡布山而居。吐紇山,胡布山,都該在如今的興安嶺山脈中。

深末怛室韋　在鉢室韋西南四日行,因水爲號。屠氏《蒙兀兒史記》説:阿穆爾省結雅河,東源曰昔林木迪,譯言"黄曲水"。是句蒙古話,就是深末怛的異文。

大室韋　在深末怛室韋西北數千里。《魏書》説:"徑路險阻,言語不通",這一定過興安嶺,入西伯利亞南境了。

《唐書》所載部名更多,然而分布的地方,並無異同。《五代史》説分三部:一曰室韋,二曰黄頭室韋,三曰獸室韋。《遼史》有單稱室韋的,又有大小黄室韋。部名的多少,是由於中國和他交通有盛衰,因而所知有多少;亦許有時但舉其大别,有時卻詳其分部;又中國人所指目的部落,和他實際的區分,也未必盡能密合。所以《北史》、《唐書》、《五代史》所舉部族之數,多少懸殊,並無可疑。質而言之,就是嫩江流域和黑龍江流域。包括鄂嫩克魯倫什勒喀三條水。

韃靼又是什麽?

《五代史》:韃靼,靺鞨之遺種。本在奚契丹之東北;後爲契丹所攻,而部族分散:或屬契丹,或屬渤海,别部散居陰山者,自號韃靼。後從克用入關,破黄巢,由是居雲代之間。

《黑韃事略》:黑韃之國,號大蒙古。沙漠之地有蒙古山;韃語謂銀曰蒙古。女真名其國曰大金,故韃名其國曰銀。

《古今紀要》:韃靼與女真同種,皆靺鞨之後;其居混同江者曰女真,居陰山北者曰韃靼。韃靼之近漢者曰熟韃靼,遠漢者曰生韃靼。生韃靼有二:曰黑,曰白,皆事女真。黑韃靼至忒没真叛之,自稱成吉思皇帝。又有蒙古國,在女真東北。我嘉定四年,韃靼始併其名號,稱大蒙古國。

《蒙韃備録》:韃靼始起,地處契丹之西北;族出於沙陀别種,故歷代無聞。其種有三:曰黑,曰白,曰生。案生熟自指其距漢之遠近，不得和黑白並列爲種别，這句話是錯的。所謂白韃靼者，顔貌稍細。所謂生韃靼者，甚貧，且拙，且無能爲，但知乘馬隨衆而已。今成吉思皇帝及將相大臣，皆黑韃靼也。

綜合以上諸説：則(1) 韃靼居地，在於陰山；(2) 因其距漢的遠近，而有"生""熟"之稱；(3) 又因其顔貌和生計，程度，文明程度的不同，而有"黑""白"之别；(4) 成吉思是黑韃靼；諸説都無異辭。所不同的：是(5) 韃靼的種族，或説出於靺鞨，或説其出於沙陀。(6) 又黑韃靼，或説就是蒙古；或説韃靼之外，又有蒙古國。

案"靺鞨爲契丹所攻，部族分散"，《唐書》並没這句話。契丹當太祖以前，正值中衰時代，而渤海盛强，似乎不得遠攻靺鞨。《滿洲源流考》據《册府元龜》，"黑水酋帥突地稽，隋末率部落千餘家内屬，處之營州。唐武德初，以其部落置燕州"。説爲契丹所攻的，就是這一支，應當不錯。爲契丹所攻後，别部散居陰山；後來沙陀也住到陰山來，見第三篇上第二章第五節。兩種種族接近，血統自然不免混淆。或説他是靺鞨，或説他是沙陀，都不爲無據。

至於蒙古，則就是《唐書》的蒙瓦室韋，在望建河之南；後來成吉思汗的興起，在斡難克魯倫兩河流域；斷不得在陰山；如何會和黑韃靼是一？若説别有蒙古國，爲黑韃靼所併，則其合併，在於何時？成吉思汗的興起，又何以不聞先在陰山，後來才搬到漠北呢？然而蒙古人確又自稱爲韃靼，這又是何故呢？案《元祕史》載成吉思汗先世的世系是：

孛兒帖赤那—巴塔赤罕—塔馬察—豁里察兒蔑兒干—阿兀站孛羅温—

—撒里合察兀—也客你敦—挦鎖赤—合兒出—孛兒只吉歹蔑兒干—

—脱羅豁勒真伯顔—都蛙鎖豁兒
　　　　　　　　—朵奔蔑兒干—别勒古訥台
　　　　　　　　　　　　　　—不古訥台
　　　　　　　　　　　　　　—不忽合塔吉
　　　　　　　　　　　　　　—不合秃撒勒只
　　　　　　　　　　　　　　—孛端察兒蒙合黑元史本紀的孛端義兒—

—合必赤把阿秃兒—蔑年土敦—合赤曲魯克—海都—

—伯升忽兒多黑申—屯必乃薛禪—哈不勒可汗—
—察剌合領忽—想昆必勒格—俺巴孩其後爲泰亦赤兀氏
—抄真斡兒帖該

—把兒壇把阿秃兒—也速該把阿秃兒—成吉思汗

孛兒帖赤那,譯言"蒼狼";其妻豁阿闌馬勒,譯言"慘白牝鹿";乃是兩個人名。《蒙文祕史》如此。《大典》本的《祕史》,就是如今通行的《元祕史》。乃明初人所譯。譯的時候,意在於考究蒙古的語言,而不在研究其歷史;所以於人名的旁邊,也但注其意義,而不表明其爲一個人名。後來輯這本《元祕史》的人,不懂得蒙文,只把旁注的正文直抄下來,就變做"當初蒙古人的祖,是一頭蒼色的狼,和一頭慘白色的牝鹿",譌爲狼鹿生人的怪譚了。孛兒帖赤那,和豁阿闌馬勒,同渡騰吉思水,東至斡難河源之不兒罕合勒敦山。不兒罕合勒敦山,即今車臣土謝圖兩部界上的布爾罕哈勒那都嶺。騰吉思水,未詳。《蒙古源流考》説:布爾特齊諾,孛兒帖赤那的異譯。是土伯特智固木贊博汗的第三子。參看第二篇下第二章第三節。因而有人説:蒙古王室,系出吐蕃。騰吉思水,就是西藏的騰格里池。我從前作《蒙古種族考》一篇(登載在《大中華》雜誌裏)也持此説。然而《源流考》一書,全爲表章喇嘛而作;其"援蒙古以入吐蕃”的話，全不足信。騰吉思究竟是什麽水，究以闕疑爲是。據我測度，不過在如今蒙古地方。孛兒帖赤那夫婦，渡此水而至不兒罕山，是韃靼人北徙的事實。十傳至孛兒只吉歹蔑兒干，其妻曰忙豁勒真豁阿。案蒙古二字，異譯甚多：除《新舊唐書》作蒙瓦、蒙兀，已見前外，《遼史》則作盟古、萌古，《金史》作盟古，《契丹事跡》作朦古，《松漠紀聞》作盲骨子，《祕史》則全部皆作忙豁勒。蒙古二字，見於邱處機的《西遊記》；因明時脩《元史》，沿用此兩字，遂變成定稱。詳見《蒙兀兒史記》卷一。忙豁勒真豁阿，譯即“蒙古部美女”。北徙的韃靼部落，怕到這時候，才和室韋的蒙古部結婚；從此以後，就以蒙古自稱其部，正和金世祖娶了完顏部的女兒，他子孫就算做完顏部人一樣。——因爲這時候，所用的是女系。

《蒙韃備録》又説：

> 韃人在本國時；金虜大定間，燕京及契丹地有謡言云：韃靼去，趕得官家没處去。虜酋雍，金世宗。宛轉聞之，驚曰：必是韃人，爲我國患。乃下令：極於窮荒，出兵勦之。每二歲，遣兵向北剿殺，謂之“減丁”。迄今中原盡能記之。韃人遁逃沙漠，怨入骨髓。至僞章宗明昌年間，不令殺戮，以是韃人稍稍還本國，添丁生育。

因童謡而出兵剿殺，語涉不經。然世宗初年，北邊有契丹人移剌窩斡作亂，擾攘數年，牽動得很大；頻年出兵，亦非無據之談。觀此，可以知韃靼人北徙之由；而且可知道韃靼人和女真人，有很深的冤讎；後來成吉思汗南侵，守長城的白韃靼，所以要做他的嚮導。

又拉施特《蒙古全史》所載蒙古人的起源，已見第二篇下第一章第四節。這一説，我已斷定他就是突厥起源的異説。但是蒙古人爲什麽會把突厥的傳説，拉來算做自己的歷史呢？這也可見得元朝王室，一定係出韃靼。因爲韃靼是靺鞨沙陀的混種，沙陀卻是突厥。

如此,可以斷定元室是室韋、靺鞨、突厥的混種。

《元史》在《二十四史》裏頭,要算最爲荒謬。元朝人自己著的歷史,便是《元祕史》。但是大典本不全;蒙文本不易讀,亦不易得。我只曉得杭縣圖書館裏有一部。能看東文的,就看日本那珂通世的《成吉思汗實録》也好。這部書,就是《蒙文祕史》的日文譯本。《元祕史》後來經脩改了一次,把太祖"殺掉兄弟","給札木合打敗"等事情,都删除掉。其漢文譯本,便是《親征録》。别有頒發親藩的,就是拉施特著《蒙古全史》所據。《源流考》也是根據此書,不過又加了些"援蒙古入吐蕃"的話。參看第二篇下第二章第三節。歐洲人所著的《蒙古史》,要以多桑所撰爲最善。洪文卿的《元史譯文證補》,所據的便是多桑、拉施特兩人的書。惜乎洪氏這部書,本没做成功;現在所刻的,又不是他的全本。日本田中萃一郎,卻有多桑《蒙古史》譯本。近人武進屠氏,所著的《蒙兀兒史記》,雖未出全,而考核極精。上海商務印書館有寄售。至於柯氏的《新元史》已經奉大總統命令,加入正史之内,作爲二十五史,當然也可供參考了。

第二節　蒙古征服漠南北

從回紇敗亡以後,漠南北地方,久没有强大的種族。黠戛斯根據地在西北,所以雖破回紇,而未能代之佔據漠南北。契丹興於潢河流域,女真興於松花江流域,在地文上,都不屬於蒙古高原。到蒙古勃興,才再做出驚天動地的大事業。如今先得把漠南北地方,當時部族的情勢,簡明叙述於下。

(一) 翁吉剌譯名都以《祕史》爲主,《元史親征録》作弘吉剌,《源流考》作鴻吉剌。是蒙古甥舅之國。他的居地,在如今呼倫淖爾附近。《元史・特薛禪傳》説:弘吉剌氏,居於苦烈兒温都兒斤,迭烈木兒,也里古訥河之地。屠氏説:如今的根河,發源後西流百餘里,經苦烈業爾山之南。其北,有特勒布爾河,略與平行。苦烈業爾,就是苦烈兒。温都兒是蒙古話高山之謂。特勒布爾,就是迭烈不兒。也里古訥是額爾古納的異譯。

(二)塔塔兒　就是韃靼的異譯。和蒙古世爲仇讎。其分部,有主因,阿亦里兀惕,備魯兀惕等。主因,就是朱邪的異譯,可證其爲韃靼沙陀的混種。居地也在捕魚兒海附近。如今的達里泊。

(三)蔑兒乞　居斡兒洹鄂爾坤。薛涼格色楞格。兩水流域。分部有兀都亦惕,兀洼思,合阿惕等。

(四)兀良孩　《明史》作兀良哈,就是如今的烏梁海。西人説他容貌近土耳其人,當是突厥族。據《祕史》,當時游牧之地,也在不兒罕山。

(五)客列《元史·列傳》作怯烈,《本紀》和《親征録》作克烈,《源流考》作克哩葉特。本居欠欠州亦作謙河,如今華克穆,克穆齊克兩河會流之處。詳見《元史譯文證補》卷二十六。其部長默兒忽斯,生二子:長不亦魯黑汗,次古兒罕。不亦魯黑死後,子脱鄰斡勒嗣。爲古兒罕所攻,逃奔也速該。成吉思父也速該替他起兵逐去古兒罕。於是脱鄰斡勒建牙於土兀剌沐漣土拉河。之上。客列,有人説就是康里轉音,則亦屬突厥族。

(六)汪古《親征録》作王孤。《遼史》作烏古。此族屬白韃靼。替金朝守長城。地在如今歸綏縣北。參看《元史譯文證補》卷一。

(七)乃蠻亦作乃滿,又作乃馬。據《元史·地理志》,本居吉利吉思。見下。其部長亦難察可汗,生二子:長爲塔陽可汗,《元史親征録》作太陽汗。次爲不亦魯黑汗。《元史》不魯欲罕,《親征録》作盃録可汗。兄弟不和,分國而治。塔陽居金山之陽,阿爾泰山。忽里牙速兀烏里雅蘇臺河。札八兒匝盆河。二水之間,南近沙漠。不亦魯黑居兀魯黑塔黑之地,南近金山。

(八)斡亦剌　就是明代的瓦剌。其部族甚多,《祕史》統稱之曰秃緜斡亦剌。"秃緜",亦作"土緜",譯言萬。散居如今西伯利亞南境。

(九)乞兒吉速　亦作吉利吉思,就是唐時的黠戛斯。居也兒的石河流域。額爾齊斯河。

(十)失必兒　鮮卑的異譯。據多桑地圖,在乞兒吉思正北。應當在如今鄂畢河流域。

這都是當時漠南北包西伯利亞南部。的部族,從此望西,就是回紇種族了。

蒙古的漸强,在於察剌合領忽、想昆必勒格的時候。"領忽",就是《遼史》"令穩","想昆"就是《遼史》"詳穩"的異譯,蒙古人名,都把官名別號……牽合在一起。本書不能一一分別;欲知其詳,可把前節所舉各書作參考。都是契丹的北面部族官。到哈不勒,才有汗號;統轄蒙兀全部。哈不勒傳位於俺巴孩。蒙古與主因塔塔兒有讎,因此上,俺巴孩爲主因塔塔兒所襲執,送之於金,金人以"木驢"殺之。當時的一種非刑。俺巴孩叫使者傳令給自己的兒子合答安太石,和哈不勒汗第四個兒子忽都剌,叫替他報讎。於是部族會議,共立忽都剌爲可汗。入金境,敗其兵。金宗衛(弼)來討,連年不能取勝。乃議和;割西平河克魯倫河。以北二十七團寨給蒙古;並且每年送他牛羊米豆。這時候,是前七六五年。宋高宗紹興十七年,金熙宗皇統七年。忽都剌可汗和合答安太石謀報主因塔塔兒的讐;前後十三戰,竟不能克。只有乙亥年一役,成吉思汗的父親也速該獲其酋長帖木真兀格和豁里不花兩人;而成吉思汗適生;於是就替他題個名字喚做帖木真,以作紀念。前七五七,高宗紹興二十五年。忽都剌可汗死後,蒙古没有共主,又復衰頽。而也速該又適以此時死,成吉思汗就要大遭魔難了。

成吉思汗的母親訶額侖,是斡勒忽訥惕翁吉剌氏。成吉思汗年十三歲時,前七四五年,宋孝宗乾道三年。也速該帶着他到舅家去。途遇翁吉剌惕德薛禪,把他爺兒邀到家裏;把自己的女兒孛兒帖,許字給成吉思汗。成吉思汗就留住丈人家。也速該獨歸,爲主因塔塔兒人所毒殺。先是朵奔蔑兒干,娶豁里禿馬敦部拉施特説:在拜喀勒湖之東。的女兒阿闌豁阿《元史·本紀·世系表》作阿闌果火,《源流考》作阿掄郭斡。爲妻。生了兩個兒子:一個名喚別勒古訥台,一個名喚不古訥台。朵奔蔑兒干死後,阿闌豁阿又生三子:一個喚做不忽合塔吉,一個喚做不合秃撒勒只，一個就是孛端察兒。别勒古訥台弟兄，疑心母親和家裏一個兀良孩的奴隸私通。阿闌豁阿說：天天夜裏，總有個黄白色灰色目睛的人，來按摩我的肚子；光明直透到肚子裏；所以生這三個兒子。你們看，這三個孩子，將來一定有個把貴的。後來蒙古人就稱三個人之後爲尼倫，意義就是"絜清"；不忽合塔吉之後爲合答斤氏，不合秃撒勒只之後爲撒勒只兀惕氏，孛端察兒之後爲孛兒只斤氏，異譯作博爾濟錦，就是"灰色目睛"。其餘的支派爲多兒勒斤，譯義就是尋常人。也速該生時，雖統轄尼倫全部，同族忌他的人很多。也速該死後，就都離叛而去。泰亦赤兀氏，和成吉思汗齮齕尤甚，成吉思曾經給他捉去，幾乎把性命送掉，後來幸而獲免。

脱鄰斡勒，是受過也速該好處的，所以相結爲"安答"。蒙古話，可以交託東西的朋友。成吉思汗娶孛兒帖後，拿他嫁妝裏一件黑貂裘去送他，脱鄰斡勒大喜，許以緩急相助。先是訶額侖原是蔑兒乞也客赤列都的妻子，也速該途遇着搶來。這時候，也客赤列都的哥哥脱黑脱阿，替他兄弟報讎，也約了鄰部，來把孛兒帖搶去。成吉思汗又約着脱鄰斡勒和札答剌部長札木哈，孛端察兒曾虜一孕婦，所生前夫的兒子，名喚札只剌歹，其後爲札答剌氏。把孛兒帖搶回。札木哈本是成吉思汗的安答，於是兩人同牧一處，一年多，又生疏了，遷徙到别處。札木哈約泰亦赤兀等十三部來伐，成吉思汗也分軍爲十三翼迎之。這時候，本從札木哈的部族，棄札木哈而從成吉思的頗多，所以分軍爲十三翼。戰於答闌巴泐渚納，答闌譯言平川。如今呼倫淖爾西南，有個巴泐豬納湖。湖水東北出，爲班朱尼河，注呼倫淖爾。成吉思汗大敗。札木哈還兵時，捉到歸附成吉思汗的部長，共用七十隻鍋子，把他煮死，諸部惡其殘暴，歸心於成吉思汗的，反而更多。

這時候，主因塔塔兒蔑古真薛兀勒圖叛金，金丞相完顔襄討之，至浯泐札。《金史·襄傳》作斡里札，如今車臣汗右翼左旗的烏爾載河。成吉思汗和脱鄰斡勒幫助他，把蔑古真薛兀勒圖攻殺。完顔襄大喜，授成吉思汗以札兀忽里之職，"札兀"，蒙古話，譯言"百"忽里和忽魯，是同音異譯。《金史·百官志》:"部長曰孛堇,統數部者曰忽魯。"札兀忽里,大約是"百夫長"的意思。封脱鄰斡勒爲王。脱鄰斡勒自此亦稱王罕。猶言王汗。王罕攻塔塔兒的時候,乃蠻亦難察汗乘機,把他的兄弟額兒客合剌送回。本因和王罕不和,逃奔古兒罕的。王罕還戰不勝,逃到西遼。久之,復東歸,走到半路上,大爲飢困;差人告訴成吉思汗。成吉思汗自己去迎接他。把王罕敗亡時來降的人都還他。於是王罕復振。攻破蔑兒乞,脱黑脱阿逃至巴兒忽真。在西伯利亞境。翁吉剌等部共立札木哈爲古兒罕,連兵來伐。成吉思汗擊破之,翁吉剌部來降。不多時,不亦魯黑和脱黑脱阿的兒子忽秃,泰亦赤兀部長阿兀出把阿秃兒,又連合諸部來伐。成吉思汗和王罕連兵逆之。忽然天降大雪,冷得不堪。諸部退到闊亦田之野,呼倫淖爾南邊的奎騰河。不復能成軍,遂大潰。成吉思汗自追泰亦赤烏,把他滅掉。

然而王罕的兒子你勒合桑昆,又和成吉思汗不合,舉兵來襲。這時候,王罕兵勢甚盛,成吉思汗乃暫時退避。後來出其不意,把他襲破。王罕逃到乃蠻界上,爲其所殺。你勒合桑昆輾轉逃到曲先,龜兹。爲喀剌赤客剌沙爾,焉耆的番名。部主所殺。於是客列部亦亡,漠南北的强部,只剩得一個乃蠻。乃蠻塔陽罕,差人去約汪古部長阿剌忽失的吉惕忽里,《元史·本紀》白達達部主阿剌忽思,《列傳》作阿剌兀思惕吉忽里。同伐蒙古。汪古部卻差人告訴成吉思汗。前七〇八年,成吉思汗伐乃蠻。太陽汗出兵禦之,駐營於康孩山杭愛山。合池兒水,哈隨河。脱黑脱阿,札木合等,都在營裏。旋渡過斡兒洹河,戰於納忽山東麓,未詳爲今何山。乃蠻大敗。塔陽罕被擒。其子古出魯克,和脱黑脱阿,札木哈,都逃奔不亦魯黑。蒙古進兵金山。明年,襲殺不亦魯黑。脱黑脱阿逃到也兒的石河,爲蒙古追兵所及,中流矢而死。札木哈逃入儻魯山,唐努山。爲手下的人所執獻,給成吉思汗殺掉,古出魯克逃奔西遼。

於是漠南北盡平。前七〇六年,成吉思汗就大會諸部族於斡難河的上源,受成吉思汗的尊號。這是諸部族共戴成吉思爲大汗。《源流考》説:成吉思棄札木合從牧時，諸部曾推戴爲汗，這是蒙古本族的人，推他爲本部族的汗。

第三節　金朝的滅亡

女真初興的時候，他的勢力真是如火如荼，卻到元朝一興，就“其亡也忽焉”，這是什麼原故？

女真的部落，很爲寡弱，已見前篇第五章第二節。他的部落，不惟寡弱，而且很窮。《金史·本紀》：“康宗七年，歲不登，民多流莩，强者轉而爲盜。……民間多逋負，賣妻子不能償。……”太祖收國二年，“詔比以歲凶，庶民艱食：多依附豪族，因爲奴婢；及有犯法，徵償莫辦，折身爲奴者；或私約立限，以人對贖，過期則爲奴者；並聽以兩人贖一爲良。若元約以一人贖者，即從元約”。天輔二年六月，“詔有司禁民淩虐典雇良人，及倍取贖直者”。太宗天會元年，“詔比聞民乏食，至有粥子者，聽以丁力等者贖之”。這都是他本部族人。又太宗詔孛堇阿實賚說：“先皇帝以同姓之人，舊有自粥及典質其身者，令官爲贖。今聞尚有未復者，其悉閲贖之。”則並皇族也有粥身爲奴的了。這是爲什麼原故呢？我說，金朝人開化本晚，所居的地方又瘠薄，又累代用兵不息，這也無怪其然。然而金朝人卻因此養成一種堅苦尚武的性質。《金史·兵志》說：

> 金興，用兵如神：戰勝攻取，無敵當世。曾未十年，遂定大業。原其成功之速：俗本鷙勁，人多沈雄。兄弟子姪，才皆良將。部落保伍，技皆鋭兵。加之地狹產薄，無事苦耕，可給衣食；有事苦戰，可致俘獲。勞其筋骨，以能寒暑。徵發調遣，事同一家。是故將勇而志一，兵精而力齊。一旦奮起，變弱爲强，以寡制衆，用是道也。

《宋史·吴玠傳》也説：

胡世將問玠所以制勝於璘。璘曰：璘從先兄，有事西夏。每戰，不過一進卻頃，勝負輒分。至金人，則更進迭退，忍耐堅久；令酷而下必死。每戰，非累日不決，勝不遽追，敗不至亂；自昔用兵，所未嘗見也。……

這不過隨舉兩條；金朝兵强的證據，散見於各處的還很多；要是一一列舉起來，怕要更僕難盡。這就是女真崛起的主要原因。

然而從進了中原以後，他這種優點，就都失掉了。原來女真的兵制，是分爲千夫長、百夫長，千夫長喚做"猛安"，百夫長喚做"謀克"。女真是兵民不分的，猛安謀克，平時就是理民之官，謂之孛堇。其兼統數部的謂之忽魯。本來都是自己人。後來諸部族投降的，也都授以猛安謀克；漢人遼人也如此；平州叛後，金人曉得治部族的制度，不能施行於内地，才依中國官制，設制長吏。這是因爲本部族人少，不得不招徠他部族的原故。到熙宗以後，又想把兵權都歸諸本族。於是把遼人漢人渤海人承襲猛安謀克的，一概罷掉。南遷以後，又想用本族人來制馭漢人。於是把猛安謀克所統屬的人户，搬到内地；括民田給他耕種。這種"猛安謀克户"所佔的田，面積很廣，納税極輕；而且都是好田。《金世宗本紀》大定十七年，世宗對省臣説："女真人户自鄉土三四千里移來，盡得薄地，若不拘刷良田給之，久必貧。其遣官察之。"又對參政張汝弼説："先嘗遣問女真土地，皆云良田，及朕出獵，因問之，則謂自起移至此，不能種蒔；斫蘆爲席，或斬芻以自給。卿等其議之。"其實以戰勝民族，圈佔戰敗種族的地方，那裏有不得良田之理？請問中原那裏來"不能種蒔"，衹好"斫蘆""斬芻"的地方呢？這許多話，正是當時拘刷良田，以給猛安謀克户的反證。然而他們的經濟能力，很是薄弱的。得了這種好的家産，並不能勤墾治生。大抵是不自耕墾，盡行租給漢人。有"一家百口，隴無一苗"的，"有伐桑爲薪"的。"富室盡服紈綺，酒食游宴；貧者多慕效之。"於是漢族長於殖産的好處，並没學到；本族耐苦善戰的特質，倒先已失掉了。

金世宗是最想保存女真舊俗的。然而推翻海陵之後，也就定都於燕，不能還都上京。這大約因爲當時的女真，都希望留居内地，不願重還本土之故。大抵一個民族，總要往物質供給豐富的地方走的。

衆心難逆，金世宗雖有先見，卻也無可如何。只要看下面一段文字，就曉得當時風氣變遷的快了。

上謂宰臣曰：會寧乃國家興王之地。自海陵遷都，……女真人寖忘舊風。朕時嘗見女真風俗，迄今不忘。今之宴飲音樂，皆習漢風，蓋以備禮也，非朕心所好。東宫不知女真風俗，第以朕故，猶尚存之；恐異時一變此風，非長久之計。甚欲一至會寧，使子孫得見舊俗，庶幾習效之。《世宗本紀》大定十三年。

十三年，四月，乙亥，上御睿思殿。命歌者歌女真詞。顧謂皇太子曰：朕思先朝所行之事，未嘗忽亡，故時聽此詞；亦欲令汝輩知女真醇質之風。至於文字語言，或不通曉，是忘本也。二十五年，四月，幸上京。宴宗室於皇武殿。飲酒樂。……上曰：吾來故鄉數月矣！今迴期已近，未嘗有一人歌本曲者；汝曹來前，吾爲汝歌。乃命宗室子叙坐殿下者皆上殿面聽，上歌曲，道祖宗創業艱難，及所以繼述之意。上既自歌，至"慨想祖宗，音容如覩"之語，悲感不復能聲。歌畢，泣下數行。……於是諸老人更歌本曲；如私家相會，暢然歡洽。上復續調歌曲，留坐一更，極歡而罷。其辭曰：……乃眷上都，興帝之第。屬兹來游，惻然予思。風物減耗，殆非昔時；于鄉于里，皆非初始，雖非初始，朕自樂此；雖非昔時，朕無異視。瞻戀慨想，祖宗舊宇；屬屬音容，宛然如睹。童嬉孺慕，歷歷其處；壯歲縱行，恍然如故；舊年從游，依希如昨。……

成吉思汗的伐金，上距海陵的南遷，凡五十八年。這時候的女真人，早已有名無實了。所以蒙古兵一到，就不免潰敗決裂。前七〇三年，成吉思汗伐夏。夏人請降。明年，遂伐金。先是金人於河套以北築邊牆，迤東北行，直抵女真舊地。汪古部所守的，就是這邊牆的要隘。汪古部既歸心蒙古，成吉思汗兵來，就導之入隘；而且借以放牧之地，恣其休息。於是蒙古士氣倍壯。進攻西京，留守紇石烈執中棄城遁。蒙古破桓、在如今直隸獨石縣北。撫在如今直隸張北縣北。二州。金獨石(吉)思忠,完顏承裕,以兵四十萬,拒戰於會河堡,在如今直隸萬全縣西。大敗。蒙古兵遂入居庸關,逼京城。金衛卒力戰,乃退。前六九九年,衛紹王爲紇石烈執中所弒,立宣宗。十月,成吉思汗自將伐金。至懷來,如今直隸的懷來縣。執中使朮虎高琪拒戰,大敗。蒙古兵遂圍中都。高琪出戰,又敗。怕執中要加罪,就把執中殺掉。成吉思汗命右軍攻河東,左軍徇遼西,自率中軍南掠山東。所過之地,無不殘破;河北遂不可守。明年,正月,成吉思汗還軍,屯燕城北。金人把衛紹王的女兒嫁給他,請和。蒙古兵才退出居庸。蒙古兵退後,宣宗因河北殘破,遷都於汴。成吉思汗説既和而又遷都,是有猜疑之心。又進兵伐金。圍中都。金朝遣兵往救,都給蒙古人殺敗。明年,五月,中都遂陷。中都陷後,儻使蒙古人以全力進取金人一定亡不旋踵。幸而有西征的事情,替他緩了一緩兵勢。

前六九四年,成吉思汗拜木華黎爲太師國王,經略太行以南,而自率衆西征。從此到太宗南伐以前,金人僅得維持守勢。金朝所受的致命傷,在於河北殘破。惟河北殘破故,得其地亦不可守,即無從努力於恢復。固然也未必能恢復。而南遷以後,盡把河北的兵,調到河南,財政大爲竭蹶。於是不得不加賦以足軍饟;濫發鈔票,以濟目前之急;參看第五章第七節。經濟界的情形,就弄得更爲紊亂。又因怕出軍饟故,想叫兵士種田;於是奪了百姓的田,去給兵士耕種;兵士未必能種,百姓到因此失業了。於是河南山東,也弄得所在盜起。又因宋朝罷其歲幣,財政竭蹶之秋,看了這種損失,也頗有些在意。於是就想到用兵於宋,儻使徼幸勝了,不但可以復得歲幣,而且還可以格外要求些經濟上的利益。《金史》上説宣宗時用兵於宋的真原因是如此。其結果,就弄得和宋朝開了兵釁。又不知爲了什麽原因,和夏人也開起兵釁來。連《金史》上也説不出他的原因來,只説是“疆埸細故”。於是格外弄得兵連禍結,不能專力對付蒙古了。到前六八九年,宣宗死了,哀宗即位。才南請和於宋,西乞盟於夏。前六八七年,和夏人以兄弟之國成和;而宋朝人到底不答應。隔不到幾年,蒙古的兵,也就來了。

前六八五年春,成吉思汗伐夏。這一年夏天,成吉思汗就死了。諸將遵汗遺命,等夏主安全出降,把他殺掉,然後發喪。前六八三年,蒙古太宗立。遵成吉思汗遺意,議伐金。這時候,金人盡棄河北,從潼關到邳州,如今江蘇的邳縣。立四行省,列兵二十萬以守。前六八二年,太宗攻鳳翔。明年,陷河中。叫拖雷假道於宋。宋統制張宣,把他的使者殺掉。拖雷就闖入大散關。在如今陝西的寶鷄縣。硬行通過宋境,從漢中經襄陽而北。前六八〇年,正月,太宗從白坡在河南孟津縣境。渡河,叫速不台圍汴。拖雷也北行與之會。金完顔哈達,移剌蒲阿,本是去抵禦拖雷的兵的,聽得汴京被圍,撤兵北上;和拖雷的兵,遇於鈞州的三峯山。在如今河南禹縣。大戰三日夜,金朝的兵,畢竟大敗。於是良將鋭卒都盡。閿鄉行省如今河南的閿鄉縣。和關陝總帥,撤兵東援,走到潼關,又爲蒙古兵所追及,大敗。於是外援全絶。幸而汴城守禦甚堅,速不台連攻十六晝夜,還不能克。乃議和,蒙古退軍河洛。不多時,金朝的衛卒,殺掉蒙古使者三十餘人,和議又絶。這時候的汴京,饑窘已甚。金哀宗出走河北,派兵攻衛州,不克。前六七九年,退到歸德。蒙古速不台再進兵圍汴。金西面元帥崔立以城降。蒙古盡執金太后、后妃等北去。金哀宗逃到蔡州。這時候,宋朝和蒙古,又起了夾攻之議。這一年十月裏,宋朝的孟珙江海帥師會蒙古的塔察爾圍蔡。明年,正月,城破。金哀宗傳位於族子承麟,自行燒死。承麟也爲亂兵所殺,金亡。

第四節 南宋的滅亡

金朝既亡之後,宋朝斷無可以自立之理。因爲這時候的蒙古,斷没有不想向南方侵略,斷没有不全併中國,就肯住手的。但是宋朝人的種種行爲,也總不能辭“謀之不臧”之咎。

宋寧宗從殺掉韓侂胄之後，又任用了史彌遠。寧宗無子，彌遠就想援立皇太子，以自固其位。於是找到一個燕王德昭的九世孫與芮，先把他立做寧宗的兄弟沂惠靖王之後，再把他立爲皇子，改名爲竑。而把他的兄弟與莒，立做沂惠靖王之後，賜名貴誠。誰想這位皇子，卻和史彌遠不對。彌遠大懼。前六八八年，寧宗死了，彌遠就矯詔立貴誠爲帝，更名昀。是爲理宗。封竑爲濟王，出居湖州。如今浙江的歸安縣。湖州人潘壬，起兵奉竑。竑知事不成，把他討斬。史彌遠仍舊把他殺掉。理宗卻感激史彌遠擁立之恩，格外一心委任他。

宋朝的罷金歲幣，事在前六九六年。金宣宗命太子哀宗。總諸軍南侵。宋朝用趙方節制京湖，賈涉節制淮東軍馬，去抵禦他。交戰數年，互有勝負。這時候，山東羣盜蜂起，多來降宋。宋人想借他的力量，以謀恢復，都厚撫之。卻又没有力量駕馭他。於是羣盜都驕横得不堪；而據楚州的李全，更爲跋扈。前六九三年，金朝的益都府卒張林，復立府治。先是爲蒙古所殘破。李全差人去游說他，張林就以京東東路諸州縣來降。旋因與李全的哥哥李福不睦，叛降蒙古。而李全因張林之降，業已入據青州。蒙古人就把他圍了起來。這都是寧宗手裏的事情。

到前六八五年，理宗三年。李全因和蒙古大小百戰，終不利，乃投降蒙古。這時候，張林已據了楚州，把李福殺掉。李全請於蒙古，復歸楚州。其黨大懼，殺張林以迎之。於是李全復據楚州，叛服於宋元二國之間。曉得臨安守備空虚，大治舟師，頗有乘虚襲宋之意。前六七八年，趙葵才把他討平。對付這許多内憂，已經出了一把大汗，自然就無力以對外了。

理宗既立之後十年，聯合蒙古，把金朝滅掉。鑒於北宋約金攻遼，而卒亡於金的覆轍，這一次的外交，總應該謹慎將事了。卻是不度德，不量力，金朝方才滅亡，武人趙葵、趙范，都是趙方的兒子。又創議收復三京。宰相鄭清之，也附和他。於是派知廬州全子才攻汴，金將殺崔立以降。趙葵的偏將楊誼入洛陽。既得之而不能守，卻反因此和蒙古開了兵釁。襄陽成都,都給蒙古兵打破了。幸而這時候,蒙古人並沒來專心對宋。上流有一孟珙,把襄陽四川,都崎嶇恢復。前六七一年,蒙古太宗死了,定宗到前六六六年才立;立後三年而死;前六六四年。又三年而蒙古憲宗乃立。前六六一年。宋朝人就得偷安了好幾年。

前六五五年,蒙古憲宗大舉入寇,破東川。明年,二月,圍合州。這時候的合州城,在如今四川合川縣的釣魚山上。幸得守將王堅,堅守不下。七月,蒙古憲宗卒於城下。據宋朝人說:蒙古憲宗,是受箭傷死的。怕也有些影響。因爲並没聽得他有什麽病。於是蒙古的兵,解而北歸。然而這一次,蒙古兵的入寇,本是分兩道的。憲宗攻四川,憲宗的兄弟忽必烈,就是世祖。攻湖北。憲宗的兵雖退,忽必烈卻渡江圍鄂州。又有兀良合台的兵,從交阯北來,破静江、如今廣西的臨桂縣。辰沅、潭州,北行以與之會。長江中段的形勢,緊急萬分。宋朝這時候,史彌遠已死了,理宗卻又任用了一個賈似道。賈似道這個人,是個少年放蕩,薄有才名,而實在是銀樣蠟槍頭的。自己帶着諸軍去援鄂,一籌莫展。差人到忽必烈軍中去求和,情願稱臣納貢,畫江爲界。這時候,忽必烈也想争奪汗位,就利用這個機會退兵。參看第四章第一節。賈似道卻把這些話都掩瞞了,而以大捷聞於朝。明年,元世祖自立於開平。如今的多倫縣,後來以爲上都。前六四八年,定都於燕。這一年,理宗也死了,度宗即位。

元世祖既和賈似道成了和議,就要派人來脩好。賈似道卻因諱和爲勝,把他的使者,都囚了起來。於是蒙古和宋朝的兵釁,就終無法解免。而宋將劉整,又因和賈似道不協故,降元。勸元人並力以取襄陽。前六四四年,元人就把襄陽圍了起來。宋人竟無法救援。守到前六三九年,守將吕文焕,也因忿極了,就投降了元朝。明年,度宗崩,恭宗立。元朝就派伯顔總帥諸軍入寇。伯顔攻陷鄂州,叫阿里海牙留守,自率大軍東下。前六七三年,賈似道的大兵,潰於蕪湖,元兵遂長驅入建康。伯顔分軍爲三:(一)阿里海涯,平定湖南北和江西。(二)阿朮攻真揚諸州,以斷宋淮南援師。(三)自率大軍,從廣德,過獨松關。江陰,走瞰浦。平江,三道窺臨安。前六三六年,諸關兵皆潰。謝太后使奉表稱臣於元,不聽。五月,遂和恭宗都北狩。

臨安既陷,故相陳宜中,立恭宗的兄弟益王昰於福州。九月,元兵從明州江西,兩路進逼。陳宜中奉益王走惠州。元遂取福州。明年,二月,元以北方有警,召諸將北還。宋人乘之,恢復廣州潮州。文天祥,張世傑,進取江西福建,旋敗還。天祥被執。前六三四年,益王卒於碙洲。在如今廣東吴川縣海中。弟衛王昺即位,遷於新會的崖山。在如今廣東新會縣海中。明年,元張弘範來襲,陸秀夫奉帝蹈海死,張世傑也舟覆於海陵山,在如今廣東海陽縣。宋亡。

第三章　蒙古的武功

第一節　大食盛强以後西域的形勢

從來住居瘠土的民族，總想向物資豐富的地方侵略的；這也是自然之理。所以蒙古平定漠南北以後，也就想侵入中原；西征原非其始願，卻因種種的事情，引起成吉思汗的西征來；使蒙古幾乎統一歐亞，這也是讀史者很有趣味的事情。

唐中葉以前西域的情形，已略見第二篇下第二章第二節。這時候，大食日强。高宗時，滅波斯。玄宗以後，葱嶺以西的地方，遂悉爲所併。但是不及三百年，哈里發威權日替，東方諸酋，幾於各各獨立。又以其間互相吞併。於是他海爾、薩法爾、薩鑾、賽布的克斤、布葉、塞而柱克諸朝，相繼而興。這許多事情，都在西洋史範圍裏，本書不能詳叙。洪氏和屠氏的書，都有《西域和報達補傳》，亦可參考。其從天山南北路，經過兩海鹹海、里海。之北，以抵亞洲西境，則仍爲回族所佔據。其間又可分爲三個區域：（一）伊犁河吹河流域。本西突厥故地。開元時，突騎施最强。至德後，唐肅宗年號，前一一五六年，前一一五五年。葛邏禄代之而興，見《唐書·西突厥傳》。元時謂之哈剌魯。（二）兩海之北，爲康里人所據。大食歷代的哈利發，愛其勇悍，多招之爲兵。（三）天山南路。從回紇爲黠戛斯所破後，次第侵入這個區域。至宋時，遂悉爲所據。元時謂之畏兀兒。參看第三篇上第二章第二節。

西遼始祖耶律大石,遼太祖八世孫。遼人立秦晉國王於南京,大石也與聞其事。南京破後,走歸天祚。旋走到北庭,會十八部的王衆。得精兵萬餘,率之而西,假道回鶻,西至尋思干。如今的撒馬兒干。塞而柱克遣兵來拒,大敗之。《遼史》説忽兒珊遣兵來拒。案忽兒珊,是呼羅珊的異譯,塞而柱克朝的都城。又西至起兒漫,如今的克兒漫。羣下册立大石爲帝。前七八八年。東歸,定都於虎思斡耳朵。在吹河流域。傳三世,而至直魯古。參看《遼史·本傳》。

塞而柱克朝,以前八七三年至八二〇年之間爲最盛。其屬地,西至小亞細亞半島,東至喀什噶爾。前八二〇年,其英主瑪里克沙卒。子弟及諸將,互相紛争;屬地分裂,勢遂衰。瑪里克沙有一個奴僕,唤做奴世的斤。瑪里克沙很愛他,除其奴籍,叫他做花剌子模的部酋,“職視閫帥”。奴世的斤死後,子庫脱拔丁謨罕默德嗣。乘塞而柱克朝衰微,也僭稱花剌子模沙。死後,子阿切斯嗣。耶律大石既勝塞而柱克,又派兵去征花剌子模。阿切斯戰敗,被擒。立誓臣服,且約每年進貢,西遼才放了他。傳子伊兒阿斯蘭,孫塔喀施,都納貢西遼,吞併東南近境。塔喀施死後,子阿剌哀丁謨罕默德嗣。以己國奉回教,西遼奉佛教,深以納貢於異教之國爲恥。恰好西遼納了塔陽罕的兒子古出魯克,就和他裏應外合,以滅西遼。花剌子模,是個地名。就是《唐書》的貨利習彌。《大唐西域記》作貨利習彌迦。凡鹹海西南,里海以東,阿母河下游的地方都是。成吉思汗西征時候,阿剌哀丁謨罕默德幾乎統一葱嶺以西。所以《元史》稱他爲西域王。洪氏的書,也沿用這兩個字,稱《西域補傳》。然這兩字,畢竟不妥。所以現在還是把花剌子模四字,做他的朝名。

古出魯克的逃到西遼,直魯古妻之以女。古出魯克卻招集東方殘衆,和花剌子模内外夾攻,把西遼滅掉。前七〇一年。花剌子模先已取得尋斯干之地,從烏爾鞬赤如今基發的烏爾根赤。徙都之。這時候,又併有突而基斯單,今譯作土耳其斯坦。南併郭耳。亦突厥族在印度河外。於是其疆域:南逾印度河,北至鹹海、里海。西北至阿特爾佩占,如今波斯的亞塞爾拜然。西鄰報達,赫然爲西域一大國了。

然而花剌子模有兵四十萬，都是康里、突厥人，和百姓不洽。王母土而堪哈敦，也是康里部酋之女。於是諸將靠着王母的聲勢，都十分驕恣。王母的權柄，也和國王相埒。“國雖大，本未固也”。西遼的百姓，都奉回教。西遼雖奉佛教，契丹是最信佛的。卻也並不强他。乃蠻人本奉景教。古出魯克娶西遼王女之後，又娶了一個西遼宰相之女。兩女都奉佛教；古出魯克信她們的話，也改奉佛教；而且剥奪起人民的信仰自由來；又收税甚苛；於是民心大怨。所以蒙古兵一來，兩國就都土崩瓦解。

西遼和花剌子模，是當時西域的兩個大國。其餘有關係的部族，也得簡單叙述如下：

（一）不里阿耳譯名都以較通行者爲主。《祕史》作孛烈兒。就是如今的保加利亞。當時的居地，在里海之北，烏拉嶺之西，浮而嘎河之東。都城同名，距喀山二百五十里。

（二）欽察亦作乞卜察兀。在烏拉嶺西，里海黑海以北。《元史譯文證補》説：“俄書稱其地曰波羅佛次，稱其種人曰波羅拘齊；他國皆稱奇卜察克，……相傳有二解：（一）謂突厥族派凡五，一爲奇卜察克，與蒙古同屬烏古斯汗之後。烏古斯汗與亦脱巴阿部戰敗，退至兩河間。有陣亡將弁婦，懷孕臨蓐；軍行倉猝無産所，就空樹中生子。烏古斯汗收育之，名以奇卜察克，義謂空樹。越十七年，烏古斯戰勝亦脱巴阿人，遂降其部。未久，復叛。乃命奇卜察克往牙愛克河即烏拉河。亦脱巴阿，居中以鎮撫之；因以名部。此拉施特哀丁與阿卜而嘎錫之言也。（一）謂荒野平地之民，……語出波斯。俄之波羅物次同解。此近世西人之説也。”《蒙兀兒史記》據《元史・土土哈傳》：“其先本武平北折連川按答罕山部族。自曲出徙居西北玉里伯里山，因以爲氏。號其國曰欽察。曲出生唆末納，唆末納生亦納思，世爲欽察國主。”説欽察是東方族類；所以後來哲别速不台對他，有“我等同類”的話。則前一説似乎可據。

（三）阿羅思《祕史》作斡魯速。就是如今的俄羅斯。《元史譯文證補》説:“唐季,此種人居於俄今都森彼德普爾案後來通譯爲聖彼得堡。之南,舊都莫斯科之北。其北鄰爲瑞典、挪威國。國人有柳利哥者,兄弟三人,夙號雄武。侵陵他族,收撫此種人,立爲部落。柳利哥故居地,有遏而羅斯之名,遂以是名部。他西國人釋之曰:遏而羅爲摇艣聲;古時瑞典、挪威國人,專事鈔掠,駕舟四出。柳利哥亦盜魁,故其地有是稱。……柳利哥建國,在唐咸通三年。其部初無城郭,至是建諾物哥羅特。……後嗣漸拓而南,遷於計掖甫,近鄰黑海。行封建之制。……”愚案《唐書》“駮馬,或曰弊剌,曰遏羅支。直突厥之北,距京師一萬四千里。馬色皆駮,因以名國云。北極於海。……人貌多似結骨,而語不相通”。遏羅支,就是遏而羅斯。駮馬係他部族稱之之詞。結骨,《唐書》説:“其人皆長大,赤髮,皙面,緑瞳”,正是白種人。然則遏而羅斯,本係北方部族之名。説他是摇艣的聲音,怕未免穿鑿附會了。

(四)阿速。《元史譯文證補》:“……希臘羅馬古史,……謂里海以西,黑海以北,先有辛卑爾族居之。案就是鮮卑。……厥後有粟特族。案《後漢書》作粟特,《後魏書》作粟也,也就是《漢書·陳湯傳》的闔蘇。越里海北濱,自東而西,奪辛卑爾地,……東漢時,有郭特族人,亦自東來。……粟特族人,敗潰不復振。晉時,匈奴西徙,……郭特人西竄。郭特,今譯通作戧特。……當郭特之未侵粟特也,有部落曰耶仄亦,居里海西,高喀斯山北。案今譯通作高加索山。亦東來族類,而屬於粟特。厥後郭特匈奴,相繼攘逐;獨耶仄亦部,河山四塞,恃險久存。後稱阿蘭,亦曰阿蘭尼,又曰阿思,亦曰阿蘭阿思,皆見東羅馬書。案《後漢書》作阿蘭聊,《三國志注》引《魏略》作阿蘭。今案耶仄亦,即漢奄蔡,元阿速。……明後始爲俄羅斯所併,享國之久,可謂罕見。……”參看原書。

(五)撒耳柯思。《祕史》作薛兒客速,又作薛兒格速。《元史譯文證補》:“在高喀斯山北。……今俄南境端河濱,有部落曰端司科喀雜克,即《朔方備乘》等書之端戈薩斯。其人善馳驟;俄之突騎,悉出於此。……”

（六）木剌夷。《元史·太宗本紀》作木羅夷，《憲宗本紀》作没里奚，《郭侃傳》作木乃兮，劉郁《西使記》作木乃夷。天方教主摩訶末死後，教中的首領阿部倍克爾，倭馬爾，摩訶末的女婿奥自蠻、阿里，相繼爲哈里發。阿里死後，子哈山嗣。哈山死後，他的兄弟忽辛，應當嗣立，而爲倭馬亞朝所奪。教中的人，有不服的，别立阿里之後爲伊瑪姆。第五世伊瑪姆於非而沙體，已經定以長子伊思馬哀耳嗣位，後來又改立次子。十葉教人，阿里一派爲十葉教。又有説"教主之位，帝鑒在兹，非可朝令夕改"的。於是推戴伊思馬哀耳的兒子，是爲伊思馬哀耳一派。而同教的人，則稱他爲木剌夷，就是"捨正義入迷途的"意思。北宋中葉，教徒跑到波斯，佔據里海南岸一帶。其頭目哈山沙巴哈，居於低楞。在里海西南濱。《元史·西北地附録》作低廉。哈山沙巴哈的教規："凡徒黨，必應奉教，殺仇人。陰謀行刺，必致死乃已。"在頭目所住的堡内，造了宫室苑囿，聚音樂佳麗於其中。揀十二到二十歲的青年，給他麻醉藥吃了，帶他到裏面，説這就是天堂。再把他灌醉了送出去。以後便叫他去行刺。説不幸身死，就會到這天堂裏的。所以都"踴躍用命，或爲商賈，或爲奴僕，不遠千里，以行其志"。參看《元史譯文證補·報達木剌夷補傳》。

以上都是蒙古西征以前，亞洲西北方的部族，再往西，就入於歐洲了。

第二節　蒙古的西征

從蒙古到西域，本來有兩條路：一條是天山南路，一條是西伯利亞。成吉思汗既定漠北，就命忽必來征服哈剌魯，畏兀兒部主亦都護巴而朮阿兒忒的斤亦來朝。又命朮赤平斡亦剌吉利吉思失必兒等部。這兩條路，就都開通了。

成吉思汗伐金的時候，忽禿走到乃蠻界外，招集舊部，和古出魯克兩個人，都想趁此恢復舊業。前六九九年，成吉思汗回到喀魯漣，派速不台追忽秃,哲别追古出鲁克。速不台殺敗蔑兒乞於垂河,其酋霍灘奔欽察。哲别到垂河,宣言許人民信奉舊教。西遼舊境的人民,都叛古出魯克而降。古出魯克逃到撒里黑崑,如今新疆蒲犂縣土名,色勒庫爾的異譯。爲哲別所追殺。西遼舊地全定。蒙古的疆域,就和花剌子模相接。前六九八年。

這時候,有西域商人,來到蒙古。成吉思汗因之,貽書脩好於花剌子模,請保界通商。花剌子模王也答應了。後來又有西域商人,從蒙古回去。成吉思汗派人隨行,去購買西域的貨物,共有四百多人。都是畏兀兒人。走到錫爾河邊的訛打剌城。城主伊那兒只克,土而堪哈敦的兄弟。把他都捉起來,告訴花剌子模王,説是蒙古的奸細。花剌子模王就叫他盡數殺掉,只逃脱一個人。歸告成吉思汗。成吉思汗大怒,“免冠解帶,跪禱於天”。前六九三年,就起兵伐西域。

這一年五月,成吉思汗兵到也兒的石河。六月,進兵。哈剌魯、畏兀兒和哈力麻里在如今的伊犂,也是回族。的部酋,都率兵從行。號稱六十萬。花剌子模王,本來曉得蒙古是個大敵;又聽得細作報告,説蒙古兵漫山遍野;心上有些懼怯。要想深溝高壘,聽蒙古兵“飽掠颺去”。所以蒙古兵直走到錫爾河,並没抵禦的人。九月,蒙古兵逼訛打剌。分軍爲四:

(一)窩闊台、察合爾,留攻訛打剌城。

(二)拙赤,掃蕩西北一帶。

(三)諸將托海等,分兵掃蕩東南。

(四)成吉思汗和拖雷攻不花剌,《元史·本紀》作蒲華,如今的布哈爾。以斷新舊兩都的交通。

明年,前六九二年。五月,四軍皆會,攻破尋思干。花剌子模王,先已遁去,派哲别速不台去追。王展轉逃到里海東南隅的小島上,這一年十二月裏,死了。子札剌勒丁亦作札闌丁。嗣,南走哥疾寧,城名,在巴達克山西南,印度河東。這時候,成吉思汗已攻破巴惕客薛。亦作巴達哈傷,如今的巴達克山。拖雷攻破呼羅珊,拙赤、窩闊台、察合台攻破烏爾鞬赤。

除朮赤留駐西北外，三子都和成吉思汗會兵。南踰印度固斯山。前鋒爲札剌勒丁所敗，成吉思汗兼程前進。前六九一年，十月，在申沐漣河邊，印度河。把他追上。札剌勒丁已經將要渡河，成吉思汗下令，即日進薄。四面把他圍起。可他到底突圍而出，從數丈的高厓上，策馬躍入申沐漣，鳧水而去。於是派將渡河追他。明年六月，成吉思汗自帶大軍東還。本來想從印度走西夏的；因爲路不好走，又聽説西夏反了，乃仍由原路而還。這是成吉思汗自己的大軍。

其哲别、速不台二將，既將花剌子模王逼入里海中小島之後，乘勝西北進，到欽察。叫他交出霍都來。欽察人不聽。前六九一年，二將遶寬甸吉思海，里海。踰太和山。高加索山。欽察、阿速、撒耳柯思，合兵來禦。衆寡不敵，又迫於險。乃以甘言誘欽察，説："我等同類，無相害意。勿助他族。"欽察引退。軍既出險，打敗阿速和撒耳柯思。出其不意，也把欽察打敗。前六九〇年冬，平撒耳柯思和阿速，又打敗欽察的兵。霍灘逃到阿羅思，求救於他的女婿哈力赤王穆斯提斯拉甫。前六八九年夏，戰於阿里吉河名見《速不台傳》，如今入阿速海的喀勒喀河。畔的鐵兒山。名見《曷思麥傳》，乃地名，非山名。阿羅思大敗，死掉六王，七十侯；兵士十死其九。列城都無守備，只等蒙古兵來了便乞降。幸而二將不復深入，僅平康里而還。哲别死在路上。

以上所述，是成吉思汗手裏的事情。成吉思汗東歸後，札剌勒丁也回歸舊地，圖謀恢復。前六八二年，太宗二年。太宗遣搠馬兒罕帥兵三萬人西征，諸城皆降。札剌勒丁逃入山中，爲怨家所殺，花剌子模朝亡。前六七八年，以迤北諸部未服，命拔都朮赤長子。不里察合台長子，木阿秃兒的兒子。蒙哥憲宗。貴由定宗。等西征。諸王，駙馬，及諸千户，萬户，各以長子從行。是爲"長子出征"。因爲所征的都是强部，長子出征，則兵强而多。以拔都爲元帥，速不台爲先鋒。旋升爲副元帥。前六七七年，出兵。明年秋，速不台破不里阿耳，殺敗欽察的兵。冬，入阿羅思，攻破莫斯科。前六七五年，破其首都務拉的迷爾，分兵徇下諸城。十月，還兵攻破欽察，欽察酋長霍灘，逃到馬札兒。如今的匈牙利。合丹定宗的兄弟。平撒耳柯思。前六七四年,定宗攻破阿速的都城蔑怯思。《元史·太宗紀·昔里鈐轄傳》同。《定宗紀》作木栅寨,《土土哈傳》作麥怯思,《拔都兒傳》作麥各思。這一年冬天,再入阿羅思。進攻孛烈兒如今的波蘭。和馬札兒,打敗孛烈兒的兵。明年春,入馬札兒,攻破派斯特。如今的佩斯城。分軍西略,直到如今的威尼斯。歐洲大震。明年,太宗訃音至,乃還。從此以後,西域只有木剌夷和報達大食都城,《元史·本紀》作哈塔,《祕史》作巴黑塔惕。未服。前六六〇年,憲宗二年。憲宗命皇弟旭烈兀率郭侃等西征。前六五六年,旭烈兀至西域,平木剌夷。明年,圍報達。又明年,把報達打破,哈里發木司塔辛殺掉。郭侃西行到天房,如今的麥地挪。降巴兒算灘。蘇丹的異譯。下其城一百八十五。又西行,到密昔兒,如今的麥西。降可乃算灘。遂渡海,收富浪,如今的塞普洛斯島。降兀都算灘而還,於是西域全定。

在歷史上,蒙古高原的部族,本來較西域諸國爲强。這是因爲一居沃土,一居瘠土之故。所以匈奴、突厥等,雖然失敗於東,還能雄張於西。但是匈奴、突厥的西略,都在既失敗於東方之後,不過做個桑榆之補。至於合東方的部族,併力西向,則自西遼大石開其端,蒙古卻更進一步;而當時的西方,又没有一個真正的强部;所以成功大而且快。——突厥族雄張西域已久,蒙古西征,得到他的助力,也是成功的一個大原因。

第三節　蒙古和朝鮮日本

成吉思汗的侵金,是從居庸關進兵。雖然也一掠遼西,並沒認真經營。何況女真故地?於是契丹人耶律留哥,起兵隆安,就是從前的黄龍府。掠取遼東之地,自立爲遼王。定都咸平。如今奉天的開原縣。金朝的遼東宣撫使蒲鮮萬奴,也據東京自立。前六九七年,耶律留哥入覲蒙古。蒲鮮萬奴乘虛襲取咸平。留哥用蒙古兵還攻,萬奴投降蒙古。後來轉入女真故地,叛服金元之間。自號爲東夏國。又有契丹遺族,名爲喊舍，乘遼東之亂，起兵侵略。後來敗入高麗。百濟餘族，有名唤楊水尺的，做他的嚮導。太宗派哈真去剿辦，高麗以兵來會。於是蒙古高麗，約爲兄弟之國。前六八七年，蒙古使者札古與從高麗回來，道經鴨緑江，爲盜所殺。蒙古説是高麗人殺掉的。前六八一年，派撒禮搭去伐高麗。高麗請和，蒙古許之。而置達魯花赤七十人於其國。高麗的權臣崔瑀，把他盡數殺掉。而把國王搬到江華島。於是二國兵釁復啓。前六八〇年，蒙古平蒲鮮萬奴。高麗人洪福源，據著西京造反。兵敗後，投降蒙古。又有趙暉、卓青等，以和州、永興迤北，附於蒙古。於是轇轕愈甚。到前六七一年，和議乃成。高麗從前七一四年之後，大權爲崔氏所握。到蒙古征服高麗之後，崔氏的勢力才除掉。然而蒙古勢力，從此瀰漫全國。時時把他的地方，設立行省。高麗歷代的王，都尚元朝的公主；也同化于胡俗。國王的廢立，和一切内政，無不受蒙古的干涉；幾乎不成爲國。到元朝和高麗王氏，同時傾覆，朝鮮人才算恢復自由。蒙古和朝鮮的交涉，可參看《韓國小史》。蒲鮮萬奴，屠氏的書有補傳。

蒙古帝國是喜歡侵略的，是有誇大的性質的。所以朝鮮既平，又想招致日本。這件事，是發起於高麗人趙彝的。元世祖聽了他，先叫高麗人去招致他，後來又自派趙良弼去，日本人不聽。日本此刻，是北條時宗執政。前六三七年，就派忻都帶着蒙古漢兵和高麗兵一萬五千人前去伐他。攻破對馬島，陷壹岐，掠肥前沿海諸郡邑。捨舟登岸，殺到如今津佐原、百道原、赤阪一帶。再回兵上船。因箭已用盡，又大風起，船多觸礁，乃還。前六三一年，又命忻都、范文虎帶着十五萬兵東征。一偕高麗兵發合浦，一發江南，約會於壹岐、平户《元史》作平壺。等島。忻都兵先到對馬，進攻壹岐。到宗像洋，和文虎的兵會合。泊於能古、志賀二島。元將多苦航海，心力不齊，不肯即行進攻，於是移泊鷹島。就是《元史》的五龍山。忽然又見了颶風的兆頭。文虎心怯，揀了堅固的船先走。諸將都棄軍而歸。十萬多人，落在島上，受日本人襲擊，死得只賸兩三萬人。給日本人擄去。把南人留做奴隸,漢人、高麗人和蒙古人,全行殺掉。這一次,全軍十五萬人,回來的不到三萬。范文虎所帶江南兵十萬,回來的只有三個人。世祖還要再舉,以羣臣多諫,又適用兵於安南,遂爾不果。

第四節　蒙古和南方諸國

蒙古對於西南的經略,從憲宗時候起。憲宗即位,命皇帝忽必烈,南征大理。忽必烈從臨洮西南行。臨洮,如今甘肅的岷縣。經山谷中,二千餘里。到金沙江,乘革囊以濟。大破大理的兵,其王段興智出降。唐朝的南詔國,昭宗時,爲其臣鄭買賜所篡,改號大長和。後唐明宗時,又爲其臣趙善政所篡,改號大天興。不多時,又爲其臣楊義貞所篡,改號大義寧。晉高祖時,段思平代楊氏改號大理,前八三七年,爲其臣楊義所篡。有一個人,唤做高昇太,起兵討滅楊氏,迎立段壽輝。傳子正明,避位爲僧。國人皆奉昇太爲王(前八二五)。改國號曰大中。前八一七年,高昇太卒,遺屬他的兒子,仍立段氏之後。他的兒子,聽了他的話。於是段氏仍王雲南,改號後理國。前六五九年,爲蒙古所滅。以其地設都元帥府,仍派段興智一同安輯。元末之亂,段氏復據有其地。明興乃爲藍玉、沐英所滅。以上據《續文獻通考》。忽必烈就進攻吐蕃,降其酋唆火脱。參看第四章第二節。於是班師。留兀良哈台經略其地。兀良哈台盡服大理的屬地和倮儸。參看第四篇上第七章第一二節。就和後印度半島諸國,發生關係。

安南地方,本來是中國的郡縣,五代時候,才自立爲一國,前篇第四章第四節,已經説過了。卻是其南部的象林縣,當後漢末年,就獨立爲一國,是爲林邑。如今安南的廣和城。唐肅宗時候,改號環王。南徙於占,因之亦稱占城。如今安南的平順城。暹羅之地,古號扶南。參看第二篇下第二章第五節。其東南的柬埔寨,謂之真臘。又因南北地勢之不同,而有陸真臘、北。水真臘南。之分。唐太宗時,扶南爲真臘所併。緬甸,則漢時謂之撣,唐時謂之驃,到宋時才謂之緬。亦稱蒲甘。

兀良哈台既定雲南,遣使招諭安南。安南太宗日煚。參看第三篇上

第四章第四節。把他囚了起來。兀良哈台怒。前六五九年，發兵攻安南，破其都城。太宗逃入海島。蒙古兵以熱不能堪，班師。前六五一年，再差人去招諭。安南聖宗乞三年一貢，許之。聖宗名光昺，太宗的兒子。封爲安南國王。置達花赤七十二人。安南人請取銷，不許。前六三五年，聖宗的兒子仁宗日烜。立。元朝怪他不請命，徵他入朝。仁宗不聽。但遣叔父遺愛來朝。前六三一年，蒙古立遺愛爲安南國王。想要用兵納他。先是蒙古差人到占城去，使者回來，説占城國王名失黑咱牙信合八剌哈迭兒。有内附之意。封爲占城郡王。前六三〇年，元朝以占城國王孛由補剌省吾，前曾遣使來朝，稱臣内屬。叫唆都就其地設立行省。而王子補的，掌握國權，負固不服。前六二九年，蒙古發兵從廣東航海伐之。打破他在港口所立的木城，入其大州。而占城仍不服。前六二八年，命阿里海牙奉皇子脱歡往討。索性和安南挑釁，徵他的兵糧。安南人答應輸糧境上，而不肯助兵。蒙古人就向他假道。安南發兵來拒，蒙古兵擊破之。前六二七年，轉戰到富良江。安南仁宗棄城而遁。蒙古兵入其都城，占城行省唆都亦來會。然而軍疲糧盡，暑雨將作，疾疫發生，只得退還。爲安南伏兵邀擊，損失甚多。脱歡僅而得免。唆都戰死。前六二六年，立征交阯行尚書省。用阿里海牙來阿八赤做左右丞。明年，再發大兵十萬往伐。薄其都城。安南仁宗又走入海。蒙古兵據了他的都城，並無施展。而從海道所運的糧，卻給安南人邀擊，又遭颶風，損失甚多。只得退兵，又爲安南人所邀擊。來阿八赤戰死。蒙古人到此，也無法可施，只得因安南人來謝罪，掩耳盜鈴的罷兵。

對於緬國，也曾用過好兩次兵。這時候的緬國，都城在忙乃甸。就是如今的蠻得勒。《明一統志》謂之馬來，《聖武記》謂之蠻得。前六四一年，元朝遣使招諭，緬國才内附。前六三五年，因緬國和金齒在如今雲南的保山縣。搆釁，雲南行省，遣兵往伐。到江頭，大約是如今的八莫。以天熱還師。前六二九年，宗王相答吾兒等再率兵往征，攻破江頭。明年，緬人遣使請和。前六二五年,緬王爲其庶子所囚,並害其嫡子,雲南王率諸軍往征,到蒲甘。緬王奔白古,泛海到錫蘭。元兵以糧盡而還。緬王還都,也遣使請降。前六一二年,成宗大德四年。又因緬王的立普哇拿阿迭提牙。爲其弟阿散哥也。所弒,其子窟麻剌哥撒八。逃奔京師。詔立爲王,遣兵往問罪,亦不克而還。

蒙古的用兵,對於後印度半島,要算最爲不利。對於日本的用兵,失敗的原因,不在陸上,又當別論。這全是天時地利上的關係。大抵蒙古人的用兵,利於平原,而不利於山險;而南方的暑溼,尤非北人所堪;所以屢次失敗。

至其對於海上,則宋朝時候,要算三佛齊和中國往來得最密。如今的蘇門答剌。三佛齊之南,有闍婆。如今的爪哇。闍婆的西北,海行十五日而至渤泥。如今的婆羅洲。這都是如今的南洋羣島。又有南毗,在大海西南,從三佛齊風飄月餘可至,則似乎在印度沿岸。又有注輦,《宋史》說他到廣州有四十一萬一千四百里路,未免說得太遠了。又說注輦的東南,二千五百里,有悉蘭地。悉蘭地,就是如今的錫蘭島,則注輦一定在印度半島的西岸。《元史》說:海外諸國,以俱藍馬八兒爲最大。馬八兒,就是如今的麻打拉薩;俱藍是馬八兒的後障,怕就是《宋史》所謂注輦了。

元朝對於海外,世祖時,也曾幾次遣使招諭。其來朝的,共有十國,就是:

馬八兒　須門那　僧急里　南無力　馬蘭丹　那旺　丁呵兒　來來　急蘭亦解　蘇木都剌

這許多國,因爲《元史》並不載其道里,位置,風俗,物產,和事跡;除馬八兒和馬蘭丹、麻六甲。蘇木都剌,蘇門答臘。可以譯音推求外,其餘都無從强釋爲何地。至於用兵,則只有對瓜哇,曾有過一次。更請參看第四篇上第一章第一節。

第四章　元朝的衰亡

第一節　汗位繼承的紛爭

從成吉思稱汗起，到世祖滅宋，不過八十年。蒙古幾於統一亞洲大陸，只除前後兩印度和阿剌伯三個半島。而且包括歐洲的一部分。其中固然有許多原因，而（一）這時候，中國的衰弱；包括已入中國的金言之。和（二）西方大食的不振；稱雄於西域的回族，又附從蒙古；實在是兩個最大的原因。

蒙古是行封建制度的，而成吉思汗的四個兒子，分地尤大。就是：

朮赤　分得鹹海、裏海以北之地。

窩闊台太宗　分得葉密立河名見《定宗紀》，如今新疆的額米爾河。一帶的地方。

察合台　分得昔渾河錫爾河。一帶。

拖雷　分得和林舊地。

這是成吉思汗打定西域以後分的。原來蒙古風俗，稱幼子爲“斡赤斤”。義謂“守竈”，就是承襲家産的意思。所以成吉思汗，把和林舊業，傳與拖雷。至於朮赤所得的，是康里以西北諸部的舊地。太宗所得的，是乃蠻舊地，察合台所得的，是西遼舊地。這是那珂通世説的。後來定宗憲宗兩朝，兩次戡定西域。其戡定西北一帶，功在朮赤的長子拔都；戡定西南一帶，則功在拖雷的兒子旭烈兀。所以朮赤的分地，是拔都之後爲共主。西史稱 Km. of Kiptchak，亦稱 Golden Horde。參看《元史譯文證補・拔都補傳》。花剌子模以南的地方，卻歸旭烈兀後人統轄。西史稱 Km. of Iran，窩闊台之後稱 Km. of Oghotai，亦稱 Naiman(乃蠻)。察合台之後，稱 Km. of Te Haghatai。宋、金、夏、吐蕃、大理諸國的地方，和和林舊業，是歸世祖直轄。

蒙古本來没有什麼"汗"；忽圖剌哈不勒兩世，才有汗號；後來又經中斷；可見得就是"本部族的汗"，也是"無其人則闕"的。成吉思從和札木合分牧之後，才有汗號。這個大約是本部族的汗。平定乃蠻之後，諸部公推爲成吉思汗。拉施特説："成"是堅强的意思，"吉思"是多數的意思，猶之契丹的稱"古兒汗"。"衆汗之汗"的意思。我疑心中國歷史上所謂"大汗"，就是"古兒""吉思"……的意譯。"古兒""吉思"……字樣，是隨各部族的語言而異的。至於其意義，則總是所謂"衆汗之汗"。其但爲本部族之共主的，則但稱爲汗。我又疑心《後漢書》以前所稱北族的"大人"，就是"汗"字的意譯。參看第四篇上第三章第一節。看忽圖剌汗之立，就可知道蒙古本部族的汗，是由本部族公推。看太祖的做成吉思汗，就可知道所謂"大汗"，須由各部族公推。所以成吉思汗死後，大汗的繼承，也還得經這公推的手續。不過以當時的人的心思，所推舉的，自然總是成吉思汗的兒子罷了。

這種公舉的手續，是由宗王，駙馬，諸大將等，公開一大會決定的，看下文唆魯禾帖尼主議的事情，則后妃亦得與議。大約這種會議，是並没有一定的規則的。謂之"忽烈而台"。什麼人有被選舉權？自然並没有一定的規定；但是在事實上，一定要限於成吉思汗的子孫，這種觀念，爲人人所共認，也是可以推想而得的。

再者，從事實上看起來，前任大汗的遺命，對於後任大汗的被舉，卻極有效力。蒙古太宗之立，是由成吉思汗的遺命，但這種遺命，並不是有權指定某人爲繼承的大汗；不過前任的大汗，有這一句話，後來的忽烈而台，在事實上，自然遵奉他的言語罷了。從法理上説,卻像前任的大汗,推薦一個人給忽烈而台。蒙古既本無所謂汗,自然没有所謂汗的繼承法。前此家族中的繼承,只有所謂“斡赤斤”,但這是承襲産業的意思,全是私權的關係,和汗位繼承,毫不相干。對於汗位繼承等,卻仍是長子易於被選。這個大約因爲對内的統率,對外的攻戰,長子都較爲有力之故。觀征討西北的彊部,便要用“長子出征”的法子可知。所以成吉思汗的兒子,除去長子朮赤,有不是自己生的嫌疑外(朮赤是孛兒帖給蔑兒乞擄去之後,搶回來生的。大約實在不是成吉思汗的兒子。所以當時弟兄輩裏,都有些外視他,察合台和他,尤爲不對。曾經把這話,當面搶白過成吉思汗。)就輪到太宗。所以當時的忽烈而台,並無異議。太宗以後,忽烈而台,推戴了定宗。定宗體弱多病,三年而殂。這時候,大汗的選舉,自然不比部落寡弱的時候:(一)既無權利之可争;(二)而又有對外的關係,大家都肯顧全大局,舉個衆望允孚的人;自不免各自運動暗鬭。卻是太宗在日,既説失烈門可以君天下,又説憲宗可以君天下(當時大汗的話,對於後任大汗的被舉,既然很有效力),自然就做了兩方面的藉口。於是定宗死後,太宗和拖雷的後人,就都希冀本房的人,當選爲大汗。太宗後人一方面的候選人,自然是失烈門。但是定宗的長子忽察,也有希冀當選的意思。但是(一)太宗後人,多不愜衆望。(二)而成吉思汗的把部兵分配給諸子時,拖雷以係“斡赤斤”故,所得獨多。當時的觀念,把部兵(人民)也當做産業。功臣宿將,大半是他的舊部。(三)拖雷死後,憲宗和他的兄弟都年幼,一切事情,都是憲宗的母親唆魯禾帖尼主持。唆魯禾帖尼,頗有才智,爲部下所歸向。(四)宗王之中,最有威望的是拔都,也和唆魯禾帖尼聯絡。所以拖雷後人的勢力,遠比太宗後人爲大。定宗死的明年,前六六三年。拔都召集忽烈而台於阿勒台忽剌兀。在如今新疆省精河縣之南。被召的人,説“會議非地”,大半不到。於是約明年春,再開會於客魯漣。這才是合法的地點。由唆魯禾帖尼主議。太宗定宗和察合台的後人都不到。聯結以抵抗拖雷後人。拔都到後,就創議推立憲宗。置闕席抵制於不顧。又明年,前六六一年。憲宗即位。太宗後人,就有反謀。於是憲宗殺掉定宗的可敦,和用事大臣,及失烈門的黨羽七十人。謫失烈門爲探馬赤。後來忽必烈南征的時候,請令他隨營效力。到憲宗自將伐宋,仍投之於水。把太宗分地,分封其後王。“衆建諸侯而少其力。”太宗的舊部，都另委親王統帶。蒙古的内争，到此就不能彌縫了。

憲宗死後，這時候的忽烈而台，自然是無公理可説的。於是世祖就索性破壞法律，自立於開平(憲宗兩個兄弟，世祖開府漠南，阿里不哥留守漠北，權力地位，本是相等的)。於是阿里不哥也自立於和林。給世祖打敗，前六四七年，乃降。而海都之變又起。海都是太宗的孫子，分地在海押立。在巴爾哈什湖東南。以不得繼承大汗，心常不平。不過兵柄爲憲宗所奪，無法可想。阿里不哥和世祖争持時，海都是附於阿里不哥的。阿里不哥既降，海都仍“自擅於遠”。後來得朮赤察合台後王的援助，就公然和世祖對敵。察合台死後，孫哈剌旭烈兀嗣。定宗廢之，而立察哈台子也速蒙哥。也速蒙哥死後，哈剌旭烈兀之妻倭耳干納，攝治其地。阿里不哥自立，立察合台孫阿魯忽。阿魯忽死後，倭耳干納立哈剌旭烈兀的兒子謨拔克來沙。拔都死後，子烏拉赤嗣立，不久而死，拔都的兄弟伯勒克嗣立。伯勒克死後，世祖令拔都的兒子忙哥帖木兒代之。世祖又令哈剌旭烈兀的兒子八剌回去，輔佐謨拔克來沙。八剌既至，廢謨拔克來沙而自立。死後，察合台孫尼克伯嗣。尼克伯死，察合台四世孫托喀帖木兒嗣。不久又死。海都援立八剌之子篤哇，因之得其助力。忙哥帖木兒也附於海都。只有旭烈兀之子阿八哈，以和世祖同出拖雷，所以不附海都。時和朮赤後王搆釁，然而也不能箝制海都。西侵火州，如今廣安城東的喀剌和卓。北犯和林。太祖諸弟的後王乃顔等，又和他聯合。前六二五年，爲世祖所破擒。終世祖之世，常遣成宗和伯顔，戍守漠北。成宗即位後，武宗代之。前六一一年，成宗大德五年。海都死，子察八兒立。和篤哇搆釁。篤哇願與成宗夾擊。武宗立後，遣兵把察八兒打敗。前六〇二年，察八兒窮蹙，來降。於是太宗後王封地，全入於察合台後王。積年的兵争，雖算戡定，然而從海都稱兵以來，蒙古大汗和朮赤、察合台、旭烈兀的後王，關係就幾於斷絶；此後再也不能恢復。蒙古大帝國，實在就此解紐了。

世祖和海都、阿里不哥的競争，雖幸而獲勝；然從世祖以後，汗位繼承的競争，依然不絶。世祖是第一個立太子的。依漢法，而完全破壞“忽烈而台”推舉的制度。然而立了又是早死。世祖死後，諸王之中，也頗有覬覦汗位的。因爲伯顔是“宿將重臣”，輔立成宗，所以不曾有事變。

成宗太子德壽,也早卒。成宗末年寢疾,事多決於皇后伯岳吾氏。成宗死後,后欲立安西王阿難答,召之入都。然而這時候,武宗手握重兵,鎮守北邊,在實力上,實在不容輕視。於是和左丞相阿忽台合謀,想要斷掉北道,然後擁立阿難答。右丞相哈喇哈孫,陽爲贊成,而暗中遣人迎接武宗。又怕他路遠,來得遲,先遣使召他的親兄弟仁宗於懷州。仁宗既入都,殺阿忽台,執阿難答,和其黨諸王明里帖木兒。武宗既至,就把二人殺掉,並弒伯岳吾后而自立。武宗既立,以仁宗爲太子。武宗死後,仁宗即位。要立明宗爲太子;旋又聽了宰相鐵木迭兒的話,立了英宗;而出明宗於雲南。武宗的舊臣,奉之奔阿爾泰山。依察合台後王。仁宗崩,英宗立。仁宗時,鐵木迭兒,有寵於太后。仁宗的母親,《后妃表》作答吉,《傳》作答己。既貪且虐。仁宗也拿他無可如何。英宗時,仁宗的太后死了,才把他罷斥。不多時,鐵木迭兒也死了;英宗又追舉其罪。其黨御史大夫鐵失懼,就結黨密謀弒帝,而迎立泰定帝。泰定帝既立,誅鐵失及其黨,泰定帝是死在上都的,子天順帝,就在上都即位,年方九歲,武宗舊臣燕帖木兒,時簽書樞密院事。乃暗結死黨,迫脅百官,署盟迎立武宗的兒子。於是一面遣人迎接明宗於漠北,一面又遣人迎接文宗於江陵。文宗先至,攝位以待明宗。燕帖木兒舉兵陷上都,天順帝不知所終。明宗即位和林,到漠南,文宗入見,明宗暴崩。於是文宗再即帝位。文宗弒兄自立,事後不免天良發現。遺屬皇后翁吉喇氏,必須立明宗的兒子。文宗死後,燕帖木兒要立文宗的兒子燕帖古思。皇后不可,遣使迎立寧宗。數日而卒。燕帖木兒又要立燕帖古思,皇后仍不答應,於是把順帝迎接進京。燕帖木兒怕他即位後,追舉明宗暴崩故事,遷延不肯立他。恰好燕帖木兒死了,順帝才即位。燕帖木兒的兒子唐其勢謀反,伏誅。於是追舉明宗暴崩之事,毀文宗廟。遷翁吉喇后於東安州;如今直隸的東安縣。把燕帖古思也竄逐到高麗,燕帖古思死在路上。大約不是好死的。這種置君如奕碁,誠然是歷代罕見的現象。其中要注意的,便是成宗、武宗,其先都戍守北邊;成宗靠伯顏輔立,伯顏正是和成宗同戍北邊的大將;

明宗、文宗的立，還是武宗的輔臣推戴他；元朝的君位，始終只是靠兵力争奪罷了。

元系圖

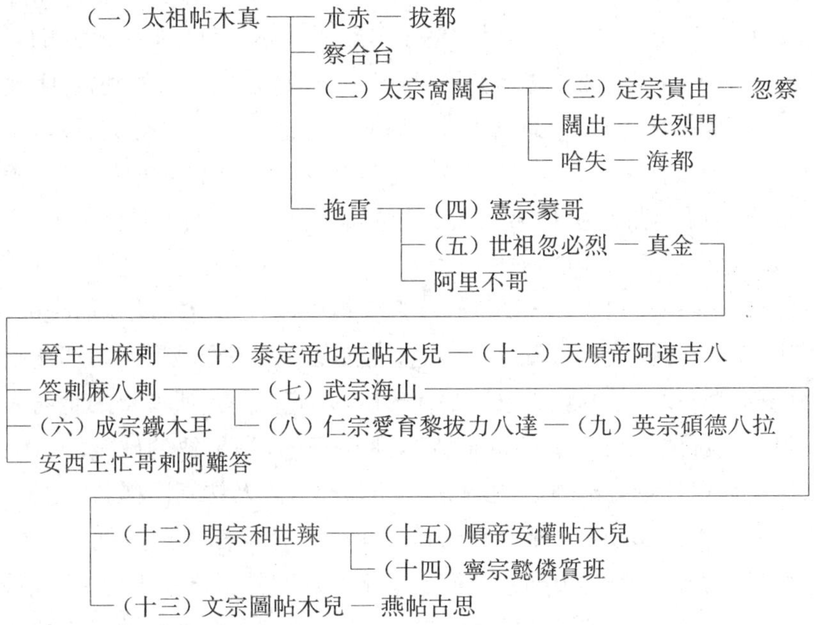

第二節　元朝的政治

蒙古人是始終並沒懂得中國政治的。——而且可以算始終並沒懂得政治。他看了中國，只是他的殖民地。只想剥削中國之人以自利。他始終並沒脱離“部族思想”；其初是朘削他部族，以自利其部族；到後來，做了中國的皇帝，他的政策，就變做剥削百姓，以奉皇室和特殊階級了。羅馬人的治國，就是如此。始終是朘削殖民地，以莊嚴他的羅馬，像中國歷代一視同仁的思想，專以宣傳文化爲已任，要想教夷狄都“進於中國”，是根本上没有的。可見中國人這種“超國家”的精神,養成也非容易。可參看南海康氏《歐洲十一國遊記》。當蒙古太宗滅金之後,近臣別迭説:漢人無益於國,不如空其人,以其地爲牧地。這種野蠻思想,真是中國人夢也做不到的。給耶律楚材力諫而止。後來又要分裂州縣,以賜親王功臣。也因楚材力諫而止。都見《楚材本傳》。然而到底把降人當作“驅丁”,雖儒者亦不免。他這時候的思想,非把中國人全數作爲奴隸不可,後來雖因“增進自己的利益,事實上就不得不兼顧漢人的利益”,把這種制度除掉;然而平等的思想,畢竟是他所没有的。於是把人民分爲四等:第一等是蒙古人,第二等是諸部族人,謂之色目,第三等是漢人,滅金所得。第四等是南人。滅宋所得。權利義務,一切都不平等。參看第五章第一節和第二節。他所喜歡的是工匠,所以攻打西域諸國時,敵人一拒戰,城破之後,就要屠洗的,工匠卻不在内。速不台攻汴時,也想城破之後,把全城屠洗。耶律楚材説:“奇巧之工,厚藏之家”,都在於此,才算住手。所看重的是商人(和王室貴戚大臣等交往的商人),所注意的,是聚斂的政策。太宗時,商賈賣貨給皇室的,都得馳驛,太宗死後,后乃蠻真氏稱制。定宗未立以前。信任西域商人奥魯剌合蠻。叫他專掌財賦。至於把“御寶”“宫紙”付給他,聽憑他隨意填發。又下令:奥魯剌合蠻要行的事情,令史不肯書寫的,就斷他的手。這種行爲,説到久經進化的民族耳朵裏,簡直是笑話。世祖要算略懂點政治的,所行的還是這種政策。先用一個阿合馬特,次用一個盧世榮,最後又用一個桑哥,都是言利之臣。後來雖然把這些人除掉,然而在蒙古人眼光裏,只是説他聚斂的法子不好,並不曉得這種聚斂的政策,在政治上是不行。其中盧世榮所行的政策,卻又頗合理。總而言之,蒙古人除掉聚斂之外,始終並没曉得什麼叫做政治。

好大喜功之念,又是蒙古帝國所特有的。這是由於他腦筋裏,完全没有“不尚武功”的思想。他雖入中國,腦筋裏還是充塞了部族時代的“掠奪思想”。所以世祖滅宋之後,還要用兵於日本、南洋和後印度半島;成宗時,又用兵於緬甸和八百媳婦。這一次,兵士和運餉的人,死掉好幾十萬。其餘諸帝的時候,没有什麼兵事;不過因他們都運祚短促,繼承之際,則紛争不絶,没有這餘暇罷了。

對於宗教上的事情,就弄得更糟。喇嘛教的入蒙古,《元史》不載。據《蒙古源流考》,則其事還在世祖以前。《元史》的帝師八思巴,《源流考》作帕克巴。《源流考》説:庫裕克汗死後,他的兄弟庫騰,繼爲大汗。因患"龍魔侵祟",延請帕克巴施治。遂於蒙古地方,大興佛教。案庫裕克汗,就是定宗。庫騰是定宗之弟闊端。闊端並無繼爲大汗之事。《源流考》記蒙古的事情,很爲疏舛。記喇嘛教的事情,自然也不能密合,但畢竟是他教中人自己説的話,總不得盡是子虛。但是大尊崇他,總是起於世祖時候的。《元史》説:這是世祖統治吐蕃的政策,這句話,且勿論其真僞;就是真的,也是想利用人,反給人利用了去。參看第五章第一節。元朝歷代帝王,没一個不崇信喇嘛的。喇嘛教的僧侣,都佩"金字圓符",往來中國和西蕃。所過之處,都要地方官辦差。驛舍不彀住,就到民間去借住。驅迫男子,奸淫婦女,無所不爲。在中原的,就豪奪民田,侵佔財物。百姓不輸租税的,就投靠他,仗他包庇。内廷年年做佛事,所費很多。延祐四年所定的額:《元史》説:"以斤計者",是麪四三七五〇〇,油七九〇〇〇,酥二一八七〇,蜜二七三〇〇。他種東西,也就可推想而得了。又因此奏釋囚徒,謂之祈福;大奸巨猾,自然不免有和他通聲氣的。其中最驕横的如楊璉真加,至於發掘紹興、錢唐的宋朝陵寢,和大臣塚墓,共計一百〇一所;殺害平民四人;受人獻美女寶物無算;而且攘奪盜取財物:計金一七〇〇兩,銀六八〇〇兩,玉帶九條,玉器一一一件,雜寶一五二件,大珠五〇兩,鈔一一六二〇〇錠,田二三〇〇〇畝,包庇不輸賦的人民,二三〇〇〇户;真是中國歷史上,從來未有的事情。

元朝的政治,混亂如此;它的賦役,本不寬平;中葉以後,再加以鈔法的敗壞;參看第五章第七節。民困愈甚。順帝以後,又加以各處的天災;於是羣雄並起,他在中原的寶位,就有些坐不住了。

第三節 元朝的滅亡

元朝的崇信喇嘛教,害得中國人,總算彀了。他又時時干涉高麗的内政，把許多公主，硬摡給高麗國王，弄得歷代的高麗國王，都成了"蒙古化"，"暴政亟行"，害得高麗人，也算彀了。卻到後來，都自受其害。元順帝是個荒淫無度的人，佞臣哈麻、雪雪等，就乘機引進西僧，教他以"房中之術"。於是百政俱廢，而哈麻、雪雪等，卻乘此弄權。一個亂源，就伏下了。他又娶了一個高麗微賤的女子奇氏，把他立爲皇后。當元初時候，高麗人到元朝來當太監，頗有得法的。於是有一班人，争先恐後的，"自宫以進"。奇皇后微時，曾經依靠一個人唤做朴不花的。到立爲皇后之後，朴不花也就跟進宫來，做了奄人。於是第二個亂源，又伏下了。

前五六四年，台州人方國珍起兵，入海劫掠漕運。隔了三年，白蓮教徒劉福通，也起兵安豐，如今安徽的壽縣。奉教主韓山童之子林兒爲主。又有蕭縣李二，起兵徐州。羅田徐壽輝，起兵蘄州。如今湖北的蘄水縣。泰州張士誠，起兵高郵。如今江蘇的高郵縣。定遠郭子興，起兵濠州。南方就成了四分五裂之勢了。這時候，各行省征討賊多無功。丞相脱脱，自請出兵。前五六〇年，大破李二於徐州。前五五八年，圍張士誠於高郵，士誠勢已窮蹙了。脱脱和哈麻，原是一黨，後來又有嫌隙。脱脱出兵之後，哈麻乘機，譖脱脱於奇皇后，把他削奪官爵，竄死雲南。於是朝廷征剿之勢一鬆，革命軍的勢力就復盛。前五五五年，劉福通分兵爲三：一軍出晉冀，破太原，出雁門，以攻上都。後來這支兵，没在遼東。一軍出關中，陷興元，鞏昌，還攻鳳翔。一軍出山東，陷濟南，北陷薊州，如今京兆的薊縣。以逼大都。福通自挾韓林兒陷汴梁，聲勢頗盛。先是潁州察罕帖木兒，信陽李思齊，同起兵河南討賊。及是陝西行省，求救於二人。二人連兵而西，打破賊兵。乘勝東定山西，進攻汴梁。劉福通挾韓林兒走回安豐。察罕就東平山東，圍賊將田豐於益都，田豐差人把察罕刺死。察罕的兒子庫庫帖木兒，代總其軍。攻破益都，殺掉田豐。黄河流域，幾於肅清了。然而南方諸軍，聲勢漸盛。徐壽輝攻破湖北江西，遷都漢陽。其將陳友諒，進取安慶，如今安徽的懷寧縣。龍興，如今江西的南昌縣。把壽輝殺掉，自稱漢帝。

壽輝將明玉珍,因據重慶自立,其後遂割據四川。張士誠也據有浙西,徙居平江。明太祖初起兵從郭子興。後來别爲一軍,攻破滁和二州;從采石渡江,破太平;如今安徽的當塗縣。據集慶,如今江蘇的江寧縣。長江流域,卻全非元朝所有了。

奇皇后所生的兒子,名唤愛猷識果(里)達臘,立爲太子。奇皇后想廢掉順帝,等太子出來做皇帝;太子也想這個念頭;哈麻、雪雪,都與聞其事的。脱脱既貶,哈麻爲宰相,雪雪爲御史大夫,就想實行了,不意事機洩漏,兩人都杖死,然而奇后和太子,依然無恙。哈麻死後,太平繼爲宰相。奇后又叫朴不花去示意於他,要想行内禪。太平不答。於是奇后想個法子,又把太平去掉,搠思監爲宰相。山西地方,本是察罕帖木兒所平定,卻又有個孛羅帖木兒,駐軍大同。想兼得晉冀,以裕軍食。察罕不肯,兩個人就争奪起地盤來,出兵相攻。陝西參政張良弼,也和察罕不協。察罕又和李思齊,連兵攻他。察罕死後,庫庫代統其軍,還是如此。搠思監和庫庫是一黨;而順帝的母舅御史大夫老的沙,卻和孛羅是一黨。老的沙奏參搠思監和朴不花。皇太子便言於順帝,革掉他的官職。老的沙逃到大同。搠思監等就誣孛羅謀爲不軌。於是孛羅舉兵犯闕。把搠思監朴不花都殺掉,太子逃到興州。如今熱河道的承德縣。不多時,孛羅兵退了,太子復還大都。叫庫庫去討孛羅。孛羅又舉兵犯闕。太子迎戰,大敗。逃到庫庫軍裏。孛羅入京師,順帝旋密遣勇士,把他刺殺。老的沙不久也被殺。庫庫扈太子入京師。太子又使人諭意庫庫,要他用兵力脅順帝内禪。庫庫不肯。於是太子和庫庫又不對。恰好詔封庫庫爲河南王,叫他總統諸軍,進平南方。而李思齊自以和察罕同起兵,不願意受庫庫節制,反和張良弼連兵。庫庫進兵攻之。而庫庫手下的將貊高、關保等,又叛庫庫。於是太子乘此機會,叫順帝下詔,削庫庫官爵,命太子總統天下兵馬討之。不多時,貊高、關保,都給庫庫打死;明兵又已逼近;元朝没法,只得恢復庫庫的官爵,叫他出兵抵抗,然而已是來不及了。

明太祖既據集慶之後,先平陳友諒,次定張士誠,旋降方國珍,韓林兒則先已爲張士誠所虜，於是自淮以南皆定。前五四五年，命徐達、常遇春，分道北伐。胡美定閩、廣，楊璟取廣西。明年，太祖即位金陵。徐達、常遇春，從開封、濟南，合兵德州，如今山東的德縣。北陷通州。如今京兆的通縣。順帝逃到應昌。在達里泊旁邊。是元朝外戚翁吉剌氏的農土。元時，在漠北則和林，在漠南則開平應昌，並稱重鎮。這時候，庫庫帖木兒，還據着山西，李思齊也據着鳳翔。明太祖再遣兵進討。庫庫走甘肅，思齊降。前五四二年，再命徐達攻庫庫，庫庫奔和林。李文忠出居庸關攻應昌。恰好順帝死了，愛猷識里達臘，也逃到和林。文忠獲其子買的八剌，和后妃官屬而還。捷奏至，頒《平定朔漠詔》於天下。這時候，還有一個明玉珍的兒子昇，割據着四川。前五四一年，叫湯和、傅友德，把他滅掉。雲南地方，還有個元朝的梁王把匝剌瓦爾密據着。前五三一年，也派傅友德、沐英、藍玉，把他討定。於是元朝的遺臣，只有一個納哈出，還出没遼東。前五二五年，命馮勝、藍玉，出兵征之，納哈出降。就命藍玉爲大將，移軍北征。這時候，庫庫帖木兒已死，愛猷識里達臘也死了。前五三五年。子脱古思帖木兒嗣。藍玉襲破其衆於捕魚兒海，獲其次子地保奴。脱古思帖木兒和長子天保奴走和林，依丞相咬住，至土剌河，都爲其下所弒。於是"部帥紛拏"；五傳至坤帖木兒，都被弒。部帥鬼力赤自立，改稱韃靼可汗，蒙古大汗的統系，就此中絶了。以上據《明史》、《源流考》所載，和《明史》不同。見第四篇上第一章第三節。

第五章　宋遼金元四朝的政治和社會

第一節　官　　制

魏晉南北朝隋唐的官制，和秦漢的官制大不相同，第二篇下第三章第一節，已經説過了。卻是宋朝的官制，又和唐朝大不相同。這個變遷，都起於唐中葉以後。都是因事實變遷，而制度隨着改變的。

其最顯而易見的，便是中央政府。在唐朝時候，是合三省爲相職；中書取旨，門下封駁，尚書承而行之(雖然後來實際上三省並不截然離立)。這時候，重要的政務，便都在六部手裏。卻是到後來，税法大壞，而又藩鎮擅土，“王賦所入無幾”。於是乎不得不捨“田税”、“丁賦”，而注重於他種税目。而“鹽鐵使”就做了財政上的重要機關。參看第六節。又當經費竭蹶之秋，財政上的規畫，關係甚大。而這時候的財政，又本是紊亂的。於是不得不别置一職，以從事於清釐。就又新添出一個“度支使”來。在唐朝，大抵以宰相兼之，好比如今的國務總理兼財政總長。到宋朝，便合“户部”、“鹽鐵”、“度支”爲“三司”，專設一使，做了中央的財政機關了。又如“兵事”，本來是兵部專管的。“兵謀”則自然是天子和宰相，籌議於廟堂之上。卻到後來，事實上又發生出一個“樞密使”來。一切政務，都要參豫。這種官，最初是用宦官做的。這時候，兵權又都在宦官手裏。於是樞密使和兵事，就關係獨深。到後來,便漸次侵佔了兵部的職權。於是"中書治民,三司理財,密院主兵",就成了中央政府三個對立的機關了。

相職如此,其餘一切官職,也都是如此。所以從秦漢的官制,變成隋唐的官制,是六部專權,九卿失職。從唐朝的官制,變遷成宋朝的官制,則是發生了許多臨時特設的機關,而六部亦失其職。譬如户兵二部的職權,都在三司和密院。禮部的職權,則在太常禮儀院。工部的職權,則分屬軍器監,文思院等。

所以宋朝的官制,有一特點,便是所謂"官"者,不過用之以"定禄秩"。至於實際任事,則全看"差遣"而定。——做這個官,便治這件事,也要另外"用敇差遣"的。用差遣治事,起於唐武后時候。其初先有"試官",後來又有"員外",這是因武后要以禄位收拾人心,所取的人太多,没有這許多官缺,可給他做的原故。但是到後來,此風便相沿下去。於是有所謂檢校(近乎加銜),攝(代理),判(以大官兼小官),知(兼任)等,到宋朝,便專用差遣治事。這種官制,看似錯雜不整齊,卻也有切於事實的好處。到神宗,才參照唐六典,改正官制。命"省、臺、寺、監,各還所職"。是爲元豐的新官制。元豐新官制,大抵以唐爲法。然而唐朝的官制,本有兩件不可行之處:其(一)相職分屬三省,各不相涉,是事實上辦不到的。所以唐朝從設政事堂以後,也不啻合三省爲一。其(二)則六部九卿等官,本來互相重複,其中就總有閒曹。所以元豐改正官制之後,仍不能不隨事變遷。宰相不但不能三省分立,南渡以後,反多兼了一個樞密院。宋初宰相,本稱同平章事。另有參知政事,做他的副官。元豐新官制,仍以中書令,侍中,尚書令爲相職。但因官高,實際不除人。以尚書右僕射兼中書侍郎,左僕射兼門下侍郎之職(這時候,三司的事情,都已歸户部。樞密所管雜事,亦都還給兵部,專以本兵爲務。樞密和兵部的關係,倒像現在參謀部和海陸軍部的關係)。南渡以後,以左右僕射爲丞相,改兩省侍郎爲參知政事。旋又逕改左右僕射之名爲丞相,而删去三省長官虚稱。則仍回復到宋初的樣子,和唐朝的制度,絶不相同了。而南渡以後,又時時發生所謂御營使,國用使等名目,往往以宰相兼之。則又和唐中葉以後,發生什麽三司樞密等等機關的情形相像。樞密院,南渡以後,每逢用兵,就用宰相兼。從開禧以後,遂爲永制。總而言之,唐朝的官制,沿襲於隋。隋朝的官制,只是把南北朝的官制來整齊一整齊。從唐中葉以後,久已不切於事實了。所以雖有人要墨守他,而在事實上,到底不能成功。六部屬官,除户工二部外,南渡以後,尚有併省;九卿就更不必説了。

外官則取中央集權主義。宋初,召諸藩鎮入京師,各賜以第;分命朝臣出守列郡,號爲權知軍州事(“軍”字指兵,“州”字指民言。其本官高的,則謂之“判”),以後遂爲定制。諸府州軍監,都不設正官,只派文官朝臣出去治理,謂之知某某府事,知某某州軍監事。就各縣也不設縣令,只用中朝官外補,謂之知某某縣事,像是出一趟差似的。諸州又有通判,以爲佐貳。長吏和通判,都得直接奏事。縣令也由吏部殿最。這種制度,似乎比輕視外官,中央對於地方,有些漠不相關的樣子要好一點。監司之官,國初本來没有。後來才於各路設轉運使,名爲總一路財賦,實則於各事無所不總。又怕他的權柄太大了,于是把提點刑獄一官,從轉運使屬下析出,以分其權。此外專管漕運糴買的,則有發運使。常平、鹽茶、茶馬、坑冶、市舶等等,也各設提舉。但只是隨事而設;有時這件事不辦了,或者併歸他機關管理,便可以省掉。總之,唐宋時候的使臣,是隨事而設的,並没有一定的制度(譬如宋朝,到神宗時候,才認真辦起事來,這時候所設的使臣就獨多)。所以唐朝的道,宋朝的路,還不能認真算一個地方區畫。

其爲用兵而設的,則有安撫、宣撫、招討、招撫、經略、制置等使,也是隨兵事而設。南渡以後,岳飛、韓世忠、張俊,號稱三宣撫使,其權力甚大。到秦檜同金人議和,才把三宣撫使廢掉,以後惟四川地方,仍設一制置使。宋朝南渡以後的中央集權,四川是除外的,參看第六節。又有總領財賦一官,起於張浚守四川時,命趙開經理財政。其後三宣撫司的兵,收爲御前軍,也各派總領財賦一員,又兼“專一報發御前軍馬文字”的職銜,則其權限,又涉及於軍政上了。這也是爲集權起見。總而言之,宋朝這等官,都是隨事而設的,並没有一定的制度。宋朝的外官,分爲“親民”、“釐務”兩種:“親民官”是用差遣的形式,派他出去代向來的地方官的。“釐務官”則專治一事,而直屬於中央;好比現在的路,航,郵,電,不屬於地方官,而屬於交通部一樣。這種辦法,都是把向來地方官所兼管的事情,析出一部分來,歸之於中央;所以宋朝能彀中央集權。

遼之爲國,是合耕稼游牧兩種民族而成。所以他的設官,也分爲南北。“北面治宮帳,部族,屬國之政,南面治漢人州縣租賦,軍馬之事。”所謂“宮帳”者,“帳”則遼主所居,謂之御帳;此外又有皇族四帳,遥輦氏九帳,國舅二帳,和渤海帳,奚王帳,都各設專官。御帳官,好比中國侍御禁近之官。諸帳官則好比中國的王府官屬。皇族是宗室;國舅是外戚;遥輦氏是前代君主之後;渤海奚王,都是大國,而奚王又是同種;這都是契丹的貴族。“宮”則“遼國國法,天子踐位,即置宮衛。分州縣,析部族,設宮府,籍户口,備兵馬。崩則扈從后妃宮帳,以奉陵寢。有調發,則丁壯從戎,老弱居守。”這是天子的禁衛軍。諸宮官,好比隋唐時候的衛官。宋朝的殿前和馬步兩指揮司。“部族”則“部落曰部,氏族曰族”,就是“分地而居”謂之部,“合族而處”謂之族。其中有“族而部者”,就是因其同族,所以合居一處的。有“部而族者”,就是同居在一處,向來又算做一族的。有“部而不族者”,就是雖同居一地而非同族,有“族而不部者”,就是雖同族而不合居一處。這是契丹國裏的游牧之民。“屬國”則北方游牧之族,不直接歸遼國治理的。但就其酋長,授以官名,按時或者不按時來通朝貢。有兵事時,也得向其徵兵;諸國但隨意出兵或助糧餉,並無一定的義務。有些像中國的土司。

北面的政府,是北樞密院,視兵部;南樞密院,視吏部;北南二大王院,視户部;夷離畢,視刑部;宣徽南北院,視工部;敵烈麻都,視禮部;而北南二宰相府總之。這都是北面官中,又分南北,和“漢人州縣租賦軍馬之政”無涉,不可誤會。南面的官,亦有三公、三師、樞密院、省、臺、寺、監、衛。外官則有節度,觀察,防禦,團練諸使,和刺史,縣令。大概摹仿中國的制度,無甚足述。又有一種頭下州軍,是宗室外戚大臣之家,自行築城,而朝廷賜以州軍之名的。這個好像古時候大夫的私邑,和普通的州軍不同。

金朝的情形,又和契丹不同。契丹本來是個大部族,服屬他的部族也多。金朝則自己是個小部族,用不着設官。别的部族,也没有歸他統轄的。所以《金史本紀》説:“生女直之俗,無書契,無約束,不可檢制。”昭祖欲“稍立條教”,幾乎給部衆殺掉。景祖做了生女直部族節度使,才“建官屬以統諸部”。然而他的官制,也極爲簡單。《金史》説:“其官長皆稱曰勃極烈。”今據《金史》所載,不過都勃極烈,“總治官,猶漢冢宰”。諳版勃極烈,“官之尊且貴者”。國論勃極烈,“尊禮優崇,得自由者”。期魯勃極烈,“統領官之稱”。移賚勃極烈,“位第三曰移賚”。阿買勃極烈,“治城邑者”。乙室勃極烈,“迎迓之官”。札失哈勃極烈,“守官署之官”。昃勃極烈,“陰陽之官”。迭勃極烈,“倅貳之職”。等,寥寥數官而已。《桓赧·散達傳》“國相雅達之子也。雅達之稱國相,不知其所從來。景祖嘗以幣與馬求國相于雅達,雅達許之。景祖得之,以命肅宗。其徒撒改亦居是官焉。”《百官志》“太祖以都孛極烈嗣位,太宗以諳版孛極烈居守。……其次曰國論忽魯孛極烈。國論言貴,忽魯,猶總帥也。又有國論孛極烈,或左右置,所謂國相也。”案“忽魯”,就是“期魯”的異譯。“國論忽魯孛極烈”,並不是一個官名。所以移賚孛極烈,位居第三。蓋言其居國論孛極烈,和忽魯孛極烈之次。至於都孛極烈,諳版孛極烈,則係臨時設置之官,並非常制。阿買孛極烈,要拓土漸廣,然後有之。乙室孛極烈,亦要有了歸順的部族,然後用得著。移賚孛極烈,也總是事務繁了,然後添設的。然則金初之官,只有國論孛極烈和期魯孛極烈而已。而這兩者,又或許以一個人爲之。所以《金史·百官志序》,誤爲一官。據此看來,金初設官的簡單可想。“其部長曰孛堇,統數部者曰忽魯”,則不過是個稱號,就固有的酋長,而加之以稱號。算不得特設的官。只有都元帥府裏的都元帥和左右副元帥,卻是金朝行軍時候的制度。後來改爲樞密院。這樞密院,不是仿漢制設的,是把舊有的都元帥府改的。其餘的官,便都是摹仿漢制設的。大率循遼宋之舊。金朝的模仿漢制設官,起於平州叛後,其頒定官制,則在熙宗時。

元朝初起時候,官制也極爲簡單。《元史》説他只有萬户以統軍旅,斷事官以治政刑。就是達魯花赤。到太宗,才立十路宣課司(這是因爲蒙古人最講究理財,所以特立此一官。其餘則毫無措置)。凡金人之來歸者,都就以原官授之,如行省元帥等。以致錯雜得不堪。到世祖,才釐定官制。以中書省總政務,樞密院秉兵柄,御史臺司黜陟。江南陝西,都有行臺。其餘也都模仿漢制。所特别的,便是(一)諸官或漢蒙並置,譬如翰林兼國史院之外,又别有蒙古翰林院等。(二)則關於宗教上的官,比别一朝注重。當時設立了一個宣政院,雖説爲治理吐蕃起見,其實一大半,由於自己的迷信喇嘛。宣政院,掌釋教僧徒,兼治吐蕃之境。遇吐蕃有事,則設分院往鎮。其用人,“别自爲選”。其爲選,則“軍民通攝,僧俗並用”。(三)則關於工藝,設官甚多。大都和各路,都有諸色人匠總管府,此外又隨處設局,如織造、繡、染、氈、皮貨、窰、梵像、瑪瑙、玉石、油、漆等,均各設專官。有人説:元朝這種設官,很有提倡工藝的意思,是歷代所無。其實不然。元朝這種舉動,不過是供給王室,於民間並没有什麽影響。(四)則關於理財的官,也較别一朝爲詳密。但看户部屬官可知。這是由於元朝始終没有脱離部落思想,總想損下以益上之故。而其影響最大的,就是於路,府,州,縣之上,别設行省。明朝雖然把行省廢掉,而各布政司的區畫,都仍元行省之舊,遂致成了現在的一種龐大的行政區域。參看第四篇下第五章第一節。元朝的行政區畫,是以省統路府,以路府統州縣。但府亦有隸屬於路之下的。州有在路府之下,而又統縣的。又有與路府並列的。諸路府州縣,都各置達魯花赤,算做正官。

第二節 學校選舉

學校選舉制度,當宋朝時候,也起了一次大變遷。

中國的科舉制度,有摧破貴族階級之功,第二篇下第三章第二節,已經説過了。但是這種制度,也有個顯而易見的毛病,便是“學非所用,用非所學”。簡而言之,便是所治的,都是“無用之學”。唐朝的科舉,得人最多的,是明經進士兩科。所以所謂無用之學,就是“詩賦”和“帖經墨義”。“經”是從前的人,不承認他是無用的。以爲治經而無用,只是治經的法子不好罷了。至於詩賦的無用,卻是無人能替他辯護。所以當時改革的法子,便是廢掉詩賦,對於經,則改變其治法。這種主義,實行的便是王荆公。

王荆公是不贊成用“科舉取士”,而贊成用“學校養士”的。他的理論,可看他仁宗時《上皇帝書》。所以當他執政的時候,便從事於整頓學校,增廣太學校舍,設立三舍之法。初入學的爲外舍生,漸次升入内舍上舍。上舍生得免禮部試,特授以官。這便是漸次以學校代科舉的辦法。徽宗崇寧時,曾辦到罷科舉而令天下的州縣都立學。縣學生升入州學,州學生升入太學。但是徽宗的推行新法,都是有名無實的;此法又行之未久,無甚影響。但是學問和功名,本是兩事,既然以利禄誘人,來的人當然都是志在利禄的,那裏有真希望"學以致用"的人,所以這種法子,行之到底没甚效果。

對於科舉制度的改革,其要點是:(一)罷諸科而獨存進士;(二)對於進士科,則廢掉詩賦而改帖經墨義爲大義。這便是明清時代科舉制度的先河。參看第四篇下第五章第二節。當時的進士科,共試四場:第一二場,試本經各人所專治的經。和兼經大義,共十通。第三場試論一首,第四場試策三道。另立新科明法,試律令,刑統大義,斷案,以待本應"諸科"試,不能改應新進士科的人。宋初的科舉制度,和唐朝大略相同。除進士之外,其餘總稱爲"諸科"。

大義是自己可以發抒心得的,就要明白道理的人纔能做,自然比專責記憶的帖經墨義好些。策論雖則舊時的進士科亦有,然而並不注重。學習詩賦,是最費工夫的,窮老盡氣於此,自然没有工夫再研究别的學問。現在把詩賦廢掉,注重策論,自然也比舊時好些。這都是理論上當然的結論。然而理論總不能與事實相符。因爲還有别種原因攙雜在裏頭,科舉的特色,便是(一)以利禄誘人,(二)以言取人。爲利禄所誘的人,當然只志在利禄;你又以"言"取他,他當然只要會"言"就彀了。有學問才能的人,固然未必不會"言";無學問才能的人,也未必就不會"言"。總而言之,要靠了"言"以判定人的有才能學問没有,本是極難的事。況且利禄之途所在,自然有人專力去研究,到後來,這"應考試的言",就離開才能學問,而獨立成爲另一件事了。研究這種"言"的人,當然不必再發達才能,研究學問。到這時候,而要靠着"言"以判定人的才能學問,就簡直是不可能的事。

當王荆公時候,科舉制度,已經行了好幾百年,這種趨勢,早就成功了。荆公雖能改變所試的東西,卻不能禁止人家,不把這一種"言",離開才能學問而獨立研究。所以到後來,來應科舉的人,仍舊都只會發"應科舉的言"(王荆公是注重經義的,又頒了一部自己所著的《三經新義》，應科舉的，就都只會説《三經新義》的話），荆公也歎息道："本欲變學究爲秀才，不料變秀才爲學究。"秀才是隋唐時最高的科目。應這一科的人，非極有學問不可。因爲實際上無人能應，其科目遂成虚設。學究就是只會做帖經墨義的。——這是科舉制度根本上的毛病。歷代要想"改革科舉制度，以求真人才"的人很多，所以終於失敗，其原因都在於此。

既然以言取人，而這種"言"，又是個個人都會發的。於是看卷子的人，頗覺爲難，就要找個易於去取的法子。於是有"詩賦聲病易考，策論汗漫難知"的議論。而且科舉裏頭，要試詩賦；而大家又獨看重試詩賦這一科；原是社會上崇尚文學的風氣使然。這種風氣未變，始終還是要影響到制度上。所以法行未幾，就仍有改試詩賦之論。然而押牢了天下的人，都做詩賦，也是難的（大概南人長於詩賦，北人則否）；而諸科又猝不易復；於是前八二三年，元祐四年。把進士分爲"詩賦"和"經義"兩科；南渡後也沿其制。前七六九年，即紹興十三年，曾併做一科。但到前七五一年，仍分爲兩科。兩科既分之後，做詩賦的人多，專經的人少，這是"看重應詩賦科的進士"的風氣，還没有變的社會裏，當然的結果。

還有一件事，在科舉制度的變遷上，也頗有關係的，便是"殿試"。原來唐時的考試進士，本以考功員外郎主其事，後來因其望輕，被黜落的人，有譁鬧的事，乃移於禮部。宋初還是如此。前九三九年，開寶六年。知貢舉李昉，被人攻擊，宋太祖遂御殿重試。從此以後，禮部試之後，又有殿試，就成了常制。原來唐朝時候的科舉，規則並不如後世之嚴。考官和士子，並不絶對禁止交通。固然有得以採取譽望的好處，然而私通關節，也是不免的。用科舉摧破貴族階級的功用，還不能十分完成。到有了殿試，情形就又迥然不同。所以宋太祖對近臣説："昔者科名多爲勢家所取，朕今臨試，盡革其弊矣。"可見"科舉制度的進化"，始終是望一條路上走的。

契丹的開科舉，始於聖宗統和六年。其制度，《遼史》不載。據

《契丹國志》：則三年一開，有鄉府省三試。聖宗時，分詩賦法律兩科。詩賦爲正科，法律爲雜科。後來改法律科爲經義。《遼史·耶律蒲魯傳》："重熙中，舉進士第。主試者以國制無契丹試進士之條，聞於上。上以其父庶箴，擅令子就科目，鞭之二百。"則契丹之設科舉，是專以待漢人的。《天祚紀》説耶律大石登天慶五年進士第，或者後來此制在實際上，又成具文。

女真卻又不然。金世宗是很希望女真人保守質樸尚武的舊俗，而又很希望他的文化，漸次進步的。太宗天會元年，就設詞賦和經義兩科，又有策試一科。海陵時，罷策試及經義，增設律科。世宗時，又恢復經義科，這都是所以待漢人的。又有經童科，年在十三以下，能背誦二大經三小經，又誦《論語》諸子及五千字以上者，爲中選。凡應詞賦經義兩科中式的，都謂之進士。應經童律科中式的，則謂之舉人。制舉當章宗時也曾開過。所以合女真進士科算起來，金朝取士之科，共有七種。大定十一年，添設女真進士科。初但試策。二十八年，於經内增試論一道。世宗又特設女真國子學，這都是所以保存他本族的文化的。金朝的科舉，也是三年一開。由鄉至府，由府至省，由省至殿廷，凡四試。皆中選，則授以官。其廷試被黜的，亦賜之以第，謂之"恩例"。特命及第的，則謂之"特恩"。

元朝對於學校，頗爲注重。當世祖時，即於京師立國子學。蒙古人、色目人和漢人，各有定額。又特立蒙古國子學，以教隨朝蒙漢百官，和怯薛子弟。又立回回國子學。這是因爲元起漠北，最初的文化，即係受之於回族，後來征服西域，和回族關係更深之故。——這種"回回學"裏頭，一定包含着許多西洋文化。可惜當時養成的人材，除供朝廷之用外，在社會上，也不曾發生什麼影響。在國子學中，蒙古色目人和漢人，所享的權利，是不平等的。蒙古人試法最寬，及格的授六品官。色目人試法稍密，及格的授七品官。漢人則考試全用科場之法，而不過授從七品官。諸路各設教授一人，學正一人，學録一人。府及上中州，都設教授一人。下州設學正一人。縣設教諭一人。從南宋以後，私人所設的書院，頗爲發達。元世祖至元二十八年，除詔諸路州縣都立學外，又命儒先過化之地，名賢經行之所，與好事之家，出錢粟贍學者，並許立爲書院。書院中掌教的,謂之山長。諸路亦有蒙古字學,以教民間子弟。回回學之外,又有陰陽學和醫學,各行省所在地,都設一儒學提舉司,以統諸路府州縣的學校。江浙、湖廣、江西三省,有蒙古提舉學校官。河南、江浙、江西、湖廣、陝西五省,又有官醫提舉司。總之,元朝對於學校,是頗爲注重的。其制度,也頗爲完備。這種制度,在元朝,固然未必有多大的效果。然而實在開明清兩代學校制度的先聲。參看第四篇下第五章第二節。

其科舉之制,則始於仁宗延祐二年。分進士爲左右榜:蒙古色目人爲右,漢人南人爲左。蒙古人由科目出身的,授從六品官。色目人和漢人,遞降一級。至元元年罷科舉,六年復之。每試三場:第一場,蒙古色目人,試經問五條;漢人南人,試明經經疑二問,經義一道。第二場,蒙古色目人試策一道,漢人南人,古賦,詔,誥,章,表内科一道。第三場,蒙古色目人無。漢人南人,試策一道。蒙古色目人,應漢人南人科目中選的,注授各加一等。這是仁宗時的制度。順帝廢而再復,小有改變。也有鄉會試及御試。

元朝的用人,是極爲駁雜的。他不問那一種人,只要有才具的就用。所以蒙古人和漢人、南人之外,色目人也蔚然成一階級(當時回回人被用的最多。歐洲人被用的,當亦不少。馬哥博羅等,不過是其中最著的),頗有立賢無方之風。這是由於蒙古人所征服的地方大,所接觸的異族多,所以能够如此,但是入仕之途太廣了,於銓政上,卻也頗有妨礙。所以《元史·選舉志》,說他“仕進有多歧,銓衡無定制”,“吏道雜而多端”,“縱情破律,以公濟私”,“文繁吏敝”。大概當時最壞的,是所謂宿衛勳臣之家,和任職於宣徽中政各院的人,出身太優。至於工匠和書吏,原未嘗不可任用,然當時所以任用之者,恐也未必十分得當。又諸王公主的“投下”,只要得了主人的保任,也都可以入官,這就真是弊制了。總而言之,“仕進有多歧,銓衡無定法”十個字,是他根本上的毛病。有了這十個字,就無論怎樣,選政也弄不好了。

第三節　兵　　制

宋朝的兵制,已略見上篇第四章第二節。宋朝的兵,共分四種:便是

(1) 禁兵。

(2) 廂兵。

(3) 鄉兵。

(4) 蕃兵。

鄉兵、蕃兵,不是到處都有的。廂兵亦"罕教閱,給役而已"。所以可稱爲兵的,只有禁兵。但是禁兵到後來,"數日增而其不可一戰也亦愈甚",其弊已如前述。王安石起,欲以民兵代募兵。其初既厲行裁兵;後來募兵闕額,就收其費,以供民軍教閱之用;所以民兵盛而募兵衰。保甲法行於熙寧三年,其後命諸保丁習武,而上番於巡檢兵。六年,行之於永興、秦鳳、河北、陝西、河東五路。元豐二年,立府界集教法,先教保長以武藝,再教他去轉教保丁,謂之團教法。行之於河北、河東、陝西三路。以民兵代募兵,是件極重大的事情。熙寧元豐所行,原不敢説他有多大的效果。但是據章惇説:當時賞賜,都取封樁或禁軍闕額的錢,不曾費部一文。閱藝分爲八等,勸獎極優。所以仕宦有力之家,子弟欣然趨赴。引對的時候,所騎的都是良馬;而且鞍韉華楚。馬上的事藝,往往勝於諸軍。章惇的話,容或有偏袒於一方面之處。然而當時的教閱民兵,不曾多費掉錢,而且不是毫無效果,卻是可以斷言的。元祐復古,又把民兵教閱和保甲廢掉,於是民兵亦衰。當熙寧置將的時候,禁軍之數,共有五十九萬。《文獻通考》卷一百五十四引《建炎以來朝野雜記》。元豐以後,固然遞有減省。蔡京秉政,又利用諸軍闕額,封樁其餉,以充上供。童貫帶兵,打了敗仗,都諱不肯言,只説是軍士逃竄。於是並僅存的將兵而亦寥寥無幾了。所以金兵一入,簡直絲毫不能抵禦。

宋朝的兵制,也是取中央集權制度的。當時可稱爲兵的,既然只有禁軍;而全國的禁軍,又都隸屬於殿前都指揮司,和侍衛親軍馬步

軍都指揮司,謂之三衙,所以事權能够統一。南渡以後,立御前五軍的名目:以楊沂中所帶的爲中軍,張俊所帶爲前軍,韓世忠所帶爲後軍,岳飛所帶爲左軍,劉光世所帶爲右軍。劉光世的兵叛降齊後,以四川吴玠的兵升補。當時除楊沂中的兵,常居中宿衛。四川因路途太遠,本不想中央集權外,韓、岳、張的兵,號爲三宣撫司者,最爲統一之梗。三人兵柄既解,纔改其名爲某州駐紮御前諸軍。凡御前軍,都是直隸朝廷的,不歸三司節制。於是在事實上,御前軍又變成前此的禁軍,禁軍又變成前此的廂軍了。韓、岳、張、吴四人的兵,也謂之四大屯兵,其數共三十萬。南渡以後的財政,頗爲所困。

契丹的兵,共有五種:便是

(一)御帳親軍。太祖征伐四方時,皇后述律氏居守。選四方的精鋭,置屬珊軍二十萬。太宗又置皮室軍三十萬。以後每帝皆有宫衛,所以御帳親軍,無須增置。

(二)宫衛軍。見第一節。

(三)大首領部族軍。親王大臣的私甲。

(四)部族軍。

(五)五京鄉丁。

(六)屬國軍。

鄉丁是遼國的耕稼之民,戰鬬時不靠他做主力。屬國是不直接屬遼治理的;有事時雖可遣使徵兵,而助兵多少,各從其便;也不能靠他做正式的軍隊。然則遼國正式的軍隊,就只有部族軍。御帳親軍和宫衛軍,是部族軍屬於君主的。大首領部族軍,是部族軍屬於親王大臣的。其所屬不同,而其實際,則和普通的部族軍無以異。所以《遼史》説:"各安舊風,狃習勞事。……家給人足,戎備整完。卒之虎視四方,强朝弱附,……部族實爲之爪牙云。"

女真初起時,部落極爲寡弱。其時諸部之民,壯者皆兵。部長謂之孛堇。有警,則下令於本部,及諸部的孛堇徵兵。諸部的孛堇,當戰時,兵少的稱爲謀克,兵多的稱爲猛安。猛安謀克的兵,初無定數。太祖二年,始定以三百人爲一謀克,十謀克爲一猛安。金初兵數甚少,太祖起兵後,諸部來歸的,皆授以猛安謀克,即遼漢之民亦然。其意蓋欲多得他部族的人,以爲助力。此爲金兵制的一變。熙宗以後,罷漢人渤海人承襲猛安謀克,專以兵柄歸其本族。此爲金兵制的又一變。

移剌窩斡叛後,把契丹的猛安謀克廢掉,將其人分屬於女真的猛安謀克。海陵遷都,把許多猛安謀克,都遷徙到中都和山東河間。這一班人,就不能勤事生産,而從前尚武的風氣,又日以消亡。已見第二章第四節。宣宗南遷以後,盡把這一班人,驅之渡河。括了河南的民田,給他們耕種。而且把他們的家屬,都安放在京城裏。幾年之後,到底養不活他們,只得又放他們出去。以致軍心愈亂,士氣更爲頹喪。而他們得到田的,也都不能種,白白的荒廢了民業。金朝兵力的强,也見第二章第四節。但是南遷之後,不過幾十年,就大變了面目。貞祐三年,劉炳上書説:"往歲屢戰屢衄,率皆自敗。承平日久,人不知兵。將帥非才,既無靖難之謀,又無效死之節。外託持重之名,内爲自安之計。擇驍果以自衛,委疲懦以臨陳。陳勢稍動,望塵先奔,士卒從而大潰。"這種情形,竟和宋朝南渡時候無異。又《侯摯傳》,上章言九事,説:"從來掌兵者,多用世襲之官。此屬自幼驕惰,不任勞苦,且心膽懦怯。"則這種腐敗情形,竟就是當初極精强的猛安謀克。至於簽漢人爲兵,則劉祁説:金之兵制,最壞的就在乎此。他説:"每有征伐及邊釁,輒下令簽軍。使遠近騷動。民家丁男,若皆强壯,或盡取無遺。號泣動乎鄰里,嗟怨盈於道路。驅此使戰,欲其勝敵,難矣。"女真兵既不可用;要借助於漢人,又是如此;金朝的天下,就終不能維持了。

元朝的兵制,最初只有蒙古軍,和探馬赤軍。蒙古軍是本部族人,探馬赤軍則諸部族人。入中原以後,發民爲兵,是爲漢軍。平宋之後,所得的兵,謂之新附軍。其遼東的糺軍,契丹軍,女真軍,高麗軍,雲南的寸白軍,福建的畲軍,則都只守衛本地,不調至他方。《元史》説:"蓋鄉兵也。"其成兵之法:蒙古軍和探馬赤軍。"家有男子,十五以上,七十以下,無衆寡,盡簽爲兵。十人爲一牌,設牌頭。上馬則備戰鬭,下馬則屯聚牧養。孩幼稍長,又籍之,曰漸丁軍。”這是行舉國皆兵之制,人民服兵役的年限極長。其平中原後的用漢軍,則或以貧富爲甲乙,户出一人的爲“獨軍户”。合二三户而出一人,則以一户爲“正軍户”,餘爲“貼軍户”。或以男丁論,常以二十丁出一卒。至元七年,十丁出一卒。或以户論,二十户出一卒。其富商大賈,則又取一人,謂之“餘丁軍”。都是一時之制。當時又取匠爲兵,曰“匠軍”。取諸侯將校的子弟充軍,謂之“質子軍”。——蒙語曰“秃魯華軍”。天下既定,就把曾經當過兵的人,另定兵籍。凡在籍的人,服兵役的義務,都有一定的規定。貧不能服兵役的,把幾户併做一户,謂之“合併”。極窮的,老而無子的,除其籍。“絶户”另用百姓補足。其募兵,則謂之答剌罕軍。又有以技名的,則爲礮軍,弩軍,水手軍。元朝的兵籍,是不許漢人看的。就樞密院中,也只有一兩個長官,曉得實數。所以元朝的兵數,無人曉得。

其帶兵的官,初時是“視兵數多寡,爲爵秩崇卑”。長萬夫的爲萬户,千夫的爲千户,百夫的爲百户。宿衛之士曰“怯薛歹”,以四怯薛領之。都是功臣的子孫,世襲。世祖定官制,於中央設前後左右中五衛,各置親軍都指揮使,以總宿衛。但累朝仍各有怯薛。以致到後來,怯薛之數滋多;賞賜鈔幣,動以億萬計,頗爲財政之累。五衛是仿漢制,設之以備官。四怯薛則係蒙古舊制。外則萬户之下置總管,千户之下置總把,百户之下置彈壓,皆總之於樞密院,有征伐則設行樞密院。事已則廢。

元朝鎮戍之制,與當時的政治,頗有關係。《元史》説:

世祖混一海宇,始命宗王將兵,鎮邊徼襟喉之地。而河洛、山東,據天下腹心,則以蒙古探馬赤軍,列大府以屯之。淮江以南,地盡南海,則名藩列郡,又各以漢軍及新附等軍戍焉。皆世祖與二三大臣所謀也。李璮叛,分軍民爲二而異其屬。後平江南,軍官始兼民職。凡以千户守一郡,則率其麾下從;三百户亦然。至元十五年,十一月,令軍民各異所屬如初。

國制,鎮戍士卒,皆更相易置。既平江南,以兵戍列城,其長軍之官,皆世守不易。故多與富民樹黨,因奪民田宅居室,蠹有司政事。

據此看來,可見得元朝的治中國,全是一種用兵力高壓的政策。然而這種政策,總是不能持久的。所以《元史》說:"承平既久,將驕卒惰,軍政不脩。而天下之勢,遂至於不可爲。"

第四節　刑　　制

宋朝的制度,是一切因唐之舊;至於事實不適,則隨時改變;但是新的雖然添出來,舊的在名義上仍没有廢掉。始終没統觀全局,定出一種條理系統的法子來。官制是如此,法律也是如此。

唐朝的法律,分爲"律"、"令"、"格"、"式"四種。宋朝也一切沿用。其有不合的,則隨時加以"損益"。但是總有新發生的事情,非損益舊律,所能有濟的。則又别承認一種"敕",和"所沿用的唐朝的律令格式",有同一的效力。——"敕"和"律令格式"衝突的地方,自然要舍"律令格式"而從"敕"。其實就是以"命令"或"單行法","補充"或者"更改"舊時的法律。而所謂"敕"者,亦時時加以編纂,謂之"編敕"。又有一司的敕,一路的敕,一州一縣的敕,則是但行於一地方的。到神宗時就逕"改其目"曰敕令格式。當時神宗所下的界説,是:

禁於未然之謂敕。

禁於已然之謂令。

設於此以待彼之謂格。

使彼效之之謂式。

自此以後,迄於南宋,都遵行這一種制度。南宋以後的敕令格式,紹興,乾道,淳熙,慶元,淳祐,共改定過五次。其餘一司,一路,一州,一縣的敕,時有損益,不可勝記。宋朝的法律,似乎太偏於軟性些。

契丹的法律,是定於興宗時候的,謂之《新定條制》。《遼史》説:

係"纂録太祖以來法令,參以古制"而成。刑有杖、徒、流、死四種。按《遼史》:"太祖神册六年,詔大臣定治契丹及諸夷之法,漢人則治以律令。""太宗時,治渤海人一依漢法。餘無改焉。""聖宗統和十二年,詔契丹人犯十惡,亦斷以律。"則興宗的新定條制,仍是漢人和契丹諸夷異治的(《遼史》又説:聖宗時,"先是契丹及漢人相毆致死,其法輕重不均,至是等科之。"則其中又有不平等的地方)。到道宗清寧六年,纔以"契丹漢人,風俗不同。國法不可異施。命更定條制。凡合於律令者具載之。其不合者别存之。"漸有向於平等的趨勢。契丹的用法,本來是失之於嚴的。到聖宗時,纔漸趨於寬平。但是到天祚時,仍有"投崖"、"礮擲"、"釘割"、"臠殺"、"分尸五京"、"取心以獻"等種種非刑。這是由於契丹文化太淺之故。所以《遼史》説:"雖由天祚救患無策,流爲殘忍。亦由祖宗有以啓之也。"

女真的舊俗,是"刑贖並行"。《金史》説:"輕罪笞以柳蔆。殺人及盜劫者,擊其腦殺之;没其家貲,以十之四入官,其六賞主;併以家人爲奴婢,其親欲以馬牛雜物贖者從之。或重罪,亦聽自贖,然恐無辨於齊民,則劓、刵以爲别。其獄,則掘地深廣數丈爲之。"太宗時,纔"稍用遼宋法"。熙宗天眷三年,復取河南地,乃詔其民。"所用刑法,皆從律文。"皇統間,"詔諸臣以本朝舊制,兼采隋唐之制,參以遼宋之法,類以成書,名曰《皇統制》。頒行中外"。海陵時,屢次續降制書,與《皇統制》並行,世宗時,詔重定之,名《大定重脩制條》。章宗時,又照唐律的樣子,重脩律令格式。並於律後"附注以明其事,疏義以釋其疑",名曰《泰和律義》。金朝的法律,似乎比遼朝進步些。但是他的用刑,也是傷於嚴酷的。而動以鞭撻施之於士大夫,尤其是一個缺點。《金史》説:"金法以杖折徒,累及二百。州縣立威,甚者置刃於杖,虐於肉刑。季年君臣好用筐篋故習,由是以深文傅致爲能吏,以慘酷辨事爲長才。有司姦贓真犯,此可決也,而微過亦然。風紀之臣,失糾皆決;考滿校其受決多寡,以爲殿最。……待宗室少恩,待士大夫少禮。終金之代,忍恥以就功名,雖一時名士,有所不免;至於避辱遠引。罕聞其人。"可見用刑寬平,和養人廉恥的觀念,不是淺演的民族所能有的。

元朝的情形,則又是一種。他的用刑,是頗傷於寬縱的。而其所以傷於寬縱,則大抵因政治廢弛之故。案《元史》說:“元興,其初未有法守,百司斷理獄訟,循用金律,頗傷嚴刻。”這所謂嚴刻,也不盡是金律害他的。只要看乃蠻皇后的旨意,奥魯剌合蠻所出的主意,令史不肯宣傳的斷其舌,不肯書寫的斷其手,就可知道蒙古人的用刑,是怎樣的了。“世祖時始定新律,……號曰《至元新律》,仁宗時,又以格例條畫,有關於風紀者,類集成書,號曰《風憲宏綱》。至英宗時,復……取前書而加損益焉。……號曰《大元通制》。其書之大綱有三:一曰詔制,二曰條格,三曰斷例。”亦用笞、杖、徒、流、死五刑,而笞、杖皆減十爲七。《元史》說:“……其君臣之間,惟知輕典之是尚。……然其弊也:南北異制,事類繁瑣。挾情之吏,舞弄文法,出入比例,用譎行私;而兇頑不法之徒,又數以赦宥獲免。至於西僧歲作佛事,或恣意縱囚,以售其奸宄。……識者病之。”可見得元朝用刑的寬縱,全是政治廢弛的結果。至於“其君臣之間,惟知輕典之是尚”,則大約是受喇麻教的感化,和縱囚祈福,同一心理。這種煦煦爲仁的好處,實在敵不過“令西僧恣意縱囚,以售其奸宄”的壞處。要知刑罰是貴於“平”,固不應當“嚴酷”,亦不當一味“寬縱”的。又元朝因篤信宗教之故,當時的宗教徒,在法律上,也頗享些特權。看《元史·刑法志》所載下列兩條可知。

> 諸僧,道,儒人有爭,有司勿問,止令三家所掌合問。
>
> 諸僧人但犯姦盜詐僞至傷人命及諸重罪,有司歸問。其自相爭告,從各寺院住持頭目歸問。若僧俗相爭,田土與有司約會。約會不至,有司就便歸問。

又

諸蒙古人因爭及醉,毆死漢人者,斷罰出征,並全徵燒埋銀。

這種不平等,則異族入據中國時代,怕都有之,不但是元朝了。

第五節　租稅制度（上）

唐中葉以後的稅法，和唐中葉以前，也起了一個大變遷。便是：唐中葉以前的稅法，都是以丁稅和田稅爲正宗；雖或注重雜稅，不過是暫時之事。如漢武帝時代是。平時國家固然也有雜稅的收入，不過看作財源上的補助；國家正當的經費，並不靠此（漢人説縣官只當衣食租稅，便是這種思想的代表）。所以隋文帝能把一切雜稅，全行免除，參看第二篇下第一章第一節。——到唐中葉以後，其趨勢卻大異乎是；至北宋而新形勢遂成。

這個由於：

（一）唐中葉以後，賦役之法大壞；參看第二篇下第三章第五節。又藩鎮擅土，國家收入不足，不得不新闢租稅之途。

（二）因藩鎮擅土，競事蒐括；其結果，就添出許多新稅來。

稅目太簡單，本是不合理的；專注意於貧富同樣負擔的丁稅，和偏重農人的田稅，更爲不合理。能注重於此外的稅目，誠然是進步的事。所可惜的，是當時所取的稅目，未必盡良；徵收的方法，又不甚完善罷了。現在且仍從田稅丁稅説起。

宋朝的田稅和丁稅，還是用唐朝兩稅之法。其名目有五：便是（一）公田之賦，也唤做稅。（二）私田之賦，對於租而謂之稅。（三）城郭之賦，宅稅地稅之類。（四）丁口之賦，（五）雜變之賦。雜變之賦，是唐以來於田賦外增取他物，後來又把他折做賦稅，所以又謂之"沿納"。所賦之物，分爲穀，以石爲單位。帛，以匹爲單位。絲綫和棉，都以兩爲單位。金鐵，金銀以兩爲單位，錢以緡爲單位。物産，藁秸、薪蒸，以圍爲單位。其他各物，各用他向來沿用的單位。四類。徵收之期，則"夏稅"從五月起，到七月或八月止。"秋稅"從九月或十月起，到十二月或正月止。

這其中所當注意的，便是唐朝的所謂兩稅。已經把"租庸調三者所取之額”,包括在裏頭了。卻是從唐中葉以後到宋,都另有所謂“力役”,這便是於“庸”之外再取“庸”。而又有所謂“雜變之賦”,則又是出於“包括租庸調三者之額的兩稅”之外的。所以這時候的稅,實在遠較唐初爲重。

然而苦累百姓的,倒還不在稅額的重輕上,而在其徵收的方法上。徵收的方法,第一足以累民的,便是“支移”和“折變”。“支移”是“百姓的輸納租稅,本來有一定的地方的,卻因他輸納的地方,官家未必要這樣東西用;所不輸納的地方,卻要用這樣東西;於是叫百姓移此輸彼。”折變是“百姓的納稅,應當納什麽物品,也有一定的。卻是所輸納的物品,官家未必需用;所不輸納的,卻反要用;於是臨時改變他所輸納的東西”。“支移”看“户等”的高下,以定道里之遠近。不願支移的,便要另繳“道里脚價錢”。這簡直是於納稅之外,又另課之以“運送的義務”。“折變”卻説所取的物品,雖然改變,其“價格”,要和原取之物相當的。其算法,是用徵收的一個月中的“中價”計算。然而“支移”往往不能按“户等”的高下,叫富的人輸送到遠處,窮的人輸送在近處;而且“脚錢”就是道里脚價錢。本是所以代支移的,到後來往往支移之外,還要出脚錢。“折變”則計算價格,未必能公平。又往往只顧公家;闕乏了什麽東西,便叫百姓改輸,卻不管百姓有這東西没有。又往往折了又折,幾個轉身以後,價格便大相懸殊。譬如西川起初,絹一疋＝錢三百,草一圍＝錢二,於是輸絹一疋的,叫他折輸草一百五十圍。到後來,卻把草一圍,估作錢一百五十文,再叫他改輸錢。於是三百文的稅,倒納到二萬二千五百文了。

其害人最甚的,尤莫如南宋的公田。原來宋朝從南渡之後,權要之家,佔田甚多。其有籍没的,都募民耕種,即以“私租”之額爲“官稅”之額。然而私租之額,還有時而可以少納,官稅則不能了;而且還不免有額外的侵漁。韓侂胄死後,籍没他的田,合着其餘籍没的田,置了一個“安邊所”。收田租以供給外交上的費用。開衅以後,就用他去補助軍費。末年鈔價大跌,又有人替賈似道畫策,説莫如多買公田;公田所收的租很多，得了這一大宗入款，就可拿來維持鈔價了。賈似道聽了他的話，就去用賤價勒買。有價值千緡，而只給四十緡的。又要搭發“度牒”、“告身”。官吏爭以多買爲功，買來的不都是腴田，卻硬押承種的人，也要出腴田的租額，浙西六郡的人，因此破産的不少。

遼朝的制度，因史文簡略，無從詳知。但知其田有“沿邊屯田”、“在官閑田”和“私田”的區别。種屯田的，“力耕公田，不輸賦税”。頗近乎古代的井田制度。治在官閑田和種私田的，則都要“計畝出粟”。頭下軍州：唯酒税赴上京繳納；市井之賦，均歸頭下。

金則官地輸“租”，私田輸“税”。租之制不傳，但知其大率分田爲九等。税則“夏税”畝取三合，“秋税”五升。又納“秸一束”，計重十五斤。夏税從六月起，到八月止。秋税從十月起，到十二月止。也是用唐朝兩税的法子。其猛安謀克户所輸，謂之“牛具税”，亦名“牛頭税”。“以每耒牛三頭爲一具。限民口二十五，受田四頃四畝有奇。歲輸粟大約不過一石。”

户	丁税		地税
	丁	驅丁	
全科户	粟三石	粟一石	每畝粟三升
減半科户	一石		
協濟户	一石		每畝粟三升

元朝則取於内地的，分丁税和地税，係仿唐朝的租庸調法。但兩者不並納。地税少而丁税多的，就納丁税。丁税少而地税多的，就納地税。而其取之，又有全科户，減半科户，協濟户等等的區别。又有一種新收交參户，則第一年至第五年，減收其數，第六年纔入丁税。取於江南的，分夏税和秋税，仿唐朝的兩税法。官田不納夏税。

役法的源起，和其擾民，已見上篇第四章第二節。司馬光復差役之後，就舊黨亦不以爲然。於是諸役中的衙前，仍用坊場河渡錢招募，要不彀纔許簽差。尋又變爲招募。紹興以後，講究“推割”

"推排"之法。推割者,田産儻有典賣,稅賦和物力,一並"推割"。"推排"則三歲一行,查考各户的資産,有無變更。這種辦法,原想查明各户資産的多少,以定其户等的高下;按着户等的高下,以定其應役的重輕;是求公平的意思。但是這種辦法,手續是很煩難的。而經手的吏,又要視賄賂的多寡,以爲物力的低昂。納賂多的,就說他資産少。所以仍没有良好的結果。前七四三年,孝宗乾道五年。處州松陽縣,倡行義役。其法:由公衆共出錢穀,以助輪充的役户。此後各處仿行。凡行義役的地方,役法就没有什麽擾害,這是因(一)役户既無破産之苦。(二)官吏又不能借升降物力,以肆擾害。(三)把一處地方應役的費,均攤在衆人頭上,既由人民自辦,自然易得公平之故。可見人民自治的力量强,什麽惡政治,都可以設法防止的。

遼朝的役法無可考。《馬人望傳》說:當時人所最苦的,是驛遞馬牛旗鼓,鄉正,廳隸,倉司等役。至於破産不能給。人望"使民出錢,官自募役,時以爲便"。則亦是行差役法的。金朝則分有物力的爲"課役户",無物力的爲"不課役户"。京府州縣郭下,都置"坊正"。村社則隨户口多少爲"鄉"。置"里正",以按比户口,催督賦役,勸課農桑。又置"主首",以佐里正督察非違。置"壯丁",以佐里正巡警盜賊。猛安謀克户,五十家以上,置"寨使"一人,掌同里正。坊正里正,都出錢雇募。其錢數,則以該地課役户所出物力錢總額十分之三爲準。此外如要簽差,則先及富人。富力相等,則先及丁多之家。其役非一家之力所能任,而事之性質,又不可分的,則取以次的户協助他。

物力錢,也是計算人民的"田園"、"邸舍"、"車乘"、"牧畜"、"種植"、"藏鏹"等等,以定其數的。金朝的徵收物力錢,很爲嚴酷。上自公卿,下至庶民,無一得免。甚至出使外國回來,說他受了"饋遺",就要多徵他的物力錢。其查察物力的法子,最初係"三年一籍",後來變做"通檢",最後又變做"推排"。通檢推排,也是很騷擾的。

元朝科差的名目有兩種：一種唤做“絲料”，一種唤做“包銀”。絲料之法：每二户出絲一斤，輸於官，謂之“二户絲”。每五户出絲一斤，輸於“本位”，謂之“五户絲”。這是諸王，后妃，公主，功臣收的，但不得私徵，仍由地方有司，代行徵收給與。包銀之法：漢人每户出銀四兩。二兩輸銀，二兩折收絲絹等物。但其取之，亦因户而不同。此外又有“俸鈔”。“全科户”輸一兩，“減半科户”輸五錢。於是以合科之數，作“大門攤”。分爲三限輸納。初限八月，中限十月，末限十二月。

<table>
<tr><th colspan="2"></th><th>元管户</th><th>交参户</th><th>漏籍户</th><th>協濟户</th></tr>
<tr><td rowspan="2">絲銀全科户</td><td>甲</td><td>係官絲一斤六兩四錢
包銀四兩</td><td rowspan="2">係官絲一斤六兩四錢　包銀四兩</td><td rowspan="2"></td><td rowspan="2">係官絲十兩二錢
包銀四兩</td></tr>
<tr><td>乙</td><td>係官絲一斤　五户絲六兩四錢　包銀四兩</td></tr>
<tr><td colspan="2">減半科户</td><td>係官絲八兩　五户絲三兩二錢　包銀二兩</td><td></td><td></td><td></td></tr>
<tr><td rowspan="2">止納絲户</td><td>甲</td><td>上都隆興等路係官絲十户十斤每户一斤
大都以南等路十户十四斤每户一斤六兩四錢</td><td rowspan="2"></td><td rowspan="2">係官絲一斤六兩四錢</td><td rowspan="2"></td></tr>
<tr><td>乙</td><td>係官絲一斤　五户絲六兩四錢</td></tr>
<tr><td colspan="2">止納鈔户</td><td></td><td></td><td>初年一兩五錢以後每年增五錢增至四兩爲止</td><td></td></tr>
</table>

此外“攤絲户”，每户科攤絲四斤。“儲也速觧兒所管納絲户”，每户科細絲四斤。“復業户”，“漸成丁户”，第一年免科，第二年減半，第三年與舊户同。

總而言之，從租庸調變做兩税之後，又於其外另取庸調一類的税，實在是疊牀架屋的事。

第六節　租税制度(下)

田税而外,其餘的租税,共有兩種:(一)是官賣的東西,(一)是各種雜税。

官賣的東西,宋朝共有五種:便是鹽、茶、酒、香、礬。

鹽的被認爲一種税源,由來最早。《管子》上,理論已經是很完備了。《海王篇》。漢武帝曾行專賣之法,已見第二篇上。從三國到南北朝,鹽也大都有税。然而這時候,在財政上,還不佔重要的位置。隋文帝既定天下,把鹽税全行豁除。唐初還是如此。高宗時,纔聽右拾遺劉彤的話,重行"禁榷"。但是這時候的辦法,又和前此不同。前此的官賣,是直接賣給喫鹽的人。這時候,卻專賣給大商人,聽他去零賣。這便是所謂"通商法"。然而這時候,鹽税還是粗略的。到肅宗時候,第五琦做了鹽鐵使,纔大變鹽法。其法:於産鹽之地,設立"鹽院"。籍民煮鹽,謂之"亭户"。煮就之後,堆積在鹽院裹,賣與商人。後世的鹽法,大都以此爲本。鹽價本十錢一斗,第五琦驟加了一百文。德宗時,陳少游爲鹽鐵使,又加了二百文,共賣三百十文一斗。第五琦去後,劉晏代之。初年鹽税的收入,四十萬緡;末年加到六百餘萬。天下之賦,鹽利居半。順宗時,李巽做鹽鐵使,初年也收六百餘萬,末年又加到三倍。宋朝的鹽,依出産的區域,分爲"海鹽"、"解鹽"、解州、安邑兩鹽池。"井鹽"四川。三種。海鹽、解鹽,都由官賣(製海鹽之民曰"亭户",亦稱"竈户"。製解鹽之民曰"畦夫")。四川井鹽:大者曰"鹽",小者曰"井"。鹽由官掌。井則聽憑人民製造販賣,只要納税而已。亦行禁榷之法,又和"入中""芻粟"有關。

茶税,也是起於唐德宗時候的。當時不過就栽製的人,課之以税。文宗時,宰相王涯,改變茶法,纔禁民栽製;把所有茶樹,通統移植"官場"。官自焙製,賣與商人。就和第五琦的鹽法一樣。宋時,植茶之處,謂之"山場"。採茶之民,謂之"園户"。園户除歲納若干的茶,作爲租税外,其餘的茶,一概由官收買。買茶的錢,是預給的,謂之"本錢”。但是往往不能依時發給。在江陵、如今湖北的江陵縣。真州、如今江蘇的儀徵縣。海州、如今江蘇的東海縣。漢陽軍、如今湖北的漢陽縣。無爲軍、如今安徽的無爲縣。蘄州的蘄口如今湖北的蘄春縣。設立榷貨務六處,官收下來的茶,或送到榷貨務,或就本場發賣。

“酒税”也起於唐德宗時候。五代時,相沿未廢。宋時,州城内皆官置“務”自釀,其縣鎮鄉閭,則或許民釀,而定其“歲課”。其法:願釀酒的人,官須查察其資産,長吏和大姓,共同作保。歲課不及額,保人須負賠償的責任。當招商承辦的時候,儻有兩人以上,同時願辦,自然先儘認課多的。因而每當承辦的人换易的時候,可以招徠商人,令其出價競争,這個謂之“撲買”。其初承釀的,都是有資産的人。國家看了這一筆收入,也不甚認真,不過拿來補助補助地方上的經費。南宋以後,財政竭蹶了,酒税的進款,各路也就看作認真的收入。州縣不得不解上去。而這時候,承辦的人,又往往納不及額,就有酒已不釀,而向來所收的歲課,仍責州縣收解之例。其結果,就至攤在衆人頭上去,變做一種賦税,參看《文獻通考》卷十七水心葉氏《平陽縣代納坊場錢記》。“麴”亦歸官專賣。其初唯三京有之。天聖以後,北京亦然。官賣麴亦有一定的界限,不得闌出界外。南渡以後,趙開又立一種“隔槽”之法,官設了場,並豫備了釀酒的器具。人民要釀酒的,都叫他自備了米,到官場上來釀;而官收其税。每米一斛,收錢三千。當時收數大增。但是到後來,就有釀不足額,而强迫釀酒之家,叫他繳“一定的額的錢”的弊病。譬如向來釀米一斛的,現在就只釀半斛,也要繳足三千錢的税。

礬的官賣,也是起於五代時候,而宋朝因之。管理鬻礬的機關,亦謂之務。有“鑊户”,製造入官,亦有時“募民粥”,又有時候用作入中的預備。“香”則南渡後纔官賣。其制,《宋史》不詳。又由市舶運來的東西,屬於“香藥”、“寶貨”兩種的,必須要賣給官,由官再出賣。天聖以後,常用他償給入邊芻粟的人。南渡以後,又時時用他稱提鈔價。參看第七節。

“入中”是商人輸錢於京師榷貨務,官給以券到一定的地方,去取一定的官賣品。“入芻粟”,則商人納芻粟於邊郡,邊郡給之以券,或到京師和其他積錢的地方去取錢,或償之以官賣品。宋初,大抵以解鹽爲陝西之備,東北的海鹽,爲河東之備,東南的海鹽,爲河北之備。雍熙太宗年號,前九二八年至前九二五年。以後,茶亦爲邊糴所資。真宗時,又益之以香藥犀齒。這種辦法,是爲收財利於中央,及減免運輸的煩勞起見。原不失爲一種巧妙的政策。然而官吏和商人,往往表裏爲姦,就生出許多弊病來。

真宗末年,以緡錢和茶和香藥犀齒,償給入芻粟於西北邊的人,謂之“三説”。於是西北邊郡,專想招徠芻粟,這句話還是假的,其中一定還有别種弊病。不惜將芻粟的價格抬高,謂之“虚估”。國家償給入芻粟的人的東西,就都變成賤賣了。據後來所計算,西北邊得了價值五十萬緡的芻粟,國家卻費掉價值三百六十餘萬緡的茶。又邊郡收了芻粟,只顧發券,並不管國家現存的貨物,共有若干。以致持了券,兑不到物品,券價大跌。入芻粟的,本是沿邊的土人,得了券,並不自己去取物,都是賣給商人和京師的“交引鋪”的。商人和交引鋪,都要抑勒他的價錢,本得不到多少好處;券價一跌,更其反要折本;自然無人來入芻粟。於是國家虚費了許多官賣品,而邊郡的芻粟,仍不充實。仁宗時,李諮乃議改茶法,行“貼射法”。宋初官賣的茶,本是除掉“本錢”,再加上利息,賣給商人的。譬如羅原縣的茶,每斤官給園户本錢二十五文,賣給商人的價,是五十六文,則三十一文就是息。這時候,就不給本錢,令商人和園户,直接賣買。但園户仍須把茶運到官場,商人就官場買之。國家但收向來所取的“息”。譬如商人到羅源去買茶一斤,就得輸息錢三十一文給國家。至於入芻粟於邊郡的人,給券到京,一切都償以見錢,謂之“見錢法”。這種辦法的主意,在於國家“賣茶”和“買芻粟”,都以錢爲價格的標準,不以茶與芻粟,做那“物物交易”的賣買。到後來,法又不行了。而且加之以鹽,謂之“四説”。於是薛向出來,把入邊芻粟廢掉。邊郡所需的芻粟,一概從京師運錢去和糴。這麽一來,茶就和邊備無關,而通商之議起。前八五三年,仁宗嘉祐四年。把向來息錢的半額,均攤在茶户身上,謂之“租錢”。茶户輸租之後，聽其自由賣買。惟建州臘茶，仍行禁榷。此爲“嘉祐通商法”。歷神宗、哲宗兩朝，無甚改革。徽宗時，蔡京纔重行禁榷。其法：產茶州軍的人民，許其赴場輸息，給與“短引”，在旁近州郡賣茶。其餘的，悉令商人到榷貨務納金，銀，緡錢；或沿邊州軍入芻粟。榷貨務給之以“鈔”。商人持着這“鈔”，到茶場上去取茶。茶場發茶的時候，另給一張“長引”。長引上載明商人“所指的州軍”。就是商人所要到的州軍。商人拿着這張“長引”，就可以一直到“所要去的州軍”去。既到之後，再完納一次商稅。這是前八一〇年崇寧元年。的辦法。前八〇七年，又罷各茶場。令商人就京師或所在州縣請給“長引”或“短引”，拿着“引”，自己向園户去買茶。南渡後，趙開總領蜀中財賦，所行的，也是這種法子。不過特立“合同場”，以稽察商人和園户的賣買罷了。這種法子，平心而論，自尚可行，不過蔡京的意思，在於聚斂，務以多收爲功。茶税既重，而又廢掉茶場，無以稽察商人和園户的賣買，私茶自然峯起。卻又峻刑法以治之，所以害人。

解池的“鹽鈔法”，亦爲蔡京所變亂。先是“鹽鈔法”之行：積鹽於解池，積錢於京師榷貨務，積鈔於陝西沿邊州郡。入邊芻粟的，得了券，或到京師取錢，或到解池取鹽。當時願得解鹽的甚多。蔡京要行聚斂之策，就把解池鹽鈔，改在京師發賣。卻又纔發鈔，就換鈔；既換鈔，又立個名目，叫人貼輸錢；一共要出三次錢，纔拿得到鹽。有出了一次兩次，以後出不起的，就把他所輸的錢，全行乾没。數十萬金的券，頃刻都成廢紙。做這賣買的人，有“朝爲豪商，夕同流丐”，赴水投繯而死的。這簡直是搶劫了。南渡以後，趙開所行的鹽法，是和他所行的茶法一樣的，而稽察得更爲嚴密。

又有所謂“和糴”及“和買”：“和糴”是（一）什麼地方豐收了，便派人去增價糴穀；（二）或者什麼地方要米穀，而轉運爲難，便派人去設法收買。這種辦法，其初大概是注重於邊郡的，到後來纔推廣到内地。“和買”則所買的是布帛。亦有預先給錢，隨後輸帛的，則謂之“預買”。“和糴”也有預給錢的，便是陝西所謂“青苗錢”。但是天聖以後，罷不復給。這本是同百姓做賣買的事，並不是收税。然而到後來：便有（一）强買，（二）仰價，

(三)不即給價,(四)給價不足,(五)但給“官告”、“度牒”等不值錢不能流通之物,(六)和糴則每石取“耗”,(七)預買則按户硬配,(八)或外加名目收錢,(九)或預買的帛,令折輸錢,(十)或預付的錢,重取其息等等弊病,已不啻加重人民的負擔。到南渡以後,就一概變爲“折帛錢”,變成一種賦税了。

商税起於唐朝的藩鎮。五代時,更爲繁瑣。宋朝雖盡力蠲除,畢竟不能廢掉。其法:凡州縣皆置“務”,關鎮亦或有之。大的專官措置,小的就委“令”、“佐”兼理。税額分爲“住税”、“過税”兩種:住税取千分之三十,過税取千分之二十。所税的東西,隨地不一。見於宋史的:有“耕牛”、“魚雞”、“果蔬”、“竹木”、“柴炭”、“力勝錢”、載米商船所出。“典賣牛畜舟車”、“衣屨”、“布絮”、“穀粟”、“油麵”等等。這種税,一望而知其爲苛税。南渡以後,更其苛細。而且有時候,竟是詐詐的行爲。譬如(一)瑣細的貿易,亦指爲漏税。(二)空舟則説他是載貨的舟。(三)食米指爲酒米,衣服指爲布帛等等。甚至行李亦指爲貨物。再甚就空身也要勒索。繞路避他,就更要攔截譌詐。

對外貿易,則北宋時的對遼、夏,南宋時的對金,都有互市。官設榷場而徵其税。有時官亦“輦物與易”。王韶經略熙河時所設的市易司,則由官給本錢,純粹爲一種官營的業務。

而其和國用關係較大的,倒還要推海路的貿易。太祖開寶四年,於廣州置市舶司。後來又於杭明州置司。元祐時,又置於泉州和密州的板橋。其法:海船載貨來的,先十税其一。而香藥和寶貨兩種貨物,則必須賣給官,由官再發賣。其出海的商人,則雍熙中曾詔詣兩浙市舶司,請給官券,違者没入其寶貨。

此外又有合了許多零碎的收入,以成一筆進款的,便是經總制錢,月樁錢,板帳錢等。“經制錢”起於徽宗宣和末,陳遘經制七路財賦,收“印契”、“鬻糟”之類的錢,一共七種,以成功一種税入,因稱爲經制錢。“總制錢”則高宗在揚州時,四方貢賦不入,乃收兩浙、江東西、荆、湖南北、福建、兩廣八路的税(如增加酒價和賣糟的錢,典賣田宅的税和牙税等），領以憲臣，收以通判。因紹興五年，命參政孟庾提領措置，以總制司爲名。就稱這一筆錢爲總制錢。“月樁錢”則紹興二年，韓世忠駐紮建康。宰相吕頤浩、朱勝非，令江東漕臣，每月樁發大軍錢十萬緡而漕臣再攤派之於州縣。所取的，也大概是這種不正當的收入。“板帳錢”，亦起於南渡以後。其不正當更甚。《宋史》説：“輸米則增收耗剩，交錢帛則多收糜費。幸富人之犯法而重其罰。恣胥吏之受賕而課其入。索盜臟則不償失主。檢財産則不及卑幼。亡僧絶户，不俟覈實而入官。逃産廢田，不與消除而抑納。他如此類，不可遍舉。”大概這種苛税之興，都是起於唐中葉以後。歷五代而愈甚。宋朝雖説蠲除煩苛，畢竟没有蠲除得盡。而到後來，財政的困難，卻和唐五代時相等，自然駕輕就熟，種種的苛税，同時並作了。所以我説：唐代的藩鎮擅土，實在叫中國的税法，起一個大變遷。

金朝官賣的東西有：酒、麴、茶、醋、香、礬、丹、錫、鐵、鹽十種。而以鹽爲首。其法：亦由官賣之於商人，而給以“鈔”、“引”，行鹽各有界域。征商之制，亦有關税和商税。金朝的税法，大概是因仍於宋的。無甚特創的制度。

元朝的鹽，以四百斤爲一引，行鹽亦各有郡邑。有由商賣的，亦有由官設鹽鋪的。大概是交通不便的地方，商人莫肯前往。又有驗户口多少，輸納課鈔的。這種法子，也起於五代時候。其初是官把鹽按户勒銷。到後來，則並不賣鹽，而這一筆錢仍舊要出，就變做一種賦税。再到後來，則出了這一筆賦税，而官仍舊要禁榷鹽。則謂之“食鹽地方”。對於食鹽地方，則官賣鹽之處，謂之“行鹽地方”。茶亦有引。長引一百二十斤，短引九十斤。後來除長引，專用短引。賣零茶的，則給以“茶由”。每由自三斤至三十斤，分爲十等。於出茶地方，設立提舉司七處。又於江州設立榷茶都轉運司。酒麴和醋，亦都由官賣。

商税的制度，其詳不可考見。據《元史》説：逮至天歷之際，天下總入之數，視至元七年所定額，不啻十倍云：則其收數甚多。但是其中有一個鈔價下落物價騰貴的關係，須要除去計算。對於海外的貿易，則元朝較宋朝,更爲注意。市舶司共有七所,泉州,上海,澉浦,溫州,廣東,杭州,慶元。但亦時有罷復。世祖初定江南時,沿海地方,到外洋去貿易的,其貨都十分取一,麤者十五分取一。出去的時候,和回來的時候,以及所到的地方,所買得的貨物,都要由市舶司查驗的。至元二十年,始定抽分之法。明年,盧世榮變法,官自具船給本,選人入番貿易。其所獲之息,以十分爲率。官取其七,所易之人得其三。而禁止人民到外國去賣買。世榮死後,這種法子,亦就廢掉。

第七節　鈔　　法

宋、金、元、明四朝,還有一件事情,和民生大有關係的,便是鈔法。

中國的幣制,在古代,本是"金銅並用"的。而金爲"秤量制",銅爲"鑄造制",已見第一篇第九章第二節。這種制度,到漢朝還沒有改。但是魏晉以後,黄金便大少了。金之所以少,前人都說由於寫經造像的銷耗(别種奢侈的用途,黄金總還在的。只有寫經造像,卻一銷耗,就不能回復)。但是魏晉以後,貧富漸均,參看第二篇上第六章,第二篇下第三章第五節。金以散而見其少,也是一個原因。

古代的幣價,對於物價,是很貴的。據李悝所推算,當時平民一家,終歲之用,不過一千五百個錢(其實這個還不過用錢幣推算價格,未必所用的東西,一一都要用錢去買),如何用得到黄金?所以古代貨幣,雖說金銅並用,以我們所推想,可以曉得黄金並不在多數人手裏流轉。參看《建設雜誌》二卷六號通信欄。

然則當時的大宗貿易,是怎樣的呢?難道一一輦着現錢去做賣買麽?這也不然。大宗賣買,總有抵銷推畫……法子。所以《周禮》上頭,就有"質劑"。《周禮》固然是僞書,也多用古書爲據,不是憑空造出來的。就算他憑空造出來,也一定是按着漢代社會情形造的。那麽,《周禮》上有質劑,就足以證明漢代社會，券據等類，業已通行很廣。況且當時代錢用的東西多着呢。——其最普通的就是帛。

但是這種辦法，一定有許多單位不同的東西（如金、銀、布、帛等），在社會上同時並行，當作貨幣用。於計算上也很爲不便。倘使有一種東西，能專代表錢幣的價格，他本身不另有價格。而又有“輕劑”之便，一定是衆人所歡迎的。職是故，紙幣就自然發生出來。

還有一件，中國歷代的幣制，是紊亂時多，整理時少。從漢到宋，只有漢朝的五銖錢，唐朝的開元錢，是受人歡迎的。此外就都是迫於無法，只得拿來使用。這兩種錢，在社會上通行的時代，實在很短。就是這兩種錢通行的時候，也還有别種惡錢，夾雜在裏頭。歷代錢法，因限於篇幅，未能歷舉。簡單些，可把《漢書》、《隋書》、《唐書》的《食貨志》，看一遍做參考。所以我們可以推想從漢到宋，社會上用錢的人，實在困苦萬狀。到五代，就更倒行逆施，有一兩國，竟用起鐵錢來。這是同重商主義的經濟學家一樣的見解，想借此防止錢幣流出於國外之故。宋朝不能釐革，於一定的區域中，仍舊聽鐵錢行使。其中四川，交通既不方便。初平的時候，除江南、四川外，又都不准行用鐵錢。所有的鐵錢，就都一擁而入（江南後來卻不行了）。而四川，以交通最不便的地方，使用這種最笨重的貨幣，於是數百年來擾亂中國經濟界的鈔法，就以此爲發源地了。

宋朝的行用紙幣，起於真宗時候。先時蜀人患鐵錢太重，自行發行一種紙幣，謂之“交子”。每一交計錢一緡，三年而一换，謂之一界。就是每三年，將舊的盡行收回，另發新的一次。以富民十六户主之。後來富民窮了，漸漸的付不出錢來，以致時有争訟。轉運使薛田，乃請於益州設立交子務，而禁其私造。於是民間自行發行的紙幣，就變做官發的了。熙寧時，曾以此法推行於河東、陝西，旋即停罷。蔡京當國，纔推廣其行用的區域，又改其名爲“錢引”。當時除閩、浙、湖、廣外，全國通行。然濫造濫發，並没兑現的豫備。以致一緡只值錢十餘文。紙幣行用了不曾滿一百年，已經撞下這麽一場大禍來了。南渡以後，初時行用的，仍名交子。後來又有“會子”同“關子”，會子初僅行於兩浙，後來亦但行於兩淮、湖北、京西。關子則係末年所造。亦係分界行使。但(一)既不能兑現;(二)而每界又不能按時收回。往往兩界或兩界以上同時行使。其價格也就不能維持。有時實在下落得無可如何,便用金,銀,度牒,官告,香藥等去收回,謂之"稱提"。但亦總不能回復額面的價格。最新的一界,已不能維持額面的價格。再前兩界的,其價格就更要低落。然而宋朝的紙幣,總還算是好的。金朝就更不堪設想了。

金朝的行鈔,是海陵遷汴之後,户部尚書蔡松年所出的主意。印造一貫、二貫、三貫、五貫、及十貫五種,謂之"大鈔"。一百、二百、三百、五百、七百五種,謂之"小鈔"。與錢並行。以七年爲"納舊易新"之限。其初信用很好,商賈有拿着錢去買鈔的。章宗大定二十九年,罷"七年釐革之限"。從此出多入少,價格就漸漸的跌落。最可笑的,惡貨幣驅逐良貨幣的法則,要徹底明白,原不容易。然而"銅錢和紙幣,以同樣的效力行使,人家一定要把錢藏起來",這種事實,也是顯而易見的。乃金章宗全不明白,反發"大定間錢至足,今民間錢少,而又不在官,何邪?"的疑問,於是立"人民藏錢"和"商旅齎現錢"的限制。其結果,藏的人還是藏,銷爲器物的還是銷,運出境的還是運,市面上仍是錢荒。兵興以後,財政困難,一味的藉造鈔接濟。鈔價就一落千丈。承安二年潰河之役,至以"八十四車充軍賞"。貞祐三年七月,改交鈔之名爲貞祐寶券,不多時,就"千錢之券,僅直數錢"。四年八月,高琪説的。興定元年,又改造一種貞祐通寶。以一貫當寶券千貫,四貫等於銀一兩。五年,又造興定寶泉,一貫等於寶券四百貫,兩貫等於銀一兩。元光二年,又立法,每銀一兩,價格不得超過寶泉三百貫。其跌落之快,也就可驚了。於是又立法:凡物價在銀三兩以下的,不准用銀。三兩以上的,須三分之一用銀,三分之二用鈔。然而仍舊是有名無實,至哀宗正大間,民間遂全以銀市易。用銀的始末,見第四篇下第五章第七節。

元朝的鈔法,又有一特別之點,便是他"不和銅錢相權,而和絲銀相權"。因爲這時候,社會上所存的錢,實在太少了。帛是社會上向來把他當貨幣用最廣的。銀則是新興之物,最得大家信用的。這也是自然的趨勢。中統元年,始造交鈔,以絲爲本。旋又造中統寶鈔,分 10、20、30、50、100、200、500、1000、2000 九種。其價是:

$$中統寶鈔\ 1\ 貫=交鈔\ 1\ 兩=銀\frac{1}{2}兩$$

又以紋綾織爲中統銀貨,有一兩,二兩,三兩,五兩,十兩五等,每一兩的價,等於白銀一兩,没有發行。至元十二年,又造釐鈔三種,是一文,二文,三文。因民不便用,十五年,就取消。

中統鈔行之既久,物重鈔輕。至元二十四年,改造至元鈔。其價是:

$$至元鈔\ 1\ 貫=中統鈔\ 5\ 貫=銀\frac{1}{2}兩=金\frac{1}{20}兩$$

我們可以曉得當時的金銀比價,恰是十倍。中統鈔行了二十八年,價格跌爲五分之一。武宗至大二年,又造至大銀鈔。其價是:

$$至大銀鈔\ 1\ 兩=至元鈔\ 5\ 貫=銀\ 1\ 兩=金\frac{1}{10}兩$$

仁宗即位,因爲倍數太多,輕重失宜,罷去銀鈔。而中統至元二鈔,"終元世蓋常行焉"。

元朝的鈔,離開銅錢,而和實物相權,共有五十二年。順帝至正十年,丞相脱脱,議改鈔法。鑄至正通寶錢,和歷代銅錢並用,是爲鈔法的一變。這時候,是:

$$中統鈔\ 1\ 貫=至元鈔\ 2\ 貫=錢\ 1000\ 文$$

有了錢可以相權,鈔價應當漲起。然而《元史》說:"行之未久,物價騰踊,價逐十倍。"大約因名爲相權,其實徒有虚名之故。又值海内大亂。"每日印造,不可數計。舟車裝運,舳艫連接。……所在郡縣,皆物貨相貿易。公私所積鈔,人視之若弊楮。"元朝的鈔法,就此無從收拾了。

歷代的幣制，雖不整理。究竟要添出銅錢，總不能像紙幣那麽快；貨幣價格的變動，就也不能像紙幣時代那麽快。宋、金、元、明四代的鈔法，在正史的《食貨志》上看來，也不過七八卷書；然而當時人民的財産，因此而受損失的，卻不知凡幾了。到了明朝，就成紙幣的末運，而銀兩大行。這個留待下篇再講。

第八節　學術風俗

從魏晉到唐，爲老學和佛學發達時代。第二篇下第三章第六節，已經説過了。到北宋時，而這種學問的反動力又起。

魏晉時代的哲學，可稱爲"東漢末年，瑣碎的考據，和前此妖妄不經的迷信，合而爲一"的一個反動。再進一步，就索性研究到佛學。這種學問，原是很有價值的。然而走到極端，就未免太偏於"出世"。到兩宋時代，就要再一變而爲"入世"了。這種思想，來源也頗遠，唐朝時候，有一個韓愈，做了一篇《原道》，所説的，便是這種意思，但是韓愈這個人，學問太淺了，所以建設不出什麽事業來。

無論什麽事情，總有個哲學上的根據。對於一種學問的反動，也必已盡量吸收這種學問的長處。所以宋學的起源，還得借重於道家之學。——就是中國最古的哲學，而爲神仙家所竊取的。參看第二篇下第三章第六節。

以通行數百年，支配人心，極有力量的宋學，而其起源，反借重於一張隱居華山的道士(陳摶)所傳的《太極圖》和《先天圖》，豈非奇談。這張圖，前人所辨争，是"到底是儒家的？還是道家的?"的一個問題。我如今發明變相的道家(新神仙家)是本來一無所有的；他所有的都是竊取來的。這個問題，便没有辨争的必要了。

陳摶之學，一傳而爲种放、穆修，再傳而爲劉牧、李之才、周敦頤。劉牧撰《易數鉤隱圖》，敦頤撰《太極圖説》。圖書之學，就如日中天。

李之才傳其學於邵雍,撰《皇極經世書》。這一派學問中術數一派,就發達到極點。周敦頤之學,由二程而遠傳於朱晦庵,這一種學問中哲理一方面,也就推闡無餘了。

- 陳摶
  - 种放 — 劉牧
  - 穆修
    - 李之才 — 邵雍
    - 周敦頤
      - 程顥
      - 程頤 — 楊時 — 羅從彥 — 李侗 — 朱熹

還有兩種思想,也是北宋時學術的淵源。(一)則五代時氣節壞透了,所以這時候的學者,都要講究砥礪氣節,孫復等是這一派。(一)則這時候國勢衰弱,社會也凋敝極了。要想挽回國勢,救濟社會,就得講究經世之學。胡瑗、范仲淹等,是這一派。這兩派的思想,再參以性理的精微,把脩己治人,打成一橛,便是張載一派。

朱熹的學問,總算是宋學的集大成他既很講究心性的精微,而於致用之學,以及孔門的經,也極意考究。朱子所注的經極多。除《四書集注》外,於《易》有《本義》,於《詩》有《集傳》,《書》則蔡沈的《傳》,是承朱子意思作的。於《禮》則有《儀禮經傳通解》,於《春秋》雖沒有書,然他所編的《綱目》,實在自以爲繼《春秋》而作的。所以他的學問,可以代表(一)脩己治人,一以貫之,和(二)承佛老之後的反動力,返而求之於儒的兩種思想。前一種,是吸取魏晉到唐老學和佛學的精華,以建設一新儒學,革新儒家的面目。後一種,則係承佛老之學大盛之後,矯其過盛之弊,而還之於實用。這兩種都是當時學術界上應有的思想。朱熹實在能彀代表他,所以朱熹在宋學中,總可稱爲正統派。

但他所講的格物致知:"蓋人心之靈,莫不有知;而天下之物,莫不有理;惟其理有未窮,故其知有不盡也。是以大學始教,必使天下學者,即其已知之理而益窮之,以求至乎其極,而一旦豁然貫通焉,則衆物之表裏精粗無不到,而吾心之全體大用無不明矣。"實在是空空洞洞,無從下手的。而且要把天下的物,格得"表裏精粗無不到",而後"吾心之全體大用無不明",這種致知,也可以説永遠没有達到目的一天的。所以有陸九淵一派出來,説即物窮理是“支離”,要先啓發人本心之明,和他對峙。

從宋學興起之後,學術思想界,起了一個大革命。“盡祧漢唐諸儒,而自以爲直接孔門的心傳”,是宋學的一個特色。因此就發生“道統”之説,把周、程、張、朱,直接孟子。到《元史》,就於《儒林》之外,别立《道學傳》,把宋學和前此的儒學都分開了。

講究砥礪氣節,自然是一種好處。然而其弊,不免矯激沽名;就不免要樹黨相争。再加宋儒的議論,徹底太甚。於是論人則失之“苛刻”,論事則失之“負氣”。往往有一種“只論是非,不論利害的偏見”。就是軍國大事,也要拿來作孤注之一擲。加以這時候,對外失敗,更足以激起國民的憤慨。就有像胡安國《春秋傳》一派的議論(主張尊王攘夷),頗養成國民“褊狹”和“虚憍”的觀念。

這種學術思想,固然是黨争的靈魂。而學派的紛歧,就更能賦之以形。北宋的黨争,是從王安石變法以後,纔大盛起來的。王安石不但是個政治家,亦且是文學者。當他執政的時候,他所著的《三經新義》,曾經立於學官。王安石和程頤,政見本是反對的。到徽宗時候,程門的高弟楊時,首先明目張膽,攻擊王安石的學術。從此以後,程、王兩家的學説,就立於正反對立的地位。南渡以後,秦檜是主張王安石之學的,趙鼎是主張程頤之學的。秦檜死後,曾經下詔:説“學術惟求其是,不必偏主一家”。然而學術界的趨勢,畢竟不是一紙詔書所能防止的。醖釀到後來,到底成了慶元以後“僞學”之禁。

朱熹之學,雖然講究心性,然而他於經世之務,和孔門的經,都頗留意。所以朱熹的學問,是頗爲切實的,就是他的門徒黄榦、王應麟等,學問亦極切實。應麟著《困學紀聞》,是清代“考證學”的一個遠源。榦續成《儀禮經傳通解》,是江永《禮經綱目》、秦蕙田《五禮通考》的先河。然而天下事,總不免於偏勝。像宋學這種專講究心性的,到後來自然就流於空疏。周密《癸辛雜識》上説:

世又有一種淺陋之士,自視無堪以爲進取之地;輒亦自附於道學之名，褒衣博帶，危坐闊步，或抄節語録，以資高談；或閉眉合眼，號爲默識。而叩擊其所學，則於古今無所聞知；考驗其所行，則於義利無所分别。此聖門之大罪人，吾道之大不幸；而遂使小人得以藉口爲僞學之禁，而君子受玉石俱焚之禍者也。可見空疏無具的風氣，到南宋時已很盛了。

宋學的行於北方，是元以後的事情，其中最初提倡的是趙復，後來極著名的是金履祥、許謙等。都是程朱一派，只有個吴澄，是頗近於陸九淵一派的。

還有一件事，當兩宋時代，史學頗爲發達。司馬光的《資治通鑒》，鄭樵的《通志》，馬端臨的《通考》(雖有杜佑的《通典》在前，實不及此書之精)，都是貫串古今的名著，爲前此所未有的，這也是講求經世之學的結果。

文學上，則因講求理學，尊重實用故，性質近於質實，而不主張華藻。所以散文較駢文爲發達。歐陽、三蘇、曾、王等，都是有名的作家，這也是魏晉到唐的文學的一種反動力。參看第二篇下第三章第六節。因崇尚質實的趨勢，而白話文大爲發達。在學術一方面，則應用之於語録上，以求不失真意。在文學一方面，則用之於小説和戲曲上，爲文學界開一新生面。

北宋以後，印刷術的發達，是和中國學術的進步大有關係的。本書篇幅有限，不能備詳。近人所著的《中國雕版源流考》，頗可參考。

第四篇　近世史（上）

第一章　明朝的對外

第一節　明初的武功

明太祖既定天下，不知怎樣，忽然想行起封建政策來。分封諸子於要地，各設傅（傅）相官屬，體制甚隆。雖然不干預地方政事，而各設護衛兵——從三千人到一萬九千人——在實際上，便也頗有些勢力。而燕王棣、晉王棡，以守禦北邊故，並得節制諸將，權勢尤重。

明初封建表除靖江王爲太祖的從孫外，餘皆太祖的兒子。

秦王樉	西安	楚王楨	武昌	寧王權	大寧
魯王檀	兖州	瀋王模	潞州	代王桂	大同
郢王棟	安陸	慶王㮵	寧夏	周王橚	開封
燕王棣	北平	潭王梓	長沙	韓王松	開原
湘王柏	荆州	唐王桱	南陽	遼王植	廣寧
岷王楩	岷州	晉王棡	太原	齊王榑	青州
谷王橞	宣州	蜀王椿	成都	肅王楧	甘州
伊王㰘	洛陽	趙王杞	未之國	安王楹	平涼
静江王守謙	桂林				

太祖對於民治，頗爲留心。參看本篇下第五章。而猜忌特甚。諸功臣宿將，都坐謀反或株連誅死。所以一傳之後，朝臣中已經没有什麽

知兵的人。太祖太子標,早卒,立其子允炆爲太孫。前五一四年,太祖崩,允炆立,是爲惠帝。用齊泰黄子澄之謀,“以法繩諸侯”。燕王棣就舉兵反。棣初舉兵的時候,建文帝派耿炳文李景隆去討他,都大敗。棣遂陷德州,進攻濟南。爲都督盛庸參政鐵鉉所敗,進復德州。棣兵勢頗沮。剛剛這時候,有人告中官奉使侵暴,建文帝詔所在的有司捕治。於是中官差人到燕去,說京師可取。燕王就決意舉兵南下。陷徐宿州,進陷泗州。東至揚州,都督僉事陳瑄以舟師叛附於棣,棣自瓜州渡江,攻京城,京城遂陷。前五一〇年,陷京城,惠帝不知所終。惠帝出亡之説,大約是有的,可看《明通鑒》辨證。棣即位,是爲成祖。改北平爲順天。前四九一年,遷都焉。而以應天爲南京。

明朝當成祖時,國威最盛。曾北破蒙古、瓦剌,南併安南,又招致南洋諸國。從宣宗以後,就日即於陵替了。鬼力赤篡元大汗之統,自稱韃靼可汗,已見第三篇下第四章第三節。鬼力赤旋爲知院阿魯台所殺。迎立元後本雅失里於别失八里。在如今迪化。成祖遣邱福征之,敗没。前五〇二年,自將討破之。本雅失里後爲瓦剌馬哈木所殺,阿魯台來降。後復有叛意。前四九〇、四八八年,成祖兩次親征,擊破之。前四七八年,阿魯台亦爲瓦剌脱歡所襲殺。

安南陳氏,以前五一三年,爲外戚黎季犛所篡。季犛復姓胡,建國號曰大虞。旋傳位於子漢倉。詭言陳氏後絶,爲國人所推戴,請封於明朝。成祖封爲安南國王。已而安南的舊臣裴伯耆來告難。老撾也送安南明宗的兒子,名唤天平的,來到中國。成祖切責黎氏,黎氏陽爲謝罪,請迎接天平回去立他。成祖信以爲真,誰知送到界上,給黎氏伏兵襲殺。成祖大怒。前五〇六年,遣沐晟、張輔分出雲南、廣西討之。明年,生擒黎季犛父子。送京師誅之。求陳氏後不可得,就把他的地方,立了一個交阯布政司。安南從五代末,和中國分立,到這時候,差不多有四百五十年,又暫時列於内地。當太祖時候,頗注意於招徠四夷。成祖篡位,更疑心惠帝逃在海外,要派人去蹤跡他。於是有鄭和下西洋之舉。前五〇七年,鄭和造了大船,帶着海軍三萬七千人。多賫金帛,從蘇州的婁家港出海,如今的瀏河口。當時江蘇泛海,從此出口。經福建達占城,遂遍歷南洋諸國。“不服者威之以兵”。於是諸國都紛紛朝貢。和前後凡七奉使,三擒番長。後來奉使的人,還借着他的名字,以聳動外國。也可以算得有些建樹的人。可惜《明史》鄭和的傳,非常簡略。《外國傳》裏,對於南洋諸國的道里位置等等,也闕焉不詳。如今就《明史》所載諸國國名,參以近人所考校,解釋其今地如下。

呂宋　　今同名。

合貓里　　在菲律賓羣島中。

美洛居　　如今的摩鹿加。

沙瑶　　未詳。

婆羅　　如今的婆羅洲。

麻葉甕　　如今比利敦附近的島嶼。

交爛山　　如今蘇門答臘東方的比利敦羣島。

古麻剌朗　　未詳。

馮嘉施蘭　　未詳。

文郎馬神　　未詳。

賓童龍　　如今柬埔寨的岬。

瓜哇亦作闍婆　　如今的爪哇。

蘇吉丹　　瓜哇屬國,當在其附近。

碟里　　近爪哇。

日羅夏治　　近爪哇。

三佛齊　　如今蘇門答臘的巴鄰旁。

渤泥　　如今蘇門答臘的西北境。

滿剌加　　如今的麻六甲。

蘇門答臘,後改名啞齊。如今的蘇門答臘。啞齊爲其西北境。

蘇禄　　如今的蘇禄島。

西洋瑣里　　未詳。

瑣里　　未詳。

覽邨　　未詳。以下三國,《明史》説“在西南海中”,

當係印度洋中島嶼。

淡巴　未詳。

百花　未詳。

彭亨　在如今馬來半島。

那孤兒　在如今蘇門答臘西境。

黎伐　同上。

南渤利　在啞齊之西。

阿魯一名啞魯　如今的亞羅亞羣島。在蘇門答臘馬來半島之間。

柔佛　如今馬來半島南端。

丁機宜　同上。

巴喇西　未詳。

古里　如今印度的科利庫特爾。

柯枝　如今印度的可陳。

大小葛蘭　如今印度的固蘭。

錫蘭山　如今的錫蘭島。

榜葛剌　如今的孟加拉。

沼納樸兒　榜葛剌西。

祖法兒　如今阿剌伯半島的設黑爾。

木骨都束　如今非洲的東岸。

不剌哇　同上。

竹步　同上。

阿丹　如今的亞丁。

剌撒　在如今阿剌伯半島馬利爾拉附近。

麻林　未詳。

忽魯謨斯　如今波斯灣外的和爾木斯。

溜山　未詳。《明史》説“在錫蘭南,順風七晝夜可至”。以下四國,都應當在如今印度洋中。但不能確指其地。

南巫里

加異勒

甘巴里

忽蘭丹　　未詳。

沙里灣尼　　未詳。

底里　　《明史》説“地近沼納樸兒”,或即特里。

千里達　　未詳。

失剌比　　未詳。

古里班卒　　未詳。

剌泥　　未詳。

白黑葛達　　報達。

以上諸國,有當明初一通朝貢,後來就不來的。也有朝貢終明之世的。又間有招諭不服;威之以兵的。中國人到南洋去經商做工的,實在不少。《明史》雖無確實的紀載,然而諸國傳中,也隱約可見。惜乎限於篇幅,不能一一摘出詳考。讀者諸君,可自取原書披覽。其在海外作“蠻夷大長”的,也大有其人。據《明史》所載:則有吕宋的潘和五,婆羅的王,瓜哇新邨的村主,三佛齊的梁道明、陳祖義。然而實際一定還不止此,不過都湮不傳罷了。近人新會梁氏,著《中國殖民八大偉人傳》,除根據《明史》外,又有得諸口碑的:戴燕國王吴元盛,昆甸國王羅大,柔佛的葉來,沙剌的嘉應人,共四人。哥倫布的發見新大陸,事在前四一九年。上距鄭和的航行南洋,凡八十八年。從此以後,西洋人接踵東航,南洋的形勢,就一變了。所以明代和南洋的交通,要算是南洋諸國,對於我,畏威懷德最後的歷史。

第二節　瓦剌的强盛

明朝的國威,雖以成祖時爲最盛;而一切失當的措置,也起於成祖時;到後來就深受其累。先是太祖時,元朝大寧路屬遼陽行省。的北境來降。太祖即其地,分設泰寧、朵顔、福餘三衛。如今熱河洮昌兩道的地方。三衛之中,惟朵顔地險而兵强。當時邊外諸衛,都隸北平行都司。寧王權,居大寧以節制之。大寧,在如今熱河道隆化縣境。成祖起兵,恐寧王議其後,襲而執之。又以兀良哈如今的烏梁海。兵從征,頗得其力。即位之後,就改北平行都司爲大寧都司,徙治保定。把大寧地方,送給兀良哈。於是明初所設的開平衛,元朝的上都。勢孤援絶。宣宗時,不得不徙治獨石。既不能控制漠南,又不能輔翼遼西。北邊的形勢,就大弱,這是明朝對於邊防上最大的失策。參看第三章。又安南地方,雖然一時爲明朝所取,然而措置得也並不得法。——安南這時候,自立已數百年,一時不容易和中國融合。而成祖末年,奉使的中官,又頗有婪索的事情。於是交人黎利,乘機創亂。宣宗時,命王通、柳升討之,大敗。宣宗就棄掉其地。於是安南和中國,合併了不滿二十年,又分立了。

所謂瓦剌,就是元初的斡亦剌,如今譯作衛拉特。元朝滅亡的時候,强臣猛可帖木兒據其部。猛可帖木兒死後,分而爲三:其酋長:一名馬哈木,成祖初年來降,封爲順寧王。一名太平。同上封賢義王。一名把禿孛羅。同上封安樂王。成祖初年,來降,後漸桀驁。前四〇九年,成祖曾親征破之。後馬哈木死,子脱歡强盛,殺太平把禿孛羅,併三部爲一。又殺韃靼的阿魯台。要想自立做可汗。手下的人不願意。脱歡乃迎立元朝後裔脱脱不花,自爲丞相。脱歡死後,子也先嗣,聲勢更盛。朵顔三衛之地,亦爲其所脅服。先是太祖定制,内侍不得讀書,不准和外廷交通。成祖起兵,因宦官密告京師虛實,才決意南下。南下的時候,宦官又多逃入北軍,報告機密。成祖深以爲忠。即位之後,就開書堂於内府,選翰林官入内教習。又命隨諸將出鎮。設京營提督,使之監軍。立了個東廠,叫他刺探外事。參看《明史》卷九十五。於是宦官權勢漸重。英宗即位,年方九歲。寵用司禮太監王振。一切事情,都委托他。王振特好用兵,叫王驥蔣貴興大兵去征麓川。見第八章第一節。已經弄得勞民傷財。前四六三年,也先入寇。王振又慫恿英宗親征。

到大同,知不能敵,急急班師,王振家在蔚州,起初要想邀英宗臨幸其家,從紫荆關入。後來又變計走居庸關。到土木堡,在如今直隸懷來縣的西邊。爲也先所追及。諸軍大潰。英宗遂爲也先所執。王振死於亂軍之中。這時候,羣臣多主張遷都。幸而侍郎于謙,力持不可。以太后命,奉郕王監國。旋即位,是爲景帝。遥尊英宗爲太上皇。也先挾太上皇從紫荆關入,攻京城。于謙督率石亨等,力戰卻之。謙用重兵守宣府大同,也先屢入寇,都不得志。明年,遂奉上皇還。

也先既立脱脱不花,後來又互相猜忌,治兵相攻。脱脱不花爲也先所殺。也先自立爲可汗。前四五九年。旋又爲阿剌知院所殺。前四五七年。於是瓦剌部落分散。韃靼部長孛來,殺阿剌,立脱脱不花的兒子麻兒可兒,號爲小王子。麻兒可兒死後,衆共立馬古可兒吉思。爲孛來所弑。韃靼部長毛里孩,又殺孛來,更立"他可汗"。又有唤做斡羅出的,和毛里孩互相仇殺。先是韃靼的入寇:或在遼東,或在宣府大同,或在寧夏,莊浪,如今甘肅的莊浪縣。甘肅。去來無常,爲患不久。英宗天順間,前四五五至前四四八年。斡羅出才入據河套。和别部長李魯乃合。憲宗成化間,前四四七至前四二五年。則孛來,小王子,毛里孩,先後皆至,爲患益深。孛來死後,其患乃稍衰。又有一個唤做滿魯都的,繼之而至。以别部長乩加恩蘭爲太師。滿魯都乃乩加恩蘭之婿。前四三九年,爲王越所襲破。後來乩加恩蘭爲其下所殺,滿魯都亦死,邊境才漸漸安穩。總而言之:從憲宗以前,是個韃靼、瓦剌,互相争奪的世界。北族自己不能統一,所以不能十分强盛,到達延汗出來,而形勢又一變了。

第三節　蒙古的再興

上節所記韃靼、瓦剌的事情,都係根據《明史》。至《源流考》所載,則與此又異。《源流考》固然是疏舛百出的,然而除此以外,别無可據。這達延汗中興的事情，就是現在的蒙族，所以分佈成功如此狀態的根源，又不能置諸不論。而《源流考》和《明史》，二者又無從折衷比附，所以現在不避重複，將《源流考》所記，略爲敘述於左。

《源流考》記順帝以後，蒙古大汗的世次。

(一) 托歡特穆爾汗即順帝　亡於庚戌（洪武三年）與《明史》合
- (二) 阿裕錫哩達喇汗即愛猷識理達臘　歿於戊午（洪武十一年）
- (三) 特古斯特穆爾汗即脱古思帖木兒惟明史謂係愛猷識理達臘之子　歿於戊辰（洪武二十一年）
  - (四) 恩克卓里圖汗歿於壬申（洪武二十五年）
  - (五) 額勒伯克汗己卯（建文元年）被弒
    - (六) 琨特穆爾汗就是明史的坤帖木兒歿於壬子（建文四年）
    - (七) 諤勒哲依特穆爾汗　歿於庚寅（永樂八年）
      - (八) 德勒伯克汗歿於己未（永樂十三年）

額勒伯克汗聽了浩海達裕的話，殺哈爾古楚克，而取其妻洪郭斡拜濟。洪郭斡，就是翁吉喇的異譯。洪郭斡拜濟怨浩海達裕，譖殺之。而額勒伯克汗，又派浩海達裕的兒子巴圖拉，管領四衛拉特。衛拉特的烏格齊哈什哈不服，汗與巴圖拉議殺之。烏格齊哈什哈就弒汗，乙未年，永樂十三年。又殺巴圖拉。這一年，烏格齊哈什哈亦卒，子額色庫立。洪郭斡拜濟歸額勒伯克汗時，已經有了三個月的身孕。歸額勒伯克汗四個月後，而汗被弒，又給烏格齊哈什哈搶去；三個月而生一子，名曰阿寨。又有一個烏格德勒庫，是服役於巴圖拉的。巴圖拉叫他"負筐拾糞"。就取"負筐之義"，名之曰阿魯克台。《明史》的阿魯台。乙巳年，仁宗洪熙元年。額色庫卒，其妻薩穆爾福晉，把這三個人流竄。這時候，科爾沁阿岱台吉，已得蒙古遺衆。三人同往依之。阿岱既得洪郭斡，遂即汗位。以事跡論起來，阿岱似乎就是《明史》的本雅失里。雖然年代相差，也不足疑；因爲《源流考》的年代，本來很不可據的。以阿魯克台爲大師。伐四衛拉特,獲巴圖拉之子巴噶穆。阿岱以賜阿魯克台,阿魯克台取"覆於釜中之義",名之曰托歡。戊午年,英宗正統三年。托歡以四衛拉特的兵伐蒙古,弑阿岱汗。這一年,托歡也死了,子額森也先立,自稱可汗。明年,己未,阿寨的兒子岱總台吉即汗位。壬申,景帝景泰四年。伐衛拉特,戰於吐魯番之哈喇地方。額森差人説阿噶巴爾濟,阿噶巴爾濟叛岱總汗,岱總汗敗死。以事跡論,岱總汗該就是《明史》的脱脱不花。額森遂並殺阿噶巴爾濟。他手下的人,怕蒙古人報讎,要索性殺掉哈爾固楚克。哈爾固楚克是額森的女婿,所以額森不肯。岱總台吉敗亡時,蒙古勒克埒青吉斯年七歲。其母以之稱烏珂克圖汗。明年,爲多倫土默特之多郭朗台吉所弑。衆推摩倫台吉爲汗。大約就是《明史》的孛來。又明年,景泰五年爲翁里郭特之摩里海王所弑。《明史》的毛里孩。國統中絶。到癸未年,英宗天順七年。滿都固勒《明史》的滿魯都。才即汗位。殺摩里海。戊子年,滿都固勒殁。隔了一年,庚寅,成化六年巴圖蒙克年七歲,才稱達顔汗。這是繼承蒙古本族大汗統緒。到四十一歲,甲子年,孝宗弘治十七年。又即汗位。這是仍做諸部族的大汗。又四年而殁。以上的紀事,始終用洪郭斡拜濟一個人做經緯,很有傳奇的性質。這種紀事,原不足信。然而述蒙古大汗的統系,畢竟比《明史》詳盡些,殺也先的阿拉知院,《源流考》稱爲衛拉特右翼的丞相阿拉克。

阿寨
- 岱總台吉
  - 蒙古勒克埒青吉斯
  - 摩倫台吉
- 阿噶巴爾濟——哈爾固楚克——巴圖蒙克
- 滿多固勒

達延汗
- 圖魯博囉特早死
- 烏魯斯博囉特
- 巴爾蘇博囉特
- 格埒森札賚爾

達延汗是個中興蒙古的偉人。可惜他的事跡,《明史》和《源流考》,也都不甚詳盡。但知他長子早死,仍留季子格埒森札賚爾守漠北,大約仍舊是把舊業給斡赤斤的意思。這便是後來喀爾喀四部之祖。以次子烏魯斯做右翼,三子巴爾蘇做左翼。烏魯斯爲滿都固勒所殺。達延汗怒,叫巴爾蘇攻破滿都固勒。就用巴爾蘇爲右翼濟農。自己和嫡孫卜赤,徙幕東方,是爲插漢部。今譯作察哈爾。巴爾蘇有二子:長名衮必里克圖,嗣巴爾蘇爲右翼濟農。次名阿勒坦,就是《明史》所謂俺答,統四衛拉特之衆。衮必里克之後,爲鄂爾多斯。阿勒坦之後爲土默特。衮必里克圖早卒,其衆皆歸於俺答。所以嘉靖時候,俺答獨强。前三六二、嘉靖二十九年。前三五三、前三十八年。前三四九四十二年。三年,三次剽掠京畿。明朝竟無如之何。直到後來,俺答的孫子把漢那吉來降,——這把漢那吉,是幼孤而育於俺答之妻的。後來娶妻而美,俺答奪之。把漢那吉怒,遂來降。俺答之妻,怕中國把他殺掉,日夜哭泣。俺答纔來請和。前三四二年,穆宗隆慶四年。封俺答爲順義王。這時候,俺答又受了喇嘛教的感化,見第六章第二節。就不再犯邊。俺答傳子黄台吉(改名乞慶哈),黄台吉傳子撦力克。俺答所奪把漢那吉之妻,原是俺答的外孫女。襖兒都司的女兒。歷配三主,掌握兵權;替中國扞邊,甚爲恭順。神宗封爲忠順夫人。撦力克卒,孫小失兔立,號令不行。套部遂衰。而東方之插漢部轉盛,就生出滿洲和蒙古的交涉。

第四節　倭寇和豐臣秀吉

明朝和外國的交涉,還有一件"倭寇",和萬曆時救援朝鮮的事情,也得略叙一叙。其和西南夷的交涉,因方便併入下篇裏叙述。日本自和元朝交兵後,就禁止國裏的百姓,不准和中國交通。於是偷出海外,來做賣買的,都是些無賴的人,久之,遂流爲海盜。元中葉後,日本分爲南北朝。明初,南朝爲北朝所併。其遺臣,有逃入海中的,也和海盜相合。於是其勢漸盛。屢次剽掠中國和朝鮮的沿岸。然而這時候,其侵掠的主要地方,在於朝鮮,中國的受害,還不如朝鮮的深。日本從分裂以來,積苦兵戈,統一之後,沿海諸國,都想靠海外互市,弄幾個錢。所以對中國朝鮮,貿易頗盛。從日本向中國,最近的海口,就是浙江。明初,也設有市舶司,以管理互市的事情。嘉靖年間,廢司不設。和日本商人做賣買的,都是些貴官勢家。欠錢不還,弄得日本商人,流落海外,不能回國。就都變做海盜。沿海的人民,也有依附他的。以海島爲根據地,“飢則入掠,飽則遠颺”。沿海的强盜又“冒其旗幟”,到處劫掠。明初爲防倭寇起見,沿海地方,本都設有衛所,備有戰船。承平久了,“船敝伍虚”。臨時募漁船征剿,毫無用處。於是倭寇縱横千里,如入無人之境。“浙東西,江南北”,沿海之地,無不被其侵掠。甚至泝江而上,直抵南京。明朝竟無如之何。直到前三五六年,胡宗憲總督浙江軍務,捕誅姦民陳東平、徐海。明年,又誘誅盜魁汪直。倭寇失其耳目,勢纔漸衰。於是轉掠閩廣。到前三四九年,爲總兵俞大猷、戚繼光所討平。然而沿海之地,已弄得凋敝不堪了。

倭寇之亂,只是一種盜賊的行爲,原算不得日本國家的舉動。卻是隔不到三十年,日本的武人,又行起侵略政策來。原來日本從開國以來,世世和蝦夷爲敵。唐德宗時,日本拓地益廣,就於東北邊置征夷大將軍。源氏平氏,世守其地。從宋朝以後,日本國王,都喜歡傳位於子弟,自爲太上皇,而又依舊要掌握政權。於是往往數上皇並立;或者一個上皇,握權數世;屢起紛争;總是借源、平二氏爲助。其初平氏以外戚執政,後來爲源氏所滅。源氏遍置“武職”於諸州,以守護“封土”,而總其權於征夷大將軍。於是全國政權,盡歸幕府,天皇不過徒有虚名而已(日本的天皇,所以能一系相傳到現在,就是爲此)。源氏自居鐮倉,派家臣北條氏,守護京城。數傳之後,又爲北條氏所滅(當元世祖伐日本時,握日本政權的,就是北條氏)。元英宗時,日本後醍醐天皇,借北條氏家臣足利氏之力,把北條氏滅掉。旋又爲足利氏所逼,退保吉野,足利氏别立一君,日本就分爲南北朝。到明初,纔統一。從源氏置“武職”以來,都是各據土地,子孫世襲,已成封建之勢。足利氏初起時,要借將士之力,抵抗天皇,格外廣行封建。到南朝既滅,而足利氏亦衰。其所封建的將士,各各據地相争,足利氏又“勢成贅疣”。而足利氏的將士,又各有其將士,又要分裂相爭。日本的政權,就入於“陪臣之臣”之手。全國分裂。明世宗時,織田氏的將豐臣秀吉,起而征討全國,戰無不勝,諸侯無不懾服。然而秀吉念亂源終未盡絶,就想把這班人送到國外,開一次戰争,就有侵犯朝鮮的事情。

朝鮮的王室李氏,在高麗王氏時候,本是世代將家,太祖成桂,又以討倭寇有名,因此取王氏而代之。開國之初,兵力亦頗强盛。李朝累世,皆極注意於文化。然武備實頗廢弛。在高麗王氏以前,朝鮮半島,佛教盛行,元朝時候,宋學才輸入。朝鮮近世的文化上,很受些宋學的益處;然而也沾染了宋朝人的習氣,好立門户,事黨争。從明朝中葉時候起,直到民國紀元前二年亡國爲止,黨禍竟不曾能够消滅,真是言之痛心了。參看本篇下第三章第三節。前三二一年,神宗萬曆十九年。日本豐臣秀吉貽書朝鮮,叫朝鮮人替他做嚮導去伐明。這時候,朝鮮人分爲東西二黨。西黨説日本人一定要來侵犯的,東黨竭力反對。朝鮮宣祖,相信東黨,毫不設備。明年,豐臣秀吉派小西行長帶兵二十萬攻朝鮮。從釜山登岸,直逼京城。朝鮮倉猝遣兵禦之,大敗。宣祖奔開城,旋又逃到平壤,又逃到義州。告急於明。明朝以宋應昌爲經略,李如松爲東征提督,率兵往援。如松戰於平壤,大捷;盡復漢江以北之地。旋又輕進遇伏,大敗於碧蹄館。在坡州之南。這時候,朝鮮人全國流離,餓莩載道,日本兵也没有糧餉;又平壤一戰,曉得明兵非朝鮮兵可比;士氣頗爲沮喪;於是退軍慶尚南道。而明朝從碧蹄館一敗,也覺得用兵没有把握,於是撫議復起(先是平壤未戰以前,兵部尚書石星,募人使日本軍。嘉興人沈維敬,應募而往。及平壤戰後,撫議遂絶)。及是,再差沈維敬前往。遷延到前三一六年,纔派沈維敬去,封秀吉爲日本國王。秀吉不受,反遣清正行長再發兵十四萬去攻朝鮮。神宗大怒,下沈維敬於獄,以邢玠爲總督,發兵救朝鮮。玠至,督諸軍畫漢江而守。相持到明年,豐臣秀吉死了,日本兵纔退回去。這一次,明朝調兵運餉,騷動全國,竟其没有善策。然而朝鮮人從此以後,深深感激中國。到後來,雖然受清朝的兵力壓迫,始終心向著明朝。清朝既經入關,朝鮮孝宗,還"訓卒厲兵,欲伺其後"。到吴三桂舉兵時,不幸孝宗短命死了。孝宗的兒子顯宗,是個柔懦無能的人,不能繼父之志。然而朝鮮士人之中,還有三上萬言書,請"追先朝薪膽之志"的。肅宗時候,造了一個"大報壇",以太牢祀明神宗。英祖時,並祭明太祖和毅宗。模刻明成化中所賜印,爲子孫"嗣位之寶"。正祖輯《尊周彙編》,尤"三致尊攘之意"。終李朝一朝,始終没用清朝的年號,奉清朝的正朔。天下最可貴的是人情！這種深厚的感情,在歷史上遺傳下來;將來中國人和朝鮮人,總有互相提攜的一天的,歷史上的年代長着哩,數十百年,算得什麽?看的人請等着便了。

第二章　明朝的内治

第一節　宦官的專權

明朝的内治，差不多始終爲宦官把持。太祖、成祖兩朝，内治總算是清明的。仁宗在位，只有一年。宣宗時，北棄大寧，南棄安南，對外的不競，就從此開始了。英宗立，寵任了一個王振，一切妄作妄爲，其結果，就弄出土木之變。從成祖建立東廠，叫宦官刺探外事，宦官有了司法之權。王振專權時，也派他的義子馬順，管理鎮撫司。有和他反抗的人，就叫鎮撫司捕治，所以朝臣都拿他無可如何。英宗回國以後，本没有再做皇帝的道理。卻是當英宗北狩時，朝臣有主張遷都的，也有主張堅守京城的。侍講徐有貞，便是主張遷都最力的人。英宗回來之後，不免心懷慚愧。戰將石亨，守京城有功，也因賞薄怨望。景帝初立英宗的兒子見深爲太子。後來把他廢掉，立了自己的兒子見濟。偏偏見濟又不争氣，死掉了。景帝就久不建儲。前四五四年，景帝有病。徐有貞、石亨等和内監曹吉祥相結。以兵闖入宫中，迎接英宗復位。廢景帝，復爲郕王。徙之西内，不多時，就死了。是爲“奪門之變”。徐有貞旋爲石亨所排擠，貶謫而死。石亨曹吉祥都因謀反事洩，伏誅。英宗再做了皇帝。似乎他的行爲，總應當改絃易轍了。卻是依然昏憒。靠錦衣衛使門達逯杲做耳目(石亨的反謀,係門達所舉發。曹吉祥造反時,逯杲爲其所殺)。因此英宗格外信任錦衣衛,錦衣衛就廣遣校尉,到各處去偵探事情。弄得敲詐官吏,誣害平民,天下大受其害。前四四八年,英宗崩,憲宗立。誅門達。卻又寵任了太監汪直。於東廠之外,别立西廠,派汪直領其事。緹騎四出,屢興大獄;無賴校尉,布滿民間。貽毒更不堪設想。前四三〇年,纔誅汪直,罷西廠。然而所信任的,仍是太監梁芳、方士李孜省,和尚繼曉等一班人。前四二五年,憲宗崩,孝宗立。纔把這三個人殺掉。劉健、謝遷、李東陽,相繼秉政。把先朝弊政,極力釐剔。天下翕然。在位十八年,政治總算是清明的。到孝宗崩,武宗立,就又鬧得不成樣子了。武宗寵任太監劉瑾,於東西廠之外,别立内廠。派劉瑾主其事。武宗坐朝時,不知什麽人,投了一封匿名書於路旁,數瑾罪惡。瑾就矯詔召百官三百多人,都跪在午門外,加以詰責,至於半日之久,然後把他們都送到監裏,其專横如此。前四〇二年,安化王寘鐇,反於寧夏。遣都御史楊一清討之。太監張永爲監軍。一清游説張永,回見武宗時,極言劉瑾的罪惡。武宗方纔省悟,把劉瑾殺掉。又有個大同游擊江彬,交結了内監錢能的家奴,以蹴踘侍帝。極言宣府、大同景物之美。於是武宗自稱鎮國公朱壽,出游宣府、大同,又從大同渡河,幸延綏,南至西安,由西安到太原。於是人心惶惶,謡言蠭起。寧王宸濠,乘機反於南昌。前三九三年。陷南康、九江,東攻安慶。幸而王守仁起兵贛南攻其後,僅三十五日而平。總算是徼幸萬分了。武宗卻絲毫不知反省,反借親征爲名,到南京去游玩了一趟。平心論之,武宗不過是一個紈絝子弟,儻使不做皇帝,也不過是個敗家子,無甚大害及於社會。要是處境困阨,或者還能養成一個很有才幹的人。卻是做了個皇帝,就把天下弄得如此其糟(從古以來的皇帝,像這樣的很多)。這也可見得君主世襲制度的弊害了。

第二節 權臣和黨禍

武宗崩後,世宗即位。世宗的性質,是偏於嚴刻的。即位之初,用楊廷和爲大學士,釐革武宗時的弊政。天下翕然,頗有想望太平之意。旋因議尊本生父興獻王爲皇考,而稱孝宗爲皇伯考,罷斥抗議的朝臣,而進用承順意旨的張璁、桂萼。這件事,雖然没甚關係,然而從此以後,阿諛取容迎合意旨的人,就漸漸的得法起來。中葉以後,用嚴嵩爲大學士。世宗頗好神仙,終日從事齋醮。一切政治,都置諸不問。又好以"明察自矜,果於刑戮"。就爲嚴嵩所利用。故意激怒了他,以"入人罪"。於是大家都懼怕嚴嵩,没人敢和他反抗。嚴嵩就得以大權獨攬。前三六二年,俺答大舉入寇,直逼京城。嚴嵩以"輦轂之下,敗不可掩,戒諸將勿與戰"。於是虜兵縱横内地八日,擄掠的彀了,方纔颺去。世宗看見城外火光燭天,問是什麽事?左右便以失火對。其蒙蔽如此。這時候,南有倭寇,北有俺答,用兵都連亘十餘年;内地的政治,又是如此腐敗;明朝的元氣,就此大傷了。

前三四六年,世宗崩,穆宗立,張居正、高拱,相繼爲相,革除世宗時弊政。這時候,倭寇初平。俺答也請和。東南西北之民稍稍息肩。惟東方的插漢部又强盛,薊、遼時被侵寇。參看第六章第三節。高拱乃用戚繼光守薊鎮,李成梁守遼東。繼光守禦甚嚴,成梁屢戰破敵。於是東北邊亦安静。前三四〇年,穆宗崩,神宗立。年方八歲。張居正輔政。居正是個"綜覈名實"的政治家,要行嚴肅的"官僚政治"的。明朝從世宗以來,吏治敗壞,已達極點。又累朝都好奢侈;國家財政,固極困難;人民生計,尤爲凋敝。到處都盜賊竊發,民不聊生。居正乃"行官吏久任之法,嚴州縣諱盜之誅。崇節儉以阜財,峻刑法以治盜,信賞必罰,號令嚴明"。一紙文書,雖"萬里之外,無敢不奉行惟謹"。所以神宗初政,論史者稱贊他有"起衰振敝"之功。然而神宗本不以張居正爲然,不過迫於太后,無如之何。前三三〇年,張居正卒,就追奪他的官爵,籍没其家。從此以後,做宰相的,一切都奉承意旨,紀綱廢弛,仍舊和前此一樣了。

神宗親政以後,荒於酒色。中年以後,怠荒更甚,至於二十多年不視朝(這時候,鴉片初輸入中國。有人説:神宗實在是抽了鴉片煙的,但是没有什麽確據),官缺的也不補人。至於正旦朝會,朝廷之上,寥寥無幾人(大凡結黨攻訐,總是起於没有是非的時候。要是有比較清明一點的政治,朋黨自然結不起來的)。神宗既然二十多年不視朝,一切章奏,自然是“留中不發”。於是言路互相攻擊的人,無是非曲直可見,格外攻擊得利害。而只要言路一攻,其人就自然引去,於是言路的勢力,反而更重。這時候,又有在野的顧憲成等,講學於無錫東林書院。頗“議論時事,臧否人物”。附和他的人很多。就中朝的人物,也有遥相應和的。於是黨議復起。言路之中,分爲齊、楚、浙三黨;朝臣之中,又有所謂崑、宣黨;互相攻擊。而這時候,又適有所謂“三案”的好題目,就攻擊得更爲利害了。

神宗皇后王氏,無子。恭妃王氏,生皇長子常洛。貴妃鄭氏,也生子常洵。帝寵鄭貴妃,欲立其子。藉口待中宫有子,久不建儲。羣臣屢以爲言。前三一一年,纔立常洛爲皇太子。前二九七年,忽然有一個不知姓名的男子,持梃闖入東宫,擊傷守門内侍。把他拘來審訊。他自言姓張,名差。是鄭貴妃宫中太監劉成、龐保主使他的。於是衆論譁然,很有直攻鄭貴妃和貴妃的兄弟鄭國泰的。後來事未窮究,但把張差、劉成、龐保三個人殺掉,就算完結。這個唤做“梃擊之案”。

前二九二年,神宗死了,常洛即位,是爲光宗。不多時,就病了。鴻臚寺丞李可灼進紅丸一粒,光宗服之,明日而崩。於是東林黨説這進紅丸的事情,李可灼不能不負責任。也有人不以爲然的。是爲“紅丸之案”。

光宗崩後,熹宗即位。時年十六。光宗的選侍鄭氏,也住在乾清宮。御史左光斗上疏力争,選侍不得已,纔移居噦鸞宮。是爲“移宮之案”。

這所謂三案,本來不是什麽驚天動地的事情。卻是兩黨得之,都把它當作攻訐的好資料。事過之後,依舊彼此争執,互相攻擊。這時候,大學士葉向高,頗左袒東林黨人。吏部尚書周嘉謨,又多引用東林黨。非東林黨人恨之刺骨。熹宗也是個昏愚不過的。寵信乳母客氏,封爲奉聖夫人。又寵任内監魏忠賢。非東林黨就和他相結。御史崔呈秀更把東林黨人的名字,都開給他,叫他“一網打盡”。於是魏忠賢自己提督東廠,先後殺掉楊漣、左光斗、魏大中、袁紀中、周朝瑞、顧大章、高攀龍、周順昌、周起元、繆昌期、李應昇、周宗建等十二人。這十二個人,謂之“前後六君子”。都是東林黨裏,表表有名的。又毁天下書院;把東林黨人的姓名,榜示天下。魏忠賢威勢赫奕;至於各省督撫,都替他建立生祠;歌功頌德的,遍於海内,真是不成事體。直到前二八五年,熹宗崩,毅宗即位,纔把魏忠賢除掉。然而明朝的國事,已經無可收拾了。

明系圖

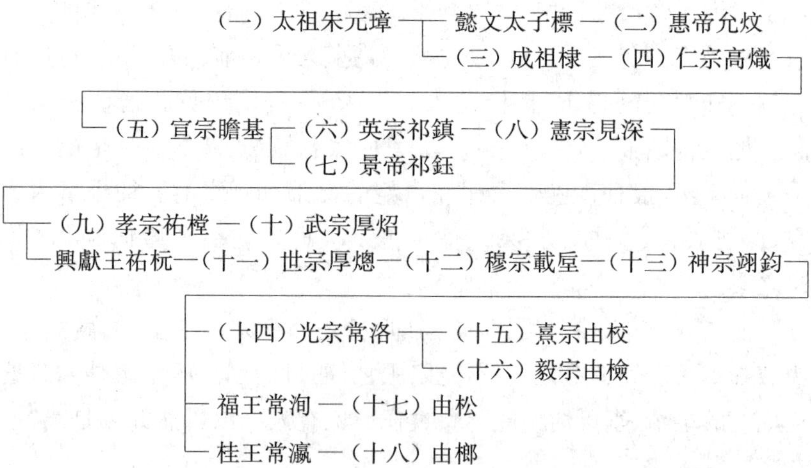

第三章　清朝的興起

第一節　清朝的先世

肅慎族的緣起，已見第三篇上第五章第一節。從金朝遷都內地以後，它的本土，久已冷落了。卻到明朝的末年，而有滿洲人興起。

滿洲人的建號曰清，在前二七六年。明毅宗崇禎九年。清太宗天聰十年，即以是年爲崇德元年。在這一年以前，明人總當他國號滿洲。清朝人自己，則說滿洲二字，是種族之名，附會"曼殊"的音譯。《滿洲源流考》卷一"滿洲本部族名。以國書考之，'滿洲'本作'滿珠'，二字皆平讀。我朝光啓東土，每歲西藏獻丹書，皆稱曼殊師利大皇帝。《翻譯名義》曰：曼殊，華言妙吉祥也。……當時鴻號肇稱，實本諸此。"這話固然沒人相信他。明人也只當他就以種族之名爲國名——前此實在未有國名——罷了，誰知據日本稻葉君山所考據：《清朝全史》則清朝人當建號曰清以前，實曾自號其國爲金，見於朝鮮人的紀載，和東三省的古刻的很多。現在瀋陽城的撫近門，俗呼大東門，門上一塊匾額，是清初的舊東西。從前曾經在外面加上一塊新匾額，後來新的破了，舊的纔再發見出來。旁款還寫著"大金崇德某年立"。這件事，竟是證據確鑿，可無庸更加考證了。至於"滿洲"二字，據朝鮮人的記載，實係"最大酋長"之稱，明人初譯爲"滿住"，後來纔誤作"滿洲"。清初對明人，自稱我滿住云云，實係說我大酋云云。明人卻誤以爲自稱其國家，就誤以這兩字爲這種人的國名。到後來，清朝人也就將錯就錯的承認。這件事，詳見於稻葉君山的《清朝全史》，中華書局有譯本。和近人所著《心史史料》。總而言之,是件很明白的事情,竟可無庸疑慮的。

清朝王室的緣起,據清朝人所自述,是:

長白……山之東,有布庫里山。山下有池,曰布爾瑚里。相傳有天女三:長恩古倫,次正古倫,次佛古倫,浴於池。浴畢,有神鵲,銜朱果,置季女衣。季女含口中,忽已入腹。遂有身。……尋産一男。……及長,母告以吞朱果有身之故。因令之曰:汝以愛新覺羅爲姓,名布庫里雍順。天生汝以定亂國,其往治之。……與小舠乘之,母遂凌空去。子乘舠順流下,至河步,登岸。折柳枝及蒿爲坐具,端坐其上。是時其地有三姓,争爲雄長,日構兵相仇殺。……有取水河步者,見而異之。歸語衆,……迎至家。三姓共議,……以女百里妻之,……奉爲貝勒。……居長白山東俄漠惠之野一作鄂謨輝。俄朵理城;一作鄂多理。國號滿洲;是爲開基之始。越數世,不善撫其衆,國人叛,……族被戕。有幼子,名范察,一作樊察。遁於荒野。國人追之,會有神鵲止其首,追者遥望,……疑爲枯木,中道而返。范察獲免。隱其身以終。……數傳至肇祖原皇帝,諱都督孟特穆。……計誘先世仇人之後四十餘人至蘇克蘇滸河虎欄哈達山下赫圖阿拉;……誅其半以雪祖仇,執其半以索舊業;既得,遂釋之。於是肇祖居赫圖阿拉地。王氏《東華録》卷一。王氏所根據的,是《清實録》。

其肇祖以後的世次則如下:

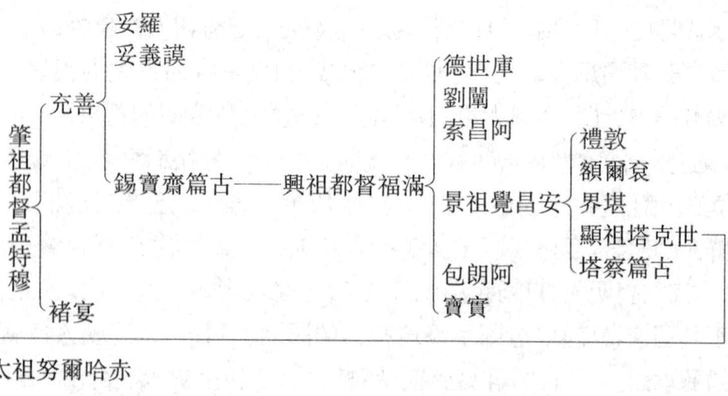

據稻葉氏所考據,則前述的一段神話,其中毫無事實。清朝的祖先,實在是明朝的建州女直。明初對於女真地方,所設的衛如下。

(一) 建州衛。建州是渤海行政區域之名,屬率賓府,見《唐書・渤海傳》。《元一統志》謂之故建州,地在今興京附近。

(二) 海西衛。後來扈倫四部之地。

(三) 野人衛。今吉黑二省的極東。

明初對於東北,疆理所至甚遠。《明會典》: 卷一〇九。永樂七年,"設奴兒干都司於黑龍江口"。清朝曹廷杰的《西伯利亞東偏紀要》: 廷杰以光緒十一年,奉命視察西伯利亞東偏。說"廟爾黑龍江附近的市。以上二百五十餘里,混同江東岸特林地方,有兩座碑,都係明朝所立。一刻《敕建永寧寺記》,一刻《宣德六年重建永寧寺記》,均係太監亦失哈述征服奴兒干和海中苦夷的事情"。苦夷,就是如今的庫頁。可見如今的東海濱省和庫頁島,當時亦在轄境之內。東南一帶,鐵嶺衛的屬地,亦到如今朝鮮的咸興附近。

建州衛的建設,據《皇明實録》: 事在永樂元年,其指揮使名阿哈出。後以從軍有功,賜姓名曰李思誠。子釋家奴,永樂八年,賜姓名曰李顯忠。十年,始就建州居住。後以爲朝鮮所迫,南徙婆豬江。英宗正統三年,又徙竈突山東南渾河上。婆豬江,《明史・朝鮮傳》作潑豬江,就是如今的佟家江。竈突山,大概就是呼援哈達的意譯,在興京之西。建州左衛,則據《明史》,設於永樂十年。而《實録》又有"十四年二月,賜建州左衛指揮使猛哥帖木兒宴"一條,案朝鮮李氏的《龍飛御天歌頌李朝開國之辭。注》,有一段道:

> 東北一道,本肇基之地也,畏威懷德久矣。野人酋長,遠至移蘭豆漫,皆來服事。……如女真則斡朵黑豆漫夾温猛哥帖木兒火兒阿豆漫古論阿哈出,託温豆漫高卜兒閼……

《元史・地理志》"遼陽等處行中書省所屬合蘭府水達達等路,土地曠闊,人民散居。元初,設軍民萬户府五。鎮撫北邊。一曰桃温,如今寧安東北的屯河。一曰胡里改,呼爾哈的異譯。呼爾哈,也是河名,在如今的寧安。一曰斡朵憐,一曰脱斡憐,一曰孛苦江"。斡朵里,就是斡朵憐,火兒阿，就是胡里改，託温，就是桃温的異譯。“移蘭豆漫”，原注義爲“三萬户”；則夾温猛可帖木兒，古論阿哈出，高卜兒閼，實在是元朝斡朵憐，胡里改，桃温三路的萬户。夾温，古論，原注是猛哥帖木兒和阿哈出的姓。這個猛哥帖木兒和阿哈出，就是明朝建州左衛和建州衛的指揮使，無待贅言。

猛哥帖木兒，似乎就是“孟特穆”三字的異譯。“都督”則清人稱其酋長之名；明人授以指揮使的，女真部族中，都稱之爲都督，《皇明實録》所載，不乏其例。然則俄朵里城，也一定就是斡朵里的異譯了。其地當在後來的三姓附近。所以《清實録》説雍順往定三姓之亂。三姓在長白山北，不在其東。《清實録》的東字，怕是錯誤的。布庫里雍順的事情，大約是憑空捏造的，並没有神話的價值。

據《龍飛御天歌注》，猛哥帖木兒姓夾温。然朝鮮《東國輿地勝覽》，會寧都護府條下，説“斡朵里童猛哥帖木兒，乘虚入居之”，則猛哥帖木兒又姓童。又肇祖二子，充善，褚宴，《明史》作董山童倉，見下節。董童也似乎是姓。《明實録》：“萬曆十七年，九月，辛未，以建州夷酋童奴兒哈赤爲都督僉事”，則太祖亦姓童。《東夷考略》又説奴兒哈赤姓佟。佟童音近，而佟是遼東大族，似乎是夷人不知文字，誤書作童的。夾温，有人説是“斡准”二字的轉音，而又互倒。“斡准”，就是“愛新”，也就是《金史》安出虎水的“安出”。然則清室之先，似乎是愛新氏而佟姓，和金朝的王室，金氏而完顔姓，是一樣的。參看第三篇上第五章第一節。本章所述，都據稻葉氏的《清朝全史》和近人的《心史史料》。所引各書，也都是據稻葉氏的書轉引的。

第二節　建州女直的盛衰

猛哥帖木兒，其初臣服朝鮮。朝鮮太祖，授以萬户之職。世宗又升爲上將。前五〇二年，永樂八年。朝鮮太宗十年。女真寇朝鮮的孔州，在會寧府河谷。朝鮮棄其地。後二年，明朝即於其地設立建州左衛。朝鮮大駭。

前四九五年,纔把會寧建爲都護府,設兵守之。前四七九年宣宗宣德八年。冬,猛哥帖木兒爲七姓野人所殺。並殺其子阿古。《明實録》。子童倉,褚宴二字,是倉字的合音。童字是姓。弟凡察,挾衛印亡入朝鮮。何喬遠《名山藏》。據《明實録》,正統三年,童倉奏中,稱凡察爲“叔都督”。五年,又有“勅諭建州左衛都督”之文。則凡察似曾襲職爲左衛指揮使。這個凡察,自然就是《清實録》的范察。據《清實録》,則其人當在肇祖以前。但是清朝當太祖以前,並無文字;世系事跡,僅憑口碑傳述;自然不能没有錯誤。然而董山充善的對音。實在是應當襲職的人,明廷初則另鑄新印給董山,命他嗣爲建州衛指揮。後來又詔凡察把舊印還董山,繳還新印。奪其承襲。凡察不聽。乃分左衛置右衛,使董山以新印爲左衛指揮使,凡察以舊印爲右衛指揮使。這是姑息調停之策。凡察死於前四六六至四六二年之間。稻葉氏説。右衛情形如何,無可考證。董山則正統時,曾煽動北虜入寇。景泰中,巡撫王翺,遣使招諭,乃稍還所掠。黄道周《建夷考》。王翺之名,據《明史・列傳》。後來董山要求明廷,以一身兼三衛都督。又開撫順關,許其互市。見《清朝全史》,大約是根據《明實録》的。後又糾諸夷盜邊。前四四六年,憲宗成化二年。都督武忠,前往招諭。檄調董山到廣寧,把他殺掉。《建夷考》。乃命趙輔以兵五萬出撫順,屠虎城。亦作古城。朝鮮也從鴨緑江會兵,攻破兀彌府,在佟家江流域。《明史・朝鮮傳》譌爲九彌府。殺建州都督李滿住,當係建州衛的指揮。及其子古納哈出。《朝鮮史》。先是奴兒干都司,於前四七四年,正統三年。退設於鐵嶺衛。建州左衛的地方,亦亡於朝鮮。明築邊牆,從山海關到開原,盡失今新民一帶的沃地。這也是棄“朵顔三衛”的結果,參看前書第二節。成化初年,又從開原到撫順,轉抵連山關都築長栅。這一役以後,明朝拓地三百餘里,直到如今鳳城縣的鳳凰山,兵威又爲之一振。

董山死後,建州部族,擁其子脱羅,《清實録》的妥羅。欲爲之報讎。明朝赦之,許襲指揮使職。然脱羅仍糾海西兀者前衛犯邊。前四三三年,成化十五年。再遣兵討之,無功。然久之,脱羅也就無聲無臭了。脱羅死在哪一年,無可考。據《清實録》,興祖之名,亦冠以“都督”

二字,則似乎襲爲指揮使的,不是脱羅的兒子,而是脱羅的姪兒子。然興祖亦絶無事跡可見。稻葉氏説:"建州左衛的統緒,實在到董山而中絶。以後入據左衛的,是另一部酋。"《心史史料》則據稻葉氏書載正德年間,建州左衛都指揮兀升哈"兀升"是"愛新"的對音,"哈"是滿洲語人之義。要求升職的一表。説"這就是興祖。當時請求升職,或者明朝許了他,所以亦稱爲都督。這時候,女真人視明朝官職,想必甚重。所以特爲他起謚,而且謚之曰興"。這兩説,也無從定其是非。總而言之:從董山凡察死後,建州左右衛都衰,而海西强盛。

第三節　海西女直的南遷

然而這所謂海西者,其部族,並不是明初的海西女直,卻反是明初的野人女直。其部族,明人稱爲忽喇温,清人則譯作扈倫。本居黑龍江支流忽喇温河流域。正統時,南遷,逐前此的海西女直,而占其地。其部落共分爲四,便是:

葉赫　其酋長姓土默特,當係蒙古分支。所居城,在今吉林西南三里山上。

哈達　居松花江流域,距開原四百餘里。

輝發　在今輝發河流域。

烏拉　在松花江右岸。

這四部,約占今吉林省吉林、濱江兩道,和奉天洮昌道的一部。葉赫、哈達,尤爲强盛。葉赫酋祝鞏革,强盛於弘治正德之間。後爲哈達酋萬汗出(即王台)所殺。其子仰家奴,逞家奴,徙居開原東北鎮北關附近,日圖報讐。而王台死後,四子相争。長虎兒罕,次互商,(《清實録》作岱善)次猛骨孛羅,次康古陸。勢頗積弱。葉赫攻之甚急。前三二九年,李成梁出兵,討誅仰家奴和逞家奴。那林孛羅《清實録》作納林布録。繼爲葉赫部酋，仍攻擊哈達。前三二六年，亦爲成梁所擒，久乃釋之。自此葉赫哈達，皆服屬於明。明人稱哈達爲南關，葉赫爲北關，靠著他西捍蒙古，東拒建州。然而兩部當此時，實在都已積弱不振了。

當前三五五年之後，建州右衛的都指揮使王杲亦强。其根據地，在今寬甸附近。又有一個王兀堂，也是女真部酋，居婆豬江流域。都頻歲犯邊。前三三九年，李成梁移險山六堡於寬甸等處。本在遼陽東二百餘里。明年，出兵攻破王杲。王杲逃奔王台。王台執而獻之，爲李成梁所殺。前三三三年，王兀堂亦爲李成梁所破，從此衰微不振。而王杲之子阿台，欲爲父報讎，附葉赫以攻哈達。李成梁出兵討誅阿台，並殺清太祖的祖父叫場他失。按《清實録》説：

> 蘇克蘇滸河部圖倫城，有尼堪外蘭者，陰搆明寧遠伯李成梁，引兵攻古勒城主阿太章京。……阿太章京妻，乃禮敦。女景祖聞警，恐女孫被陷，偕顯祖往救。城中人殺阿太章京以降。……尼堪外蘭復搆明兵，並害景祖顯祖。

阿太，即阿台。其死，見於《明史·李成梁傳》。説："火攻古勒寨，射死阿台。"《成梁傳》又説："杲部遂滅"，則建州右衛，實亡於此時。叫場，即覺昌安之對音。他失，即塔克世之對音。稻葉氏説："據明人記録：叫場他失，實在是引導着李成梁去攻古埒城的。又一書説：叫場要説阿台歸順，親入古哷城。阿台不從，而且把他拘留起來。圍城既急，他失因父在城中，思往救護，軍中誤殺之。叫場也燒死城内。"稻葉氏又説："《清實録》没有説太祖的母親是什麽人；只説顯祖的大福金喜塔喇氏，是阿古都督的女兒；阿古都督是什麽人，又不説起。今可斷言便是王杲；所以太祖的妻兄納林布禄，説太祖是王杲之裔。"

第四節　清太祖的興起

清太祖初年，其勢極弱。《清實録》説：

> 明害景祖、顯祖，上聞之，大慟。往詰明邊吏。……明遣使謝曰：非有意也，誤耳。乃歸二祖喪；與敕三十道，馬三十匹；封龍虎將軍；復給都督敕書。案這話是錯誤的。據《明實録》，則萬曆十七年，纔授太祖以都督僉事。上謂使臣曰：害我祖父者，尼堪外蘭所搆也；必執以與我，乃已。明使臣曰：前因誤殺，故與敕書馬匹，又與都督敕書；事已畢；今復過求，我將助尼堪外蘭；築城於甲版，一作嘉班。令爲爾滿洲國主矣。國人信之，皆歸尼堪外蘭。上同族寧古塔諸祖子孫，亦欲害上以歸尼堪外蘭。尼堪外蘭又迫上往謝。上曰：爾吾父部下人也；搆明兵害我祖父；憾不能手刃汝，豈反從汝偷生？人能百歲不死乎？

案《清實録》述景祖兄弟六人分居的情形説：德世庫居覺爾察地，劉闡居阿哈河洛地，索長阿居阿洛噶善地，包朗阿居屋麻剌地，寶實居章申地；惟景祖居赫圖阿喇，爲先世累傳之故城。餘五子各就居地築五城；距赫圖阿喇，近者約五里，遠者約二十里。稱爲寧古塔貝勒。“寧古”，譯言六；“塔”，譯言個。兄弟六人，所占的地方，不過如今興京一縣。與後來吉林的寧古塔（今之寧安）無涉。當時建州左衛的衰微，可想而知。卻是太祖初年，連這“寧古塔諸祖子孫”，還要分崩離析；其情形，就真岌岌可危了。

然而太祖畢竟是個人傑。前三二九年，居然以遺甲十三副，攻破尼堪外蘭。尼堪外蘭奔鄂勒琿，在如今龍江西南。築城居之。前三二六年，太祖再攻尼堪外蘭。尼堪外蘭奔明邊。明人非但不加保護，反將他執付太祖。並許歲賜銀八百兩，蟒段十五匹；開撫順清河寬甸靉陽四關互市。從此愛新氏就勢成坐大了。

據《清實録》所載,當時女真部落的形勢如下:扈倫四部,爲海西衛地,已見前。滿洲長白山,都是建州衛地。東海部則野人衛地。

- 滿洲
  - 蘇克蘇滸河奉天那河縣境
  - 渾河興京西北
  - 完顔吉林敦化縣境
  - 棟鄂奉天通化縣境
  - 哲陳柳河之東
- 長白山
  - 訥殷奉天長白縣境
  - 鴨緑江奉天輯安縣境
  - 珠舍哩奉天臨江縣境
- 扈倫
  - 輝發
  - 哈達
  - 葉赫
  - 烏拉
- 東海
  - 瓦爾喀吉林延吉道東部
  - 虎爾哈吉林依蘭道境

大凡民族的强盛,總是從統一同族起的。清太祖之興,也是如此。太祖從起兵攻尼堪外蘭以後,就盡力於統一同族。至前三二四年,而滿洲五部皆服。前三一九年,扈倫四部,長白山二部。珠舍哩,訥殷。鴨緑江先已歸服。和蒙古的科爾沁、錫伯、卦勒察九國,連兵三萬來伐。太祖大敗之。遂滅珠舍哩訥殷。前三一五年,滅輝發。這時候,哈達酋那林孛羅,仍與葉赫酋互商互攻。前三一三年,太祖與葉赫攻滅哈達。於是明亡其南關。而前三〇七年,巡撫趙楫,又奏棄險山六堡之地。寬甸平野,盡爲女真射獵之區。滿洲的形勢,就更强盛了。烏拉滅於前二九五年。東海部則到清太宗時纔收服。

然而這時候,清太祖對於明朝,表面還頗爲恭順。前二九七年,明朝責令太祖退出開原之地,太祖還聽令的。前二九六年,突然以七大恨告天,起兵伐明,陷撫順,圍清河,兩方就公然開了戰釁了。

第五節　遼東西的戰争

清太祖的攻明,是出於明朝人之不意的;所以頗爲手忙脚亂。就用楊鎬做經略,發兵二十萬,分四路以伐清。三路皆敗。清太祖遂陷開原、鐵嶺，滅葉赫。明朝用熊廷弼爲經略。招集散亡，分守城堡；别選精兵爲游徼；形勢漸固。熹宗立，又代以袁應泰。應泰長於吏事，而非將才。這時候，蒙古大饑，諸部都入塞乞食。應泰説不急招撫，一定要爲敵人所用。於是招降了許多蒙古人，分佈遼瀋。卻又駕馭無方，諸蒙人都姦淫擄掠，無所不爲。居民大怨，多有潛通滿洲的。前二九一年，清人陷遼瀋，應泰死之。遼河以東大小諸衛城七十餘，一時俱下。遼西大震。清太祖從赫圖阿拉移居遼陽。後五年，又移都瀋陽。

遼瀋既陷，明朝再起用熊廷弼。建"三方布置"之策：以陸軍守廣寧，海軍駐天津登萊，而經略居山海關節制之。而廣寧巡撫王化貞，爲大學士葉向高、兵部尚書陳鶴鳴所信任，言無不聽，廷弼擁經略虚號，麾下並無一兵。這時候，有遼陽都司毛文龍，渡海到皮島，如今大孤山西南的海洋島。編島民爲兵。暗通清鎮江堡在鳳城縣東南一百二十里。軍人，襲殺其守將。化貞遂張皇以奇捷入告。從八月到十一月，共出兵五次，都無功。前二九〇年，清兵陷西平堡，在廣寧縣境。東距遼河二十里。化貞遣將救之，大敗。倉皇走入關。清兵遂陷義州，城堡降者四十餘。詔逮廷弼、化貞俱論死。以王在晉爲經略。

先是兵部主事袁崇煥，嘗單騎出關，察看形勢。揚言"與我兵馬錢糧，我一人足以守之"。朝臣頗壯其論。及是，崇煥監軍關外。王在晉要退守山海關，崇煥要守寧遠。大學士孫承宗，親往察看，以崇煥之議爲是。於是罷王在晉，以孫承宗代爲經略。承宗使崇煥築寧遠城，拓地二百餘里。旋又分守錦州、大小凌河、松山、杏山諸要隘，拓地又二百餘里。遼西之地，幾於全復。

前二八七年，魏忠賢之黨，排去孫承宗，代以高弟。弟性恇怯，盡撤關外守備入關。袁崇煥誓以死守寧遠，不去。明年，清太祖大舉攻寧遠。崇煥死守，太祖也猛攻。崇煥發西洋大礮，"一發決血渠數里。再進再卻，圍遂解"。《清實録》説："太祖謂諸貝勒曰：予自二十五歲以來，戰無不勝，攻無不克，何獨寧遠一城不能下邪？不懌者累日。"

據朝鮮使者在城中所見,則說太祖這一役,實在身負重傷。見《清朝全史》第十二節。這一年七月裏,太祖就死了。

太宗立,前二八五年,五月,大舉攻錦州、寧遠。又不克。這一次,明朝人稱爲"寧錦大捷",戰績也一定很有可稱的。不過現在,總不能盡知其真相罷了。這時候,錦州的總兵,是趙率教。

寧錦捷後,魏忠賢又使其黨劾袁崇焕不救錦州爲暮氣。於是罷袁崇焕,代以王之臣。旋熹宗崩,毅宗立,再起袁崇焕。這時候,毛文龍據皮島,頗爲驕縱。崇焕自己往誅之,而撫定其兵。毅宗表面上雖不說什麽,心上卻有點怪他"專殺"。前二八三年,清兵從喜峯口入,陷遵化,逼京城。崇焕入援,和清兵戰,勝負未分。清太宗縱反間計,毅宗先已有了疑心,就把袁崇焕下獄殺掉。清兵攻山海關,不克。破永平、如今直隸的盧龍縣。遷安、灤州,留兵守之而還。明孫承宗踵而攻之,四城皆復。這時候,明朝對於遼西,兵力還厚。太宗乃以其間征服朝鮮。毛文龍的死,其部將孔有德、耿仲明、李九成等走登州。前二八一年,清人攻大淩河。登萊巡撫孫元派有德等前去救援。走到半路上,糧盡了。士卒造反,劫有德等回據登州。後爲官軍所圍,九成死。有德和仲明,逃到旅順,給總兵黄龍殺敗。有德仲明降清。引清兵還攻旅順。黄龍械盡自殺。廣鹿島今圖作光禄島。副將尚可喜降。前二七九年。前二七五年,清兵遂陷皮島。於是明人在海上的勢力也消滅,再不能牽制清人了。其在陸路上:則一面繞過山海關,從長城北口進兵,以蹂躪畿輔山東。前二七六,前二七四,前二七二、三年,都大舉深入。一面攻擊遼西。前二七一年,清太宗大舉攻錦州。明薊遼總督洪承疇,率兵十三萬往援。戰於松山,大敗。明年,松山破,承疇被擒。錦州亦陷。於是關外重鎮,只有一個寧遠了。然而明朝死守着山海關,清朝到底還不敢深入。而明朝人又有"開門揖盜"之舉,這四百餘州的山河,就又要請女真人來管理三百年了。

第四章　明朝的滅亡

第一節　流寇和北都陷落

明朝的民窮財盡，是久矣的事情了。武宗時，江西、湖廣、廣東、四川，就盜賊蜂起。而山東盜劉六、劉七，剽掠畿南和山東、河南、湖廣、江西、安徽等省，爲患尤深。後來幸而削平。世宗時，北有俺答之寇盜，南有倭寇之侵擾，海内更弄得凋敝不堪，到處民愁盜起。張居正當國，盜賊總算衰息，神宗親政以後，綱紀依舊廢弛。又信任中官，派他到處去辦礦。“以阻撓誣官吏，以盜采陷富豪”。“良田美宅，則指爲下有礦脈”。“勘無所得”，也要勒派百姓取償。又派中官到各省去做税使。不論水路旱路，隔幾十里，就要立一個局。到處收奸民爲爪牙，肆行敲剥。又立了個“土商”的名目，無論“窮鄉僻壤”，“雞豬鹽米”，都要勒捐。這個騷擾，更可以算得無微不至。至於田賦，則武宗正德九年，因建造乾清宫故，始加徵一百萬。世宗嘉靖三十年，因邊用故，又加江南、浙江賦一百二十萬。清兵既起以後，萬曆四十六、四十七、四十八三年，共增賦五百二十萬；崇禎三年，又加賦一百六十萬兩；共六百八十萬，謂之遼餉。後來又加練餉剿餉。先後共加賦一千六百七十萬。人民負擔之重如此，而事情卻没一件不是越弄越壞；明朝這個天下，自然是無從收拾了。

崇禎初年,陝西大饑,流寇始起。明朝命楊鶴總制三邊以剿之。前二八一年,陝西略定,流寇入山西。張獻忠、高迎祥、李自成爲之魁。朝廷乃改命曹文詔節制山陝。到前二七九年,山西幾於肅清,而他們又流入河南湖廣四川。命陳奇瑜總督諸軍以討之。明年,蹙流寇於車箱峽,在如今陝西的安康縣。其勢已如甕中捉鼈了。而陳奇瑜信了他們假投降的話,把他們放了出來。他們出峽,就縱兵大掠。於是逮陳奇瑜治罪,代以洪承疇。流寇南竄,陷鳳陽。旋又分道,迎祥自成從河南,獻忠從湖北,共入關。乃命盧象昇專辦東南,洪承疇專辦西北。前二七六年,迎祥爲陝西巡撫孫傳庭所擒,自成走甘肅,獻忠也爲盧象昇所敗,走湖北,又爲左良玉所扼,僞降;其勢頗衰。而前二七四年,清兵又從牆子嶺、在遷安縣北。青山口在撫寧縣北。分道入犯,陷近畿州縣四十八。明年正月,南陷濟南。諸將皆撤兵入援,盧象昇戰死。五月,張獻忠就復叛於穀城。李自成亦走河南。獻忠旋爲左良玉所敗,入川。自成亦走鄖陽境。前二七二年,自成再攻河南。這時候,河南大饑,"民從之者如流水",其勢遂大盛。明年,陷河南府,東攻開封。陝西派兵往救,不勝。先是六部尚書楊嗣昌,主張加練餉剿餉以平流寇,到這時候,餉加了,其勢反日盛一日。嗣昌覺得説不過去,只得自出督師。剛剛張獻忠又想東犯,從四川走到鄖陽。曉得楊嗣昌的軍械糧餉,全在襄陽,用輕兵出其不意,把襄陽襲破。嗣昌弄得無法可想,只得圖個自盡。前二六九年,李自成陷潼關。孫傳庭戰死。自成遂陷西安,明年正月,在西安僭號。出兵陷太原。分軍出真定,攻直隸,而自引兵從大同、宣府攻居庸關。守將迎降。自成遂攻京城。三月,京城陷。毅宗弔死在煤山上。

第二節　福唐桂三王的滅亡

這時候,明朝守山海關的是吴三桂。聽得京城被圍,帶兵入援。

到豐潤,京城已經攻破了。李自成捉了吴三桂的父親吴襄,叫他寫信,招吴三桂來投降。三桂已經答應了。後來聽得愛妾陳沅亦作陳圓圓。被掠,大怒,走回山海關。李自成自己帶着大兵去攻他。吴三桂就投降清朝。

毅宗殉國的前一年,清太宗也死了。世祖立,年方六歲。鄭親王濟爾哈朗、睿親王多爾衮,同攝國政。這時候,濟爾哈朗方略地關外,聽得吴三桂來降,忙疾驅到離關十里的地方,受了他的降。和吴三桂共擊李自成,大破之。李自成逃到永平。清兵追入關,自成向西逃走,仍回到西安。五月,多爾衮入北京,十月,清世祖就遷都關内。

先是北京的失陷,明朝福王由崧、潞王常淓,毅宗的從父。都避難到南京。毅宗殉國以後,太子也杳無消息,於是"立親"、"立賢"的問題起(立親則當屬福王,立賢則當屬潞王)。當時史可法等,可法以兵部尚書,督兵勤王,在浦口。都主立潞王。而鳳陽提督馬士英,挾着兵威,把福王送到儀徵。大家不敢和他争執,只得把福王立了。士英旋入閣辦事,引用其黨阮大鋮。阮大鋮是閹黨(魏忠賢的黨),爲公論所不齒的,久已懷恨於心。於是當這干戈擾攘的時候,反又翻起黨案來。朝廷之上,紛紛擾擾。而福王又昏愚無比,當這國亡家破的時候,還是脩宫室,選淑女,傳著名的戲子進去唱戲;軍國大事,一概置諸不管;明朝的局勢,就無可挽回了。

清朝當打破李自成之後,肅親王豪格和都統葉臣,就已分兵攻下河南、山東和山西。世祖入關之後,又命英親王阿濟格,帶著吴三桂,尚可喜,從大同邊外攻榆延。豫親王多鐸和孔有德攻潼關。李自成從藍田走武關。清兵入西安。阿濟格一支兵,直把李自成追到湖北。自成在通城縣,爲鄉民所殺。多鐸一支兵,就移攻江南。

明朝這時候,上流靠着一個左良玉駐武昌。做捍蔽;下流則史可法給馬士英等擠出内閣,督師江北。可法分江北爲四鎮:命劉澤清駐淮北,以經理山東。高傑駐泗水,以經理開、開封。歸。歸德。劉良佐駐臨淮,關名。以經理陳、杞。黄得功駐廬州,以經理光、固。光州、固始。

而諸將争權，互相仇視。可法把高傑移到瓜洲，得功移到儀徵，然諸將到底不和。前二六七年三月，多鐸陷歸德，進攻泗州。可法進兵清江。高傑也進紮徐州。旋單騎到睢州總兵許定國營裏。這時候，定國已和清朝通款，便把高傑殺掉，降清。高傑的兵大亂，可法忙自己跑去，撫定了他。而左良玉又因和馬士英不協，發兵入清君側。朝廷連催史可法入援。可法走到燕子磯，左良玉已病死路上，手下的兵，給黄得功打敗了；可法又回到揚州；則清兵已入盱眙。可法檄調諸鎮來救，可没有一個人來的。可法力戰七晝夜，揚州陷，可法死之。京口守兵亦潰。福王奔黄得功於蕪湖。清兵入南京。遣兵追福王，黄得功中流矢，陣亡。福王被擒。清兵入杭州而還。七月。

於是兵部尚書張國維奉魯王以海太祖十四世孫。監國紹興。六月。禮部尚書黄道周，亦奉唐王聿鍵太祖九世孫。稱號於福州。閏七月。道周旋從廣信出兵衢州，至婺源，爲清兵所敗，被執，不屈死。清朝既據南京，旋下薙髮之令，於是江南民兵四起，也有通表唐王的，也有近受魯王節制的。然皆並無戰鬭之力，“旬日即敗”。前二六六年，清命肅親王豪格和吴三桂定川、陜，貝勒博洛攻閩、浙。豪格入四川，與張獻忠戰於西充。獻忠中流矢陣亡。其黨孫可望、李定國、白文選、劉文秀等，潰走川南。旋入貴州，清兵追到遵義，糧盡而還。博洛渡錢塘江，張國維敗死。魯王奔厦門。唐王初因何騰蛟招撫李自成的餘黨，分佈湖南北；而楊廷麟也起兵江西，恢復吉安；要想由贛入湘。然爲鄭芝龍所制，不能如願。到博洛攻破浙東，芝龍就暗中和他通款。盡撤諸關守備。清兵入福建。唐王從延平逃到汀州，被執。旋爲清兵所殺。

唐王既死，大學士蘇觀生，唐王派他去招兵的。立其弟聿鐭於廣州。兵部尚書瞿式耜等，亦奉桂王即位於肇慶。博洛派李成棟攻廣東。十二月，破廣州。聿鐭、觀生皆自殺。成棟進陷肇慶，桂王走桂林。清朝又派降將孔有德、尚可喜、耿仲明攻湖南。金聲桓攻江西。吉安陷，廷麟殉節。何騰蛟退守全州。前二六四年，金聲桓、李成棟，以江西、廣東反正。何騰蛟乘機復湖南。川南川東亦内附。清大同守將姜瓖亦叛。於是桂王移駐肇慶,共有兩廣、雲、貴、江西、湖南、四川七省之地。清朝就派吴三桂定川、陜,鄭親王濟爾哈朗會孔有德等攻湖南。都統譚泰攻江西。金聲桓、李成棟、何騰蛟都敗死。前二六二年,清兵復陷廣州。明年,孔有德陷全州,進攻桂林。瞿式耜也敗死(這時候,姜瓖已死,吴三桂已攻陷四川)。桂王避居南寧。差人封孫可望爲秦王,請他救援。於是孫可望派兵三千,保護桂王,駐蹕安隆。如今廣西的西隆縣。派劉文秀出叙州,攻重慶、成都。李定國攻全州、桂林。孔有德敗死,吴三桂逃回漢中。於是明事又一轉機。定國旋遇襲,失桂林,退保南寧。文秀進攻岳州,也大敗於常德。然而清朝因爲這一班人,都是百戰之餘;而雲南、貴州,地勢又非常險阻,於是派洪承疇居長沙,以守湖南;尚可喜駐肇慶,以守廣東;李國英駐保寧,以守川北;其餘的地力,暫時置之度外了。而桂王又因孫可望跋扈,召李定國入衛。定國把桂王迎接到雲南,和劉文秀合兵。前二五五年,孫可望攻之,大敗。遂降清。洪承疇因請大舉。前二五四年,承疇從湖南,三桂從四川,都統卓有泰從廣西,三路出兵。九月,三路兵會於平越,合兵入滇。定國扼北盤河力戰,不能敵。乃奉桂王居騰越,而伏精兵於高黎貢山。在騰越之東。清兵從雲南、大理、永昌,直追向騰越,到高黎貢山,遇伏,大敗而還。於是李定國、白文選奉桂王入緬。劉文秀已死。前二五一年,清兵十萬出騰越,緬人執桂王付三桂。明年,爲三桂所弑。明亡。白文選爲三桂所執。李定國不多時,也病死於緬。

第三節　鄭氏和三藩

然而這時候,東南還有個台灣鄭氏,未曾平定。先是魯王入海之後,石浦守將張名振奉之居舟山。時明遺臣張煌言,也起兵浙東。前二六三年,名振和煌言合兵攻吴淞,不克。而舟山反爲清兵所襲取。

乃同奉魯王赴厦門,依鄭成功。名振旋死,把軍事都交給張煌言。魯王和唐王是不睦的。鄭成功是感激唐王的人,所以不肯推戴魯王,然而和張煌言很爲要好。鄭成功是鄭芝龍的兒子。芝龍原是海盜,受招降的。當唐王時代,暗中通款於清。成功力諫,不聽。清兵入閩,芝龍迎降。成功退據厦門。練海陸兵,屢攻福建,清兵入滇的時候,鄭成功也大舉,從崇明入長江,以圖牽制。破鎮江,攻南京。清廷大震。旋爲清總兵梁化鳳所襲破。乃收軍入海。張煌言分兵從蕪湖攻皖南,聞成功敗,收兵從浙東出海而還。克台灣而據之。參看下篇第一章第一節。務農,練兵,定法律,建學校,築館以招明之遺臣。渡海附之者如織。天南片土,依然保存着漢族的衣冠。

清朝的平定南方,所靠的,實在是明朝幾個降將。其中金聲桓、李成棟,皆先降而復叛。孔有德封定南王。死後,國除。尚可喜封平南王,王廣東。耿仲明封靖南王。死後,兒子繼茂襲爵,王福建。繼茂死,仍以其子精忠襲爵。吴三桂封平西王,王雲南。三藩之中,三桂功最高,兵亦最强。——原來清朝也不過關東一個小部落,儻然没這班人替他效勞,要想完全吞滅中國,是做不到的。併吞中國,既然是借重這班人。到後來,自然成了“尾大不掉”之勢。但是三藩之中,也只有吴三桂的兵,是真强的而且是身經百戰;然而這時候,也有些暮氣不振,耿、尚二藩,就更不必説了。而欲以西南一隅,摇動天下於既定之後,所以到底無成。

前二三九年。先是尚可喜因年老,把兵事都交給自己的兒子尚之信。後來就爲其所制。這一年,尚可喜用謀士金光之計,上疏請歸老遼東,想借此脱身。部議答應了他。吴三桂、耿精忠不自安,也上疏請“撤藩”,以覘朝意。當時朝臣都知道答應了他,一定要造反,没一個人敢做主;聖祖獨斷許了他。這一年十一月,三桂就舉兵反。三桂初意,要想走到中原,然後突然舉事的。而巡撫朱國,把他逼得很急,以致不得不發。既發之後,有人勸他:“棄了雲南,率衆北上。”三桂也暮氣深了,不能聽。叛旗既揭,貴州首先響應。明年,攻陷湖南。四川、廣西和湖北的襄陽,亦均響應。清朝派守四川之兵,既然不能抵禦。駐紮荆州的兵,也寸步不能進。前二三七年三月,耿精忠亦全據福建。於是三桂親赴常、澧督戰,派一支兵出江西,攻陷三十餘城,以聯絡耿精忠,一支兵從四川出陝西。清朝的提督王輔臣,據寧夏叛應三桂。於是甘肅州縣,亦多陷。聲勢頗振。但是三桂想自出接應王輔臣,不曾來得及。輔臣以前二三六年六月,兵敗降清。而清兵反乘此攻破江西。進攻長沙爲三桂所擊卻。耿精忠既爲清兵所攻,又和鄭成功的兒子鄭經不睦,鄭經也乘勢攻擊他,兩面受敵,亦復降於清。前二三五年,尚之信又以苦三桂徵饟,降清。於是三桂的兵勢,又日蹙。乃以前二三四年八月,稱帝於衡州,以圖維繫衆心。不多時,三桂死了。諸將共立其孫世璠,居於貴陽。吳三桂手下的將士,自然不是吳世璠能駕馭的。其中又起了内鬨。於是清兵從湖南、廣西、四川,三路而進,連戰皆克。前二三一年,入雲南。世璠自殺。先是清朝已殺掉尚之信,這時候,又殺掉耿精忠。三藩就全削平。福州、廣州等處,都分置駐防。清朝的勢力,此時就真能控馭全國了。

鄭成功卒於前二五〇年。子經立。耿精忠叛清的時候,鄭經舉兵攻他,取漳、泉和汀州、邵武。精忠降清之後,和清兵合力攻他。前二三五年,取得之地復失。前二三三年,鄭氏將劉國軒復攻漳、泉。爲清閩浙撫督姚啓聖、水師提督萬正色所敗,並失金門、厦門。三藩平後,清朝頗無意用兵於臺灣;擬照琉球之例,聽其不薙髮,不易衣冠,而爲外臣。而姚啓聖不可。提督施琅,原是鄭氏的降將,尤其想滅掉鄭氏,以爲己功。前二三一年,鄭經卒。侍衛馮錫範,搆成功之妻董氏,殺掉他的長子克臧,而立其次子克塽;事皆決於錫範;衆心大離。前二二九年,施琅就入臺灣,把鄭氏滅掉。

第五章　清朝的盛世

第一節　滿洲内部特殊勢力的消滅

清朝以區區一個小部落，居然能入主中原二百餘年，遠非元朝所及。這是什麽原故？其中固然也有許多原因，而君主的能彀總攬大權，也是其一端。

原來未開化的部族，“天澤之分”，本不如久經進化之國之嚴。而一朝開創之初，宗族之中，又總是個個人都想覬覦非分的。儻使擁兵相争，始終不能得一個解决，那就禍亂相尋，没有安穩的日子了。元朝就是個適例，清朝卻不是如此。

清太祖共有十六個兒子。其中惟長子褚英，在明萬曆中，犯罪被殺。此外都到太宗時還在。又有太祖的兄弟舒爾哈齊的兒子，都是身經百戰，手握兵權的。其中最有權勢的，是太祖的次子代善、大貝勒。第五子莽爾古泰、三貝勒。第八子太宗四貝勒。和舒爾哈齊的兒子阿敏，二貝勒。並稱爲四貝勒。太祖死後，是四大貝勒，同受朝拜的。可想見滿洲此時，並没一個共主。天聰四年，崇禎三年。參看第三章第五節。太宗入關，取永平等四城，留阿敏守着。這四城在當時是無可守的。孫承宗來攻，阿敏棄城而歸。太宗就乘機宣佈他的罪狀，把他幽禁。天聰六年，莽爾古泰死了，亦追舉其罪狀。

於是四貝勒之中，除太宗外，只賸一個代善。代善是個武夫，太宗不甚忌他。莽爾古泰死的前一年，已經取消和太宗並坐之禮。可見這時候，太宗的權力，已漸漸的穩固了。太宗於諸王中，最親信的，是太祖第九子多爾衮。太宗死後，多爾衮輔立世祖，年方六歲。多爾衮代攝國政。征伐之事，則歸阿敏的兄弟濟爾哈朗。鄭親王。到入關後，多爾衮纔奪去濟爾哈朗的事權，而代以自己的兄弟豫親王多鐸。世祖入關之後。多爾衮的聲勢，是很爲赫奕的。當時他的稱號，是皇父攝政王。羣臣章奏，都逕用攝政王旨意批答。一切符信，也都收入府中。順治七年十二月，攝政王死了。詔臣民都易服舉哀。追尊爲義皇帝，廟號成宗。明年二月，近侍蘇克薩哈，發其生前罪狀，濟爾哈朗從而證成之。乃追奪尊號，並籍其家，誅其黨譚泰等。

多爾衮死後，世祖就親政。亦頗聰明，於治法多所釐定。前二五一年，世祖卒。子聖祖嗣。還只八歲。索尼、蘇克薩哈、遏必隆、鼇拜同爲輔弼大臣。鼇拜專權横恣。遏必隆亦附之。索尼不能禁，只有蘇克薩哈，和他争持。爲鼇拜所害。前二四三年，聖祖陰選力士，爲布庫之戲。角力之戲。乘鼇拜入見，把他捉住，幽禁起來，而誅黜其黨。從此聖祖就大權獨攬了。

然而宗室諸王的特殊勢力，還没有剗除掉。聖祖共有二十三子，直郡王允禔最長，而非嫡，嫡長子理密親王允礽，以前二三七年，康熙十四年。立爲太子。諸王之中就大起陰謀。而允禔和第八子允禩，運動尤力。諸王各有黨羽。聖祖親征噶爾丹時，太子留守京師，甞有賢名。其後忽“窺伺乘輿，狀類狂易”。前二〇四年，康熙四十七年。把他廢掉，旋得允禔令蒙古喇嘛用術厭魅狀，乃復立允礽爲太子。把允禔拘禁起來。而太子復位之後，狂易如故。旋又廢掉幽禁。聖祖自此異常憤懣。不再説及立太子的問題。羣臣有以爲言的，都獲罪。前一九〇年，聖祖死，世宗立。世宗之立，據他自己説，是他的母舅隆科多，面受聖祖遺命的。但據另一種傳説則是聖祖彌留時，召隆科多入内,親寫“皇十四子”四字於其掌内。世宗撞見了,硬把“皇十四子”的“十”字拭掉。這話雖無確據,然觀聖祖第十四子允禵,當康熙末年,曾任撫遠大將軍,柄用隆重,則其説似非無因。參看第六章第四節。世宗初立,以允禩爲廉親王,和怡親王允祥,同理國政。而安置允禟於西寧。允禟和允禩,仍有密謀。允禟並用西洋人穆經遠,另造新體字通信。前一八六年,乃把這兩個人都拘禁起來。並改允禩的名字爲阿其那,允禟的名字爲塞思黑。滿洲話,譯言猪狗。屏之宗籍之外。不多時,兩個人就都死了。而允䄉、聖祖第十子。允禵,亦遭監禁。允禵在西寧,是和年羹堯共事的。參看第六章第四節。所以世宗也忌着羹堯。羹堯時兼督川陝。前一八七年,世宗把他調做杭州將軍,旋即把他殺掉。還有一個岳鍾琪,是年羹堯出征青海時,調他做參贊大臣的。也藉口他征討衛拉特,頓兵不進,逮到京城論死。高宗即位,纔釋放回里。隆科多是世宗即位之際,與聞密謀的。初時把他推崇得極爲隆重,命羣臣章奏,都要書寫舅舅隆科多。年羹堯得罪時,世宗硬指他爲徇庇。從此種種尋他的短處。前一八五年六月,也把他拘禁起來。從此以後,和諸王有關係的人,大略都盡了。原來清初諸王的所以有權:(一)則因他們和内外諸臣交通,極爲自由。(二)則清初的所謂八旗兵,有上三旗(正黄,鑲黄,正白)、下五旗的區别。上三旗爲禁衛軍,亦稱内府三旗。下五旗則爲諸王的護衛。所以他們都是有兵權的。到世宗,纔禁止宗藩和外官交通。又藉口允禩擅殺軍士,把諸王府的衛兵都撤掉。從此以後,他們就都無拳無勇,無甚可怕了。

大凡北族的滅亡,總是由於内潰。而其内潰,則總是由於宗室之中,相争不決的。這是自從匈奴以後,都是如此。本書篇幅有限,未能一一列舉。讀者請把匈奴、突厥、薛延陀等等的事情,一加考校,自然見得。其互相争而能彀終定於一的,就可以暫時支持。遼金兩朝的初葉,就是其適例。清朝從太宗到世宗,累代相承,總算把驕横的宗室壓服。其部族,就可以保得不至於内潰了。

清系圖

(一)太祖努爾哈赤 —(二)太宗皇太極 —(三)世祖福臨 —

—(四)聖祖玄燁 —(五)世宗胤禛 —(六)高宗弘曆 —(七)仁宗永琰 —

—(八)宣宗綿寧 —(九)文宗奕詝 —(十)穆宗載淳

　　　　　　　 — 醇親王奕譞 —(十一)德宗載湉

　　　　　　　　　　　　　　 — 醇親王載灃 —(十二)溥儀

第二節　清朝對待漢人的政策

至其對於漢人,卻又是怎樣呢?清太祖時候,排漢的思想,是很厲害的。當時得了漢人都拿來分給滿人做奴隸。到太宗時纔加以限制,把其餘的漢民,另行編爲民户。因爲他們和滿人同居,時時受滿人的欺侮,就把他們分開,另選漢人治理。太祖最惡儒生,得到了都要殺掉。太宗則舉行考試,天聰三年。考取的,還賞給布帛,減免差徭。這都是明知國力不足,不得不撫用漢人,所以政策隨着改變的。

但是到入關之後,還不免有野蠻的舉動,其中擾害最甚的,就是籍没明朝公、侯、伯、駙馬、皇親的田,以給旗民和禁隱匿滿洲逃人兩件事。因此破家致死的很多。其尤激起漢人反抗的,就是薙髮之令。

案辮髮之俗,由來很久。古書上或寫作"編髮",或寫作"被髮",其實都是一音之轉。《論語》:"微管仲,吾其被髮左衽矣。"《皇疏》:"被髮,不結也。禮:男女及時,則結髮於首,加冠笄爲飾。戎狄無此禮,但編髮被之體後也。"則被髮,就是俗話所説的拖辮子。《漢書·終軍傳》"解編髮,削左衽"。顔師古注"編讀曰辮"。《漢書·匈奴傳》文帝送匈奴單于"比余"一具。顔師古注,説是"辮髮之飾"。又《隋書·突厥傳》載啓民可汗上書,説辮髮之俗,由來已久,一時未能解去。可見北族自古皆然。至其形狀,則稻葉君山《清朝全史》説:

> 綜合宋代之紀事,則蒙古人之辮髮:前頭與左右兩側皆留髮,他盡開薙。其前頭所留之髮,如今南方支那婦人之前髮,仍然垂下。兩側所留則辮之,餘端垂下。此見之竹崎季長《蒙古襲來之繪詞》。圖中蒙古人皆兩辮,但不見留有前頭之髮耳。

稻葉氏又説:據《金國記録》,太宗天會七年,有"削髮令",不如式者死。但其施行之範圍,惟限於官吏。蒙古則不然,無論爲公人,爲私人,皆一般强行辮髮。案朝鮮人當元代,也都有辮髮的。可參看《韓國小史》。他引洪武元年的《皇明實録》。

> 詔使復冠如唐制。初元世祖自朔漠起而有天下,盡以胡俗變易中國之制。士庶咸辮髮椎髻,深襜胡帽,無復中國衣冠之舊,甚至易其姓名,爲胡名,習胡語,俗化既久:恬不知怪。上久厭之,至是悉令復舊衣冠,一如唐制。士民皆以髮束頂。其辮髮,椎髻,胡服,胡言,胡姓,一切禁止。於是百有餘年之胡俗,盡復中國之舊。

則漢族人除掉辮髮,實際還不過二百七十七年。洪武元年至順治元年,前五四四年至前二六八年。如何又碰上滿洲人,來强行起辮髮令來呢?清兵的入北京,是五月初三。明日,即下薙髮之令。到二十四日,又聽民自由。江南既下之後,又下令强行起來。京畿之内,限十日,外省限文到之後十日,盡行開薙。儻有不遵,即行處死。於是江南民兵,蜂起反抗。其結果,就釀成嘉定屠城等慘劇。案稻葉氏書又載世祖遷都之後,對於南方的檄文,有"爾明朝嫡胤無遺,勢難孤立。用移大清,宅此北土。……其不忘明室,輔立賢藩,戮力同心,共保江左,理亦宜然,予不汝禁"云云。則清朝初入北京之後,還承認明朝自立的。到既下江南之後,纔斷然有併吞中國的意思。所以辮髮令即强行於此時。

清朝這種行爲,斷無可以持久之理。漢人所以都爲其所壓服,全是吴三桂等一班軍閥,爲虎作倀。然而福、唐、桂三王滅亡之後,實權也還不全在滿人手裏。只要看當時吴三桂的用錢用兵,兵部户部,都不能節制。用人也不由吏部,另稱西選。西選之官半天下,就可知道西南半壁,差不多完全不在北廷手中了。順治八九年間,歲入在一四〇〇〇〇〇〇兩左右。兵餉在一三〇〇〇〇〇〇左右。而三藩之餉,即已佔九〇〇〇〇〇〇。直到三藩平定之後,漢人纔真爲滿人所壓服。

然而一味用高壓政策,也是不行的。所以從聖祖以後,對於漢族,也頗取懷柔的手段。一面尊崇明太祖,封建其後,以減少漢族的反感。聖祖南巡,每過南京,必向明太祖陵致祭。世宗雍正二年,又封明後朱之璉爲一等侯。一面開博學鴻詞科,康熙十七年。纂脩巨籍,可參看下節。以網羅人才。一面表章程朱,尊崇理學,想喚起漢人尊君之心。一面又大興文字之獄,焚毁許多書籍,以摧挫他們的氣燄。清朝文字之獄,大的有好幾次。其(一)是莊廷鑨之獄。廷鑨是湖州富人。明朝的朱國楨,曾著了一部《明史稿》,明亡之後,稿藏於家。後來朱氏的子孫竆了,把稿子抵押給莊廷鑨。廷鑨替他補全了崇禎一朝的事實,要想刊刻,未成而死。他的父親胤城,遂替他刻完了。爲歸安知縣吴之榮所告。廷鑨戮屍,並殺其弟廷鉞。列名書中的人,和失察的官吏,死掉七十多人。其(二)是戴名世之獄,戴名世,桐城人。所著《南山集》,多採同縣方孝標的《滇黔紀聞》。中多涉及吴三桂處。事發,孝標戮屍,名世棄市。替他刊刻的尤雲鍔,收藏板本的方苞都坐罪。以上是康熙時的事情。其(三)是汪景祺之獄。景祺,浙江人。著《西征隨筆》。頗議論康熙時的朝政。世宗就坐他個"大逆不道"的罪名,把他殺掉。妻子和"期親"都遣戍。五服以内族人,皆斥革拘管。其(四)是查嗣廷之獄。雍正四年,查嗣廷典試江西。以"惟民所止"命題。世宗説他是把雍正兩字,截去了頭。嗣廷死於獄中,仍戮屍梟示,兒子亦坐死,家屬都遣戍。其(五)是陸生柟之獄。生柟廣西人。著《通鑒論》十七篇。中有論君權太重,及封建制度,萬世無弊等語。被殺。其(六)是曾静、吕留良之獄。吕留良,字晚村,浙江人。嘗講學於家。湖南人曾静,見其所評時文中,有論井田封建的話,頗以爲然。叫自己的門徒張熙,去找他的兒子吕毅中,把他的遺稿取來。後來諸王佈散謡言。曾静以爲有隙可乘,叫張熙到四川去見岳鍾琪,勸他造反。爲鍾琪所舉發。世宗把吕留良剖棺戮屍,曾静、張熙,卻免死拘禁。到乾隆初,亦被殺。以上是雍正時的事情。其(七)是胡中藻之獄。胡中藻,鄂爾泰的門生。著有《里磨生詩鈔》。高宗摘其中字句,指爲有意謗毁。下獄。凌遲處死。鄂爾泰的姪兒子鄂昌,高宗説他詩中稱蒙古爲胡兒,沾染漢人習氣,也勒令自裁。其(八)是徐述夔之獄。徐述夔,浙江舉人。高宗時已死。高宗亦摘其詩句,指爲懷挾異志,剖棺戮屍。殺其二子。其(九)是王錫侯之獄,王錫侯,江西舉人。因刻了一部《字貫》,怨家訐發他,説是删改《康熙字典》。亦被拿問。巡撫以下,都得失察的處分。以上是乾隆時的事情。“禁書”起於乾隆三十九年。本説以五年爲限,後來屢次展限。到五十三年,仍有很嚴厲的諭旨,勒令各處銷毁。據當時刑部所奏,共燒毁二十四次,五百三十八種,一萬三千八百六十二部。這種政策,是康、雍、乾三朝一貫的。他們想把這種剛柔並用的政策,壓服漢族。——然則到底曾收多少效果呢?我敢説是絲毫的效果也不曾收到。請看下篇第四章第五節,自然明白。至於清朝所以能享國長久,還靠康雍兩朝,政治總算清明的力量。請看下節。

第三節　順康雍乾四朝的政治

當明朝末年,中國的社會,是凋敝得不堪的。世祖入關之後,即罷免“三餉”。又定《賦役全書》,取民之數,都照萬曆中葉的舊額。其時雖各處用兵,軍費浩繁,總算始終没有加賦。聖祖親政,又裁撤十三衙門,罷諸種織造。宫中用度,更爲省儉。

聖祖是個聰明特達的君主。他樂於求學,勤於辦事。於天文、地理、律曆、算術……學問,多所通曉。又頗能採用西洋的學問。見下篇第一章第二節。而尤其相信理學,佩服程朱。他嘗説:“昔人每曰:帝王當舉大綱,不必兼親細務。予心殊不謂然。一事不謹,則貽四海之憂;一時不謹,則貽千百世之患。……故予之蒞政,不論鉅細,即奏章之内,有一譌字,必加改正,而後發出。”這幾句話,固然不免有幾分矯飾;然而他能勵精圖治,確是實在的。他又説:“明季宫中一日之用,萬金有餘。今朕交付於内務府總管,應付之銀,一月僅五六百兩。並一切賞賜,不過千金。”又説:“所有巡狩行宫,不施采繢,每處所費,不過一二萬兩。較之河工歲費三百餘萬兩,實不及百分之一。”這種話,固然也不免有過情之處。然而他能儉於用財,也確是真的。聖祖於康熙二十三、二十八、三十八、四十二、四十四、四十六年,嘗六次南巡,所過確未聞有多大的擾累。

所以當三藩平後，國内已無戰事，政治亦頗清明，百姓就得以休養生息。——原來中國的人民，勤苦治生的力量，是很大的。只要没有天災人禍去擾累他，他的富力，自然一天一天會增加起來。就財政上頭，也看得出他的反映。當三藩亂時，清朝的財政，還是入不敷出的。亂平之後，收入便逐年增加。到前二〇三年，康熙四十八年，國庫裏就有了五千萬兩的儲蓄了。聖祖是主張藏富於民的，於是下詔：令三年之内，將全國錢糧，通行減免一次。前二〇〇年，又命以後徵收錢糧，即以康熙五十年所收爲定額。以後新生的人丁，永不加賦。參看下篇第五章第五節。這種辦法固然是疏節濶目；朝廷不甚誅求，行政官吏，也就無所憑藉以作弊；百姓可以得到許多好處。然而聖祖晚年的政治，也不免流於寬縱些。即如各省欠解的錢糧很多，也都没有認真查追。吏治長此因循，不但財政，一切政治，都要受其影響。世宗即位，就一變方針，而以嚴肅爲治。首先盤查各省的庫款，追繳欠解的錢糧。又把徵收時的"火耗"，化私爲公。火耗是因賦税徵銀，官吏把百姓所繳的碎銀，熔鑄大鋌，然後起解，所生的一種銷耗。官吏借此名目，多取於民，其數目也頗爲可驚。對於鹽課，關税，也竭力整頓，都得到很大一筆收入。國家財政基礎，就更形鞏固。雍正年間，國庫餘款，曾積至銀六千萬兩。末年雖因用兵銷耗，高宗初即位時，仍有二千四百萬兩。前一三〇年，國庫又積到七千八百萬兩。這就是清朝財政極盛的時期了。

世宗的治法，是極端主於嚴刻的。當聖祖時候，羣臣頗有結黨相争之風。而居南書房的高士奇，以文學家世，爲人所依附的徐乾學，和居言路的許三禮、郭琇等，聲勢尤其赫奕。世宗深惡朋黨，嘗御製《朋黨論》，以儆戒諸臣。又設立軍機處，以分内閣之權。把六科改隸都察院。以摧折言路的氣燄。另設奏事處，令奏事的不必盡由通政司。機要事情，並許直達御前；以防臣下的壅蔽。這種大權獨攬，真有"一人爲剛，萬夫爲柔"的氣概。然而鄂爾泰、張廷玉分黨相争，仍舊没有免掉。世宗爲對付諸王起見，多設密探，以爲耳目。此後遂至刺探朝臣的隱私，格外弄得朝臣都惴惴不自保，只知道小心謹慎，以求免禍。高宗的明察,不及世宗。而一付"予智自雄"的神氣,卻是如出一轍。動輒嚴詞駁詰,有類罵詈。又時時要用不測的恩威,使得臣下恐懼,"待大臣以禮"之風,是絲毫没有的。所以到後來,全剩了一班"阿諛取容之士",没有一個"正色立朝之臣"。這是清朝政治的短處。

還有一件,康雍乾三朝,對於文化事業的盡力,也頗可一述的。御製或敕撰的書籍,是歷代都有。國家蒐羅書籍,把他校勘珍藏,更是歷代都有的。考校經籍的歷史,頗可以見得歷代學術的派別,文化的升降(質而言之,就是有學術史的一部分的價值),也是頗有趣味的事情。簡單一點,可以把漢、隋、唐、明各史的《經籍》、《藝文志》,《文獻通考》的《經籍考》,以及清朝的《四庫總目》瀏覽一過。其中官纂的巨籍,要推明朝的《永樂大典》爲最。清朝康熙時的《圖書集成》,也是照這部書編纂的。都是"類書"的體例。高宗時的《四庫全書》,卻是"叢書"的體例。這種書籍,編纂固未必盡善(譬如《永樂大典》,本是類書的體例。然而後來有許多編得極草率的,並不將全書按内容分析,編入各類,卻把一部書硬鈔入某一類之内,不管他内容合不合。這竟是笑話了。四庫館開時,對於各處送來的書,有予以"著録"的,有僅予存目的,其中去取,也未必盡當。當時曾從事於"輯佚",把已亡之書,尚存於《永樂大典》中的,蒐集出來。固然輯出許多緊要的書,也有許多緊要的,並没有輯出來)。然而清朝人畢竟靠了《永樂大典》輯出許多佚書來,《四庫全書》,則現在大略完全的,還有四部。北京文淵閣,圓明園文源閣,奉天文溯閣,熱河文津閣,謂之内廷四閣。揚州文匯閣,鎮江文宗閣,杭州文瀾閣,謂之江浙三閣。文瀾頗有散亡,文淵、文溯、文津三閣的書,則還大都完好。於保存文化上,究竟有很大的價值。

以上所述,都是内治一方面的事情。還有康雍乾三朝的武功,也是極有關係的,請於以下三章,述個大略。

第六章　近代的蒙回藏

第一節　種族和宗教的變化

中國地方，除內地十八省和關東三省外，可以大別爲兩個高原。參看第二篇下第三章第二節。便是：

（一）蒙古新疆高原。

（二）青海西藏高原。

其中蒙古高原，向來是遊牧民族佔據的。新疆高原，即遊牧（行國）、耕稼（居國，即城郭之國），民族錯居，而大部分是城郭之國。其民族：則佔據蒙古高原的，是匈奴、柔然、突厥、回紇。其實可稱匈奴、丁令兩種人。因爲柔然所用的，都是丁令之衆；突厥、回紇，又都是丁令的分部。參看第二篇下第一章第一、二、三節。佔據新疆高原的，是塞種和氐、羌。第二篇上第四章第二節。其佔據青海西藏高原的：則係氐、羌和藏族；而印度阿利安人，侵入其南部的雅魯藏布江流域。第二篇下第二章第二、三節。這些話，前文都已說過了。卻是到近世，起了一個大變化。便是：

（1）從回紇爲黠戛斯所破，遷入天山南路，而丁令種族，佔據了新疆高原。

（2）從回紇敗亡之後：黠戛斯没有能彀佔據漠南北；契丹的實力，也只及於漠南的一部分；蒙古高原，就多時没有强大的民族。直到蒙古人興起,纔盡爲所據。蒙古是靺鞨韃靼的混種。然其種族,究當以靺鞨爲主。所以近世,可算是肅慎種族極興盛的時代。

(3) 從蒙古人興起之後,新疆高原,也爲所征服。雖没有能將本來的民族——回族——融化;這因回紇也是大族之故。而在近世,蒙古高原和新疆高原的歷史,也發生極密切的關係。

(4) 青海西藏高原,向來和别處地方,關係較少的。卻是近世,喇嘛教大行;而又適值蒙古人勃興之際,於是在政治上,則蒙古征服西藏;在宗教上,則西藏征服蒙古,而蒙古高原和西藏高原的歷史,也就發生極密切的關係。

(5) 當此時代,蒙古人又侵入青海,就使蒙藏兩高原,歷史上的關係,更加一層密切。

(6) 在近世,喇嘛教大行於青海、西藏和蒙古高原,——其餘波並及於關東三省。——而新疆高原,則仍爲天方教流行之地。

更簡而言之,則是:在種族上:(一) 蒙古高原的回紇人,侵入新疆高原。(二) 關東三省的靺鞨人,——蒙古——侵入蒙古、新疆、青海高原。在宗教上:則(一) 起於阿剌伯半島的天方教,侵入新疆高原。(二) 起於印度地方的佛教傳入西藏、青海和蒙古高原。這種變化,也算得重大而可驚了。除(1)(2)兩條,前文業經説明外;其(3)(4)(5)(6)四條,分别説明之如下。

第二節　黄教的盛行和天山南路的回教

蒙古人的信仰喇嘛教,已見第三篇下第四章第二節;但是到明朝,喇嘛教又另開了一個新派。喇嘛教的入西藏,事在前一一六五年。唐玄宗天寶六年。其初祖,名巴特瑪撒巴斡。見《蒙古源流考》。從此以後,喇嘛教的勢力,日盛一日,竟兼握西藏政教兩權(吐蕃贊普的統系,也不知絶於何時)。推原其故:則吐蕃本不是甚麽統一的國家;當從印度侵入的勃窣野氏《唐書》吐蕃贊普的姓。强盛的時候,暫時能統一青海西藏高原。到後來衰弱了,各地方的酋長,自然要現出獨立的形勢。而當這時候,喇嘛教既已盛行:(1)諸喇嘛自然有篡部酋之位的;(2)諸部酋也一定有入教爲喇嘛的;(3)諸喇嘛也自然有直接轄衆的機會;不知不覺之間,政教兩權,就自然混合了。從蒙古征服西藏以來,極其崇信僧侶。喇嘛的勢力,自然更加增長。西藏政教的所以合一,就是政權所以從部酋而移入於喇嘛之手,史無可考;以上是我據臆見推想的話。

喇嘛教是佛教中的"密宗"。這密宗,是要講究"顯神通"的;和西藏人民信仰的性質相合,所以易於盛行。但是到後來,就弄得只剩了迷信,别無所謂教義。甚至以"吞刀吐火",誑誘流俗,發生出許多弊病來。於是黄教乘之而起。黄教的始祖宗喀巴,以前四九五年,明成祖永樂十五年。生於西寧衛。入雪山脩苦行。别創一教。以舊教衣尚紅色,就黄其衣冠以示别。所以人稱他爲"黄教",而稱舊派爲"紅教"。紅教不禁娶妻,所以法王能生子襲衣鉢。黄教卻不然。於是宗喀巴遺言:他的兩大弟子達賴、班禪,世世以"呼畢勒罕",譯言轉生。濟度衆生。宗喀巴以前四三三年明憲宗成化十五年。示寂。達賴一世敦根珠巴,本來是吐蕃王室之裔,世爲藏王;捨位出家,傳宗喀巴衣鉢;所以兼有了西藏政教之權。二世根敦錯,始置"弟巴"等官,以理政務;而自己專理教務,三世鎖南堅錯,始得蒙古諸部尊信。前三三三年,明神宗萬曆七年。俺答和他的孫兒子黄台吉入藏,迎接鎖南堅錯到青海漠南去佈教。鎖南堅錯勸俺答勿得好殺。俺答也勸他交通中原。於是從甘州貽書張居正,請入貢。居正以聞,許之。是爲中國和黄教交通之始。四世雲丹堅錯便是俺答的曾孫。教義直推行到漠北。漠北因離西藏較遠,就自奉宗喀巴第三大弟子哲布尊丹巴的後身,居於庫倫。這便是現在外蒙的所謂活佛了。五世羅卜堅錯,其教並行於滿洲。袁崇煥和滿人相拒的時候,就有喇嘛往來其間。崇煥也利用他,做傳達國書等事情。前二七五年,崇禎十年。太宗始因衛拉特的使者,貽書達賴、班禪。達賴、班禪,也覆書報使。前二六〇年,清世祖順治九年。清世祖就把達賴迎接到京城,封爲西天大善自在佛。於是清朝人利用喇嘛教以撫綏蒙藏的機緘又開。從宗喀巴降生以後,到此,凡二百三十六年,喇嘛教的勢力,可謂極磅礴鬱積之勢。而其和蒙藏兩高原民族的關係,也可謂複雜極了。

蒙古的侵入青海,起於前四〇三年。明武宗正德四年。其酋長名亦不剌、阿爾禿廝。後阿爾禿廝爲明朝所攻,遁去。而亦不剌和他的黨羽卜兒孩,仍相繼據有其地,役屬番人。前三五三年,明世宗嘉靖三十八年。俺答和他的兩個兒子賓兔、丙兔,襲取其地。留賓兔、丙兔守之,自此青海地方,爲套部所有。漠南和西藏的交通,大爲方便。這也是喇嘛教盛行於蒙古的原因。

天山南路,在元時,均屬察合台後王,明初既定甘肅,於其西設安定,漢婼羌國地。阿端、曲先、酒泉縣西南。罕東在安西縣境。諸衛,均隸西寧。又設赤斤、在嘉峪關西三百四十里。沙州唐朝時沙州。二衛,隸肅州。再向西,就是哈密衛。新疆的哈密縣。後來土魯番强,新疆的吐魯番縣。哈密爲其所併。並據罕東、赤斤。而曲先、安定二衛,則爲亦不剌、阿爾禿斯所破。自是甘肅無復屏蔽,邊患頗深。當這時候,分王天山南路各城的,還都是察合台的後裔。到後來,回教徒和卓木的後裔得勢,而形勢又一變。和卓木是回教教主摩訶末的後裔。當帖木兒强盛時,見下篇第二章第一節。也極其相信回教。於是回教教徒,多聚集撒馬兒罕和卓木以教主之後,尤是尊重。和卓木有兩個兒子:長名加利宴,次名伊撒克。加利宴之後爲白山宗。伊撒克之後爲黑山宗。遷居到喀什噶爾,也極得人民信奉。其後遂漸代察合爾後王,握有南路政教之權。這是近世天山南路回教興盛的一因。然而當這時候,蒙藏的交通既開,天山南路,介居其間,自不得不發生關係。而天山北路,又來了一個野心勃勃的衛拉特,其波瀾就愈擴而愈大了。

第三節　衛拉特的盛强和清朝征服蒙古

從元順帝退出中原以後，漠南北的歷史，簡直是蒙古和瓦剌——衛拉特——鬬争的歷史，已見前第一章。達延汗之興，蒙古人總算恢復其勢力。而衛拉特亦仍不失其爲大部。從明朝末葉以後，蒙古人尊信了喇嘛教；獷悍好殺的性質，漸次變化；其勢頗流於弱；而衛拉特轉强。當清初，衛拉特四部分佈的形勢如下：

四衛拉特	和碩特太祖弟哈布圖薩爾之後，爲其部長。	烏魯木齊
	準噶爾額森之後。	伊犂
	杜爾伯特額森之後。	厄爾齊斯河
	土爾扈特元臣翁罕之後。	塔爾巴哈台

從明中葉以後，黄教雖行於西藏，但紅教的法王，紅教法王，稱薩迦胡土克圖，薩迦，即釋迦之轉音，胡土克圖，譯言後身。仍居札什倫布，保有其勢力。而拉克達城的藏巴汗，爲之護法。前二六九年，崇禎十六年。西藏弟巴桑結，始招和碩特的固始汗亦作顧實汗。入藏，襲殺藏巴汗。於是和碩特部徙牧青海，兼據喀木，干涉藏事，就開了西藏和衛拉特部的關係。固始汗奉班禪居札什倫布，是爲達賴、班禪分居前後藏之始。

當和碩特部之强，準噶爾部長渾台吉，也同時蠶食近部。把土爾扈特逐去。土爾扈特移居窩瓦河流域。準噶爾遂與喀爾喀接壤。又脅服杜爾伯特。渾台吉死後，子僧格立，爲異母兄所殺。僧格的同母弟噶爾丹，從西藏回來，定亂自立。前二三九年，清聖祖康熙十二年。噶爾丹在西藏，和桑結要好的。而固始汗的兒子達顔汗，和桑結不協。於是前二三五年，桑結又暗召噶爾丹，襲殺達顔汗，於是準噶爾統一衛拉特四部，勢大張。這時候，喀什噶爾的白山黑山兩宗，方互相争鬬。白山宗亞巴克，敗走拉薩。前二三四年，噶爾丹又以達賴喇嘛之命，破黑山黨，而立亞巴克爲喀什噶爾汗。於是從伊犂徙牧阿爾泰山，以窺蒙古。前二二八年，故意差人去侮辱土謝圖汗。土謝圖汗果然大怒，把他殺掉。前二二四年,噶爾丹率衆三萬,往襲喀爾喀。喀爾喀三汗車臣、土謝圖、札薩克圖。部衆數十萬,同時奔潰;都走漠南降清。

清朝同蒙古的關係,起於太祖時的九國之師。見第三章第四節。這時候,察哈爾的林丹汗强盛,頗憑陵諸部。於是東方的科爾沁等部,就歸附於清。林丹汗之妻,是葉赫貝勒錦台什明朝人稱爲金台吉。的孫女。所以林丹汗和清朝不協。明朝人就厚給歲賜,叫他聯合諸部,共禦滿洲。後來林丹汗陵轢諸部不已,土默特也乞援於清。前二七四年,崇禎十一年。清太祖會合蒙古諸部,出其不意,襲擊林丹汗。林丹汗走死青海的六草灘。明年,其子額哲,奉傳國璽降清。漠南蒙古遂平。然對於漠北,還没有什麽主從的關係。

到這時候,清聖祖忙受了喀爾喀的降。發粟振濟。而且把科爾沁的地方,借給他放牧。前二二二年,噶爾丹入寇。清聖祖分兵兩路,出古北、喜峯二口迎敵。自己也親幸邊外。噶爾丹破清兵於烏珠穆沁。進至烏蘭布通。在遼河南,離赤峯七百里。爲清兵所敗。退據科布多。前二一七年,又以兵三萬,據克魯倫河上流。於是聖祖派將軍薩布素,以滿洲科爾沁兵出其東。費揚古調陝甘兵出寧夏,攻其西。車駕親出獨石口。明年四月,渡瀚海,指克魯倫。噶爾丹夜遁。至昭莫多,在庫倫東。爲費揚古所敗。退居塔米爾河。鄂爾坤河的支流。又明年,聖祖幸寧夏。命薩布素、費揚古分兵深入。這時候,噶爾丹的伊犂舊地,已爲僧格的兒子策妄阿布坦所據。阿爾泰山以西盡失。回部青海亦叛。連年用兵,牲畜和精鋭的兵,死亡略盡。聞大兵出,遂自殺。阿爾泰山以東平。喀爾喀三汗,依舊回到漠北。

第四節　清朝平定西藏

噶爾丹纔平,而策妄阿布坦又起。從準部强盛以後,土爾扈特,已爲所逐;杜爾伯特,亦爲所脅服;只有和碩特部,雖然達延汗爲噶爾丹所襲殺，究竟還據有青海，勢力足以相敵。策妄阿布坦就注意於此。

西藏的第巴桑結，是個狡黠不過的人。暗中招噶爾丹襲殺達顏汗之後，藏事已大權在握。前二三〇年，達賴五世卒，桑結祕不發喪。而矯達賴命請封。前二一八年，封爲圖伯特國王。當噶爾丹侵喀爾喀的時候，聖祖叫桑結勸噶爾丹罷兵，桑結反嗾使他入寇。烏蘭布通之役，桑結的使者，又代噶爾丹乞和，讓噶爾丹乘間遁去。前二一六年，聖祖得到厄魯特的俘虜，纔盡知其事。於是賜書切責。桑結無法，纔奏稱："達賴五世，死已十六年，轉生已十五歲；今年十月裏，就要去迎立他。仍請暫守祕密，免得諸部聽得達賴死了要騷動。"聖祖也答應了他。這時候，聖祖正傳檄西北，叫諸部協擒噶爾丹。策妄阿布坦，業已出兵；桑結的使者，在路上遇着他，又叫他不要動。桑結又叫青海諸部，到察罕陀羅海去會盟，意甚叵測。剛剛這時候，達延汗之孫拉藏汗，又圖干涉藏事。因議立新達賴，和桑結意見不合。前二〇七年，把桑結殺掉。奏廢桑結所立達賴六世，而別立伊西堅錯。詔封拉藏爲翊法恭順汗。而青海諸蒙古，又説伊西堅錯是假的，自奉裏塘的噶爾藏堅錯爲六世達賴，把他迎接到青海，請賜册印。詔暫居西寧的塔爾寺，以圖調停。而策妄阿布坦的事起。

策妄阿布坦蓄意吞併和碩特，先假意和他交歡。娶拉藏汗的姊姊爲妻，又把自己的女兒，嫁給拉藏汗的兒子丹衷，把丹衷招贅在伊犁。前一九六年，以送丹衷夫婦歸國爲名，遣將策零敦多布，率兵六千，從和闐踰崑崙山，突入拉薩。襲殺拉藏汗。把伊西堅錯，幽囚起來。於是聖祖派年羹堯備兵成都，皇十四子允禵，駐兵西寧。恰好西藏也承認青海所立的達賴爲真。於是前一九二年，西寧、成都，兩路出兵。策零敦多布，由舊路逃去。新達賴入藏。於是以拉藏汗舊臣康濟鼐、頗羅鼐，分掌藏務。

藏亂平後兩年，而聖祖崩，世宗即位。固始汗嫡孫羅卜藏丹津，暗約策妄阿布坦爲援，誘青海諸部，盟於察罕陀羅海。遊牧喇嘛二十萬,同時騷動。前一八九年,十月,世宗派年羹堯、岳鍾琪去打他。明年,二月。鍾琪乘青草未生,出兵掩其帳。獲其母及弟妹。羅卜藏丹津逃奔準噶爾。於是置辦事大臣於西寧,以統領青海的厄魯特蒙古。

第五節　清朝平定衛拉特

青海西藏平後,準部的聲勢已衰。然而要犁庭掃穴,卻還早着哩。前一八五年,策妄阿布坦死,子噶爾丹策零立。朝議欲一舉而覆其根本。前一八三年,詔傅爾丹屯阿爾泰山,岳鍾琪屯巴里坤,豫備出兵,策零自言願執獻羅卜藏丹津,於是緩師一年。而策零卻出兵犯巴里坤。前一八一年,傅爾丹信間諜之言,出兵襲準部於和通泊,大敗。準部就從烏魯木齊、厄爾齊斯河兩路攻喀爾喀。土謝圖汗所屬的額駙策凌,爲元太祖十八世孫圖蒙肯之裔。憤喀爾喀衰微,自練精兵一支,頗爲强悍。及是,與準噶爾兵接戰,大破之。於是進策凌爵爲親王,使之獨立爲一部。是爲三音諾顏部。圖蒙肯是個熱心護持黄教的人。三音諾顏的名號,是達賴喇嘛賞給他的。譯言“好官人”。喀爾喀就有了四部了。明年,準噶爾再發兵襲擊策凌,又爲策凌所敗。又明年,準部遣使乞和。世宗也下詔罷兵。前一七五年,高宗乾隆二年。定以阿爾泰山,爲準部和喀爾喀遊牧的界限。

前一六七年,噶爾丹策零卒,次子策妄多濟那木札爾立。因爲“母貴”。前一六二年,其姊夫賽音伯勒克弑之,而立策凌長子剌麻達爾濟。外婦所生。部衆有想立策凌少子策妄達什的。剌麻達爾濟把他殺掉。並殺小策零的兒子達什達瓦。所謂大小策凌者,世爲準部家將。從土爾扈特北徙之後,杜爾伯特的屬部輝特,徙居其地。丹衷之妻改嫁輝特部長,生子,名阿睦撒納,就做了輝特的部長。於是大策凌的孫兒子達瓦齊,和阿睦撒納合兵,攻殺剌麻達爾濟。達瓦齊自立,又和阿睦撒納相攻。前一五八年,阿睦撒納來降。明年,高宗派班弟和阿睦撒納出北路，永常和降人薩拉爾達什達瓦部下。出西路。五月，到伊犂。達瓦齊逃到烏什城，爲城主所執獻。並獲羅卜藏丹津。

於是高宗想仍杜爾伯特、和碩特之舊。以輝特補土爾扈特，以綽羅斯特代準噶爾。仍爲衛拉特四部；各封降人爲汗；令如喀爾喀之例，爲外藩。而阿睦撒納想兼統四部，不肯奉詔。高宗詔班弟殺之。班弟爲大兵已撤，不敢動手；只催他入覲，想到半路上害他。阿睦撒納乘機逃去。伊犂復叛，班弟兵敗自殺。又擾攘了兩年。到前一五五年，兆惠和成衮札布，纔兩路出師。這時候，衛拉特諸部内訌，又痘疫大行，阿睦撒納不能抵禦，逃入俄境，病死。俄人把他的屍首送還。兆惠又留剿餘黨，到前一五二年纔還。衛拉特的户數，共有二十多萬。這一次，死於天痘的，十分之四；死於兵戈的，十分之三；逃入俄國和哈薩克的，也十分之二；存者不及十一，人稱爲"衛拉特的一浩劫"。

於是在伊犂、烏魯木齊、塔爾巴哈台，各用滿兵駐防。並令漢兵屯種。而在伊犂設立一個將軍以節制之。

準部既滅之後，土爾扈特來歸。而烏梁海就是從前的兀良哈。亦盡入版圖。分其地爲唐努烏梁海、阿爾泰烏梁海、阿爾泰淖爾烏梁海三部。分隸於定邊左副將軍，和科布多參贊大臣。

第六節　清朝平定回部

準部既亡，清朝的兵力，就及於天山南路。先是噶爾丹破黑山宗而立白山宗，策妄阿布坦，又排斥白山宗而代以黑山宗。白山宗瑪罕木特，想據葉爾羌自立。策妄阿布坦把他擒獲，囚在伊犂。瑪罕木特有兩個兒子：長名布羅尼特，次名霍集占，就是向來的史家，稱爲大小和卓木的。清兵初入伊犂。阿睦撒納想得回部之援，把布羅尼特放回，而且借兵給他。布羅尼特就盡定天山南路。霍集占則留居伊犂，掌管北路的回教。清兵再定伊犂。霍集占也逃回去。清朝差人前往招撫，爲其所執。前一五四年，兆惠移兵南征。以兵少，被圍於葉爾羌。富德前往救援，亦被圍於呼拉瑪。在葉爾羌東邊三十七里。到底以援至得出。後來清兵聚集漸多，而大小和卓木，偏信在伊犂時的舊人；又用兵之際，税斂甚重；諸城解體。前一五二年，兆惠打破喀什噶爾，大和卓木所居。富德打破葉爾羌。小和卓木所居。大小和卓木逃到巴達克山，爲其城主所殺，函首以獻。於是天山南路亦平。設參贊大臣，駐喀什噶爾。大城設辦事大臣，小城設領隊大臣，以治軍。各城皆設伯克以治民。以回人爲之。前一四九年，希哈爾以巴達克山殺大小和卓木，發兵滅之。烏什的回民，也想圖響應。爲將軍明瑞所定。於是把參贊大臣移駐烏什。

葱嶺本來是東西交通惟一的要路；從回教盛行以後，天山南路和葱嶺以西的關係更深；所以從回疆平定之後，葱嶺以西諸國，到清朝來朝貢的就很多。現在約舉其名如下：

巴達克山以下七部，清朝的書，都稱他爲城郭回部。

克什米爾《唐書》的個失密，亦稱迦隰彌羅。

乾竺特即坎巨提，亦作喀楚特。

博羅爾就是鉑米爾，《唐書》作波謎羅。唐朝於其地置羈縻州名巴密。

敖罕亦作浩罕。所屬有敖罕、納木干、瑪爾噶朗、安集延四大城，窩什、霍克占、科拉普、塔什干四小城；故稱敖罕八城。安集延城的人，來中國經商的最多，故中國亦通稱其人爲安集延。

布哈爾

阿富汗

哈薩克共分三部：左部鄂爾圖玉斯，俄人稱爲大吉爾吉思。中部齊齊玉斯，俄人稱爲中吉爾吉思。西部烏拉玉斯，俄人稱爲小吉爾吉思。小吉爾吉思，就是黠戛斯的音轉。哈薩克和布魯特，都准每年一次，到烏魯木齊互市。哈薩克三年一貢，布魯特則每年進馬。哈薩克的部長，清朝曾各授以王公台吉的稱號。布魯特的頭目，也由將軍大臣奏放。

布魯特分東西兩部，俄人稱爲喀喇吉爾吉思。

這許多部落到英俄勢力擴張之後,都爲其所併。事見下篇。

和卓木是教主的後裔,雖然一時失敗,回部對他的信仰,是不會減弱的。清朝初定回疆的時候,以回衆强悍,頗加意撫邺。租税則四十取一。辦事和領隊大臣,都慎選滿員中賢明的人。回民遭大亂之後,驟得休息,亦頗相安。朝廷就漸不在意。用起侍衛和在外駐防的滿員來。都"黷貨無厭",而且要"廣漁回女"。於是大和卓木的孫兒子張格爾,於前九二年,仁宗嘉慶二十五年。乘機導敖罕入寇,陷喀什噶爾、英吉沙爾、葉爾羌。詔楊遇春以陝甘兵進討。明年,恢復諸城。張格爾走出邊。遇春設計誘他入寇,把他擒住。朝廷遂詔敖罕執獻張格爾家屬。敖罕不聽。乃絶其貿易。於是敖罕又借兵給張格爾的哥哥摩訶末,叫他入寇。直到前八一年,纔算議明:中國仍許敖罕互市,敖罕則代中國監守和卓木一族,不許他來擾亂。

第七節　清朝征服廓爾喀

蒙藏準部和回疆,都已平定。卻還有一件,對於廓爾喀的兵事,也是因西藏而起的。

廓爾喀,就是唐朝的泥婆羅。棄宗弄讚曾娶其公主;中國使臣王玄策,又曾調其兵攻印度的叛臣阿羅那順,均已見前。第二篇下第二章第三節。泥婆羅和西藏,是極接近的。雖没有什麽記載可憑,卻可以推想其歷代的交通,都不曾斷絶。當清朝時候,泥泊爾分爲三部,推加德滿都爲盟主。前一四五年,爲其西鄰的廓爾喀所并,仍以加德滿都爲首都。

前一三二年,班禪六世入都,祝高宗七旬萬壽。賞賜甚多。諸王公的佈施,也有好幾十萬。班禪害了天痘,死在京城裏。明年,喪歸札什倫布。他的哥哥仲巴,把所有財寶,通統佔據了起來。藉口他的兄弟舍瑪爾巴,是信紅教的,一個大錢也不曾分給他。舍瑪爾巴,因此大忿,逃入泥泊爾。又有班禪部下的丹津班珠爾,因受了刑罰,也逃入其地。勸他的酋長拉特木巴珠爾入寇。

前一二二年,廓爾喀入西藏。侍衛巴忠等,不敢抵敵。私許以歲幣銀一萬五千兩講和。又繳不足額。明年,廓爾喀再入西藏,駐藏大臣保泰,把班禪移到前藏。廓爾喀在札什倫布,大肆剽掠。分兵一半,載所掠而去。一半仍留屯界上。事爲高宗所聞。詔福康安、海蘭察出兵。前一二〇年,二月,把他留屯的兵趕掉。六月,分兵三路攻入其國。六戰皆捷。離加德滿都,只有一天路程。福康安志得意滿,揮羽扇出戰,自比諸葛武侯。爲廓爾喀所襲擊,大受損失。乃因其請和,許之而還。自此廓爾喀定五年一貢,算做清朝的屬國。

自經此戰以後,政府曉得聽西藏自由和人家交通,不大便利。乃擴大駐藏大臣的權限。在儀制上,和達賴、班禪平等。把軍政財政的權柄,漸次收歸掌握。並且慮及達賴、班禪繼世之際,不免紛争。就想出掣籤之法,頒發“金奔巴”譯言瓶兩個:一個放在西藏的大招寺裏,一個放在北京的雍和宫裏。達賴、班禪和各大胡土克圖,繼承之際,遇有紛争,就把名字寫在籤上,放入瓶中,以抽籤之法定之。從此以後,清朝對於西藏的管束,就覺得更爲嚴密了。

第七章　近代的西南諸族

第一節　湘黔的苗族

西南諸族的分佈，和歷代開拓的次第，已略見一、二、三篇。第一篇第六章、第二篇上第四章第四節、第三篇中第四章第四節。但是更進一步，希圖竟其全功的，卻在元明清三朝。三朝的政策，是一貫的。“就諸族的土地，設立郡縣的名目；即以其酋長爲長官。實際上仍是世襲；但是繼承之際，或須得中朝的認可，或須得其新任命。”這種政策，唐宋以前，也是有過的。但是從元明以後，纔格外勵行得出力。單是把他的地方，設立一個郡縣的名目，而授其酋長以長官，至多則干涉其繼承，這種辦法，原不能收開拓的實效。明清兩朝，所以能把這些地方漸次開拓，全靠他能把舊有的長官廢掉，把他這地方，改成真正的郡縣。這就是所謂“改土歸流”。原來把這各族的地方，設置路府州縣，元朝時候很多。明朝也是如此。除土府州縣外，又有“宣慰”、“宣撫”、“安撫”、“招討”、“長官”諸司的名目。這種總稱爲“土司”，遇有機會，便把土酋廢掉，改設普通的官吏，是爲“流官”。所以謂之改土歸流。這便是元明清三朝，對於這些地方一貫的開拓的政策。但是話雖如此，仍不免用過好幾次兵。如今且從沅水流域説起。

沅水流域的開拓，已見第三篇上第四章第四節。從宋開安化新化二縣,沅誠二州之後,湖南全境,不曾開拓的,只有辰沅道北境,和湖北施南道南境連接的一隅。明時,纔開闢施州、永順、保靖之地。清康熙時,開闢鳳凰、乾州二廳。雍正時,增闢永綏、松桃二廳。又改永順爲府。於是沅水流域,幾於完全開闢。其初土民"畏吏如官,畏官如神"。官吏因之,頗爲侵暴。而漢人移居其地的又甚多,土地盡爲所佔。於是苗民生計窮絶,前一一七年,就起而反抗。調四川、雲南、湖南、兩廣的兵,好幾十萬,纔算勉强把他鎮定。這是由於這時候軍事的腐敗,參看第九章第二節。而這時候,川楚教民又起事,官軍都調到北邊去,苗亂依舊不平。後來有一個好官,唤做傅鼐的,來總理邊務。乃脩碉堡,創屯田,把漢民訓練做兵,叫苗人侵掠不能得利,然後出錢買收他們的軍器。又設立學塾,教化他們。從此以後,苗族就漸漸的向化了。

苗族的分佈,是從沅江的下游,而漸進於其上游的。所以從辰沅向西,自鎮遠、平越以達貴陽。從此再向西南,到安順、普安一帶,以及從平越向東南,到都匀、榕江一帶,也都是苗族分佈之地。貴州一省,介居湘蜀滇桂之間。這四省的邊界上,也都是蠻族所分佈。所以開闢獨晚。明初,元時所置的思州來降。太祖將其地分設思州、思南兩土司。後來這兩司互相讎殺,乃於前四九九年,永樂十一年。分其地爲八府,四州,設立佈政司和都指揮司,自此貴州纔列於内地。

其在貴陽附近的土酋,以安氏、居水西。宋氏居水東。爲最大。附近各土司,都分歸其統轄。後來宋氏衰而安氏獨盛。天啓時,和永寧土司奢氏永寧,如今貴州的聞嶺縣。同叛。明朝爲之大費兵力。到前二八四年,崇禎元年。纔把他討定。自此貴陽以西南都定。其貴州東南一帶,則苗人分佈的地方,面積之廣,幾達三千里,謂之苗疆。而以古州榕江。爲中心。環列的苗寨,有一千三百多座。清朝雍正年間,鄂爾泰兼做了雲貴兩省的督撫,創議改土歸流。纔任張廣泗招降他們。貴州其餘地方的土司,則派哈元生去招降。後來鄂爾泰、張廣泗都去了,繼任的人,措置不善。苗人就又起而反抗。前一七七年。世宗派哈元生、張明等去平撫,久而無功。高宗即位。仍派張廣泗經略其事。前一七六年,纔把苗人蹙到丹江、都勻、台拱三縣間的牛皮大箐裏,把他打平。這一次,一共燒毁苗寨一千二百餘座,所釋而不攻的,不過三百八十多座,殺戮也是很慘的。

第二節　滇黔的濮族和金川

濮族的分佈,以黔江、金沙江、大渡河流域爲中心,前面亦已説過。從元以後,其最有關係的,就是貴州的播州,和雲南的烏撒、烏蒙、東川、鎮雄四土府。

播州,就是如今的遵義縣。當元明時,其轄境極廣,北邊直到婁山關,南邊要到如今平越縣附近。其酋長楊氏,也由來甚久。原來播州還是唐朝所置的州,僖宗時,爲南詔所陷。有一個太原人,姓楊,名端,應募攻復其州。從此楊氏就世據其地,元時以其地爲宣慰司。明初,楊氏率先歸附,仍以原職授之。播州的地方,三面鄰蜀,當交通之衝。而兵尤驍勇,屢次調他從征,總是有功的。萬曆初,宣慰使楊應龍,性喜用兵,因爲犯了罪,爲疆吏所糾劾。就發兵造反。官軍討之,屢敗。直到天啓初年,調川、滇、湖南三省的兵,然後把他討平。於是分其地置遵義、平越二府,分隸黔蜀。清朝遵義改屬貴州。黔江流域,就完全開闢了。

雲南一省,唐宋兩朝,都爲大理所據。到元朝滅掉大理,纔入中國版圖,已見第三篇下第三章第四節。但是把他認真開設郡縣,還是明朝的事情。明初仍多用土官。就使正印是流官,也一定要用土官做他的佐貳。到後來,纔逐漸改土歸流。其間大抵是和平進行的。只有烏蒙、烏撒、東川、鎮雄四土府,在明朝隸屬四川。其地距成都太遠,節制不到。而又居川、滇、黔三省之間,頗爲腹心之患。清初,烏撒土府已廢。其餘三府,還是隸屬四川。前一八六年,鄂爾泰創議改土歸流，世宗知其才可用，就把三土府改隸雲南。纔把他改設昭通、東川兩府。明朝時候，雲南的疆域，是很廣的。所轄的土司，西南抵今緬甸，東南亦達今老撾，和安南接界。後來措置得不甚得法，實力所及，西不過騰衝，南不過普洱。從此以外，就都爲安南、緬甸所吞併。其事别見下章。清初，雲南西南部的土司，還有和"江外諸夷"勾結爲患的。鄂爾泰也把他次第改流。瀾滄江以東的地方，總算完全平定。

其兵力花得最多的，就要推四川的金川。金川，也是明初的土司。後來分而爲兩：東名攢拉，譯言小金川，就是如今的懋功縣；西名泥浸，譯言大金川，就是如今的理番縣屬的綏靖屯。其種族，大概是古代的氐羌。地勢極險，而又多設"碉堡"，實在是難攻易守的。清朝乾隆年間，大金川酋長莎羅奔，奪了小金川酋長澤旺的印，這時候，張廣泗做四川總督，發兵攻之，久而不克。高宗代以訥親，亦無功。前一六三年，又以傅恒代訥親，莎羅奔纔算投降。然而用兵已經三年了。後來莎羅奔死，其子郎卡嗣立。郎卡死，子索諾木繼之。和澤旺的兒子僧格桑相聯合。就又舉兵反抗。前一四〇年，高宗用桂林做四川總督，和尚書温福，分兵兩路進攻。桂林屢戰不利。高宗把他撤掉，代以阿桂。把小金川打破。僧格桑逃到大金川。清軍逼令大金川交出，大金川不聽。又移兵去攻他。明年，小金川又叛。温福被殺。高宗又添派豐伸額、明亮做阿桂的副手。這一年，十月裏，再把小金川打定。又節節苦戰，到前一三六年，纔算把大金川打平。金川地不滿千里，人不滿五萬，而清朝爲着他，用了五年兵，兵費花到七千萬。打天山南路，還只用掉三千萬。這種犧牲，也總算得巨大而可驚了。

第三節　兩廣的粵族

廣西地方，入中國的版圖，遠較貴州爲早；然而實力所及，也不過東北一部分；其東南一帶，則自唐以來，以邕管如今的邕甯縣。爲控扼之地；此外就都是粵族的據地了。從宋朝開闢誠州之後，纔從誠州“創開道路，達於融縣，南抵潯江諸堡”。然後中國的勢力，直達於鬱江流域。徽宗崇寧間，就招納了左右江四百五十餘峒，分置州縣，總稱爲黔南路。然而實力實在不足，以致“夷獠交寇，洞蠻跳梁，士卒死者十七八”。只得仍舊廢掉。元明以來，纔把這地方漸漸的開闢做郡縣，而其間最費兵力的，共有四處：(一)是桂林的古田。如今廣西的永甯縣。據其地的酋長，本來有韋、閉、白三氏。後來都爲韋氏所併，屢次爲患，明朝的孝宗、武宗、世宗、穆宗四朝，都對他用兵，然後把他打定。(一)是平樂的府江。從此西至荔浦，溪峒共有千餘處。傜僮靠他做據地，四出劫掠。西南直到遷江、來賓，所有各溪峒，也都和他相應。交通上頭，起了很大的障礙。穆宗、神宗兩朝，屢次用兵。又“刊山通道，增置樓船，繕脩守備”。這一條交通的動脈，纔算保住。又(一)處是潯州的大籐峽。這地方：兩山夾江。其中有“大籐如斗，延亘兩崖”。好像是天然的橋，傜僮在上面走來走去，很爲便利。其地勢又最高，走到山頂上一望，好幾百里的地方，都如在目前。這種地方，真是難攻易守了。而籐峽、府江之間，又有一座力山。其險更甚於籐峽。住在力山的僮人，善造藥矢，著人即死，大籐峽則爲藍、胡、侯、槃四姓所據。靠着天險，“居則遮斷行旅，出則墮城殺吏”。爲患很深。成化年間，命韓雍、趙輔發兵去攻他。深入其阻，把大籐砍斷，改峽名爲斷籐峽。從此僮人失險，不敢再遠出爲患。然剽掠沿岸的事情，終不能免。正德年間，王守仁又發兵攻討一次。到嘉靖年間，又爲患，又命蔡經督師討平之。(一)處是梧州的岑溪。酋長姓潘。萬曆年間，有名喚積善的，擁兵爲患。也派戚繼光帶着大兵去，然後討定。以上都是邕桂間的地方。其邕州以西太平府如今的崇善縣。的黄氏，和龍州的趙氏，泗城淩雲縣。的岑氏，蒙古人。也都靠着兵力，然後平定。

還有廣東的瓊州島，是後漢時，纔開闢爲珠崖、儋耳兩郡的。《後漢書》說：“其渠帥貴長耳，皆穿而縋之，垂肩三寸。”和哀牢夷相同。

《後漢書》:“哀牢人皆穿鼻儋耳;其酋帥自謂王者,耳皆下肩三寸,庶人則至肩而已。”可證其亦爲粤族。歷代雖多隸版圖,然開闢的地方,都在沿海,中央的黎母山,仍爲黎人所據。以地勢論:則彼高而我下;地味則彼腴而我瘠;形勢則彼聚而我散,所以歷代未能開發。從元明以後,大舉戡定,共有四次:(一)在前六二一年,元世祖至元二十八年。發兵犂其穴,勒石五指山。(一)在前三七二年,明世宗嘉靖十九年。(一)在前三一二年,神宗萬曆二十八年。都發大兵渡海。(一)在前二二年,清德宗光緒十六年。提督馮子材亦提兵深入,從海邊到黎母山,開成十字路,從此黎人失險,就不復能爲大患了。

總而言之,對於西南諸族的用兵,要算元明清三朝,最爲劇烈。這不盡由辦理的不善,卻反可視爲開拓的進步。原來開拓進步了,移居的人就多。移居和往來的人多了,就不免發生衝突。衝突發生了,有時不免要用兵。這也是無可如何的。開拓這麼大的土地,而用兵不過如此,犧牲總還不算大。

第八章　近代的後印度半島

第一節　平緬麓川的滅亡和緬甸建國

後印度半島地方，地勢的平坦，交通的便利，都以紅河流域爲最；湄公河和湄南河流域次之；而伊洛瓦底江上流，則地勢頗爲崎嶇；所以開化的先後，也就因此而定。然而伊洛瓦底江上流的人民，實際上頗爲强悍。所以到近世，緬甸和暹羅、安南，就並列爲大國了。

明初，永昌以外，最大的土司，要推平緬、麓川。如今保山以西的潞江安撫司，騰衝以西的南甸、平崖、剗達，以及緬甸北境，伊洛瓦底江右岸的孟拱、孟養，左岸的八莫、孟密等，都是其地。其南，如今蠻得勒、阿瓦一帶爲緬甸。又其南爲洞吾。又其南爲古剌。如今的擺古——亦作白古。其在普洱以南的爲車里。車里以南爲老撾。老撾以南爲八百媳婦。觀此，可知明代雲南的疆域，實在包括伊洛瓦底江流域，和薩爾温河、湄公河上流。

平緬、麓川，在元代，本分爲兩個宣慰司。明太祖始命平緬酋黑倫發，兼統麓川。後爲部酋刀斡孟所逐，逃到中國。太祖爲發兵討平斡孟，乃得還。於是分其地：設孟養、木邦、孟定、潞江、干崖、大候、灣甸諸土司。倫發卒，子行發立。行發卒，弟任發立。想恢復舊境，就舉兵犯邊。前四七一年，英宗正統六年。命王驥、蔣貴將大兵討之，任發逃入孟養,爲緬人所執。子機發,仍據麓川爲患。命王驥、蔣貴再出兵討之。先是任發逃走時,明朝命木邦、緬甸,有能捉到他的,就把平緬、麓川的地方賞他。緬人既捉住任發,就想要求明朝給了他地方,纔把任發獻出來。明朝不曾答應。於是緬甸也幫着思機發,列兵來拒。王驥、蔣貴把他打敗。然而緬甸終不肯交出任發,而機發也仍舊據着孟養。前四六六年,緬人纔把任發來獻。明年,再叫王驥帶着十三萬兵去攻機發,機發逃去。後來亦給緬甸捉住,景帝時候,把他送來,殺掉。王驥兵纔回來,部衆又擁戴任發的小兒子,名字喚做禄的。王驥曉得麓川畢竟不能用兵力打定,就和他立約,許他居住孟養;而立石於金沙江,説"石爛江枯,爾乃得渡"。遂班師。這一役,明朝連出了三次大兵,其結果,反默認把金沙江以外棄掉。真是天大的笑話。然而思氏給明朝屢次大舉,一種恢復統一的運動,始終没有能成功。伊洛瓦底江流域統一之業,就讓給緬甸了。伊洛瓦底江流域的民族,本來很爲强悍。平緬、麓川,地最大,又最近邊。太祖的乘機把他分裂,似乎不是無意的。

緬甸地方,當明初,本分設緬中洪武二十七年。緬甸永樂元年。兩宣慰司。宣宗以後,入貢的只有緬甸,而緬中遂不復見。思任發、思機發兩代,都給緬甸人擒獻,所以思氏怨恨緬甸。嘉靖中,思禄的兒子思倫,和木邦、孟密攻破緬甸。把他的酋長莽紀瑞殺掉,莽紀瑞的兒子,名喚莽瑞體;他的母親,是洞吾酋長的女兒,就逃到洞吾。洞吾酋長,把他養做兒子。於是莽瑞體就承襲了洞吾的基業。這時候,葡萄牙人初來東洋,莽瑞體雇他做兵,把古剌滅掉。孟密、木邦、潞江、隴川、宣撫司,王驥所立。干崖諸土司,次第歸附。於是平緬、麓川舊地,殆悉爲所併。只賸一個孟養。瑞體發大兵攻之,思氏的酋長名字喚做箇的走死,思氏遂亡。前三八三年,嘉靖八年。莽瑞體卒,子應裏襲。前三八一年,入侵。明將劉健、鄧子龍大破之。明年四月,出兵直抵阿瓦(先是江西人岳鳳,在隴川經商。隴川宣撫使多士寧,用爲記室,而且妻之以妹。岳鳳反和莽瑞體相結,殺多士寧而據其位。莽瑞體的跋扈,有許多是岳鳳所教。這一次,把岳鳳殺掉),定隴川而歸。於是暹羅乘勢攻擊緬甸,莽應裏的兒子機撾,就爲暹羅所殺。緬甸國勢驟衰,明朝的西南邊,就無復邊患。然而附近緬甸諸部,依然依附着他。緬甸建國的規模,到此就確立了。

第二節 清朝和緬甸的交涉

明桂王逃奔緬甸的時候,緬甸酋長,名喚布達剌。莽瑞體的曾孫。把他迎接到國裏;合了諸土司的兵,共拒清朝。清兵沿伊洛瓦底江而下,直逼阿瓦。這時候,葡萄牙人,僑寓阿瓦的頗多,都幫着緬甸人守禦。清兵不能攻破,只得退還。而緬甸人怕清兵再來,都抱怨布達剌。布達剌的兄弟怕剌都木,趁勢把布達剌殺掉,竊據王位。就把明桂王執送吴三桂。緬甸從此以後,内亂相繼。古剌乘機自立。前二二六年,康熙二十五年。藉荷蘭人之助,攻破阿瓦,把緬甸酋長底布里殺掉。遂併緬甸全境。乾隆初,有一個人,喚做麻哈祖的,起而恢復故國。乘勢滅掉古剌。前一五八年,緬甸酋長莽達剌,又爲錫箔江夷族所殺,木梳土司雍籍牙,起而平定其亂。取阿瓦,滅古剌。雍籍牙的兒子孟駁,又吞併了阿剌干,攻滅了暹羅,國勢又蒸蒸日上了。

從緬甸强盛以來,瀾滄江以外諸土司,幾於盡爲所併。清初,雲南邊外,只靠着茂隆、桂家兩個銀廠做屏蔽。茂隆銀廠,在普洱邊外,屬大山土司。桂家是明桂王的遺民。所經營的銀廠,名喚波龍。兩廠所聚的人,都有好幾萬。前一五二年,茂隆廠主吴尚賢,爲雲南官吏所誅。廠衆都散。不多時,桂家亦爲緬甸所滅。前一四七年,緬遂侵沿邊土司。官軍三路皆敗。詔罷總督吴藻,代以楊應琚。應琚到了雲南,剛好緬甸兵退去。就張皇説緬甸可取。其實毫無方略。前一四五、前一四四兩年,和緬甸相持,屢次敗北。詔代以明瑞,和參贊大臣額勒登額,分兵兩路進討。額勒登額頓兵不進,明瑞敗死。詔磔額勒登額,以傅恒爲經略,阿桂、阿里衮爲副將軍。更調索倫、吉林兵,健鋭火器營,和廣東水師。前一四三年,陸軍夾着瀾滄江,水師則在江中,順流而下。三路皆捷。然而走到老官屯,在孟養南邊。經略已因水土不服,害病。攻打老官屯,又不能破。只得因緬人請和,許之而還,緬甸人明知清朝無能爲,竟就不來朝貢,清朝也拿他無可如何。後來暹羅鄭氏復國,緬兵屢爲所敗(緬人徙都蠻得勒)。前一二六年,鄭華又受封於中國。緬甸纔懼而請和,詔封其酋孟雲爲緬甸國王。孟駁卒,子贅角牙立。孟駁弟孟魯,弑而代之。國人又殺孟魯,而立雍籍牙少子孟雲。

第三節　黎莫新舊阮的紛争和清朝討伐新阮

安南黎氏的建國,已見前第一章。前三八五年,嘉靖六年。黎氏爲其臣莫登庸所篡。後來明朝前去詰問,莫登庸急了,只得入鎮南關,"囚首徒跣,請舉國爲内臣"。於是明朝赦其罪,削去國號,把他的地方,建立一個都統司,而以莫登庸爲使。前三七三年。

黎氏之亡,遺臣阮淦,立其後於老撾,是爲安南莊宗。前三七九年,復入西都。自是安南之地,黎、莫二氏並立。前三二〇年,安南世宗入東京。滅莫氏。明朝説莫氏是中國的"内臣",仍立其後於高平。而且要討伐安南。安南大懼。世宗只得也仿照莫登庸的辦法,入關受都統使之職。明朝纔算罷休。前二四六年,康熙五年。清朝册封黎氏爲安南國王,而高平莫氏,亦仍受都統使之職。前二三八年,安南乘三藩之亂,清朝顧不到南邊,把莫氏滅掉。請兩貢並進,許之,一場對中國的外交,也總算了結。

先是安南莊宗復立之後,以婿鄭檢爲太師。而阮淦子潢,因和鄭氏不協,南鎮順化。自是鄭氏世執政權。世宗死後,鄭檢的兒子松,廢掉太子,而立其弟敬宗。前三一三年,明萬曆二十七年。阮潢舉兵討之,不克。就自立爲廣南王。自此廣南對於安南,不過名義上稱臣,實際則完全獨立。廣南的立國，以西貢爲重鎮。因其瀕湄南河下流，最富饒。乾隆時，阮潢的八世孫福瞬，置副王以鎮之。後來福瞬殺其長子，而傳位於次子福順。西貢家族阮文岳、文惠、文慮弟兄三人，借此起兵。攻破順化，福順走死。而這時候，鄭松的五世孫鄭森，恰好也廢其嫡子棟，而立庶子幹爲後。鄭森卒，棟仍廢幹而自立。鄭幹就遣使乞師於新阮。前二〇一年，阮文惠入東京，鄭棟自殺。文惠留其將貢整守東京，自還西貢，而貢整又想扶黎拒阮。文惠還兵把他攻殺。安南末主維祁遁去。其臣阮輝宿，保護着他的妻子，逃到廣西。前二〇〇年。事聞，高宗命兩廣總督孫士毅出兵。前二〇〇年，十月，士毅和提督許世亨出鎮南關。十一月，到富良江。殺敗了安南的守兵，遂入東京。黎維祁出謝。士毅承制，封爲安南國王。這時候，孫士毅十分得意。聽了阮文惠來降的假話，想把他捉着回來，算做功勞。不肯退兵，又不仔細提防。明年，正月初一日，就爲阮文惠所襲，許世亨戰死。兵士回來的，不到一半。高宗大怒，再命福康安出兵，恰好阮文惠也怕中國再舉，遣人乞降。高宗就掩耳盜鈴的許了他，而把黎維祁編入旗籍。

第四節 暹羅的建國

暹羅，隋以前稱爲赤土。第二篇下第二章第五節。後來分爲暹和羅斛兩國。暹國事實無考。羅斛王孛羅隆亞，以前一二七二年建國。唐太宗貞觀十四年。暹羅人現在用這一年紀元。是爲暹羅第一朝。後來史乘闕略，事跡也無甚可考。前五六六年，元順帝至正六年。羅斛王參烈勃羅達怡菩提，把暹國合併，號爲暹羅斛國。定都於今猶地亞。參烈勃羅達怡菩提卒，子參烈昭毗牙立。爲伯父參羅多羅祿所篡。入貢於明，明太祖封爲暹羅國王。從此遵中國之命，以暹羅爲國名。莽體瑞强盛的時候，把暹羅攻破。暹羅王自己弔死。太子給莽體瑞擄去而第一朝亡。前三〇九年,明神宗萬曆三十一年。有一個名喚孛羅遜曇的,又據地自立。是爲第二朝。暹羅之制,常立正副兩王;王位或傳弟兄,或於諸子中任意擇立一個;以致常啓紛争。明熹宗時,日本人山田長政,流寓暹羅。暹羅王用他做將,攻破六昆。就是現在的六昆,當時是獨立的。又打破緬甸和吕宋來侵犯的兵。就用他做宰相。長政勸王定立儲之法,頗想圖個長治久安。而長政行政大嚴,國人不悦。起兵廢王,長政亦兵敗而死。有一個喚做扶拉約扶拉參的,定亂自立。是爲第三朝。第三朝建立之後,四十多年,而爲緬甸孟駁所滅。緬人征税甚苛,暹人又羣起反抗。第三朝的宰相鄭昭,原是中國潮州人,以前一三四年,乾隆四十三年。復國自立。是爲第四朝。旋爲前王餘黨所弒。華策格里,本來是暹羅人。鄭昭早年,把他收做乾兒子。後來又把女兒嫁給他。這時候,正用兵柬埔寨,還兵定亂自立,前一二六年,入貢,受封於中國。其表文自稱鄭華,大約是襲前王的姓,而以自己名字譯音的第一字做名字的。這就是現在暹羅王朝的祖宗。

第九章　清朝的中衰

第一節　乾隆時的衰機

清朝的國運，乾隆時要算極盛，而衰機亦伏於此時。原來所謂八旗兵，它的種類，是很雜的，它的程度，也是很低的。在關外的時候，雖然以勇悍著聞，而入關之後，它的性質，就起個急劇的變化。當吴三桂舉兵時，八旗兵已經不可用了。而謀生的能力，又是没有的。到後來，生齒繁殖，就反生了一個生計困難的問題。清初旗兵的餉銀，比緑營加倍。居京師和在外省駐防的，所佔的都是肥美之地。然而並不能耕種，都是典賣給漢人。餉銀入手，頃刻而盡。往往預借到一兩年。初入關的時候，旗民奉親王府之命，四出經商。又或以賣人參爲名，到處騷擾。因此就禁止他們，不准經營商業。旗户欠債很多，聖祖曾代他們還掉。又屢加賞賜，也不久即盡，並不能經營事業。乾隆初年，曾行移墾的法子，把他們移殖於拉林河阿勒楚喀等地方，不久，就多數逃走了。旗兵如此；其緑營兵也承平歲久，實不可用。高宗頗以十全武功自誇，平金川，定伊犁，服廓爾喀各兩次。並定回部，安南，緬甸，臺灣。其實天山南北路的平定，一半是適值天幸。安南、緬甸、廓爾喀三役，都弄得情見勢絀，掩耳盜鈴。金川之役，尤其得不償失。嘉道以後，内憂外患，紛至沓來，就弄得手足無措了。

高宗是個侈欲無度的人。他明察不及世宗，而偏喜歡師心自用。並不能學聖祖的克勤克儉，而形式上偏事事要模範聖祖。譬如開博學鴻詞科等。三次南巡,所至供帳無藝,國家的元氣,被他斵喪的不少。而最荒謬的,就是任用和珅。和珅是個滿洲官學生,應役在鑾輿衛,扛舁御轎。有一次,高宗出行,在路上,忽然發見缺少了儀仗。高宗大怒。厲聲問:"是誰之過與?"左右都震懾,没一個人敢對答。和珅便説:"典守者不得辭其責。"吐音宏亮,高宗異之。又和他説話,奏對都稱旨。由此從侍衛,副都統,超遷到侍郎,尚書。拜大學士,在軍機處行走。子豐紳殷德,尚了公主。聲勢赫奕。至於公然令内外奏事的,都要另具副封,送到軍機處。和珅是個貪瀆小人,除掉要錢之外,一無所知的。既然攬權,就要納賄。各省官吏,不得不都苛取之於下屬。輦着巨金去事奉他。下屬無法,只得再刻剥之於人民。於是吏治大壞。當時發覺的贓吏,贓款動至數十萬,實爲前此所未有。——不發覺的,還不知凡幾。加以這時候,民間的風氣,也日趨衰侈。看似海内殷富,實則窮困無聊的人,也不知凡幾。内亂之起,就處於必不能免之勢了。

以財政論,乾隆中葉後,國庫的賸餘,有了七千八百萬,也不爲不多。然而從乾隆末年亂起以後,國庫的儲蓄,就逐漸銷耗。加以康雍時代,吏治清明,一切政治,都費用較少,嘉道以後,情形就大不相同(譬如清初河決一次,所花的錢,不過百餘萬。道咸後便動輒千萬)。財政日漸竭蹶,也是清朝由盛而衰的一個大關鍵。

第二節　嘉慶時的内亂

清中葉的内亂,起於乾隆末年。先借湖廣的苗亂,做個引子,其事已見第七章第一節。這一次,蔓延的區域,雖不很廣,而調兵運餉,業已所費甚巨。乃事未平而教民之事起。

白蓮教,起於元朝時候。有人説他們的祕密組織,含有别種宗旨在裏頭。然而無可詳考。就他們暴露於外的行爲看起來,總只算他一種邪教。卻是他的傳授，從元到清，緜延不絕。前一三七年，乾隆四十年。教首劉松，因事洩被擒，遣戍甘肅。然其徒劉之協等，仍密赴各處傳教。詭奉河南鹿邑縣的王發生，稱爲明後，潛圖不軌。前一一九年，事洩，同黨都被擒獲，而劉之協逃去。於是河南、湖北、安徽三省大索，騷擾不堪，反而做了激成變亂的近因。前一一六年，仁宗嘉慶元年。教徒起事於湖北，劉之協、姚之富和齊林之妻王氏等爲之魁。而冷天禄、徐天德、王三槐等，又起於川東。自此忽分忽合，縱横川東北、漢中、襄、鄖之境。官軍四面剿擊，直到前一一三年，糜餉已七千萬，依舊毫無寸效。推原其故，約有數端：

（一）則這時候的官軍，腐敗已甚。將帥也毫無謀略。教民勢極爲飄忽，而官軍“常爲所致”。又每戰，輒以鄉勇居前。勝則冒他的功勞，敗則毫無撫邺。教民也學着官兵，以被擄的難民擋頭陣。勝則樂得再進，敗則真賊亦無所傷。

（二）高宗以前一一七年，傳位於仁宗。然仍自爲太上皇，管理政事。和珅也依然握權。他是只曉得要錢的，帶兵的人，不得不剋扣軍餉去奉承他。於是軍紀益壞。——當時往軍中效力，算件好差使。去了一趟回來，没有不買田置宅，成爲富翁的。

（三）教徒兵勢既如此其盛，人民被剽掠的很多，都弄得無家可歸，於是逼上梁山。所以雖有死傷，其數不減。

前一一三年，太上皇死了，和珅也伏誅（他的家財，據薛福成《庸庵筆記》所載，共一百零九號。已估價的二十六號，共值銀二億二千三百八十九兩。未估價的八十三號，照此推算，又當八億兩有餘。近人説：甲午庚子兩次的賠款，和珅一人的家産，就足以清償。法國路易十四的私産，不過二千萬兩，不及他四十分之一）。於是局面一變。仁宗乃（1）下哀痛之詔，（2）懲辦首禍的官吏，（3）優邺鄉勇，（4）嚴核軍需，（5）許叛軍悔罪投誠，（6）又行堅壁清野之法。命川、陝、湖北、河南，協力防堵。再用額勒登保、楊遇春等，往來剿殺。其勢纔漸衰。到前一一〇年，十二月，六股教徒，總算平定。其餘衆出没山林的，則到前一〇九年七月，纔算肅清。而遣散鄉勇，無家可歸的，又流而爲盜。直到前一〇八年九月，纔算大定。這一次的亂事，首尾九年；用去軍費二萬萬兩；教徒一方死的數十萬；官軍和鄉勇良民，就並無確數可考了。關於川楚教徒詳細的戰情，可參看《聖武記》。

當西北鬧教民起事的時候，東南亦有所謂"艇盜"。其事亦起於乾隆末年，阮光平既得安南，因財政困難，就招沿海亡命，供給他兵船軍械，又誘以爵賞，叫他入海，劫掠商船，廣東海面，就頗受其害。後來內地的土盜，亦和他勾通，一發深入閩浙。"土盜倚夷艇爲聲勢，夷艇借土盜爲耳目。我南則彼北，我北則彼南。我當艇寇，則土匪乘機剽掠，我剿土盜，則夷艇爲之援應。夷艇既高大多礮，土匪又消息靈通"。剿撫毫無效果，朝廷因急於平教民，又無暇顧及東南，於是爲患愈深。前一一〇年，安南舊阮復國，禁絕海盜。夷艇失援，都併於閩盜蔡牽。仍以海島爲根據。和陸地的土匪交通，令其接濟餉械。爲患閩浙。這時候，浙江水師提督李長庚，頗善水戰。乃自造大船三十艘，名爲霆船。巡撫阮元，率官商捐出錢來，到福建去造的。入海把他打敗。蔡牽就和廣東海盜朱濆聯合。爲患閩粵。前一〇八年，朝廷用長庚總統閩浙水師。屢戰皆勝。而前後做閩浙總督的，都和他不合；遇事掣他的肘。前一〇五年，長庚戰死南澳洋面。朝廷仍用其部將王得禄、邱良功。前一〇四、一〇三兩年，先後把朱濆、蔡牽打死。前一〇二年，兩廣總督百齡，又剿粵海餘黨。海面纔算肅清。

川楚教民定後，不滿十年，北方又有天理教民之亂。天理教，本名八卦教。其教徒佈滿直隸、河南、山東西。而滑縣李文成、大興林清爲之魁。林清賄通內監，打算於前九九年，駕幸木蘭秋獮時，襲據京城。未到期而事洩，滑縣知縣强克捷，捕文成下獄。教徒就攻破縣城，殺掉克捷，把文成救出，長垣、東明、曹縣、定陶、金鄉，同時響應。而曹縣、定陶，縣城均被打破。林清使其黨潛入京城，乘夜分犯東西華門。太監劉得才、楊進忠，替他領道。閻進喜等爲內應。攻入門的，約有百人。幸而發覺尚早，關門蒐捕了兩天一夜，纔算蒐捕乾净。

林清亦被獲於黄邨。河南、山東的教民,也總算隨時平定。這一次亂事,蔓延得不算廣,時間也不算長。然而内監都交結起事教徒做内應來。當時人心摇動的程度,就真可怕了。

以上所説,不過是犖犖大端。此外小小的變亂,還有好幾次。社會的現狀,既已很不安寧;政治上業已没有法子可以維繫,而外力又乘之而入;於是清中葉以後種種的波瀾,就層見疊出了。

第四篇　近世史（下）

第一章　中西交涉的初期

第一節　西人的東來

歐亞的交通,本來有好幾條路：其(一),從西伯利亞,越烏拉山脈,而至歐俄。其(二),從蒙古高原,經俄領中央亞細亞,而至歐洲。其(三),從印度經伊蘭高原、小亞細亞,而入歐洲。其(四),就是由地中海入黑海,出波斯灣,到印度洋的海路了。

中國和歐洲,古代的交通,已略見第二篇上第四章第二節。此後直接的往來頗少。到元朝興起以後,歐洲和中國的交通,纔頻繁起來。這時候歐洲的商人,也有從西伯利亞南部到和林的。也有從天山南路到大都的。而海路的交通,亦極繁盛。黑海沿岸的君士但丁、克里米等,在當時,都是重要的商埠。卻是土耳其興後,歐亞兩洲交通的樞紐,爲其所握。從西方到東方,不得不別覓航路。而這時候,又適值西人航海事業勃興之時,就釀成近世西力東漸的歷史了。

西人的東航,共分兩路：其一是繞過非洲的南端,到東洋來的,這便是葡萄牙。前四一二年,明孝宗弘治十三年。始闢商埠於印度的加爾各答和可陳。前四〇二年,武宗正德五年。略取西海岸的臥亞。進略東海岸及錫蘭。據摩鹿加、爪哇、麻六甲。前三九五年,正德十二年。就到廣東來求互市。當時的官吏,雖然允許了他,還只在海船上做交易。到前三四九年,世宗嘉靖四十二年。纔得租借澳門爲根據地。

其先尋得西半球,再折而東行的,便是西班牙。前四二〇年,弘治五年。哥倫布發現新大陸。前三九二年,正德十五年。麥哲倫環繞地球一周。前三四七年,嘉靖四十四年。始進據菲律賓羣島。建馬尼剌於其地。當時中國的人民,前往通商的極多。

繼葡、西而至的,是荷蘭和英吉利。而其勢力,反駕乎葡、西之上。荷蘭人以前三一六年,神宗萬曆二十四年。航抵爪哇和蘇門答臘。旋設立東印度公司。於好望角和麥哲倫海峽,都築砦駐兵,在航線上,就頗有勢力。前二二八年,熹宗天啓四年。進據臺灣。後來臺灣爲鄭氏所奪,而荷蘭又奪了葡萄牙的錫蘭,前二五四年,清世祖順治十五年。和西里伯,前二五二年,順治十七年。清聖祖滅鄭氏時,荷蘭曾發兵相助。因是得特許,通商廣東。又日本人當時,因嚴禁傳教故,連西洋人的通商,也一概拒絕。只有荷蘭人,卻向不傳教,仍得往來長崎。於是東洋的貿易,幾爲荷蘭人所壟斷。

英吉利的航行印度,起於前三三三年。萬曆七年。前三一二年,萬曆二十八年。創設東印度公司於倫敦。明年,航抵蘇門答臘、爪哇、摩鹿加。漸次同荷蘭、葡萄牙競爭。前二九九年,進抵日本的平户。前二七七年,崇禎八年。也到澳門來求互市。葡萄牙人不願意他來,開礮打他。英吉利人也還擊,把葡人礮臺打毀。葡人纔告訴中國官吏,許他出入澳門。然而英國在中國的貿易,畢竟爲葡人所妨礙。其在日本的貿易,也爲荷人所排斥。只有在印度,卻逐步得勢,凌駕其他諸國之上。

以上所述,是西人從海路東漸的情形。還有一條路,卻是從陸上來的。

俄羅斯本來行的是封建政體,從給蒙古征服以後,仍分爲無數小國,服屬於欽察汗。而梯尤愛耳、墨斯科二公最强。元仁宗時,梯尤愛耳公叛。墨斯科宜萬一世,代蒙古人,把他征服。於是受命於蒙古,得統轄其餘的小侯。威勢日盛。前四五〇年頃,宜萬三世,就叛蒙古而自立。

先是拔都建國之後,把東部錫爾河以北的地方,分給他的哥哥鄂爾達。從此以北,而抵烏拉河,則分給他的兄弟昔班。歐人就他所居宮帳的顔色,加以區别。稱拔都之後爲金帳汗。拔都居浮而嘎河下游的薩萊。鄂爾達之後爲白帳汗。昔班之後爲藍帳汗。亦稱月即别族(Usoeg)。昔班的兄弟脱哈帖木兒的後人,住在阿速海沿岸,稱爲哥里米汗。金帳汗後嗣絶後,三家之裔,都要想入承其統,争奪不絶。宜萬三世叛時,欽察汗阿美德,白帳汗後裔。號令只行於薩萊附近。前四四二年,明憲宗成化六年。阿美德伐俄,戰敗陣亡。欽察汗統系遂絶。後裔據窩瓦、烏拉兩河間,又分裂爲大斡耳朵(Orda)、阿斯達拉干(Astrakan)兩國。這時候,薩萊北方的喀山,爲哥里米汗同族所據;和西方的哥里米汗,鹹海沿岸的月即别族,都薄有勢力。俄人乃和喀山、哥里米兩汗同盟。前四一〇年,明孝宗弘治十五年。哥里米汗滅大斡耳朵。前三八〇年,明世宗嘉靖三十一年。俄人滅喀山。前三七八年,滅阿斯達拉干。哥里米附庸於土耳其,到前一二九年,清高宗乾隆四十八年。亦爲俄所滅。

月即别族,還有在葉尼塞、鄂畢兩河間的,西史稱爲失必兒汗(Sibir)。俄人既興之後,收撫了可薩克族,叫他東侵。擊破失必兒,東略西伯利亞之地。前三二五年,明神宗萬曆十五年。始立託波兒斯克。自此託穆斯克,前三〇八,萬曆三十二年。葉尼塞斯克,前二九三年,萬曆四十七年。雅庫次克,前二八〇年,明毅宗崇禎五年。鄂霍次克,前二七四年,崇禎十一年。相繼建立。前二七三年,直達鄂霍次克海。又想南下黑龍江。清俄兩國的衝突,就要從此發生了。

第二節　基督教初入中國的情形

基督教最初傳到中國來的,是乃斯脱利安派(Nestorian)。唐人謂之景教。高宗曾准他於長安建立波斯寺。因爲齎其經典而來的,是波斯人阿羅本。信徒頗多。武宗時,毁天下寺院,勒令僧尼還俗。景教也牽連被禁。從此就衰歇無聞。當時教徒,建有一塊大秦景教流行中國碑。唐後没於土中。到明末纔出土,現在仍在長安。元世祖時,意大利教士若望高未諾(Monte Corvino),受羅馬教皇尼古拉斯第四的命令,從印度到中國來。得世祖的許可,在大都建立加特力宗的教堂四所。信教的亦頗不乏,但都是蒙古人,所以到元亡之後,便又中絶。

前三三二年,明神宗萬曆八年,西曆一五八〇年。利瑪竇(Matteo Ricci)來到澳門,在肇慶從事傳教。他深知道在中國傳教,不是容易的事情;而又曉得一切實際的科學,是中國人所缺乏;頗想借此以爲傳教的手段。於是首先譯述《幾何原本》(還譯述他種書籍)。當時的士大夫,頗有和他往還的。前三一三年,始入北京,以聖像和時表,獻於神宗。交結朝臣頗多。很有佩服他學問的人。也間有信他教義的。前三一二年,利瑪竇再入北京,貢獻方物。就得神宗賜以住宅。明年,並准他建造天主堂。四五年之後,信徒就有了二百餘人。李之藻、楊廷筠、徐光啓等,熱心研究西洋科學的人,都在其内。

前三〇二年,利瑪竇死了。南京一方面,反對的聲浪大起。前二九六年,朝廷就下令禁止傳教。把在京師的教士,都逐回澳門。後來和滿洲開衅,需用銃礮,很爲迫切。而這時候的大礮,尤卓著傚力。教禁就得因此而解。前二九〇年,熹宗天啓二年。熹宗派人到澳門,命羅如望(Joannes de Rocha)、陽瑪諾(Emmanuel Diaz)等,製造銃礮。明年,並召用艾儒略(Julio Aleni)、畢方濟(Franciscus Sambiaso)等。而鼎鼎有名的湯若望(Adam Schall),不多時亦來到北京。這時候,明朝所用的大統曆,又疏舛了。於是湯若望就受命,在所設四個曆局的東局裏,從事測驗。前二七一年,崇禎十四年。新曆成。前二六九年,八月,“詔西法果密,即改爲大統曆法,通行天下。未幾國變,竟未施行”。多爾衮入關後,湯若望上書自陳。前二六七年,順治二年。即用其法爲時憲曆。並令湯若望管理欽天監。教士在此時,可謂大得勝利了。參看《明史》第三十一卷。

不道清世祖死後，而反動力又起。原來明朝的欽天監裏，本有一班反對西法的人。只因測驗得不及他準，無可如何。清初雖仍用湯若望，而這種反對的勢力，還沒消滅。世祖死後，就利用這朝局變動的機會，舊時欽天監裏的人員楊光先，首先出頭，攻擊新法。並誣各省的教士，要謀爲不軌。於是把湯若望等，都囚禁起來。各省教士，亦多被拘禁。教堂亦被破壞，即用楊光先爲監正。復行舊法。學新法的監官，和同教士往來的官員，獲罪的也不少。這實在是明末以來對於西教西學的一個大反動力。湯若望死於康熙五年。

然而在曆法上，舊法不如新法的精密，是顯而易見的，聖祖又是個留心曆象的人。於是派員考察，知道楊光先等所說的話，都是誣妄。前二四三年，就革楊光先之職，再用南懷仁（Ferdinandus Verbiest）爲監正。

聖祖是個留心格物的人，深知西洋科學的長處。前二二三年之後，並且引用徐日昇(Pereira)、張誠(Gerbillon)、白進(Bouver)、安多(Antonius)。叫他們日日輪班，進講西學。遇有外交上的事務，也使這班人效勞。參看下節。又叫他們去測繪地圖，名爲《皇輿全覽圖》。中國向來的地圖，都不記經緯線，粗略得不堪；有經緯線的，實在從這一部圖起；而且各處的大城大鎮，都經過實測；在比較上，是頗爲精密的(從這一部圖以後，中國還沒有過大規模認真實測的地圖)。又因西洋算法的輸入，而古代的“天元一術”，得以復明。這件事，在清朝的學術界上，也頗有影響。

教士的科學，雖然受一部分人的歡迎；然而他的教義，要根本上受中國人承認，是不容易的。所以不至惹起重大的反動，則因此時傳教的方法，全和後來不同。不但這班教士，都改中國裝，學中國話，通中國文字；連起居飲食，一切習慣，無不改得和中國人相同。而且從利瑪竇傳教以來，就並沒禁人拜孔子，拜天，拜祖宗。他們的一種解釋，說：“中國的拜孔子，是尊崇他人格；拜天，是報答萬物的起源；拜祖先，是親愛的意思；都没有什麽求福免禍的觀念。”——所以和中國舊有的思想和習慣，覺得不大衝突。

但是從康熙中葉以後，傳教的情形，就要生出一種新變化來了。原來印度的舊教徒，本是受葡萄牙人保護的。中國的傳教事業，屬於印度的一部分，自然也是受葡萄牙的保護。而法蘭西盛强以後，想奪葡萄牙人的保護權。就自派教士到中國來傳教。前二二四年，康熙二十七年。到北京。於是葡萄牙人所專有的保護權，就被他破壞了。

後來别一派的教士，又上奏羅馬教皇，説前此傳教的人，容認中國拜祖宗……，爲破壞基督教之義。前二〇八年，康熙四十三，西曆一七〇四年。羅馬教皇，派鐸羅(Tourmon)到北京來，干涉其事。鐸羅知道此事不可造次，再三審慮之後，到前二〇五年，公元一七〇七年。纔用自己的名義，把羅馬教皇的教書，摘要發表。命不從教皇命令的教士，即行退出中國。聖祖大怒，把鐸羅捕送澳門，叫葡萄牙人把他監視。葡萄牙人，正可惡不受他保護的教士，受此委託，可謂得其所哉。把他監視得十分嚴密，鐸羅就幽憤而死。前二〇二年。當把鐸羅捕送澳門的時候，聖祖又同時下令：命教士不守利瑪竇遺法的，一概出境。前一九五年，又命一切外人，不得留居内地。世宗即位之後，因教士有和諸王通謀的嫌疑，參看上篇第五章第一節。除在欽天監等處任職者外，亦均不准在内地居住。又改天主教堂爲公所，禁止人民信教。從此到五口通商以前，形式上迄未解禁。但在乾隆時候，奉行得並不十分嚴厲。川楚教民起事後，當局對於“教”的觀念，格外覺得它可怕可惡。前一〇七年，嘉慶十年。御史蔡維鈺，疏請嚴禁西洋人刻書傳教。剛又碰着廣東人士陳若望。代西洋人德天賜，遞送書信地圖到山西。被人發覺，下刑部嚴訊。德天賜監禁熱河營房。陳若望和其餘任職教會的漢人，都遣戍伊犂。教會中所刻漢文經卷三十一種，悉數銷毁。從此以後，對於傳教的禁止，就更形認真。其所以然，固由中國人的觀念有變化；亦由前一七〇年，乾隆七年，公元一七四二年。羅馬教皇發表教書，對於不遵依一七〇四年的教書的教士,都要處以破門之罰。於是在中國的教徒,都不得再拜祖宗。和中國人的思想,大爲衝突之故。

第三節　中俄初期的交涉

西伯利亞本是一片混茫曠漠之場。清初俄人的東略,只是幾個可薩克隊,替他做先鋒。俄國國家的實力,還並顧不到東面。第一個組織黑龍江遠征隊的,是喀巴羅甫(Knabaroff)。前二六三年,順治六年。從伊爾庫次克出發。明年,攻陷黑龍江外的雅克薩城。繼喀巴羅甫而至的,是斯特巴諾(Stepanof)。前二五四年,爲寧古塔章京沙爾瑚達所殺。而葉尼塞知事泊西庫湖(Parnkoff),亦以前二五六年,組織遠征隊。前二五四年,築砦於尼布楚河口。前二五二年,亦爲寧古塔將軍巴海所敗。然隔了幾年,俄人仍佔據這兩城,互相犄角。

這一班遠征隊,只能爲剽掠的行動,絶不能爲平和的拓殖。當時俄國政府,既無力援助他,又不能約束他,弄得很招土民的怨恨;而其結果,遠征軍仍時陷於窮境。前二四二年,康熙九年。聖祖貽書尼布楚守將,詰問他剽掠的原因,責令他退出。俄人知道不能和中國抵敵,前二三七年,差人到北京,表明願意脩好通商的意思。先是俄人在黑龍江沿岸剽掠時,土酋罕帖木兒,逃到中國來,怨中國人遇之太薄,前二四五年,仍逃入俄境。及是,聖祖與約:能不剽掠我邊境,交還罕帖木兒,則可以脩好,俄人一一答應,然實際都不履行。而且仍在黑龍江左岸,築城置塞。

於是聖祖知戰事終不可免。前二三〇年,命户部尚書伊桑阿,赴寧古塔造大船。築墨爾根、齊齊哈爾兩城。置十驛以通餉道。以薩布素爲黑龍江將軍,預備出征。前二二七年,都統彭春,以水軍五千,陸軍一萬,渡黑龍江,擊敗俄人,毁壞雅克薩城。而俄將圖耳布青(Alexei Tolbusin),仍即在原處再行建築。前二二六年,薩布素親自出兵攻擊。俄人竭力死守。這時候,俄國軍備單薄,圍城半月,城中能戰鬬的,只有一百五十人,危在旦夕。幸而和議開始,聖祖傳命停止攻擊。雅克薩城,纔得免於陷落。

俄人這時候,正當喪亂之後,又和波蘭、土耳其搆兵,斷無實力顧到東方。所以很希望同中國搆和(剽掠黑龍江沿岸的土人,也是俄國政府很不願意的,不過無法禁止這一班遠征隊)。公元一六五五、順治二年。一六五六、一六六九、康熙八年。一六七〇、一六七六年,連派使臣到中國來,要想脩好通商。無奈都因"正朔"、"叩頭"等問題,弄得不得結果。公元一六八六年,俄國又派全權公使費耀多羅(Feodor Alexeniiuch Golovin)到東方來,和中國協議,先遣人來報告起程和到着的日期,並請約定協議之地。前二二四年,康熙二十七年。聖祖亦派内大臣索額圖、都統佟國綱、尚書阿爾尼、左都御史馬齊、護軍統領馬喇、督捕官張鵬翮等爲欽差大臣,以教士徐日昇、張誠爲通譯,前往開議。明年,六月四日,與俄使會於尼布楚。這時候,中國使臣的扈從,已有精兵萬餘。聖祖又命都統郎坦,發兵一萬,從愛琿水陸並進,以爲使臣的後援。八月八日,初次開議。俄國使臣,要以黑龍江分界。中國使臣不許。遲之多日,到二十三日再會議。又不成。二十五日,教士居間調停,亦無效。於是和議決裂在即。而這時候,俄國的兵力,斷非中國之敵。二十七日,俄使乃表示讓步,續行開議。九月九日,議成。兩國的疆界:東自黑龍江支流格爾必齊河,沿外興安嶺至海。凡嶺南諸川,入黑龍江者,都屬中國,嶺以北都屬俄。西以額爾古訥河爲界,河南屬中國,河北屬俄。兩國的臣民,持有護照的,均許其入境通商。這一年,俄大彼得纔親政,以後俄的情形,也就和前此不同了。

俄國希望同中國通商,也由來已久。前三四五、明穆宗隆慶元年。前二九三明神宗萬曆四十七年。兩年,就遣使前來。因無貢物,不許朝見。前二五七、順治十二年。前二五六、前二五一、前二四二康熙九年。年所派各使,則或以商人兼充,或以商人爲副。大抵肯跪拜的,中國就許其朝見。不肯的,就不許。而帶來的貨物,則總許其發賣的。前二七六年的使臣,係荷蘭商人。一切都依朝貢的禮節,居然得允許通商。但是還沒有確實的辦法。從《尼布楚條約》定後,兩國的通商就明訂在條約上了。然而依舊不能實行。於是俄帝彼得,又派德國人伊德斯(Iaes)到中國來。康熙三十二年,到北京議定,此後俄商,每三年許到北京貿易一次。人數以二百爲限。寓居京城裏的俄羅斯館内。共準滯留八十日。其貨物並得免税。中俄通商的事情,到此纔有個明確的辦法。其土謝圖汗與西伯利亞接境處,則人民互相貿易,由來已久。至此亦仍准其歲一互市。然在北京的貿易,因爲管理的官吏所誅求,不甚發達。其在土謝圖汗境内,則因並無官員管理,紛擾頗甚。而蒙人逃入俄境的,俄人又均不肯交還。到後來,土謝圖汗就請於朝廷,要絶其貿易。而天主教士在京師的,亦和俄國人不協,攛掇聖祖,把俄人趕掉。前一九〇年,康熙六十一年。朝廷就下詔,命所有的俄人,概行退出國境。於是中俄的通商關係,又復中斷。

不多時,俄國女主加他鄰第一,又派使臣拉克青斯奇來,請議通商和俄蒙邊界事宜。前一八五年,雍正五年。到北京。朝廷也願意同他開議。而以和外國使臣在京城議約,是從來所無之事。仍叫他退回恰克圖,再派内大臣策凌色格,侍郎圖理琛去和他開議。是爲《恰克圖條約》。俄蒙交界:自額爾古訥河岸,到齊克達奇蘭,以楚庫河爲界。自此以西,以博木沙奈嶺爲界。而以烏特地方,爲兩國中立之地。俄商仍得三年一次到北京貿易,而人數加至三百人,留居的期限,亦展至三年。到前一七五年,乾隆二年。纔取銷北京的貿易,專歸並恰克圖一處。此後交涉,每有葛藤,清朝就以停止互市爲要挾的手段。乾隆三十年、三十三年、四十四年、五十年,共停市四次。五十年停得最久,到五十七年纔復開。又計立條約五款。

第四節　西南最初對待外人的情形

清朝和外國人交涉,是自尊自大慣了的,——也是暗昧慣了的。——打破他這種迷夢的第一聲，便是五口通商之役。這一次的交涉，弄得情見勢絀；種種可笑，種種可恨，種種可惱；從此以後，清朝在外交界上，就完全另換了一番新局面了。這種事情，其原因，自然不在短時間內。若要推本窮原論起來，怕真個“更僕難盡”。且慢，我且把西人東漸以後，五口通商以前，清朝對西洋人的交涉，大略敘述出來。這雖是短時間的事情，卻是積聚了數千年的思想而成的。真不啻把幾千年來對外的舉動，縮小了演個倒影出來。讀者諸君看了，只要善於會心，也就可以知道中國外交失敗的根源在什麽地方了。

清朝的開海禁，事在前二二七年。康熙二十四年。於澳門、漳州、定海、雲台山四處，都設立税關。前一五五年，又把其餘三處停罷了。外人來通商的，只許在澳門一處。這時候，外商自然覺得有點不便。然而其所最苦的，卻還不在此。你道最苦的是什麽？

（一）收税官吏的黑暗。浮收的税，要比正額加幾倍。這還是税則上有名目的東西，其無名目的東西，就更横征暴斂，没個遮攔。

（二）賣買的不自由。當時的外國商人，不但不准和人民直接做賣買，並不准和普通商人直接做賣買。一切貨物，都要賣給“公行”（一種由商人所組織而爲國家所承認的中買機關）裏頭。再由公行賣給普通商人。

（三）管束外商章程的無謂。這種章程，是前一五三年，因總督李侍堯之奏而定的。説起來更可發一笑。當時的外國商人，除掉做賣買的時候，不准到廣東。而做賣買的期限，一年只有四十天。又定要住在公行所代備的商館裏（嘉慶時候，定了通融辦理的章程，每月初八、十八、二十八三天，准帶着繙譯，到花園裏去走走）。以前則簡直硬關在商館裏的。而到商館裏來的外商，又不准攜帶家眷。出外不准乘坐轎子。要進稟帖，也得託公行代遞，不得和官府直接。萬一公行阻抑下情呢？也只得具了稟帖，走到城門口，託守城的人代遞，不准入城。這許多章程，不知道爲的是什麽？

前一一九年,乾隆五十八年。英國派了個大使馬戛爾尼(Earl of Macartney)來,請求改良廣東通商章程。並許英人在舟山、寧波、天津三處通商,於北京亦設立貨棧,銷賣貨物。這時候,正直高宗八旬萬壽,朝臣就硬把他算做來慶祝萬壽的。賞賜了一席筵宴,許多東西。而於其所請之事,下了兩道敕諭給英王,則一概駁斥不准。

前九六年,嘉慶二十一年。英國再遣阿姆哈司(Amherst)前來,這時候,西洋人到中國來,是只准走廣東的。阿姆哈司從天津上岸,中國已以爲違例。偏偏他的行李又落後。因國書未到,要請暫緩覲見。中國人就疑心他並没帶得表文,立刻逼着他出京。但是雖没有許他覲見,仍賞賜英王珍玩,對於使臣,也加以撫慰,令其馳驛從廣東回去。在清廷,還算是恩威並濟的意思。

北京一方面,既已如此。而廣東一方面,又起了一番新轇轕。原來從公元一八三四年前七八年,道光十四年。四月以前,英國對中國的通商,也在東印度公司專業權的範圍内的。前八一年,道光十一年。廣東總督,因東印度公司的專業權,將次取銷。命公行通知公司,希望其解散之後,也派出一個大班來,以便處理各事。前七九年,英王任命拿皮樓(Napier)爲主務監督。而中國人仍當他是大班,不許他和官府直接,要用稟帖,和公行轉呈。争論多時,拿皮樓便坐了一隻船,硬闖入廣東,要見總督。總督説他不遵約束,發兵把商館包圍起來。而且停止了英國人的通商,斷絶了他們的糧食飲水。英國人没法,只得婉勸拿皮樓,回了澳門。不多時,拿皮樓便死了。繼任的兩個人,都很軟弱,不大敢同清朝人開交涉。四五年間,倒也平安無事。前七五年,英國把主務監督廢了,派義律爲領事,又要求進城。這時候,鄧廷楨爲廣東巡撫,頗明白事理,就奏請准其進城。然而要求一切公事,和中國官府直接,仍辦不到。於是義律報告本國政府,説要同中國通商,非用兵力强迫不可;而這時候,適又有一個鴉片問題發生;兩國的戰機,就勃發而不可遏了。這一節叙事,請參看《清朝全史》。

第五節 五口通商

鴉片煙輸入中國,是很早的。《開寳本草》宋太祖開寳時,命劉翰馬士等所脩,名《開寳新本草》。後以"或有未允",又令翰等重加詳定,是爲《開寳新詳定本草》。上頭,就有他的名字了。但這時候,只是當做藥用。吸食的風氣,怕是起於明末的。前一八三年,便是清朝的雍正七年,已經有了禁令。但這時候,輸入的數目還不多(大概是葡萄牙輸入的)。前一一九年,乾隆五十八年。英國東印度公司,得了壟斷中國貿易的特權;孟加拉又是鴉片煙産地;輸入就日多一日。當前一八三年,每年不過二百箱左右;前九一年,道光元年。增至四千箱;前八四年,增至九千箱;前七三年,又增至三萬箱。

前七四年,道光十八年。宣宗派林則徐爲欽差大臣,馳往廣東海口查辦,並節制廣東水師。明年二月,則徐逼英商繳出鴉片二〇二六三箱。每箱一百二十斤,共約直銀五六百萬兩。悉數在虎門焚毀。奏請定律,洋人運鴉片入口的,分别首從,處以斬絞。又佈告各國,商船要具"夾帶鴉片,船貨充公。人即正法"的結,當時在廣東,商務最盛的,是英、美、葡三國。葡、美都答應了,義律卻不肯應允。則徐就又下令沿海州縣,絶掉英人的供給,義律無法,託葡萄牙人出來轉圜,願留"船貨充公"四字,但求删"人即正法"一語,則徐仍不許。於是中國雖然許英商具了結,照舊通商,而義律卻禁止英國的船,不准到廣東去。一件交涉,依然擱在淺灘上。而這時候,偏又有幾個英國的水兵,到香港去,把個中國人,名唤林維喜的打死。中國人要英人交出罪犯來。英人說:已經在船上審訊過,定了他監禁的罪了。兩國又起出衝突來。十一月,就又停止英國人的貿易。

前七二年,二月,公元一八四〇年四月。英國議院裏,贊成了英政府用兵。調印度和喜望峯的兵一萬五千人,叫加至義律統帶前來。五月,以軍艦十五隻,汽船四艘,運送到澳門。廣東發兵拒敵,把他的杉板船,燒掉兩隻。義律轉攻厦門。又寇浙江。六月,把定海打破。這時候,各疆臣怕負責任,都怪着林則徐,相與造作謡言,説廣東的事情,弄得決裂,其中是别有原因的。朝旨也就中變,派兩江總督伊里布到浙江去視師,並且訪問"致寇之由"。又諭沿海督撫:"洋船儻或投書,可即收受馳奏。"義律來時,本帶着英國宰相巴馬斯(Lord Palmerston)給中國首相的書函,其中所要求的是:

(一) 賠償英國貨價。

(二) 開廣州、厦門、福州、定海、上海五口通商。

(三) 中英交際的禮儀,一切平等。

(四) 賠償英國兵費。

(五) 不因英船夾帶鴉片,累及居留英商。

(六) 盡裁華商經手浮費。

叫他戰勝之後,即行投遞。義律攻破定海,就把這封信送到寧波府衙門裏。寧波府説:要送到北洋,纔有人能收受呢。於是義律逕赴天津。把這封信送交直隸總督琦善。琦善奏聞,朝廷説:這件事,是在廣東鬧出來的,仍得在廣東解決。叫義律回廣東去守候。於是革林則徐兩廣總督之職,用琦善署理。義律也回到舟山,和伊里布定休戰之約。

十月,琦善到廣州。他不合把林則徐所設的守備,盡行裁撤。談判既開,琦善答應賠償英國煙價六百萬圓,義律又要求割讓香港,琦善不敢答應。十二月,義律進兵,陷沙角、大角兩礮臺。琦善不得已,煙價之外,又許開放廣州,割讓香港。於二十八日,簽定草約。公元一八一四年一月二十日。

而朝廷聞英人進兵,大謂不然。前七一年,正月,以奕山爲靖逆將軍,楊芳、隆文爲參贊大臣,前赴廣東。江督裕謙爲欽差大臣,赴浙江視師。伊里布回江督本任。二月,英人陷横當、虎門各礮臺,水師提督關天培戰死。原有的大礮三百多尊,林則徐所買西洋礮二百多尊,盡落敵人之手。三月,奕山到廣東。四月初一,發兵夜襲英人,不克。明日,英兵再進攻。至初五日,城西北兩面礮臺,盡爲英人所佔。全城形勢,已在敵軍掌握之中。奕山不得已,再定休戰條約。於煙價外,先償英人軍費六百萬元,儘五日之内交付。將軍帶着所有的兵,都退到離城六十里的地方駐紮。

而英國一方面,也怪義律的草約,定得忒吃虧。説賠償煙價,既已不够;"商欠"軍費,更無着落。英國人住居中國,也無確實的安全保證,於是召還義律,代以璞鼎查(Sir Henry Pottinger)。七月,攻陷厦門。八月,攻舟山。總兵王錫朋、鄭國鴻、葛雲飛,同時殉難。裕謙時守鎮海,提督余步雲守甬江口,英兵登陸,余步雲逃走,裕謙兵潰自殺。九月,朝廷以奕經爲揚威將軍,進兵浙江。怡良爲欽差大臣,駐紮福建。牛鑒爲兩江總督。前七〇年,正月,奕經攻寧波、鎮海、定海,皆不克。三月,英撤寧波、鎮海的兵,進迫乍浦。四月,乍浦失守。五月,英兵陷吴淞,提督陳化成戰死。英人連陷寶山、上海。六月,陷鎮江。七月,逼江寧。朝廷不得已,以耆英、伊里布、牛鑒爲全權大臣,赴江寧同英人議和。七月二十四日,公元一八四二年八月二十九日。和議成。是爲《南京條約》。其中重要的條款是:

(一)賠償英國軍費六百萬元,商欠三百萬,鴉片價六百萬。

(二)開廣州、厦門、福州、寧波、上海五處爲通商口岸,英國得派領事駐紮。英商得自由攜眷居住。

(三)割讓香港。

(四)中英交際,一切儀式,彼此平等。

於是《中美條約》,前六八年六月。《中法條約》,同上年九月。相繼而成,中國在外交上,就全然另换一番新局面了。

五口通商一役,種種的經過,都是不諳外情當然的結果,無足深論,所可惜的,當時别種方面,雖然屈從英國人,禁煙一事,仍舊可以提出的。——當義律到天津投書的時候,津海道陸建瀛,就主張把禁煙一層,先和他談判。——而當時議約諸人,於此竟一字不提。倒像英國的戰争,專爲强銷鴉片而來;中國既然戰敗,就不得不承認他販賣鴉片似的。於是中國對於鴉片,既無弛禁的明文;而實際上反任英人任意運銷,變做無税的物品。直到前五三年,咸豐九年。《天津條約》訂結之後,纔掩耳盗鈴的,把他改個名目,唤作洋藥,征收關税。

第六節　英法兵攻破京城和東北的割地

五口通商之役,看似積年的種種交涉,得了一個解決;其實不然。這種對外的觀念,都是逐漸養成的,哪裏會即時改變呢?所以條約雖定,仍生出種種的轇轕來。

五口通商之後,四口都已建有領事館。惟廣東人自起團練,依舊不准英國領事進城。這時候,兩廣總督是耆英。知道廣東的民氣,不是好惹的;而英國人又是無可商量的。於是一面敷衍英國領事,請他暫緩入城,一面運動内用,以爲脱身之計。前六五年,耆英去職。徐廣縉爲兩廣總督。葉名琛爲廣東巡撫。這兩個,都是"虚憍自用"的。前六三年,英領事乘坐兵艦,闖入廣東内河。廣東練勇,同時聚集兩岸,有好幾萬人。呼聲震天。英國人倒也喫了一驚。徐廣縉就乘此機會,和他商議。同英國的香港總督另訂了幾條《廣東通商專約》,把入城一事,暫緩置議,載入約中。就把這件事張皇入奏。宣宗大悦。封徐廣縉一等子,葉名琛一等男,又批了些"朕覽奏之下,欣悦之情,難以言喻"。"難得我十萬有勇知方之衆,利不奪而勢不移。""應如何分别嘉獎,並賞給匾額之處,即着徐廣縉酌度情形辦理,毋任屯膏"的話。於是徐廣縉、葉名琛,揚揚得意,自以爲外交能手;朝廷也倚重他,算外交能手了。

前六〇年,文宗咸豐二年。徐廣縉去職,葉名琛代爲總督。前五六年九月，有一隻船，名喚亞羅（Arrow）的（這一隻船，本是中國人所有。船主也是中國人。但曾在英國登記，而這時候，登記的期限，又已滿了），載着幾個海盜，停泊廣東。中國水兵，上去蒐捕，把英國的國旗毀掉。領事巴夏禮（H. S. Parker）大怒，就發哀的美敦書給葉名琛，葉名琛置諸不理，卻又毫無防備。巴夏禮就發兵攻陷省城。然而巴夏禮並未得到他政府的許可，這件事究竟是不合的。所以旋即退去。而廣東人民羣情激動，把英、法、美的商館，盡行燒掉。巴夏禮就報告本國政府請戰。第一次在議會裏，沒有通過。巴馬斯把議會解散，第二次，主戰論就佔勝了。剛剛這時候，廣西地方，又殺掉兩個法國教士。法皇拿破崙三世，也是個野心勃勃的，就和英國人聯合，派兵前來。前五五年，十一月，把廣州打破，葉名琛擄去。後來死在印度。從此以後，廣州就爲英法兩國所佔，直到前五二年和議成後纔交還。

這時候，俄、美兩國也想改訂通商條約。於是四國各派使臣，致書中國首相。託兩廣總督何桂清轉達。中國這時候的政府，有一個觀念，便是什麼事情都不願意中央同外人直接，都要推給疆吏去辦。——這個雖有別種原因，還是掩耳盜鈴，遮蓋面子的意思，居其多數。因爲這時候，實力不足，同外國人交涉，明知沒有什麼便宜，推諉給疆吏，面子上覺得好看些。——於是說俄國的事情，要和黑龍江將軍商辦，英、法、美三國的事情，交給廣東總督辦理。偏又外國人不滿意和中國的疆吏交涉，四國使臣，仍舊聯翩北上。前五四年，二月，到了天津。朝廷沒法，只得派直隸總督恒福和他開議。卻又沒派恒福做全權，遇事總要奏請，自然不免遲滯。英、法兩國，也有些有意尋衅。四月，就攻陷大沽礮臺。朝廷沒奈何，再派大學士桂良、沙花納做全權大臣，到天津開議。英、法兩國，各定了新約。其中緊要的英約是：

（一）開牛莊、登州、臺灣、潮州、瓊州五處爲通商港。洪楊亂平後，漢口至上海，長江沿岸，再開三處做通商港。後來開了漢口、九江、鎮江。

(二) 償軍費、商虧各二百萬兩。

(三) 中英兩國互派公使。

(四) 英人得攜護照至内地遊歷。

(五) 英人犯罪,由英國領事審判。華人欺壓英人,由中國地方官懲辦。其兩國人民争訟,由中國地方官會同英國領事審理。

(六)《南京條約》之後,輸出入貨,係直百抽五。現因物價低落,課税要謀減輕,由兩國派員,另定新税則。經此次協定之後,關於通商各款,十年一改。商船在一五〇噸以上的,每噸課銀四錢。以下的,每噸課銀一錢。

《法約》開瓊州、潮州、臺灣、淡水、登州、江寧六口。——江寧俟洪楊平後,實行開放。天主教徒,得自由入内地傳教。其軍費、商虧之數,各較英國減半。而(三)(四)(五)(六)四款,則與《英約》大致相同。並且訂明將來中國若把更優的權利許與别國時,法國得一體享受。

於是於沿海之外,開放及於内河。而且"領事裁判權"、"協定税率"、"最惠國條例",都從此而開其端。這一次條約的損失,真是巨大而可驚了。

草約既定,言明一年之後,到天津來交换。朝廷鑒於這一次的事情,就命僧格林沁在大沽口設防。前五三年五月,英法兩使,走到大沽。僧格林沁叫他改走北塘。英法兩使不聽,乘兵船硬行闖入。僧格林沁便命礮臺發礮。把英國的兵船,打壞四隻。英、法兩國上岸的兵士,非殺死,即被擒。兩使狼狽,逃到上海。朝議以爲經過這一次,英法兩國,一定要易於就範些了,就下了一道上諭,説:"該夷狂悖無禮,此次痛加剿殺,應知中國兵威,未可輕犯。"把去年的約廢了,叫他派人到上海來重議。前五二年,六月,英法兵在北塘登岸,攻大沽礮臺後路。大沽礮臺失陷了。僧格林沁退守通州。英法兵進攻天津。

朝廷又命大學士桂良、直督恒福,前往議和。

(一)於八年條約之外,又開天津爲商港。

(二)償兩國的軍費,改爲八百萬兩。

(三)英法兩使,各帶隨從數十人,入京換約。

清廷靠着僧格林沁的大兵,還在張家灣,不肯批准。英法兵就進逼北京。清廷再派怡親王載垣前往議和。於是巴夏禮到通州去會議。到第二次會議的時候,有人對載垣說:"英使衷甲將襲我。"載垣大懼,忙去告訴僧格林沁。僧格林沁便發兵把巴夏禮捕獲,拘禁起來。英法遂進兵。戰於張家灣,僧軍大敗。副都統勝保,從河南來。"紅頂花翎,騁而督戰。"給英法兵注目了,一槍打下馬來。兵亦大潰。

清廷罷載垣,改派恭親王奕訢,命以全權與英法議和。八月初八日,文宗逃往熱河。二十二日,法兵佔據圓明園。——明日,英兵續至。這時候,奕訢已將巴夏禮放還。英法致書奕訢,說二十九日不開門,就要礮擊京城。奕訢不得已,如期開門,把他們迎入。而與巴夏禮同時監禁的人,又瘐斃了十幾個。英人大怒,一把火,把圓明園燒掉。奕訢膽小如鼠,不敢出來。還靠俄公使居間,力保英法兩國人,決不給他喫眼前虧。奕訢纔出來了。九月,十一日,和英法議定條約。除承認《天津條約》外,又開天津做通商港;英法同。改賠款爲八百萬兩;英法同。把九龍半島割給英國。《法約》中又准教士在各省租買田地,建造房屋。參看第三章第四節。

當尼布楚定約時,俄人還並不深知道東方的情形(當時把庫頁當做半島,黑龍江雖有口子,也不能航海的)。直到前六五年,俄皇尼古拉一世,派木喇福岳福(Muravief)做東部西伯利亞總督,纔銳意經略,他的朋友聶念爾斯可(Nevelsky),同時做貝加爾號船長。又銳意在沿海一帶探險。於是建尼科來伊佛斯克於黑龍江口。前五四年,俄人派布哈丁(Putiatin)到天津,同中國訂結條約。同時又派木喇福岳福到愛琿,和黑龍將軍奕山訂約。木喇福岳福要求以黑龍江爲兩國之境。奕山不允。木喇福岳福持之甚堅,且以開戰相恫愒。奕山遂爲所懾,把黑龍江以北送掉。到恭親王同英法議和的時候,俄使伊格那替業幅(Ignatief)爲之居間調停。借此自以爲功。又要求中國改訂條約。於是這一年十二月裏的《北京條約》,就又把烏蘇里江以東的地方送掉了。——俄國的海軍根據地,就從尼科來伊佛斯克而移於海參崴。參看《清朝全史》。

第二章　咸同時的大内亂

第一節　太　平　軍

五口通商以後，清朝的紙老虎，給人家都看穿了。從秦漢以後，中國歷史上，有一公例："承平了數十百年，生齒漸漸的繁起來；一部分人的生活，漸漸的奢侈起來；那貧富也就漸漸的不均起來；這種現象，一天甚似一天就要釀成大亂爲止。大亂過後，可以平定數十百年，往後就又是如此了。"（這是由於生産方法和生産社會的組織，始終没有變更的緣故）清朝從乾隆以後，恰好到這時代了。雖然有川楚教民……亂事，社會的心理，還没有厭亂。借宗教煽誘愚俗，也是歷代都有的。從西人東漸以後，黄河、長江兩流域，都還没大受他的影響。獨廣東和西洋人接觸最早，受他的影響最多。兼且上層社會中人，和固有的文化，關係較深，受外教的影響較難，下層社會卻較容易。合此種種，就造成了洪楊的亂事了。

洪秀全，花縣人。和同縣馮雲山，都師事廣東朱九濤。九濤死後，秀全别創一教，謂之"上帝教"。以耶和華爲天父，基督爲天兄，自己則爲基督的兄弟。説像基督教，又不像基督教，殊屬不直一笑（其教會稱三合會）前七六年，秀全和雲山，到廣西去佈教。就和桂平楊秀清、韋昌輝、武宣蕭朝貴、貴縣石達開、秦日綱等相結識。前六五、前六四兩年,廣東西大饑。羣盜蜂起。百姓都結團練自衛。久之,漸和上帝教中人齟齬,互相仇殺(凡團練,都是比較有身家的。上帝教中人,都是貧民)。前六二年,六月,秀全等乘機起事於桂平縣的金田村。

這時候,文宗初立。派固原提督向榮,雲南提督張必禄去打他,都無功。必禄旋病死。前六一年,八月,秀全陷永安。立國號曰太平天國。自稱天王(楊秀清、蕭朝貴、馮雲山、韋昌輝,爲東、西、南、北四王。石達開爲翼王)。九月,向榮圍之,不克。明年,二月,秀全突圍走陽朔,圍桂林。四月,北陷全州。浮湘江入湖南。江忠源以鄉勇扼之,秀全等捨舟登陸,攻陷江華、永明、嘉禾、藍山諸縣。蕭朝貴獨率一軍,取道安仁、攸縣、醴陵,北犯長沙。爲官軍所殺。秀全聞之,悉衆而北。攻長沙,不克。旋北陷岳州,掠船渡江。十一月,陷漢陽,十二月,陷武昌。前五九年,正月,棄武昌,沿江而下。連陷九江、安慶、太平、蕪湖。二月,遂陷江寧。

秀全北出的時候,向榮也跟着北來,紮營於江寧城東,是爲江南大營。琦善又帶着直隸、陝西、黑龍江的兵,進紮揚州,是爲江北大營。洪秀全看了,若無其事。派林鳳翔出安徽,陷鳳陽,由歸德攻開封,陷懷慶,西北入山西,又回到直隸。後來這支兵,被僧格林沁打敗。逼到獨流鎮,滅掉。胡以晃、賴漢英泝江而上,再陷安慶、九江、武昌、漢陽,並南下岳州、湘陰。這時候,曾國藩以侍郎丁憂在籍,創辦團練,又聽了江忠源、郭嵩燾的話,在衡州練起水師。前五八年,正月,出兵打破洪楊的兵。七月,湖南肅清。八月,會湖北兵克武昌,遂復漢陽,進攻九江。洪楊軍分兵出上流,再陷武昌以牽制之。國藩分兵圍九江,自赴南昌,籌畫戰守。這時候,江西州縣,幾全爲洪楊軍所佔。國藩孤居南昌,一籌莫展。江南大營,又以前五六年六月,爲洪楊軍打破,向榮退守丹陽病死。洪楊軍勢大振。

這一年,十一月,官文、胡林翼攻破武昌。從洪楊軍起,武昌三陷,漢陽四陷。這時候,胡林翼竭力經營,纔屹爲重鎮。向榮死後,和春代將，用榮舊部張國樑，盡力搏戰。前五五年，十一月，克鎮江、瓜洲。明年，三月，就逼近江寧紮營。而秀全從起事之後，把大事付託楊秀清。秀清漸漸的專起權來。秀全與韋昌輝同謀，殺之。旋又殺昌輝。石達開不自安，獨領一軍西上，不再回江寧。太平軍的軍勢，就漸漸的衰弱了。

前五四年，春夏間，太平軍只據得江寧、安慶，做個犄角之勢。於是官文、胡林翼，會籌進取。叫陸軍攻皖北，水軍攻安慶，想兩道並進，會攻江寧。誰想十月裏，李續賓進攻皖北，和陳玉成戰於三河集，大敗。續賓死了。攻安慶的都興阿，也只得撤圍而退。於是陳玉成攻破揚州（太平軍中，楊秀清死後，李秀成是個後起之秀，居中調度）。先分兵攻閩、浙，以分官軍的兵力。前五三年，三月，並力攻破江南大營。蘇、松、常、太皆陷。和春、張國樑，先後都死。於是官軍進取之勢，又一頓挫。

詔以曾國藩爲兩江總督。時國藩方圍安慶，以兵事屬其弟國荃，自己駐兵祁門，太平軍圍而攻之，形勢甚爲緊急。前五一年，十一月，胡林翼命曾國荃攻破安慶，官軍的形勢，纔復有轉機。於是曾國藩分兵：命左宗棠、鮑超肅清江西。多隆阿攻安慶以北。曾國荃平定沿江要隘。前五〇年，穆宗同治元年。多隆阿陷廬州，陳玉成走死。五月，曾國荃以兵二萬，深入圍金陵（彭玉麟帶着長江水師，做他的後援）。李秀成見事急，南攻杭州，以圖牽制。國藩乃薦左宗棠巡撫浙江，沈葆楨巡撫江西，帶李鴻章自往淮、徐募兵，以攻蘇、松。八月，江寧大疫，曾國荃的兵，罹病的很多。李秀成等猛攻之，一連四十六日，竟不能破。於是官軍的氣燄益張，太平軍無可挽回了。明年，四月，國藩攻破雨花台、九洑州。十月，城外要隘略盡。李秀成入城死守。前四八年，三月，諸軍遂合圍。六月，城破。洪秀全先已服毒而死。秀全的兒子福瑱，逃到江西，爲官軍所執。其石達開一股，從和洪秀全分離後，從江西入湖南，又入廣西，攻擊湖廣交界。前五一年，入四川。明年，爲總督駱秉章所擒。其餘太平軍的餘黨，有分擾各處的，也旋即平定。

太平軍初起時,以區區嶺南的窮民,乘間北出,不一年而攻取江寧,震動全國;後來兵鋒所至,幾及了一十六省,除陝甘二省。攻破了六百多城,其中不可謂無才。他初起的時候,發佈“奉天討胡”的檄文。也總應當得幾分漢人的同情。又這時候,外人方厭惡滿洲政府的頑固,對於太平軍,也頗有表同情的。太平軍要想成功,實在不是没有機會。但是當時民族的自覺,勢力頗小。而君臣之義,卻頗有勢力。曾國藩生平,帶這種色彩,頗爲濃厚。他所作《陳岱雲妻墓誌銘》説:“民各有天惟所治,纛我以生託其下,子道臣道妻道也,以義擎天譬廣厦,其柱苟頹無完瓦。”正是這種思想的表現。大概他們看了這種階級社會裏頭的道德,是維持社會所必需。當時的人的思想,自只如此。後來的人,抱民族主義的,説他爲什麽要做滿洲的奴隸?已經可笑了。抱政治思想的,又説他爲什麽不把滿洲政府推翻,好把政治徹底改良?這更陷於時代錯誤。推翻王室,改良政治,這件事,在大家都抱着君主思想的時代,談何容易辦到。況且曾國藩等,何嘗知道徹底改良政治來。以練兵造船……爲自强,正是這班中興名將的政策。太平天國的政治,都帶有西教的色彩,尤易爲一般人所疾視。而且他初起兵時,軍紀嚴肅,軍中的重要人物,也都是朝氣。後來始起諸王,互相屠戮。洪秀全也漸漸荒淫。一切軍事政事,都出於他的兄弟仁福、仁達之手,日益腐敗。奸淫搶掠的事情,也一天天多了,自然人民就反對他。這是太平軍所以失敗的原因。

第二節　捻　　軍

捻軍是山東遊民,相集爲捻,並没有什麽大略。然而他的行兵,很爲飄忽。當時没鬧成流寇,也算是徼幸的。“捻”字的名稱,不知其起源。其聚起事,也起於咸豐初年。前五九年,洪秀全既據江寧,捻軍乘機,也佔據宿州、壽州、蒙縣等地,横行於山東、河南、安徽之間。官軍屢爲所敗。前五二年,英法聯軍入北京,官軍防守稍疏,捻軍又乘機出濟寧,大掠山東。詔僧格林沁攻之,僧格林沁攻破雉河集,殺其頭領張洛行。有一個鳳台生員，名喚苗沛霖，佔據壽州。同太平軍和捻軍，都暗中交通，亦爲僧格林沁所擊斬，捻勢少衰。然而其黨既多，朝廷方注意太平軍，又没有多大的兵力，終不能一舉平定他。

前四八年，太平軍的首領陳得才，北入河南，和捻軍相合。於是捻勢復盛。張總愚、張洛行的姪兒子。任柱、牛洛江、陳大喜等，各擁衆數萬，出没河南、安徽間。旋大舉入湖北。襄陽、隨州、京山、德安、應山、黄州、蘄州，都遭兵禍。江寧既破，太平軍餘黨，又與捻合。其勢愈甚。朝廷仍派僧格林沁去打他。前四七年，四月，在雷州敗死。詔以曾國藩總督直隸、山東、河南軍務（李鴻章做兩江總督，替他籌畫餉械）。國藩知道捻軍多馬，步軍不能和他馳逐的。又知他一味追剿，勢必成爲流寇。於是練馬隊，設黄河水師。又創"圈制"之法，用重兵扼守徐州、臨淮、濟寧、周家口。築長隄以扼運河。捻軍來撲，大敗。於是分爲兩股：張總愚等一股入陝西，是爲西捻。賴汶光等入山東，謂之東捻。前四六年，國藩回兩江總督任，李鴻章替他剿捻。又命左宗棠辦理陝甘軍務。鴻章仍守國藩成法。嚴防運河。把東捻逼到海州，打平，西捻初據渭北，左宗棠扼渭水拒之。捻從延綏渡河，南竄山西。陷衛輝，入直隸。宗棠帶兵追剿，李鴻章也渡河來會。捻軍用馬隊到處衝突，官軍不能合圍。又行堅壁清野之法，叫各處的百姓，都築寨自守。前四四年，五月，纔把他逼到運河馬頰河之間，打平。

第三節　回　事

太平軍和捻軍之亂，可謂遍及十八行省了，卻不料回民起事於西北隅，其牽動更大。

回族的雜居秦隴，是從唐朝時候起的。到元朝而更盛。漢族的同化力雖大，而回民所信的宗教，是深閉固拒的，一時也拿他無可如何（漢回的隔閡，民族上的關係小，宗教上的關係大）。因宗教不同故,感情不甚浹洽,往往至於爭鬬。以民風論,則回强而漢弱。而在政治上,則官吏往往"袒漢抑回"。回人積怨深了,遇有機會就要爆發。官吏怕鬧出大事來,又只管糊塗敷衍;名爲招撫,實則爲其所挾制。於是回民又怨恨官吏,又看不起他們,遇事就更易於爆發。

咸豐末年,陝西因設防之故,多募回勇。前五〇年,捻軍入陝西。回勇潰散,有劫掠漢民者。漢民集衆抵禦,殺掉兩個回勇,回民就集衆,聲言復仇。剛剛有雲南的叛回,逃到陝西來。就鼓動當地回民反抗,騷擾漢民村鎮。甘回白彦虎等,乘機佔據靈州的金積堡。川人藍大順,又從四川逃到陝西,與陝回聯合。朝命多隆阿往討,把藍大順打死。而多隆阿也身受重傷,死在營裏。左宗棠督辦陝甘軍務,又因追剿捻軍,顧不到陝西。陝回聲勢遂益盛。前四四年,捻軍既平,宗棠乃回軍陝西。這時候,延、榆、綏各屬,游勇散卒,到處騷擾。都和甘回相連合。白彦虎駐紮寧州屬下的董志原,四出攻打。宗棠先把陝西肅清。前四三年,分兵三支:一支從定邊攻寧夏、靈州。一支從寧州攻環慶。一支從寶雞攻秦州,自帥大軍,進攻平涼。前四一年,七月,黄河以東,次第平定。前三九年,九月,河西亦平,白彦虎逃出關。

當陝回反抗時,派人四出鼓動。於是回酋妥得璘,就起兵佔據烏魯木齊,自稱清真王。漢民徐學功,也起兵和他對抗,把他打敗。而和卓木的子孫又來。

張格爾死後,遺族仍在浩罕,已見第六章第六節。回事既起,張格爾的兒子和卓布蘇格,乘機借了敖罕的兵,入據喀什噶爾。前四五年,其將阿古帕柏夏廢而代之,盡有南路八城。妥得璘死後,阿古柏復盡取其地。徐學功抵敵不住,只得請求内附。於是阿古柏定都阿克蘇。一面託徐學功介紹,向清朝求封册。一面又通使英俄,求其承認。俄人竟和他訂結通商條約,英國的印度總督,也派人前往聘問。英公使又代他向清朝求册封。天山南北路,簡直不像中國的了。當時朝議,以阿古柏聲勢浩大,而用兵繁費,也有主張棄天山南路的。

左宗棠堅持不可。前三七年，德宗光緒元年。三月，以左宗棠督辦新疆軍務。明年，三月，宗棠進據巴里坤、哈密，以通餉道。六月，克烏魯木齊，平定北路。前三五年，克闢展、吐魯番，扼南路之吭。——阿古帕柏夏，本是個敖罕的將，和俄人拒敵，很爲有名的。這時候，天山南路既不能保，而敖罕又於前一年爲俄羅斯所滅，弄得無家可歸。就服毒而死。兒子伯克胡里和白彦虎退守喀什噶爾。宗棠再進兵，二人皆棄城奔俄。天山南路亦平。

雲南回民，事起於前五七年。亦因漢回之積不相能，因細故而激變。這時候，中原多故，朝廷不暇顧及西南；而雲南兵又出平貴州之苗。回衆一時紛紛而起，遂至不能平定。其中著名的回酋，要推佔據大理的杜文秀、曲靖的馬連升爲最。又有馬德升，盤據省城之中。内結各營將校，外結黔西苗民，巡撫徐之銘，爲其所挾制。之銘不得已，反挾回人以自重。朝廷也無可如何他。前四九年，朝廷派潘鐸署理總督，爲回兵所害。這時候，滇局幾於不可收拾。后來代理布政使岑毓英，看破回酋馬如龍，知道他和其餘諸回酋，是不合的（先是杜文秀起兵時，專靠回教徒馬先，替他主持軍謀。後來文秀又和馬先不合。前五三年，文秀叫馬先帶兵去攻擊省城，馬先就投降官軍。這時候，雲貴總督是張亮基，受了他的降。又用他的族人馬如龍做總兵）。一意撫慰他，和他協力。先定省城，次克曲靖，斬馬連昇。前四〇年，進攻大理，杜文秀服毒自殺。明年，纔算把雲南打定。

這一次的回事，蔓延的區域極廣，聲勢也很浩大。雖然幸而平定，而因此引起俄法的交涉，就弄出無限的糾轕。其事都詳見下章。

第三章　藩屬的喪失

第一節　英俄的亞洲侵略和伊犂交涉

歷史上的匈奴、蒙古，都是從亞洲西北部，侵入歐洲的。卻從俄羅斯興起，而亞洲西北部，反受其侵略。歷史上的印度，是常受西亞高原侵略的。卻從英吉利侵入印度，而西亞高原，亦反受其侵略。而且英人的東侵從海，俄人的東侵從陸，本來是各不相謀的。乃英人從印度西北出，俄人從兩海之間東南下，而印度固斯山一帶，就做了兩國勢力的交點。這也可謂極歷史上的奇觀了。當英人侵入印度，俄人侵入兩海之間的時候，也正是清朝平定天山南北路和征服西藏之時。三國的勢力，恰成一三角式的樣子。乃英俄兩國的勢力步步擴充。而清朝的實力，則實在不能越葱嶺一步。就弄成後來日蹙百里的局面了。

要曉得英俄兩國對於亞洲的侵略，卻不可不曉得帖木兒(Timur)。帖木兒，是蒙古王室的疏族。當元末，欽察、察合台、伊兒三汗國既衰之後，參看第三篇下第四章第一節。起兵平定中亞，定都於撒馬兒干。《明史》即以其都城之名稱之爲撒馬兒干。盡服欽察、察合台、伊兒三汗國。又打敗新興的土耳其，一時威勢甚盛。帖木兒死後，前五一〇，明成祖永樂二年。國多内亂，勢漸衰。明中葉後，月即別族見第一章第一節。南定中亞，建布哈爾（Bokhard）、基華（Chiwa）兩汗國，而帖木兒六世孫巴拜爾（Zdhir Udiu Baber），侵入印度，建蒙兀兒朝。都特里。至其曾孫亞格伯（Akbar），盡並西北中三印度，赫然爲南亞一大國。明朝末年，德干高原諸國，共結麻剌他同盟（Maratha）以抗之。原有的阿富汗地方，又爲波斯所奪。蒙兀兒朝漸衰。英人到印度，起初原不過想通商。後來印度内亂日甚，英國商務，時時受其妨礙，乃抽税練兵，欲以自衛，再進一步，就利用印度人的内亂，時時干涉他。屢次易置他的酋長，而取得其收税之權，以爲報酬。印度的政權，就漸漸入於英人之手。而蒙兀兒朝和麻剌他同盟，還是内鬨不已。英人先助麻剌他諸國，以攻蒙兀兒朝。前五四年，清文宗咸豐八年。蒙兀兒朝亡。英人又漸次用兵於麻剌他。於是一個赫赫的印度，竟給英吉利人的一個東印度公司滅掉。前五五年，清文宗咸豐七年。英國人始收印度公司的政權，歸於國家。置印度總督以治其地。前三五年，清德宗光緒三年。英國維多利亞女王，乃兼印度王號。於是巴達克山、博羅爾、乾竺特，次第入於英人的勢力範圍。哲孟雄亦爲英所並。而西藏一方面，形勢就日急一日了。參看上篇第六章第六節。巴達克山，從阿富汗興起以後，名義上爲其屬地。前三三年，即光緒五年，阿富汗爲英之保護國。博羅爾，本爲中英俄三國間隙地。前一七年，即光緒二十一年。英俄派員畫定界線，遂爲所佔。乾竺特，當光緒初年，薛福成和英國外務部商定，選立頭目之際。由中英兩國，會同派員。還是個兩屬之地。後來英人藉口他本是克什米爾的屬部，時時干涉其内政。而且築一條鐵路，直貫其境。中國就也無從過問了。哲孟雄的屬英保護，係前二二年，即光緒十六年《印藏條約》所承認。只有廓爾喀到前四年，即光緒三十四年，還到中國來朝貢。

俄人的侵略中亞，起於道光時。這時候，哈薩克、布魯特，都已折而入於俄。俄國就和基華、敖罕接壤。哈薩克等，本遊牧部落，時時侵入基華、浩罕境内，俄人借此與二國時起交涉。而俄商道經二國的，又時時被掠，遂至時開兵衅。至前三九年，同治十二年。布哈爾、基華，皆變爲俄之保護國。俄人以其地置土耳其斯單、薩喀斯比斯克二省。浩罕則於前三六年，光緒二年。爲俄所滅。俄人以其地置費爾干省。

因這許多國，先後滅亡，新疆的形勢，遂成赤露。先是乾隆年間，俄人曾自到喀什噶爾貿易。前一五四年,高宗下令驅逐。前六二年,道光三十年。俄人又要求開放喀什噶爾。清廷不許。明年,咸豐元年。伊犂將軍奕山,和俄人訂結條約,許其在伊犂和塔爾巴哈台,試行貿易。咸豐十年的《北京條約》,又許喀什噶爾,亦援照伊犂塔城的例。妥得璘亂後,俄人借守禦爲名,佔據了伊犂(當時俄人以爲中國一定無力平定天山南北路的,誰知道中國竟平定了)。向他索回。他便要索還保守的費。朝廷派崇厚去議。前三三年,光緒五年。議定草約。許賠償俄國人五百萬盧布的款子,准俄人在嘉峪關、吐魯番設立領事。天山南北路,都准俄人無税通商。還要在張家口設立行棧。准俄人從張家口到天津,從天津到其餘各通商口岸,販賣貨物。而還中國的,不過伊犂一空城,四面險要,盡行佔去。朝論大譁。朝廷乃革崇厚的職,派曾紀澤去重議。磋商了多時,纔加賠款四百萬盧布,把伊犂附近的地方,多争回了些。然而肅州、土魯番,都准俄國人設立領事。天山南北路,也准俄國人無税通商。俄人勢力的擴大,也就可驚了。清朝到這時候,也知道西北的形勢緊急了。前二八年,就把新疆改爲行省。

第二節　安南和緬甸暹羅的喪失

西北一方面的交涉,方纔了結,而西南一方面的交涉又起了。

先是舊阮滅亡的時候,嘉隆王阮福映,遁居海島。旋又逃入暹羅。由法教士百多禄悲柔(Pigneux de Retaine)介紹,求援於法。乘新阮之衰,奪取順化。前一一〇年,嘉慶七年。遂滅新阮,統一安南。請封於清朝,前一〇八年,封爲越南國王。嘉隆王以前九二年卒,明命、紹治、嗣德三世,皆和法人不睦。屢次虐殺法教士。前五三年,法人以兵佔西貢,前五〇年,同治元年。越人割下交阯六州以和。邊和、嘉定、定祥、永隆、安江、和仙。太平軍敗後,其餘黨遁入越南。分爲黄旗軍和黑旗軍,黑旗軍以劉永福爲首領,尤强。新阮復國之後,即以順化爲首都。對於東京一方面,實力不甚充足,永福就據了紅河上流,買馬招兵,屯糧積草。一面招人開墾。幾年之間,居然開闢了六七百里的地方。越南派兵去攻他,總不得利。就只得和他講和。這時候,雲南回事方熾,提督馬如龍,忽然想到託一個法國商人久辟酉(Dupuis),運輸糧械。發了護照給他,許他通航紅河,這件事,本是妨害越南主權的。久辟酉既得護照,就不顧越南人的阻止,一味强硬通行,越南人無法,只得去和法國所派的西貢總督交涉。前三八年,西貢總督乃命久辟酉退出,而乘機逼越人訂約。(一)聲明越南爲獨立自主之國。(二)且許法人以航行紅河之權,以爲報酬。然越南人從同法國訂約之後,依舊到清朝來朝貢。而且東京一方面,實在是越南人權力所不及(全在黑旗軍手裏)。而越南人雖爲法國兵力所迫,心上仍存一排外的念頭,很想聯合黑旗軍,擊退法人。以致紅河仍舊不能通航。前三〇年,法國就發兵佔據河内。剛剛這時候,嗣德王又死了。大臣阮其祥,連廢了佚國、瑞國二公,而立建福王。法人乘機,以兵逼順化。明年,立條約二十八條,以越南爲保護國。

清朝非但不承認越南爲法國的保護國,而且並没承認越南爲獨立國。於是一面派兵出鎮南關,幫助黑旗軍,驅逐法人。一面由駐法公使曾紀澤,對法國提出抗議,要求其撤退東京方面的兵。而法國也强硬答覆,申言若在東京遇見中國兵,開戰的責任,須由中國負之。前二八年,光緒十年。三月,中法兵在東京方面,發生衝突。法軍佔領北寧,我兵退守紅河上流。這時候,曾紀澤主張强硬對付,而在總署裏的李鴻章,殊不欲多事。乃在天津和法國訂結條約。承認越南歸法保護。且撤退中國的兵,駐紮諒山的兵,還没得到撤退的消息,法國倒要來收管諒山了。兩軍又起衝突。法軍大敗,死傷頗多。就要求中國人賠償損失一千萬鎊,中國也不答應,於是戰端再開。法提督孤拔(Admiral Courdet),以海軍攻臺灣。劉銘傳扼守基隆。法軍不能克,乃轉攻福建。把中國的兵船,打沉了十二隻。又將福州船廠轟毁。然孤拔旋病死。而陸軍攻擊鎮南關的,又大爲馮子材所敗。子材直追到諒山。法軍屢戰不利。前二七年,乃再和中國訂結條約。法允不索賠款,而中國承認法越所訂一切條約。越南的宗主權,就此斷送掉了。

緬甸的西界,是阿薩密和阿剌干,再西,就是英領的孟加拉了。前一三一年,乾隆四十六年。緬酋孟駁卒,子孟雲嗣。吞併阿剌干之地。阿剌干人謀獨立,緬人攻之,侵入孟加拉,纔和英國人齟齬。後來阿薩密内亂,求援於緬,孟雲借赴援爲名,佔據其地。阿薩密又求救於英。前八八年,道光四年。英緬開戰。緬人大敗,割阿薩密、阿拉干、地那悉林以和。嗣立數主,皆和英人不睦,屢次虐殺英商民。前六〇年,咸豐二年。英緬再開戰。緬人大敗。英人佔據白古,乃總名前後所得地爲英吉利緬甸,以屬印度。緬人失了南出的海口,伊洛瓦底江兩岸,貿易大減;國用日蹙,屢謀恢復,前二七年,爲英人所滅。

後印度半島三國中,只有暹羅,最爲開通。前六一年,咸豐元年。自進而與英、法、美訂約通商,且務輸入西方的文化。英國既滅緬甸,想佔據湄公河上流,以通雲南。法國也藉口湄公河以東之地,曾屬安南,要求暹羅割讓。暹羅人不肯。法國就進兵河上,逐其守兵。又封鎖湄南河口,進逼其都城曼谷。前一九年,光緒十九年。暹人乃割湄公河左岸地,及河中諸島屬法,並允右岸二十五粁以内,及拔但邦、安哥爾兩州,不置戍兵。英人怕法人勢力太盛,和法人協商,以湄公河爲兩國界限。湄南河流域爲中立之地。薩爾温江以東,馬來半島諸部,爲英勢力範圍。拔但邦、安哥爾、賴脱諸州,爲法勢力範圍。後來又訂約,以湄南河爲兩國勢力範圍的界限。

藩屬既然盡失,自然要剥床及膚了。原來英法的窺伺西南,也由來已久。前三九年,英使再三要求,許英人派員入藏探險。中國不得已,答應了他。前三七年,英國就派員從上海經長江,走雲南入西藏。到騰越,爲土人所殺。於是前三六年,李鴻章和英使在芝罘訂結條約,除開宜昌、蕪湖、温州、北海、重慶諸口岸外,仍准英人派員入藏。到中法戰後,中國和法國,訂結條約。許在勞開以上,開通商口岸兩處。並允南數省築造鐵路,必須聘用法人。前二五年,總署和法公使訂立界約五條、商約十條,開了龍州、蒙自、蠻耗三處,並允中國關於南部及正南部,不論和哪一國訂立條約,法人均得利益均沾。英併緬甸之後,中國承認了;並許派員會勘滇緬邊界,另訂邊境通商專約;而乘機要求英人取消派員入藏。英人也答應了。到前一八年,駐英公使薛福成,和英外部訂立《滇緬界約》和《通商條約》,允許英人在蠻允,中國人在仰光,各設領事。孟連、江洪兩處,中國允不割讓他國;而英人許中國人在伊洛瓦諦江,自由航行。誰知前一七年,奕劻和法公使訂立《中法界約》和《通商續約》,竟輕輕的把江洪割給法國了。——並以河口換蠻耗,而加開思茅。雲南、兩廣開礦,礦師必聘法人。越南鐵道,得延長至中國境內。於是英人責中國背約。前一五年,又和中國訂立條約。以騰越或順寧代蠻允。於思茅得設領事,並許在雲南境內,築造鐵路,和緬甸的鐵路相接。

越南系圖據日本牧山清武藤虎太、長谷川貞一郎同編《萬國讀史系譜》

(一)阮王潢—(二)清王福源—(三)襄王福朗—(四)憲王福晉—(五)黎王福泰—(六)明王福壽—(七)寧王福周—(八)武王福嶼—某—(十)福政
(八)武王福嶼—(九)惠王福順
某—(十一)嘉隆王福映—(十二)明命王弘文—(十三)紹智王弘時—(十四)嗣德王弘任—(十七)建福王福昊
(十三)紹智王弘時—(十六)瑞國公
(十四)嗣德王弘任—(十五)佚國公實係嗣德王之甥

案弘文通表於中國,名福晈。弘時名福璇,弘任名福時。

第三節　中日甲午之戰和朝鮮的喪失

以上兩節所說,都是清朝喪失藩屬的事實。案《清朝全史》第七十八章説：法國訂約申明越南爲獨立國時，本要把他做保護國的。

安南全權大臣尚書黎循……曰：保護國者，内政外交，不能自專之謂也。我安南自古迄今，均爲獨立國，無受制他國之事。……法少將裘普列詰之曰：……然則朝貢於清廷者，果何説邪？……黎循與阮文祥辯之曰：……是不過一時權宜之計。……況吾國使臣往復，亦只進方物；而内政外交，初不受清朝干預；尤可爲獨立自治之證。裘普列乃削去法國保護等字，而代以獨立之名。吾人徵兩國全權之辯難，則“清國對於外藩宗主權之實質及意義”，可以推測而知。據安南全權之言，則中國之宗主權，不過全盛時代，粉飾帝王之威儀。……然竟謂清朝歷代對於外藩之用意，止於如斯，則又不然。試一檢視康熙雍正乾隆間之上諭，可知清國視此等屬國，爲其屏藩。……屏藩云者，所以免中國本部邊境，受直接之侵蝕耳。……據中華書局譯本。

中國對於外藩宗主權的實質及意義，是否如此？這個問題很大，不是一時能決斷的。而因藩屬喪失，以致中國邊境，受直接的侵蝕，則確是事實。而朝鮮的喪失，關係尤大。現在要明白中國喪失朝鮮的真相，卻不可以不略知道朝鮮近世的歷史。

朝鮮人的好事黨争，已略見上篇第一章第四節。卻到近世，黨争和外戚之禍，並爲一談，就爲患更烈。

(二三) 英宗昑
　　|
莊獻王恒 ｛
(二四) 正宗祘—(二五) 純祖玜—翼宗旲—(二六) 憲宗奂
恩彦君裀—全溪大院君璜—(二七) 哲宗昪
恩信君禛—南延君球—宣興大院君昰應—(二八) 李太王熙

朝鮮外戚之禍，起於純祖時。純祖即位，前一一一年，清仁宗嘉慶六年。年方十一歲，太后金氏臨朝。金氏始執政權。純祖晚年，命子旲攝理國政。旲妃趙氏，亦頗干預政事。由是金、趙二氏互争。旲死在純祖前。純祖死後，旲的兒子憲宗立。前七八年，清宣宗道光十四年。金后仍垂簾，而實權頗入於趙氏之手。憲宗没有兒子，死後，金氏定策，迎立哲宗。前六四年，道光二十八年。權勢復盛。哲宗亦没有兒子，死後，憲宗之母，決策迎立李太王。前四九年，穆宗同治二年。朝鮮稱國王之父爲大院君，大院君向來没有生存的。憲宗之母，因爲決意要立李太王，就破壞這個先例。而且授昰應以協贊大政的名目。後來趙氏又和他不協。大院君的哥哥宣興君昰應，昰應的兒子載冕，亦要排斥大院君。李太王的妃閔氏，又要想參預政權。大院君孤立無助。前三九年，同治十二年。只得稱疾罷政。閔氏代執政權。然而實際上，大院君決不是甘心退讓的。

日本豐臣秀吉的平定國内，亦已見上篇第一章第四節。秀吉死後，二傳而爲德川氏所滅。德川家康，爲征夷大將軍。頗講求文治。日本自幕府專權以來，人不復知有王室，及是，讀書的人多了，“尊王”之論漸盛。從西人東漸以來，日本人很可惡他傳教。德川氏得政以後，始終守鎖國主義。咸同之間，英、俄、美等國，遂次第以兵力强迫日本人通商。幕府是執掌政權的人，知道勢不可敵，只得虚與委蛇。而全國輿論，頗多不以爲然。於是“攘夷”之論復起。當時列藩之中，頗有主張攘夷的；王室亦以攘夷爲然。於是“尊王”、“倒幕”、“攘夷”，併爲一談。處士的運動大起，列藩也漸漸的不受幕府節制。前四八年，同治三年。大將軍慶喜，就只得奉還政權。朝廷要令其納土。慶喜舉兵拒命。旋爲王室討敗，復降。幕府既亡，諸藩亦相繼納土。封建之制，至此變爲郡縣，就可以設法圖治了。——攘夷之論，其初雖極憤激。後來也知其勢不可行。幕府既倒之後，遂轉而一變方針，以成“維新”之治。

琉球自明以來，即兩屬於中日間。日本廢藩置縣之後，把他的王廢掉，以其地爲沖繩縣。前三三年，光緒五年。中國和他交涉無效，亦遂置之，是爲日本奪我藩屬之始。

西學的輸入朝鮮，事在明末。是由中國間接輸入的。朝鮮人頗爲歡迎，而亦不悦其傳教。於是信教有禁，而對於西學則否。哲宗時,見英法聯軍,攻破中國京城,大懼。自是鎖國之志漸堅。前四六年,同治五年。俄國派兵艦到元山津求通商。有人獻議於大院君,説法遠俄近,不如聯法以敵俄。大院君頗以爲然。乃派人到中國,招還從前趕去的法教士。後來主意又變,把他盡數殺掉。駐北京的法公使,以此詰責中國。中國説:朝鮮的内政外交,中國向不干預。法使就自己發兵六百,兵船七隻,前往問罪。攻破江華。朝鮮發兵抵敵,法兵大敗。前四一年,美人又以兵船五隻,溯航漢江。亦被朝鮮人拒卻。大院君由是志得意滿。十年之中,殺掉教徒二十多萬。從豐臣秀吉死後,日本仍和朝鮮通好。哲宗時,朝鮮持鎖國主義,而日本人和歐美通商,朝鮮人頗疑心他,由是交聘中斷。日本維新後,差宗重正前往脩好。朝鮮人因他國書换了樣子,拒而不受。日本又差花房義質前往。花房義質着的是漢裝,朝鮮人格外不悦。把他嚴詞拒絶。日本人大怒,西鄉隆盛等,遂唱征韓之議。事情没有成功。當美國兵船受朝鮮人礮擊時,亦來詰問中國。中國人説:朝鮮的内政外交,中國向不干涉。於是前四〇年,同治十一年。日本差副島種臣到中國來,問總署道:中國人對美國人説:朝鮮的内政外交,中國向不干涉,這話真的麽?總署説真的。前三七年,光緒元年。日本軍艦走過漢江,江華島的兵,開礮打他。日本差人質問朝鮮。這時候,朝鮮閔氏握權,漸變其鎖國主義。李鴻章也對他們説:一味鎖國,是辦不到的。不如利用各國的力量,互相牽制。因而勸他同日本脩好。朝鮮就和日本訂約十二條。約中申明朝鮮爲獨立自主之國,同日本往來,一切禮節,盡皆平等。並得派公使駐朝鮮。於是朝鮮新進之士,頗有想仿傚日本,變法自强的。而在朝的人,不以爲然。新舊兩黨的争持,就權輿於此了。後來朝鮮又想練兵。請了個日本中將做教授。因而裁汰舊兵。前二九年,光緒九年。被裁之兵作亂。奉大院君爲主。襲擊日本使館。把聘請來的陸軍中將殺掉。閔妃逃到忠州山中,教朝鮮王求救於中國。李鴻章派吴長慶帶兵前往鎮定。把大院君提來,囚在保定。三年之後釋放。於是朝鮮又和日本訂約六條,脩好續約兩條。許日本駐兵京城。大院君去後，閔氏仍執政權。新進之士，忿激更甚。朝鮮國中，就分爲“事大”、“獨立”兩黨：事大黨要倚賴中國，拒絶日本。獨立黨則想引日本爲同調。前二八年，獨立黨金玉均、洪英植等作亂。攻王宫，害閔妃。這時候，吴長慶還在朝鮮，代他討定。這一次的事情，日本公使竹添進一郎，頗有和亂黨通謀的嫌疑。列國輿論，大不謂然。日本不得已，把他革職召回。明年，日本差伊藤博文到中國來，和李鴻章在天津訂約，約明中日兩國駐紮朝鮮的兵，同時裁撤。以後如要派兵，必須互相照會。中國和日本，對於朝鮮，就立於同一的地位了。哲宗時，忠清道人崔福述，創立“東學黨”，以興東學，排西教爲名。頗有妨害治安的行爲。朝鮮人把崔福述殺掉。而其餘黨，遍布於全羅、慶尚、忠清諸道，到底不能禁絶。前一八年，光緒二十年。東學黨作亂。朝鮮求救於中國。中國派兵前往，亂事已平。同時照會日本。日本亦派兵前往。於是中國要求日本人撤兵。日本人不肯，而要求中國人共同改革朝鮮内政。中國亦不答應。兩國的交涉，就由此而決裂了。

日本人同中國人的交涉，起於前三八年。同治十三年。因爲有幾個日本人，航海遇風，飄入臺灣，爲生番所殺。日本人詰責中國。總署説：生番是化外之民，請你自去問他。日本就發兵入臺灣。中國也在福建備兵，打算渡海。日本人有些膽怯，就漸漸的軟化了，以撫卹了事。這一次，卻是處心積慮，打算來同中國開衅的了。而李鴻章仍一味託大，靠着英俄調停，以爲可以無事。戰端一開，事事皆落人後。勝負之數，就不待言而可決了。談判既無頭緒，日本兵就據朝鮮京城，令大院君主國事。六月二十一日。我國的兵，則葉志超守公州，聶士成守成歡驛。馬玉崑、左寶貴、衛汝貴的兵，還没有到。日本一面令海軍擊沉我國運械的高陞船，一面發兵攻擊聶士成。聶士成退走公州，和葉志超都退到平壤。和馬玉崑、左寶貴、衛汝貴等續到的兵合。八月，日軍陷平壤，左寶貴死之。諸軍退渡鴨緑江。海軍亦敗於大東溝。入旅順修理。旋退到威海衛，自此蟄伏不能出。日軍渡鴨緑江。宋慶總諸軍守遼東,屢戰皆敗,九連、安東、寬甸、鳳皇城、岫岩,次第陷落。宋慶退守摩天嶺。日本第二軍,又從貔子窩登陸。十月,陷金、復、大連,攻旅順。宋慶把摩天嶺的防禦,交給聶士成。自率諸軍往援,不克。旅順陷落,日軍遂陷海城,宋慶把大軍分佈從山海關到錦州的路上。日兵乃分擾山東。十二月,陷榮城。明年正月,攻破威海衛。海軍提督丁汝昌,以軍艦降敵,而自己服毒身死。山東巡撫李秉衡,從芝罘退守萊州。日軍遂陷文登、寧海。二月,日本一二兩軍,併力攻遼東。營口、蓋平皆陷。遼陽、奉天,聲援全絶。日本艦隊,又南陷澎湖,逼臺灣。中國不得已,以美公使調停,派張蔭桓、邵友濂到日本去議和。給日本人拒絶。乃改派李鴻章前往,定和約於馬關,其重要條款是:

(1) 中國認朝鮮爲獨立國。

(2) 割遼東半島和臺灣、澎湖。

(3) 賠償日本軍費二萬萬兩。

(4) 開沙市、重慶、蘇州、杭州爲商埠,並許日本人於内河通航。

條約既定,俄德法三國,出而干涉。日本不得已,纔許中國把銀三千萬兩,贖還遼東。臺灣人推巡撫唐景崧做總統,總兵劉永福主軍政,謀獨立。不多時,撫標兵變,景崧逃走,日兵遂陷臺北。永福據臺南苦戰,到底不敵,内渡,臺南亦亡。中日戰争,姚錫光所著《東方兵事紀略》,頗爲翔實,可以參考。

第四節　教士保護權的變遷和德據膠州

藩屬完了,就真正要剥床及膚了。光緒一朝的朝局(内而練兵,外而交涉),差不多是李鴻章一個人主持的。參看第四章第二節。所以中日之戰,有人説:日本人不是和中國打仗,簡直是和李鴻章一個人打仗。李鴻章半世的心力,都花在練兵和交涉上頭(雖然也舉辦別樣新政,只是爲達强兵的目的的手段)。忽然給一個"向來藐視他爲小國的日本"打敗,如何不氣? 就一心想報讎,就不免有些急不擇路了。前一六年,俄皇尼古拉二世行加冕禮,李鴻章前往道賀。就和俄國人訂結密約,許俄人築造東省鐵道,並許租借膠州灣爲軍港。密約不曾宣佈,而意外的變故又起了。原來中國對於傳教徒(1) 身體,(2) 財產,(3) 宗教上慣例的執行的切實保障,都規定在前五四年咸豐八年。的《中法條約》上。這條文中所規定的,是"歐洲教士",不是法國教士,所以以後歐洲到中國來傳教的教士,都由法公使獨任保護之責(遊歷内地的"照會",也都由法使館發給。遇有教案,總是法公使獨當交涉之衝,中國人頗以爲苦)。其中尤甚的,就是前四二年,即同治九年的天津教案。這件事,因有個拐匪,在天津被破獲而起。當時"教黨迷拐幼孩,挖眼剖心"的謠言大盛,人民就羣起而焚毁教堂,並且把法國領事豐大業打死。這時候,曾國藩做直隸總督,和法公使交涉。法公使要把天津知府知縣償命,國藩不答應。交涉的結果,亂民正法的十五人,軍流的二十一人,天津知府張光藻、知縣劉傑都遣戍。這件交涉,並没喪失别種權利,比後來的交涉,究竟還强些。而當時的人,還沸沸揚揚,大不以曾國藩爲然,這件交涉的結果,國藩的名望,幾乎爲之大減,——而北京陷落之後,法國人又在京城裏造了一個教堂,以爲《天津條約》的紀念。其影子,恰恰落在清朝的皇宫裏。日曜日祈禱唱歌之聲,在宫裏也聽得逼真。孝欽皇后覺得心上很多感觸,要想除去了他,而又無法可想。警敏的德國公使,不知怎樣,把這件事打聽到了。就對李鴻章説:教士是得教皇管的,要想他拆掉教堂,只要和教皇交涉就得了。李鴻章一想,不錯。歷來教案的交涉,都很受法公使刁難,儻使换了和羅馬教皇交涉;教皇是没有兵船,没有大礮的,就不至於如此棘手了。就派赫德手下的一個英國人,去見教皇。運動他派公使到中國來。教皇聽得東方最大最古的中國,傳教的事務,一旦歸他直轄,如何不喜歡呢? 然而法國不以爲然。教皇是没有兵船,没有大礮的。在歐洲,也要靠法國的保護,如何敢十分違拗法國的意思?此事就成爲畫餅。然而德國人要想破壞法國人“這種專有的保護權”的念頭,始終未息。這時候,德國恰有兩個教士,在山東傳教。前二五年,光緒十三年。德國鐵血宰相俾斯麥,就起而自任保護之責,以後德國教士遊歷的照會,就在德使館領取。關於德國的教案,也要和德國人直接交涉了。前一五年,光緒二十三年。山東殺掉兩個德國教士。德國就以兵艦闖入膠州灣(這件事情,歐洲的輿論,有説他是海盜行爲的)。明年春,訂租借九十九年之約。

膠州灣突然給德國人佔去了,俄國人卻怎樣呢?就和中國人再行訂約,租借旅順、大連灣。東省鐵路,並得造一支路,以達旅順。英國人也租威海衛以爲抵制。法國又以兵船突入廣州灣,然後議租借之約。而築路、開礦等事,又紛紛而起。中國人到此,也就不能不醒了。

第四章　清朝覆亡和民國的興起

第一節　革新的原動力

中國的變法，來源是很遠的。原來從秦朝統一以後，直到西力東漸以前，二千多年，中國社會的狀況，没什麽根本的變更。而從中古以來，屢次受外族的征服；到清朝入關，這種現象，已反復到第五次了。五胡、遼、金、元、清。而治化的不進，民生的憔悴，還是一言難盡。物窮則變，到這時候，中國思想界，便要起一個根本上的變動了。——便是對於向來社會的組織，根本懷疑。卻是這時代，閉關獨立，並没有外國的情形，可資比較；懷疑於當時的社會組織，要想從根本上改革，求一種參考的資料，就只得求之於古。所以當明末清初的時候，社會上就發生了兩種思想。

（一）覺得向來支配社會的義理（社會上人人承認的），並無當於真理。向來所視爲天經地義的道理，到此便都要懷疑。如黄梨洲的《明夷待訪録》、《原君》等篇，就是這種思想的代表。這是精神上的。

（二）其在物質上：則覺得當時所行的治法，徹底不妥，無可脩改；欲圖改善，非從根本上變革不可。就有極端復古之論。當時主張封建的人，便是這一種心理。顧亭林的《封建論》，便是這種思想的代表（吕晚村、陸生柟等，也是主張封建的）。封建原是不可復的事情，然而至於疑心到郡縣,幾乎要主張封建,就真可算是對於當時的社會組織,根本懷疑了。

有了這一種趨勢,就是没有西力東漸的事實,中國的社會,慢慢兒也要生根本上的變動的;不過變得慢些,又不是現在這種變法罷了。

宋學在當時,是支配全國人心的。東漢以來儒家的道理,雖不和宋學一樣,究竟還同宋學相近。清朝時候,因人心都有上述的趨向:始而漢學發達,對於宋朝人的話懷疑;繼而漢學之中,又分出今文和古文,對於東漢之學也懷疑。至於疑心到東漢之學,定要追求到西漢;就有許多義理,和現社會所行,是格不相入的;人心上就生了極端的變動了。

至於具體的辦法,要提出方案,卻不是一時辦得到的事情。恰好這時候,西力東漸,和西洋人的社會,漸漸的接觸多了,關係密了;始而認識他的社會,和我們組織不同;繼而認識他那種組織,我們實在不可不仿傚;於是改革之事,就起了軒然大波。

所以近世的改革事業,來源是很遠的,蓄勢是很久的。這種變動,不發則已;一發之後,就如懸崖轉石(看得他似乎也有頓挫,其實算不得什麽),非達到目的不止。所以現在正是個變動的時代;正是個變動了,方在中途的時代。要講什麽保存國粹,什麽變動得不可太快,都是白説掉的話。——這個無關於是非,且亦無所謂是非,只是大勢如此。本節請和第五章第八節參看。

第二節　咸同光三朝的朝局

但是雖然如此,變革之初,總還是發端於政治上。那麽,我們要講近世中國的變革,就不得不託始於戊戌政變;要明白戊戌政變,就不能不曉得咸同光三朝的朝局了。

文宗即位之初,頗爲振作。這時候,承五口通商屈辱之後,主持和議的人,頗不爲清議所與。而國家經過這一次大創,當時議論政治的人,也覺得有刷新的必要(自然不是要傚法西洋)。文宗於是把耆英、穆彰阿等斥退,前經貶謫的林則徐等起用。又下詔求直言,通民隱(當時應詔陳言的很多)。總算有振作的意思,而且是能順從當時輿論的趨向的,所以海内翕然,頗有望治之意。無如前此的亂源,種得太深了,一時間收拾不來。即位之初,太平軍就已起事。連年用兵,未能平定。英法交涉,更爲棘手。就此弄得心灰意懶,抱着個"且樂主人"的觀念,就不免縱情聲色。於是載垣、怡親王,允祥之後。端華、鄭親王,濟爾哈朗之後。肅順,端華的兄弟。一面引導他游戲,一面結黨攬權。這三個人,也不是絶無道理的近幸。其中肅順尤有才具。恭親王和這三個人的起仆,咱們也只認他是滿洲親貴,争奪政權的事情,用不着替他分什麽是非曲直。況且恭親王究竟是個無能爲的人。儻使當時争奪的結果,肅順等獲勝,後來的内政外交,許反要好些。興科場之獄以立威等,自然是他的壞處,也只是手段之拙。這種事情,在君主專制時代,是歷來權臣公共的罪惡,不能因此一筆抹殺。軍機處的權柄,漸漸的移於宫中,暗中就只在這三個人手裏。端華、肅順始末,請參看薛福成的《庸庵筆記》。

文宗從前五二年逃到熱河之後,就没有回京。明年死了。載垣、端華、肅順等,就矯遺詔,自稱輔政大臣。當時輔政大臣,共有八人。禁遏在京王公,不叫他們奔喪(這就是忌恭王前去的意思)。然而在京留守的恭王,也不是没人附和他的。當時的政治中心,就分爲兩處:一處在熱河,以載垣、端華、肅順等爲中心;一處在北京,以恭親王爲中心。

文宗正后鈕祜禄氏,孝貞后。無子。妃那拉氏孝欽后。生穆宗。當時還只八歲,就有御史董元醇,奏請太后垂簾,派近支王公輔政。而恭親王也乘機走到熱河,"得間獨見"兩太后,密定回鑾之策。恭親王先行,肅順護送梓宫,兩宫和載垣、端華,另從間道入都。到京之後,趁他猝不及防,把他兩個捉下。肅順也被執於途。旋殺肅順,賜載垣、端華死。兩宫同時垂簾聽政,而以恭親王爲議政大臣。

清朝的歧視漢人,雖不如元朝之甚。然而從道光以前,漢大臣實在没有真握大權的。關於兵權,尤不肯輕易落在漢人手裏。當時有大征伐,帶兵的總是滿人。卻到文宗時候,滿人實在不中用了。軍機大臣慶祥,就竭力主用漢人。肅順雖然專横,卻極愛才。胡林翼的巡撫湖北,曾國藩的總督兩江,都是他所保薦(左宗棠在湖南巡撫駱秉章幕裏,被人參劾,幾乎大不得了,也靠肅順一力保全)。恭親王雖和他是政敵,而這種宗旨,也始終没有改變(以事勢論,卻也無從改變)。到底能平定太平軍、捻軍和回部,號爲中興。然而從此以後,滿洲的朝廷,就不過抱着一個空名,寄居於上,實際上並没有什麽維繫天下的能力了(當時滿洲政府,也未嘗不忌這班人。所以太平軍纔平,就把湘軍遣散。然而湘軍纔散,淮軍又起。以後内政外交的重心,仍舊集中到李鴻章身上)。因中央政府的没有實力,以後並且漸漸的變成"外重"的趨勢。

其在宫廷之内,則孝貞皇后本是個庸懦不堪的人。雖然垂簾,不過徒有虚名。一切實權,都在孝欽手裏。穆宗雖是孝欽后所生,卻和孝欽不甚協。關於國事,孝貞后差不多全不過問。至於家事,卻偏要問問信。前四〇年,穆宗年已十八歲了,就有大婚問題發生。孝貞后主張崇琦的女兒,孝欽后主張鳳秀的女兒。兩宫相持不決,乃命穆宗自擇。穆宗揀了崇琦的女兒。孝欽不悦。禁止他到皇后宫裏去。穆宗鬱鬱不樂,就此出去"微行"。因而傳染了病。前三八年,死了。明年,皇后絶食自殺。

清朝當世宗時候,定"儲位密建"之法。皇帝將擬立的兒子,親自寫了名字,密封了,藏在乾清宫最高處正大光明殿匾額之後。高宗時,又定立嗣不能逾越世次。從高宗的兒子一輩起,以"永、緜、奕、載、溥、毓、恒、啓、燾、闓、增、秩"十二個字命名。穆宗是載字輩的人,死後無子,應當在溥字輩中選立。然而(一)者,孝欽不願意做太皇太后。(二)者,德宗的母親,奕譞的福晉,是孝欽的妹子。(三)者,德宗年止四歲,便於母后專權。於是孝欽就決意選立了德宗。兩宮從前三九年穆宗大婚之後歸政,到此不滿兩年,卻又垂起簾來了。

孝欽本不是十分安分的人(當穆宗時候,便寵任了太監安得海,違反祖制。叫他到山東去。這時候,山東巡撫是丁寶楨,頗爲骨鯁。就把他捉住,奏請正法,孝欽無如之何)。然而當穆宗初年,亂事還未平定,不敢十分怠荒。又孝貞是文宗的嫡后,雖然不懂得什麽事,孝欽總有些礙着他。到德宗初元,亂事已定,自謂中興之業已成,便不免有些驕侈。前三一年,孝貞后又死了,格外肆無忌憚。於是乘中法之戰,罷恭親王,而反命軍機處有什麽事情,同個幼稚無知的醇王商辦。又寵太監李蓮英,脩頤和園。一切用度,都十分奢侈(當時的海軍,固然練得不好,然而海軍衙門經費,都給孝欽用掉,以至不能整頓,也是失敗的一個大原因),就不免政以賄成。用人行政,都漸漸的腐敗起來了。德宗於前二三年大婚,孝欽循例歸政;然而實際上,什麽事情,都還要參預;德宗毫無實權。德宗是個英明的君主,加以這時候,外交迭次失敗;至中日之戰,而形勢大變;更加以俄訂密約,德據膠州,形勢更爲緊急,不得不奮然英斷,以定變法之計。而戊戌、庚子種種的變故,就要相因而至了。

第三節　戊戌政變和庚子之亂

從戊戌以前,中國人對外的認識,可分爲四期:

(一) 教士的譯著書籍,是從明朝就起的。然而除掉天文、算學之外,竟毫不能得中國人的注意。——便看見了,也不信他。譬如紀昀脩《四庫總目》,對於艾儒略的《職方外紀》,提要上就疑心他是説的假話,世界實在没有這麽大。——這個是毫無認識的時代。

(二) 到五口通商之後,而中國人始一警醒。於是有魏源所著的

《海國圖志》,江上蹇叟所著的《中西紀事》等出來。對於外國的情形,稍稍認識。然而這時代,所抱着的,還是閉關的思想;所講求的,還是把守口岸,不給洋人攻破等等法子。這是第二個時代。

(三) 太平軍的平定,在清朝一方面,實在借用一部分的外國兵力的。其事起於前五二年,上海爲匕首黨徒劉麗川所陷。法兵助官兵收復縣城。這時候,英人久經組織義勇團,以爲保衛租界之計。各處富人,聚集上海的頗多。也共同集貲,與外國人合籌保衛之法。於是美人華爾(Ward)、白齊文(Burgevine),始募歐洲人一百,馬尼亞人二百,組織成一隊,名曰常勝軍。華爾死後,戈登(Charles George Gordon)代爲統帶。克復太倉、崑山,並隨李鴻章攻克蘇州。中興諸將,親眼看見過外國兵的,知道中國的兵力,確非其敵。於是亂平之後,就要注意於練兵。設船政局,制造局,開同文館,廣方言館,選派幼童留學美國,以至興辦鐵路、汽船、電報等事,都是如此。這是第三個時代。

(四) 這種辦法的弱點,經中法之戰而暴露出來,中日戰後,更其盡情暴露。當時自然有一班比中興名將時代較後,和外國接觸較深,知道外國内情較真實的人,但是這種人,在中國社會上,不易爲人所認識。到中日之戰,中國人受了一個大大的刺激,而當時主張變法的康有爲、梁啓超等,又是長於舊學,在中國社會上,比較的容易被人認識的人。變法的動機,就勃發而不可遏了。

康有爲是一個今文學家,他發明《春秋》三世之義(據亂世,昇平世,太平世),説漢以來的治法,只是個小康之法。孔門另有大同之義。所以能決然主張變法。可參看康氏所著《春秋董氏學》。清朝一代,是禁止講學的;所以學士大夫,聚集不起來。卻到了末造,專制的氣燄衰了,人家就不大怕他。有爲早歲,就到處講學。所以他門下,才智之士頗多,聲氣易於鼓勵。

有爲是很早就上書言事的。中日之戰,要講和的時候,有爲亦在京都,聯合各省會試的舉子,上書請遷都續戰,並陳通盤籌畫變法之計。

書未得達。嗣後有爲又上書兩次。德佔膠州時,有爲又上書一次,共計五次只有一次達到,德宗深以爲然。中日戰後,有爲創强學會於京師,要想聚集海内有志之士,講求實學,籌畫變法之計。旋爲御史楊崇伊所參,被封。其弟子梁啓超等,乃設《時務報》於上海,昌言變法之義。大聲疾呼,海内震動。一時變法的空氣,瀰漫於士大夫之間了。

德宗親政以後,内受孝欽后的箝制,外面則有不懂事的恭親王,從同治以來,久已主持朝政,遇事還得請教他。其餘軍機大臣孫毓汶等,也都是頑固不堪,只有大學士翁同龢,是德宗的師傅,頗贊助變法之議。前一四年,恭親王死了。德宗乃決計變法。四月,下詔申言變法自治之旨,以定國是。旋擢用康有爲、梁啓超等,自五月至七月,變法之詔數十下。然而給一班頑固的人把持住了,一件事也辦不動。八月初六日,孝欽后突然從頤和園還宫。説德宗有病,再行臨朝。説新黨要謀圍頤和園。把康有爲的兄弟康廣仁、楊鋭、劉光第、林旭、譚嗣同、楊深秀六個人殺掉。有爲、啓超逃走海外,於是把一切新政,全行推翻。參看近人所著《戊戌政變記》。

太后陰有廢立之意,密詢各督撫,各督撫都不贊成。外國公使,也表示反對之意。太后要捕拿康、梁,而外國照國事犯例保護,不肯交出。康有爲立保皇會於海外,華僑響應,也時時電請聖安,以阻止廢立。太后駡報館主筆,都是"斯文敗類,不顧廉恥",要想概行禁絶;而在租界上的,又辦不到。於是太后痛恨外國人,就起了一個排外之念。太后立端郡王載漪的兒子溥儁爲大阿哥,原是豫備廢立的。雖然一時不能辦到,而載漪因此野心勃勃。當時滿大臣中,像榮禄、剛毅等,又存了一個排漢的念頭。(榮禄説:練兵本不是打外國人,是爲防家賊起見。剛毅説:寧可把天下送給外國人,不要還給漢人)。漢大臣徐桐等則頑固不堪(徐桐至於疑心:除英、俄、德、法、美、日等幾個强國外,其餘的外國,都實無其國。都是一班新黨,造了騙騙人的)。朝廷上頭,佈滿了腐敗污濁的空氣,恰又有一個義和團,順應他們的心理而發生;就要演出古今未有的怪劇了。

義和團怎會得大臣的信任？究竟是堂堂大臣，怎會信任起義和團來？其中也有個原故。中國自和外國交涉以來，種種的吃虧，自然是不待言而可知的了。有些不忿，想要振作圖强，原也是人情。然而圖强的方法，卻就很難説了。“蹈常襲故”之世，“讀書明理”的人，尚且想不出一個適當的法子來，何況處前此未有的變局，再加以揎拳勒臂的，又是一班毫無知識的人？專制之世，人民毫無外交上的常識，是不足怪的。卻又有一種誤解，很以一鬨的“羣衆運動”爲可靠。像煞交涉的吃虧，是官吏甘心賣國，有意退讓的。儻使照羣衆運動的心理，一鬨著説：“打打打！”“來來來！”外國人就一定退避三舍的了。這種心理，不但下流社會如此，就號稱讀書明理的人，也多半如此（在庚子以前，怕竟是全國大多數的心理）。所以總説官怕外國人，外國人怕百姓。這便是相信義和團的根源。至於義和團的本身，則不過是個極無智識的階級中人，聚集而成。只要看他所打的旗號“扶清滅洋”四個字。是説的什麼話。——做盜賊也要有做盜賊的常識，儻使會説興漢滅滿，就彀得上做盜賊的常識了。説“扶清滅洋”，就連這個也彀不上。

義和團是起於山東的。前一三年，毓賢做山東巡撫，非但不加禁止，而且頗加獎勵；於是傳播大盛，教案時起。毓賢旋去職，袁世凱代爲巡撫，痛加勦擊。義和團都逃入直隸，直隸總督裕禄，又非常歡迎他。載漪、剛毅、徐桐等，就把他召入輦轂之下，稱爲義民。於是義和團大爲得意。公然設壇傳習。焚教堂、殺教士、拆鐵路、毁電線，甚至攜帶洋貨的，亦都被殺。京津之間，交通斷絶，外國公使向中國政府詰問。中國政府，始而含糊答應，繼而董福祥以甘軍入都，於是公然下詔，和各國同時宣戰。又下詔各省督撫，盡殺境内外人（幸而兩江總督劉坤一，湖廣總督張之洞，聯合各省，不奉僞命；且和各國領事，訂保護東南的約。所以東南得以無事）。派董福祥的兵，會同義和團，攻擊各使館。從中也有暗令緩攻的，所以没有攻破。而德公使克林德、日本書記官杉山彬，都被戕。不多時，英、俄、法、德、美、日、義、奥八國的聯兵到了。攻破大沽。聶士成拒敵天津(這時候,義和團騷擾得更不成樣子了。聶士成痛加剿擊,義和團大恨。士成和聯軍交戰,義和團反從而攻其後。直隸總督裕禄,是深信義和團的,又遇事掣士成的肘,士成恨極,每戰輒身臨前敵),戰死了。裕禄兵潰自殺。巡閲長江大臣李秉衡,發兵入援,也兵潰而死。太后和德宗,從居庸關走宣化,逃到太原。旋又逃到西安。聯軍入京城。又派兵西至保定,東至山海關,以剿擊義和團。直隸省中,受蹂躪的地方不少。京城被荼毒尤酷。

這時候,李鴻章方做兩廣總督。乃調他做直隸總督北洋大臣,和慶親王奕劻,同爲全權議和(鴻章死後,代以王文韶)。外人要求懲辦罪魁,然後開議。於是殺山西巡撫毓賢;黜載漪爵,遣戍新疆;褫董福祥職;剛毅先已自盡,仍追奪其官;其餘仇外的大臣,也分別議罪。明年,和議成。

(1) 賠款四萬五千萬兩。——金六千五百萬鎊。

(2) 派親王大臣,分赴德、日謝罪。

(3) 許各國駐兵京城。保護使館。使館界内,不准中國人居住。

(4) 拆毁天津城垣,和大沽口礮臺。

(5) 各仇教州縣,停止考試五年。

這一年八月裏,太后和德宗就回鑾。回鑾之後,自覺得難以爲情了,乃再貌行新政,以敷衍天下。然而這種毫無誠意的變法,又哪一個信他呢?

第四節　滿蒙藏的危機(上)

庚子之變,所闖下來的禍,還不止以上所説的呢！原來關東三省,是清朝的老家(其實也算不得他的老家,因爲遼東西本來是中國的郡縣)。清朝入關以後,還想把他保守着(儻使老家給漢人佔據起來,他就無家可歸,真正在中原做了客帝了)。而東三省的形勢,和蒙古的關係,又很爲密切的。所以想把這兩處,通統封鎖起來。關東三省中,只有少數的"民地"。此外就都是"旗地"和"官地",漢人出關耕墾,是有禁的。蒙古亦有每丁的私有地,和各旗公共之地。都不准漢人前往墾種,就漢人前往蒙古經商的,也要領了票據,然後可往。且不得在蒙古住滿一年。不准在蒙地造屋。他的意思,無非怕漢蒙聯合,要想把漢蒙隔絶了,滿蒙卻聯結一氣,以制漢人,然而這種違反自然趨勢的命令,到底敵不過漢族天然拓展之力。當康熙時,山東的人民,已經陸續的向關東移住了。康熙時禁令,是極嚴的,終究是有名無實。到乾隆時的上諭,就説:"這件事,朕也明曉得了。現在内地人滿,而關東地曠,一定勵行禁令,不准他去,又豈是帝王之道呢?朕也就默認了他罷。"——難道高宗没有滿漢的界限麽?不是,他滿漢界限的色彩,濃厚得很呢!不過明知道這種禁令,勵行也無益,落得解除掉罷了。漢人移殖關東的,共有三種:一種是因山東東部,土地瘠薄,人民渡海而往的。這種人,大約沿奉、吉兩省的官道,自南而北。一種是犯流刑的人,在關東成家立業的。一種是咸同離亂之際,出長城到蒙古東部,從蒙古東部而入吉、黑的。乾隆時,默認禁令的解除,嘉道以後,並偶有官自開放,招漢民前往開墾的事。因漢民移住的多了,並且漸漸的設立起州縣來。最早的長春廳設於嘉慶初年。移住蒙古的,則是太平軍、捻軍興起,然後大盛的。原來蒙古人有了土地,不大會利用。把地租給漢人而收其租,卻是很有利益的。所以清朝雖替他保護土地,禁止漢人前往開墾。而蒙古王公,卻有私佔公地,招漢人前往開墾的。就蒙民,也有願將土地租給漢人的(到後來,又説土地給漢人佔去了。蒙人就窮了,其實漢人何嘗白佔他的土地來)。所以從咸同以後,内蒙近邊之處,也逐漸開闢。到後來,到底至於設立廳州縣。

這種封鎖的政策,雖然不能阻止漢人的自然移殖,畢竟把漢人的移殖,阻止得緩了許多。現在蒙滿之地,還是彌望荒涼,都是這種封鎖政策的罪惡。儻使當初不存一“聯合滿蒙,以制漢人”的謬見,早早把滿蒙開放,設法奬勵漢人的移殖,到現在,就不敢説和内地一樣,怕總比現在的情形,充實的加倍不止。決不會有後來抱着滿蒙這麼一大片的地方,反憂其“瓠落而無所容”的患害。不但如此,漢官昏憒,到底也比什麼將軍副都統等清楚些(就使官都昏憒,幕裏也總有明白的人)。儻使早早招徠漢人,設置州縣。沿邊的情形,也總要比較好些。像前五四、五二兩年,一舉而割掉幾千萬方里的地方的事情,怕不會有罷?總而言之,從古以來,只聽見“移民實邊”,没聽見“限民虚邊”,清朝這種政策,“實在是限民虚邊”的。到後來,反又憂其“邊之不實”。不知這“邊之不實”,是誰弄出來的。所以謀“獨佔土地”(以及“世界上一切利源”),總是最大的罪惡。

閑話休提,言歸正傳。從東省鐵路成後,俄人借名保護,沿路駐兵。一種侵略的勢力,業已赫然不可侮了(以哈爾濱爲陸上的中心,稱爲“東方的莫斯科”。以旅順爲東方艦隊根據地)。偏偏庚子這一年,僞詔排外的時候,黑龍江將軍奕山,又遵奉維謹,和俄國人開起兵釁來。攻哈爾濱,不克。攻阿穆爾省,又不克。俄人反舉兵南下,連陷愛琿、齊齊哈爾,壽山死之,因據吉林、奉天省城,挾將軍以令全省。辛丑和議成時,俄人藉口與中國有特别關係,不肯置議。回鑾以後,要索中國政府,另訂特約。被日、英、美三國阻止。這時候,各國相繼撤兵。俄人迫於公議,無可如何,前一〇年三月初一日,和中國訂撤兵之約。以六個月爲一期:第一期撤奉天,第二期撤吉林,第三期撤黑龍江的兵。到第二期,就並不實行,反把已撤的兵調回。這時候,俄人在東三省的勢力,炙手可熱。日本人乃提出“滿、韓交换”,要求俄國人不干涉朝鮮,日本人亦不干涉滿洲。俄國人不聽。於是日俄開戰。——在中國地方交戰,中國人反宣告中立。——其結果,俄人敗績。旅順、奉天俱給日人打破,東洋和波羅的海艦隊,也都給日人

打敗了。乃以美國的調停,議和於朴茨茅斯。其結果:

(一) 將東省鐵路支線,自長春以下,割歸日本。

(二) 將庫頁島的南半,割與日本。

(三) 旅順大連,轉租於日。

(四) 認日本獨立經營朝鮮。

從此以後,就發生南北滿的名詞。東三省的北半,屬於俄人的勢力範圍,其南半,日本人就視爲禁臠了。至於朝鮮,則日俄戰後,名爲改爲立憲,(改國號曰韓)實則日本人即置統監於其國,盡奪其一切政權。前二年,韓王派代表到萬國平和會,陳訴日本的行爲,日本人就迫韓王讓位於其子,不多時,就宣佈日韓合併。

日俄戰後,日本派小村全權到北京,和中國訂立《滿洲善後協約》。由中國承認:將旅順、大連轉租於日,及長春以下的鐵路割歸日本,並訂"附約"十一款。

(一) 開鳳皇城、遼陽、新民屯、鐵嶺、通江子、法庫門,(二) 長春、吉林、哈爾濱、寧古塔、琿春、三姓,(三) 齊齊哈爾、海拉爾、愛琿、滿洲里爲商埠。

日人所設安奉軍用鐵道,改爲商用鐵道。——除運兵歸國十二個月不計外,以兩年爲改良工事之期。工竣以後十五年,中國得以收買。

中日合設公司,採伐鴨緑江材木。

於是日本設立南滿洲鐵道株式會社。——資本二億元。其一億,由日政府投資;以已成鐵路和附屬財産充之。其又一億,名爲聽中日人共同投資,其實中國人全無資本。——以租借地爲關東州,設立都督府。

《滿洲善後協約》,訂立於前七年十一月二十六日。附約中訂明以十二個月爲日本運兵歸國之期;則其工事着手,應在前六年年底。乃日本直到前三年,纔要求派員會勘線路。由郵傳部派交涉使與日人會勘。會勘既定，日人要求收買土地。政府委其事於東三省總督錫良。錫良忘了該路路線，日本業與部派人員勘定，忽主張不准改易路線。交涉就起了齟齬。日本遂取“自由行動”的手段，即時動工。中國無如之何，只得由錫良和巡撫程德全，與日人補結《協約》。而所謂“滿洲五懸案，”也同時解決。滿洲五懸案是：

（一）撫順煤礦。日人主張爲東清鐵道附屬事業。中國人説在鐵路路線三十里以外。日本人説：《東清鐵路條例》，准許俄國人採礦，本没限定里數；而且俄國人所採的礦，大抵在三十里以外。

（二）間島問題。圖們江流域長白山附近的中韓國界，清朝康熙年間，兩國共同派員勘定。規定西以鴨緑江，東以圖們江爲境界。於長白山（朝鮮人謂之白頭山）上，立有界碑。圖們江北，中國曾設立敦化縣和琿春廳，而人民甚爲寥落。同治年間，朝鮮咸鏡道人民，越江開墾。光緒年間，乃於其地設立延吉廳，課其租税。日本既以朝鮮爲保護國，突於前五年，由統監府派憲兵，設理事官於其地。

（三）新法鐵路。從新民府到法庫門的鐵路，中國擬借英款脩造，日本説是南滿鐵路的平行線，出而抗議。

（四）東清鐵路營口支路。係許俄人築造東清鐵路支線（哈爾濱旅順間）時，暫時敷設，以運輸材料。東清支線成後，即行撤去。轉租後，中國要求日本。日本怕中國人另行經營，以致營口與大連競争，抗不肯撤。

（五）吉會鐵路。滿鐵會社設立後，屢次要求新奉吉長兩鐵路，須借該會社的款項。前五年，外務部和日使——林權助——訂立新奉吉長兩路借款的契約。日人又要求把吉長路延長到延吉與朝鮮會寧府的鐵路相接。

以上各問題，經過交涉之後，都成爲懸案。安奉鐵路自由行動時,日人致中國《最後通牒》説:“限於不妨礙工事,仍望談判。”並希望“同時以妥協的精神,解決其餘諸懸案”。於是前三年七月,外務部和日使訂立各種協約。

(一) 承認日人開採。——並煙臺煤礦。

(二) 兩國仍以圖們江爲界。中國仍准韓民在江北墾地居住。——該韓民應服從中國法權,歸中國地方官管轄裁判。但日本領事或委員,得以到堂聽審。日本統監府派出人員,於約成後兩月內,完全撤退。開龍井村、局子街、頭道溝、百草溝爲商埠。

(三) 中國應允要敷設時,先和日本商議。

(四) 允許日本於南滿鐵路限滿之日,一律交還。

(五) 將來將吉長鐵路延至會寧時,其辦法與吉長路一律。至應何時開辦,則由中國政府酌量情形,再與日本商議。

這所謂滿洲五懸案,差不多全照日本的意思解決。當第(三)個問題解決時,中國要求將來築造錦齊鐵路時,由錦州經洮南至齊齊哈爾,日本不反對。日本也要求昌圖洮南間的鐵路,歸日本承造。其結果,雙方把意旨記入會議録中。諸約發表後,英美諸國資本家,頗熱心借款。中國因想把該鐵路,索性延長到愛琿。——錦愛鐵路。日本也堅持昌洮線的敷設權,以爲抵制。並且嗾使俄國,出而反抗。於是錦愛鐵路之議又中止。而這一年十二月裏,美國人有“滿洲鐵路中立”的提議,向中、英、法、德、俄、日六國,提出通牒。其辦法是:

由各國共同借款於中國。俾中國贖回東三省各鐵路。其管理之權,在借款未還清以前,由各國共同行使。限於商業運輸,而禁止政治軍事上的使用,使滿洲在事實上,成爲中立地帶。

此項提議,反以促成日俄兩國的聯合。日俄兩國密商後,提出抗議。英國是附和日本,法國是附和俄國的;德國的關係比較淺薄;美國陷於孤立的地位,提議就全然失敗了。

第五節　滿蒙藏的危機(下)

"支離東北風塵際,漂泊西南天地間!"東北一方面,既然因日俄的競爭,而弄得如此。西南一方面,卻還有因英俄競爭,而引起的"軒然大波"呢。原來西藏地方,因地勢上的關係,人家本稱他爲祕密國。清朝對於他,也是取封鎖政策。其原因,自然是在政治上。而西藏人所以贊成他的政策,則另有一種隱情。原來西藏地方,最需要內地的茶。都是由特權階級買了,再賣給西藏人民的。一出一入之間,可以獲利無算。儻使對於印度,自由通商,因運輸上的關係,川茶的生意,定要爲印茶所奪。所以西藏的特權階級,也抵死持着閉關主義。英人的注意西藏,卻由來已久。前一三二年,班禪喇嘛入京賀高宗萬壽。印度總督就派人去和他商議印藏通商的事情。班禪說這件事情,須進京之後,奏過皇上,方能決定。後來班禪死在京裏,這件事情,也就擱過了。

西藏的鄰國,有一個廓爾喀,又有一個哲孟雄。廓爾喀和西藏的關係,前已說過了。至於哲孟雄,則據說:他的國王,本是從西藏來的(其時約當清初)。歷代的王妃,都求之於西藏的貴族。人種、風俗、政教,全和西藏相同。上流社會的話,就是西藏話。其關係可謂密切了。前七七年,英國人纔給他年金三百鎊,收買他首府附近的土地,作爲殖民地。前五二年,又增加年金一二〇〇鎊,獲得築造鐵路之權。一方面又再三要求中國,許其派人到雲南、西藏間,測勘商路。中國不得已,於前三九年答應了他。明年,英人瑪加理等,由上海經漢口到雲南。又明年,走到騰越,爲土人所殺。英公使遂乘機要求,迫中國訂立《芝罘條約》(光緒二年,李鴻章和英使在芝罘訂結的),喪失了許多權利,而附約中仍許英人入藏探測。其後英人要實行,西藏人竭力抗阻。中國覺得交涉棘手,趁認英國併吞緬甸的機會,纔於條約上將此事取消。——前二六年。明年,西藏人又派兵到哲孟雄。在哲孟雄和印度交界處,建築礮臺,以阻止英人入哲。並且勸哲王搬到西藏。前二三年,印度人把西藏的兵打破,逐出哲孟雄境外。並迫西藏人釋放哲王回國議和。西藏人無法,只得應允了他。於是英國人在哲孟雄設立統監。又向總理衙門交涉,要求派員會議哲孟雄和印藏通商問題。前二二年,駐藏幫辦大臣升泰,和印度總督訂立條約:承認哲孟雄歸英保護,而印藏通商問題,則說後日再議。到前一九年,纔訂立《藏印續約》,開亞東關爲商埠。然藏人延不實行,印藏間的通商,仍然没有進步。而俄國人在西藏的勢力,反而着着進步。

原來俄國人,從佔據中亞之後,就野心勃勃,更想南下;英人怕其危及印度,也要竭力預防。於是阿富汗成爲英國的保護國,前三三年,光緒五年。波斯也成爲兩國的争點。西藏介居其間,自然也不得安穩了。西藏人的思想,是比較簡單的,因此容易被人籠絡。俄人知道他是這樣,就陽爲尊崇黄教,以籠絡他。西藏人信以爲真,和俄國的感情,一天天好起來。兩方之間,遂至互通使聘。前一〇年,達賴十三世何旺羅布藏吐布丹甲錯濟塞汪曲卻勒朗結,又派使如俄,俄人接待他,極爲隆重。英人大懼。恰好日俄開起戰來了。前八年,英國就派兵入藏,直逼拉薩。達賴逃奔青海。英國人和班禪訂立和約。

> 開江孜、噶大克、亞東爲商埠。
>
> 賠償軍費五十萬鎊。——合盧比七百五十萬。
>
> 撤廢從印度到江孜、拉薩的礮臺山塞。
>
> 西藏承認下列五事,非得英政府的許可,不得辦理:(一)把土地租賣給外國人。(二)西藏一切事情,都不得受外國干涉。(三)不得允許外國派遣官員及其代理人入境。(四)鐵路、道路、電線、礦産,或别項權利,都不得許給外國或外國人。(五)西藏一切進款,以及銀錢、貨物,不得抵押給外國或外國人。

英人要求駐藏大臣有泰簽約。有泰電告外務部：外務部復電，令其萬勿簽字(於是只有西藏代表的官吏，同英國人簽了約)，一面和英國交涉。到前六年，纔把此項交涉，移到北京辦理。四月二十六日，由外務部侍郎唐紹儀，和英國全權公使薩道義，訂結《藏印續約》六條。把《英藏條約》，算做此約的《附約》。約中聲明："英國不佔西藏的土地，干涉西藏的政治。中國也不許別國佔據西藏的土地，干涉西藏的政治。""《附約》中所謂'外國'及'外國人'，中國不在其內。"賠款本定七十五年還清；未還清時，英國得駐兵春丕。其後印督申明："減爲二百五十萬盧布，分二十五年還清。前三年賠款付清，並且商埠開辦，已滿三年後，英國人即行撤兵。"這時候，賠款已由清廷代爲付清。英國的兵，也就於這一年十二月内撤退了。

西藏問題喘息方定，蒙古的警告，又傳來了。原來日俄兩國，同美國"滿鐵中立"的提議。反得了接近的機會。前二年六月(公元一九一〇年七月)，兩國訂立《協約》。表面上說是"滿洲現狀被迫時，兩國得以互相商議"。據說，暗中還有祕密的條件。便是："日本併韓，俄不反對；而俄國在蒙新方面的舉動，日本也予以承認。"《協約》成立後，未及兩個月，韓國就被併了。到明年正月裏，俄國就突然向外務部提出條件。

前三一年《中俄條約》第十款，許"俄國在内外蒙古貿易，依舊不納稅"。並許"俄國人民，在伊犂、塔爾巴哈台、喀什噶爾、烏魯木齊和天山南北兩路其餘各城，貿易暫不納稅。俟將來商務興旺，再由兩國議定稅則。"第十五款又說："關於通商各款，每十年脩改一次，儻或未改，便仍照行十年。"第一次第二次期滿，都没有改。到前一年，又是應該脩改之期了。我國就於前二年的冬天，向俄國人表示要脩改的意思。誰料明年正月，俄國公使，就突然提出下列的條件：

> 國境百里以内，一切物品都爲無稅貿易。——中國向俄國提出的主張，係以百里内的產品爲限。
>
> 俄人於蒙古、新疆，均得自由移住；且一切貿易，都不收稅。

俄人於科布多、哈密、古城三處，設立領事。

伊犂、塔爾巴哈台、庫倫、烏里雅蘇台、喀什噶爾、烏魯木齊、科布多、哈密、張家口等處，俄國亦有設立領事館之權；俄國人，有購地建屋之權。

而且同時聲明："中國儻不全數承認，便要取自由行動。"二月初十，居然提出最後通牒，以二十八日爲最後的期限。這時候，中國的輿論，頗爲激昂。報紙上有許多籌畫同俄國人開戰的話。然而自然是"徒爲壯語"。到二十七日，政府就不得已，全數承認了。

這種無理的要求的提出，固然由於這時候的俄國政府，以侵略爲懷；又欺清朝政府輭弱，樂得虛聲恫喝。取得權利；然而其中也有個原因。原來清朝對於蒙古，是取封鎖政策的，不准漢人移殖的，見上節。無如蒙古王公，大多數不能理財。窮得不得了，便把土地向漢商抵借款項。這件事，本是違犯清朝禁令的。俄人卻看作清朝政府，藉此取得蒙古的土地。曾有俄人著書說："中國政府，用這種政策，六七十年後，全蒙古的土地，都要到漢人手裏了。"其實清朝政府，哪有如此遠大的計畫。俄人卻疑心生暗鬼，便也取同樣的手段，借款給蒙古人。這都是庚子以後的事情。光宣之間，給中國政府發覺了。不免大喫一驚。忙代蒙人把債還了，土地贖回。俄國人雖然無可如何，卻總想"限制中國人經營蒙古，而自己卻在蒙古取得廣大的權利"。所以有這一項要求的提出，和後來趁蒙古人宣佈獨立，和他結約，限制中國人派兵殖民的舉動。其實清朝政府，腦筋裏哪曾有過殖民兩個字。而且滿清政府，還是禁止漢民移殖的。其結果，聯蒙制漢的計畫，依然並無效果。卻把滿蒙空虛着，"慢藏誨盜"，以致引強敵侵進來。"誰生厲階，至今爲梗？""封鎖"、"猜防"的罪惡，這可以算做"明效大驗"了。——關於庫倫獨立，和西藏達賴背叛的事情，因爲方便上，擱到下一篇裏再敘；還有兩件交涉上較爲重要的事情，卻附帶敘在這裏。

其(一)是英國佔據片馬。英國從佔據緬甸之後，前一八和前一五兩年，兩次和中國訂立《滇緬界約》。然僅畫定北緯二十五度三十五分以南的境界；自此以北，《約》中規定，俟將來再行核定。前七年，迤西道和英國駐騰越的領事，曾經會勘一次。依然没有結果。而片馬一地，係從緬甸通西藏、四川的要路；滇越鐵路，儻然取道於此，尤覺平坦。英國就突然於前二年十二月，派兵駐紮。中國和他交涉，英國人總說並無佔據之意，然而始終延不撤兵。這件事情，如今正在交涉，還没結束。

其（二）是關於中葡澳門畫界的事情。歐洲人和中國通商，以葡萄牙人爲最早。當明朝中葉時候，葡萄牙人所出入的口岸甚多，然而其人頗有暴行，以致到處被中國人斥逐。到嘉靖三十六年，纔納賄於廣東官吏，求租現在的澳門半島，爲曬晾船貨和屯積貨物的地方。官吏貪賄，允許了他。然而因人民與葡人衝突，以致釀成事端，也是官吏所懼的。到萬曆元年，就想出一個法子來，就澳門半島狹處，築造圍牆，限制葡人，出入必由此路，當時原是防閑管理的意思。然而圍牆以外，中國人就不啻置諸不問了。然而這時候，葡人還按年繳納租金。直到五口通商以後，中國國威墜地，葡人就並租金而不納了。光緒年間，總署因廣東販運煙土的人，多藉澳門爲護符而漏税，要想取得緝私之權，竟不惜斷送澳門，以爲交换。前二五年，派税務司金登幹到葡京，和葡人商訂條約，豫立節略四條，其中第二條：中國許葡萄牙人永遠居住管理澳門。第三條：非得中國允許，葡萄牙人不得將澳門轉讓他國。不多時，總署和葡國全權，在北京訂立《中葡條約》五十四條。對於豫立節略中的這兩條，彼此均無異議。並訂明："俟兩國派員妥爲會訂界址，再行特立專條。其未經定界以前，一切事宜，俱照依現時情形；……彼此均不得有增減改變之事。"然而其後"會訂界址，特立專條"的事情，始終未能辦成。而葡萄牙人卻屢次越界侵佔。前四年。日本船二辰丸，密載軍火，在澳門附近的海面，爲中國捕獲。葡人竟聲言該處並非中國領海（後來由中國軍艦，向二辰丸謝罪；並賠償損失，收買其軍火）。於是澳門畫界的事情，中國更覺得其切要。前二年,中國派雲南交涉使高而謙,葡國派海軍提督瑪喀多,在香港會商,相持不決。後來把交涉移到北京。適值葡國革命,事又中止。這件事情,就到如今仍爲懸案。而去年(民國十一年)五月,又有澳門葡兵,凌侮中國的人,以致中葡衝突,葡兵大殺華人的事情。

以上所述,都不過關係大局的事;其餘小小不幸的交涉,還不知凡幾。國權喪失愈多,國勢危險愈甚,民心的憤激,也日甚一日,這也是勝清顛覆的一個大原因。而鐵路借款一事,竟直接做了亡清的導火線。

第六節 清朝的末運

中國人民的反對清朝,可以說有兩種思想。

(一)民族思想:漢人的民族思想,古代較爲淡薄的。所謂"用夷禮則夷之,進於中國則中國之",所以排斥異族,只因爲其文化程度較低之故。然民族思想,古雖然淡薄,究竟不能絶無。而從趙宋以來,屢次受異族的蹂躪,所謂有激而成,民族的思想,轉覺比以前濃厚了些。宋朝人講《春秋》,把"尊王攘夷"算作根本的大義,就是其證據。清朝的政治,比元朝爲清明,而其歧視漢族,實在較元朝爲盛。(譬如康、雍、乾三朝,極慘酷的文字獄,就是元朝所没有的)。明末一班志士,抱"故國之思"、"遺民之痛"的,實在大有其人。如顧炎武、黄宗羲、王夫之等都是。事雖無成,而恢復之念,實在未嘗或忘。所以醖釀到後來,到底有曾静運動岳鍾琪之舉。又前清時代,遍佈各處的會黨,相傳都有明末的遺民,參加組織,以圖恢復之舉的,其説也未爲無因。其事既爲志士一致的懷抱,這種精神,自然容易傳播到後來。乾隆中葉以後,看似這種思想,業已消亡,實則不過一時潛伏,根子還在裏頭,有觸即發的。

（二）民本思想：這種思想，在中國歷史上，也由來很久。中國人看着皇帝，本來當他是公僕，好就承認他，不好就可以把他趕掉；這種道理，差不多是人人承認的。不過在實際上，限制君權以成立憲，或除去君主而成共和，則不曾想得到辦法罷了。一旦和西洋人接觸，看到他的政治組織，合於中國人固有理想的，自然易於激動。

因此故，庚子以後，立憲革命兩種思想就大盛。——立憲論是專在政治方面着想，要想保存君主的；革命論也有專就政治方面着想，主張推翻君主的；又有兼抱民族主義，要想推翻清朝的。

清朝人自然是贊成立憲的，但是其初，還没有爽爽快快就答應人民立憲，直到日俄之戰，俄國敗了；於是"日以立憲而强，俄以專制而敗"的議論大盛，乃有派五大臣出洋考察憲政之舉。前七年六月，所派的是載澤、戴鴻慈、徐世昌、端方、紹英五人。走到車站上，給革命黨吳樾，放了一個炸彈，折回。旋改派李盛鐸、尚其亨代徐世昌、紹英前往。考察的結果，一致贊成立憲。當時各疆臣中，也多主張立憲的，於是前六年七月，下詔豫備立憲，以改革官制爲入手辦法。前四年八月，又下詔，定豫備立憲的期限爲九年。

以中國人民本思想蓄積之久，一朝覺悟，原不是區區君主立憲所能滿足的。況且清朝也並没有實行君主立憲的誠意（卻又不是一味專制，硬和人民反對；不過是毫無實力，既不能强，又不能弱；看輿論傾向在哪一面，就把些不徹底的辦法，來敷衍搪塞罷了）。而從戊戌以後，所行的政治，又事事足以激起人民的反對，庚子以後，更其急轉直下。孝欽、德宗死後，朝廷一方面，併"似有若無的中心"而亦失掉；所以爆發得更快。

德宗崩於前四年十月二十一日，由孝欽下詔：以載澧之子溥儀，承嗣穆宗，兼祧德宗。載澧爲攝政王，監國。明日，孝欽也死了（這件事，是否真是如此？抑或實係孝欽先死？現在卻無從斷定）。當戊戌變法的時候，德宗頗有收回大權之意。以其事謀之於袁世凱。袁世凱知道事不能成，以密謀告榮禄。於是有孝欽幽囚德宗，推翻新政之舉。所以德宗一面的人,和袁世凱原是勢不相容的。但是這時候的朝廷,並無實力,並没有盡翻戊戌之案的能力,只把個袁世凱罷掉(連黨禁都没有開)。但是清朝從咸同以後,實已名存實亡。全國的勢力,移於湘淮軍手裏,後來湘軍既廢,淮軍獨存,内政外交的重心,就聚集於李鴻章身上。再後來,淮軍又漸變爲練軍。練軍之中,鼎鼎有名的,便是一個袁世凱。而淮軍系中,也並没有什麽傑出的人。勉强求一個可以傳授李鴻章的衣鉢的,也還是袁世凱。所以袁世凱在當時,頗足以代表幾分"清朝從咸同以後靠以支持的"那種勢力。這種勢力,固然也是過去的勢力,終究不能倚仗他的。袁世凱對於清朝,可以算是懷挾異志的人,清朝要想靠他,也未必始終靠得着。然而驟然把他去掉了,反任一班昏憒無知的親貴出來胡鬧,就更下了一道催命符了。

清朝末年,鑒於革命論的昌熾,歧視漢族之心,自然也是有的。但是親貴專權的大原因,究竟還在這一班親貴愚昧無知上頭,不自知其毫無實力,而還想把持朝權。載灃本是個昏憒糊塗的人。攝政以後,他的兄弟載洵、載濤,都頗喜攬權。人民上書請速開國會,不聽。再三請願,纔許把九年的期限,改爲五年。而請願代表,都遭遣散。東三省的代表,且給民政部和步軍統領衙門硬送回籍。這時候,人民對於立憲渴望正盛,而政府所行的事情,偏和立憲的趨勢相反。第一次改革官制後,十一部的尚書,滿族佔其七。那桐、溥頲、溥良、鐵良、壽耆、榮慶、載振。第二次改革官制,設立内閣,以奕劻爲總理大臣,那桐爲協理大臣。其餘十部,滿人又佔其七。善耆、載澤、廕昌、載洵、紹昌、溥倫、壽耆。人民以皇族組織内閣,不合立憲制度,上書請願。各省諮議局,也聯合上書,清朝竟置之不聽,又這時候,中央一班人,鑒於前清末年,外權頗重(不知道是由於中央政府的無能爲,積漸而致的,不是頃刻可變。要想中央集權,卻又不知集權之法,誤以壓制施之人民),於是用一盛宣懷,硬行鐵路國有的政策,置輿論之憤激於不顧。而革命之禍,就因之激起了。

光緒三十三年六月的內閣

軍機處	奕劻	載灃
軍機大臣	世續	鹿傳霖
外務部尚書	吕海寰	
民政部尚書	善耆	
陸軍部尚書	鐵良	
度支部尚書	載澤	
吏部尚書	陸潤庠	
禮部尚書	溥良	
學部尚書	榮慶	
法部尚書	戴鴻慈	
農工商部尚書	溥頲	
郵傳部尚書	陳璧	
理藩部尚書	壽耆	

宣統末年的內閣

內閣總理大臣	奕劻	
內閣協理大臣	世續	徐世昌
外務部大臣	鄒嘉來	
民政部大臣	桂春	
陸軍部大臣	廕昌	
海軍部大臣	載洵	
軍諮府大臣	載濤	
度支部大臣	載澤	
學部大臣	唐景崇	
法部大臣	廷傑	
農工商部大臣	溥倫	
郵傳部大臣	盛宣懷	
理藩部大臣	善耆	

要講鐵路國有這件事情,還得牽連而及於當時的兩宗借款。原來從甲午之戰以後,列强對於中國,競謀擴張勢力和攫奪利益。其手段,則以築造鐵路開採礦山爲最要;而二者之中,則築造鐵路爲尤要。當時中國和外人訂約,大抵把“借款”、“築造”、“管理”三件事,併爲一談。一條鐵路,借哪一國的款項,同時就請他築造,就把這鐵路和一切産業做抵押;而且造成之路,還請他管理。於是鐵路所到之處,就是外國權力所及之處;把勢力範圍,弄得十分確定。説句可怕的話,簡直就是瓜分的先聲。後來中國人漸漸的覺悟了,於是已經和外國訂約的鐵路,收回自辦;即未經和外國訂約的鐵路,籌畫自築的聲浪也大盛。——而且這不僅是對外的關係。以中國幅員的廣大,交通的不便,在圖行政的靈活和經濟的開發上,從速建築鐵路,也有很强的理由。所以在勝清末年,籌築鐵路,成爲當時最有力的輿論。而練兵,興學,改革幣制,振興實業,……也都是當時輿論所竭力鼓吹的。要創辦這許多事情,自然免不了利用外資。在外人一方面,投資於中國,自然是很有利的事情;而且在政治上,投資多的,自然在中國所享的權利也多些。而在中國,議論外交的人,也説要招致外國到中國來投資:一者,可以借此振興中國的産業;二者,外國人投資多,使得他有所顧忌,且可互相牽制,藉以避免他們政治上的侵略。而在當時,人民企業的能力,實在也還幼稚。即如鐵路,各省紛紛鬧贖回自辦,或者開辦,其實除浙路外,都没有多大的成績。於是又有鐵路宜於國有的議論。再加上滿清末造,忽而要振起威權,挽回外重的心理,就釀成清末的借款和鐵路政策。參看第五篇第三章第一節。

盛宣懷在清末的官僚裏頭,本是以通知“洋務”著名,而且慣辦開礦和鐵路……事情的。到末年組織内閣,便用他做了郵傳部尚書。先是前二年九月裏,度支部尚書載澤,以改良幣制爲理由,和美國公使,訂立借款預約七條。美國人招呼英法德日加入。其結果,英法德都加入了,而日本卻没有。旋以四國提出財政顧問的條件,談判中止。而日公使伊集院,靠着正金銀行主任小田切萬壽的助力,和盛宣懷成立鐵道公債一千萬元(前一年二月二十四日)。以江蘇折漕一百萬兩作保,利息五釐,指京漢路餘款付給。——這時候,日本所負外債之數,爲十四億四千七百萬。此項借款,日本合十五家的銀行,勸全國的資本家應募,還僅得其半。其又一半,畢竟轉募之於英法比三國。則其承借的理由,不全在經濟上可知了。於是四國也放棄財政顧問的條件。三月十七日,和載澤訂立改革幣制和東三省興業借款一千萬鎊(合華銀一億元)。利息五釐。實收九五。期限爲二十五年。以東三省烟草税、酒税、生産税、消費税,及各省新課鹽税作抵。由四國銀行團,平均承受。此項借款,頗有引四國投資於東三省,以抵制日俄兩國之意。旋以日俄兩國抗議,未幾就武昌起義,只付了墊款四十萬鎊;卻做了民國時代善後大借款的前身。同時還有一筆借款,卻是直接關於粵漢、川漢鐵路的。原來粵漢鐵路,當初曾經和美國合興公司,訂立借款草約。其後因該公司逾期未辦,乃廢約收回自辦。這件事,張之洞在湖廣總督任内,很出些力。後來就做了粵漢、川漢兩路的督辦大臣。張之洞和英、美、德、法四國的銀行,訂立借款草約;預定借款六百萬鎊,以償還合興公司的舊欠,和築造兩路。還没有訂正約,張之洞卻死了。到盛宣懷做了郵傳部尚書,就把這筆借款成立(後來銀行没有交款),其事在四月二十二日;而鐵路幹線國有的上諭,卻下於其前一日。

鐵路幹線國有的政策,平心而論,原亦未可厚非。但是政策雖未可厚非,行之也要得其人。當時一班親貴,攬權用事,誰知道鐵路政策是什麽一回事?又誰知道振興實業,改革幣制,……是什麽一回事?看他們攬權攘利,一味胡鬧;假使清室不亡,這幾宗借款,竟爾成立,所辦的事業,也一定要破産,而貽國民以巨累的。但是當時人民的反對,也並不是顧慮及此。不過清室積失人心,國民憤鬱已極,不覺有觸即發罷了。當時上諭既下,川、鄂、湘三省人民,争持頗烈。政府便把"業經定爲政策"六個字,嚴詞拒絶。湘撫楊文鼎,川督王人文,代人民奏請收回成命,都遭嚴旨申飭。而且嫌王人文輭弱,改派趙爾豐入川,用高壓手段,拘留保路會代表,人民環請釋放,又開槍擊斃多人。而且以人民謀叛,揑詞誣奏。於是革命黨人在湖北運動起事,總督瑞澂,又窮加蒐戮。而八月十九日的一聲霹靂,就驚天動地的震動起來了。

第五章　明清兩代的政治和社會

第一節　官　　制

明清兩代的官制,也是沿襲前朝的。其中最特別的是:(一)內官的無相職,(二)外官的區域擴大,級別增多。

明太祖初年,本來仍元制,設立中書省,以爲相職的。十三年,因宰相胡惟庸謀反廢去中書省。二十八年,並諭羣臣:"……以後嗣君,……毋得議置丞相。臣下有奏請設立者,論以極刑。"這時候,天下大政,都分隸六部,而天子以一人總其成(倒像共和時代,廢掉內閣制而行總統制似的)。但是這種辦法,須天子英明,方辦得到。後嗣的君主,都是庸懦無能的,或者怠荒不管事,其勢就不可行了。於是殿閣學士,就起而握宰相的實權。殿閣學士,中極、建極、文華、武英,四殿。文淵閣,及東閣"以其授餐大內,常在天子殿閣之下,……故亦曰內閣"。本是文學侍從之臣,管"票擬"、"批答"等事,不過是前代翰林學士之流(詔誥的起草,在唐朝,本是中書舍人的職事。後來翰林學士,越俎代庖,本是件越職侵權的事情。明初既廢掉宰相,殿閣學士,起而承此職之乏,卻是勢極自然的)。但是其責職,終究不過在文字上而已。所以太祖時,尚不過豫備顧問。成祖時,解縉等居此職,纔參預起機務來。仁宗時,楊榮、楊士奇,都以東宮師傅舊臣,領部事而又兼學士之職,其地位纔漸次隆重。以後累朝,什麽事情,都和内閣學士商量,其權限愈擴而愈大。到世宗時,夏言、嚴嵩,就都赫然變做真宰相了。但是實權雖大,在名義上,終不過是個文學侍從之臣,好比天子的書記官一樣,並没有獨立的職權。明朝一代,弄得有權臣而無大臣(神宗時代,張居正頗以宰相自居,時人已大不謂然了)。君主的無所畏憚,宦官的能彀專權,未始不由於此。所以黄梨洲發憤説:有明一代,政治之壞,自高皇帝廢宰相始。見《明夷待訪録》。清初以文華殿、武英殿、文淵閣、體仁閣大學士各一人,協理大學士二人,爲相職。康熙中,撰擬諭旨,都由南書房翰林。所以這時候,高士奇等一班人,頗有權勢。雍正用兵西北,説是怕軍機漏洩,乃特設軍機處於隆宗門内。選閣臣和部院卿貳,兼攝其政,謂之軍機大臣。另簡部曹和内閣中書等,管理擬稿編纂等事,謂之軍機章京。從此以後,樞務都歸軍機處了。

六部在明朝,都以尚書爲長官,侍郎貳之。其下有郎中員外郎,分設許多清吏司,以辦一部的事務。這是庶政的總彙。清朝:尚書,滿漢各一。侍郎,滿漢各二。又於其上設管理部務的大臣。吏、户、兵三部和理藩院都有。因最初設部的時候,原係以貝勒管理,後來雖設尚侍,吏、户、兵三部,都沿襲未廢。管部大臣,清初兼用親王郡王。後來以權太重,但用大學士。以致尚侍的權柄,亦不完全。理藩院雖名爲院,亦設尚侍,官制和六部相同。但所用都係滿蒙人。五口通商以前,西洋各國的交涉,也都是由理藩院辦理的。咸豐十年,纔特設總理各國事務衙門。派王大臣管理。光緒二十七年,改爲外交部。有管部大臣一,會辦大臣一,尚書一,侍郎一,又有左右丞及左右參議。派公使駐紮各國,起於光緒元年。其初係以京卿出使,仍留原職。後來纔獨立爲一官,隸屬外務部。分頭二三等。平時所派,大概是二三等;遇有特别事務,纔派頭等。又有總副領事和領事,駐紮各國,以保護僑民。光緒三十二年,改設外務、吏、民政、以新設的巡警部改。度支、以户部改財政處税務處併入。禮、太常寺光禄寺鴻臚寺併入。學、以新設的學務處改國子監併入。陸軍、以兵部改練兵處太僕寺併入。農工商、工部改商部併入。郵傳、理藩、理藩院改。法刑部改。十一部。

除外務部外,都設一尚書,兩侍郎,不分滿漢。宣統元年,又增設海軍部諮議府。尚書都改爲大臣。而將吏禮部併入内閣。裁軍機處政務處,另設總協理大臣,以圖設立責任内閣。

明清兩朝,都察院的權最重。明制:有左右都御史,左右副都御史,左右僉都御史,及十三道監察御史。清十五道。在外則巡按,清軍,提督學校,巡監,巡漕等事,都以委之。而巡按御史,代天子巡守,權最重。總督巡撫,本係臨時派遣的官。後來因與巡按御史,不相統屬,所以巡撫常派都御史。總督亦兼都御史。清朝則左都副御史,都滿漢並置。右都副御史,但爲在外督撫的兼銜。六科給事中,掌諫諍及稽察,在明代亦爲有實力的官。清朝雍正時,使給事中隸屬都察院,遂失其獨立的資格。

大理寺與刑部、都察院,並稱三法司,明清兩代都同。翰林院本係文學侍從之官,明朝從天順以後,非進士不入翰林,非翰林不入内閣;所以翰林院的位置,驟覺崇高。詹事府本東宫官,清朝不設太子,此官但爲翰林院升轉之階。宗人府管理皇族,在明代關係本不甚重要。但在清代,宗室覺羅,係一特别階級。專歸宗人府管理。凡宗室覺羅議叙,專歸宗人府,議處亦由宗人府會同刑部辦理,所以宗人府亦頗有關係。歷代中央各官,大半爲奉君主一人而設。清朝則此等官署,雖亦俱有,而實際上供奉天子的事情,大部分在内務府。又太監亦是爲内務府管理的,所以又兼歷朝内侍省之職。

外官則明初改路爲府。府之下爲縣。州則屬州同於縣,直隸州同於府。其上設布政按察二司,布政司掌民政,按察司掌刑事。也是行的兩級制,而上有監司之官。但是元朝的行省,區域本嫌太大(這本不是認真的地方區畫)。明初雖廢去行省,而布政司所管的區域,卻沿其舊,以致龐大而無當。又布政司的參政參議,按察使的副使僉事,都分司各道,遂儼然於府縣之上,添設一級。道的名目很繁。在明時,最普通的,是"分巡"、"分守"和兵備。《明史》説:"明初制恐守令貪鄙不法,故於直隸府州縣設巡按御史,各布政司所屬設試僉事。已罷試僉事改按察分司四十一道,此分巡之始也。分守起於永樂間,每令方面官巡視民瘼,後遂定右參政右參議分守各屬府州縣。兵道之設,仿自洪熙間。以武臣疎於文墨,遣參政副使沈固、劉紹等往各總兵處整理文書,商榷機密,未嘗身領軍務也。至弘治中,本兵馬文升,慮武職不脩,議增副僉一員敕之,自是兵備之員盈天下。”而明朝所遣總督巡撫,本是隨時而設的,在清代又成爲常設之官,其權力遠出於兩司之上,就不啻更加一級而成五級了。

清朝對於東三省,治法頗爲特别。奉天係陪都,設府尹,又有五部。除吏部。府尹但管漢人,旗人的民刑訴訟,都歸五部中的户刑二部;而軍事上則屬將軍。其初盛京將軍,嘗爲兼管府事大臣。後改於五部中簡一人爲之。光緒二年,乃以將軍行總督事、府尹行巡撫事。吉、黑但有將軍副都統。末年乃設東三省總督,改爲行省制。

對於蒙古、新疆、西藏,亦用駐防制度。新疆於中俄伊犂交涉後,亦改爲行省;而蒙藏則始終未能改省。對於外蒙古的駐防,有定邊左副將軍和參贊大臣,駐紮烏里雅蘇臺。科布多參贊大臣,幫辦大臣,駐紮科布多。對於青海、蒙古,則有西寧辦事大臣,駐紮西寧,而對内蒙古和西套蒙古,無駐防。凡蒙旗都置札薩克,惟内屬察哈爾土默特無札薩克,直接歸將軍副都統管轄。對新疆:有伊犂將軍,統轄參贊、領隊、辦事、協辦諸大臣,分駐南北路各城。對西藏,有駐藏辦事大臣一人,幫辦大臣一人,分駐前後藏。宣統三年,裁幫辦大臣,設左右參贊。左參贊與駐藏大臣,同駐前藏;右參贊駐後藏。

第二節　學校選舉

中國選舉之法,從唐到清,可以稱爲科舉時代。這時候的選舉,並非没有别一條路,而其結果,總是科舉獨盛。

明初是學校、科目、薦舉,三途並用,而太祖看得學校很重。其制:國學名國子監。南北二京俱有。肄業於國子監的,謂之“監生”,而其中又有舉監、舉人。貢監、生員。廕監、品官子弟。例監捐貲。起景帝時。之分。

府州縣皆立學,府置教授一,訓導四,生員四十人。州置學正一,訓導三，生員三十人。縣置教諭一，訓導二，生員二十人。其增廣於定額之外的，謂之增廣生員。前此所設，得食廩膳的，謂之廩膳生員。後來增廣亦有定額，更於定額之外增取，附於諸生之末的，謂之附學生員。生員入學，初由巡按御史布按兩司和府州縣官。英宗正統元年，專置提學官，以三年爲一任。三年之中，考試兩次。一次第其優劣，分爲六等，謂之歲考。有科舉的年份，又考試一次，取列一二等的，得應鄉試，謂之科考(生員之額既多，初入學的，都稱附學生員。歲科兩考，名次高的，纔得爲廩膳增廣生員)。士子不曾入學的，通稱爲童生。明朝立學最盛，府州縣之外，諸衛所亦皆立學。又應科舉的，必須先在學校肄業，而學校起家，可以不由科舉。太祖時候，對於國學，極爲注重。“司教之官，必選耆宿。”規則亦極完備。國學諸生，皆令其分赴諸司，先習吏事，謂之“歷事監生”。洪武二十六年，嘗盡擢國子生六十四人爲布政、按察兩使及參議副使僉事等官。其爲四方大吏的尤多。而臺諫之選，亦出於此。就常調的，亦得爲府州縣六品以下官。然“一再傳之後，進士日益重，薦舉遂廢，而舉貢日益輕。……迨開納粟之例，則流品漸淆。且庶民亦得援生員之例以入監，謂之民生，亦謂之俊秀。而監生益輕”。於是同處太學之中，而舉監、貢監、廕監等，和援例監生，出身又各不相同。而舉人生員，亦都不願入監，國學就有名無實了。這個自由於科目之勢，積重已久。所以明太祖一個人的崇重學校，不能挽回。

其科舉之制，亦是但有進士一科。初場試四書義三道，經義四道。《易》、《書》、《詩》、《春秋》、《禮記》五經。二場試論一道，判五道，詔、誥、表內科一道。三場試經史，時務策五道。子、午、卯、酉之年，在直省考試，謂之“鄉試”，中式的謂之“舉人”。明年，到京師去，應禮部的考試，謂之“會試”。都分三場，所試如上所述。中式的更由天子廷試，對策。分一、二、三甲。一甲三人，謂之“狀元”、“榜眼”、“探花”，賜進士及第。二甲賜進士出身。三甲試同進士出身。其經義的格式，略仿宋朝的經義。然有兩特別之點：(一)須“用古人語氣爲之”。(二)“體用排偶”。所以謂之“八股”。這種奇怪的文體,也有個發生的原故。因爲考試時候,務求動試官之目。然應考的人多,取録的人少。出了題目,限定體裁,無論怎樣高才博學的人,也不敢説我這一篇文章,一定比人家做得好。而又定要動試官之目,就只有兩種法子:(1)是把文章做得奇奇怪怪,叫試官看了,吃其一嚇,不敢不取。(2)是把文章做得很長,也是嚇一嚇試官的意思。——這兩種毛病,是宋朝以來就極盛的。要限制這種弊病,就於文章的格式上,硬想出種種法子:第(一)種辦法,就是所以豫防(1)的弊病。第(二)種辦法,則是所以豫防(2)的弊病的。因爲要代古人説話,就是限定了,只准説某時代某一個人的話。其所説的話,就有了一定範圍。自然不能十分奇怪,散文可以任意拉長(所謂“汗漫難知”),駢文卻不容易。然而文體卻弄得奇怪不堪了。

清朝的學校選舉制度,大抵沿明之舊。所不同的,則二場不試論判,及詔、誥、表,而於頭場試四書文三篇,五言試帖詩一首。二場試五經文三篇。三場試策五道。鄉會試同。殿試策一道。此外康熙十八年,乾隆元年,曾舉行博學鴻詞科。光緒二十九年,又曾舉行經濟特科,則係前朝制科之類。參看第三篇下第三章第二節。

明清的科舉制度,有可評論者兩端。其(一)學校科目,歷代都是兩件事。明朝令應科目的必由學校,原是看重學校的意思。然其結果,反弄得入學校的,都以應科舉爲目的,學校變成科舉的附屬品。——入學校的目的,既然專在應科舉,而應科舉的本事,又不必定要在學校裏學;則學校當然可以不入。到後來,學校遂成虚設。生員並不真正入學,教官也無事可做。其(二)唐宋時代的科舉,設科很多。參看第二篇下第三章第二節,及第三篇下第五章第二節。應這時代的科舉,一人懂得一件事就行了。這是可能的事情。從王荆公變法之後,罷“諸科”而獨存“進士”,强天下的人而出於一途,已經不合理了。然而這時候,進士所試的只是經義、論、策。經義所試的,是本經、兼經。一人不過要通得一兩經,比較上還是可能的事情。到明清兩朝,則應科舉的人:(一)於經之中,既須兼通《四書》、《五經》。(二)明朝要試論、判、詔、誥、表，清朝要試試帖詩，這是唐宋時“制科”和“詩賦進士科”所試的事情，一人又要兼通。（三）三場的策，前代也有個範圍的（大抵時務策居多）。明清兩朝，則又加之以經子，更其要無所不通。這種科舉，就不是人所能應的了。法律是不能違反自然的。强人家做不能做的事情，其結果，就連能做的，人家也索性不做。所以明清兩朝的科舉，其結果，變成只看幾篇《四書》文，其餘的都一概不管；就《四書》文也變成另外一種東西，會做《四書》文的人，連《四書》也不必懂得的。於是應科舉的人，就都變做一物不知的。人才敗壞，達於極點了。戊戌變法，曾廢八股，以策論經義試士。孝欽垂簾之後，仍復八股。辛丑回鑾，又廢八股，試策論經義。前七年，遂廢科舉。其事無甚效果，不足論。

第三節　兵　　制

明朝的兵制，和唐朝的府兵，最爲相像。其制：係以“衛”、“所”統兵，而以“都督府”和“都司”，統轄衛所。——凡都司，都屬於都督府，但衛所亦有屬都督府直轄的。其編制：以百二十人爲一百户，千二百人爲一千户，五千六百人爲一衛。中、左、右、前、後五軍都督府，設於京城。有左右都督、同知、僉事。都司有都指揮使。衛有衛指揮使。千户所有正副千户。百户所有百户。每百户之下，設總旗二名，小旗十名。自衛指揮使以下，官多世襲；其軍士亦父子相繼。凡衛所的兵，平時都從事於屯田。有事則命將統帶出征；還軍之後，將上所佩印，兵亦各歸衛所。統率之權，在於都督府；而征伐調遣，則由於兵部。天子的親軍，謂之“上直衛”。此外又有南北京衛，都以衛所之兵調充。凡此，都和唐朝的兵制，極相像的。但是後來，番上京師的“三大營”，既然腐敗得不堪；而在外的衛所，亦是有名無實。

清朝的兵制，則初分“旗兵”、“緑營”，後來有“勇營”，再後有“練兵”。末年又仿東西各國，行“徵兵”之制。

旗兵分滿洲八旗、蒙古八旗、漢軍八旗。滿洲八旗太祖時就有。其初但分正黄、正白、正紅、正藍四旗。後來兵多了,纔續添出鑲黄、鑲白、鑲紅、鑲藍。蒙古、漢軍八旗,則均係太宗時所置。每旗置都統一,副都統二。凡轄五參領,一參領轄五佐領,一佐領轄三百人。入關之後,八旗兵在京城的,謂之禁旅八旗,仍統以都統副都統。駐守各處的,謂之駐防八旗,則統以將軍副都統。八旗兵都係世襲。一丁受餉,全家坐食。其駐防各省的,亦都和漢人分城而居。尚武的風氣,既已消亡,而又不能從事生産。到如今,八旗生計,還成爲一個很困難的問題。

緑營則沿自明朝,都以漢人充選,用緑旗爲標幟,以别於八旗,所以謂之緑營。皆隸於提督、總兵。總兵之下,有副將、參將、遊擊、都司、守備、千總、把總、外委等官。提鎮歸督撫節制。督撫手下,亦有直接之兵,謂之督標、撫標。其兵有馬步之别。

乾隆以前,大抵出征則用八旗,平定内亂,則用緑營。川楚教民起後,緑營旗兵,都毫無用處,反藉鄉兵應戰。於是於緑營之外,另募鄉民爲兵,謂之練勇。太平軍起後,仍藉湘淮軍平定。於是全國兵力的重心,移於勇營(勇營的編制,以百人爲一哨,五哨爲一營。馬隊以五十人爲一哨,五哨爲一營。水師以三百八十八人爲一營)。法越之役,勇營已覺得不可恃,中日之戰,更其情見勢絀了。

於是於勇營之外,挑選精壯,加餉重練,是爲練軍。各省緑營,亦減其兵額,以所省的餉,加厚餉額,挑選重練。

練軍之中,最著名的,爲甲午戰後所練的武衛軍。分中、左、右、前、後五軍,都駐紮畿輔。而其改練新操最早的,則推湖北的自强軍。張之洞總督湖廣時所練。

徵兵之制,實行於前五年。於各省設督練公所,挑選各州縣壯丁,有身家的,入伍訓練,爲常備兵。三年,放歸田里,謂之續備兵。又三年,退爲後備兵。又三年,則脱軍籍。其軍官之制,分三等九級。上等三級,爲正副協都統,中等爲正副協參領,下等爲正副協軍校。

水師之制，清初分内河、外海。江西、湖南、湖北戰船，屬於内河。天津、山東、福建戰船，屬於外海。江、浙、廣東，則兩者兼有。以水師提督節制之。太平軍起後，曾國藩首練水師，以與之角逐，遂成立所謂長江水師。而内河水師亦一變。事平以後，另練南北洋海軍，而外海水師之制亦一變。從前《廣智書局》出有夏氏所著《中國海軍志》一册。於清代海軍沿革，叙述頗詳，可供參考。又甲午以前海軍情形，亦散見《東方兵事紀略》、《中東戰紀》兩書中。

火器沿革，見《明史》卷九十二，和《清朝全史》第十四第三十七兩章。文長不能備録，可自取參考。

第四節　法　　律

明清兩朝的法律，也是一貫的。日本織田萬説：

> 支那法制，與國民文化同生。悠哉久矣，唐虞三代，既已發佈成文法(《尚書・舜典》之"象以典刑"云云，即當時成文法制定之證)。至編纂法典，在春秋戰國時代。魏李悝作法經六篇，是爲法典之嚆矢。秦商鞅改法爲律，漢蕭何據之，成律九章。……爾後歷朝皆有刑律之編纂；至於後世，益益完備。……至行政法典，起原何時，殊難確定。要其大成，端推唐代。唐作《六典》，載施政之準則，具法典之體裁，爲後代之模範。以視漢以來之所謂律，所謂令，所謂格，所謂式者，大有殊焉(《六典》作於開元十年，經十六年而始成。爲卷三十。曰六典者，理典，教典，禮典，政典，刑典，事典也)。明及清之會典，以之爲藍本焉。
>
> 由是觀之，支那古來，即有二大法典：一爲刑法典，一爲行政法典。清國蹈襲古代遺制，……用成《大清律》及《大清會典》二書：二書所載，爲永久不變之根本法。其適用之界限頗寬。且其性質以静止爲主，不能隨時變遷。故於法典之外，爲種種成

文法，以與時勢相推移。詳其細目，以便適用；而補苴法典之罅漏。……《清國行政法》，據法學研究社譯本。

這幾句話，於中國法律的沿革，説得很爲清楚。便是：（一）中國歷代的所謂法典，只有行政法、刑法兩種。（二）而這兩種法典，只有唐、明、清三代編纂的較爲整齊。

法律要隨時勢爲變遷。中國歷代，變更法律的手續太難；又當其編纂之始，沿襲前代成文的地方太多，以致和事實不大適合，於是不得不補之以例。到後來，則又有所謂案。法學家的議論大抵謂"律主於簡，例求其繁"，"非簡不足以統宗，非繁不足資援引"，"律以定法，例以準情"。這也是無可如何之勢。但是例太多了，有時"主者不能遍覽"，人民更不能通曉，而幕友吏胥等，遂至因之以作弊。這正和漢朝時候，法文太簡，什麽"比"同"注釋"等，都當作法律適用，弊竇相同。參看第二篇上第八章第五節。都由法律的分類，太覺簡單，不曾分化得精密的原故。

明朝的刑法，就是所謂《大明律》，"草創於吴元年。更定於洪武六年，整齊於二十二年，至三十年，始頒行天下"。詳見《明史》卷九十三。當草創之初，律令總裁官李善長説："歷代之律，皆以漢《九章》爲宗，至唐始集其成。今制宜遵唐舊。太祖從其言。"所以《明律》的大體，是沿於《唐律》的。其諸律的總綱，謂之名例律，冠於篇首。此外則分吏、户、禮、兵、刑、工六律。其刑法：亦分笞、杖、徒、流、死五等。五刑之外，又有充軍和凌遲。凌遲以處大逆不道者。充軍分極邊、烟瘴、邊遠、邊衛、沿海、附近各等。又有"終身"和"永遠"之别。

清朝的法律，編纂於順治三年，全以《明律》爲藍本。名《大清律集解附例》。康熙十八年，命刑部："律外條例，有應存者，詳加酌定，刊刻通行。"名曰《現行則例》。二十八年，御史盛苻升奏請以現行則例，載入《大清律》内。詔以尚書圖納、張玉書等爲總裁。至四十六年，繕寫進成，"留覽"而不曾"發佈"。雍正元年，詔大學士朱軾、尚書查郎阿等續成之。至五年而全成，名曰《大清律集解附例》。高宗即位，命律例館總裁三泰等，更加考正。五年，纂入定例一千條，公佈施行。自此以後,合律和條例爲一書,遂稱爲《大清律例》。條例五年一小脩,十年一大脩,有律例館,附屬於刑部。届脩纂之年,則由刑部官吏中,任命館員,事終即廢。參看《清國行政法》第一篇第二章。其律分爲名例、吏、户、禮、兵、刑、工七大目。刑分笞、杖、徒、流、死。五刑之外,又有凌遲,充軍,與明同。而凌遲之外,又有梟示。較充軍更重的,則發至黑龍江等處,給戍兵爲奴,謂之發遣。充軍分附近、邊衛、邊遠、極邊、煙瘴五等。

司法的機關,除各級行政官都兼理刑獄外,在内則刑部、都察院、大理寺,並稱爲三法司。刑部受天下刑名,都察院司糾察,大理寺主駁正。明清兩代,都是如此。亦係慎重刑獄之意。

而明朝最野蠻的制度,則係鎮撫司、錦衣衛、東西廠,並起而操刑獄之權,其略已見上篇第二章第一節。詳見《明史》卷九十五。清朝時候,對於八旗,本來不設治民之官,所以其刑獄,亦由將軍副都統兼管(八旗包衣,由内務府審理)。外藩如蒙古等的訴訟,則各由該部長自理。不服上訴,則在理藩院。這個都可稱爲特别審判。

五刑之制,定於隋代。雖然遠較秦漢時代的法律爲文明,而比諸近世的法律,則尚不免嫌其野蠻。且如裁判制度,訴訟手續等,亦覺其不完備。所以從海通以後,各國藉口於我國的法律不完,遂都在我國施行領事裁判權。末年有改良法律之議。乃將梟示、凌遲删除,軍遣、流、徒,改爲作工。笞、仗,改爲罰金。又編訂《刑律》、《民律》、《商律》和《刑民事訴訟法》。且擬改良審判制度。然均未及實行。參看第一節。

第五節　賦税制度(上)

明初賦役的制度,卻較歷代爲整齊。這個全由於有"黄册"和"魚鱗册"之故。明朝田賦,仍行兩税之法。分爲夏税秋糧。其徵收之額,官田每畝五升三合五勺。民田減二升。租田八斗五合五勺。蘆地五合三勺四杪。草塌地三合一勺。没官田一斗二升。役法:民年十六爲成丁;成丁而役,六十而免。役有以户計的,謂之甲役。以丁計的,謂之徭役。出於臨時命令的,謂之雜役。亦有力役雇役的區別。黄册的編造,起於洪武十四年。"以一百十户爲一里。推丁糧多者十户爲長。餘百户爲十甲。甲凡十人。歲役里長一人,甲首一人,董一里之事。先後以丁糧多寡爲序,凡十年一周,曰'排年'。在城曰坊,近城曰廂,鄉都曰里。里編爲册。册首總爲一圖。鰥寡孤獨不任役者,附十甲後爲畸零。僧道給度牒。有田者,編册如民科,無田者亦爲畸零。每十年,有司更定其册,以丁糧增減而升降之。册凡四:一上户部,其三則布政司府縣各存一焉。上户部者册面黄紙,故謂之黄册。"魚鱗册之制,則起於洪武二十年。"黄册以户爲主,詳具舊管,新收,開除,實在之數,爲四柱式。魚鱗圖册,以土田爲主,諸原坂,墳衍,下隰,沃瘠,沙鹵之别畢具。魚鱗册爲經,土田之訟質焉。黄册爲緯,賦役之法定焉。"

黄册是有田有丁的,一查黄册,便可知道這一家有多少丁,多少田。而田的好壞,以及到底是誰所有,又可把魚鱗册核對。據此以定賦役,一定可以公平的了。但是到後來,魚鱗册和黄册,都糊塗不堪(魚鱗册甚且没有。黄册因要定賦役之故,不能没有,然亦因和實際不合,不能適用。有司"徵税編徭",乃自爲一册,謂之"白册")。據了魚鱗册,找到了田,因無黄册之故,無從知田爲何人所有。白册上頭,載了某人有田,某人無田;某人田多,某人田少;也無從考核其到底是否如此。因爲無魚鱗册,不知其田之所在,無從實地調查之故。於是仍舊弄得窮的人有税而無田,富的人有田而無税。"無税的田"的税,不是責里甲賠償,便是向窮民攤徵。而國課一方面,也大受影響。歷代承平數世,墾田和歲入的數目,都要增加的,獨有明朝,則反而減少。洪武二十六,即前五一九年,天下墾田八五〇七六二三頃六八畝。弘治十五,即前四一〇年,反只四二二八〇五八頃。於是有丈量之議,起於世宗時。然實行的不過幾處,神宗時,張居正當國,纔令天下田畝,通行丈量,限以三年畢事。於是"豪猾不得欺隱,里甲免賠累,小民無處糧",賦税之制,總算略一整頓。但是明初量地的弓,本有大小之不同。這一次,州縣要求田多,都用小弓丈量,人民亦受些小害。其役法,則弄得名存實亡而後已。案力役之法,本來不大合理。與其課以力役,自不如課以一種賦税,而官自募役之爲得當。但自唐宋以來,除王荆公外,總不能爽爽快快,竟行募役。而到後來,輾轉變遷,總必仍出於雇役而後已,這也可見事勢之所趨,不容違逆的了。明初的役法,本來是銀差力差,銀差即雇役。各從其便的。當時法令甚嚴,"額外科一錢,役一夫者,罪至流徙"。所以役法還算寬平。後來法令日弛,役名日繁,人民苦累不堪。於是有"專論丁糧"之議。英宗正統初,僉事夏時,行之於江西,役法稍平。神宗以後,又行"一條鞭"之法。總計一州縣中,人民應出的租税,和應服徭役的代價,一概均攤之於田畝,徵收銀兩。而一切差役,都由官自募。這便竟是普加一次田賦,而豁免差役了。主張田税和差役,不可並爲一談的人,不過説"徭役應當由富人負擔的,有田的人,未必就是富人。所以力役的輕重,應當調查人户的貧富另定。"然而貧富的調查,決難得實,徒然因此生出許多擾累來。儻然徵税能别有公平之法,不必盡加之於田畝,自然是很好的事情。若其不然,則與其另行調查人户的貧富,以定力役,還無寧多徵些田税而免除力役,讓有田的負擔偏重一點,因爲儻使不然,徒然弄得農民的受害更甚。

魚鱗册和黄册是一種良法;一條鞭則出於事勢之自然;所以都爲清代所遵循。清朝户口之法,其初係五年一編審。州縣造册申府,府申司,司申督撫,督撫以達於部。以一百十户爲一里。推丁多者十人爲長。十户爲一甲。甲系以户,户系以丁。民年六十以上"開除",十六以上"添注"。計丁出賦,以代力役,都和明制相同。康熙五十二年,詔嗣後滋生人丁,永不加賦;丁賦之額,一以五十年册籍爲準。雍正間,遂將丁銀攤入地糧。於是乾隆初,停五年編審之制,民數憑保甲造册。保甲之法:以十户爲一牌,十牌爲一甲,十甲爲一保,各有長。每户發給印單,令其將姓名職業人數,都一一書寫明白。每年十一月,隨穀數奏報。八旗户口,三年一編審。由將軍、都統、副都統飭屬造册送部。田税亦分夏税,秋糧。當編審未停以前,州縣亦有黄册和魚鱗册，用一條鞭法徵收。編審停後，就只剩一種魚鱗册了。清朝徵税之制，又有一種“串票”。寫明每畝應徵之數，交給納户，以爲徵收的憑據。其法起於順治十年。初用兩聯，官民各執其一。因爲奸胥以查對爲名，向納户收回，以致納户失掉憑據，就可上下其手。康熙二十八年，改爲三聯。官民與收税的人，各執其一。編審停後，造串票僅據魚鱗册。因爲丁賦業經攤入地糧，徵收只認著田，所以無甚弊病。

又歷代賦税，都是徵收實物(明初所徵收的名目還很多。見《明史》卷七十八)。英宗正統三年，前四七四年。始令折徵金花銀，從此遂以銀爲常賦了。清朝漕糧省分，有本色折色之分。折色徵銀，本色徵米。無漕糧處，一概徵銀。這也是税法上的一個大變遷。其理由都在幣制上，可參看第七節。

又明朝時候，浙西地方，田賦獨重。其原因：起於宋朝南渡之後，豪强之家，多佔膏腴的田，收租極重。其後變做官田遂以私租爲官税。參看第三篇下第五章第五節。有元一代，這種弊竇，迄未革除。張士誠據浙西時，其部下官屬，田産遍於蘇松等處。明太祖攻張氏時，蘇州城守頗堅。太祖大怒，盡藉浙西富民之田，即以私租爲税額。而司農卿楊憲，又以爲浙西地味膏腴，加其税兩倍。於是一畝之賦，有收至兩三石的(大抵蘇、松最重，嘉、湖次之，杭州又次之)。邱濬《大學衍義補》説：江南之賦，當天下十分之九。浙東西當江南十分之九。蘇、松、常、嘉、湖，又當兩浙十分之九。負擔的不平均，可謂達於極點了。從建文以後，累次減少。宣宗時，周忱巡撫江南，所減尤多。然浙西之賦，畢竟仍比他處爲重。以與張士誠一個人反對，而流毒及於江南全體的人民，這種政治，真是無從索解了。

第六節　賦税制度(下)

田税而外，蔚爲大宗的，就是鹽茶兩税。明代的鹽，亦行通商法，而兩淮,兩浙的鹽,則又兼行入中法。謂之"開中",其初頗於邊計有裨。後因濫發鹽引,付不出鹽,信用漸失。孝宗時,乃命商人納銀於運司,給之以引。而以銀供給邊用,謂之銀鹽法。清代的鹽:則由户部發引;商人納課於運庫或道庫,鹽法道。然後領引行鹽。引地各有一定,商人亦均世襲,就變成一種商專賣的樣子(這種引謂之正引。有時引多商少,則另設票售之於民,謂之票引。票引是没有地界的,商人亦係臨時投資)。國家爲要收鹽税起見,保護這幾個商人專賣,已不合理。而且(一)其初定制的時候,是算定什麼地方要多少鹽,然後發引的。所以引數和一地方需鹽之數,大略相當。到後來,户口多了,鹽便不彀銷。——或因特别事故,户口鋭減,則又不能銷。(二)什麼地方吃什麼鹽,初時也是根據運輸的狀況定的。後來交通的情形變了,而引路依然,運輸上也不利益。(三)因鹽不彀銷之故,商人借官引爲護符,夾帶私鹽,銷起來總要先私而後公,於是官鹽滯銷,而國課受其影響。(四)而且商人的得鹽,有種種費用,成本比私鹽爲重。運輸又不及私販的便利。所以就商人夾帶的鹽,也敵不過私販的鹽,何況官鹽?(五)私販既有利可圖,就成無賴棍徒的巢窟;於産鹽和鄰近産鹽地方的治安,大有妨害。(六)私銷既盛,不得不設法巡緝。然實利之所在,巡緝是無甚大效的。其結果,反弄得巡緝之徒,也擾害起人民來。(七)保護部分人專利,使人民都食貴鹽等根本上的不公平,還没説著,其流弊業已如此。這種違反自然狀況的税法,是不可不根本改革的。茶亦行通商法。明代嘗設有茶馬司,由官以茶易西番之馬,禁止私運。初時也很有成效。後來私茶大行,價較官茶爲賤,番人都不肯和官做交易,遂成爲有名無實的事情。清代之茶,無官賣之事,但對蒙、藏,仍爲輸出之一大宗。通商以後,絲茶亦爲輸出之大宗。其事甚長,非本篇所能盡,故不論。

此外雜税尚多。在明代,大抵以税課司局收商税,三十取一。抽分場所科竹木柴薪、河泊所取漁課。又有市肆門攤税、塌房税、官設的貨棧。契税等。明代此項雜税,大抵先簡而後繁。隨時隨地,設立的名目很多,就《明史》也不能盡舉。清代牙税契税,是通十八省都有的。此外蘆課、礦課、漁課、竹木税、牛馬牲畜税等,則隨地而設。都由地方官徵收。

商業上,内地的通過税,明朝本來就有的。宣宗時,因鈔法不通,於各水陸衝衢,專一設關收鈔,謂之鈔關。參看下節。其初本説鈔法流通之後,即行停止的,然此後遂沿襲不廢,直到清朝,依然存在。清朝的關,有常關、海關之分。常關專收内地的通過税。有特派王大臣監督的,京師崇文門左右翼。有派户部司員監督的,直隸的張家口山西的殺虎口。有由將軍兼管的,福州閩海關。有由織造兼管的。蘇州滸墅關、杭州南北新關。各省鈔關税,由督撫委道府監收。後來離海關較近之處,都歸併洋關管理。洋關則各關都有税務司,其上又有總副税務司,都以洋人充之。由海關道監督。光緒三十二年,又特設督辦税務大臣,以董其事。税額:洋貨進口,土貨出口的,都值百抽五,爲進出口正税。土貨轉運別口的,值百抽二點五,爲復進口半税。洋貨轉運別口的,在三十六個月以内免税,逾期照正税一樣完納,爲復進口正税。洋商運貨入内地,和入内地買土貨的,都值百抽二點五,爲内地半税。税則列入約章上,成爲協定税率,是中國和外國人交涉以來,最吃虧的一件事。《辛丑和約》,曾訂明裁釐之後,加税至一二點五,但到如今没有實行。釐金起於洪楊之時,本説事平之後即行裁撤。其後藉口地方善後,就此相沿不廢。各省都由布政司監督,委員徵收。有分局,有總局,一省多者百餘處,少亦數十處。層層阻難,弄得商賈疾首蹙額。其實國家所得的進款,不及中飽的一半;可謂弊害無窮。税釐制可參看第五篇第八章第四節。

第七節　幣制的變遷

明清兩代幣制的變遷,也得略論一論。在這兩代,可稱爲"鈔法廢壞,銀兩興起”的時代。

明初,承鈔法極弊之後,也頗想仍用銅錢;但是這時候,銅錢業已給鈔幣驅逐净盡了,要用銅錢,不得不鼓鑄。而要鼓鑄,則(一)要多大的一筆費用,國家一時頗難負擔。(二)責民輸銅,人民頗以爲苦。(三)私鑄頗多。(四)而商賈也有苦銅錢太重,不便運輸的。於是乃仍用鈔,分一貫、五百、四百、三百、二百、一百,六種。其定價,係鈔1貫=錢1 000=銀1兩=金$\frac{1}{4}$兩。一百文以下,即用錢。行之未久,鈔價便已跌落。於是添造小鈔,禁用銅錢。成祖時,又禁用金銀。然到底不能維持。價格跌落,至於只有千分之一二。到前四八四年,即宣宗宣德三年,到底至於停造新鈔。然而已出的舊鈔,還無法收回。於是想出種種法子來收回它。其收回之法,可總括爲兩種:(一)種是添設新税目。(一)種是舊有的税,加增税額。本來徵收别種東西的,也一概收鈔。收回了,都一把火燒掉。這種臨時加增的負擔,很有許多就變做了永久的。這要算我國民受“宋、金、元、明四朝政府濫發紙幣”最後之賜了。

從此以後,鈔幣雖然還有這樣東西,實際上已不行用。然而銅錢一時鼓鑄不出許多。——就鑄得出,也嫌其質重而直輕。用布帛等做貨幣的習慣,從鈔幣行用以後,倒又已破壞了,一時不能恢復。而“銀”就應運而興。

鈔法既壞,銅錢又無,銀作爲貨幣,是一種天然的趨勢。所以《金史》上説:金哀宗末年,民間就但以銀市易了(元朝的行鈔,亦用銀相權)。但是元朝和明朝的初期,朝廷還在那裏行鈔。所以銀的作爲貨幣,還没有發達完全。到鈔法已廢之後,這種趨勢,就日甚一日了。田税徵銀,已見第五節。其餘各方面的用銀,見於《明史》的,今再略舉如下:

憲宗成化十六年,前四三二年。正月,户部奏准揚州、蘇、杭、九江等處船料鈔二貫,收銀一分。

孝宗弘治元年，前四二四年。奏准凡課程：除崇文門、上新河、張家灣，及天下税課司局，仍舊錢鈔兼收外，餘鈔關及天下户口食鹽鈔，一貫折收銀三釐。錢七文，折收銀一分。案這都是爲收鈔起見，臨時增設的税。現在鈔已收盡，故改而徵銀。

七年二月，命弘治六七年户口鹽鈔，仍折銀解京。

武宗正德元年，前四〇六年。五月，户部奏准將明年應徵舊欠户口食鹽錢鈔，及崇文門分司商税錢鈔俱折銀。

十四年九月，令各處鈔關，並户口食鹽錢鈔，俱折收銀。

世宗嘉靖八年，前三八三年。直隸巡按魏有本，奏請鈔關俱折銀。從之。

從此以後，銀兩便變做“通行天下，負有貨幣資格”之物了。所可惜的，終明清兩朝，都未能使銀進爲鑄造貨幣，以成爲本位貨幣；仍舊聽他以秤量貨幣的資格，與銅並行。以致弄成無本位的神氣。

清朝對於鑄錢，頗能實行前人“不愛銅不惜工”之論(其鼓鑄，在世祖時候，就頗認真的。户部設局，名曰寶泉。工部設局，名曰寶源。各省亦多設局，即以其地爲局名。初時鑄錢，每一枚重一錢，後加至一錢二分，又加至一錢四分。雍正二年，乃定以一錢二分爲常制。欲知其詳，可把清朝所脩的《皇朝文獻通考》作參考)。亦知銀銅二者，不能偏廢。乾隆時，屢有上諭，責令各省官民，滿一貫以上，便要用銀。但是貨幣是量物價之尺，就是價格的單位。價格的單位，同時不能有兩個的。銀兩是一種天然之物；要使天然之物和法律上認爲貨幣的銅錢，常保一定的比價，是件不可能的事情。儻使這時候，能悟到銀兩與銀幣不是一物；把銀也鼓鑄成一種貨幣；且單認銀爲貨幣，而把銅錢認爲銀幣的輔助品；中國就早可進爲銀本位之國；本位觀念既已確立，就再要進而爲金本位，也容易許多了。惜乎清朝順、康、雍、乾四朝，對於幣制，都很有熱心整頓，始終没想得穿這一步，以致不但本位不立，而且銀兩需用既廣，而實際上專用秤量量法，也覺得不便殊甚；到和外國交通以後，墨西哥的銀幣，就成爲一種商品而輸入了。這是"鈔幣廢而銀兩興"(而且中國自古是專用銅幣的,到這時代,纔可以稱爲銀銅並用)的時代中的得失。至於中國現在,究應進爲金本位;抑應廢金用紙,逕與貨物相權?那是另一個問題(是很大的問題),不是本書所能兼論的。

第八節　學術思想的變遷

明清兩代,學術思想的變遷,關係極大。這種變遷,起於明末,而極盛於清朝乾嘉之時;道咸以後,又别開異境;就和最近輸入的西洋思想相接觸。要論這件事情,我先得引近人的幾句話。他說:

> 綜觀二百餘年之學史,其影響及於全思想界者,一言蔽之曰:以復古爲解放:第一步復宋之古,對於王學而得解放。第二步復漢唐之古,對於程朱而得解放。第三步復西漢之古,對於許鄭而得解放。第四步復先秦之古,對於一切傳注而得解放。夫既已復先秦之古,則非至對於孔孟而得解放焉不止矣。《改造雜誌》三卷三號梁啓超《前清一代中國思想界之蜕變》。

原來中國學術,可分爲六個時期。

(一)先秦時期。此時期可稱爲創造時期。中國一切學術,都從上古時代逐漸發生,至春秋戰國而極盛。參看第一篇第十章第一節和第三節。

(二)兩漢時期。此時期可稱謂經學時期。因此時期之人,對於學問,無所發明創造;只是對於前一期的學問,抱殘守闕;而所抱所守的,又只得儒家一家。此時期中又可分爲兩時期:前漢的今文學,是真正抱殘守闕,守古人的遺緒的;後漢的古文學,則不免自出心意,穿鑿附會;但其尊信儒家則同。參看第二篇上第八章第六節。

(三)魏晉時期。東漢時代的學問,不免流於瑣碎,又不免羼入妖妄不經之説,漸爲人心所厭棄。由是思想一轉,變而專研究古代的哲學。這種哲學,是中國古代社會公有的思想,由宗教而變成哲學,存於儒家道家書中,而魏晉以後的神仙家,亦竊取其説以自文的。合觀第一篇第十章第一節和第三節及第二篇下第三章第六節自明。

(四) 南北朝隋唐時期。這時期可稱爲佛學時期。中國古代的哲學,雖然高尚,究竟殘缺不完。印度人的思想,則本來偏於宗教和哲學方面。這時代,佛教以整然的組織,成一種有條理系統的哲學而輸入,自然受人歡迎。參看第二篇下第三章第六節。

(五) 宋元明時期。這一派的學術,可謂對於佛學的反動力,因爲佛學太偏於出世之故。但其學問,實在帶有佛教的色彩不少。參看第三篇下第五章第八節。

(六) 晚明有清時期。這時期可稱爲"漢學"時期,便是現在所要論的。

原來中國人的學問,有一個字的毛病,便是"空"。所謂空,不是抱褊狹底現實主義的人所排斥的空,乃是其所研究的對象,在於紙上,而不在於空間(譬如漢朝人的講經學,就不是以宇宙間的事物爲對象,而是以儒家的經爲對象)。這是由於尊古太甚,以爲"宇宙間的真理,古人業已闡發無餘;我們只要懂得古人的話,就可懂得宇宙間的真理"的緣故。

這種毛病,是從第二期以後,學術界上通有的毛病。但是學術是要拿來應付事物的。這種學術,拿來應付事物,總不免要覺其窮。於是後一期的學術,起而革前一期的學術的命。第五期的學術,是嫌第四期的學術,太落空了,不能解決一切實際的問題而起的。然而其實第五期的學術,帶有第四期的學術的色彩很多;而且仍舊犯了"以古人之書爲研究的對象"的毛病,既不能真正格明天下之物之理,又不能應付一切實際的問題。到後來,仍舊變爲空譚無用。明朝時候,王學出,而其落空也更甚。這種學術的弊壞,達於極點,而不可不革命了。所以清代的漢學,乘之而起。漢學雖亦不免以古人的書爲對象;但(一) 其所"持爲對象的古人的書",是很古的,很難明白的。要求明白它,不得不用種種實事求是的考據手段。因爲用了這種手段,而宇宙間的真理,也有因此而發明的。考據古書,本是因爲信古書而起。然其結果,往往因此而發見古書的不可信。(二)其所持爲對象的,是第一期人的書。傳注雖是漢人的書,實際上都是第一期人的遺説。"以古人之書爲對象,而不以宇宙間的事物爲對象"的毛病,是第二期人纔有的。第一期人,還是以事物爲對象。看他的書,好比看初次的攝影一樣,究竟去事物還近。(三)而且"考求宇宙間事物"的精神,和實事求是的精神,原是一貫的。這是經過漢學時代之後,中國人易於迎接西洋人科學思想的原理。

這一期學術之中,又可分爲三小期。

第一小期,最適當的代表人物,是顧炎武。炎武的特色,在於(一)博學。他於學問,是無所不窺的。看他所著的《日知録》,便可以知道。(二)實事求是。無論講什麼學問,都不以主觀的判斷爲滿足,而必有客觀的證據。看他所著的《日知録》、《音學五書》,便可知道。(三)講求實用。與炎武同時幾個明末的大儒,都是想做實事的,不是想談學問的。所以他們講學問,也帶有實用的色彩。看顧炎武所著的《天下郡國利病書》,便可以知道。與炎武同時的黄宗羲、王夫之、顔元、劉獻廷等,都帶有這種色彩。夫之僻處窮山,其學不傳。黄宗羲之學,是偏於史的。其後浙西一隅,史學獨盛。其最著的,如萬斯大、萬斯同、邵晉涵、全祖望、章學誠等。獻廷的書不傳。又他所研究的學問(如想造根本楚音的新字母等。見全祖望《鮚埼亭集·劉繼莊傳》),和當時社會上流行的學問,相去的太遠了。顔元是專講實行的,凡是書本上的工夫,他一概不認爲學。主張研究兵農,身習六藝。這一派學問,在當時的環境中,也不甚適於發達。因爲專制的時代,不容人民出來做事。中國社會是静的,也不歡迎出來做事的人。所以到後來,專講做實事的顔元一派消滅了,講一種特别的學問的劉獻廷一派也不傳。因爲當時的思想,帶有一種復古的趨勢之故,見第四章第一節。於後世的事情,無暇分其精力去研究,而都併其力於考古之一途。於是史學等也不甚發達,而清朝人的學問,遂集中於經。繼炎武而起的,是著《古文尚書疏證》,以攻東晉晚出《古文尚書》之僞的閻若璩,著《易圖明辨》,以攻宋以後盛行的河洛圖書的胡渭等。參看第三篇下第五章第八節。這一派人的學問,是"博採的古人的成説,求其可信者而從之",不一定薄宋而愛漢,可稱爲"漢宋兼採派"。

第二期的人物,可分皖吴兩派。皖派起於戴震,其後最著的,爲段玉裁、王懷祖、王引之。王氏之後,爲最近的俞樾、孫詒讓。吴派則惠周惕、惠士奇、惠棟,三世相繼。其後著名的,如余蕭客、江聲、江藩、王鳴盛、錢大昕、汪中等。這一派的特色,在於專標漢儒,以與宋儒相對待。原來研究學問,有兩種法子:其(一)是臚列了許多證據,以主觀判斷其真僞。其(二)是不以主觀下判斷,而先審查這證據的孰爲可信。譬如東門失火,咱們人在西門;聽得人述失火的原因和情形,各各不同。揀其最近情理的一種信他,是前一種法子。這是漢宋兼採派。且不管他所説的話,誰近情,誰不近情,先去審查各個傳説的人,誰是在東門眼見的,誰的説話,是素來誠實的……條件,以爲去取的標準。是後一種法子。這是純正的漢學。若絶不問人,單是坐在屋子裏,憑虚揣度,便變成宋學了。把這兩種法子比較起來,當然後一種更爲謹嚴,所以循進化的公例,第一期的漢宋兼採派,當然要進爲第二期的純粹漢學派。這一期可稱爲清代學術的中堅。前此亡佚的經説,都在這一期中輯出。漢人的傳注,有不明白的,在這一期中,都做成了新疏。除《左氏》、《小戴記》外,《十三經》清儒都有新疏。清朝人的學問,經學而外,最發達的是小學,在這一期中,也焕然大明。講考據最切要的工夫,使古學復明最緊要的手段,是校勘和輯佚。到這一期而其法大備。又推治經之功,以旁及諸子,且及於史,真能使古學燦然復明。近人以清朝的漢學,比歐洲的文藝復興,這一期當然是清代學術的中堅了。

第三期與第二期,同是漢學,然可對第二期的古文學而稱爲今文學。漢朝人的經學,有今文和古文兩派。已見第二篇上第八章第六節。既然復古,要復得徹底。以"東門失火,在西門判斷傳説,先審查傳説的人,誰是在東門眼見的,誰的説話,是素來誠實的等等條件"爲例,當然今文的價值,比古文大。所以第二期之後,又有這一期,也是當然的趨勢。這一派的學問,發生於武進的莊、存與。劉逢禄。而傳衍於仁和之龔、自珍。邵陽之魏。源。播之於近代的王闓運、皮錫瑞、廖平。而康有爲創孔子託古改制之說,直追尋到儒家學說的根源。且可見得社會是進化的,古代並不比後世好。好的話,是改制者所託。實在對於幾千年來迷信古人的思想,而起一大革命。康氏最尊信孔子。然所尊信的,是託古改制的孔子,不是"祖述堯舜憲章文武"的孔子,便是既得解放後的尊信,不是未得解放前的尊信。這一點,不能與其餘迷信者流,等量齊觀。

第六期的學術,如剥蕉抽繭,逐層進步;至於此,則已圖窮而匕首現了。而西洋的思想,適於此時輸入。兩種潮流,奔騰澎湃,互相接觸,就顯出一種"江漢朝宗"、"萬流齊彙"的奇觀。

清朝的學術,在别一方面的,要論起來,也還多着呢。因不足以代表一時代的思潮,所以不再詳論。

第五篇　現　代　史

第一章　從武昌起義到正式政府成立

第一節　武昌起義和各省光復

中國人所以懷疑帝制,和反對清朝的原因,在前一篇裏,已經説明了。第四章第一節和第六節。其中圖謀革命最早的,就要推前大總統孫文。他在光緒十八年,已經在澳門組織興中會,圖謀革命。前二一年,光緒十七年。在廣州起事,不成,走到英國。給駐英公使龔照嶼,把他騙到使館裏,拘禁起來。旋因英國人交涉,得以釋放。於是孫文遍歷南洋羣島,和美洲的舊金山等處,竭力鼓吹,信從的人漸多。前八、前七兩年,因留東學生,極一時之盛。孫文親自到日本,從事鼓吹。前七年,就和黄興等組織同盟會,以爲實施革命的團體。這一年,起兵攻鎮南關,奪取礮臺;明年,又攻雲南的河口;都因軍械不繼,退去。前一年,黄興起事於廣州。未及期而事洩,黨人倉猝攻督署,死者七十二人,都叢葬在黄花岡。這要算圖謀革命以來最壯烈的一舉了。關於辛亥以前革命事業的進行,可參看《孫文學説》的附録。

辛亥八月十九日(陽曆十月十日),先是革命黨人,在湖北運動舉事。原約八月十五日夜起義。後來展期到二十五日。而十七日事洩,機關多處同時被破。憲兵彭楚藩、劉汝夔、楊宏勝三人,都被清鄂督瑞澂所害,遂改於是夜起義。工程營先發,輜重隊繼之。先取火藥局,直撲督署。瑞澂和統制張彪都逃去,於是武昌光復。衆推黎元洪爲中華民國軍政府鄂軍都督。

二十三、四兩日,派兵渡江,連克漢口、漢陽。照會各國領事,請其轉呈政府,確守局外中立。並申明:

(一) 以前清政府所定條約,軍政府概認其有效。——但此後再與清政府訂約,軍政府概不承認。

(二) 承認各國的既得權。

(三) 賠款外債,照應由各省如數攤還。

(四) 各國儻以軍用品助清,軍政府概須没收。

領事團即宣告中立。旋各國都承認我爲交戰團體。

清廷得武昌起義的消息,即以廕昌督師,並命薩鎮冰以海軍赴鄂。二十三日,起袁世凱爲湖廣總督。

九月初六日,命廕昌俟袁世凱到後,即行"回京供職,"以馮國璋統第一軍,段祺瑞統第二軍,都歸袁世凱節制。

九月初七日,清軍陷漢口。我軍以黄興爲總司令,守漢陽。十月初七日,漢陽陷。而其時各省都次第光復。

地名	光復日期	民軍都督	光復狀況
長沙	九月初一	正焦大章、副陳作新——譚延闓	焦陳本會黨首領,和新軍合力光復,旋爲新軍所殺,推譚延闓爲都督。
九江	九月初二	馬毓寶	毓寶本新軍標統。
南昌	九月初十	吴介璋	介璋本新軍協統。後彭程萬自稱奉孫文委任,爲贛軍都督。吴介璋就讓了他。旋彭又他去,馬毓寶到南昌,就贛軍都督之任。
西安	九月初四	張鳳翽	新軍於初一起事,初二攻克滿城。
太原	九月初九	閻錫山	錫山本新軍協統。清巡撫陸鍾琦被殺。

續　表

地名	光復日期	民軍都督	光復狀況
雲南	九月初九	蔡鍔	蔡鍔係新軍協統，和統帶羅佩金、唐繼堯等同起義。
上海	九月十三	陳其美	先據閘北警局，次據製造局，旋定吳淞口。
蘇州	九月十四	程德全	德全本清巡撫，宣佈獨立。
杭州	九月十四	湯壽潛	十五日，民軍與旗營開戰，旗營旋即降伏。
安慶	九月十八	朱家寶——孫毓筠	家寶係清巡撫，由諮議局宣佈獨立，推爲都督。旋他去，由孫毓筠繼任。
福建	九月十八	孫道仁	道仁係新軍統領。總督松壽自盡，將軍樸壽被殺。
廣東	九月十九	正胡漢民、副陳炯明	將軍鳳山，於初四日被炸身死。十九日，諮議局宣佈獨立。舉巡撫張鳴岐爲都督，張不受，遁去，乃改舉胡陳。
廣西	九月十六	沈秉堃	秉堃本清巡撫，旋去職，以陸榮廷代。
山東	九月二十三	孫寶琦	寶琦係清巡撫，由保安聯合會舉爲都督。十月初四日，孫又取消獨立。後孫去職，由胡建樞代爲巡撫。十一月底，藍天蔚率北伐隊克烟台。至元年二月，胡建樞乃與民軍議和。——時民軍都督爲胡瑛。
成都	十月初七	蒲殿俊——尹昌衡	四川民軍和官軍衝突最久。外縣以次先下。至十月初七，乃舉蒲殿俊爲都督。至十八日，改舉尹昌衡。趙爾豐於十一月初三日被殺。

續表

<table>
<tr><th>地名</th><th>光復日期</th><th>民軍都督</th><th>光復狀況</th></tr>
<tr><td>甘肅</td><td>十一月十八</td><td></td><td>新軍三標一營起義，總督長庚被囚。</td></tr>
<tr><td colspan="4">奉天於九月二十二設立保安會；推東三省總督趙爾巽爲會長，諮議局議長吴景濂爲副會長。只有直隸、河南、吉林、黑龍江四省，未曾宣佈獨立。</td></tr>
</table>

只有提督張勳，還在南京負固。於是蘇浙兩省，聯軍進攻。十月十二日，南京就克復。——程德全移駐南京。

而停泊鎮江九江的海軍，亦於二十二、二十五兩日，先後反正。

清廷聽得陸鍾琦死了，以吴禄貞爲山西巡撫。禄貞屯兵石家莊，以清兵陷漢口後，縱火焚燒，截留運往戰地的軍火。禄貞旋於九月十七日遇刺。而駐兵灤州的張紹曾，又發强硬的電報，請清廷立憲。

清廷先已罷盛宣懷，九月初五日。下罪己詔，開黨禁。初九日。九月十一日，罷奕劻等，以袁世凱爲内閣總理。十三日，宣佈十九信條。因其中第八條："總理大臣，由國會公選，皇帝任命。"第十九條："第八……條，國會未開以前，資政院適用之。"於是十八日，資政院選袁世凱爲總理。攝政王旋退位。

第二節　臨時政府的成立和北遷

當南京未克復時，江蘇都督程德全，浙江都督湯壽潛，公電滬軍都督，提議"請各省各派代表，在上海開一會議"。其資格係：（一）由各省諮議局各舉一人，（二）由各省都督府各舉一人。有兩省以上的代表到滬，即行開議；續到的隨到隨加入。滬督贊成了。於是以蘇浙都督府代表的名義，通電各省，"請即派員到滬，組織臨時政府"，並請"公認伍廷芳、温宗堯爲臨時外交代表"。各省覆電，多就近派本已在滬的人爲代表，所以代表齊全得很快。九月二十五日，開第一次會議。議決定名爲"各省都督府代表聯合會"。二十七日，以黎都督亦有通電，請各省派代表到武昌，組織臨時政府。議決："會所以上海爲宜"，電請武昌派代表到滬與會。三十日，議決："以武昌爲中央軍政府，以鄂軍都督執行中央政務。"並請"以中央軍政府名義，委任伍廷芳、温宗堯爲民國外交總副長"。十月初三日，議決："各省代表，同赴武昌，組織臨時政府。"初四日，又議決："以一半赴湖北；一半留上海，爲通信機關，以便聯絡聲氣。"赴湖北的代表，於初十日，在漢口開會。十三日，議決《臨時政府組織大綱》二十一條。

臨時大總統，由各省都督府代表選舉之。以得票滿投票總數三分之二以上者爲當選。——代表投票權，每省以一票爲限。（第一條）

參議院以各省都督府所派參議員組織之，（第七條）……每省三人。……其派遣方法，由各省都督府自定之。（第八條）……未成立以前，暫由各省都督府代表會，代行其職權。……（第十六條）

十四日，得南京光復的消息，就議決："以南京爲臨時政府設立的地點。各省代表，限七日内齊集南京。有十省以上的代表到了，即開臨時大總統選舉會。"就是這一天，留滬的代表，忽而票舉黄興爲大元帥，黎元洪爲副元帥。明日，又議決大元帥的職權。即以大元帥主持組織中華民國臨時政府，武昌各代表，通電否認。旋武昌各代表，齊集南京。二十四日開會，議決："於二十六日選舉臨時大總統。"

先是：初十日，武昌的民軍，由英領事介紹，與清軍停戰三日。三日期滿之後，又繼續停戰三日。十五日，袁世凱電漢口清軍，停戰期滿之後，再繼續十五日；而派唐紹儀爲代表，與黎都督——或其代表人討論大局。

二十五日，浙江代表陳毅從湖北到南京。報告"唐紹儀已到漢口,黎都督的代表,業經和他會晤。據唐紹儀説:袁世凱也贊成共和。”於是議決:緩舉臨時大總統。——承認上海所舉大元帥、副元帥。於《臨時政府組織大綱》上:追加“臨時大總統未舉定以前,其職權由大元帥暫任之”一條。二十七日,黄興辭職,推薦黎元洪爲大元帥。公決“以黎爲大元帥,黄爲副元帥;由副元帥代行大元帥職權,組織臨時政府。”又於《臨時政府組織大綱》後,追加“大元帥不能在臨時政府所在地時,以副元帥代行其職權”一項。先是袁世凱派唐紹儀爲代表後,各省代表,亦議決以伍廷芳爲民軍代表。而以北方不認山、陜在停戰範圍之内,我軍覆電不認。旋商明,清廷對山、陜,民軍對四川,各不增加兵力與軍火。乃定議:從十月十九起,到十一月初五,停戰十五日。以漢口爲議和地點。而伍廷芳以在滬任外交代表,不能到漢。乃改以上海爲議和地點。

十月二十七日,唐紹儀到上海。二十八日,開第一次會議。伍廷芳提議:“十九日停戰後,湖北、山西、陜西、山東、安徽、江蘇、奉天,均須一律停戰,不得進攻。要電致袁内閣,得了確實的回覆,方能開議。”唐紹儀答應了。十一月初一日,袁内閣回電到了。開第二次會議。展長停戰期限七日(十一月初五到十二日)。伍廷芳提出:“必須承認共和,方可開議。”唐紹儀電達北京,請召集國會,議決國體。初九日,内閣奏請召集宗支王公開御前會議,對於國體問題,由民意決議的話,也承認了。初十日,開第三次會議。議定“開國民會議解決國體,從多數取決。決定之後,兩方均須依從”。十一日,開第四次會議,議定“國民會議,以每省爲一處,内外蒙古爲一處,前後藏爲一處;每處選代表三人組織之。——每人一票:儻某處代表到會的不滿三人,仍有投三票之權”。十二日,開第五次會議。伍廷芳提出,“國民會議,以上海爲開會之地;開會日期,定於十一月二十日”。唐允電達袁内閣。

初六日,孫文到上海。初十日,江蘇、安徽、江西、浙江、福建、湖北、湖南、廣東、廣西、四川、雲南、河南、山東、山西、陜西、奉天、直隸,十七省代表,開臨時大總統選舉會。孫文以十六票當選。這一天,是陽曆十二月二十九日。於是通電各省,改用陽曆。以十三日爲中華民國元年一月一日。孫文即於此日就職。

於是唐紹儀以交涉失敗,打電報到北京辭職。袁世凱打電報給伍廷芳,説:"唐代表權限所在,只以切實討論爲範圍。"現在國民會議各條,"均未先與本大臣商明,遽行簽定。其中實有……礙難實行各節。嗣後應商事件,即由本大臣與貴代表直接電商……"伍廷芳覆電,説:"唐代表簽定各約,不能因其辭職而有變動。而且往返電商不便,請清内閣總理,親自到上海來面商。"袁世凱又打電報來,説:國體問題,"現正在商議正當辦法,爲什麽南京忽然組織政府?設國會議决爲君主立憲,該政府暨總統,是否立即取消?"

伍廷芳覆電説:"這是民國内部的事情","若以此相詰,請還問清政府,國民會議未决以前,何以不即行消滅?……設國會議决爲共和,清帝是否立即退位?"於是和議停頓,而北方將士,亦多傾向共和。段祺瑞等聯電贊成共和;並説要帶隊入京,和各親貴剖陳利害。

於是由袁世凱和民國商定了優待滿、蒙、回、藏各族和清室的條件。而清帝於二月十二日退位。

先是臨時總統就職後,各省代表,又於正月初三日,選舉臨時副總統。黎元洪以十七票——全場一致當選。又脩改《臨時政府組織大綱》,原文第二十條:"臨時政府成立後,六個月以内,由臨時大總統召集國民議會。召集方法,由參議院議决之。"這時候,於"國民議會"之下,加入"制定民國憲法"六個字。從臨時政府成立後,各省代表會,就依《臨時政府組織大綱》,代行參議院職權。旋各省所派參議員,陸續都到。於正月二十八日,開參議院成立大會,《臨時政府組織大綱》第二十條:"臨時政府成立後六個月以内,由臨時大總統召集國民議會。"這時候,因爲來不及,乃將《臨時政府組織大綱》脩改,成爲《臨時約法》。由臨時大總統,於三月十一日公佈。第五十三條:"本約法施行後,限十個月内,由臨時大總統召集國會,其國會組織及選舉法，由參議院定之。”第五十四條：“中華民國之憲法，由國會制定。憲法未施行以前，本約法之效力，與憲法等。”

當清帝尚未退位時，孫文曾提出最後協議條件，由伍代表轉告袁世凱。其中重要的三條是：（一）袁世凱須宣佈政見，絶對贊同共和。（二）孫文辭職。（三）由參議院舉袁爲臨時大總統。而清帝《退位詔》中，又有“……即由袁世凱以全權組織臨時共和政府，與民軍協商統一辦法……”的話。清帝既退位，袁世凱電告臨時政府，絶對贊成共和。於是十三日，孫文向參議院辭職，並薦舉袁世凱。十四日，參議院以二十票對八票，議決臨時政府，移設北京。十五日，開臨時大總統選舉會，袁世凱以十七票——全體一致當選。黎元洪亦辭副總統職。二十日開會選舉，黎仍以十七票全場一致當選。便是十五日這一天，參議院覆議臨時政府地點，忽又以十九票對七票，可決仍設南京。於是派蔡元培汪兆銘到北京，歡迎袁世凱來就任。二十九日夜，北京兵變。三月初一日，天津、保定又兵變。初六日，參議院就議決，許袁在北京就職。袁命唐紹儀到南京組織新内閣，接收交代事宜。孫文遂於四月初一日去職。初五日，參議院亦議決移設北京。

南京臨時政府閣員

陸軍總長	黄　興
海軍總長	黄鍾英
外交總長	王寵惠
司法總長	伍廷芳
財政總長	陳錦濤
内務總長	程德全
教育總長	蔡元培
實業總長	張　謇
交通總長	湯壽潛

唐紹儀内閣閣員

陸軍總長	段祺瑞

海軍總長　　劉冠雄
外交總長　　陸徵祥
司法總長　　王寵惠
財政總長　　熊希齡
内務總長　　趙秉鈞
教育總長　　蔡元培
工商總長　　陳其美
農林總長　　宋教仁
交通總長　　梁如浩

案《臨時政府組織大綱》第十七條:"行政各部如下：一外交部,二内務部,三財政部,四軍務部,五交通部。"後來脩改時,將這條删去。

第三節　大借款宋案和贛寧之役

参議院移設北京後,於元年八月,將《國會組織法》和《參衆兩院選舉法》議決。初十日,由臨時大總統公佈二年正月初十日,明令召集國會。四月初八日,國會正式成立。

唐紹儀於元年六月十五日辭職,由外交總長陸徵祥代理。二十九日,任命陸爲總理。第一次在参議院提出閣員,未能同意。第二次提出,纔通過了。内務、陸、海軍三部仍舊。財政周自齊,司法許世英,教育范源濂,農林陳振先,工商劉揆一,交通朱啓鈐。而陸已稱病不出,乃以内務趙秉鈞暫代。九月二十四日,任命趙爲總理。閣員都照舊。"宋案"起後,趙秉鈞也稱病不出。以陸軍段祺瑞代理。國會開後,熊希齡乃出而組閣。其閣員：外交孫寶琦,内務朱啓鈐,財政熊自兼,陸軍段祺瑞,海軍劉冠雄,教育汪大燮,司法梁啓超,農林張謇,交通周自齊,當時稱爲"人才内閣";又有人稱他做"第一流内閣"。

《新約法》成立。改行總統制以前，内閣的更迭如此。

現在要説“贛寧之役”（“二次革命”）了。這一役的内容，自然是新舊之争。其導火線卻是（一）俄蒙事件，（二）大借款，（三）宋案。俄蒙事件，在下一章叙述。現在卻先叙述大借款和宋案。

當武昌起義後，外交團協議，由各國銀行代表，組織聯合委員會，監督中國鹽税和海關的收入，以爲外債的擔保；並議決對於南北兩軍，都不借款。所以當時兩軍軍費，都很支絀，這也是戰争縮短的一個原因。其間借款，只有“維持北京市面借款”七十萬鎊，由清資政院議決；度支部大臣紹英，於元年一月二十九日（辛亥十二月十一），和奧國瑞記洋行簽訂。這事還在外交團決議以前。

臨時政府成立之初，財政自然是很困難的。於是發行軍需公債一萬萬元，有奬公債五千萬元。又將蘇路公司、招商局等，用私人名義，向外國銀行抵借款項，再行轉借與政府。其中惟用漢冶萍公司向日本抵借五百萬元一款，因參議院反對取消。唐紹儀任國務總理後，向四國銀行團，以將來大借款爲條件，請其墊款三百萬元，以爲收束南京政府組織北京政府的費用。北京政府成立後，唐又向四國團商借六億元，以爲（一）統一中央和各省的行政，（二）解散軍隊，（三）改良貨幣，（四）振興實業的費用。四國銀行團怕日俄兩國不在團内，終究不妥，又向日俄勸誘加入。日俄兩國以“四國承認滿蒙爲其特殊勢力範圍”爲條件。四國不肯答應。而唐紹儀亦以四國團要求中國“以後不得向他銀行借款”，斥爲壟斷，宣言“中國有自由選擇借款的權利”。於是以京張鐵路爲擔保，於三月十四，四月初六，先後向華比銀行借得一二五〇〇〇〇鎊，四國提出抗議。政府不得已，允許將來大借款成立，把比國的借款還掉。

這時候，日俄兩國，業已加入銀行團，四國變爲六國。五月初二日，唐紹儀要求從五月到十月，墊款八千萬兩。因銀行團要求用外人監查，借款中止。旋由財政總長熊希齡和銀行團交涉，銀行團開出條件：（一）在財政部附近，設立檢查所，由銀行團與財政部各選委員一人,監督借款用途。(二) 各省解散軍隊,須由中央政府派遣高級軍官,會同稅務司辦理。政府把這條件提出參議院,參議院不肯承認;輿論尤其大譁,交涉又停頓了。

而從日俄兩國加入之後,六國銀行團就在倫敦開一會議。因(A) 日俄兩國,提出"借款不得用之滿蒙";而(B) 四國方面,提出"發行公債,各由本國的銀行承當";至五月十五日,會議遂決裂。旋又移到巴黎開會,議決:(A) 另由外交上解決。(B) 俄得在比利時,日得託法國共同引受銀行發行債票。又議決:關於特定問題的用途,有一國提出異議時,即可作廢。於是各國的意見,大略一致。乃先訂立基礎條件。——六月十九日。隨即電告北京銀行代表,於二十四日,向中國政府提出條件:

(一) 借款的總額,爲六萬萬元;於五年内陸續支付。

(二) 英以匯豐,法以匯理,德以德華,美以花旗,俄以道勝,日以正金銀行爲代表。

(三) 由六國團選出代表,監督借款的用途。

(四) 對於鹽稅,須設立特別稅關,——或類似稅關的機關,——監督改良。

(五) 在此借款期内,中國不得更向六國團以外的銀行借款。

財政總長熊希齡,對於監督鹽稅,絶對反對;但願聘用外國技術人員。又要求減少借款的總額,而同時減輕其條件。請銀行團從六月到十月,每月墊款六百萬。銀行團不允。熊希齡旋辭職,趙秉鈞兼署財長。八月初五日,函告銀行團,決計向別的銀行商議。旋周學熙任財政總長。外國銀行,對於匯豐等的壟斷,不滿意的也很多。於是駐英公使劉玉麟,和英國克利斯浦公司,成立借款一千萬鎊,於八月三十日,在倫敦簽字。六國團又出而反對,電知本國各分銀行,不替中國匯兑。十月十五日,周學熙命長蘆運使,於長蘆稅項下,每月取出克利斯浦借款利息,存在天津麥加利銀行。三十日,與庚子賠款有關係的各國公使,忽然由意使領銜,出而抗議,説:鹽税係庚子賠款的擔保,不能移作别用。——其實當辛丑定約時,鹽税只有一二〇〇〇〇〇〇兩。後來加價,加課,到民國紀元前一年,已增至四七五〇〇〇〇〇兩。以賠款餘額爲擔保,辛丑後久有其事,使團並没反抗。中國政府,雖然據此答覆,然因需款孔急,畢竟不得已,俯就其範圍。於是取消財部命令。《克利斯浦借款合同》第十四條:"在債票全發行以前,中國政府,如欲借款,克利斯浦公司有優先權。——但條件須與他銀團相同。"亦由中國予以賠償,將此條取消。十一月三十日,以大總統命令,委任周學熙爲辦理借款專員。和六國團磋商,到十二月下旬,條件大致就緒。二十七日,趙總理和周總長,出席參議院,報告條件。正擬簽字,而銀行團藉口巴爾幹半島發生戰事,金融緊急,要求把五釐利息,改爲五釐半。於是簽字問題又擱起。而二年三月二十日。美國總統威爾遜,又命本國銀行退出團外,六國又變爲五國。

美國的退出,五國團頗疑心他有單獨行動的意思。又銀行團因豫備借款給中國,買進現銀已頗多。

而自"宋案"發生後,中國政府,也急欲成就借款。於是舊事重提,一切漸就妥洽。於二年四月二十六日,在北京簽約。借入的數目,是二五〇〇〇〇〇〇鎊,利息五釐,期限四十七年。鹽務收入,除擔保前債尚未還清者外,全數作爲擔保。將來海關收入的餘款,亦儘數作爲本借款擔保。於北京設鹽務署;内設稽核總所,由中國總辦一員,洋會辦一員主管。産鹽地方,設立稽核分所,設經理華員一人,協理洋員一人。鹽税都存銀行,非由總會辦會同簽字,不能提用。本利拖欠,逾"展緩近情"的日期後,即將鹽政事宜,歸入海關管理。至於用途,則於審計處設立稽核外債室,任用華洋稽核員,以資稽核。

大借款的經過大略如此。而既簽字後,卻引起一段政府和議院的衝突。原來民國時代,政府借款,當立約簽字之先,總把交涉情形,報告參議院,求其同意。而此項大借款,則但於簽字後,咨交議院查照。《咨文》說:"查此項借款條件,業於上年十二月二十七日,由國務總理暨財政總長,赴前參議院出席報告;均經表決通過;並載明參議院議事録内;自係當然有效。相應咨明貴院查明備案可也。"而議院方面,則說:當時所表決,只是辦法的大體,"所以示交涉的範圍"。所以政府所提出,只有第二、第五、第六、第十四、第十七五條;其餘各條,但注明"普通條件"字樣,並没有條文。議員也就説普通條件,無庸逐條表決,不曾再事追求。儻使正式議決借款合同,豈得如此?於是有主張將合同咨還政府的。而七月初,又發見政府於四月二十日,曾借奥國斯哥打軍器公司款項三百五十萬鎊;不但合同没有交議,並且全没有令國會與聞。遂於七月初五日,提出彈劾政府案,其後這件事情,也始終没有結果。

至於"刺宋案",則發生於民國二年三月二十日。農林總長宋教仁,從下野後,仍爲國民黨中有力的人物(民初政黨的情形,見第四節)。這時候,宋教仁的議論,説:總統非舉袁世凱不可,而内閣則必須由政黨組織。這一天晚上,突然在滬寧車站遇刺。二十二日身死。旋捉獲兇手武士英,和主使的應桂馨。政府命江蘇都督程德全、民政長應德閎查究。四月二十六日,程、應電呈總統,並通電全國,宣佈所獲證據。則主使應桂馨的,又係國務院祕書洪述祖。於是輿論譁然,都説這件事和政府有關。就做了二次革命直接的導火線。

先是南京政府交代後,孫文即行下野;黄興爲南京留守,不久亦呈請撤銷。而長江流域,安徽都督柏文蔚,江西都督李烈鈞,湖南都督譚延闓;南部則福建都督孫道仁,廣東都督陳炯明,都係民黨。七月十二日,李烈鈞在湖口起兵,稱爲"討袁軍"。於是安徽、湖南、福建、廣東,先後俱起。黄興於十四日入南京;陳其美亦起兵於上海。政府先已令李純扼守九江;鄭汝成保衛上海製造局,和海軍總司令李鼎新,互相犄角。又以倪嗣冲爲安徽都督,龍濟光爲廣東都督,張勳爲江北宣撫使。李純於七月二十五入湖口,八月十八入南昌。柏文蔚於八月初七日出走，倪嗣冲於二十九日入安慶。黄興於七月二十九出走；八月初八日，何海鳴又入南京，張勳直到九月初一，纔入南京。上海方面的民軍，於七月下旬，屢次進攻製造局，不利。八月初二日，政府軍反攻。到十三日，民黨并棄吴淞礮臺。龍濟光於八月初四入廣東。而湖南於八月十三日，福建於九月初九日，取消獨立。

第四節　正式總統的舉出和國會解散

《臨時約法》本將制定憲法的權，付與國會。國會開會後，於七月中，組織憲法起草委員會，從事起草。到贛寧之役以後，就有先舉總統，後定憲法的議論。九月初五日，衆議院以二一三對一二六票，可決先舉總統。十二日，開兩院聯合會。決定由憲法起草委員會，將憲法的一部分的《總統選舉法》起草。十月初四日，以憲法會議的名義公佈。就是所謂《大總統選舉法》。初六日，開大總統選舉會。第一二次，袁世凱得票都最多，而都不滿四分之三。第三次，就袁世凱、黎元洪兩人決選。總票數七〇三，袁得票五〇七，以過半數當選。這一天，有許多自稱公民團的人，包圍議院，迫令當天將總統選出。明天，又開會選舉副總統。出席的七一九人，黎元洪以六一一票當選。袁於初十日——國慶日就職。

先是美國、巴西、祕魯，都於四月八日——國會開幕日，承認中華民國。日本、奥斯馬加、葡萄牙、荷蘭，於選舉正式總統的當天承認。西班牙、墨西哥、德意志、俄羅斯、意大利、法蘭西、瑞典、英吉利、丹麥、比利時，都於其明日承認。

《臨時政府組織大綱》所採係總統制；《臨時約法》則所採係内閣制。而任命各部長（國務員），及派遣外交專使（大使），須得參議院同意，則兩法相同。正式總統選出後，憲法起草委員會，仍從事於起草。十月二十四日，袁世凱派委員八人，到會陳述意見，給起草委員會拒

絶。——因會章只許國會議員旁聽。明日,袁世凱通電各省都督民政長,反對《憲法草案》。其要點:

(一) 憲法起草委員會,以國民黨議員居多數。

(二)《憲法草案》第一條,國務總理的任命,須經衆議院同意。第四三條,衆議院對國務員爲不信任的決議時,須免其職。

(三) 第八七條,法院受理一切訴訟。(臨時約法第四十九條。法院依法律審判民事訴訟及刑事訴訟;但關於行政訴訟及其他特别訴訟,别以法律定之。)

(四) 第五章。國會委員會由參衆兩院選出四十人組織之。會議以委員三分二以上出席,三分二以上同意決之。而其規定之職權:(一) 咨請開國會臨時會。(一) 閉會期内,國務總理出缺時,任命署理,須得委員會同意。(一) 發佈緊急命令及財政緊急處分,均須經委員會議決。

(五) 第一〇八,一〇九條。審計員由參議院選舉。

限電到五日内電復。十一月初四日,又發出第二次通電。其中要點:

(一) 第二二條:參議院以法定最高級地方議會,及其他選舉團體選出之議員組織之,無異造成聯邦。

(二) 第二六條:兩院議員,不得兼任文武官吏,但國務員不在此限。

(三) 第四四條:參議員審判被彈劾之大總統,副總統及國務員。

(四) 消除《約法》大總統制定官制官規之權。

(五) 第六五條:"緊急教令",須經國會委員會議決發佈。又須於次期國會開會後七日内,請求追認;國會否認時,即失效力。

(六) 第六七條:海陸軍之編制,以法律定之。

（七）第七一條：大總統依法律得宣告戒嚴；但國會或國會委員會認爲不必要時，應即解嚴。

當時各都督、民政長、鎮守使、師、旅長，紛紛電京，也有主張解散國民黨，撤銷國民黨議員的；也有主張撤銷草案，解散憲法起草委員會的；也有主張解散國會的。而總統又即於四日下令，説查獲亂黨首魁與亂黨議員往來密電，飭將京師國民黨本部，及各地方國民黨機關解散。“自湖口……倡亂之日起，凡國會議員之隸籍國民黨者，一律追繳議員證書徽章。”旋又下令，省議會也照此辦理。

民國初元政黨：
- 同盟會——國民黨 }
- 統一共和黨 } 國民黨
- 共和建設討論會——民主黨 }
- 統一黨 }
- 憲友會——國民協進會 } 進步黨
- 民社 }

國民黨議員既被撤銷後，國會就不足法定人數。原令雖説：“……由内務總長行令各該選舉總監督暨選舉監督……查取……候補當選人，如額遞補。”旋又因倪嗣冲等電請，下令將“隸籍國民黨之各項議員候補當選人，……一體取消”。遞補一節，就無從辦起。各都督民政長，呈請將殘餘議員遣散。總統遂據以諮詢政治會議。

政治會議，本名行政會議。係熊希齡組閣後，擬定大政方針，要想法子實行，令各省行政長官，派員來京組織的。適值國會解散，就改爲政治會議。加入國務總理，各部總長，蒙藏事務局舉派人員，大總統特派人員，和法官兩人，於十二月十五日開會。三年正月初四日，就據政治會議的呈覆，停止兩院議員職務。

當國會尚未解散時，總統諮詢政治會議，説：“現在兩院對於增脩約法事件，勢難開議。昨據副總統兼領湖北都督事黎元洪等電稱：‘歷考中外改革初期，以時勢造法律，不以法律强時勢。美爲共和模範，第一次《憲法》，即因束縛政府，不能有爲，遂有費拉德費亞會議脩改之舉。……現在政治會議，已經召集，與美國往事，由各州推舉之例正同。請大總統諮詢各員以救國大計等語。’……國會現狀，一時斷難集議。……增脩約法，程序究應如何？……”三年正月初十日，政治會議呈請“特設造法機關”。總統又以“此種造法機關，究應如何組織？應用何種名稱？其職權範圍如何？及議員選派方法……如何”？再行諮詢。二十六日，政治會議議決《約法會議組織條例》。即據以選舉議員，於三月十八日，正式開會。

約法會議開會後，將《臨時約法》脩正，名爲《中華民國約法》。於五月初一日公佈施行。——《臨時約法》即於本約法施行日廢止。其《大總統選舉法》，亦經約法會議脩正，於十二月二十九日公佈。

約法會議所脩正的《約法》，設立参政院，以“應大總統之諮詢，審議重要政務”，其組織：“参政五十人至七十人，由大總統……簡任。……”“院長一人，由大總統特任。副院長一人，由大總統於参政中特任。……”

五月二十四日，参政院成立；並令其代行立法。——政治會議，即於是日停止。

各省省議會從取銷國民黨籍議員後，各都督民政長，又電稱：“一般輿論，僉謂地方議會，非根本解決，收效無期。與其敷衍目前，不如暫行解散。”二月初三日，令交政治會議議決。旋據呈復：“統一國家，不應有此等龐大地方會議。應即一律解散。”“將來應否組織别種議事機關，應以地方制度如何規定爲斷。請俟制定地方制度時，通盤籌畫，折衷定制。”於三月二十八日，據以解散各省省議會。

其地方自治：三年二月間，先因甘肅、山東、山西、湖北、河南、直隸、安徽等省民政長電稱，“各屬自治會，良莠不齊”，准其取消。旋又下令：將各地方各級自治會停辦，而“著内務部將自治制，重行釐訂”。京師地方自治，本定爲特别制度，這時候，也下令取消，由内務部一併釐定，彙案辦理。

《新約法》將《臨時約法》的内閣制廢除，改爲總統制，以“大總統爲行政首長，置國務卿一人贊襄之”。於是五月初一日，廢國務院官制,於大總統府設政事堂,以徐世昌爲國務卿。——閣員:外交孫寶琦,内務朱啓鈐,財政周自齊,陸軍段祺瑞,海軍劉冠雄,司法章宗祥,教育湯化龍,農商張謇(章宗祥兼代),交通梁敦彦。外省官制,亦大加改革。改都督爲將軍,民政長爲巡按使。

其司法機關:各都督民政長,亦電請分別裁撤。亦交政治會議討論。先是司法總長章宗祥擬有設廳辦法六條,亦交政治會議,併案討論。旋據呈復:(一)各省高等審檢兩廳,和省城已設的地方廳,照舊設立。(二)商埠地方,應酌量繁簡,分別去留。(三)初級各廳,概與廢除,歸併地方。(四)於各道署附設分廳。三月十五日,下令照所擬辦法辦理。

第二章　俄蒙英藏的交涉

第一節　俄 蒙 交 涉

滿清末年的中俄交涉，已見前篇第四章。清朝的末年，也知道邊境地方的岌岌可危，頗要想法子整頓。然而既沒有實力，又沒有真能辦事的人。要想整頓，而沒有真能辦事的人，於是所辦的事情，不免鋪張表面；或且至於騷擾地方，激起當地人民的反抗。於是又想施用高壓手段。沒有實力而想用高壓手段，就不免色厲而內荏，格外足以招致藩屬的叛離。果然，外蒙由杭達親王做代表，和俄國人勾結，就由活佛於八月二十一日，宣佈獨立，把辦事大臣三多，驅逐出境。九月初五日，蒙兵又攻陷呼倫貝爾。

這時候，革命軍已起，清政府如何顧得到外蒙，只好置諸不論不議之列。而俄國於十一月間，向外務部提出要求。

（一）承認俄國從庫倫到俄境的築路權。

（二）中蒙訂約，申明：(A) 中國不在蒙古駐兵，(B) 殖民，(C) 允許蒙人自治。

（三）中國在蒙古改革，須得先同俄國商量。

外務部也置諸不覆。

民國初元，擾擾攘攘，也没有人去問蒙古的信——雖然有遣使宣慰等議論。十月二十七日，俄國全權參贊廓索維慈，和庫倫訂立《協約》。俄國幫助蒙古，保守自治制度；編練國民軍，不許中國人派兵到蒙古和殖民，而蒙古人則允許以俄人以《附約》（《俄蒙商務專條》）上的權利。那《附約》上所載的權利，重要的是：

（一）俄人得自由居住移轉；經理商工業和其他各事。

（二）俄人通商免税。

（三）俄國銀行，得在蒙古設立分行。

（四）俄人得在蒙古租地，——或買地，——建築工廠、鋪户、房屋、貨棧和租地耕種。

（五）俄人得在蒙古經營礦業、森林業、漁業。

（六）設立貿易圈，以便俄人營業居住。

（七）俄人得在蒙古設立郵政。

（八）俄國領事，得使用蒙古臺站。——私人只須償費，亦得使用。

（九）蒙古河流，流入俄國的，俄人在其本支流内，都可航行。

（十）俄人得在蒙古脩橋，而向橋上的行人收取費用。

（十一）由俄國領事（或其代表），與蒙官組織會審委員會，審理俄蒙人民事上的争論。

同時向中國、日本、英國，發出通告。中國接到此項通告後，輿論大譁，一時征蒙之論頗盛。外交總長陸徵祥，從元年十一月起，到二年七月止，前後和俄人磋議過二十多次。七月初七日，將最後《草約》提出國會。衆議院（進步黨多數）通過，參議院（國民黨多數）否決。趙内閣倒後，熊内閣成立。孫寶琦爲外交總長，繼續和俄人磋議。俄人堅持，《草約》的精神，不能改變。十一月五日（取消議員資格的明日，國會已不足法定人數），孫寶琦和俄使庫朋斯齊，簽定如下的條約。

（一）俄人承認中國在外蒙古的宗主權。

（二）中國承認外蒙古的自治權。

（三）中國對外蒙古，不派兵，不設官，不殖民。——惟可任命大員，偕同屬員衛隊，駐紮庫倫。此外又得酌派專員，駐紮外蒙古各地方，保護中國人民利益。俄國除領事署衛隊外，不駐兵；不干涉外蒙古内政；不殖民。

（四）中國聲明按照以前各款大綱，及一九一二年十月二十一日《俄蒙商務專條》，明定中國和外蒙古的關係。

（五）凡關於俄國及中國在外蒙古的利益，暨各該處因現勢發生的各問題，均應另行商訂。

另以照會申明：（A）俄國認外蒙古爲中國領土的一部分。（B）關於外蒙政治，土地，交涉事宜，中國允許和俄國協商，外蒙亦得參與其事。（C）正文第五款所載隨後商訂事宜，由三方面酌定地點，派委代表接洽。（D）自治區域，以前清庫倫大臣、烏里雅蘇臺將軍、科布多大臣所管轄的地方爲限。——畫界事宜，按照聲明文件第三款所載，日後商定。

因第（五）款的原故，我國派畢桂芳、陳籙，和俄國庫倫總領事亞歷山大密勒爾，和外蒙古的委員，會商於恰克圖。從三年九月起，到四年六月初七，訂立《中俄蒙協約》。其中重要的條件是：

外蒙古無與各國訂結政治土地國際條約的權，而有與外國訂結關於工商事宜的國際條約的權。

中國駐庫倫大員，衛隊以二百人爲限。其佐理員分駐烏里雅蘇臺、科布多、恰克圖的，以五十人爲限。

俄國庫倫領事衛隊，以五十人爲限。他處同。

畫界問題，由三國另派代表，協同辦理。

其呼倫貝爾，亦經俄人要求，於這一年十一月初六日，訂立改爲特別地域的條約。

> (一)呼倫貝爾爲特別地域,直屬中華民國政府。
>
> (二)呼倫貝爾副都統,由總統擇該地三品以上的蒙員,直接任命;有與省長同等的權利。
>
> (三)呼倫貝爾軍隊,全用本地民兵組織。儻有變亂,不能自定,中國通知俄國後,得以赴援,但事定後即須撤兵。
>
> (四)呼倫貝爾的收入,全作爲地方經費。
>
> (五)中國人在呼倫貝爾,僅有借地權。
>
> (六)將來築造鐵路,借款須先儘俄國。
>
> (七)俄國企業家,和呼倫貝爾官憲,訂結契約,經過中俄兩國委員審查者,中國政府,應即予以承認。

内蒙王公,内向之心頗堅。曾於民國元年,在長春組織蒙旗會議,政府派阿睦爾靈圭和東三省宣撫使張錫鑾,吉林都督陳昭常蒞會。其後諸王公又組織蒙古聯合會,發表宣言。——曾經譯登外報。

> ……内蒙古……及科布多、烏梁海、青海、新疆各盟,均贊成共和。……惟外蒙古活佛……勾結……三數王公,妄稱獨立。……實則外蒙四部落,其迤西兩部各旗,並未贊同。質言之,只是庫倫附近各旗與活佛之所爲;在蒙古全體中,尚不及十分之一。……乃庫倫僞政府,近與俄國擅訂《協約》,竟捏稱蒙古全體,殊可怪詫。本會係内外蒙古各盟旗王公組織而成;本會會員,各有代表各盟旗土地人民之責;並未承認庫倫僞政府,有代表蒙古之資格。僞政府如有與外國協商訂約等事,無論何項條件,何項條約,自應一律無效。

雖有這項宣言,初不能發生什麽效力。庫倫獨立後,曾經派兵南犯内蒙,經熱河、綏遠、山西派兵協力擊退。内蒙古部落,亦間有叛離的,特如科爾沁右翼前旗的烏泰,攻破鎮東、洮南,經奉黑會勦鎮定。而東札魯特的巴布札布,畢竟引起五年鄭家屯的交涉。

鄭家屯本哲里木盟之地，於民國二年，改爲遼源縣。當五年袁氏帝制失敗後，日人在南滿。頗有陰謀。其時，亡清的肅親王善耆，住居大連，日人頗助其活動。又以軍火供給巴布札布，並在遼源擅行設置警察署。巴布札布，前曾侵犯熱河，經都統姜桂題派兵擊退。這一年七月裏，又率大隊蒙匪，侵犯突泉，爲第二十八師馮麟閣所敗。日人忽然説南滿鐵路附近，不能作戰，阻止奉軍追襲。時二十八師駐紮鄭家屯。八月十四日，鄭家屯日警，和中國駐軍衝突。日本即要求二十八師和其餘的中國兵，一律退出鄭家屯外三十里。日本旋派兵將鄭家屯佔據。蒙匪遂於這時候，退至鄭家屯附近的郭家店。日本和奉天督軍張作霖交涉，要求許蒙匪退回蒙境，不加討伐。張作霖不得已允許。而蒙匪退卻之際，日軍又夾雜其中；名爲監視，實則意甚叵測。張作霖通告日本，揭破其陰謀，説情形如此，不得不加討伐。而進兵之際，蒙匪中忽然升起日本國旗，致爲中國礮彈所穿。日本又藉此將軍隊調集朝陽坡，並有"直衝奉天"的議論。無如奉軍即行退去，以致無所施其技。而鄭家屯事件，畢竟由中國處罰軍官，表示歉意，方纔了結。

第二節　英藏交涉

從前六年《藏印續約》訂立之後，清政府自覺其對於西藏權力的薄弱，而亟思改絃更張，也和其對於蒙古一樣。前七年，駐藏幫辦大臣鳳全給藏番殺害。政府以趙爾豐爲邊務大臣，並命四川提督馬維祺，出兵討伐。這一役的結果，把現在的川邊地方，全行戡定，逐漸設置縣治。

先是英兵入藏，達賴出奔，本有到俄國去的意思。後來聽見俄國的兵，給日本打敗了，就此作爲罷論。滯留在西寧幾個月，跑到庫倫。明年，從庫倫回來，依舊滯留在西寧一帶。清朝頗想籠絡他，勸其入朝。於是達賴於前四年四月到北京,恢復出逃時所革西天大善自在佛封號,並加誠順贊化名號。十月,德宗、孝欽都死了,達賴乃回藏。趙爾豐的經營西藏,達賴甚不謂然。前三年十二月到拉薩,就嗾使藏人反抗。趙爾豐派鍾潁帶兵一千五百人,於前二年二月,進入拉薩。十六日,達賴逃奔印度,要求印度總督干涉。印度總督含糊答覆。達賴没奈何,回到大吉嶺。清朝得他逃亡的消息,便下詔,把他廢掉。

然而清朝末年的駐藏大臣聯豫,所帶軍隊,頗無紀律。把槍彈都賣給藏番。於是藏番軍械,頗爲充足。革命的消息,傳到拉薩,駐藏清軍,以爲從此没有法律了,就隨意剽掠。藏人大怒,羣起反抗。其結果,清朝軍隊都被逐。達賴乘機回拉薩,宣佈獨立。並嗾使藏番内犯。巴塘、裏塘,先後失陷。並進攻打箭爐。四川都督尹昌衡(政府旋以爲征藏軍總司令),出兵征討;雲南都督蔡鍔,也發兵會攻。七月,在裏塘、巴塘中間,把藏番打敗。藏番退回。而川滇兵亦因糧械兩乏,不能進取。八月十七日,英使朱爾典,向外部提出抗議,要求中國對西藏:不干涉内政,不改省,不駐紮多兵;而且説英國還没有承認中華民國,儻使中國不容納英國的意見,英國惟有和西藏直接交涉。政府怕事實上生出困難,只得改爲安撫(征藏軍總司令,改爲川邊鎮撫使)。而且恢復達賴的封號。又承認英國的要求,派陳貽範和英藏兩方的代表,共同會議,以解決對藏問題。——此項會議,以民國二年十一月十三日,開始於大吉嶺。後來又移於印度的西摩拉。

蒙古有内外,西藏是没有内外的。而英國人對西藏的要求,差不多全抄俄國人對於蒙古的辦法,强要立出内外藏的名目來。陳貽範不肯承認。英人又以和西藏直接交涉相恫喝。陳貽範不得已,於三年四月二十七日,與英人簽定《草約》。其大旨是:

英國承認中國對於西藏的宗主權,中國承認外藏的自治權。中英都不干涉西藏的内政,中國不改西藏爲行省。

彼此不派兵,不駐官,不殖民。——但中國得派大員,駐紮拉薩;衛隊以三百人爲限。英國駐紮拉薩的官的衛隊,不得超過中國官的衛隊的四分之三。

內外藏的界限,暫用紅藍線畫於本約所附的地圖上。

此項條約,把中國在西藏的權力,驟然縮小,和在外蒙絲毫無異。而其尤爲緊要的,則係所謂内外藏的界線。

原來康之與藏,本不能併爲一談。參看第四篇第二章第二第三節。舊界係以江達以東爲康,以西爲藏。所以雍正四年會勘畫界案内,於江達特置漢藏兩官。清末改康爲川邊。其境域,亦係東起打箭爐,西至江達。經四川總督趙爾巽、邊務大臣趙爾豐、駐藏大臣聯豫會同畫定,於江達立有碑記。民國元年,尹昌衡改江達爲大昭府;將碩督、嘉黎、恩達、察隅、柯麥五縣,畫歸管轄;曾經内務部頒佈在案。以上據四川省議會八年通電。然則姑無論西藏本無内外;即欲强分爲内外,而所謂内外藏者,亦應統限於江達之西。乃英國人之所謂藏者,幾於包括川邊,分割青海;還要在其中畫分内外,把外藏的範圍,擴充得極大。陳貽範第一次提出的讓步案:是怒江以東,完全歸中國治理。怒江以西,至江達,保存前清舊制,不設郡縣。第二次:將中國治理之界,讓至丹達以東。第三次:讓至怒江以東。第四次:但求青海保存原界;巴塘、裏塘等地方,仍歸中國治理。而把怒江以東,德格、瞻對等地方,都畫爲特區。但英使始終不聽,先後提出脩正案兩次,僅允將金川、打箭爐、阿敦孜等地,由内藏畫歸中國。——但瞻對、德格,仍屬内藏。——白康普陀嶺、阿美馬頂嶺東北之地,畫歸青海。陳貽範屢次交涉無效,只得就英使原提出的草案所附地圖的紅藍線,略加伸縮,竟於草約簽字。案内外藏的界線,當時所畫,究竟如何,因此項文件,全未公佈,吾人至今不得而知。本節和第六章第二節所述,都係依據外交部八年九月五日的通電,和當時各省争執的電報,以及中外報紙,近人著述。總僅能得其大略,讀者諒之。

政府得陳貽範的報告,大驚,急電令不得在正約簽字。五月初二日,政府通告英使,説:"草約雖可同意,界線萬難承認。"自此此案由政府和英使朱爾典直接交涉。政府於六月十三日,對英使提出四條。其中關於内外藏界線的,是:

內藏界線：應自英京東經八十六度，北緯三十六度起。循崑崙山脈東行。至白康普陀嶺，南行。循阿美馬頂嶺，向東南斜行。至打箭爐，近北緯三十度，西折。至巴塘之寧靜山，沿金沙江南下，向西南斜行。至門工，復沿怒江下游，上至當拉嶺。西行，至英京東經八十六度，北緯三十六度，即崑崙山麓爲止。

外藏境界：自門工起，沿怒江下游，上至當拉嶺。北行，至英京東經八十六度，北緯三十六度，即崑崙山麓爲止。此線以西，爲外藏自治範圍。

案照此條件，業將青海的西南一部分，和川邊的大部，畫歸內藏。至於真正的西藏，則全歸入外藏自治範圍。然英使仍説和《草約》所擬，相去太遠，不能承認。七月初三日，英藏委員，竟將正約簽字。

到四年六月，外交部和英使協議。我國方面，又提出最後的讓步案：

（一）打箭爐、巴塘、裏塘各土司所屬之地，歸四川省治理。

（二）察木多、八宿、類烏齊各呼圖克圖，及三十九族土司所屬之地，皆畫入外藏。

（三）崑崙山以南，當拉嶺三十九族，察木多、德格土司以北，及青海南部之地，皆畫入內藏。但內藏改名康藏。

（四）雲南新疆的省界，依然如舊。

英公使置諸不復。此項問題，一時遂成爲懸案。

第三章　五月九日的國恥

第一節　五口通商以來外交上形勢的回顧

俄蒙、英藏的交涉，已述如前。然而這還不算外交上最險惡的形勢；外交上最險惡的形勢，到日本佔領青島，提出二十一條要求而極。今要說明此事，且先回顧五口通商以後，外交上形勢的變遷。

從五口通商以後，外交上的形勢，可以分做幾個時期。五口通商以後，可以稱爲强迫通商時期。從這一役以前，中國人從未在條約上確認外國人的通商；即或有時許之，而隨時撤銷之權，仍操之於我。如恰克圖的中俄通商，屢次停閉是。乾隆五十七年的《互市條款》，開口便說："恰克圖互市，於中國初無利益。大皇帝普愛衆生，不忍爾國小民困苦；又因爾薩那特衙門籲請，是以允行。若再失和，罔希冀開市。"彷彿允許通商，出於中國特惠的意思。——到這一次，纔以對等的資格，和外國訂結條約，許其通商。從此以後，便負有條約上的義務，通不通不由得我片面作主了。所以從大勢上說，自此以前，可以說是外國人極要和中國通商，而中國人很不願意的時代。醖釀復醖釀，畢竟出於用兵力强迫。這一役，可以算是外國人强迫中國通商，達到目的的時代。第二期，可以稱爲攫奪權利開始時代。便是咸豐八年、十年兩次的條約。這兩次條約，輕輕的把"領事裁判"、"關税協定”、“内河航行”,都許與外國了(教士到内地傳教,吾人原不敢以小人之心度人,説這是外國借此來侵掠中國的;然而在事實上,卻開出後來無窮紛争之端)。而且定下最惠國的條款,使後來喪失一種權利給一國,便是喪失一種權利給一切國;紛紛的要求,無不有所藉口。所以説中國一切喪權失地的交涉,都是於這一次開其端。第三期,可以説是藩屬及邊境侵削時代。從俄國割黑龍江以北,烏蘇里江以東之地起,而法國滅越南,而英國滅緬甸,而俄國併吞葱嶺以西諸回部,而英國滅哲孟雄,而日本併吞流球;而從日本起,各國相繼認朝鮮爲獨立;而英法且進一步,而覬覦及於雲南廣西;都是一線相承的運動。——如此,“剥牀及膚”,到甲午之戰,日本割臺灣,强迫償款二萬萬兩而極。

自此以後,外交上的形勢,驟然緊急。而德國租借膠州灣,而俄國租借旅順、大連灣,而英國租借威海衛,而法國租借廣州灣。而且進而攫奪鐵路礦山,要求某某地方不割讓;以畫定其所謂“勢力範圍”。甚麽叫做勢力範圍?唉!這個名詞,原是歐人分割非洲時所用;質而言之,就是某一處地方,視爲禁臠,不准别國人染指罷了。而其施之於我國,則首從要求某某地方不割讓起。“要求某某地方不割讓”,在我國人看了,很難了解。這是我的地方,割讓給人家,與你何干?何勞越俎代謀?且何得有如此好意?殊不知在我國人看了,這宣言不割讓,是毫不要緊的事情;而且幾於是毫無意義的事情。我的地方,我本不願割讓,再宣言一句何妨?而在他人視之,這一句話,便是他的禁臠的保證書。某某地方不割讓,起於光緒二十年《中英滇緬續約》第五款,“孟連、江洪,不得割讓與他國”。其意係指法國而言。偏偏明年的《中法續議界務專條》,又將江洪一部,割讓與法國。於是英國來相詰責。乃於二十三年,與英國續訂條約五款。申明殘餘的江洪和孟連,仍歸中國;而又申明不得割讓。於是法人要求我宣言海南島不割讓與他國。明年,又要求我宣言,和越南接壤各省,不得割讓與他國。英國亦要求我宣言,長江流域諸省,不得割讓與他國。日本亦於光緒二十五年，要求我宣言，福建省不得割讓與他國。此項宣言不得割讓之地，外人遂視爲“勢力範圍”。於其中攫奪種種權利。儻使實行瓜分，這便是豫先畫定的境界線，免得臨時衝突。攫奪權利的手段，最緊要的，便是鐵路（因爲不但經濟，便是和政治軍事，關係也很大）。借外款築造鐵路，原是不要緊的事情。便是借外國技術人才，也並不要緊。卻是前清末年的築路，借某國的資本，便請某國建築；築成了，便請該公司管理；並且總是即以該路爲抵押。如此，築路便成爲攫奪權利最好的手段。中國的築造鐵路，起於開平和津沽之間（爲運煤起見）；其後東展至山海關，西展至北京；這都是甲午以前的事。在甲午以前，築路的阻力很大。甲午以後，卻漸漸的變了，於是有築蘆漢、津鎮兩大幹線之議。而蘆漢一線，遂成爲各國爭奪的起點。其時爭中國路權的，英、德、美爲一派，俄、法、比爲一派。蘆漢鐵路的終點漢口，是在長江流域（英國勢力範圍）之內。儻使由俄法出面承倚，一定大爲英人所反對；所以改由比國出面（契約成於光緒二十四年五月初九日）。然而其內容是俄國，誰不知道？當契約未成之先，英國已嚴重抗議。然而卒不能阻其成功。於是英人起而要求（1）津鎮、（2）河南到山西、（3）九廣、（4）浦信、（5）蘇杭甬五路。同時俄人要求山海關以北的鐵路，全由俄國承造。英國的匯豐銀行，就捷足先得，和中國訂定了從牛莊到北京的鐵道的承造契約。於是英俄兩國，鑒於形勢的嚴重，於光緒二十五年三月十九日，在聖彼得堡換文，英國承認長城以北的鐵路歸俄，俄國承認長江流域的鐵路歸英。同時英德由銀團出面，在倫敦訂立條文。英承認山東和黃河流域，爲德國勢力範圍[但除外（一）山西，及（二）山西的鐵道，可與正定以南的京漢相接，並再展接一線，以入於長江流域]。德國承認山西省長江流域及江以南各省，爲英國勢力範圍。同時將津浦鐵路瓜分。而膠濟鐵路的入於德，滇緬鐵路的歸於英，以及滇越，和從越南到龍州，龍州到南寧，百色的鐵道的入於法，更不必說了。如此，各國自由處分中國。而中國人，可憐大多數還全不知道。日後儻使竟要用兵力瓜分中國，這勢力範圍，固然就是預先畫定的境界線；即或不然，而各於其所謂勢力範圍之內，把利益攫奪淨盡，也豈非無形之瓜分。

所以這第四期，可以稱爲勢力範圍時代。

在這種嚴形重勢之下，當時中國固然毫無抵抗之力；然而在各國間，卻也不能絶無問題。便是"這種敲骨吸髓的政策，在身受之的中國，固然再沒人來愛惜；然而在敲之吸之的各國，是否就竟能均平分贓，更無衝突呢？"這恐怕也未必能。於是"開放門户"之説起。"開放門户"這四個字，近來幾於人人耳熟能詳。然而這四個字，到底怎樣講法呢？説中國人的門户，没有開放麽？從五口通商以後，久已門户洞開了，尚何待於開放？然則這四個字，到底該怎樣講呢？原來中國是好一片商場，外國人大家都希冀望來做賣買的。假使中國人把門户關閉起來，固然是外國人之所懼；儻使對於各國，或開或閉，亦是外國人之所懼。好在税率協定了；最惠國的條款，彼此都有了；中國更如何能關閉門户？更如何能於各國之間，有所厚薄？然而中國人雖無力將門户關閉，或將門户或開或閉，而外國人在中國，既然畫定了勢力範圍，儻使即於其範圍之中，行關閉門户之策，卻又如何？所以"開放門户"的一名詞，當然是繼"勢力範圍"這名詞而起的。這名詞的使用，起於英人。一八九八年十一月，英國旅華商人，雖經通過一議決案，要求"政府對於在中國有利益各國，訂立契約，維持在中國商務上的機會均等"。這時候，美國的海約翰，正是駐英大使。旋回國爲國務卿。一八九九年九月二日（光緒二十五年七月二十八日），通牒英、德、俄、法、意、日，要求在中國有勢力範圍的各國，承認三個條件。

（一）各國對於中國所獲之利益範圍，或租借地域，或别項既得權利，互不相干涉。

（二）各國範圍内的各港，無論對於何國入港的商品，皆遵照中國現行海關税率賦課（自由港不在此例）；其賦課的關税，歸中國政府徵收。

（三）各國範圍内的各港，對於他國船舶所課的入港税，不得比其本國船舶所納的爲高。各國範圍内各鐵道，對於他國貨物所課的運費，不得比其本國的運費爲昂。

這項通牒，意思是很容易明白的。即中國對各國的税率，是協定的；而又有最惠國條款。姑無論其不重，即使重，也是各國一律。税關雖用外國人，然其主權仍在中國政府。儻使各國在其勢力範圍内，而可攘奪中國的收税權，那就别國在中國條約上所得協定税率和最惠國的條款的權利，都給他取消了。至於鐵道的運費，其關係尤爲易見。歐戰前德國的在山東，現在日本的在南滿，豈不是他本國的貨物，都可享廉運和其他種種利益麽？果然如此，最惠國條款的利益，又不啻取銷了。如此，中國的門户，就給有租借地和勢力範圍諸國關閉了。以前所要求得的協定税率，最惠國條款等等利益，而今安在？在有租借地和勢力範圍諸國，在其租借地和勢力範圍内，原可以妨礙别國而謀獨佔；其無租借地及勢力範圍之國卻如何？所以此議雖發生於英國，而實行提出的，卻是美國。即有租借地和勢力範圍各國，因互相妨礙故，而至於互相衝突。其結果，勢必和平破裂，而遠東且成爲龍拏虎攫之場。中國固然糟極了，各國又有何利益？這話固然很難希望有租借地和勢力範圍的各國澈悟，然而其無之之美國，當然要提出“門户開放”主義，卻是不足怪的。當這時候，所謂“開放門户”的意義，原不過如上所述。中國領土的保全不保全，還未必是提議者意計所及。然而既要實行門户開放，就不得不聯帶而及於“領土保全”。爲什麽呢？儻使中國的領土而變更，地圖變了顔色，那各國在條約上獲得的利權，就當然消滅，自不待言了（日本併韓，即其明證。所以當庚子年，俄國佔據東三省的時候，英德便在倫敦訂結《協約》）。這時候，英方有事於南非，所以聯德以牽俄，説：（一）中國河川及沿海諸港，無論何國人貿易及其他正當經濟上活動，皆得自由開放。英德勢力可及之處，相約守此主義。（二）維持中國領土不變更。此項協約，雖經通知各國，求其同意。日、美、法、奥、意五國，亦皆承認。

惟俄國主張“限於英德勢力範圍,不適用於東三省”。德國因關係較淺,承認俄國的主張。英國則反對,而日本也贊成英國。一九〇二年一月三十日,日英同盟成立,申明尊重中國及朝鮮的獨立。俄國聯合法國,發表宣言書。(三月二十日)説:因第三國侵略,或中國騷擾,致兩國利益受侵犯時,兩國得協力防衛。——此所以對抗英日同盟,然宣言書中,亦表示贊成保全領土、開放門户的宗旨。日俄戰後議和。申明:俄於滿洲,不得有與機會均等不相容的利益;日本在滿洲,與列國執共同一般的態度。以至一九〇七年六月一日的《日法協約》,七月三十日的《日俄協約》,一九〇八年十一月的《日美照會》,都申明保全領土及開放門户。即一九〇七年八月三十一日的《英俄協約》(此《協約》係解決波斯、阿富汗、西藏方面的問題的),其關於西藏方面,亦訂明“保全西藏領土,各不干涉其内政”。一九〇五年八月十二日的《日英續盟》,删去韓國獨立字樣,而仍訂明保全中國獨立與領土完全,及列國商工業機會均等等。一九一一年七月十三日《第三次盟約》,此條仍無變更。所以這時候,可以説是第五期,開放門户,保全領土得各國贊成的時代。

然而話雖如此説,而從日俄戰後,日本在東三省一切舉動,大有得步進步,旁若無人之概(參看前篇第四章第四節)。美國因之,有“滿鐵中立”的提議。其結果,反促日俄的接近。於是一九一〇年七月四日(宣統二年六月七日),日俄《第二次協約》發表。表面只説“滿洲現狀被侵迫時,兩國得以互相商議”,而暗中另結祕密協商,即:“日併韓,俄不反抗。俄人在新疆、蒙古方面,有何舉動,日本承認之,或且加以援助。”於是八月二十三日,日本就併吞韓國。而明年,俄國就有關於蒙新方面的强硬要求。而《第二次英日盟約》,雖然申明“保全中國領土”,而同時英國也取得“日本承認英國在印度附近的必要處分”一條,以爲交换。到這時候,自然也要利用。所以後來英國對西藏的交涉,事事摹仿俄國在蒙古的交涉。這便是前章俄蒙、英藏的交涉所由來。到這一步,開放門户,保全領土,幾乎是一句空言了。再加以歐戰起後，歐洲諸國，都自顧不暇，而日本人益得發揮其"大亞細亞主義"。所以這時候，可稱爲第六期，均勢破壞時代。而五九國恥，便是這時代中最痛心的一個紀念。

第二節　日佔青島和二十一條的要求

民國三年，歐洲大戰，中國於八月初六日，宣告中立。日本藉口"履行《英日同盟條約》，維持東亞平和"，八月十五日，對德發最後通牒。要求：

（一）德國艦隊，在日本中國海洋方面的，即時退去；如不能退，立即解除武裝。

（二）將膠州灣租借地全部，以還付中國的目的，於一九一四年九月十五日以前，無償、無條件，交付日本官憲。

限八月二十三日答覆。届期，德國無覆；日本遂向德國宣戰。英軍從勞山灣上陸，日軍從龍口上陸。十月三十一日，向青島開始總攻擊。十一月初七日，青島降。

日本對德發最後通牒時，事前並未同中國商量，事後纔由日使日置益，告知外部。旋代理公使小幡又向外部聲明："此舉係爲履行《英日同盟條約》，維持東亞和平起見。決不佔中國的土地。"中國於九月初三日，宣告中立。畫萊州、龍口和接近膠州的地方爲戰區，並與日本約，以濰縣車站以東爲界，日兵不得越界而西。日兵於九月初三日，從龍口上岸，就佔領城鎮和郵電機關徵發物件，役使人民。二十六日，佔濰縣車站。十月初六日，派兵到濟南，佔領膠濟鐵路全線和鐵路附近的礦産。政府抗議。日本説："膠濟鐵路公司，由德政府直接管轄，係德國國有的公司，就是膠州租借地延長的一部。"青島降服後，將海關人員，盡行驅逐，文件財物，全行押收。中國據一八九九年四月十七日《青島設關條約》和一九〇五年《脩訂條約》"海關由德國管理;而海關人員,由中國自派"抗議。日人置諸不理。中國要求日本撤兵。日本於四年一月十八日,由公使日置益,逕向袁總統,提出五號二十一條的要求。

第一號

(一) 承認日後日德政府協定德國在山東權利,利益讓與的處分。

(二) 山東並其沿海土地及各島嶼,不得租借割讓與他國。

(三) 允許日本建造由煙台——或龍口——接連膠濟路的鐵路。

(四) 自開山東各主要城市爲商埠。——應開地方,另行協定。

第二號

(一) 旅順、大連灣、南滿、安奉兩鐵路的租借期限,均展至九十九年。

(二) 日本人在南滿、東蒙,有土地的所有權及租借權。

(三) 日人得在南滿、東蒙,任便居住往來,經營商工業。

(四) 日人得開南滿、東蒙的礦。

(五) 南滿、東蒙:(A) 允他國人建造鐵路,或向他國人借款建造鐵路;(B) 以各項課稅向他國人抵借款項,均須先得日本政府的同意。

(六) 南滿、東蒙,聘用政治、財政、軍事各顧問、教習,必須先向日政府商議。

(七) 吉長路管理經營事宜,委任日政府。從本條約畫押日起,以九十九年爲期。

第三號

(一) 將來漢冶萍公司,作爲合辦事業。未經日政府同意,該公司一切權利產業,中政府不得自行處分,並不得使該公司任意處分。

（二）漢冶萍公司各礦附近的礦山，未經該公司同意，不得准公司以外的人開採。——此外凡欲措辦，無論直接間接，恐於該公司有影響的，必先經該公司同意。

第四號

（一）中國沿岸港灣及島嶼，概不租借或割讓與他國。

第五號

（一）中央政府，聘日本人爲政治、財政、軍事等顧問。

（二）日本人在内地設立寺院、學校，許其有土地所有權。

（三）必要地方的警察，作爲中日合辦。——或由此等地方官署，聘用多數日人。

（四）由日本採辦一定量數的軍械。或設中日合辦的軍械廠，聘用日本技師，並採買日本材料。

（五）接連武昌與九江、南昌的鐵路，及南昌、杭州間，南昌、潮州間鐵路的建造權，許與日本。

（六）福建籌辦路礦，整理海口，——船廠在内，——如需用外資，先向日本協議。

（七）允許日人在中國傳教。

並且要求中國嚴守祕密；儻或洩漏，日本當更索賠償。——英美兩國，向日政府質問條件；日本答覆，把第五號全删，其餘亦只舉出輕的。

中國以陸徵祥、曹汝霖爲全權委員，於二月初二日，與日本開始會議。旋日使日置益，因墮馬受傷，陸曹二人，都到日使館裏去，就日使牀前會議。至四月十七日，會議中止。二十六日，日使提出《脩正案》二十四條，聲言“係最後脩正案。儻使中國全體承認，日本亦可交還膠澳”。中國政府，亦於五月初一日，提出《最後脩正案》，説明無可再讓。初七日，日本對我發出最後通牒。“除第五號中關於福建業經協定外，其他五項，俟日後再行協商；其餘應悉照四月二十六日《脩正案》,不加更改,速行承諾。以五月九日午後六時爲限。”

五月初九日午前,中國政府,即答覆承認。

美國政府,於五月十三日,向中日兩國政府,發出同樣的通牒。申明:“中日兩國政府,無論有何同意,或企圖,如有妨礙美國國家及人民在中國條約上之利益,或損害中國政治上領土上之完全,或損害關於開放門户商工業均等之國際政策者,美國政府,一律不能承認。”

而中國陸徵祥與日使日置益,於五月二十五日,訂結條約二十一條。

第四章　帝制復辟和護法

第一節　帝 制 運 動

四年八月，總統府顧問美國博士古德諾，著論論君主與共和的利弊，刊載於北京報紙。旋楊度等發起籌安會（楊度爲理事長，孫毓筠爲副，嚴復、劉師培、李燮和、胡瑛爲理事），説“從學理上研究君主民主，在中國孰爲適宜”？通電各省將軍、巡按使、都統、護軍使，各省城及上海、漢口商會，請派代表來京。旋各省旅京人士，組織公民請願團，請願於參政院代行立法院。要求變更國體，——《新約法》第六十七條：“立法院未成立以前，以參政院代行其職權。”九月二十日，參政院據《新約法》第三十一條第七款，建議於大總統，請於年内召集國民會議，爲根本上之解決。十二月初二日，參政院議決《國民代表大會組織法》。初八日，公佈施行由各代表投票決定國體。初十日完竣。共一九九三票，全數主張君主立憲。於是由國民代表大會委托參政院爲總代表，於十一日，推戴袁世凱爲皇帝。袁氏申令，“既經國民代表大會全數表決，……本大總統自無討論之餘地；惟……望另行推戴”。即日晚間，參政院再爲第二次的推戴。十二日，申令允許。十九日，設立大典籌備處。三十一日，改明年爲洪憲元年。

先是雲南都督蔡鍔，解職入京，任經界局督辦。這時候，密赴天津,從日本經越南到雲南。二十三日,督理雲南軍務唐繼堯,巡按使任可澄,電請袁氏取消帝制。限二十五日上午十時答覆。屆時無覆,遂宣告獨立。通電各省,説:"……堯等志同填海,力等戴山。力征經營,固非始願所及;以一敵八,抑亦智者不爲。麾下若忍於旁觀,堯等亦何能相强。然……長此相持,稍亘歲月,則鷸蚌之利,真得漁人;箕豆之煎,空悲轢釜。言念及此,痛哭何云。而堯等與民國共存亡,麾下爲獨夫作鷹犬;坐此相持,至於亡國;科其罪責,必有所得矣。"五年正月初一日,雲南設立都督府,推唐繼堯爲都督,戴戡(貴州巡按使,時率黔軍隨蔡鍔入滇)、任可澄爲左右參贊。定軍名爲護國軍。以蔡鍔爲第一軍長,李烈鈞爲第二軍長。二十七日,貴州獨立,——推劉顯世爲都督。

袁世凱派盧永祥帶着第十師駐紮上海。劉冠雄帶北軍入福建。令原駐岳州的曹錕,扼要進紮,安徽倪嗣冲,也派兵到衡岳。又派張敬堯帶第七師的一旅,和第三師的全師入川;而命駐贛北軍第六師長馬繼增,帶兵一旅,李長泰帶着第八師,做他的後援(後來馬繼增留防湘西。李長泰到四川,還没打仗,帝制就取消了)。龍覲光帶着廣東西兩省的兵,從廣東去打雲南。

一二月間,蔡鍔和張敬堯的兵在四川叙瀘一帶相持。而廣西將軍陸榮廷,於三月十六日獨立。廣東各縣,民軍紛紛起事。四月初五日,龍濟光亦宣告獨立。浙江軍隊,於四月十一日獨立。——將軍朱瑞出走。巡按使屈映光爲都督;旋辭職,由吕公望繼任。陝北鎮守使陳樹藩,於五月初九日在三原獨立。分兵三路攻西安。十七日,將軍陸建章出走。四川第一師長劉存厚,在永寧獨立,和滇軍聯合。成都士民,要求將軍陳宧獨立。陳宧電勸袁氏退位,不聽,於五月二十三日,宣佈與袁政府斷絶關係;旋亦改稱都督。湖南零陵鎮守使望云亭,於四月二十七日,宣佈獨立。湘西鎮守使田應詔,亦在湘西獨立。民黨起事的,又分佔各縣。將軍湯薌銘,於五月二十九日,亦宣佈獨立。山東則吴大洲佔據周邨,居正佔據濰縣。——北軍於五月二十三日，退出濰縣。惟江蘇、江陰礮臺的戍兵，於四月十六日獨立；同時民黨在吴江、震澤、平望等處起事，都未有成。

先是四年十月二十八日，日、英、俄三國，勸告袁氏展緩舉行帝制。十一月初一、十二日，法、意兩國，亦爲同樣的勸告。十五日，五國公使，又提出第二次勸告。五年正月，派周自齊爲特使，赴日本祝賀日皇即位大典。十六日，日公使請周氏延期啓行。二月二十三日，袁氏下令緩行帝制，停辦大典籌備處。三月二十二日，下令取消帝制。以徐世昌爲國務卿，段祺瑞爲參謀長。黎元洪前此封爲武義親王，這時候，仍恢復其副總統。由三人電請護國軍停戰商善後。護國軍覆電，要求袁氏退位。並通電，恭承副總統黎元洪爲大總統。這時候，江蘇將軍馮國璋，主張聯合未獨立各省，公議辦法，再與西南接洽。通電説："四省若違衆論，固當視同公敵；政府若有異議，亦當一致争持。"正在江寧開會，而袁氏於六月初六病没；遺命以副總統代行職權，於是黎元洪於七日就職。

第二節　對德宣戰和復辟

黎元洪就職後，於六月二十九日，下令恢復《臨時約法》，召集國會。七月初六日，令各省督理軍務長官，改稱督軍；巡按使改稱省長。於是各省相繼取消獨立。先是西南宣言承黎元洪爲大總統後，以"黎……未能躬親職務；《大總統選舉法》五條二項，副總統缺任，由國務院攝行；……國務院……非俟大總統任命，經國會同意後，不能組織"；乃暫設一軍務院，直隸大總統；設撫軍若干人，用合議制，裁決庶政。對内命令，對外交涉，皆以軍務院名義行之。並聲明俟國務院成立時，即行裁撤。軍務院於五月初八日，組織成立。到七月十四日，亦宣佈撤銷。八月初一日，國會開第二次常會。九月初一、初四日，衆院及參院，先後通過國務員。——總理兼陸軍段祺瑞，外交唐紹儀，財政陳錦濤，海軍程璧光，内務孫洪伊，教育范源濂，交通許世英，農商張國淦，司法張耀曾。十月三十日選舉馮國璋爲副總統。先是已將《天壇憲法草案》(即民國二年憲法起草委員會所擬；因在天壇起草，所以稱爲《天壇憲法草案》)，由原起草委員，草定理由書；於九月二十日，重開憲法會議。

六年二月初二日，德國政府照會列國，使用無限制潛艇戰爭。初三日，美國和德國絶交；並勸中國一致。初九日，中國對德提出抗議，申明無效即絶交。——同時咨覆美國政府，申明願取一致行動。

先是袁世凱未死時，馮國璋邀集未獨立各省代表，在江寧開會；會議未完而袁世凱死。長江巡閲使張勳，就邀各代表，到徐州開會。時爲六月九日，到會的有京兆、直隸、山西、河南、安徽、熱河、察哈爾、奉天、吉林、黑龍江各代表。九月，又組織各省區聯合會，亦在徐州開會。其時外間紛傳府院有意見，内閣有動摇的風説。各省區屢有函電擁護内閣。副總統馮國璋，亦有一長電。六年正月，徐世昌入都調和。其結果，免掉内務總長孫洪伊，而陸軍次長國務院祕書徐樹錚亦辭職。三月初四日，段祺瑞請電令駐紮協約國公使，向各該國政府，磋商和德國絶交條件。黎總統不允。段祺瑞辭職赴津。旋經黎總統派人挽留，於六日回京。電即照發。初十日，德國答覆："潛艇政策，礙難取消。——但願商議保護中國人民生命財産的辦法。"這一天，衆院以三三一對八七，十一日，參院以一五七對三七，通過對德絶交。十四日，由大總統佈告。段祺瑞召集各省區督軍都統，在京開軍事會議。於四月二十五日開會。其中親到的，是：

江西督軍李純，安徽省長倪嗣冲，湖北督軍王占元，直隸督軍曹錕，山東督軍張懷芝，山西督軍閻錫山，河南督軍趙倜，福建督軍李厚基，吉林督軍孟恩遠，察哈爾都統田中玉，綏遠都統蔣雁行。

派代表到會的，則有：

江蘇督軍馮國璋，浙江督軍楊善德，湖南督軍譚延闓，雲南督軍唐繼堯，貴州督軍劉顯世，陝西督軍陳樹藩，甘肅督軍張廣建，新疆督軍楊增新，奉天督軍張作霖，黑龍江督軍畢桂芳，熱河都統姜桂題。

一致主張對德宣戰。

五月初一日，國務會議議決對德宣戰。初七日，咨送衆議院。初十日，衆院開委員會討論。有自稱公民團的，聚集好幾千人，向議員請願通過。議員有被毆的。旋外交總長伍廷芳，司法總長張耀曾，農商總長谷鍾秀，海軍總長程璧光，提出辭呈。十九日，衆議院開會，議決閣員零落不全，宣戰案應俟内閣改組後再議。

這一天晚上，各督軍分呈總統和國務總理，説："日前憲法會議二讀會及審議會通過之憲法數條，内有：衆議院有不信任國務員之決議時，大總統可免國務員之職，或解散衆議院；惟解散時須得參議院之同意。又大總統任免國務總理，不必經國務院之副署。又兩院議決案，與法律有同等效力等語。……破壞責任内閣精神，掃地無餘。……其他鉗束行政，播弄私權，紕繆尚多，不勝枚舉。……考之各國制憲成例，不應由國會議定。……我國欲得良妥憲法，非從根本改正，實無以善其後。……惟有仰懇大總統，……毅然獨斷，如其不能改正，即將參衆兩院即日解散，另行組織。……"二十一日，各督軍和代表，多數出京；陸續赴徐州開會。

二十三日，黎總統下令免國務總理段祺瑞職，以外交總長伍廷芳代理。旋由國會通過，於二十八日，任命李經羲爲總理。二十九日，倪嗣冲宣告"與中央脱離關係"。並扣留津浦鐵路火車，運兵赴津。於是奉天、陝西、河南、浙江、山東、黑龍江、直隸、福建、山西，先後與中央脱離關係。六月初二日，各省在天津設立軍務總參謀處，以雷震春爲總參謀。雷震春通電説："出師各省，意在鞏固共和國體，另訂根本大法；設立臨時政府，臨時議會。……"

六月初一日，黎總統令："安徽督軍張勳，……迅速來京，共商國是。……"初七日，張勳在徐州帶兵五千起程。初八日，到天津。電請即日解散國會。十二日，伍廷芳辭職，江朝宗代理。下令解散國會。十四日，張勳、李經羲入京。各省先後通電，取消與中央脱離關係的宣言。二十一日，天津總參謀處取消。議員於十九日通電，解散命令無效。

七月初一日晨三時，張勳在京擁清帝溥儀復辟。初二日，黎總統在日本使館，發電，請馮副總統代理職務。以段祺瑞爲國務總理。初四日，馮、段電告出師討賊。段祺瑞在天津組織討逆軍，以段芝貴、曹錕爲司令，分東西兩路進討。十二日下午三時，我軍復京城。張勳奔荷蘭使館。

馮副總統於初六日在南京宣告代理大總統職務。十四日，黎總統通電辭職。馮代總統於八月初一日入京。十四日，佈告對德宣戰。

第三節　護法戰爭和南北議和

先是國會解散後，廣東督軍陳炳焜，廣西督軍譚浩明，宣告"國會未復以前，軍民政務，暫行自主；重大政務，逕行秉承元首，不受非法内閣干涉"。張勳敗後，國會本可恢復；卻又有人主張民國已經中斷，可仿初建時的例，召集臨時參議院。於是海軍總司令程璧光，第一艦隊司令林葆懌，於七月二十一日，宣言"擁護《約法》，恢復國會，懲辦禍首"，於二十二日，率艦隊開赴廣東。雲南督軍唐繼堯，於八月初一日通電，主張：

（一）總統應仍復職；否則應向國會辭職，照《大總統選舉法》第九條第二項辦理。

（二）應即召集國會。

（三）國務員非得國會同意，由總統任命，不能認爲適法。

（四）稱兵抗令之禍首，應照内亂罪，按律懲辦。

並説"在憲法未成立以前，《約法》爲民國之根本法。……願悉索敝賦，……以擁護約法者，保持民國之初基於不墜"。

八月二十五日，國會議員，在廣州開非常會議。三十日，議決《軍政府組織大綱》，“設大元帥一人，元帥二人”，“臨時約法之效力未完全恢復以前，……行政權由大元帥任之”，“……對外代表中華民國”。設立外交、内政、財政、陸軍、海軍、交通六部。各省督軍，贊助軍政府的，都任爲都督。九月初二日，選舉孫文爲海陸軍大元帥，唐繼堯、陸榮廷爲元帥。

北方則馮代總統於九月二十九日下令，説：“……《國會組織法》，暨《兩院議員選舉法》，……現在亟應脩改，著各行省蒙、藏、青海各長官，仍依法選派參議員，於一個月内，組織參議院；將所有應行脩改之組織、選舉各法，開會議決。此外職權，應俟正式國會成立後，按法執行。”其後參議院於十一月初十日開會。《脩正國會組織法》、《兩院選舉法》，於七年二月十七日公佈。

這時候，兩廣、雲貴，完全爲護法省分。四川督軍蔡鍔，因病辭職後，由羅佩金代理。重慶則熊克武爲鎮守使，宗旨亦於南方爲近。廣東龍濟光，是反對南方的。給滇軍李根源打敗，從廣州灣入京。福建雖由北方所派的李厚基爲督軍，而民軍幾佔全省之半。陝西亦有民軍起事，——由于右任等率領襄陽的襄鄖鎮守使黎天才，荆州的湖北陸軍第一師長石星川，亦都和南方表示同情。北政府以傅良佐爲湖南督軍。而零陵鎮守使劉建藩，即在永州獨立。衡山寶慶都響應。傅良佐以第八師師長王汝賢爲總司令，第二十師師長范國璋爲副司令，攻入衡山。又派十七師三十四旅旅長朱澤黄，攻入寶慶。旋粤桂聯軍援湘——譚浩明程潛爲司令。——恢復衡山寶慶，並進取衡陽湘潭。傅良佐退守岳州。北政府將傅免職，以王汝賢代理。旋湘粤桂聯軍入長沙，王汝賢亦走岳州。十一月十八日，直督曹錕，鄂督王占元，蘇督李純，贛督陳光遠，聯電願任“魯仲連之職”。請“即日先行停戰，……俾得熟商方計”。於是段祺瑞辭總理和陸軍總長，王士珍代理總理。旋倪嗣冲、張懷芝和山、陝、豫、閩、浙、奉、黑諸省，熱、察、綏三區，和上海護軍使（盧永祥）三省勳匪督辦（張敬堯）各代表，於十二月初三日，在天津開會。對西南一致主戰，反對調停。由各代表認定出師數目，要求中央下令討伐。七年，正月二十七日，湘粤桂聯軍復岳州。北政府以曹錕爲兩湖宣撫使，第一路總司令，張懷芝爲湘贛檢閱使，第二路總司令，張敬堯爲攻岳總司令。三月初一日，段祺瑞再任國務總理。十八日，北軍入岳州。二十六日，入長沙。

這一年五月十日，兩院聯合會脩正《軍政府組織大綱》。以兩院聯合會選出的政務總裁，組織總裁會議。各部總長，都稱爲政務員；以政務員組織政務院。以政務院贊襄總裁會議，行使中華民國軍政府的行政權。——若執行《約法》上大總統的職權，則以"代理國務院攝行大總統職務"的資格行之。旋選出孫文、唐紹儀、唐繼堯、伍廷芳、林葆懌、陸榮廷、岑春煊七人爲總裁。於六月五日，宣告成立(孫文、唐紹儀未就職)。十九日，推定岑春煊爲主席總裁。

六月十二日，國會議員宣告在廣州繼續開正式國會。旋因到會議員不足法定人數，於七月十二日，援《議院法》第七條，開會後滿一個月尚未到院者，應解其職的規定，解參議員五十一人，衆議院一四七人的職。又於八月十二日，依同條但有不得已故障，報告到院時，得以院議延期至兩個月爲限的規定，解參議員五十八人，衆議員六十九人的職(以後陸續解職的還不少)。都將候補議員遞補，湊足法定人數開議。並續開憲法會議。

七月十二日，馮國璋下令召集新國會。八月十二日，臨時參議院閉會，新國會開會。初四日，選舉大總統。徐世昌以四三六票中的四二五票當選。——次日，選舉副總統，以不足法定人數延期，遂始終未能選出。

十月初十日，徐世昌就職。

十月初八日，國會在廣州開兩院聯合會，議決："依《大總統選舉法》三條二項，大總統任滿前三個月，國會議員須自行集會，組織總統選舉法，行次任大總統之選舉。現值國内非常變故，次任大總統之選舉，應暫緩舉行。自七年十月初十日起，委託軍政府代行國務院職權，依《大總統選舉法》第六條之規定，攝行大總統職務。”

徐世昌就職後，段祺瑞辭職，以錢能訓爲國務總理。二十三日，總理及各部總長通電岑春煊等，請罷戰議和。十一月二十四日，徐總統下令：“前方在事各軍隊，……即日罷戰，一律退兵。”八年二月初六日，北方派朱啓鈐等十人，南方派唐紹儀等十人爲代表，開和平會議於上海。這時候，陝西民軍，尚與陳樹藩交戰。南方説須停戰後，乃可議和。十三日，徐總統下陝西停戰令。乃於二十日開議。旋南方代表得陝西民軍電説，十四到二十一日，陳樹藩依然進攻。二十八日，提出停戰和撤換陳樹藩的條件，限四十八小時答覆。

北方代表電京後，届期没有答覆。三月初二日，唐紹儀等通電停止和議，北代表對政府提出總辭職。北政府派張瑞璣到陝西去監視。三十日，徐總統下令宣佈，據張瑞璣報告，陝西實已停戰。於是由李純等調停，於四月初九日，續開和議。至五月初十日，得歐洲和會山東問題，依日本意思解決的電報。參看第七章第一節。十三日，唐紹儀提出：

（一）否認歐洲和會決定山東問題的條件。

（二）取銷中日間一切密約，並處罰締結此等密約的關係人。

（三）取銷參戰軍、國防軍，及其他一切類似的軍隊。

（四）各省督軍省長，罪情顯著的，一律撤换。

（五）由和平會議宣告六年六月十二日黎元洪解散國會的命令無效。

（六）由和平會議選出國内聲望顯著的人，組織政務會議，監督履行和平會議議決的條件，至國會能完全行使職權的日子止。

（七）和平會議已議定或審查而未決定的各案，分别整理決定。

（八）執行以上七條，則承認徐世昌爲大總統。

於是和議破裂;南北代表,各電政府辭職。南政府没有允許,而北政府允許了。八月十二日,北方改派王揖唐爲總代表(其餘九人仍舊),南方聲明否認,和平會議,從此就没有再開。

第五章　南北分裂後的變故

第一節　皖直戰争

從張勳復辟失敗，中華民國恢復之後，北方則黎總統辭職，由馮副總統代理。召集參議院，脩改《國會組織選舉法》，産生新國會，選舉徐世昌爲總統。南方則主張護法。南北用兵，既彼此莫能相尚；和議又不能成。而北方又有皖直之戰，接着又有直奉之戰。南方亦有粵桂之争，和十一年粵軍和北伐軍的争閱。其餘各省，亦莫不日尋干戈。這真是我中華民國的不幸了。今依次略述其事。

當我國和德、奥宣戰以後，便成立參戰事務督辦處，以段祺瑞爲督辦。然對於歐洲，始終未能出兵。而六七兩年所借日本的債頗多（日本寺内内閣時代）。而其中《濟順高徐路墊款契約》，承認日本人合辦膠濟鐵路，且附以"欣然同意"的覆文，尤爲國民所不滿。參看第七章第一節。

又這時候，安福俱樂部，黨勢頗盛；在議院中固佔多數，在政府中亦有勢力。亦爲國民所不滿。

七年二月，俄、德議和後，德人勢力，彌漫俄境。反對列寧的捷克軍隊，勢頗危急。於是協約國有出兵俄境，共援捷克之議。中國亦於其間，與日本成《軍事協定》。又借參戰借款二千萬元，練成參戰軍三師四混成旅。上海南北和會，南方代表，雖要求取消《協定》，解散參戰軍，取消參戰借款，未能達到目的。其後歐洲業已議和，而中日仍將軍事協定延長。改督辦參戰事務處爲督辦邊防事務處，仍以段祺瑞爲督辦。這時候，外蒙有内向之議，又以徐樹錚爲西北籌邊使。

九年四五月間，署第三師長吴佩孚，將駐防衡山的軍隊撤回。旋曹錕請免安福三總長職（交通曾毓雋，財政李思浩，司法朱深），和西北籌邊使徐樹錚。七月四日，免徐職，以邊防軍歸陸軍部直轄。初八日，段祺瑞組織定國軍。初九日，免曹錕四省經略使職；直隸督軍，革職留任。並去吴佩孚第三師長署職。十四到十七日，定國軍與直軍，在高碑店等處衝突，定國軍大敗。二十日，段祺瑞自請取消定國軍，免去官職。二十一日，裁撤督辦邊防事務處。所轄邊防軍，由陸軍部接收，分别遣散。——西北軍名義撤銷，兵亦遣散。八月初三日，解散安福俱樂部。初九日，靳雲鵬署國務總理。

先是湖南地方，從南北開始和議後，就劃定防線。北方以張敬堯爲湖南督軍，吴佩孚駐紮衡山。吴佩孚撤防後，南軍以趙恒惕爲總司令，趁機進取。六月初一日，張敬堯走岳州。二十六日，又從岳州走嘉魚。駐防湘西的馮玉祥亦撤退。湖南全省，遂爲南軍所佔。

當皖、直軍在直隸衝突時，駐紮山東的邊防軍第二師馬良，亦和駐紮德州的商寶全衝突；佔據德州。旋因皖軍敗，馬良棄軍而去（八月初七日，命令將馬良褫職。長江上游總司令湖南督軍吴光新，爲湖北督軍王占元所拘留）。七月十六日，命令將吴光新免職；長江上游總司令裁撤；所轄軍隊，由王占元收束。長江巡閱使安徽督軍倪嗣冲，病在天津。九月十六日，下令免職。以張文生署安徽督軍；李純爲長江巡閱使。十月初二日，裁長江巡閱使；以李純爲蘇皖贛巡閱使，齊燮元爲副使。

第二節　軍政府的絶續和北方下統一令

皖直戰後，北方於八月初一日，撤去王揖唐（旋於初七日褫職通緝），以李純爲南北和會總代表。十月十二日，李純自戕。

先是滇軍第六軍軍長李根源，統帶第三第四兩師，駐紮廣東。雲南督軍唐繼堯，令其解職。將三四兩師，直隸督軍。並令李根源秉承參謀部長李烈鈞辦理。而廣東督軍莫榮新，電令滇軍各師旅團長，仍歸李根源統轄。這時候，李烈鈞的兵，駐紮在北江一帶。於九年二月間，就和莫榮新起了衝突。唐繼堯派唐繼虞爲援粵總司令，率兵東出。旋由岑春煊等調和，滇粵兩軍，於三月二十五日停戰。

八年八月初七日，孫文在上海，曾電廣東參衆兩院，辭去總裁職務。當滇粵軍衝突時，外交兼財政部長伍廷芳，亦前赴上海。四月初八日，軍政府免伍廷芳職。以温宗堯爲外交部長，陳錦濤爲財政部長。六月初六日，改派温宗堯爲南北議和總代表。

先是國會續開常會之後，因莫榮新不發經費，又派兵圍蒐兩院祕書廳。於是八年十一月二十四日，兩院聯合會議之後，都紛紛離去廣州。九年四月，參議院議長林森，副議長王正廷，衆議院議長吴景濂，副議長褚輔成通電：

> ……岑總裁春煊，自就任後，即……陰謀苟和。……三月真日，致電唐總裁繼堯，竟以北方數省督軍提出解決時局之辦法五條，徵求同意。其條件：首列解散國會，創造省議會聯合會。次爲西南取銷自主。……即相繼離粵，另擇地點，繼續開會。

又電：

> 軍政府之職權行使，依《軍政府組織大綱》，由國會選舉總裁

七人,組織合議制之政務會議行之。玆孫總裁文、唐總裁紹儀駐滬,亦無代表出席;唐總裁繼堯,於二月已准其列席政務會議之代表趙藩辭職;伍總裁廷芳,又於三月二十九日離粵;是自三月二十九日始,政務會議,已不足法定人數。所有免伍廷芳外交財政部長等職,及其他一切事件,概屬違法行爲;當然不生效力。至軍政府外交財政兩部,只認伍廷芳爲合法之部長;一切外交財政事宜,仍應由伍總裁兼部長負責。

而留粵議員,於五月初四日,補選熊克武、温宗堯、劉顯世爲總裁。

六月初三日,孫文、唐紹儀、伍廷芳、唐繼堯宣言:

……玆已共同決議。移設軍府,……自今以後,西南護法各省區各軍,仍屬軍政府之共同組織。對於北方,仍以上海爲議和地點;由議和總代表,準備開議。

國會議員,旋移到雲南開會。於七月初十日,宣告成立。八月初七日,開參衆兩院聯合會,撤去岑春煊總裁職務,補選劉顯世爲總裁。

當五年龍濟光離粵之後,孫文曾和廣東省長朱慶瀾商量,請其把省長直轄的警備隊,撥若干營,歸陳炯明統帶。朱氏允撥二十營。旋朱氏辭職,陳炳焜繼任,把這二十營調開,分駐在各處。陳炳焜去後,莫榮新繼任。纔撥二十營歸陳炯明,改稱粵軍。七年,陳炯明帶着去援閩,駐紮漳泉一帶。九年八月十七日,陳炯明率兵回粵。從潮州向惠州。九月二十四日,把惠州佔領。於是各處民軍蜂起。警察廳長魏邦平,亦要求莫榮新退出。莫榮新遂於十月二十九日,退出廣州。三十日,陳炯明入城。先七日(十月二十四日),岑春煊、林葆懌、陸榮廷、温宗堯通電……解除軍府職務。莫榮新亦於二十六日通電。“於本月敬日起,……宣佈取銷自主。”於是徐世昌於三十日下令:

……據軍政府首席總裁岑春煊電稱:……於即日宣言引退,收束軍府。所有案件,咨請查照辦理一面分電各省,迅速取消自主。由中央分别接管。……並盼依法選舉國會,迅行發表各等語。復據陸榮廷、林葆懌電同前情。……著責成國務院暨主管部院,會商各該省軍民長官,將一應善後事宜,迅速妥籌辦理。

同日令:

……著内務部依照元年八月十日公佈之《國會組織法》暨《參議院議員選舉法》、《衆議院議員選舉法》,督同各省區長官,將選舉事宜,迅速妥籌辦理。

這就是所謂"舊法新選"。

三十一日,軍政府政務總裁孫文、唐紹儀、伍廷芳、唐繼堯,通電:

……和會正式之機關,並未廢止。……北方苟有誠意謀和,決無有舍正式公開之和會,而與一二……逃竄之餘,輒爲取消自立之説。……僞統一之宣佈,……絶不承認。

十一月初一日,粤軍司令陳炯明,初二日,湖南督軍譚延闓,亦通電否認岑莫宣言。

孫文、唐紹儀、伍廷芳旋回粤。於二十九日,再開政務會議,繼續執行職務。

第三節　贛豫陝的戰事和川湘鄂之争

九年皖直戰後,靳雲鵬出而組閣。這時候,正值西南内閧,北方趁此下統一之令。然而其結果,西南一方面,弄得如上節所述。至於舊法新選:則十年二月初九日,浙江督軍盧永祥,首先通電反對。湖北王占元,江西陳光遠,對於盧氏,都表示贊成。福建李厚基,則主張展緩兩月。其結果,選出的只有蘇、皖、魯、晉、甘、新、奉、吉、黑、蒙、新十一省區。其事遂等於暗葬。

籌辦統一的情形如此，而財政又非常困難。原來民國從歐戰以前，可稱爲藉外債以資挹注的時代。從歐戰以後，六、七、八三年中，則專借日本債。這時候，並日債而亦無可借。而各省對中央的解款，從民五以後，便一天一天的不能如數。於是專恃内債爲生活。而内債的信用，也大有動揺之勢。而中交兩行的鈔票，又因帝制時曾一度停止兑現，以致價格跌落，始終没有能回復。靳内閣乃發行整理金融公債，以收回中央兩行過剩的鈔票。設立内債基金，以維持内債的信用。然而到期的内外債，在二萬五千萬元左右。這固然只得和債權者商量，請其延期；或者發新債以换舊債。然而中央的收入，只有鹽餘（八千萬，除扣還外債二千萬，畫歸西南二千萬）尚賸四千萬可靠。而軍費政費的支出，也超過一萬萬。這非實行減政裁兵，總是無法可想。靳内閣於是立出（1）以元年的豫算爲豫算；（2）中央政費，每月限定五百萬的第一步救濟方法。一面召集財政軍事會議（三月初五日），以圖與各省共謀解決。一面設立減政委員會（四月初一日），籌畫減政的辦法。參看第八章第一節第二節。

然而極目中原，正是烽火連天的時候。先是李純死後，有起用張勳爲蘇皖贛巡閲使的消息。三省人民，一致反對。十二月初三日，以王士珍爲蘇皖贛巡閲使（始終没有到任），齊燮元署江蘇督軍。十年一月二十六日，特派張勳督辦熱河林墾事宜。四月初三日，下令嚴禁復辟謡言。

當吴佩孚撤防後，駐防醴陵、萍鄉的北軍師長張宗昌，退駐袁州。奉天督軍張作霖，接濟以軍費十萬。張宗昌於是自稱援湘總司令。在袁州一帶，招募兵士，役使人民。江西督軍陳光遠，請中央將張宗昌召回。中央派王占元調停，又派師景雲調停，都無效。其結果，十年一月底，張宗昌的兵，同陳光遠的兵衝突。張宗昌敗走漢口。

河南第一師師長成慎，於九年被裁，任爲將軍府將軍。其所屬團長孫會友，仍帶兵駐紮彰德。十年四月十四日，成慎、孫會友，起兵反對河南督軍趙倜。十六日，佔據汲縣。南下，佔據新鄉縣北的潞王墳。由第三師長吳佩孚，毅軍統領竇德全，會同趙倜，將成慎、孫會友擊敗。

先是九年九月初九日，曹錕、張作霖在天津會議。靳總理、吳佩孚等都到。十年三月初一日，鄂、湘、贛、川、滇、黔六省，立聯防之約。五省各派代表，在武昌簽字。四月十六日，曹錕、張作霖都到天津。旋靳總理亦到。二十五日，王占元也到天津。據外報消息，說："當時議定：東三省、内外、蒙古和熱、察、綏三特別區域的事，歸張作霖擔任。直、魯、豫、陜、甘、新六省的事，歸曹錕擔任。長江流域和川、湘、滇、黔的事，歸王占元擔任。"這時候，蒙古已擾亂得半年了。於是五月二十五日，特任閻相文署陜西督軍。三十日，以張作霖兼任蒙疆經略使；熱、察、綏三區，都歸節制。

陳樹藩向中央提出：補發歷年軍費；將陜西各軍，改編爲數師；交卸延緩兩個月等條件。於是駐紮德安的第七師長吳新田，從老河口，經荆紫關入武關。駐紮信陽的第十六混成旅長馮玉祥，從潼關直抵華陰。七月初六日，陳樹藩退出西安。明日，閻相文入城。八月二十日，閻暴卒。以馮玉祥署理陜西督軍。十月，吳新田移駐漢中。十一年，陳樹藩自稱西北自治後援軍總司令。攻取石泉漢陰。吳新田進兵克復，並攻取洋縣、西鄉。陳樹藩退入四川。

而廣東、廣西，亦於六月杪開戰。七月十六日，六省聯防，再加入廣西爲七省；代表仍會集於武昌。先是九年十一二月間，湖北屢有兵變之事。十年六月初四日，宜昌兵變。初七日，武昌王督直轄的第二師又變。當民國六年的時候，軍政府任譚延闓爲湖北督軍兼省長。九年十一月二十三日，譚延闓宣佈軍民分治；廢督軍，辭去省長，把軍政交給第一師長趙恒惕，以總司令的名義主持；而由湖南省議會選舉林支宇爲省長。十年三月初六日，林支宇辭職，由省議會公舉趙恒惕兼任。

到武昌兵變以後，在湘鄂籍軍官，組織湖北自治軍；湘省也組織援鄂軍；於七月二十九日，攻入湖北。八月初，連佔蒲圻、通山、通城一帶地方。初九日,下令,免王占元。以蕭耀南爲湖北督軍。吴佩孚爲兩湖巡閲使。孫傳芳爲長江上游總司令。吴佩孚以張福來率第三第二十四兩師當前敵。自與海軍第二艦隊司令杜錫珪,乘軍艦督戰。二十八日,北軍陷岳州。九月初一日,趙恒惕和吴佩孚在英國軍艦上定約休戰。岳州由北軍駐紮,到湘省公佈省憲之日撤退。——其後湘省於十一年一月一日,公佈省憲。駐紮岳州的客軍,於十一年六月二十二日,奉令撤退。前敵總指揮張福來,於七月二十至二十七日,將各軍實行撤退。

當湘鄂交戰的時候,川省亦發兵攻入湖北。佔領巴東秭歸,進圍宜昌。吴佩孚也派兵往援。九月十三日,吴佩孚自到宜昌,把川軍打退。

中原之多故如此,而財政問題,又始終無法解決。第二次天津會議,靳總理也曾到場。當時有將交通部的特別會計,改爲一般會計之説。旋由交通部發特種支付券五百萬元,以維持内閣政費。然内閣仍於五月十四日改組。改組之後,財長李士偉旋辭職,由次長潘復代理。十一月初五日,潘復辭,由農次高凌霨代理。十八日,靳雲鵬辭職,由顔惠慶代理。十二月十四日,任命梁士詒爲國務總理。明日,任命各閣員。

	九年八月初九日	十年五月十四日	十年十二月二十五日
國務總理	靳雲鵬	同左	梁士詒
外交總長	顔惠慶	同左	同上
内務總長	張志潭	齊耀珊	高凌霨
財政總長	周自齊	李士偉	張　弧
陸軍總長	靳雲鵬	蔡成勳	鮑貴卿
海軍總長	薩鎮冰	李鼎新	同上
司法總長	董　康	同左	王寵惠
教育總長	范源濂	同左	黄炎培

農商總長	王迺斌	同左	齊耀珊
交通總長	葉恭綽	張志潭	葉恭綽

葉恭綽本係勸辦實業專使；葉既入閣，乃以曹汝霖爲之。又以陸宗輿爲市政督辦。

第四節　直奉戰争

當梁士詒組閣之日，正值華府會議開會之時。我國和日本在會外交涉魯案。當時對於膠濟鐵路，我國擬自行籌款贖回，日本主張由我借日款收贖，因此交涉非常棘手。

而財政亦非常緊急。原來從四年以後，政府屢次將鹽餘向本國銀行抵借款項。從四年起，到九年年底止，共計有四千餘萬。九年年底，還款愆期。十年三月，本國銀行團宣言：不再借債給政府。然而銀行之中，有貪重利的；還有新組織的銀行；依然承受此項借款。到十年年底，總數已達七千萬左右。而以鹽餘向外國銀行抵借的，亦達三千餘萬。外國銀行的欠款，由鹽餘項下按月照扣；約計三十多個月，便可扣清。而本國銀行的欠款，卻是無着。於是周轉不靈，市面頗起恐慌。對政府有債權的銀行，乃於十一年一月十三日，組織鹽餘借款聯合團，向政府索債。二十六日，與財政總長簽定合同。由政府發行公債券九千六百萬元；以八四發行；六年半期，九釐息；以償還前次的債務。第一年在鹽餘項下扣基金一千二百萬元；第二年以後，則扣二千四百萬元。儻使關税增至值百抽五後，關餘增加，即將關餘移作此項公債的基金，而將鹽餘騰出以充政費。其條例於二月十一日公佈。

吴佩孚於一月五日，電攻梁士詒。説：

……籌款贖路，……行將定議。梁士詒……突竊閣揆，日代

> 表……頓翻前議。一面由東京訓令駐華日使，向外交部要求借日本款，用人由日推薦。……梁士詒……不經外部，逕自面覆；竟允日使要求，借日款贖路；並訓令駐美代表遵照。……

十二日，又電攻梁：

> ……首以市政督辦畀……陸宗輿；以市政所屬建築財産，抵押日本借款一千萬元。……以鹽税作抵，發行九千萬公債，以二千萬還日本借與邊防軍之款。……

其時滬紳電江蘇省長督軍，説："前聞交通部由某司長擅訂契約，用日本技師，以日本電料敷設滬寧漢長途電話；……近悉部令又促進行。"……吴佩孚等亦據以通電。而又有梁士詒、張弧發行鹽餘庫券一千四百萬元，允廢引岸，許外人管理緝私之説。

這時候，江蘇、江西、湖北、陝西、河南、山東諸省督軍省長，都通電攻梁。各師旅團長，這樣的通電也很多。十九日，直魯豫巡閲副使吴佩孚，江蘇督軍齊燮元，省長王瑚，江西督軍陳光遠，省長楊慶鋆，湖北督軍蕭耀南，省長劉承恩，山東督軍兼省長田中玉，河南督軍趙倜，省長張鳳台，陝西督軍馮玉祥，省長劉鎮華電總統：請立罷梁士詒，否則"惟有與内閣斷絶關係，遇事直接元首"。

一月二十五日，梁士詒請假，由顔惠慶代理。

東三省巡閲使奉天督軍張作霖，於三十日電總統：説"事必察其有無，情必審其虚實。……應請鈞座將……梁士詒關於膠濟路案，有無賣國行爲，其内容究竟如何，宣示國人"。

先是奉天當民國七年時候，便派兵入關，在軍糧城設立總司令部。——説是打算由津浦路南下，前往湘鄂，助曹錕征南的。九年，皖直戰時，張作霖於七月十三日，通電助直，派兵入關。定國軍敗後，又陸續添派，共有兩師多人。這時候，又藉口换防，陸續增兵。旋將入關的兵，定名爲鎮威軍。通電"以武力促進統一"。其東路在馬廠一帶，中路在固安一帶，西路在長辛店一帶。直軍也分兵三路抵禦。四月二十七日,兩軍衝突。到五月初四日,奉軍西路大敗,中東兩路,也陸續敗退。張作霖退守灤州。五月十九日,退守山海關。熱河汲金純的兵,與毅軍衝突。於三十一日,悉數退出熱河。

五月初五日,梁、張、葉以搆煽罪,褫職,交法庭依法訊辦。初十日,免張作霖職。裁撤東三省巡閱使,調吴俊陞署奉天督軍(馮德裕署黑龍江督軍。袁金鎧署奉天省長。六月十八日,任王永江爲奉天省長)。十一日,裁蒙疆經略使。五月十五日,免張景惠,二十九日,以張錫元爲察哈爾都統。三十日,以譚慶林幫辦察哈爾軍務。二十九日,免汲金純,以王懷慶爲熱察綏巡閱使,兼熱河都統。米振標幫辦軍務。

先是四月中,河南督軍趙倜的兄弟趙傑,把軍隊調集中牟。吴佩孚也在鄭州車站集兵,並調駐紮湖北的軍隊赴河南。趙倜旋把趙傑的暫編第一師師長免去。五月初六日,趙傑攻第八混成旅靳雲鶚於鄭州。這時候,馮玉祥適通電出關。陝西第一師胡景翼亦趕到。先後援鄭。十日,趙傑的兵潰退。十一日,免趙倜,以馮玉祥爲河南督軍。劉鎮華署陝西督軍。十月三十一日,特派馮玉祥爲陸軍檢閱使,裁撤河南督軍。派張福來督理河南軍務善後事宜。

五月十四日,令:山東督軍田中玉,電呈張宗昌在青島附近,招集土匪,希圖擾亂。褫職嚴緝。

東三省方面,新任的督軍省長,都没就職。五月二十六日,張作霖、孫烈臣、吴俊陞通告:“從五月初一日起,東三省一切政事,與東三省人民,自作主張;並與西南及長江同志各省,取一致行動;擁護法律,扶植自治,剷除强暴,促進統一。”六月初四日,奉天省議會代表吉黑兩省議會,舉張作霖爲奉吉黑聯省自治保安總司令,孫烈臣、吴俊陞爲副司令。

第五節 北方黎徐的更迭和南方廣州之變

當北方直奉戰爭時，南方又有北伐之舉。

國會於九年七月初十日，在滇開成立會之後，本擬在雲南組織政府。旋八月十七日，開兩院聯合會，議決國會軍政府，都移設重慶。議員先後赴重慶。十月十四日，又發佈宣言，告别川省父老，另覓地點開會。十年一月十二日，在廣州開兩院聯合會。四月初七日，再開非常會議，議決《中華民國政府組織大綱》。依大綱第二條，選舉總統，投票的二二二人，孫文以二一八票當選。

孫文於五月初五日就職。其軍政府，由孫文、唐紹儀、伍廷芳、唐繼堯、劉顯世五總裁通電，即於是日撤銷。任命伍廷芳爲外交總長，陳炯明爲内務兼陸軍總長，又兼廣東省長粤軍總司令。唐紹儀爲財政總長。湯廷光爲海軍總長。李烈鈞爲參謀總長。然孫文仍宣言：儻然徐世昌捨棄非法總統，自己也願意同時下野。

政府既組織成立，旋以陳炯明爲援桂軍總司令，進攻梧州。於六月二十一日佔領。同時李烈鈞也平定桂林一方面。七月十六日，陸榮廷棄南寧，奔安南。九月三十日，粤軍入龍州。廣西平定。

八月初十日，國會開非常會議，通過北伐請願案。十月十五日，孫總統出巡廣西。二十三日，到南寧，和陳總司令會晤。十一月十五日，到桂林。自此在桂林籌備北伐。十一年四月，孫總統下令，將大本營移設韶關；回兵廣東。十六日，到梧州。二十二日到廣州。陳炯明辭職，走惠州。孫總統任伍廷芳爲省長。陳炯明爲北伐軍總司令，陸軍總長。旋以駐粤北洋艦隊，有通北嫌疑。密令温樹德等以廣東兵艦，於二十七日收復。五月初二日，以温樹德爲海軍艦隊總司令，海圻艦長。又令陳炯明辦理兩廣軍務，肅清匪患；所有地方軍隊，均歸節制調遣。五月初四日，以海陸軍大元帥名義，下北伐令。以李烈鈞爲中路，許崇智爲左翼，黄大偉爲右翼。二十六日，北伐軍復南安。六月十二日，復贛州。

五月二十八日，孫傳芳通電說："廣東孫大總統，原於護法；法統既復，責任已終。……北京徐大總統，新會選出；舊會召集，新會無憑，連帶問題，同時失效。所望我兩先生……及時引退。"二十九日，齊燮元也有電勸徐總統引退。六月初二日，徐總統令："本大總統現因衰病辭職，依法應由國務院攝行職務。"於是曹錕吴佩孚和齊燮元等十五省區督軍省長，京省各議會，教育會，商會，電黎元洪：請"依法復位"。初六日，黎氏通電，說：

……諸公所以推元洪者，謂其能統一也；……毋亦……癥結固别有在乎？癥結惟何？督軍制之召亂而已。……督軍諸公，如果力求統一，即請俯聽芻言，立釋兵柄。上至巡閲，下至護軍，皆刻日解職，待元洪於都門之下，共籌國是。微特變形易貌之總司令，不能存留；即欲晝分軍區，擴充疆域，變形易貌之巡閲使，亦當杜絶。……

初十日，又通電："頃接曹吴兩巡閲使齊督軍、馮督軍、田督軍、閻督軍、蕭督軍等先後來電，均表贊同。……一言堅於九鼎，片語重於千金。寧復執久待之前言，貽叢生之後患。……謹於本月十一日，先行入都，暫行大總統職權，維持秩序。……"又電："……法律問題，應由國會解釋，……俟國會開會，聽候解決。……"

先是四月間，參議院議長王家襄，衆議院議長吴景濂在京宣言，"根據約法，繼續行使國會職權，續開憲法會議"。直奉戰後，曹錕、吴佩孚等通電徵求恢復國會意見。旋議員在天津設第一屆國會繼續開會籌備處。六月十三日，黎總統令："民國六年六月十二日解散國會令，兹撤消之。"八月初一日，國會開會，宣言繼續六年第二期常會。

國會開會後，黎總統因六年請馮副總統代行職權時，未克正式辭職。於七月五日咨議院："補完民國六年七月間國會正式辭職手續。"旋衆議院咨，稱："八日常會，提出報告。僉以大總統係由總統選舉會選出，此項辭職咨文，非本院所能收受；應將原咨退還。"十二日，總統又咨兩院："查總統選舉會，依法係由國會議員組織。……應請俟國會議員人數迄三分之二以上時，定期開會公決。"

當黎總統復職時，除西南護法省分和東三省外，各省區長官都表示贊成；惟浙江督軍盧永祥、省長沈金鑑通電，說："河間代理期滿，即是黄陂法定任期終了。"蘇、皖、浙、贛、閩、魯聯合同志會理事李烈鈞等宣言：說："正式國會，固在廣州。……僞政府既倒，南方固……有正式政府。"林森等國會議員三百六十人，亦通電："國會職責所在，誓不承認。"孫總統宣言：

> ……直軍諸將，爲表示誠意服從護法起見，應首先將所部半數，由政府改爲工兵，留待停戰條件。其餘半數，留待與全國軍隊同時以次改編。直軍諸將，如能履行此項條件，本大總統當立飭全國罷兵，恢復和平，共謀建設。若……惟知假藉名義，以塗飾耳目，……本大總統深念……以前禍亂之由，在於姑息養姦；決爲國民一掃兇殘，務使護法戡亂之主張，完全貫徹。……

當孫總統回廣州後，在桂粵軍，亦先後反粵。五月十九日，都抵廣州。六月十五日，諸軍攻總統府。通電："合籲孫中山先生，實踐與徐同退之宣言。"孫總統乘兵艦，停泊黄埔。七月初九，移泊沙面。八月初九日，乘英艦赴滬。陳炯明復出任粵軍總司令。八月二十八日，廣東省議會舉陳席儒爲廣東省長。粵軍圍攻總統府後，北伐軍回軍攻粵，不勝，而江西復爲北軍所佔。

國會一方面，亦有"民六"、"民八"的争論。民八議員，說："……六年國會之分子，既依據院法變更；已在廣州自由行使職權；復於民國八年，續開憲法會議。現在若欲促成憲會，只能繼續八年……召集。……”民六議員則說:“廣州開會,只能認爲護法手段,不能認爲適法行爲。……查《國會組織法》第十五條: 兩院非各有總議員過半數出席,不得開議。《議院法》第六條: 新到院議員,應將當選證書,提出本院審查。第十三條議員缺額,由院通知國務院,依法遞補。廣州非常國會,當初開議時,即未依組織法第十五條之規定。按之違法行爲,自初無效之原則,不但解除議員職名,不生效力;即民七民八國會之名義,法律上亦不能成立。至其遞補分子,既無當選證書,又非依法序補,……根本即不能認爲有議員資格。……廣州非常國會,自六年十月起,迄十一年六月止,連續開會,計已四年零七個月;益以北京民二民五兩次開會十九個月,均已滿六年以上。若非從黄陂復位,撤銷民六……解散……令時接算,不獨衆議員任期三年,早經屆滿;即參議員任期六年者,其議員資格,亦不存在;更何有恢復之餘地乎? ……”——此係民六議員陳銘鑑二百零九人致孫中山的快郵代電。因九月初五日,有民八議員若干人,要出席議會,被民六議員阻止;當時報載孫中山致曹錕、吴佩孚電: 有“……護法議員,竟拒絶出席兩院,未免不符……恢復法統之初意。……”所以有此快郵代電。旋由孫寓祕書處,發出《負責聲明》。説:“……中山先生,……絶無致曹、吴電如陳銘鑑等所援引者。……抑尚有言者: 已除名之議員,決不能因中山先生無此電文,遂自鳴得意。彼輩當日除名,合法與否,……應還問諸彼輩擁爲議長之吴景濂;因當……時爲議長者,亦吴景濂也。……以國民道德言之: 六年以來之戰争,原於護法;……護法之目的,在於國會恢復。爲國民者,……生命財産,喪失無算。……彼輩身爲議員,當國民……喋血以争,……則縮頸事外,並開會時之報到,亦有所憚而不敢;甚至有賣身失節,以自絶於國會者試問今日,適從何來,遽集於此? 即無起而斥之者,獨不内愧於心乎? ……”此項問題,甚難解決。

第六節　各省的紛擾

南北争持的大局，略如上幾節所述。還有幾省，在大局的争持上，參加較少，而其性質略偏於一隅的。咱們現在，也得叙述其大略如下：

在北方幾省裹，最安穩的要算山西。山西從光復以後，就是閻錫山做都督，直到現在，還是他做督軍。民國六年，又兼了省長。他對於政治，極爲注意，從兼了省長以後，便揭櫫他的“用民政治”。——用民政治的意義，他自己説：“鄙人嘗謂我國後世政治，只求安民，不求用民。其善者，以無事不擾爲主；故其民知依人，而不知自立，知保守，而不知進取。……”然則用民政治，便是和從前“與天下安”的治法相反。定出六政[（一）水利，（二）蠶桑，（三）種樹，（四）禁煙，（五）天足，（六）翦髮]、三事[（一）造林，（二）種棉，（三）牧畜]爲施政的第一步。教育，實業，都定出《逐年進行計畫案》。又設立區、村、閭的制度（一縣之中，分爲三區至六區。區之下有村；村有村長，村副。村以一百户爲準。不滿一百户的，則聯幾村爲一村，叫做“聯合村”。村之下有閭。一閭二十五家，亦有閭長），擬定村自治進行的辦法。——第（一）期，用官力消除莠民。第（二）期，用民力救濟窮乏。第（三）期，確立村範。第（四）期，實行村自治。他説：“（一）（二）（三）期，總還免不了官力的幫助；到第（四）期，便可一切交給人民了。”現在他竭力整頓村範，已經走到第三步了。

甘肅的督軍是張廣建，也做了多年，九年十二月二十七日，寧夏護軍使馬福祥，甘邊寧海鎮守使馬麒，涼州鎮守使馬廷勷，導河鎮守使裴建準，甘州鎮守使馬麟，忽然通電，説：張廣建賄誘奸人，捏電漢回世仇，和他脱離關係。三十一日，政府以綏遠都統蔡成勳爲甘肅督軍。未到任前，著平涼鎮守使陸鴻濤護理。以馬福祥爲綏遠都統。

十年一月七日，裁寧夏護軍使，以馬鴻賓爲寧夏鎮守使。甘肅人旋説甘省不能供給客軍，阻蔡到任；請將陸鴻濤真除，馬鴻賓和其餘四鎮守使，又於五月二十四日電中央反對。直到十一年五月十三日，纔把陸氏真除。

長江下游，江蘇省較爲安穩。安徽則有新舊安武軍的對峙。舊安武軍，是倪嗣冲所屬。新安武軍，本名定武軍，屬於張勳。張勳失敗後，倪嗣冲署安徽督軍，該軍亦歸節制，稱爲新編安武軍。直皖戰後，張文生做了安徽督軍，該軍仍歸節制。——但皖北鎮守使殷恭先，海州鎮守使白寶山所統，亦係該軍的一部分。新安武軍，本係直接陸部，餉項亦由部發給。十年二月初一日，因部中餉項，不能按時發給，張文生商由安徽協助。由院部核定，安徽每年認撥七十萬元。十一年二月底，張文生説軍餉無着，下令各縣局，命將所收税款，都逕解蚌埠督署。統帶舊安武軍的皖南鎮守使馬聯甲，亦飭皖中南一帶縣局，收款逕解蕪湖鎮守使署。這一來，安徽的人發急了，便要和他們算賬。據安徽人算：張文生從十年二月初一日起，到十一年二月底止，軍餉實在還多支了六十四萬多元。於是情願自行籌出兵費，要求中央，把安徽的兵裁減。中央因舊安武軍，業已編成正式的軍隊，而新安武軍，則還是三百人一營的舊制；在編制上殊不相宜；且軍紀極壞；又且該軍是張勳的舊部，現在所以總還有人想起用張勳，無非這一支兵還在之故，所以決計將該軍裁撤。十月初七日，裁安徽督軍缺，派馬聯甲督理安徽軍務善後事宜。十一月十三日，又派李玉麟監察安徽裁兵事宜。現在駐紮徐州的新安武軍，馬隊三營，步隊五營；駐紮宿縣、渦陽、蚌埠、濉溪口等處新安武軍，步隊五營，礮隊三營；業於十一月十七、二十兩日，先後裁遣。當時馬聯甲之意，主張只裁新軍；省長許世英，主張並減舊軍兵額：雙方頗有争執。

江西一省，從李純去後，便是陳光遠代爲督軍，十一年南軍北伐後，陳光遠離去南昌，南政府派謝遠涵爲省長。北政府因調和南方起見，亦任命謝遠涵爲省長。然又命蔡成勳督理善後軍務事宜，蔡保李廷玉爲省長,中央不許。九月初十日,李廷玉就省長任。通電説:“以幫辦善後名義,維持現狀。”十月十四日,仍將省長印送還督署。謝遠涵也始終没有到任。

以上都是屬於北政府的省份(其事跡已見前此各章的,都不複述)。浙江一省,卻有些似獨立非獨立。浙江督軍盧永祥,唱聯省自治的議論最早。參看下節。十一年六月十六日,通電實行廢督裁兵。由地方團體及全體軍官,公推盧永祥爲軍務善後督辦。於二十日就職。宣言合法政府成立以前,不受何方面干涉。善後時期,本定六個月,十一月初三日,又由全體軍官通電,説:“……時局混沌,尚無解決。……當矢初衷,貫徹宗旨。”

福建地方,本和廣東相聯接,然卻始終在北政府治下。該省自民國三年以後,即係李厚基爲督軍。臧致平帶着福建陸軍第二師,駐紮厦門。延平則有奉軍第二十四混成旅王永泉駐紮。十一年夏,李厚基去臧致平,以高全忠爲第二師長。七月二十一日,徐樹錚將所著《建國詮真》,分寄各處。九月,北伐退回的許崇智、李福林、黄大偉,進兵建邵。二十九日,王永泉對李厚基獨立。十月初二日,徐樹錚在延平,設立建國軍政制置府,自任總領。通電:“尊重……段……祺瑞,……孫……文,爲領袖國家根本人物。”十二日,王許軍入福州。十八日,徐樹錚任王爲福建總撫。北京政府,於初十日,任命薩鎮冰會辦福建軍務。十五日,又任薩爲省長。二十四日,以李厚基爲討逆軍總司令,薩鎮冰爲副司令。高全忠爲援閩陸海軍總指揮。命令説:“除徐樹錚一犯,罪在不赦外;其餘脅從等,但能悔悟自拔,概免株連。”而孫文亦任許崇智爲東路討賊軍總司令,第二軍長;黄大偉爲第一軍長;李福林爲第三軍長。三十日,徐樹錚通電,説:福建總撫之責,本係“總軍撫民,治理全省”,而於其下“分設軍政民政財政三署”;現因福建人反對,改設軍民兩署。督軍改稱總司令,咨任王永泉爲之。又咨任林森爲福建省長。十一月初二日,徐樹錚離閩。閩人公舉林森爲省長,王永泉的總司令,亦由閩人加以公舉。李厚基奉討逆總司令之命後，乘船到厦門。十一月七日，第二師要求李離厦，李復他去。而北政府又於初九日，特派劉冠雄爲福建鎮撫使。當時福建屬南屬北，抑係獨立，尚在不明的狀態。

其不屬北政府諸省，内部也不免擾攘。而川、滇、黔三省，關係較多；廣西則常和廣東發生關係。

四川當袁氏帝制，陳宧獨立後，袁政府又任命第一師師長周駿爲將軍。周駿自重慶發兵攻陳宧，陳宧敗走。旋蔡鍔、劉存厚，逐去周駿。六月二十四日，政府以蔡鍔督理四川軍務，兼巡撫使。九月十三日，蔡鍔因病請假（後於十一月初八日病故），委羅佩金代理。而政府以戴戡爲省長。六年四月，劉存厚與滇黔軍衝突。戴戡被戕，羅佩金退走川南。政府初以第一師師長周道剛爲督軍，旋即改命劉存厚。七年，熊克武合滇軍趙又新、顧品珍，共攻劉存厚。劉存厚走陜南。熊入成都，稱靖國軍總司令。於是將四川軍隊，次第編爲八師。——第一師但懋辛，第二師劉湘，第三師向傳義，第四師劉成勳，第五師吕超，第六師石青陽，第七師顔德，第八師陳洪範。九年，三、五、六、七師攻熊。熊退至保寧。諸軍推吕超爲總司令。熊克武旋入陜南，聯絡劉存厚。劉存厚派二十一師田頌堯，二十二師唐廷牧，及川北邊防軍賴心輝援熊。熊克武以但懋辛爲第一軍軍長，劉湘爲第二軍軍長，反攻成都。劉成勳自稱第三軍軍長，及第八師陳洪範（本屬劉存厚的獨立旅長）都發兵相應。吕超等退至叙瀘。於是劉存厚自稱靖川軍總司令，進駐成都。十二月三十日，北政府下令：善後事宜，責成該省督軍劉存厚辦理。而以熊克武爲省長，劉湘爲重慶護軍使。熊克武及劉湘，都通電否認。旋熊、但聯兵向成都，劉存厚再走陜南。熊克武亦下野。十年二月初八日，但懋辛，劉湘，通電：合法統一政府未成立以前，川省取自治態度。對南北不爲左右袒。不許外省軍隊侵入。而劉存厚所屬的鄧錫侯田頌堯及劉斌，意圖恢復，引兵向成都，與劉成勳等衝突，後來退入保寧。於是各軍在重慶設立聯合辦事處。劉湘被舉爲總司令兼省長。於七月初二日，在重慶就職。聯合辦事處,即於是日取消。其時川軍又重行編制,畫分防區。共有十師九混成旅,而陳遐齡和賴心輝的邊防軍,還不在内。一五六師,第二混成旅,屬一軍,但懋辛爲軍長;防地在川東北。二四九師,三四六混成旅,屬二軍,劉湘爲軍長;防地在川東南。七師,五七混成旅,屬三軍,劉成勳爲軍長;防地在川西。唐廷牧係中央二十二師,與第八師陳洪範,從第八師分出的第一混成旅劉文輝;及敗後改編爲第三師的鄧錫侯,第八混成旅的田頌堯,第九混成旅的劉斌,均不屬何軍。

因川中的争鬩,又引起滇黔的事變。九年,吕超等的攻熊克武,係與滇黔軍相結。及川軍反攻後,滇軍顧品珍等,退回雲南。十年二月初七日,顧軍到雲南離省百里的地方。初八日,唐繼堯出走。初九日,顧入城。自稱滇軍總司令。唐繼堯旋走到香港。十二月,唐由香港,經廣東到柳州,帶領在桂滇軍回滇。顧品珍出兵拒戰,兵敗被殺。十一年三月二十四日,唐繼堯入雲南省城。

其黔軍在川的總司令盧燾,亦於九年十月,退回貴州。十一月初十日,貴陽兵變。十三日,劉顯世通電:"在川黔軍,已悉數撤回;責成盧燾節制整理,即日退休。"(劉顯世旋走雲南,就政務總裁職。後隨唐繼堯離滇。)二十二日,盧燾通電:代劉顯世爲總司令,與西南一致,實行軍民分治。師長袁祖銘走湖北,因王占元的援助,在湖北組織定黔軍。後來又到廣東。假道湘西回黔。於十一年五月初九入貴陽。八月十二日,被舉爲省長。

而四川一二兩軍,亦於十一年七月間,又發生衝突。先是劉湘於十年援鄂之後,以第九師長楊森爲第二軍軍長。十年四月間,川中各軍,在成都組織聯合辦事處,擬於五月十六日,宣佈成立。十四日,劉湘辭省長職。其議遂暫緩。七月十九日,二軍攻一軍。於是其餘諸軍,在成都開軍事會議,公推劉成勳爲川軍總司令,組織聯軍。以但懋辛爲前敵總指揮,鄧錫侯爲北路總指揮。八月初八日,攻入重慶。二軍軍官,先於初二日公舉劉湘爲靖衛軍總司令,以轄二軍。楊森則逃到宜昌。旋由各軍公舉劉成勳兼權民政,召開軍事及民政善後會議。

廣西一隅,從粵軍返旆後,情形亦極爲複雜。其中較有力的軍隊,是在南寧的桂自治軍,由林俊廷統率。又劉震寰的桂軍,則駐紮梧州。滇軍張開儒、朱培德,本説假道北伐。自孫中山離粵後,北伐無從説起;而袁祖銘入黔後,盧燾亦率兵入桂與滇軍會合,現在駐紮柳州。沈鴻英的兵,從粵軍入桂時,離桂入湘,後因與湘軍衝突,又移駐江西,近亦假道湘中回桂。南政府所任的省長馬君武,久已離桂。北京則任命張其鍠爲省長,陸榮廷爲邊防督辦。尚未知將來若何變化。

只有湖南一省,十年援鄂之役,雖然元氣頗傷;然自實行省憲後,内部較爲安穩,見下節。

第七節　裁兵廢督和自治的潮流

以上各節所述近年來擾攘和分裂的狀態,也算得彀了。但是統一和和平建設的運動,也並不是没有。請再聽我道來。

從南北和會停頓以後,統一兩字,雖然呼聲很高,卻總没有具體的辦法。十年湘鄂戰後,正是華府會議將開,外人警告我速謀統一,而我國民也渴望統一的時候。九月初一,張紹曾從漢口發出通電,主張於華府會議開會以前,在廬山開一國是會議。其辦法:分爲國民會議,和國軍會議;國民會議:由各省議會及各法團聯合,公推代表三人,蒙、青、藏各推二人,以制定國憲,解決時局。國軍會議:陸軍由省區軍各公推三人,海軍全體公推六人,蒙、青、藏亦各推二人,議決兵額軍制及豫備裁兵等問題。國軍會議議決之件,須經國民會議通過。當時曹錕、吴佩孚、張作霖等,都通電贊成;然後來竟就暗葬了。

而上海一方面,卻又有國民所發起的國是會議。原來這一年十月裏,全國教育會和商會的聯合會,都在上海開會,因而就開商教聯合會,發起國是會議。於十一年三月十五日,在上海開會,議決其組織:(一)各省省議會,(二)各省或特別區教育會,(三)各總商會,(四)各省或特別區農會,(五)各省或特別區總工會,(六)各律師公會,(七)各銀行公會,(八)各報界公會[(二)(三)(五)都包含華僑團體],各推出代表三人,定名爲"中華民國八團體國是會議"。五月二十九日,開第一次正式大會。旋組織國憲起草委員會。制成了《國憲草案》,分送各方面。

聯省自治的潮流,也頗有風發雲湧的趨勢。原來從晚近以來,省的實權,頗爲龐大。民國建立時的各省代表聯合會,亦係由各省派出代表組織而成,頗像美國獨立時的大陸會議。所以一時很有主張聯邦論的人。當時的兩大政黨,國民黨是主張聯邦的,進步黨則反之。——當時的輿論,贊成聯邦的頗少。國會第一次解散後,國民黨人,在民間鼓吹聯邦制頗力。國會恢復後制憲,因而有憲法規定省制的争論。後來國會又被解散了。而進步黨的議論,卻也漸漸的趨向聯邦。輿論逐漸趨一致。於是湖南就首先實行。湖南於九年十一月十五日,開省憲會議。至十年四月二十日閉幕。完成《省憲法》、《省長選舉法》、《省議會組織法》、《省議會議員選舉法》、《縣議會議員選舉法》、《法院編制法》六種草案。旋於十一年正月初一日,將憲法公佈。繼湖南而起的爲浙江。十年六月十五日,憲法起草委員會開會。六月三十日,起草畢。七月二十三日,開省憲法會議。九月初九日公佈。雲南從唐繼堯回滇以後,亦召集一個法制委員會。訂成了《雲南省政府暫行組織大綱》,説待民選省長選出後,即時實行。

北京政府,從民國三年取消自治之後,日久未能恢復。六年曾提議恢復,依舊没有實行。後來頒佈了一種《縣自治法》。九年,因鑒於各省自治潮流,曾有令著内務部脩改市鄉自治制,和擬訂省參事會暫行法。十年一月一日,又令内務部組織地方行政會議(各省省長派一人,省議會推舉一人;特區長官派一人)。共議決《省參事會條例》、

《縣自治法施行細則》、《縣議會議員選舉細則》、《市自治制》、《鄉自治制》五種。其《市鄉自治制》，於七月初三日，以教令公佈。十一年七月初一日，黎總統令：

> 地方自治，原爲立憲國家根本要圖；只以頻年多故，大法虛懸，各省望治孔殷，往往亟謀自治。……現在國會業已訂期開議，將來制定憲法，所有中央與各省權限，必能審中外之情形，救偏畸之弊害。俟憲典告成，政府定能遵守，切實施行。俾得至中至當之歸，允符相維相繫之義。國家統一前途，實嘉賴之。

廢督裁兵，國民久有此議。當事者第一宣言的，則爲浙江督軍盧永祥（九年四月二十一日）。其繼起表示贊成的，則爲魯督田中玉，陝督陳樹藩。而首起實行的，則爲雲南督軍唐繼堯。於九年六月初一日，宣佈解除督軍職務，將雲南督軍一職廢除，以雲貴川聯軍總司令名義，保衛地方。而譚延闓去湖南時，也申明廢除督軍，由趙恒惕以總司令名義，維持軍務；陳炯明回粵後，亦不稱督軍而稱粵軍總司令，都已見前。至於實行裁兵的，卻只有一個新疆的督軍楊增新。因華會中各國勸我裁兵，自動的將省内軍隊，裁去十九營。而且聲明："此外如有可裁者，仍當察酌辦理。"

第六章　最近的蒙藏

第一節　蒙古的取消獨立和再陷

內地的情形，大略説過；現在又要説到蒙古的事情了。原來蒙古從獨立以來，雖名爲承認中國的宗主權，而實權實在俄人手裏，這是無可諱言的。六年三月，俄國革命，一時顧不到蒙古；而蒙古反大受俄國兵匪的侵掠。從元年到五年，蒙古人借了許多俄債。這時候，俄國已無債可借，蒙人財政，頗難支持。又蒙人有所謂黄人和黑人。黑人係札薩克所轄的人民；黄人則直屬於活佛或葛根（次於活佛的喇嘛）的人民，謂之沙畢。活佛對黑人，課税頗重；而沙畢則概不負擔。又蒙古王公，本有其兄弟相及之法；而活佛則往往任意指派不當承襲的人。所以各旗王公和人民，主張内向的，漸居多數。

中國所派的駐庫大員，第一人係陳籙，不兩月而去職。繼其後的爲陳毅。八年六月十三日，又派徐樹錚爲西北籌邊使。十一月十七日，外蒙王公喇嘛等，合詞請願。“……情願取消自治。……前訂《中俄蒙三方條約》及《俄蒙商務專條》並《中俄聲明文件》，……當然概無效力。其俄人在蒙營商事宜，將來俄新政府成立後，應由中央政府負責，另行議訂。……”由陳毅電呈。二十二日，下令封活佛爲外蒙古翊善輔化博克多哲布尊丹巴呼圖克圖汗。二十四日，外交部即照會駐京俄使,聲明取消《中俄蒙條約俄蒙商務專條》及《中俄聲明文件》。並將蒙古取消自治,照會各國公使。十二月初一日,令徐樹錚以西北籌邊使督辦外蒙善後一切事宜。取消原設辦事大員和佐理員。初二日,又以徐爲册封專使。——九年二月十五日,徐又兼張恰鐵路督辦。

外蒙自治取消後,呼倫貝爾各旗總管,亦於十二月二十一日,請副都統貴福,呈請東三省巡閱使張作霖,黑龍江督軍孫烈臣,轉呈中央,取消特別區域(四年中俄會訂《呼倫貝爾條件》當然無效)。九年一月二十八日,下令允許,並由外交部通知俄使和各國公使。直皖戰後,籌邊使和張恰鐵路督辦都裁撤。派陳毅爲鎮撫使。因擬訂鎮撫司官制……,遷延數月,迄未到庫。而俄舊黨卻於其間,運動庫倫,背叛中國。

原來這時候,正是俄舊黨在西伯利亞失敗的時候。參看第七章第四節。其黨分爲數部,而恩琴佔據後貝加爾一帶;謝米諾夫匿居大連,替他籌畫軍械。

邊防軍未解散時,全數有三師四混成旅;而駐紮蒙古的,只有褚其祥一旅,高在田一團。九年十一月,俄舊黨攻庫倫。褚、高把他擊退。因爲怕活佛和俄舊黨勾通,就把他迎入鎮撫司署。旋陳毅到庫,把活佛放還。十年二月初一日,俄舊黨再攻庫倫,先把活佛劫去。高在田先分防後地。褚其祥兵力既單,軍糧又罄;初二日,同陳毅突圍走叨林,初四日,恩琴陷庫倫。

先是政府以張景惠爲援庫總司令,鄒芬爲援庫副司令。然援兵開到庫倫的,只有十六師的袁天順騎兵一團,步兵一營。鏖戰不勝,亦即卻回。於是恩琴分兵四出。三月十一日,陷叨林。十三日,陷烏得。十九日,陷恰克圖。二十五日,陷科布多。七月中,俄舊黨又西出,陷阿爾泰,道尹周務學死之。五月三十日,政府以張作霖爲蒙疆經略使;所有一切剿撫計畫,付以全權,便宜行事。其熱河、綏遠、察哈爾各……都統,……一并歸該經略使指揮節制。……

六月二十七日，蘇維埃外交委員長翟趣林，以舊黨根據庫倫，反對俄新政府，要求中國派兵會勦。七月六日，由中國謝絕。而遠東共和國，業已派兵攻擊恩琴。一面令其駐京代表阿格勒夫，向我國申明，不能不出兵。目的達到，即行撤退。於七月初五日，入庫倫。恩琴逃到呼倫貝爾。八月二十五日，爲遠東軍捕獲，後來把他槍斃。庫倫恰克圖，盡爲遠東軍所佔。先是政府於三月三十一日，褫奪陳毅官職，以李垣代理。這時候，遵照遠東駐京代表的聲明，就令李垣去接收庫恰。當時俄人頗想佔據，所以未得要領。參看第七章第六節。其阿爾泰，新督楊增新，於九月中旬，與俄紅軍會兵克復。當出兵之前，訂有《臨時條約》，聲明爲一時的共同動作；目的達到，俄軍即須撤退。後來俄人總算照約履行。十一年，俄代表越飛來後，中國和他交涉庫倫的事，也並無頭緒。而外蒙卻派代表來京，歷述傾向中央之意，並請派大兵收復庫倫。政府於九月初七日，派那彥圖爲外蒙宣慰使。

第二節　六年後的英藏交涉

民國初年的中英藏交涉，緜亘四年，畢竟成爲懸案，已見第二章第二節。而六年秋間，因四川内部有戰事，藏人復趁機内犯。其時川邊鎮守使是陳遐齡。兵力單薄，又没有後援。遂至類烏齊、恩達、昌都、貢覺、同普、德格、白玉、登可、石渠、瞻化等，相繼失陷。不得已，聽從英副領事竇錫麥調停。於十年十月間，由軍統劉贊廷，與藏人在昌都訂立停戰之約。暫時晝界：由鹽井南方大索、德化、裏塘、甘孜、瞻對、章谷、康定、丹巴、爐定、稻城等地屬漢，類烏齊、恩達、昌都、同普、柯鄧、石渠等地屬藏。停戰期限，係屬一年。

八年五月，英使説停戰期限將滿，到外交部催開會議。五月三十日，和八月十三日，由外交部與英使會議兩次。我國方面，仍根據四年的條件，主張打箭爐、巴塘、裏塘屬川。察木多、八宿、類烏齊三十九族屬外藏。瞻對、德格及崑崙山以南當拉嶺以北之地歸内藏。英使提出兩種辦法。

（一）取消内外藏名稱。將打箭爐、巴塘、裏塘、瞻對、岡拖地方，劃歸中國内地。德格以西，劃歸西藏。

（二）仍用内外藏名稱。將打箭爐、巴塘、瞻對、岡拖，作爲内地。崑崙山以南，當拉嶺以北，作爲内藏（中國不設官，不駐兵）。德格歸外藏。

外部於九月五日，通電有關係各省，徵求意見。旋經各省覆電反對。其理由：（一）七年停戰所定駐兵之界，不能認爲根據。（二）康藏不得併爲一談。（三）新疆、青海的邊境，尤其不能牽混。而閣議亦先已於八月十六日，決定此問題的停議。英使於十二月初三日，又要求開議，中國亦未應允。九年一月二十日，英公使照會外部，謂五月三十日，貴部請開的拉薩中英藏會議，英藏都無異議，但更須加入印度委員云云。二月初六日，外交部聲明中國政府並没有要開拉薩會議的意思，貴使的話，係屬誤會。到十年一月十五日，英使又到外交部，説：中國把西藏交涉延宕，而暗中命甘肅督軍遣使招徠達賴，殊屬不合。當經外交部以英使對於此事，無權過問拒絶。二月中旬，我國提出（一）哲孟雄會議，不經我國承認的條件，不能作爲標準；（二）仍以我國四年提出的各條件爲標準；（三）會議形式，依照中俄蒙會議之例等條件。英國政府，又不認可。中國政府，乃主張暫緩會議，先定一種暫行辦法。由中國將藏邊亂事平定，並改革川邊各土司的内政，然後解決藏案。英國又要限制我平亂的區域；並反對改革土司内政，以致此問題仍無着落。

而九年歲底，因川滇軍之争，陳遐齡與劉贊廷，亦相衝突。藏番又趁機入犯。到十年三月間，劉贊廷被陳遐齡的兵擊敗，退入雲南。後爲顧品珍擒獲。參看第五章第六節。藏番於三月間犯昌都，被守兵擊退。五月間，又犯巴塘、裏塘。陳遐齡正出軍討伐，而因防地洪雅，爲第八師陳洪範所佔，退軍雅州。參看第八章第六節。

後來華府會議開會，我國代表，和英國代表接洽，請於華會終了後，會議藏事。英國不甚願意。十一年正月間，駐英公使電外部，說英外部大臣對藏事，允酌量讓步。然其條件，仍有西藏內政外交，完全自主；英國得脩理西藏鐵路等。外部當電駐使駁覆。從此以後，亦沒有正式交涉。達賴喇嘛於一月間派使來京，表示願服從中央之意。九月間又遣使重來。然而川邊尚且空虛，靠着區區達賴的信使，能否維持此一髮千鈞的西藏？正又是一個問題了。

第七章　最近的交涉

第一節　巴黎和會的失敗

最近的外交,要算參與歐洲和會和華府會議兩件事,最爲重要。原來從歐戰開始,而遠東情勢一變,我國外交上的情勢也一變;從歐戰終了,而遠東情勢又一變,我國外交上的情勢也又一變。

當我國參與歐戰時,協約各國對我提出希望條件:(一)多招工人赴歐。(二)多運原料品。(三)與德、奥人商務,一律斷絶。(四)德、奥人寄居中國的,嚴行取締。(五)德、奥兩國租界,移交協約國管理。(六)没收德、奥的船舶,借給協約國使用。(七)南北從速調和。(八)海關德、奥人,一律解職。我國答覆,除第五項聲明,由我國管理外,餘悉承認。同時我國也對協約國提出希望條件:(一)海關税率,實行值百抽五。(二)庚子賠款,無利息延期五年。(三)爲取締德、奥人的原故,得協約國同意後,可不受《辛丑條約》:"天津二十華里内,中國軍隊,不得通過"的約束。除俄國對(二)只允延期三分之一外,協約國亦都承認。

中國參戰,本用不着通知日本;而日本於中國對德提出抗議,聲明無效便要絶交的時候,卻遣其公使到我國外交部説:日本贊成中國的抗議;然而如此大事,中國竟不通知日本,甚爲遺憾。以後希望中國政府注意。同時和英、俄、法、意交涉説:“日本承認中國參戰,各國卻要保證日本接收德國在山東的權利;及已經日本佔領的赤道以北諸島嶼。”各國都承認了。——所以後來和會中承認日本所擬山東條件時,美國上院議員反對的説:“協約國一面勸誘中國加入戰團,一面私約將中國的權利作爲交换品。”日本又派子爵石井菊次郎爲全權特使,到美國去商議對德作戰事宜。於六年十二月初二日,和美國國務卿藍辛氏互换照會。

> ……美日兩政府,承認領土相接近的國家之間,發生特殊的關係。因而美國政府,承認日本在中國,有特殊的利益;尤以與日本接壤的地方爲甚。特中國領土和主權的完全,美政府信賴日本屢次的保障。日本雖因地理位置的關係,有上述的特殊利益;然對他國通商,不至與以不利的偏頗待遇。又不至漠視中國從來的條約上給與他國商業上的權利。……

當中國參戰後,四面的空氣是如此。而中國對於參戰,卻又因南北紛爭的原故,除曾招募大批華工赴歐外;派兵的議論,雖然也有,始終没有能見諸實行。於是協約國各公使,於七年十月十三日,對我提出參戰不力的覺書。這時候,德、奥、土各國,對協約國早已訂定休戰的條約(土國十月三十日,奥國十一月初四日,德國十一月十九日)。而參戰不力的覺書,忽於此時提出,也就有點奇怪了。八年一月二十一日,中國政府,派陸徵祥、顧維鈞、王正廷、施肇基、魏宸組爲全權代表(王正廷係南方政府所派駐美代表,北方政府,就加以任命),前赴巴黎,參與和會。

於此有一件事情,要得補叙一補叙。六年十月初一日,日本天皇下第一七五號諭旨,於青島設立行政總署;坊子、張店、李邨、濰縣、濟南,都設分署;受理山東人民的訴訟,抽收捐税。並於署内設立鐵路科,管理膠濟路及其附近礦産。中國抗議,日本置諸不理。到七年,日本對我國駐日公使章宗祥提議説:“把膠濟鐵路歸中日合辦;濟南到順德，高密到徐州的鐵路，借日款建築；則日本允將軍隊除留一部分於濟南外，其餘悉行撤回青島；警察及民政署，亦一概撤退。而且先墊十足的款項二千萬元。”於是章宗祥於九月二十八日，與日本訂立《濟順高徐豫備借款契約》。當時章氏覆日本外務省的照會（日本稱爲《山東善後協定》），說：

> 敬啓者：接奉貴翰，……提議關於山東省諸問題：……（一）膠濟鐵路沿線之日本軍隊，除濟南留一部隊外，全部均調集於青島。……（六）膠濟鐵路所屬確定後，歸中日兩國合辦。（七）現在施行之民政，撤廢之。中國政府，……欣然同意。

到歐戰將終的時候，英美兩國，又有統一中國鐵路的議論。大旨是：“各國各自取消其勢力範圍。把在中國獲得的鐵路權放棄，由各國共同借債與中國，以便還清舊債。而此諸債權國，對於中國的鐵路上，建設一種共同的新權利。”參看第八章第三節。

歐洲和會，於一月十八日開幕。先是美國總統威爾遜，於七年一月八日，提出和平條件十四條（其中第一條說：和平條約，須用公開的方法決定。此後無論何事，不得私結國際盟約，外交事件，均須公開。第四條：立最確的保障，縮小武備，到足以保護國内治安的最低額。第十四條：組織國際聯合會。其宗旨：爲各國相互保障其政治自由。國無大小，一律享同等的利權）。後來各國都承認爲議和的基本條件。所以我國對於和會，頗有很大的希望。然而開會以來，英、美、法、意、日就另組所謂最高會議。一切事情，頗爲最高會議所壟斷。

我國代表，作成希望條件：（一）撤廢勢力範圍。（二）撤回外國軍隊巡警。（三）裁撤外國在中國所設立的郵政局和有線無線電臺。（四）取消領事裁判權。（五）歸還租借地。（六）歸還租界。（七）關稅自立。並取消《對日二十五條條約和換文的陳述書》，一併提出和會。各國說：這不是和會權限所能議；當俟萬國聯合會行政部能行使職權時，請其注意。

二十七日，最高會議開會，討論處置德屬殖民地的方法。日代表把青島亦列入其内。是日的會議，由法國外部，知照我國代表。王正廷、顧維鈞出席。日本代表要求將德國在山東的權利，無條件讓與日本。顧、王二氏，於二十八日，提出詳細《説帖》。要求由德國直接交還中國，争持甚烈。其後和會因事停頓，到三月中，五國纔再開會議。於是日本對美國及英屬地的排斥黄人入境，提出《人種平等案》。同時意國因要求亞德里亞海東岸的阜姆，歸意國領有，威爾遜不答應，意代表退出和會。日本代表，亦向新聞記者説：儻使《人種平等案》和山東權利繼承問題，不能通過，日本也要退出和會。英、法、美自然都有怕和會決裂的意思。於是四月二十二日，四國再開最高會議，招我國代表出席（陸徵祥、顧維鈞赴會）。威爾遜朗誦英、法兩國和日本，關於山東的《祕密换文》。英相路易喬治説：當時德國潛艇戰争，甚爲劇烈。英國戰船，多在北海；地中海方面，要日本幫助。因此不能不允許。威爾遜又誦讀四年五月《中日條約》的大要，和章宗祥與日本外務省的换文。問：爲什麽有四年五月的條約？我國代表説：是出於强迫。又問七年九月歐戰將停，日本决不能再壓迫中國，爲什麽還有欣然同意的换文？路易喬治説：英國對於德國在山東的權利，轉移於日本，受换文的拘束，不能不維持日本。對於四年五月的條約，卻没有維持日本的義務。究竟照《中日條約》實行，或照《中德條約》，將德國所享權利，移轉於日本，二者於中國孰爲有利？中國代表説：兩種辦法，都不能行。喬治見局勢弄僵，乃唱議將這件事情，交英、法、美三國專門委員核議。

此項消息傳到我國，輿論大爲激昂，於是有五月初四日，北京專門學校以上學生，停課要求懲辦曹汝霖、陸宗輿、章宗祥之舉。風聲所播，到處學校罷課，商店罷市。到二十六日，上海學校罷課；六月初五日，商店亦罷市。又有鐵路工人將聯合罷工之説。形勢甚爲緊急。政府乃於初十日，將曹、章、陸罷免。——時曹爲交通部長，章爲駐日公使,陸爲造幣廠總裁。

當三國專門委員核議時,英、法兩國委員,都左袒日本。我國代表,知完全達到目的,已無可望。乃致一説帖於三國專門委員,提出:(一)德人在山東權利,由德人移讓英、法、意、美、日,由英、法、意、美、日交還中國。(二)限日本於一年後交出青島。(三)償還日攻青島兵費。其額,由英、法、意、美議定。(四)中國自行開放青島的讓步案。專門委員核議的結果,以依據《中德條約》,由日本繼承德國在山東的權利,爲較有利於中國。即據此造成《報告書》。而美國委員,另遞一節略於威爾遜,説《中日中德》兩約,都不很通用;不如用中國所提的讓步辦法。

四月二十八日,四國會議開議。日本撤回《人種平等案》。對於山東問題,提出:(一)不侵中國主權,將青島交還中國。(二)開青島爲商港,設立共同居留地。(三)膠濟鐵路,歸中日合辦。(四)鐵路警察用中國人;但聘日本人教練。(五)濟順、高徐二路,日本有借款權。(六)青島和鐵路沿線的日兵,全部撤退。三十日,四國會議依日本意思,將德國在山東的權利,讓與日本的條文,插入《對德和約》中。便是和約的一五六、七、八三條。德國根據一八九八年三月六日的《中德條約》,及其他關於山東省一切《協約》所得的權利、特權、鐵路、礦山、海底電線、國有動産、不動産,一概讓與日本。

中國代表,向和會提出保留案;聲明中國可以在和約上簽字,但關於《山東條項》,須保留另提。始而要求於《和約》内山東條項之下聲明保留,不許。繼而要求於《和約》全文之後,聲明保留,不許。又繼而要求於《和約》之外,聲明保留,不許。再改而要求不用保留字樣,但聲明而止,不許。最後要求臨時分函聲明,不能因簽字有妨將來的提請重議,不許。二十八日,和約簽字;我國代表拒絶簽字,不出席會場;而發電報告北京政府,説:

> ……不料大會專横至此,……若再隱忍簽字,我國……將更無外交之可言。

《對德和約》，既未簽字，乃由大總統於九月十五日，以佈告宣佈“對德國戰争態度，一律終止”。

其《奥約》，則由專使於九月初十日簽字。

國際聯盟會，由美國提出後，旋經各國同意，將其條約插入和約中，作爲全約的一部。該條約的宗旨，在於減縮軍備，避免戰事，保持世界的和平。其大致辦法：係以加入各國的代表所組織的代表會（每國代表，至多三人。每國各有一議決權），英、法、意、美、日和其他四國的代表所組織的行政部和祕書處（祕書長由行政部委任，但須得代表會的同意。祕書員由祕書長委任，但須得行政部的同意），爲執行機關。行政部須擬定減少軍備的計劃（以國防及執行國際義務必需之數爲度），以備各政府採用。此項計劃，至少十年脩改一次。既經採用該計劃後，非經行政部的同意，不得超過。聯盟國的一員，被侵略時，各聯盟國須遵行行政部所擬的方法，以保全其領土和政治獨立。聯盟國間互起争議時，須經仲裁法庭裁判，或行政部（亦得請求移交代表會）審查。其不遵的，聯盟國得施以相當的膺懲。對於非聯盟國，亦得加以邀請，請其承受臨時會員的義務。無論何項戰事，或以戰事脅迫他國，均得採適當的辦法，以維持世界和平。聯盟國間的條約，和國際契約，均須向祕書處存案，由祕書處從速公佈。聯盟國公認彼此間有與本約不相容的國際義務和祕密接洽，都自然爲本約所廢止。此後不得締結此項條約。在未加入以前的，須從速設法解除。行政部籌擬設立國際經常法庭。照該約的規定，凡簽字於和約的，都當然爲聯盟國的一員。我國雖未簽字於《德約》，而業經簽字於《奥約》，所以仍爲該會會員之一。

歐戰和約，旋經英、意、法、日等國，次第批准。惟照美國法律，和約須得上院三分之二的同意，方能批准。後來美國上院，對於和約，共提出保留案十四起；聲明：“此項保留案，須得五强國中的三國的承認和保證，作爲原約的附件，和原約有同等的效力，方可批准施行。”山東問題，亦是其中之一。——原案申明不與同意，而且保留美國對於中日因此項條件而起争端的完全自由行動權。

於此還有一件事情，須得叙述一叙述。便是山東交涉，在巴黎和會失敗後，各地方人民，頗起排斥日貨的風潮。——然而所焚毁的，都是華商已買的日貨，日商並無直接損失。日本公使，屢次要求中國政府取締。中政府也曾爲此下過命令。八年十一月十六日，福州青年會學生，經過安樂橋。日僑無故向其兇毆，並有使用武器的。其結果，並弄得和福州市民衝突，巡警亦有的受傷。日人旋又逃入順記番菜館，將大門關閉，由樓上將器具擲下。督軍李厚基，派兵破門而入。捕獲日人七名，中有日領事署警察長陸軍少將一名。在中亭街捕獲三人，身畔亦都有兇器。此事的曲在日本，人人皆知。乃日人反派兵艦二艘到福州；並且派兵登陸，進城游行。後來雙方派員調查，日人一方面，實在無理可説。不得已，乃將領事撤换；撫邮中國受傷的人和順記番菜館；由日本向中國道歉。然中國對於日本，也申明對於人民排貨惋惜的意思。此事稱爲福州事件，又稱爲閩案，也是因山東問題而起的一個枝節。

第二節　華府會議的參與

《對德和約》，既經英、法、意、日等國，相繼批准後，日本公使小幡，於九年一月十九日，致牒外部，説："日本依《媾和條約》一五六至一五八條的規定，繼承膠州灣的租借權，和德國在山東的一切權利。四年五月二十五日的《中日條約》，規定日後日本向德國協定權利利益的讓與，中國概行承認。同日《交還膠州灣的换文》中，説戰事終了，膠州灣全由日本處分時於左列條件之下，交還中國。……特提議從速開始交涉。"這時候，我國輿論，都主張提出國際聯盟。四月初十日，日本又提出第二次通牒。外交部於五月二十二日答覆，説："《對德和約》，我國未曾簽字，未便依據該約，逕與貴國開議。"又説明全國人民對於本問題態度的激昂。末説:“目前情狀,膠濟環界内外軍事設施,没有繼續保持的必要。膠濟沿路保衛,應從速恢復戰前狀態。此節與交還青島問題,截然兩事;想必不執曾否開議,以延緩實行之期。儻果願將軍事設施收束,自當訓令地方官,與領事接洽辦理。”日本説:“處理此問題的根本原則,中日間已有條約。中國政府以爲便於商議之時,日政府便允與商議。鐵路沿線警備,俟中國巡警隊組織完備後,由中日各該官憲,協定交替手續撤退。至於膠濟環界内軍事設施,日本所以要交涉,正是爲此。只要交涉完成,這個問題,就不解決而自解決了。”交涉到此就告停頓。

十年,美國爲籌議限制軍備和遠東問題,發起華盛頓會議。於八月十三日,正式照會外交部,請中國參與。中國於十六日表示贊成。

九月初七日,小幡向外交部提出《交還青島的節略》九條,稱爲《山東善後處置案大綱》。中國於十月初五日,答覆拒絕。日本於十月十九日,又加以駁覆。並申明中國政府,若更能反省,再示欲開交涉之意,日本政府亦必應之。中國於十一月初三日答覆,要求日本再加充分的考慮。

華府會議,我國於十月初六日,派施肇基、顧維鈞、王寵惠、伍朝樞充全權代表。該會議於十一月十四日,正式開會。其中限制軍備委員會,由英、法、意、美、日五國代表組織;遠東問題委員會,由中、英、法、意、美、日、葡、荷、比九國代表組織。遠東問題委員會開會之後,吾國代表,首先提出大綱十條。旋經美代表羅德,提出四大原則。

(一)尊重中國的主權獨立,和土地上行政上的完全。

(二)給與中國以極完全而無障礙的機會,以發展並維持穩固有力的政府。

(三)用全力確立各國在中國的工商業機會均等的原則而維持之。

(四)不得利用現狀,攫取特殊的權利。

經一致通過,認爲討論各問題的標準。旋又提出"關税自主"、"廢除領事裁判權"、"撤消外郵"、"撤退駐兵"、"撤銷外國無線電臺"、"維持中立"、交還租借地等案。而山東問題,亦即在會外解決。華府會議所成條約,共有八種。《中日魯案條約》外,便是英、法、美、日《四國太平洋條約》(《四國協定》),《五國海軍條約》、《五國潛艇毒氣條約》、《六國海底電線支配條約》、《九國中國關税條約》、《九國條約》(《九國協定》)。而羅德四原則,和許多有關中國的問題,都包括在《九國條約》中,和我國關係最大。

九國條約第一條:列舉《羅德四原則》。第二條:説締約國不得締結違背此項原則的條約。第三條:爲適用門户開放,機會均等主義,不得在中國要求優先權或獨佔權。第四條:締約國不得相互約定,創設勢力範圍,或實際上排他的機會。第五條:中國全部的鐵路,不得自行,或許他國"對於各國爲差别的待遇"。第六條:中國不參加戰爭時,應尊重其中立權。《關税條約》,見第八章第四節。

此外關於中國的事情,還有許多議決案。

(A) 撤退外國駐兵案。未經條約允准的,如日本在漢口的駐兵,各國允即行撤退。其經條約允許的,如各國在北京的駐兵,允於中國要求時,訓令其駐在北京的代表,會同中國政府所派代表三人,共同調查;報告各關係國政府,再行斟酌。

(B) 撤廢領事裁判權案。議決閉會後三個月,各國各派代表一人(中國亦在其内),組織委員會,考察在中國的領事裁判權的現狀,和中國法律,司法制度,司法行政的情形。於一年内報告各關係國。並得向中國政府提出改良司法意見書。——但中國政府得自由承諾拒絕其一部或全部。非署名國在中國有領事裁判權的,亦得於組織委員會以前,委美國通告各署名國加入。

(C) 關於中國的條約公開案。議決以前所立條約,協約,换文,他之國際協定,以自國國民爲當事者與中國所結契約,限事情之所許,從速提出本會議總事務局,移牒於參加各國。以後訂立的,應於訂立後六十日内,通知署名國及加入國。與中國有條約關係,而未參加本會議的,可招請其加入。

(D) 撤廢在中國的外國郵政局案。除租借地及條約特別規定者外,於(一) 中國郵政業務之有效的管理,(二) 中國政府,保證外國人郵政總辦的地位,並保證對於現在郵政無變更之意的條件下,贊成撤廢。於一九二三年一月一日實行。

(E) 撤廢外國在中國的無線電臺案。因一九〇一年九月七日國際議約規定所設立,及由事實上外國使館所設立,以收發官電爲限。——但其他一切電信有故障,由中國交通部以公文證明時,得暫收發私電。由條約或中國政府特許的外國政府或人民所設無線電臺,以收發其條約或條件所規定的電報爲限。其未經條約或特許者,由中國政府買收。

(F) 中國鐵路統一案。於在華鐵路之擴張,與其既得適法的權利兩立的最大限度,使中國政府,得於其所管理的鐵路網,統一諸鐵路。中國政府,因此需用外國財政技術時,應即許之。

(G) 希望中國裁兵案。並非有意干涉中國内政;不過以友誼的關係,謀中國的利益,及一般通商利益,甚望中國樹立强固政府。又本會議的精神,在於減少世界軍備,以減輕人民負擔;本於同一的精神,希望中國的裁兵。

還有關於中東鐵路的決議案,見第四節。

交還租借地案,未能議決,僅由各國聲明。法國代表聲明:願與各國共同交還。日本代表説:膠州灣應另案措置。旅順、大連,則目下無放棄其"合法取得,並經不少犧牲的重要權利"之意。該處係滿洲的一部分,與日本土地密接;日本於經濟生活及國防安全上,均有切己的關係。此項事實,曾被承認;當國際銀團組織時,英、法、美三國,均曾給與保證。英代表説:九龍爲香港地位之保障,不獨爲英國的利益,並與全世界有關係;當另以一種精神考慮之。威海衛的取得,係抵拒他國在華的經濟控制權,維持勢力平衡。儻山東問題能得協定,情願歸還中國;惟須參加於計劃中而行之。

各國駐華軍隊,在北京、黄邨、廊房、楊村、天津、軍糧城、塘沽、蘆臺、唐山、灤州、昌黎、秦皇島、山海關等處的,係根據辛丑條約。現在天津有英、法、意、美、日、荷、比七國的軍隊。上海亦有英、法、意、美、荷、比六國的軍隊。日本除膠濟沿線,另案交涉;中東鐵路沿線,與西伯利亞撤兵問題相關外,其南滿鐵路沿線的駐兵,藉口於根據光緒三十一年的滿洲《善後協約》(案該《約》説:俄國允將滿洲鐵路護衛兵撤退;或中俄兩國另商別項辦法時,日本南滿守兵,亦一律撤退。現在中東路守備,已由我國收回;所以照條約,我國實有要求日兵撤退的權利),及鬍匪的不靖,不肯撤退。惟乘辛亥革命時派駐漢口的兵,於七月二日,實行撤回。

取消領事裁判權一節,因外國擬派員來華調查,一時頗有積極整頓之意。十一年一月一日命令。"……司法制度,……應行刷新整頓者,……著司法部切實計劃,擬具籌備綱要,分期舉辦。……而籌備之要,首在儲才。此項人才,非嫻習本國法律,無以利推行;非深通各國法律,無以資參證。應由駐外公使,就留學各國法律科畢業生中,悉心遴選,切實蒐羅,擇其堪勝審檢之任者,酌加保薦;依法甄拔,從優録用。其甄拔辦法,即由司法部擬定,呈候核定施行。至司法講習所,亦爲練習司法人才而設,應即繼續開設。又因現在暫行的民刑律,已成陳舊。當東省設立特別法院時,見第四節。司法部曾將法律館脩訂的《民刑事訴訟法》改稱《民刑事訴訟條例》,先後呈請公佈,於特別法院區域内施行。"十一年一月六日,又奉令:"自七月一日起,全國一律施行。"

旋又以承審員由縣知事選用,"與自辟僚屬無異,難冀其獨立行使職權"。擬逐漸改設審判廳,提出,在閣議通過。至外國派員來華調查一節,以一時籌備難周,經政府電令駐美公使,商請美國政府,轉商各國政府,展期到十二年秋間,再行派員來華。當時有關係各國,已都答應展期了。

外國在華郵局：從前德國共有十七處，對德宣戰後，已全部封閉。俄國有二十八處，停止俄國使領待遇後，亦全部封閉。現在上海有英、法、美、日四國郵局。福州、厦門、汕頭、煙臺、天津、漢口，有英、法、日三國郵局。廣州、寧波，有英、法兩國郵局。北京有法、日兩國郵局。海口、威海衛、喀什噶爾，都有英國郵局。西藏有英國郵局三處。梧州、北海、昆明、蒙自、重慶，都有法國郵局。山海關、塘沽、濟南、膠州、蘇州、杭州、鎮江、南京、蕪湖、九江、沙市、長沙，都有日本郵局；而在東三省的，尚不在内。無線電臺：北京公使署，日、美兩國都有。天津，法、美、日三國都有。上海，法國有三所，英、美各有兩所。此外法國在廣州灣，美國在唐山，俄國在哈爾濱，日本在漢口、濟南、青島、秦皇島、大連、滿洲里等處，均各有一所。至於鐵路統一的問題，因爲與借款有連帶關係，一時亦尚未議及。

收回租借地問題：除膠州灣另案辦理外。威海衛：英使於十一年四月十四日，向外交部提出“行政權交還中國，市政由中英派員管理，仍准英國艦隊在威海衛避暑……”問題。十六日，照會外部，請合組委員會，赴威調查，以爲交收的準備。同日，政府派梁如浩督辦接收事宜。威埠公民，亦組織協會，從事調查，以輔助政府所不及。委員會於十月初二日開會。廣州灣則法國政府，電令駐華法使，偵查英國對於交還威海衛的意見，俾得以參照其辦法。

第三節 魯案的解決

山東問題，日本要求直接交涉，經國民一致反對，外交部於十年十月初五，十一月初三兩次拒絶後，決意在華府會議提出。英美兩國代表，怕中國提出山東問題，於大會進行有礙；乃出而調停，勸我國及日本，在華盛頓會議之外，開始交涉，英美各派兩人列席旁聽。我國代表，主張無論交涉得有解決與否，均須報告大會。此項交涉，於十二月初一日開始。因膠濟鐵路,我國主張即時收回,款分六期交付(交涉解決後。九個月,付第一期款。其餘五期,以六個月爲一期)。日本要求我借日款贖回;會計技術人員,均須聘用日本人。至二十一日,交涉停頓。十一年一月四日,經英美調停,再行開議。初五日,又停頓。十一日,第三次開議。兩國意見,仍彼此相左。二十日,英美提出具體調停條件:勸我發十五年期的國庫證券,將膠濟路收回。五年之後,隨時得將證券全數償還(但須於六個月之前,預行通告)。而派日本人爲車務總管及總司計。兩國代表,各電本國政府請示。二十七日,再開談判。三十一日,訂成條約二十八條(全文見《東方雜誌》十九卷第五號)。其大略辦法:

膠州租借地,歸還中國。其移交行政權和公產,——並處理其他相同的事務,由中日各派委員三人,組織一聯合委員會辦理(第一、第二條)。

公產除日本建造領事館所需,和日本人民團體所需(包括公學祠廟墓地等),無償交還中國。——惟日本政府所買得、建造、或曾加脩理、加造的,中國應除去使用折價外,給與償價(第五、第六、第七條)。

膠濟沿線的憲兵及軍隊,於本約簽字後三個月內撤退;至遲亦不得過六個月。青島的衛兵,移交時同時撤退;至遲不得過移交後三十日(第十、第十一條)。

海關歸還中國。四年八月初六日中日重設青島海關的《臨時條約》作廢(第十二、第十三條)。膠濟路及其支路,與其附屬產業,日本應交還中國;由中國償以實價。此項實價之中,包括德國遺下時的定價五三四〇六一四一金馬克;加上日本管理期內脩理加造之數(減去使用折價)。由中日各派委員三人,組織鐵路聯合委員會,辦理估價和移交。移交至遲不得過本約有效後九個月。償價用國庫券,於移交完竣時,交付日本。國庫券的期限爲十五年,以鐵路財產收入作保。五年後無論何時,得爲全部或部分的清償(惟須於六個月前通知);未還清前,選派日本人一名爲車務總管,又一名爲總司計(第十四、十五、十六、十七、十八、十九條)。

高徐濟順的經營,讓歸國際財團。煙濰鐵路,用中國資本自造時,日本不要求併歸國際銀行團辦理(第二十一條,附録五)。

淄川、坊子、金嶺鎮三礦,由中國政府,許與中日合組的公司。但日本投資,不得超過中國的資本(第二十二條)。

中國政府宣告開放膠州租借地(第二十三條)。

鹽業由中國給價收回。中國允以平允條款,允許沿該岸線的鹽,輸一定量數與日本(第二十五條)。

海底電線:青島、煙臺間,青島、上海間,都爲中國所有;惟此兩線中,爲日本政府利用之以接連青島、佐世保間的一部分除外。青島、濟南的無線電臺,移交中國;由中國給以償價(第二十六、二十七條)。

此約訂立後。國務院於六月初七日發令,任王正廷爲聯合委員會委員長。膠濟路由中國派警接防,日兵分期撤退。自四月十四日起,到五月六日撤完。委員會所議事件,分爲第一部第二部。第一部所議各問題,草約於十二月初一日簽字,其大略:

租借地定十二月初五日交還。日本駐兵,儘交還後二十日内撤盡。

日本官許出租的地,期滿後照同一條件,續租三十年。三十年後,仍得續租;惟須按照《膠澳商埠租地規則》辦理。

公産:除去日本領事、團體所需用者外(以《附圖》所定界址爲限),其餘概行交還。

青島、佐世保間海電,無償交還中國。青島一端,由中國運用。佐世保一端,由日本運用。

鹽業:從民國十二年起,以後凡十五年,每年輸出日本,最多三萬五千萬斤，最少一萬萬斤。許膠州所產的鹽，自由輸出朝鮮。

鹽業和公產的償價，共日金一千六百萬元。其中二百萬元付現款。一千四百萬元，付十五年期的國庫券；年利六厘。此項國庫券，除以關鹽餘爲擔保外，又須提出別項確實擔保，從速與日本公使協定。將來整理外債時，此項國庫券，應儘先列入整理案內。

礦山：設立中日合辦的公司。資本各半，由日本政府，將淄川、坊子、金嶺鎮各礦，移交該公司辦理。該公司應償日本政府日金五百萬元。俟紅利超過八厘時，將超過額的半數付給。不附利息。

海關交還中國，但日人許用日文接洽。

唯關於外人的土地所有權（此項土地，在日人手中者，有七千餘畝；在歐洲人手中者，有一千餘畝），作爲懸案。

第二部鐵路問題：日本初索償價七千萬元。後減至四千餘萬。當時中國已允出三千餘萬，日猶不允。

至青島日郵，則業於十二月初一日撤廢。

膠濟路：當攻擊梁士詒時，參看第五章第四節。直係各督軍省長，多提倡集資贖回，商教聯合會，亦組織救國贖路集金會。梁士詒和交通部，因亦通電促國民集金贖路。交通部並呈請總統，於一月二十三日下令："膠濟路決由人民籌款贖回，定爲民有鐵路，永屬民業。"三月十九日，又以指令公佈《膠濟路民有辦法大綱十四條》。

其二十一條問題：我國代表，於十年十二月十四日，在遠東問題委員會提出，經日代表抗争，未得結果。二月四日，又在大會提出。日代表宣言：

> ……與會國而欲提出從來的損害，以求會議重行研究及考慮，日本代表團必不能贊成。……但《中日條約》及《换文》成立

後，事勢已有若干變遷，故日本代表團宣言：將建築南滿、東蒙的鐵路借款權，和以此等地域内的租税爲擔保的借款權，開放與國際財團共同經營。此項條約中，關於南滿洲的政治、財政、軍事、警察事項，中國約定聘用日本顧問或教練員，日本並無堅持之意。……日本保留原提案中的第五項，現豫備撤回此項保留。……

中國代表仍聲明：

……因下述種種理由，《中日條約》及《换文》，當加以公正之審查而圖廢棄之。（一）中國要求交互之讓與，而日本並未提供任何物件；《協定》所引出的利益，完全爲片面的。（二）協定的要點，破壞中國和他國的條約。（三）協定和此次會議所通過的《關於中國的原則》，不能相容。（四）協定已引起中日間歷久的誤解，設不廢棄，將來必至擾亂兩國的親善關係；且將障礙"召集此會所欲獲得者"的實現。……

美國國務卿休士，亦聲明：

幣原男爵以日本政府名義發表的重要聲明，使余得以申言美國政府的地位。此事於一九一五年五月十三日，美政府致中國及日本政府的同一照會中，參看第三章第二節。已經聲明。……此項聲明，乃與美國對華關係之歷史的政策相一致者；……現在仍維持不變。兹……信對於日本政府所宣言，……可解釋爲拋棄南滿洲及東部内蒙古的建築鐵路，及以地方收入擔保的財政業務的一切獨佔權。此外一九一五年五月二十五日條約中，關於南滿洲及東部内蒙古第二、三、四等條，中國政府允給日本人民以租用南滿洲之土地權，以充建築、貿易、製造業及農業之用；並在南滿洲居住旅行，經營任何種類的實業及製造業；並可與中國人民共同經營東部内蒙古的農業及相仿的實業等等；美國政府，對於此等容許，當然不能視爲有獨佔的意義;且將以中美條約中最惠國條款,而爲美國人民,要求中國增給種種利益。余更聲明:《中日條約》的效力問題,和美國對華條約的權利問題,完全不相關。因美國所有的權利,早經美國確實申言也。……

案日本原提出五號二十一條的要求:到後來,第(一)號四條,就是關於山東問題的,已另案解決。第(二)號七條,其中第五、六兩條,經日本拋棄。第(五)號七條,亦經日本撤回。其餘八條,就是關於旅、大兩港和南滿、安奉、吉長三鐵路的租借經營期限,南滿、東蒙經營農、工、商、礦業的權利,和漢冶萍公司問題,這真是生死存亡的大問題;日本的有無侵略野心,就看這幾條能否取消爲斷;中國的受日人侵略與否,也就看這幾條能否取消爲斷。人都知道南滿和東蒙的關係重要,卻不知道區區一漢冶萍公司,其重要乃與之相等。

煤鐵是國防工業的命脈,日本所產都不多,差不多全是仗外國供給。現在中國煤鐵礦,入於日本人手中的,已經很多。參看《東方雜誌》十九卷十七至十九號《我國煤鐵礦與日本國防及工業之關係》。最近坊子、淄川、金嶺鎮三礦,又變做中日合辦的了,而且我國的煤鐵礦,幾乎没甚自辦的。所有的,就是一個漢冶萍煤鐵廠礦公司。然而當時,欠日債到三千餘萬元。都以礦石生鐵作抵;預先訂定了,用極賤的價抵出;要到民國四十九年,纔得還清。參看《孤軍》一卷三號《嗚呼漢冶萍》。咳!日本壓迫我們的軍備,是靠什麽維持的呢?

但是日本此項要求,後來雖經訂立二十五條條約,卻未經國會通過,實屬"形式不備"。所以國會恢復後,有由國會將該約宣佈無效之説。又此條約從訂結後,我國政府即宣言其出於强迫,在巴黎和會和華府會議,兩次提出抗爭,則我國政府也實在未嘗承認。此約既然無效,則旅、大租期,當然只有二十五年。民國十二年,便已期滿。這又是眼前的大問題了。

第四節　共同出兵和中東路

據《中東鐵路條約》，俄國在鐵路沿線，只能設警而不能駐兵。光緒三十一年，日俄《朴茨毛斯和約附約》，規定："爲保護鐵路起見，兩國對於滿洲鐵路，每啓羅米突，得置守備兵二十五名。"然歐戰以前，俄國駐紮哈爾濱的兵，有三萬左右；守備中東路本線，和從哈爾濱到長春一段鐵路，統計有六萬左右。戰後大半調赴歐洲；留下的分爲新舊兩黨，衝突頗烈。哈爾濱總領事兼中東路督辦霍爾哇拖，係舊黨守領。爲新黨所反對，幾於不能維持秩序。七年正月初十日，政府命師長高士儐，迫令俄兵解除武裝。於是中東路本線，和從哈爾濱到長春的一段，都由中國派兵保護。中東鐵路的護路權，始行收回。

先是哈爾濱地方，爲中東鐵路本支線的分歧點。俄國人着意經營，稱爲東方的莫斯科。然而其時只有俄國人居住。日俄戰後，中日訂立《滿洲善後協約》，把哈爾濱開放爲商埠。各國次第設立領事。俄國總領事兼中東鐵路督辦霍爾哇拖，忽執《中東鐵路條約》第六條，"……由該公司一手經理，建造各種房屋，設電線，以供鐵路之用"，曲解爲俄國在哈爾濱有行政權；要求各國領事認可。日本竭力贊成，而美國、德國，竭力反對。光緒三十四年，霍爾哇拖發佈市制，向哈爾濱住民收税。於俄曆一月一日實行。中國政府，也飭東三省總督徐世昌，在哈爾濱設立自治局。宣統元年，霍爾哇拖自行進京，與外務部交涉。三月二十二日，外務部尚書梁敦彦，和他訂立《東清鐵路界内組織自治會豫定協約》十八條。訂定："由中外居民，共選議員。更由議員複選執行委員三人；交涉局總辦，鐵路總辦，各派委員一名；會同議會議長，組織執行委員會。"(此項執行委員會，和議會，受交涉局總辦、鐵路總辦的監督)從此以後，哈爾濱鐵路附屬地的行政權，就入於俄人之手。中東路守備權收回後,中國派吉林督軍鮑貴卿爲中東鐵路督辦。九年三月十一日,爲俄國革命三周年紀念,哈爾濱俄國各團體,開會協議,要求承認海參崴臨時政府,霍爾哇拖不許。同盟罷工委員會,就要求霍爾哇拖,儘二十四小時内,將行政權交給海參崴臨時政府代表。霍爾哇拖不聽,俄人遂全體罷工。於是鮑貴卿派兵佔據同盟罷工委員會會所。一面解除俄國軍警武裝,勸霍爾哇拖離開哈爾濱,將政權交給鮑貴卿所派的人員。於是哈爾濱鐵路附屬地的行政權,亦由中國收回。這一年,九月二十三日,中國停止舊俄使領待遇。旋在哈爾濱設立地方審檢廳,高等審檢廳;沿路設立地方分庭,以管理俄國和無約國一切訴訟。於十二月一日成立。又在哈爾濱設立東省特别區市政管理局,於十年二月十二日成立。

從我國取消舊俄使領待遇後,俄國舊黨,怕我國要接收道勝銀行,就懸法旗以爲抵制。——其實中國和道勝銀行的合同,訂明該行股票,只能爲華俄兩國人所有。九年十月初二日,交通部長葉恭綽,和道勝銀行訂立《管理東省鐵路續訂合同》。訂明:中政府暫代俄政府,執行保護,管理,及實行各條約合同一切職權,以中國正式承認俄國政府,並彼此商定該路辦法後爲止。

然而對俄的交涉,還並没徹底解決,卻又牽入了一個各國共同的問題。原來當民國七年二月間,勞農俄國對德國罷兵講和。於是德、奥勢力,彌漫全俄;反對新俄的捷克軍,爲德、奥武裝俘虜所制。於是各國有共同出兵西伯利亞,援助捷克軍之議。其時適值段祺瑞復爲總理,遂與日本訂立所謂《軍事協定》。——所謂《軍事協定》者;一爲七年三月二十五日,駐日公使章宗祥和日本外務大臣本野一郎所交换的《共同防敵公文》。一爲七年五月十六日,陸軍委員長靳雲鵬,和日本陸軍委員齋藤季次郎在北京所結《共同防敵協約》:一爲五月十九日,海軍委員長沈壽堃和日本海軍委員吉田增次郎在北京所結《海軍共同防敵協約》。而九月初六日,徐樹錚與齋藤季次郎,又結有《陸軍共同防敵實施的詳細協定》。此項

《軍事協定》，直到十年一月二十八日，纔由外交部照會日使，互換照會廢止。——依據《陸軍共同防敵的詳細協定》：兩國進貝加爾、阿穆爾兩省的兵，中由日指揮，自滿洲里進後貝加爾的兵，日由中指揮。而日本又可派兵一支，從庫倫進向貝加爾方面。其後中國並没真正進兵，而日本卻進兵甚勇。

先是六年十二月三十日，日本兵艦，首先開入海参崴。其後英、美、中三國的兵艦，相繼都到。而英、日兩國，都派兵登陸。七年七月初六日，中、英、法、美、日司令，共同宣言：說海参崴及其附近地方，當臨時置於協約國保護之下。其時英、法、意、美諸軍隊，陸續開到：然都無甚動作。惟日兵挾着俄舊黨謝米諾夫，通過貝加爾，佔據鐵路，在赤塔組織本部。又挾着舊黨卡米爾哥夫，在哈巴羅甫喀設立司令部。並分兵向海蘭泡、阿穆爾、伊爾庫次克。八年，勞農政府戡定鄂穆次克、伊爾庫次克、貝加爾、阿穆爾，沿海等省。協約各國，以俄人既有統一能力，不宜再行干涉。於三月末，先後撤退。惟日兵反增至七萬餘。四月初四日，日本說海参崴的俄兵，夜襲日本軍械所及車站。於初五日，佔領海参崴。旋即將沿烏蘇里鐵路到哈巴羅甫喀，沿黑龍江到尼港，和庫頁島北部佔領，七月初三日，日本官報發表：在貝加爾方面，實行撤兵。尼港及庫頁島北部，由日本暫行佔領，海参崴及哈巴羅甫喀，仍由日本駐兵。直到十一年十月二十五日，纔將西伯利亞的駐兵，完全撤退。協約國出兵西伯利亞的始末，大略如此。

當各國共同出兵西伯利亞時，曾藉口軍事運輸上的關係，由中、俄、英、法、意、美、日，各派代表一名，在海参崴組織委員會（會長用俄人充之），以共同管理西伯利亞及中東鐵路。該委員會之下，設技術和軍事運輸兩部。技術部長，係美人斯蒂芬氏；軍事運輸部長，則係日本星野中將。當時訂有條約："一切組織，以協約國退兵時，失其效力。按本組織所雇的技術員，亦須同時撤退。"——原約"技術部……以駐兵西伯利亞協約諸國技師組織之"，"……並得由諸國國民中，選用助手及稽查員”。日本在北滿,本來無甚勢力。從《軍事協定》締結以後,派赴西伯利亞的兵,卻有好幾萬,是從中東路出發。在吉、黑兩省沿路之地,設置軍用電話、郵局、兵站等甚多。貝加爾方面所撤的兵,亦多數駐紮北滿。太平洋會議席上,美代表將史蒂芬共管中東路的意見提出,其理由:係說中國管理能力不充足;而中東路爲世界交通孔道,不能聽憑中國處置。且自共同管理以來,協約國對於該路,投資已多。經我國代表竭力抗議,共管之説,纔算未曾實現。然而到底爲如下的決議:

各國共同的決議,——中國在内。中東鐵路的利害關係者,因欲保全該路;對於鐵路的職員,加以一層保護。對於職員的選任,應加一層注意。且須竭力注意節儉,以防鐵路財産的浪費。本問題的處理,由適當的外交機關從速行之。

中國以外各國的決議。……中國對於該路股東,及持有該公司債券者,及對於該公司有債權的外國人,應負債務上的責任;各國對此,有主張的權利。

其實該路完全爲中俄兩國合辦的事業,各國無從插身干預。若説債權債務的關係,中國固然當負債務人的責任;然而所負的責任,止於如此;管理的權,當然非各國所能參預。各國説中國政府和東三省政府,欠該路運兵之費甚多;舊俄政府,對該路亦有債務。然而戰期内各國亦欠該路運費。乃華府會議閉會後,英、美兩使,又向我國外交部提出擴張技術部範圍的問題。經外交部拒絶。並於四月十六日,照會各公使,重行申明該路的主權。十月二十五日,日本駐紮西伯利亞的兵,完全撤退。協約的撤兵,到此終了。日、美及有關係各國,都照會我國,申明共同管理的條約,於十月三十一日,完全消滅;技術部等人員,亦均實行撤退。然照會中仍提出華府會議議決的兩條,説願意和中國共同處置。而俄國又聲言並無將中東鐵路交還中國的意思,這項交涉,頗爲棘手。

第五節　松黑航權和尼港事件

咸豐八年《愛琿條約》,許俄國人在松花江、黑龍江、烏蘇里江通航。光緒七年的《伊犁條約》,又加申明,説:“如何照辦之處,應由兩國再行商定。”嗣後我國政府,解釋兩約中的松花江,説:“只限於松花江同黑龍江的會口以下;自此以上,係屬我國的内河,不能准外國人通航。”到庚子拳亂,俄人以兵力佔據滿洲,纔自由在松、黑會口以上的松花江内航行。日俄戰後,我國與日本訂約,開放東三省商埠十一處。因欲趁機開放上流的松花江,許各國通航,以免俄人獨佔。宣統元年五月,於哈爾濱、三姓、哈拉蘇蘇三埠,頒佈《新税關章程》。各國商人,遵照本章程的,都許通航。俄國援《愛琿條約》反抗。兩國派員在哈爾濱交涉,不得要領。旋將交涉移到北京,七月初五日,訂立條約。將滿洲界内的松花江開放,許各國自由通航。至於黑龍江下流,我國本來也有通航的權利。然俄政府每以多年獨任勘濬之費爲口實,阻止中國的航行。因而事實上爲俄國所獨佔。歐戰後,俄國各船,次第停駛,華商航業,遂相繼而起。然屢遭俄匪攻擊。於是呈請政府,派兵船保護,黑吉長官,也同時咨請海軍部。政府乃派王崇文爲吉黑江防處處長。於八年六月,派利綏,利捷,江亨,利川四礮艦,經海參崴到尼港。打算溯黑龍江西上,打通從黑龍江口到松花江上游的航路。不意日本也派軍艦尾隨其後。到尼港,俄國鄂穆斯克政府,忽然出面阻止。而由日本軍艦,代彼監視。駐海參崴外交委員劉鏡人,援據條約,和俄國辯論,乃得上駛入江。到達達島,俄國人竟禁止引港,斷絶煤糧接濟。屢次交涉,乃得駛入廟街。廟街天氣嚴寒,時已將近凍江。各艦俱係淺水,船質脆薄;儻使遇凍,勢必毁壞。接濟既斷,船上的人,也勢必凍餓而斃。我國外交部向俄使嚴重交涉,然後電令各艦開赴伯利。乃未到伯利二十俄里,俄國竟開礮轟擊。我艦不得已,退還尼港過冬。九年三月十八日,尼港俄人,忽然有襲擊日本駐軍之舉。日本硬説我國兵艦,曾幫同俄艦開礮。其實各艦所存彈藥,較原發之數,並不減少,是個確實證據。而日本竟將華艦扣留,解除武裝,並向外交部提出交涉。後經雙方派員會查。則擊死日本兵三名,係我艦與白黨有約:"赤軍侵入中國軍艦周圍一定的界限内,便可射擊。"而日兵於天未明時,有一部隊侵入此項界限以内,我國以爲赤軍,致有此誤。其赤黨有我國江亨艦的礮一尊,則原係借給白黨,而爲赤黨所奪者,此事中國方面,毫無可負的責任。然仍由政府向日本道歉,並且撫恤日兵以三萬元的款項。後來日俄大連會議,議定基本協定,關於松花江的航權,亦曾提及。當時因未得中國同意,聲明止於成立諒解而止。長春會議,又提及此事件。中國外交部,曾行文日俄,聲明涉及中國主權的,不得中國的同意,概不承認。參看下節。

第六節　中俄的新交涉

從舊俄王室顛覆,勞農政府成立以來,俄國的國情,和其在世界上的關係,可謂生一大變化;而中國同俄國的關係,亦可謂生一大變化。

中國從參戰以後,對待俄國,始終和協約各國,取同一的態度。俄國勞農政府,曾於八年七月二十六日,和九年夏間,兩次宣言:"放棄舊俄政府,在中國以侵略手段取得的土地和一切特權。並放棄庚子賠款。將中東路無條件歸還中國。"——據當時外報所載如此。當九年夏間,此項消息,傳到上海時,一般人民,頗表示歡迎。各界聯合會逕行通電承認。經政府於四月二十九日,電令各省查禁。這時候,俄國極欲與我國通商,而終遲遲未能開始交涉。惟新疆督軍楊增新,於四月間,派員與俄國土耳其斯坦政府,訂立《局部通商的試辦章程》。依據該章程:中國得設商務兼交涉機關於俄國七河省的威爾尼;俄國得設商務兼交涉機關於伊犁。俄國運來伊犁,及由伊犁運回的貨,都照新疆統税和中國關税税則納税。兩國人民訴訟,各歸駐在國裁判。把從前無税通商的條約,和俄人所享有的領事裁判權取消,頗爲條約上開一新紀元。

到八月二十五日,優林乃來北京。聲明來京目的:係(一)以遠東共和國代表資格,和中國商議通商條約及經濟問題。(二)以共和國國民代表資格,和中國國民結親善關係。與政治問題,絶對無關。我國政府,亦聲明只議通商,不涉政治。

於是我國於九月二十三日,停止舊俄使領待遇。天津、漢口俄租界,由交涉員和警察廳接收。俄國的僑民,亦歸中國法庭裁判。十月三十日,優林正式往見我國外交總長顔惠慶。申明對於中俄向來的條約,當加以根本的改正。其有背機會均等,而含有侵略意義的,當全然廢棄。顔外長提出:(一)不宣傳過激主義,(二)賠償中國商民所受俄國紙幣的損失,(三)不虐待西伯利亞華僑等爲先決問題。又略表示通商條約,當以新疆所訂《局部通商條約》爲範圍。其後因遠東共和國的保護中國人民,中國政府,尚未能十分相信;而公使團對於此事的意見,亦不一致;以致交涉未能開成。惟十年四月,中國派遣督辦呼倫貝爾善後事宜鍾毓,和遠東共和國代表,在滿洲里會議。五月初三日訂立《暫行境界交通協定》十二條。規定兩國人民互相往來的關係。遠東共和國,因欲進議通商問題。然庫倫旋於七月中爲遠東軍所佔。我國要先收回庫倫,遠東共和國要先局部通商,仍復停頓。到九月間,日俄大連會議開始。遠東政府,要趁機解決通商問題。於是優林於二十八日到北京,和顔外長協議。旋到奉天和張作霖商量。中國乃派李垣爲委員長,於十一月十五日,在滿洲里和優林等開議。優林等提出:(A)《中俄蒙條約》,依然有效。(B)俄國派兵五百名,長駐庫倫。(C)與獨立有關的蒙古人,概不追究。(D)中國賠償俄國出兵庫倫的兵費六百萬元等條件。又對於中東鐵路,要由兩國派兵共同保護。都爲中國所不能承認,議復中輟。

同時蘇俄政府，也表示願派代表到中國來。中國於九月間表示承認。蘇俄代表派克司，於十二月内到北京，然其後迄未開議。

到十一年九月間，日俄又在長春開議。九月二十五日，會議又決裂，於是越飛氏以蘇俄和遠東共和國總代表的資格進京。表示願開中俄會議，解決一切問題。並請示會議地點。外交部於十月十三日答覆，地點可即在北京。越飛亦表示同意。我國要先解決交還庫、恰問題，再行開議，越飛不肯。十一月初六日，外交部覆牒，説："若能從速開會，則庫、恰問題，即俟至開會後再議亦可。"然越飛屢次稱病，致一時不能開議。八年九年俄政府兩次宣言，據西報，都説有交還中東路等條件；而當時越飛致外交部的公文，則説並無無條件交還中東路的話。他説："一九一九年七月二十五日的宣言，名爲《國民委員會自治會致中國國民及南北政府宣言》。只決定勞農政府的根本計劃，並没有具體的建議和條件。"(但希望中國停止舊俄使領待遇，而俄願放棄庚子賠款)一九二〇年九月二十七日的通牒，係由當時外交副委員長加拉罕氏簽字。則提出具體建議，和議的基本協定。略謂：俄願放棄前政府與中國所訂各條約；將由侵略所得的土地和租界無償交還中國。但中國須履行：(一)不助反革命黨，停止其在中國境内的活動。(二)解除其武裝，於訂約時交還俄政府的條件。都没有交還中東路的話。

後來仍以中國援助舊黨爲口實，向外交部屢次抗議。而赤軍且有豫備進佔中東路的傳説。好幾年來，大家都説俄國不統一；然而俄國後來竟統一了(遠東共和國，亦仍合併於俄了)；中國卻反不統一。交涉上的形勢，中國是很不利的。這個最宜猛省。

第七節　中國和德奥的新交涉

協約國對德和約，中國因其將山東的權利，讓與日本，所以未能簽字；後來於八年九月十五日，以佈告宣佈對德戰爭狀態中止。已見前。《對德和約》中，關於中國的，還有下列幾條。

（一）德國因拳亂事件所得一切特權賠款；及在中國境内（除膠州灣外），房屋、碼頭、兵營、礮臺、軍需品、船隻、軍艦、無線電臺、公共營造物等，都對中國放棄之。——惟北京的公使館，除天津、漢口、膠州以外的領事館，不在此限。

（二）一九〇一年所掠天文儀器，歸還中國。

（三）德國在天津、漢口的租界，闢爲萬國公用。在廣州英租界内的德國官產，讓與英國。上海法租界内德國醫工學校財產，讓與中法兩國。

（四）在華德人被拘禁，遣回；及德僑財產被没收，清理；德國不得有所要求。

此項條款，中國雖没在《和約》簽字，德國仍都履行。九年，德國非正式代表卜爾熙到北京，要求恢復通商。照《對德和約》，德國如不履行賠款義務，聯合國應合行經濟抵制。中國既没有在《和約》簽字，對德行動，本可自由。然中國仍延緩到十年五月，德政府因英、法出兵壓迫，承認賠款之後，方纔把通商協約締結。——五月二十日締結，七月初一日交换。該約的特點，在於取消領事裁判權和關稅自由。

第三條：兩國人民，互有遊歷、居住和經營工商業的權利。惟以第三國人民得遊歷、居住、及經營工商業之地爲限。其生命財產，均在所在地法庭管轄之下，遵守所在國的法律。其應納的稅捐租賦，不得超過所在國本國人民所納之數。

第四條：兩國有關稅自主權。惟人民所辦兩國間或他國所產的未製已製貨物，其應納的進口出口或通過稅，不得超過本國人民所納的稅率。

其《對奥和約》，則我國於當年九月初十日簽字。其中關於中國

的條款,係:

(一)放棄義和團事件所得特權、權利及賠款。

(二)放棄一九〇二年八月二十九日,《關於中國關税新章的協定》。一九〇五年九月二十七日,《關於黄浦江的協定》。一九一二年四月四日,增加的《暫行協定》的特權、權利。

(三)在天津的租界,和其他在中國境内的公産,一概讓與中國。——惟外交官領事住房及器具,不在讓予之列。

(四)中國將天津的奥租界,開爲萬國公用租界。

(五)在華奥人,被拘禁,遣回;及奥船捕獲,財産處分等事;奥國不得有所要求。

其中《奥新約》,於十一年三月二十日成立互换,亦和《德約》大致相同。又四年二月十八日,中國同智利所訂的條約,亦没有提及領事裁判權。七年和瑞士所訂條約,大概同《智約》相同。九年和波斯所訂的條約,且訂明兩國人民各歸所在國法庭審理。這個和《中俄的局部通商之約》,都要算中國條約上的新紀元了。

第八節 日本在東北的形勢

東北一方面,現在在外交上,已成爲各國注目之地;而對日本的關係,尤其是重要中的重要。現在且略述其形勢。

日本從戰勝俄國以後,獲得從長春以下的中東鐵路支線,於是有所謂南北滿的名詞發生。滿蒙本來接壤的,於是因南滿而發生東蒙的名詞。安奉鐵路,既係日人經營。而從吉林向東南,亦可達到朝鮮的會寧府。儻使這條鐵路,也入於日本人之手,則從朝鮮向東三省,真如蟹之有兩螯了。所以日本於前清光緒三十三年,和中國訂定吉長鐵路借日半款之約。三十四年,訂定所借之額爲二百五十萬元。

日本又要把吉長鐵路延長到會寧,中國不答應,成爲懸案。到宣統元年,訂立《間島協約》。允許吉長鐵路,儻然延長到會寧,當照吉長的様子辦理,但至何時延長,卻應聽中國政府斟酌。民國四年,日本二十一條的要求,其中第二號第七項,要中國把吉長路委任日本管理。後來條約内但允將合同根本改訂。六年十月十三日,中國和滿鐵會社訂立《吉長鐵路借款契約》,債額爲六百五十萬元。期限三十年。在此期限之内,委滿鐵會社管理。七年六月十八日,又和日本興業銀行訂立《吉會鐵路借款預備契約》。由日本墊款一千萬元。

民國二年,贛寧之役,張勳兵入南京,殺害日本商人三人。日本向中國政府提出交涉。同時又提出滿蒙五鐵道建築權的要求。到十月初五日(選舉正式大總統的前一日),由中國政府承認。所謂滿蒙五鐵道係:

(一) 開原到海龍。

(二) 四平街到洮南。

(三) 洮南到熱河。

(四) 長春到洮南。

(五) 海龍到吉林。

七年九月,中國又和日本訂立《滿蒙四鐵路的借款預備契約》。由日本墊款二千萬元。所謂四鐵道,便是:

(一) 由開原、海龍到吉林。

(二) 由長春到洮南。

(三) 由洮南到熱河。

(四) 由洮南、熱河間的一地點到某海口。

借款期限爲四十年。後來新銀行團同日本竭力争持,纔算把(三)、(四)兩路放棄。見第八章第三節。

而又有所謂天圖路的争執。延吉縣的天寶山,有一個銀銅礦,係由日人開採。然而産額並不旺。民國五年十二月,該礦代表劉紹文,呈請脩築鐵路,從天寶山到圖們江,計長二百餘華里。交通部以與吉會路線有礙,批駁不准。七年,又有吉林人文祿,和日商飯田延太郎合組公司;股本二百萬元,中日各半;期限爲三十年。呈請交通部立案。當於三月間,由交通總長曹汝霖批准。後來派員查勘路線,非與吉會線平行,更係兩相交叉。而該公司送呈《路線圖説》,又與原呈所定路線,完全不同。交通部説"原案當然不能有效"。遂咨由吉林省長,向日代表拒駁,日使函請發給開工執照,亦由交通部駁拒。後來文祿死在北京,這件事也就擱起了。十年,日本人忽又決定動工。延吉人説該公司並無華股,一面阻其開工,一面電請政府取消原案。於是交通部派員往查。查悉其中確無華股;且天寶山礦,亦已停辦年餘。而十一年正月,忽有延吉、和龍士紳,電部説該公司實有華股,請部發給開工執照。四月間,日人要實行動工。兩縣士民,羣起阻止;並派人赴京呈訴。當由外交部電致日領,轉飭日人停工。一面由交通部派員前往查辦。旋因報載日人逕與吉林交涉,又經外交部通告日使:"凡未經中央認可的國際契約,一概不能有效。"後來據報載,此項交涉,又移到奉天。正式合同,業於十一月初八日簽字。股本改爲四百萬元,中日各半。中國股東,儻不願交現款,可由日股東代墊,而由華股東所得利益中扣還。

延吉、琿春、和龍一帶,本係中韓接境的地方。據十一年初,吉林督軍孫烈臣致中央的電報,這三縣的韓人,就有三十萬。次多的,便是伊通、樺甸、東寧、寧安、密山、虎林各縣。再次之,是奉天的東邊道。若合三省統計,韓人應有六七十萬。此項韓人,大都歸化我國。就使不然,照宣元的《間島條約》,也應服從我的警權和法權。再不然,逕認爲日人,也有一定的辦法。然而事實上竟不然。據孫烈臣的電報説:"……利用韓民名義得計,則韓民之。如獲得土地所有權等皆是。甚至日人假借名義,朦混購地。……利用日人名義得計,則日人之。如入籍問題,以日本國籍法相抵制。……綜言之:韓民,墾民,日民,在南滿在非南滿,是一是二;一任政策如何,任意舞弄。……以韓民視韓民,則我對韓之慣例具存;入籍購地,歸我管轄,不患無辦法也。以日人視韓民，則我對日之約文猶在，亦不患無辦法也。即謂在延邊爲韓民，在各縣爲日人，分別辦理，亦可説也。若……舉數十萬……之民，忽韓忽日，忽南忽北，以爲攫取領土，侵佔主權之計，是可忍，孰不可忍？……”這真是個最難處置的問題了。

然而還不止此。日本的壓服韓人，實在是所謂“以力服人，非心服也。”所以韓國人反對日本的甚多。所謂“獨立黨”者，雖經日本人盡力壓迫；其逃入華境的，中國方面，也竭力幫着取締，終不能完全廓清。九年十月二日，韓國獨立黨，和其他人等約三百人，從俄國雙城子方面，潛入琿春。焚燒日本領事館，和日本人市街；日人死傷的，各有十餘名。日本就進兵琿春，並且派兵到和龍、延吉、汪清、東寧、寧安各縣。初九日，日本公使到外交部，要求協同勦辦。經我國嚴詞拒絶。日本外務省發表的佈告，且謂我國的官兵，混入匪徒之中。後來查無實據；且延邊一帶，又經我國軍肅清。日本乃於十一年三月後，將兵撤退。而於琿春、和龍、延吉、汪清、東寧五縣，各置警察。中國迭次交涉，迄不撤退。乃十一年六月二十八日，又有馬賊襲擊頭道溝日本領事分館，燬去房屋數間。日人死者二名，傷者三名。駐京日使，於三十日，七月初五日，兩次提出警告。第二次並説：再有此項事件發生，不能不再行出兵。我國於七月十四日，由大總統下嚴厲的命令，將吉林督軍孫烈臣，交付懲戒。仍責成奉吉兩省，協力剿捕。一面仍和日本交涉，要求其撤退警察。後來毫無效果。案我國的鬍匪，在東三省横行，固然無可諱言；然而鬍匪往往得日本的接濟，也是彰明較著的事實。這個卻也要求日本的反省了。

第八章　最近的財政

第一節　民國時代的財政情形

中國目前，最爲不了之局，是軍隊和財政，這是多數人一致的意見。軍事的大略，已見以前各章。財政大略情形，現在亦得略爲叙述。

中國財政，向來持量入爲出主義；所以進款雖少，收支是足以相抵的。即當叔季之世，横徵暴斂則有之，卻無所謂借債。——預借租調等，還只算是徵斂。其恃借債以救急，實在從近代同西洋各國交通後起。然而這不過濟一時之急；在大原則上，收支還是相合的。其負擔實在超出於財政能力之上，而靠借款以爲彌縫，則從甲午、庚子兩戰役後起。然仍是爲應付賠款起見，在内政上，仍持量入爲出主義。至一變而爲量出爲入主義，而又不能整頓收入，乃靠借債以舉辦内政，則從勝清末葉的辦新政起。這時候的危險，在於藉口借債以興利，其實所借的債，能否應付所興的利的本息，茫無把握。儻使借債甚多，而所興的利，毫無成效，便要一旦陷於破産的悲境了。至於一國的大柄，倒持在特權階級手裏。他要花錢，便不得不花。而國家的大局如何，前途如何，再無一人肯加以考慮；——就有少數的人肯加以考慮，亦屬無益。則

更無從説起了。我現在先舉有清末葉以來,中國財政上擴張的趨勢如下:

年次	歲入	歲出
光緒十一年(概算)	七七〇八六四六六兩	七二八六五五三一兩
光緒十五年(概算)	八〇七六一九五三兩	七三〇七九六二七兩
光緒二十年(概算)	八一〇三三五四四兩	八〇二七五七〇〇兩
光緒二十六年(概算)	八八二〇〇〇〇〇兩	一〇一一二〇〇〇〇兩
光緒二十九年(概算)	一〇四九二〇〇〇〇兩	一三四九二〇〇〇〇兩
光緒三十四年(概算)	二三四八〇〇〇〇〇兩	二三七〇〇〇〇〇〇兩
宣統三年(預算)	二九六九六一七二二兩	三〇一九一〇二九六兩
民國五年(預算)	四七九九四六七一〇元	四七一五一九四三六元

以上的數字,全係推測概算,和實際不符,自然在所不免。又民國二年八年,亦有預算;但臨時收入(公債)和特别支出(軍費),所列太多,不是通常的狀況。又此表中特别會計(即交通四政),未經列入。

據此表看來,歲出的驟增,在光緒二十六年以後。然而收入也隨之增加。其最顯著的,是田賦及關税、鹽税、煙酒税。田賦在勝清時,歲入不過三千萬兩左右,而民國預算,列至八千餘萬元。關税在前清爲二千餘萬海關兩,現爲五千餘萬兩。鹽税先爲一千餘萬兩,現爲八千餘萬元。煙酒税從前不過三四百萬元,現在增至四千萬元上下。然則中國的收入,原足以應付支出;而現在的鬧窮,卻是爲何呢?以上參看《努力週報》,《中國財政的出路》,及《東方雜誌》第十九卷第十二號。

民國的財政,當臨時政府時代,原是很艱窘的。但是此項艱窘,不過是一時的應付不來。到善後大借款告成,而此項艱窘的情形,告一段落。當這時代,中央政府的威信,在形式上還能維持。各省的款項,都能按數解部。中央政府,對於整頓歲收,也頗盡力。三四年間,收支相抵,已可略有贏餘。五年以後,獨立的省分,不必説了。就是未獨立的省分,款項也大部截留。至六年督軍團之變,而達於極點。於是中央竟没甚進款。而其時正值南北紛争,於是有日本寺内内閣時代,吾國的大借日款。過此以往,就日款也無從借了。於是有一切的小借款,所以要知道吾國近年中央政府的進款,看後文所列的内外債,便可以知道大概的。——因爲除此以外,幾於没甚進款。至於出款,卻有許多,還須中央開支,以致積欠甚多,屢次鬧成索薪討餉的風潮。據十一年冬財政部所發表,則:

中央積欠軍費	一三四三八〇〇〇〇元
中央積欠政費	六四一一〇〇〇〇元

十二年預算:中央應支軍費,每月五百八十八萬餘元。政費,三百十二萬餘元。竭力節省,亦須每月四百萬元。而國庫入款:關餘已悉數充作國債本息。鹽餘亦作國債和國庫券基金,及其他專案各款。崇文門税,早經指撥供特種庫券的保證。此外所收:只礦税十九萬元,印花税五十七萬元,煙酒税一百三十一萬元,官産二千餘元,所得税一萬餘元。合計二百零八萬元。每月二十三萬左右。

財政部的計劃,説:各省解款,若能按照民五以前的辦法,則中央應付的軍政費,自當照支。儻或不能,則除近畿軍隊,京師軍警饟項,及各機關行政費,仍由中央照支外,其他駐外軍隊,應由陸軍部切實核減,或改歸駐在省區負擔。而關、鹽、印花、煙酒、礦産,所得各税,及其他一切中央收入,各省仍必須照解。雖有此説,實際辦到如何,卻無從逆料。政府於十月八日,召集財政會議;由京内各部署,及各省區軍民長官,各派一人,想把全國財政,通盤籌畫。然此項會議,二年五年,各已舉行過一次;究竟效果如何?——議而能否實行?——也還是個疑問。

第二節　中國的内外債

中國的内債，起於光緒二十四年的昭信股票（債額一萬萬兩，年利五厘，以田賦鹽税爲保）。然而其時人民並不知國債爲何事。名爲募債，而結果由紳富報效；所得無幾；實在不成其爲債。宣統元年的富籤公債，抽籤給獎而不還本（定額一千萬元，以百分之三十爲獎金）。只好算是彩票。末年發愛國公債三千萬，年息六厘，以當時部庫的入款爲保。未幾，民軍起義。這項債票，共只發出一百六十餘萬元。後來由民國負擔，於十年償清。前清時代的内債如此。

民國元年的八年軍需公債，已見第一章第三節。其後此項公債，發出的不過七百萬元。後來政府又發行一種六厘公債，定額二萬萬元，以全國契税和印花税作抵。此項公債，到民國三年發出的，還不過四百萬元。而四年帝制運動，發出驟多。到十年，計算未還的，還有一萬三千五百萬元。乃用元年整理公債借换。三四年公債，正直袁政府全盛之時，所以銷數甚佳，結果都溢出定額。五年則西南起義，全國已入分裂時期。所以竭力推銷，始終未滿八百萬。後來此項債票，用以清理新華銀行所發的儲蓄票。七年的兩種公債，都用以收買跌價的京鈔。八年的七厘公債，定額五千六百萬。後來所消有限，用八年整理公債收回。

皖直戰後，靳雲鵬組閣。其時京鈔之價，已跌至四折左右；而元年八年公債，亦跌至百分之二十。乃發整理金融公債，以收回京鈔。又發整理六厘七厘公債，以收回元年八年公債。而元年八年公債，抵押在銀行中，和付政治機關，以代現金的，還不在其内。乃又發元年八年兩整理公債，將其收回。同時定愛國公債，於本年還清。軍需公債，和五年公債，七年長期公債，都用未經抵押的關餘、鹽餘、煙酒税作抵；不足，則再加以各路盈餘。其三年四年的公債，以取消的德奥賠款作抵。七年的短期公債,則以延期賠款作抵。公債的信用,到此似可維持。於是政府又發行十年公債三千萬。其結果,未能銷售,但全部抵押在外。

靳内閣的整理公債,一時頗見成效。但是他項理財政策,全然未能實行。政府仍是靠借短期重利的小款過日子。此項小款,到梁士詒組閣時,總數達一萬〇四百萬,都是指鹽餘爲保證。而其實鹽餘並沒這許多,於是保證落空。各銀行乃有組織鹽餘借款團,向政府索債之舉。其時適值華府會議,通過增加關税,預計關餘可以增加,乃有發行鹽餘借款九千六百萬之舉。其基金:第一年係用鹽餘。至關税增加之後,則改以關餘爲基金。其支配:係本國債權人,得四千九百四十萬,外國債權人得三千九百萬。餘七百六十萬,歸政府自用。其後除這七百六十萬,業經用去;又曾提五十萬元,付司法界薪俸外;其餘都還封存。奉直戰後,又發行八厘公債四千萬,以應暫時的政費。參看第五章第四節。

民國時代的内債,大略如此。還有所謂"額外借票"的一個問題。當五年之後,政府財政竭蹶,時時靠額外債票以救急。應付本息,概由中交兩行墊付,隨後由財部撥還。到十年年底,財政竭蹶,財部既不能付,兩行亦不能墊。先是政府的以關鹽餘和煙酒税爲公債基金,係交總税務司安格聯保管。及是,安登報聲明:"此項額外的債票,不能負撥付之責。"於時持有此項債票的人大譁。其時額外債票,發出在外的,計三年四年和七年短期公債,總數四百三十五萬餘。乃由財部籌議:此項債票,其作爲抵押,而已列入償還短債案内者勿論。其未經列入短債案内,暨少數業經售出的債票,亦應另籌基金,統交安格聯保管,以備支付本息之用。參看第五章第四節。

公債基金,係十年四月一日,以明令規定。其數係鹽餘一千四百萬;煙酒税一千萬(煙酒税未能足數時,先由交通部於盈餘項下,每月墊付五十萬元)。關餘除抵付外債庚子賠款和三年公債外,其餘悉數列入。第一年度(十年四月初一起,到十一年三月三十一日止)應付本息,總數爲二千五百四十六萬餘;加以基金未成立前,中國銀行團墊付公債本息八百五十六萬餘元。安格聯僅收到鹽餘九百五十九萬,交通部代煙酒署墊款三百五十萬,關餘一千四百十萬,加向付西南的關餘一百六十五萬,尚短六百萬元。第二年度,應付二千四百七十二萬餘。而交部的款,能否照撥,殊無把握;關餘經政府陸續指撥;所剩的只有鹽餘,即能照撥,亦僅足付息。而且關餘兑價不定,非到十二月三十一日結賬後,不能知究有盈餘若干。政府要隨時撥充政費,非得外交團允許不可;而要得外交團的允許,非常困難。於是安格聯替政府想一法子。"將全部關餘,除扣存約計足供外債和庚子賠款之數外,悉數撥充公債基金。儻有不敷,仍得向鹽税項下請求協助。如此,則鹽餘較多,可隨時提充政費。"安氏將此項辦法,上一説帖於政府。經政府討論,加以脩正,説明此項辦法,以本年爲限。將來實行二點五附加税時,所有增出的關餘,另作别論。現在指定在關税項下所撥的專款,亦仍應照撥。其餘悉如安氏原議辦理。

此外政府所欠内債,還有幾筆較大的,便是十年内務部的賑災借款,共計四百萬元。年息七厘。以厘金及常關一成附税爲抵,期限二年。交通部車輛借款,六百萬元。年息八厘。以京漢等路盈餘爲擔保。農商部實業有獎債券,起於民國六年,定額二千萬元。分四次發行。九年發行第一次五百萬,後來又發第二次六百萬,關餘都未能消完。此外便是歷次所發的國庫券了……

内國公債表

公債名稱	原募債額	現負債額	利率	折扣	擔保品	起債始期	還本終期	備考
八厘軍需公債	七三七一一五〇	二五七一一五〇	八厘	無	暫以錢糧作抵免厘加税後改以所加之税作抵	元年	十三年	此項公債原分五次還清自三次還本四百萬元後歸入整理公債案改定自十年起分四年抽完
三年内國公債	二四九二六一一〇	一三九三九〇九五	六厘	九四	京漢路第四次抵押餘款後改用德奥賠款作保	三年	十四年	
四年内國公債	二五八二九九六五	九二八二八五〇	六厘	九〇	全國未經抵押常關税款張家口等徵收局及山西厘金後改用德奥賠款	四年	十二年	
五年内國公債	二〇〇〇〇〇〇〇	一八七五七五九〇	六厘	九五	全國煙酒公賣歲入	五年	十七年	此項公債原定自六年起分三年還清自第一次抽還後歸入整理公債案内改定自十五年起分三年抽完

續　表

公債名稱	原募債額	現負債額	利率	折扣	擔保品	起債始期	還本終期	備考
七年短期公債	四八〇〇〇〇〇〇	九六〇〇〇〇	六厘	無	關稅　後改用延期短款	七年	十一年	
七年六厘公債	四五〇〇〇〇〇〇	四五〇〇〇〇〇〇	六厘	無	五十里外常關收入	七年	二十六年	
整理金融公債	六〇〇〇〇〇〇〇	五〇〇〇〇〇〇〇	六厘	無	關餘	九年	十五年	
整理六厘公債	五四三九二〇〇〇	五一六七二六一七	六厘	無	未經抵押的常海關餘不足則以鹽餘及煙酒稅爲抵	十年	十九年	以四折買回元年公債
整理七厘公債	一三六〇〇〇〇〇	一二九二〇〇〇〇	七厘	無	同上	十年	十九年	以四折買回八年公債
十年八厘公債	三〇〇〇〇〇〇〇	三〇〇〇〇〇〇〇	八厘	九折	郵政餘款、印花稅、津浦貨捐、京師稅款	十年	二十年	是項公債未曾發行而經財政部全數抵押在外

續　表

公債名稱	原募債額	現負債額	利率	折扣	擔保品	起債始期	還本終期	備考
元年整理公債	二五六〇〇〇〇〇	二五六〇〇〇〇〇	六厘	無	煙酒稅付息鹽餘及煙酒稅還本	十年	二十五年	以四折買回抵押在外的元年公債
八年整理公債	八八〇〇〇〇〇	八八〇〇〇〇〇	七厘	無	同上	十年	二十五年	以四折買回抵押在外的八年公債
鹽餘國庫券	一四〇〇〇〇〇〇	一四〇〇〇〇〇〇	一分五厘	六七八	鹽餘	自發行之日起	分二十個月還清	十一年正月底發行每張一萬元每月攤還五百元
鹽餘公債	九六〇〇〇〇〇〇	九六〇〇〇〇〇〇	八厘	九折	同上	十一年	十八年	
八厘公債	四〇〇〇〇〇〇〇	四〇〇〇〇〇〇〇			庚子賠款展緩期滿應付俄國項下			

中國外債,起源於同治五年英倫銀行一四三○○○○鎊的借款。從此到光緒十三年,共借外債六次,總數爲四○○○○○○○兩。至光緒二十八年,都已償清。甲午戰後五年間,共借外債七次,總數三七○○○○○○○。辛丑和約,賠款至關銀四五○○○○○○○。又規定以金償還。後來因鎊虧無著,又借匯豐銀行一○○○○○○鎊。後來又有幣制實業借款。四國銀行團,共付過墊款一○○○○○鎊。參看第一章第三節。

所以當有清之末,所欠外債如下表。

庚子賠款	二三八三○○○○
匯豐銀款	八四二○○○
匯豐金款	二五二三○○○
俄法洋款	三三二二○○○
克薩鎊款	七七六○○○
瑞記洋款	七○○○○○
英德洋款	四四四七五○○
續借英德洋款	五○○○○○○

以上各項借款,總數係一七六一一○○○兩,只佔賠款三分之二。所以説庚子賠款,實在是制中國死命的。以上據經濟討論處《庚子賠款與中國外債》,見十一年《申報星期增刊》。

民國時代的外債,最早的便是比國的一二五○○○○鎊。次之則六國銀行團墊款一二○○○○○○兩。此外還有好幾筆借款。到二年善後借款二五○○○○○○鎊成立。實收本來只有二一○○○○○○鎊。再扣除四國,六國團墊款,和各小借款六○○○○○○鎊;各省向銀行團所借二八○○○○○鎊;革命損失賠償二○○○○○○鎊。實收只有一○○○○○○○鎊。參看第一章第三節。其後政府仍靠借債以爲生活。截至五年七月底,所有外債:

	償　額	五年七月未還債本
第一瑞記借款	三○○○○○鎊	六○○○○鎊
第二瑞記借款	七五○○○○鎊	三六○○○○鎊
第三瑞記借款	三○○○○○鎊	二○○○○○鎊
克利斯浦借款實收	五○○○○○○鎊	五○○○○○○鎊

善後借款	二五〇〇〇〇〇〇鎊	二五〇〇〇〇〇〇鎊
第一奥款	一二〇〇〇〇〇	一二〇〇〇〇〇
第二奥款	二〇〇〇〇〇〇	二〇〇〇〇〇〇
第三奥款	五〇〇〇〇〇	五〇〇〇〇〇
中英公司借款	三七五〇〇〇	三七五〇〇〇
狄思銀行借款	四〇〇〇〇〇	二〇〇〇〇〇
中法實業借款	一〇〇〇〇〇〇〇〇法郎	一〇〇〇〇〇〇〇〇法郎
欽渝鐵路墊款	三二一一五五〇〇	三一六三三三〇六

其在五年七月後所借的,則有:

高公司借款	五〇〇〇〇〇〇日元
芝加哥銀行借款	五五〇〇〇〇〇美金

以上都係歐戰以前所借。亦據《庚子賠款與中國外債》。從此以後,便入於專借日債時期了。其中純粹爲政治借款;或名爲實業鐵路借款,而實爲政治借款的;據現在確實的調查,如下表:

濟順高徐四路借款	二〇〇〇〇〇〇〇日金
吉會鐵路借款	一〇〇〇〇〇〇〇
參戰借款	二〇〇〇〇〇〇〇
泰平公司軍械借款	
滿蒙四鐵路借款	二〇〇〇〇〇〇〇
電信借款	二〇〇〇〇〇〇〇
吉黑金礦森林借款	三〇〇〇〇〇〇〇

此外借款還很多,從六年到九年,總額共有五六萬萬。除上列各欵以外,亦大部分流用於政治上。可參看劉彦《歐戰期間中日交涉史》第六章第三節。

此外中國所欠外債,可參看《東方雜誌》十九卷第五號《整理外債問題》。本書因限於篇幅,不能備舉了。

第三節　新銀行團的復活

整理中國的財政,在現在的形勢,是總不免於借外債的。既然要借外債，則所謂幾國銀行團的聯合把持，和一部分的監督，亦幾於是不可免的命運。參看《東方雜誌》十九卷十二號《中國財政的出路》，《北京大學月刊》第一卷第九號《外資外債國家破産監督財政》。原來對中國的銀團組織，本來有幾分均勢的作用，看了前文所叙述，是很容易明白的。從美國退出，而六國變爲五國；從歐戰以後，德國被排，而五國又變爲四國。四國之中，有力借債與中國的，還只一日本。這時候，對中國的均勢作用，幾乎不能維持了。然而歐戰一了，而此項保持均勢的政策，立刻就要發生，也是很當然的。

所以歐戰一了，立刻就有所謂統一鐵路的問題。其辦法：係使各國將既得的權利，統通交與中國；由中國另起新債，將舊債償還。這是因爲鐵路是維持勢力範圍最大的利器，所以有此提議。當時英美兩國，都唱此議；而英使朱爾典，在北京運動尤力。中國國民，贊成的頗多。交通總長曹汝霖，鐵路協會會長梁士詒等，反對頗力。後來此議便暗葬了。旋美國發起新銀行團，通告英、法、日三國。八年五月初十日，四國銀行家，在巴黎開議。十一日，訂立草合同，規定四方面的權利義務。當時並議定根本原則：

（一）除關於實業事務（鐵路在内），已得實在進步者外，現在存在中國的借款合同及取捨權，均歸共同分配。

（二）聯合辦理將來各種借款事務。

六月，日本銀行團提議："日本在滿蒙有特殊關係，所以日本在滿蒙的權利和取捨權，應作爲例外，不受本合同的約束。"美銀團提出抗議。八月二十七日，日政府聲明贊助該國銀行團的主張。但將保留區域減爲南滿與東蒙。英美仍提出抗議。九年三月初二日，日本通牒美國國務院。説：日人在南滿、東蒙所辦的事業，和日本本國的安全，有極大的關係。所謂日本在滿蒙的特殊利益，便係指此而言。但是日本爲對於他國讓步起見，特提出新保留案："凡涉及南滿、東蒙的借款，在日政府觀之，以爲對於日本經濟及國防，造成嚴重妨礙者，日政府保留施行的必要方法。”同時亦通牒英國。英美都覆牒拒絕。

但是美國銀行團代表拉門德,於此時前赴東京,與日銀行團談判。日銀行團乃撤回前此的要求,而承認前此的合同。而拉門德代表美、英、法銀團,致函日本銀團,如下:

(一)南滿鐵路,與其現有的支路,及鐵路附屬品的礦産,不在新銀行團範圍之内。

(二)洮熱,及接通洮熱而達海口的鐵路,歸入新銀行團合同條款之内。

(三)吉會、鄭家屯、洮南、開原、吉林,——經過海龍——吉長、新奉、四平街、鄭家屯鐵路,皆在新銀行團範圍之外。

九年九月二十八日,四國公使,正式照會外交部。説:“四國政府,願輔助依照一九一九年五月十一日合同執行業務的銀行團。希望中國早有統一政府,俾新銀行團,得將四國政府贊助中國的意旨,表現諸實際”云云。然當時因中國尚未統一,財政情形又紊亂,所以借款問題,還没開議。本節據路透社所發表的《新銀團文件摘要》。

第四節　最近的關税問題

我國財政,既然如此艱窘,則整頓税收,自然是一件重要的事。整頓賦税的事情,千條萬緒,自然不是旦夕可以成功。但是當時,政象如此(南北既不統一;南北政府,又都無實權),連着手整理,也説不上。所希望者,暫時增加收入,得以支持眼前的難局而已。此中最有希望的,厥惟關税。所以當時,説到財政,大家便希望關税的增加。但是我國關税,根本受病,是在協定税率上。但望增加收入,而不能恢復關税的自主權,終無當於現代的所謂關税政策。所可惜者:從前清《辛丑和約》,一直到現在,連續的活動,始終只在增加收入上着眼而已。此事與國家財政,國民經濟,關係都很大。所以也得略述其始末。

我國關税,道光二十二年的《中英條約》,本説秉公徵收。雖然略含限制的意味,究竟算不得協定。直到咸豐八年,纔硬定爲值百抽五。然而因貨物估價的關係,實在只有值百抽一二。到《辛丑和約》,賠款的負擔重了,於是我國要求增加關税。各國乃以裁厘爲交换條件。於是有"切實值百抽五",和"裁厘後加至值百抽一二點五"之説。光緒二十八年《英約》第八款:"裁厘後,進口貨税,加至值百抽一二點五;出口貨税,不逾值百抽七點五;其中的絲斤,不逾值百抽五。"《美約》第四款,《日約》附加第一款,《葡約》第九款略同。各約内訂明裁厘後得加出産銷場出廠諸税。可參看《東方雜誌》十九卷十六號《免厘加税之意見》。照《英約》,本應於一九〇四年一月一日實行。然而我國政界,因不願裁厘,而且懶惰之故,並未先期籌備。在外國,則因洋貨運入内地,本有内地半税,以代厘金。見前篇第五章第六節。實際上厘金所病,係屬華商;與洋商無大關係(而且通商口岸愈增,則關係愈少),所以也没有提出。直到光緒三十四年,外務部纔向各國提議加税。英日兩國,説中國於原約並未完全履行。就此又延宕過去。

民國七年,政府因加入參戰,對協約國要求海關税率,實行值百抽五。其結果,將税則脩改一次。據熟悉情形的人評論,還不過值百抽三點七一五。其時因歐戰未定,貨價異常;外交部和各國駐使,都備文聲明:"俟歐戰終結後二年,再行脩改。"到華府會議開會,我國又將關税問題提出。於是有九國的《中國關税條約》(英、法、意、荷、比、葡、美、日及中國),其大略:

> 由此次參與華會各國,及將來加入各國,於條約批准後三個月内,派代表組織特别會議,實行一九〇二年六月初五日《中英條約》第八款,一九〇三年十月初八日《中美條約》第四、第五款,《中日條約》附加第一款。

這便是裁厘後加税至百分之一二點五諸款。至於切實值百抽五,則另設:

脩改稅則委員會，將進口貨價，重行改正。不待各國批准，於改正公佈後兩個月，逕自施行。

又

裁厘增稅以前，特別會議，得討論過渡時代辦法。此項過渡辦法，得對出入口稅，徵收附加稅。奢侈品以百分之五三；此外各品，以百分之二點五爲限。

又

邊界水陸各關稅率，於特別會議之後，應歸一致。其因"交換局部利益，許與關稅上的特權"應取消者，特別會議，得秉公調劑之。

這一次的失策，在於並不能爭回關稅的自由，反於向來的協定之上，更加以一次八國共同的協定。——且據該《條約》；凡與中國訂有協定關稅條約的國，都得加入特別會議，則合向來有協定條約諸國，而爲一共同之大協定矣。至於厘金所病，實係中國商人，已如前述。所以裁厘實在是我們自己的事，用不着和人家商量；也用不着人家干預。從前定約時，將裁厘加稅，牽合爲一問題，致"裁厘亦成對外義務"，本屬失策。此項條約，久久未曾實行；本可由我政府聲明作廢。至於怕外人以此爲藉口，則應於提議關稅之前，自動的先行裁厘。即或未能，提議此項問題之時，仍當將兩事劈開；裁厘由我自辦，加稅另爲一事。不應還拘拘實行一九〇二，一九〇三兩年的《英美日諸約》。區區厘金四千萬元的收入，以近來財政上的揮霍和羅掘，算得什麽？然而政府定要有了抵補，方肯議裁；這個就真有些解人難索了。

這一次的《關稅條約》，手續係分三步：第(一)步：脩改稅則。據專家的豫計，收入可增出五分之二。第(二)步：加二點五附加稅。可加出三千餘萬元。第(三)步：裁厘後實行直百抽一二點五。可增收至七千萬元。財政上的裨益如此。

當時此項條約，各國尚未全數批准；所以特別會議開會之期，尚未能定。而脩改稅則委員會,則政府派蔡廷幹爲委員;於十一年三月三十一日,在上海開會。經脩改公佈,定於十二月初一日實行。至於裁厘加稅問題,亦經政府召集全國關稅研究會,在京開會,以爲預備。《英約》八款,説:“我把厘金裁撤,英允英商運進洋貨,運出土貨,加完一稅,以爲抵償。”此所謂抵償,係指進口洋貨出口土貨而言。而各省自相往來的土貨所抽的厘,還不在内。所以又許我徵一銷場稅,以資抵補。但限於銷售處徵收,而以常關爲徵收的機關。——常關以載在《大清會典户部則例》的爲限;但(一)有海關無常關,(二)沿邊沿海而非通商口岸,(三)新開口岸,可以增設。——這個是説銷場稅。又説:“凡用機器紡製棉紗棉布,完一出廠稅;其數,照進口正稅加倍。惟所用棉花已徵各稅,須一併發還。”(即值百抽二五,而發還原料稅)《美約》略同。這是説出廠稅。《美約》亦説改辦銷場稅,而附件内又許我自抽出產稅。所以現在抵補厘金,照約可徵出產,銷場,出廠三稅。除出廠稅毋庸另設徵收機關外,產銷兩稅,照約係以常關爲徵收的機關。但是在條約上,我國的義務,只限於不能再徵通過稅。至於非通過稅的他種新稅,卻没有不可增設的義務。所以此次全國關稅研究會之開,在政府一方面,主張留常關、辦產、銷兩稅。商人一方面,則主張并廢常關、而辦營業、所得兩稅。——其理由:係全國常關,現有四十三所。其下分關分卡,有三百四五十所。通商口岸五十里内,又有常關十九所。留着終不免於擾累。

至於厘卡:則據現在的調查,全國共有七百餘處,但此指總局而言,分局及同類的稽徵局,並不在内。厘金的無益於國,在於其中飽之多。據各方面的調查,入私橐之數,恐總不止等於歸公之數。而其病民,則在於設卡之多。一宗貨物,經過一次厘卡,收稅即不甚重,而從起運點達到目的地,究須經過幾次?能否免於重抽?初無把握。又其徵收,並無一定章程。什麼是應稅的品物?稅率如何?全然自爲風氣,這個最不在理。當時各省有改爲統捐的,有改爲落地捐的,亦有已改爲產銷稅的,辦法亦紛歧不一律。總以全行裁去,另創新稅爲最是。

還有關税的存放，也是一個問題。前清時，關税本存在海關官銀號。其資本，頗可在市面流轉。宣三賠洋款欠解，各使乃要求外務部，轉知税務處，撥存匯豐、德華、道勝三銀行。民國以來，尚未回復原來辦法。歐戰後，德華久經停閉，道勝名存實亡，此項存款，幾於爲匯豐所獨佔。不但中國市面，失此巨款流轉，而匯豐轉享其利爲不當；即外國對於匯豐的獨擅此利，也有不以爲然的。中國儻不想收回，或反致引起他國的互競。所以這一次關税研究會，對於此問題，亦已議及。有提議由全國商會提倡集資設立銀行，以承受存儲的，但亦未有定議。

陸路關税減輕，起於咸豐六年的《中俄陸路通商章程》。光緒二十二年，《東清鐵道條約》第十條，及《東清鐵道條例》第三條，皆規定："中國於鐵道兩交界地設立税關，由鐵道輸出入的貨物，照海關税率減三分之一徵收。運往中國内地的貨物，照既納輸入税，減二分之一，徵收通過税。"鐵路竣工後，中國迄没有設立税關。到光緒三十一年，《中日協約》，中國開放滿洲商埠多處。俄國人怕中國在開放之地，設立税關，損及俄商特權。乃要求中國協定北滿税關。三十三年六月，兩國委員，議定《税關章程大綱》。明年正月，吉林交涉局總辦，與俄國總領事，訂結章程：

（一）兩國邊境各百里，仍爲無税區域。

（二）由鐵路輸入之物，照海關税率，減三分之一。

（三）輸入東三省之物，照海關税率減三分之二課通過税。輸入内地之物，照海關税率減二分之一，課通過税。其輸入税，則照海關税率徵收。

章程定後，於鐵路兩端（綏芬河、滿洲里），各設税務分局；於哈爾濱設總局。

其後日本援照此項章程，民國二年五月，由日公使伊集院與總税務司安格聯，訂立《滿韓關税減輕協定》。由滿洲輸出新義州以外，及由新義州以外輸入滿洲的貨物，都照海關税率，減徵三分之一其輸入滿洲的通過税，照海關税率，減三分之二徵收。

至於法在越南，英在緬甸，進出口税亦有照海關税率減十之三四的條約。但係互换局部經濟利益的。

十一年一月八日，大總統令："中俄所訂條約，暨《陸路通商章程》，已届第四次十年期滿。……現在俄國正式政府，尚未成立，無從提議。政府爲利便兩國商務起見，現經決定：在中俄未改訂新約以前，所有關於《中俄條約》及《通商章程》内規定之三分減一税法，暨免税區域，免税特品各種辦法，自本年四月一日起；應即毋庸繼續履行。嗣後俄商由俄國運來貨物，及在中國運出洋土各貨，應完進出口税項，均照現行海關進出口税則完納，以昭公允。"這道命令下後，俄人有不滿意的説：中國不應不同他商量。姑無論現在没有商量的必要；而報載第三次期滿時，俄國未得我國同意，即將交界百里内免税的章程取消；有一九一三年前東海濱省税務監督奉俄政府命令所出佈告爲憑。此項證據，業經被我國蒐得。則替他交涉，更不怕没有理由了。總之税法要適合時勢，中國各項税法，幾於都是很陳舊而不適於時勢的，所以不得不謀改訂。《陸路通商章程》，亦是其中之一。倒也不單爲增加區區的税入。《滿韓國境關税減輕協定》，原是援照俄國之例而來。所以《中俄陸路通商章程》廢後，中國雖通告日本，要求將此項協定，亦行廢止。日本説：英法在緬越，亦有減税辦法。日本對中國，是有最惠國條約的。此項《減税協定》，只能依照《九國關税條約》，由特别會議秉公調劑；不能因《中俄陸路通商章程》廢止而受影響。所以當時還是照舊。